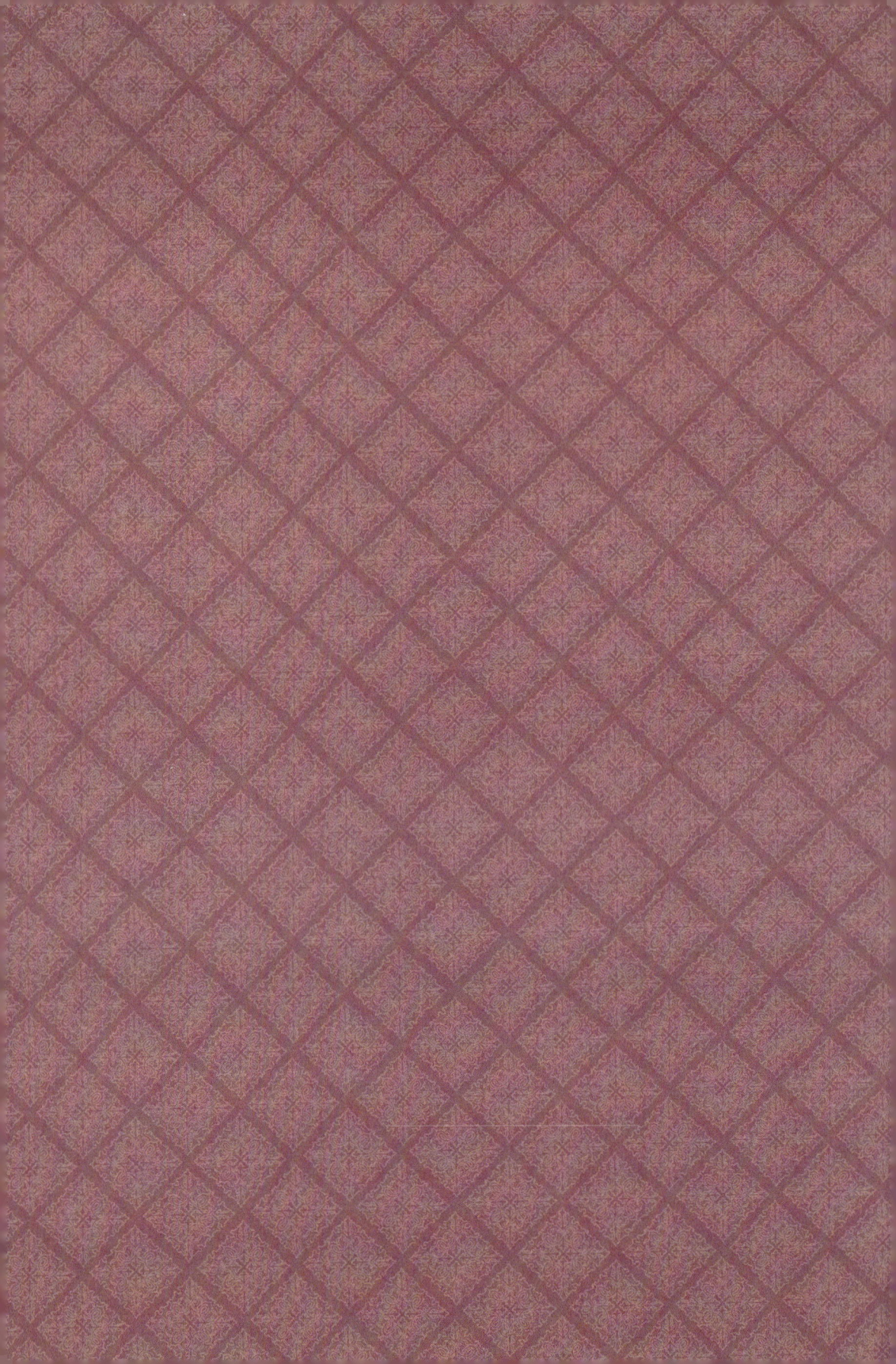

马克思主义
经典作家民族问题文选

马克思恩格斯卷

（上册）

中国社会科学院
民族学与人类学研究所民族理论室

编

社会科学文献出版社
SOCIAL SCIENCES ACADEMIC PRESS(CHINA)

选编说明

《马克思主义经典作家民族问题文选》（全五册）是对马克思、恩格斯、列宁和斯大林关于民族问题论述的集中辑录，分为《马克思恩格斯卷》（上下册）、《列宁卷》（上下册）和《斯大林卷》，力图用原文汇编的形式全面展示马克思主义经典作家的民族理论及其形成发展过程。这五册书按照统一的安排同时选编同时推出，体例统一、主题统一，以便读者作为一套书使用。

本文选原计划是对署名"中国社会科学院民族研究所编"的五卷本丛书《马克思恩格斯论民族问题》（上下册）、《列宁论民族问题》（上下册）和《斯大林论民族问题》（以下简称"原五卷本"）的修订。该丛书主要是由中国社会科学院民族学与人类学研究所（即前中国社会科学院民族研究所）的部分学者选编、民族出版社在1987～1990年出版发行的。由于该书所收经典作家有关论述的全面性和代表性，长期以来成为我国理论界学习和研究马克思主义民族理论的必读书目，有着广泛的社会影响。然而，进入21世纪以来，随着国内外民族问题变化以及中央马克思主义理论学习和建设工程的开展，学界和社会上系统学习和研究马克思主义民族理论的要求不断增长，特别是出版界陆续推出了《列宁全集》《马克思恩格斯选集》《列宁选集》《马克思恩格斯全集》《马克思恩格斯文集》《列宁专题文集》等经典著作的新版本，这就使重新梳理和选编马克思主义经典作家关于民族问题的论述成为必要。为此，我们将修订马克思主义经典作家论民族问题原五卷本丛书作为一项重要课题加以提出和实施。

经过几年来的努力，丛书的修订基本结束。我们主要做了以下几项工作。

一、分工合作，以新版本的经典原著为准对"原五卷本"的内容做出修正。这种修正是必要的，因为新版本不但在所辑文章上更趋全面和丰富，在译文上也有所改进。为准确传达经典作家的思想，无疑是要以后出的新版本译文为标准的。当然，在新版本尚未出齐或没有新版本的情况下，仍要使用旧版的内容。以此，我们对版本要求的顺序是：

1.《马克思恩格斯文集》（十卷本）、《列宁专题文集》（五卷本）；

2.《马克思恩格斯全集》新版（即第2版，未出齐）、《列宁全集》新版（即第2版），或《马克思恩格斯选集》新版（即第2版，共四卷）和《列宁选集》新版（即第2版，共四卷）；

3.《马克思恩格斯全集》旧版（即第1版）。

斯大林的著作未出新版，故只能用已有的《斯大林全集》（十三卷）和《斯大林文集》（一卷）。

二、在通览原著的基础上增添了部分选文。其中马克思恩格斯部分增添了14篇；列宁部分增添了15篇；斯大林部分增添了17篇。除了斯大林部分之外，新增选文均选自经典著作的新版本。

三、删减和调整了部分内容。在增添部分选文的同时，也删去了原来过于简略或与民族问题关系不大的个别篇目，以使选文不论整篇还是节选都尽量保持意思的完整。此外，对原为一文而被分为两篇文章的个别篇目做了合并处理。

四、对注释和部分篇目的顺序做出调整。"原五卷本"（原著亦同）的注释有页下注和书后注两种。其中页下注基本取自选文原著，书后注则既有取自选文原著的，也有选编者自加的。自加的内容主要是选编者对该文时代背景的介绍或观点的评价。由于书后注离原文正文太远，查阅起来不方便，自加的内容也带有一定的时代痕迹和历史局限，故本书将原来的书后注一律改为文后注，撤去原选编者自加的注释，尽量保留原著的注释文字。此外，对各篇文章的写作或发表时间做了认真核实，依此在选文的排序上也做了一些调整。

上述工作完成之后，我们发现，尽管我们的选编是在"原五卷本"的基础上进行的，但如果把这项成果称为"修订"却是有问题的。因为参与这次选编的已不是"原五卷本"的选编人员，事前也没有得到他们的授权，而出版社也发生了变更。在这种情况下，还用"原五卷本"的书名，称其为该丛书的"修订本"就很不合适了。正因为这样，我们将五册总称为《马克思主义经典作家民族问题文选》，而不再是《马克思恩格斯论民族问题》等"原五卷本"的"修订本"。

实际上，与"原五卷本"相比，这套文选在选文篇目上因增减已有所不同，注释的方式和部分内容发生了大的改变，译文也有了变化，已在事实上形成经典作家民族问题论著选编的另一种读本。所以，本文选出版后和"原五卷本"作为并列的两套书为读者所选用，而不成为一种前后取代的关系，可能更好一些。

此外，尽管我们的选编工作是在"原五卷本"基础上完成的，也做了大量的工作，但我们不敢说这个本子就会超过原本。就此来看，我们以不同于"原五卷本"的书名面世，也是承担责任的需要。

本文选是中国社会科学院民族学与人类学研究所民族理论室承担的中国社会科学院重点学科方向"马克思主义民族理论研究"的重点课题。我主持了本课题的筹划设计、组织协调、审稿统稿，并参与了具体选编。郑信哲、周竞红、杨华、刘玲以及我的博士生张淑娟、侯发兵分别承担了各卷的选编工作；我的博士生杨须爱及博士后张三南、肖斌分别对各卷的体例做了规范性调整，对全文做了校对。陈建樾研究员为本书的出版做了大量协调工作。

中国社会科学院民族学与人类学研究所前所长郝时远研究员为本文选提出了指导性意见,在此谨表谢意!

王希恩

2015 年 6 月 30 日

凡 例

一、本书选文均来源于中文版的马克思恩格斯原著，选文版本依序是《马克思恩格斯文集》（10卷本，人民出版社，2009）、《马克思恩格斯全集》第2版（人民出版社，未出齐）、《马克思恩格斯选集》第2版（4卷本，人民出版社，1995）、《马克思恩格斯全集》第1版（50卷，人民出版社）。

二、选文篇目依据该文发表或写作的时间排序。选文出处均在文后标出。

三、文中的黑体字、外文单词和加重号等，均为选文原著所有。

四、本书注释分脚注（页下注）和尾注（文后注）两种。脚注及脚注中的"编者注"均为选文原著所有；尾注也均为原著编者所加，但其中提及的马克思恩格斯和列宁著作，本书均按新版做出核对和注出，一些重复的释条做了省略。

目 录

弗·恩格斯	致弗里德里希·格雷培	1
弗·恩格斯	不来梅通讯　恩斯特·莫里茨·阿恩特（节选）	7
卡·马克思	致阿尔诺德·卢格	16
卡·马克思	论犹太人问题（节选）	18
弗·恩格斯	英国状况	39
弗·恩格斯	英国状况	50
卡·马克思和弗·恩格斯　神圣家族，或对批判的批判所做的批判		52
弗·恩格斯	英国工人阶级状况（节选）	78
卡·马克思	评弗里德里希·李斯特的著作《政治经济学的国民体系》（节选）	93
弗·恩格斯	在伦敦举行的各族人民庆祝大会	96
卡·马克思	马克思致比埃尔·约瑟夫·蒲鲁东（节选）	102
卡·马克思	马克思致巴维尔·瓦西里也维奇·安年柯夫	104
卡·马克思和弗·恩格斯　德意志意识形态		109
卡·马克思	哲学的贫困　答蒲鲁东先生的《贫困的哲学》（节选）	149
弗·恩格斯	德国的制宪问题（节选）	153
弗·恩格斯	共产主义信条草案（节选）	156
卡·马克思和弗·恩格斯　关于波兰的演说		158

卡·马克思	需求（节选）	163
卡·马克思和弗·恩格斯	共产党宣言	165
卡·马克思和弗·恩格斯	论波兰问题	182
卡·马克思	马克思致《黎明报》编辑	190
弗·恩格斯	对波兰的重新瓜分	192
弗·恩格斯	德国的对外政策	195
弗·恩格斯	德国的对外政策和布拉格最近发生的事件（节选）	200
弗·恩格斯	法兰克福关于波兰问题的辩论（节选）	202
弗·恩格斯	丹麦和普鲁士的休战（节选）	235
卡·马克思	革命运动	239
弗·恩格斯	匈牙利的斗争（节选）	243
弗·恩格斯	民主的泛斯拉夫主义	255
弗·恩格斯	恩格斯致马克思（节选）	275
弗·恩格斯	德国的革命和反革命（节选）	278
卡·马克思和弗·恩格斯	不列颠政局。——迪斯累里。——流亡者。——马志尼在伦敦。——土耳其（节选）	295
弗·恩格斯	欧洲土耳其前途如何？	303
弗·恩格斯	瑞士共和国的政治地位	310
弗·恩格斯	恩格斯致马克思（节选）	320
卡·马克思	马克思致恩格斯（节选）	323
弗·恩格斯	恩格斯致马克思（节选）	326
卡·马克思	不列颠在印度的统治	329
卡·马克思	不列颠在印度统治的未来结果	338
卡·马克思	希腊人暴动	347
卡·马克思	宣战。——关于东方问题的历史	351
卡·马克思	法国和英国的最近前途（节选）	362
弗·恩格斯	德国和泛斯拉夫主义	365
卡·马克思	马克思致恩格斯（节选）	373

卡·马克思	马克思致恩格斯（节选）	374
弗·恩格斯	恩格斯致马克思	375
卡·马克思	布·鲍威尔关于同俄国的冲突的小册子（节选）	379
卡·马克思	十八世纪外交史内幕（节选）	383
卡·马克思	英人在华的残暴行动	391
弗·恩格斯	波斯和中国	396
弗·恩格斯	阿富汗（节选）	404
卡·马克思	导言（经济学手稿）（节选）	407
卡·马克思	政治经济学批判（1857～1858年手稿）（节选）	418
卡·马克思	意大利的统一问题	452
弗·恩格斯	波河与莱茵河（节选）	460
卡·马克思	维拉弗兰卡条约	467
弗·恩格斯	萨瓦、尼斯与莱茵（节选）	471
卡·马克思	马克思致摩里茨·佩尔采尔（节选）	480
卡·马克思	[伊·萨博]《从十六世纪初到目前的现代欧洲国家政策》（两卷本，1857年伦敦版）一书（节选）	481
卡·马克思	福格特先生（节选）	486
卡·马克思	伦敦德意志工人教育协会支援波兰的呼吁书	516
卡·马克思	国际工人协会成立宣言	519
卡·马克思	协会临时章程（节选）	523
卡·马克思	马克思致海尔曼·荣克（节选）	526
弗·恩格斯	工人阶级同波兰有什么关系？	527
卡·马克思	马克思致恩格斯（节选）	543
卡·马克思	给临时中央委员会代表的关于若干问题的指示（节选）	545
卡·马克思	1867年1月22日在伦敦召开的波兰会议的决议草案	548
卡·马克思	资本论 政治经济学批判（节选）	549
后　记		584

弗·恩格斯

致弗里德里希·格雷培

巴 门

[1839年1月20日于不来梅]

献给弗里茨·格雷培

佛罗里达

一

土地神说：

傲慢的白种人来自大洋的彼岸，
那里有他们的城池，
啊，已经过去了三百多年。

我们的岛屿不久就成了强者的猎物；
我将从海底举起我的拳头，
试看他们谁敢踏上这片国土。

这里森林遍地鲜花怒放，
我忠实的印第安人一步步
犁出了深深的山谷。

永恒的主
仁慈地为这山川频频祝福，
这时白种人乘着迷航的船只来临。

他们看上了我的这片土地；
他们夺走了土地和岛屿，
而我的人民却沦为奴隶。

他们不承认犁沟为边境，
用方尺丈量我的手掌，
在上面画出了陌生的标记。

曾几何时，他们涌进整个这片土地——
只差一个手指没有落到他们手里，
谁敢触动它，谁就是自取灭亡。

我让红种人团结起来，
结成防线将这根手指保卫，
他们手持长矛一致对外。

如果白种人冲破防线，
印第安人的盾牌也无法为我抵挡，
我就把白人和野蛮人盘踞的手掌
撒入愤怒的惊涛骇浪。

二

塞米诺尔人说：

我不想向我的弟兄们宣告和平，
我的第一个词是打仗，我的最后一个词是战争！
如果你们的目光燃起熊熊的火焰，

正如森林之火被飓风点燃，
那么你们称呼我理当用太阳这个字眼，
因为太阳驱走了夜的黑暗！

正像你们平时纵情狂猎，
穷追不舍，一箭紧似一箭，
无辜的兽群逃避你们的驱赶。

白种人也同样想驱赶你们。
那就让你们的利箭表明：
他们是野兽，你们是猎人！

他们满怀妒忌看着红种人，
为了不裸露他们那令人厌恶的白色身躯，
便用五颜六色的衣服把自己裹起。

他们称我们这片土地是花园，
在这片土地上百花盛开，
澄蓝、橘黄、雪白，群芳争艳。

大家都穿上了红色的衣裳，

那是全身溅满白种人的鲜血，
连红鹳鸟的红色也比不上。

我们决不做他们的奴隶。
他们就把懦弱的黑人带到这里，
他们该知道我们的力量和勇气！

来吧，白种人，既然你们如此向往，
你们将得到自己的荣光：
在每棵树、每丛芦苇的背后，
塞米诺尔人的箭正把你们盼望！

三

白种人说：

好吧！我将和严酷的命运
勇敢地作最后一次较量，
面对杀人的利剑，我胸怀坦荡！

我熟识你，你这命运的劫难，
你总是将我生命的欢愉摧残；
你以为我曾有过爱的喜悦？

我曾爱过的那个女人
以嘲弄撕碎了我的心，
我在争取自由当中来把慰藉找寻。

我们的联盟使一些国王发抖，

德意志青年的团结使公侯们为之震颤——
为此我遭到镣铐的惩罚,

葬送我七度春秋的美好年华。
然后用快船把我送走,
我将获得自由,却在异国他乡。

海岸已经在望!
这时船只触礁,粉身碎骨,
船上人纷纷跳入惊涛骇浪。

我独自抓住一块木板费力地爬到岸上,
这是第一个幸运在我眼前出现,
其他人却在海底长眠。

然而我能逃脱所有的灾难?
野蛮人扑过来将我捆住,
为了报仇,把我送往死亡线。

在我指望重新自由呼吸的地方,
自由的斗士却用死亡迎候我,
这样我不得不代我同胞的罪行受过!

看,是什么向岸边飘浮?耶稣受难像!
救世主那温和的目光把我端详!
啊,我多么需要他的圣言,

当我躺在灼热的沙滩上弥留之际,

慈悲为怀的主走到我近前,
我在抱怨,而上帝自己
在同地狱的狂怒搏斗中为我蒙难死去!

选自《马克思恩格斯全集》第 47 卷,
人民出版社,2004,第 114～119 页

弗·恩格斯

不来梅通讯
恩斯特·莫里茨·阿恩特[1]（节选）

  由于同时出版了许多关于解放战争的回忆录①，所以，阿恩特的这本书便具有特别重要的意义。这样，德意志民族数百年来第一次重新奋起并且用自己的全部力量和伟大精神对抗外来压迫的那个光荣时代，又栩栩如生地展现在我们面前。而我们德国人应当念念不忘那个时代的战斗，从而使我们沉睡的人民意识振奋起来。自然，这决不是像某个政党所理解的那种意思，认为已经万事齐备，可以安于1813年取得的胜利，对着历史的明镜扬扬自得地自我欣赏了。意思正好相反。因为斗争的最重大的成果不是摆脱外国的统治——这种完全建立在拿破仑这位阿特拉斯神双肩上的反常状态迟早必将自行垮台——不是已经获得的"自由"，而是斗争的事实本身，是极少数同时代人明确感觉到的斗争的时机。我们意识到丧失了民族神圣的东西，我们不等君主最仁慈的恩准就武装了起来，我们甚至**迫使**当权者站到我们的前面②，总之，我们在一瞬间就成

---

① 有可能指卡·伊默曼《回忆录》，1840年汉堡版；《德国的潘多拉·当代状况和著作家纪念册》，1840年斯图加特版；威·多罗编《关于世界和文学的特点的备忘录与书信集》，1838～1840年柏林版；亨·斯特芬斯：《我的经历》，1840年布雷斯劳版。——编者注
② 关于这个问题，参看卡·巴德《拿破仑在1813年》，1840年阿尔托纳版。

了国家权力的源泉，成了享有主权的人民——这才是那些年的最高成就。因此，战后最清醒地感觉到这一点并且最坚决地朝这个方向行动的人，在政府眼里就必然成了危险人物。——但是这股活动的力量很快就又消沉下去了！由于四分五裂这一祸根，整个国家十分必需的奋发有为的精神被它的各个部分所吞噬，整个德意志的利益分裂为许许多多的地方利益。结果，德国便不可能奠定像1812年西班牙宪法[2]中为自己奠定的那种国家生活的基础。相反，我们这些备受压抑的心灵，已经受不起如此之多从"上层社会"突然向我们洒下的绵绵春雨般的泛泛诺言，而我们这些蠢人就不想一想，有一些诺言，从民族的观点来看，违背它们是决不可原谅的，而从个人的观点来看，是很容易得到原谅的。这之后，召开了几次会议[3]，这使德国人有时间睡一大觉以消解他们对自由的陶醉，让他们醒来以后重新恢复皇帝陛下和恭顺臣民之间的旧关系。谁要是不放弃昔日的抱负，谁要是不抛掉对民族施加影响的习惯，谁就会被时代的各种势力赶进德意志狂的死胡同。只有少数几个卓绝非凡的人走出迷宫，找到了通向真正自由的道路。

患德意志狂的人们想对解放战争的事实进行补充，还想把在物质上已独立的德国从外国人的精神霸权下解放出来。但是正因为如此，德意志狂就是一种否定性，而它用来自我炫耀的肯定的东西，则埋没在一片模糊之中，而且再也没有从那里完整地冒出来；就连那些表露为理性的东西，也大都是够荒谬的。它的整个世界观在哲学上是站不住脚的，因为按照这种观点，整个世界就是为德国人创造的，而德国人自己早就达到了发展的最高阶段。德意志狂是黑格尔哲学意义上的否定性、抽象性。德意志狂摒弃了不是源于64代纯粹德意志祖先、也不是生根于本民族的一切，从而创造了抽象的德国人。其至在德意志狂身上看来好像是肯定的东西也都是否定的东西，因为只有否定了一千年和这一千年的发展道路，才能把德国引向德意志狂的理想；因此，德意志狂总想把这个民族拉回到德意志的中世纪去，甚至拉回到源于条顿堡林山的原始德意志的纯正精神中去。杨就代表了这种极端的倾向。这种片面性把德国人变成以色列选民，而无视一切不是在德国土生土长的、具有世界历史意义的无数萌芽。特别是针对法国人，——法国人的入侵被击退了，而他们在国外称霸的基础在于他们总是比一切其他民族都更容易掌握欧洲的文化形式即文明，——破坏圣像崇拜的运动的满腔怒火大部分都是针对法国人的。革命的伟大而永恒的成果被看做"法国式的花招"，甚至被看做"法国式的诈骗"① 而遭到憎恶。谁也没有想到过这个宏伟的民族壮举同1813年人民的崛起有着连带关系。拿破仑带来的一切，即犹太人的解放、陪审法庭、健全的私法代替罗马法典的烦琐条文——所有这一切都仅仅由于倡导者个人而遭到谴责。仇视法国已经成了义务，任何一种懂得要掌握更高着眼点的看法，都被诅咒为非德意志的思想。于是，就连爱国主义实质上也成了一种否定的东西，它听任祖国在当时的斗争中处于孤立无援的境地，却费很大的劲去生造浮华的纯德意志式的词语来代替早已德语化了的外来语。如果这种倾向就是具体的德国的倾向，如果它认为，德国人之成为德国人是由于两千年历史的发展，如果它没有忽略我们的使命的最重要因素是充当欧洲历史天平上的指针，并且关注邻近各民族的发展，那么，它就会避免自己的各种错误。——当然，另一方面也不能不指出，德意志狂曾经是我们民族精神发展的一个必要阶段，并且同它后续的阶段构成了对立面，现代的世界观正是奠定在这个对立面上的。

德意志狂的这个对立面就是南德意志等级会议的世界主义的自由主义。这种世界主义的自由主义否认民族差别，致力于缔造一个伟大的、自由的、联合的人类。它同宗教理性主义是一致的，并且同出一源，即出于上一世纪的博爱主义，而德意志狂则最后导致神学上的正统教义，它几乎所有的信徒（阿恩特、斯特芬斯、门采尔）都逐渐走向这样的归宿。世界主义自由思想的片面性常常被它的对手所揭露——当然这种揭露本身也有其片面性，因此，我才有可能扼要地谈

---

① 见弗·路·杨《德意志民族性的标志》，1833年希尔德堡豪森版。——编者注

谈这种倾向。七月革命[4]最初仿佛是有利于这种倾向的，然而所有的党派都利用了这一事件。真正消灭德意志狂，更确切些说，真正消灭德意志狂的生命力，始于七月革命并且寓于七月革命。但是，世界公民精神也同样开始瓦解，因为这个伟大的一周的最重要的意义正在于恢复法兰西民族作为大国的地位，从而迫使其他民族同样去争取更巩固的内部团结。

……

如果说对德意志狂的倒退方面还值得给予更详细的考察，这部分地是出于尊敬这位把这些方面当作自己的信念来维护的人，部分地是由于这些方面不久以前在普鲁士所得到的庇护，那么，应当更坚决地反对德意志狂的另一个倾向，因为目前它在我们这里又有占上风的危险，——这就是仇视法国。我并不是要同阿恩特以及1813年的其他活动家吵架，但是目前所有的报刊毫无气节地针对法国人而发的卑躬屈膝的空谈，我感到深恶痛绝。要有高度的忠君思想，才能通过七月条约[5]确信：东方问题对于德国是生死攸关的问题，而且穆罕默德-阿里是对我国民族性的威胁。从这个观点来看，法国支持埃及人当然就是对德意志民族犯下了它在本世纪初曾经犯过的同样罪行。可悲的是，半年来翻开任何一家报纸都可以看到重新活跃起来的吞食法国人的狂怒。这一切都是为了什么呢？为了扩大俄国人的领地，增强英国人的贸易实力，从而使他们能够最终扼杀和压垮我们德国人！欧洲进步的宿敌是英国的稳定原则和俄国的制度，而不是法国及其运动。[6]但是，由于德意志的两位邦君①认为加入这项条约有好处，于是问题就突然变成了德国问题，法国就成了自古以来不信神的"异邦"宿敌，而真正蒙受凌辱的法国所采取的完全正常的战备措施，却成了对德意志民族的犯罪行为。对几个法国记者关于莱茵河边界发出的愚蠢叫嚣，却认为应该

---

① 弗里德里希-威廉四世和裴迪南一世。——编者注

痛加驳斥，遗憾的是，这些驳斥，法国人根本没有读到；而贝克尔的歌谣"他们别想得到它"①却被硬性规定为国歌。我为贝克尔这首歌谣的成功而高兴，而且根本不想去弄清楚它的富有诗意的内容，我甚至乐于听到这种来自莱茵河左岸的德意志的思想方式，但是，我也喜欢我刚看到的这些报刊登载的关于这方面的文章，我觉得可笑的是要把一首小小的诗歌吹捧为国歌。"他们别想得到它！"那么，又是一个否定？你们能够对一首以否定为内容的国歌感到满意吗？德国的民族性只能够在反对外国的争论中找到依靠吗？《马赛曲》②的歌词虽然很鼓舞人，却没有多少价值，然而非常可贵的是它超越了民族界限而为全人类所接受。在我们的勃艮第和洛林被夺走之后，在我们容让佛兰德成为法国的领地、让荷兰和比利时获得独立之后，在法国吞并了阿尔萨斯直逼莱茵河，而我们手中仅仅剩下历来就是德国的莱茵河左岸比较小的一部分土地之后，我们竟不知羞耻地妄自尊大，并且喊道：至少你们别想得到最后这一块土地！啊，可怜的德国人！如果法国人将莱茵河也搞到手，那我们仍然会以十分可笑的傲慢态度叫喊道：他们别想得到它，别想得到自由的德国的威悉河直到易北河和奥得河的地区；只要德国还没有在法国人和俄国人之间被瓜分掉，我们能做的就只是高唱：他们别想得到它，别想得到德国理论这条自由的河流，只要它的波浪还宁静地流向无边无际的海洋，只要在它的水底那怕还有一条不切实际的、自作聪明的小鱼在划动着双鳍！我们就做了这些而没有去深刻忏悔使我们失去了这些美好的土地的罪过；没有深刻忏悔不团结一致和背弃思想，没有深刻忏悔为局部利益而牺牲整体利益的地方爱国主义，没有深刻忏悔缺乏民族意识。诚然，法国人有 种固定的想法，仿佛莱茵河是他们的财产，然而，对于这个傲慢的要求，值得德意志民族作出的惟一回答是阿恩特的呼声：

---

① 引自尼·贝克尔的诗《德国的莱茵河》第一行。——编者注
② 鲁日·德·李尔写词作曲。——编者注

"交出阿尔萨斯和洛林！"①

因为我认为，——我的观点也许同我在其他方面本来观点一致的许多人相反，——对于我们来说，收复讲德语的莱茵河左岸，事关民族荣誉，而已经分离出去的荷兰和比利时的日尔（耳）曼化，则是政治上的必然。难道我们能够容忍德意志民族在这些国家被彻底压制下去而斯拉夫精神在东方却日益强大？难道我们应当拿我们最好的省份的德意志民族性去换取法国的友谊吗？难道我们应当容忍被占领将近 100 年之久，而占领者又不能同化他们所占领的一切这种状态吗？难道我们应当把 1815 年的条约[7]看成对世界精神的终审判决吗？

但是，从另一方面来说，只要我们不能给阿尔萨斯人以他们现在所拥有的东西，即在大国范围内的自由的社会生活，我们就对不起阿尔萨斯人。毫无疑问，我们必须同法国再较量一番，那时就会看出，究竟谁有资格得到莱茵河左岸。而在此以前，我们可以安心地将这个问题由我们的民族性和世界精神的发展去解决；在此以前，我们要谋求欧洲各民族之间彼此有充分的了解，并且争取本民族内部的统一——我们的第一需要和我们的未来自由的基础。只要我们的祖国处在分裂状态，我们在政治上就等于零，社会生活、完善的立宪制度、新闻出版自由以及我们所要求的其他一切都不过是一些无法实现的虔诚的愿望而已。这是我们应当努力争取的目标，而决不是去消灭法国人！

尽管如此，德意志狂的否定仍然没有彻底完成自己的任务：还有许多东西应当送回老家去，——送回阿尔卑斯山，送回莱茵河，送回魏克瑟尔河。我们将把五头政治[8]留给俄国人；把意大利人的教皇政治以及同它相关的一切，把他们的贝利尼、唐尼采蒂，乃至罗西尼——如果这些人要向莫扎特和贝多芬炫耀他们的教皇政治的话——留给意大利人；把法国人对我们的狂妄批评，把他们的轻松的喜剧和歌剧，把他们的斯克里布和亚当留给法国人。我们要把外国人的荒诞不经的习俗和时髦风尚，一切多余的

---

① 引自恩·莫·阿恩特《忆往事》，第 364 页。——编者注

外国词汇，统统赶回它们的老窝去；我们再也不做外国人愚弄的傻瓜了，我们要团结成统一的、不可分割的、强大的——以及像上帝所喜欢的**自由的德意志民族**。

弗·奥·

弗·恩格斯写于1840年12月初～12月15日	原文是德文
	中文根据《马克思恩格斯全集》1985年历史考证版第1部分第3卷翻译
载于《德意志电讯》，1841年1月，第2～5号	选自《马克思恩格斯全集》第2卷，人民出版社，2005，第268～271、278～282页

注释：

[1] 恩·莫·阿恩特是1813年民族独立斗争的组织者和领导者之一。由于执行卡尔斯巴德决议，大学里实行严格的监督，阿恩特因此被解除了在波恩大学的教职。1840年王位更迭后不久，差不多在他的《忆往事》一书出版的同时，他的教职才得以恢复。这一事件在当时引起报界热烈的讨论，被人们看做是弗里德里希-威廉四世政策的自由主义倾向。

1840年7月，阿恩特的《忆往事》在莱比锡出版，同年10月再版。这是一部关于反对拿破仑外来统治时期的回忆录。这种性质的文学作品在当时出版得非常多，对这类文学的评论，尤其是对阿恩特的这本书的评论，《德意志电讯》曾作过预告，预告中也提到恩格斯撰写的这篇评论文章。

阿恩特回忆录的出版是恩格斯撰写本文的直接原因。恩格斯的文章第一次把德国政治精神发展这个重要问题作为中心议题，全面评价了德国随着1807～1813年的改革而发生的资产阶级性质的变革；在1789年法国革命的影响下爆发的1813年民族独立斗争以及同样受1789年和1830年法国革命的影响，德国出现的政治和精神领域的运动，尤其是这些运动对法国革命的成果所持的态度。

恩格斯的文章使人们看到，由于出版了许多关于解放战争的回忆录，阿恩特的这部书具有特别重要的意义。恩格斯的论述与青年黑格尔派，如卢格的观点在很大程度上是一致的，他们的共同之处主要表现在力图把政治和哲学结合起来。

本文写作的时间是1840年12月上半月，12月初《德意志电讯》第195号曾预告即将发表一组系列文章的消息。本文是这组系列文章（共三篇）的第二篇，标题是《德国现状。二、恩斯特·莫里茨·阿恩特》，第一和第三篇为谷兹科所撰写。恩格斯的这篇文章与谷兹科的两篇文章是相互独立的。恩格斯本人是否事先获知，他的这篇文章被纳入这组系列文章，目前无法证实。

本文分四次连载于1841年1月《德意志电讯》第2～5号，署名：弗·奥·。

[2] 1812年的西班牙宪法是1812年3月19日议会在加的斯市通过的，故又名加的斯宪法。宪法限制了君主制度，宣布国民是最高权力的体现者，赋予由普选产生的一院制的议会以立法职能。议会在内政和外交方面获得了广泛的权力。宪法规定实行地方自治、累进税和普遍义务兵役制，由各省组织地方国民军，对整个司法制度进行改造。1814年，由于封建贵族反动势力在西班牙取得胜利，1812年的宪法被废除。19世纪上半叶，这部宪法是西班牙和欧洲其他许多国家自由主义立宪运动的一面旗帜。

[3] 指维也纳会议（1814年10月～1815年6月）及神圣同盟为镇压欧洲各国资产阶级革命和民族解放运动而召开的4次会议，即亚琛会议（1818年）、特罗保会议（1820年）、莱巴赫会议（1821年）和维罗那会议（1822年）。神圣同盟是沙皇俄国、奥地利和普鲁士为镇压欧洲各国进步运动，维护封建君主制度而于1815年建立的反革命势力的联盟。

[4] 七月革命指1830年7月爆发的法国资产阶级革命。1814年拿破仑第一帝国垮台后，代表大土地贵族利益的波旁王朝复辟，它竭力恢复封建专制统治，压制资本主义的发展，限制言论出版自由，加剧了资产阶级同贵族地主的矛盾，激起了人民的反抗。1830年7月27～29日巴黎爆发了革命，推翻了波旁王朝。金融资产阶级攫取了革命果实，建立了以奥尔良爵路易-菲力浦为首的代表金融资产阶级利益的"七月王朝"。

[5] 指英国、俄国、奥地利和普鲁士为一方，土耳其为另一方于1840年7月15日签订的伦敦公约，公约规定向土耳其苏丹提供军事援助，以反对背后有法国支持的埃及帕沙穆罕默德-阿里。伦敦公约是欧洲列强，主要是英、法、俄争夺近东霸权的反映。

[6] 1840年9月底10月初，法国新闻界提出了以莱茵河划分德法边界的要求，激起了德国多家新闻报刊的民族主义激愤。德国反封建的进步势力采取了另一种态度。青年德意志和青年黑格尔派从战胜国内反动派，联合国外进步势力的观点出发反对这种民族主义的冲动，他们指出英国和俄国的物质利益所在，指出与1813年形势的不同之处，从而得出结论，认为反法的结果将危及德国资产阶级的自由发展。

[7] 指维也纳会议（1814年10月～1815年6月）期间签订的一项条约。该条约旨在恢复各正统王朝的统治，违背民族统一和各民族独立的利益，任意修改欧洲版图，使德国的分裂状态固定下来。

[8] 五头政治是复辟王朝时期欧洲的政治体制，是在英国、法国、俄国、奥地利和普鲁士五强霸权的基础上建立起来的。

卡·马克思

致阿尔诺德·卢格[1]

巴　黎

1843年3月于赴D城的拖船上　[荷兰]

目前我正在荷兰旅行。根据这里的和法国的报纸来判断，德国已深深地陷入泥潭，而且会越陷越深。我向您保证，连丝毫没有民族自尊心的人也会感到这种民族耻辱，即使在荷兰也是如此。一个最平凡的荷兰人与一个最伟大的德国人相比，仍然是一个公民。请听听外国人对普鲁士政府的评论吧！在这方面意见是惊人的一致，再也没有人会相信普鲁士制度及其明显的本质了。可见新学派还是有点用处的。自由主义的华丽外衣掉下来了，可恶至极的专制制度已赤裸裸地呈现在全世界面前。

这也是一种启示，虽然是反面的启示。这是事实，它至少教我们认识我们的爱国主义的空洞和国家制度的畸形，使我们掩面知耻。您会含笑地望着我问道：这样做有什么好处呢？知耻干不了革命。我回答说：羞耻已经是一种革命；羞耻实际上是法国革命对1813年曾战胜过它的德国爱国主义的胜利，羞耻是一种内向的愤怒。如果整个民族真正感到了羞耻，它就会像一头蜷身缩爪、准备向前扑去的狮子。我承认，德国现在甚至还没有感到羞耻，相反，这些可怜虫还是爱国者。如果不是这位新骑士①的这种可笑的制度，难道还有什么制度能打消这些可怜虫的爱国主义吗？让我们来上演的这场专制制度的喜剧，对他来说就像当年斯图亚特王朝和波旁王朝发生的悲剧一样危险。[2] 就算人们长期不明白这出喜剧究竟是怎么回事，它毕竟已经可以算是一场革命了。国家是十分严肃的东西，要它演什么滑稽剧是办不到的。满载愚人的船只②或许会有一段时间顺风而行，但是它在向着命运驶去，这正是因为愚人们不相信这一点。这命运就是我们所面临的革命。

选自《马克思恩格斯全集》第47卷，
人民出版社，2004，第54～55页

注释：

[1] 这封信以及后面的两封信是1844年发表在《德法年鉴》上的马克思致阿·卢格的三封信（见第47卷注35）。从这些信件中可以了解马克思的革命观点及其与卢格资产阶级民主主义观点的分歧。

[2] 指英国资产阶级革命时期1649年1月30日斯图亚特王朝的国王查理一世被处死；法国大革命时期1793年1月21日波旁王朝的国王路易十六被处死。

---

① 弗里德里希-威廉四世。——编者注
② 参见塞·布兰特《愚人船》，1494。——编者注

卡·马克思

论犹太人问题(节选)[1]

（1）布鲁诺·鲍威尔：《犹太人问题》1843年不伦瑞克版。

（2）布鲁诺·鲍威尔：《现代犹太人和基督徒获得自由的能力》。格奥尔格·海尔维格1843年在苏黎世—温特图尔出版的《来自瑞士的二十一印张》，第56~71页。

一 布鲁诺·鲍威尔：《犹太人问题》
1843年不伦瑞克版

德国的犹太人渴望解放。他们渴望什么样的解放？**公民**的解放，**政治**解放。

布鲁诺·鲍威尔回答他们说：在德国，没有人在政治上得到解放。我们自己没有自由。我们怎么可以使你们自由呢？你们犹太人，要是为自己即为犹太人要求一种特殊的解放，你们就是**利己主义者**。作为德国人，你们应该为德国的政治解放而奋斗；作为人，你们应该为人的解放而奋斗。而你们所受的特种压迫和耻辱，不应该看成是通则的例外，相反，应该看成是通则的证实。

或者，犹太人是要求同**信奉基督教的臣民**享有平等权利？如果是这样，他们就承认**基督教国家**是无可非议的，也就承认普遍奴役制度。既然他们满意普遍奴役，为什么又不满意自己所受的特殊奴役呢？既然犹太人不关心德国人的解放，为什么德国人该关心犹太人的解放呢？

基督教国家只知道**特权**。犹太人在这个国家享有做犹太人的特权。作为犹太人，他享有基督徒所没有的权利。那他何必渴望他所没有而为基督徒所享有的权利！

如果犹太人想从基督教国家解放出来，他就是要求基督教国家放弃自己的**宗教**偏见。而他，犹太人，会放弃**自己的**宗教偏见吗？就是说，他有什么权利要求别人放弃宗教呢？

基督教国家，按**其本质**来看，是不会解放犹太人的；但是，鲍威尔补充说，犹太人按其本质来看，也不会得到解放。只要国家还是基督教国家，犹太人还是犹太人，这两者中的一方就不可能解放另一方，另一方也不可能得到解放。

基督教国家对待犹太人，只能按照基督教国家的方式即给予特权的方式：允许犹太人同其他臣民分离开来，但也让犹太人受到分离开来的其他领域的压迫，何况犹太人同占统治地位的宗教处于**宗教**对立的地位，所受的压迫也更厉害。可是，犹太人对待国家也只能按照犹太人的方式即把国家看成一种异己的东西：把自己想象中的民族跟现实的民族对立起来，把自己幻想的法律跟现实的法律对立起来，以为自己有权从人类分离出来，决不参加历史运动，期待着一种同人的一般未来毫无共同点的未来，认为自己是犹太民族的一员，犹太民族是神拣选的民族。

那么你们犹太人有什么理由渴望解放呢？为了你们的宗教？你们的宗教是国教的死敌。因为你们是公民？德国根本没有公民。因为你们是人？你们不是人，正像你们诉求的对象不是人一样。

鲍威尔批判了迄今为止关于犹太人的解放问题的提法和解决方案以后，又以新的方式提出了这个问题。他问道：应当得到解放的犹太人和应该解放犹太人的基督教国家，二者的**特性**是什么？他通过对犹太人的宗教的批判回答了这个问题，他分析了犹太教和基督教的**宗教**对立，他说明了基督教国家的本质，——他把这一切都做得大胆、尖锐、机智、透彻，而且文笔贴切、洗练和雄健有力。

那么，鲍威尔是怎样解决犹太人问题的？结论是什么？他对问题的表述就是对问题的解决。对犹太人问题的批判就是对犹太人问题的回答。总之，可简述如下：

我们必须先解放自己，才能解放别人。

犹太人和基督徒之间最顽固的对立形式是**宗教**对立。怎样才能消除对立？使它不能成立。怎样才能使**宗教**对立不能成立？**废除宗教**。只要犹太人和基督徒把他们互相对立的宗教只看做**人的精神的不同发展阶段**，看做**历史**撕去的不同的蛇皮，把人本身只看做蜕皮的蛇，只要这样，他们的关系就不再是宗教的关系，而只是批判的、**科学的**关系，人的关系。那时**科学**就是他们的统一。而科学上的对立会由科学本身消除。

德国的犹太人首先碰到的问题是没有得到政治解放和国家具有鲜明的基督教性质。但是，在鲍威尔看来，犹太人问题是一个不以德国的特殊状况为转移的、具有普遍意义的问题。这就是宗教对国家的关系问题、**宗教束缚和政治解放的矛盾**问题。他认为从宗教中解放出来，这是一个条件，无论对于想要得到政治解放的犹太人，还是对于应该解放别人从而使自己得到解放的国家，都是一样。

……

可见，我们已经表明，摆脱了宗教的政治解放让宗教持续存在，虽然不是享有特权的宗教。任何一种特殊宗教的信徒同自己的公民身份的矛盾，只是**政治国家和市民社会之间的**普遍**世俗矛盾的一部分**。基督教国家的完成，就是国家表明自己是国家，并且不理会自己成员信奉的宗教。国家从宗教中解放出来并不等于现实的人从宗教中解放出来。

因此，我们不像鲍威尔那样对犹太人说，你们不从犹太教彻底解放出来，就不能在政治上得到解放。相反，我们对他们说，因为你们不用完全地、毫无异议地放弃犹太教就可以在政治上得到解放，所以**政治解放**本身并不就是**人的**解放。如果你们犹太人本身还没作为人得到解放便想在政治上得到解放，那么这种不彻底性和矛盾就不仅仅在于你们，而且在于政治解放的**本质**和范畴。如果你们局限于这个范畴，那么你们也具有普遍的局限性。国家，虽然是国家，如果要对犹太人采取基督教的立场，那就要**宣讲福音**，同样，犹太人，虽然是犹太人，如果要求公民的权利，那就得**关心政治**。

但是，如果人，尽管是犹太人，能够在政治上得到解放，能够得到公民权，那么他是否能够要求并得到所谓**人权**呢？鲍威尔**否认**这一点。

"问题在于：犹太人本身，就是说，自己承认由于自己的真正本质而不得不永远同他人分开生活的犹太人，他是否能够获得普遍人权，并给他人以这种权利呢？"

"对基督教世界来说，人权思想只是上一世纪才被发现的。这种思想不是人天生就有的，相反，只是人在同迄今培育着他的那些历史传统进行斗争中争得的。因此，人权不是自然界的赠品，也不是迄今为止的历史遗赠物，而是通过同出生的偶然性和历史上一代一代留传下来的特权的斗争赢得的奖赏。人权是教育的结果，只有争得和应该得到这种权利的人，才能享有。"

"那么犹太人是否真的能够享有这种权利呢？只要他还是犹太人，那么使他成为犹太人的那种狭隘本质就一定会压倒那种把他作为人而同别人结合起来的人的本质，一定会使他同非犹太人分隔开来。他通过这种分隔说明：使他成为犹太人的那种特殊本质是他的真正的最高的本质，人的本质应当让位于它。"

"同样，基督徒作为基督徒也不能给任何人以人权。"（[布·鲍威尔《犹太人问题》]，第19、20页）

依照鲍威尔的见解，人为了能够获得普遍人权，就必须牺牲"**信仰的特权**"①。我们现在就来看看所谓人权，确切地说，看看人权的真实形式，

---

① 布·鲍威尔：《犹太人问题》，1843年不伦瑞克版，第60~61页。——编者注

即它们的**发现者**北美人和法国人所享有的人权的形式吧！[2] 这种人权一部分是**政治**权利，只是与别人共同行使的权利。这种权利的内容就是**参加共同体**，确切地说，就是参加**政治**共同体，参加**国家**。这些权利属于**政治自由**的范畴，属于**公民权利**的范畴；而公民权利，如上所述，决不以毫无异议地和实际地废除宗教为前提，因此也不以废除犹太教为前提。另一部分人权，即与 *droits du citoyen*［公民权］不同的 *droits de l'homme*［人权］，有待研究。

信仰自由就属于这些权利之列，即履行任何一种礼拜的权利。**信仰的特权**或者被明确承认为一种**人权**，或者被明确承认为人权之———自由——的结果。

  1791年人权和公民权宣言第10条："任何人都不应该因为自己的信仰，即使是宗教信仰，而遭到排斥。"1791年宪法第1编确认"每个人履行自己信守的宗教礼拜的自由"是人权。

  1793年**人权……宣言**第7条把"履行礼拜的自由"列为人权。是的，关于公开表示自己的思想和见解的权利、集会权利和履行礼拜的权利，甚至这样写道："宣布这些权利的必要性，是以专制政体的存在或以对它的近期记忆为前提的。"对照1795年宪法第XIV编第354条。

  宾夕法尼亚宪法第9条第3款："人人生来都有受自己信仰的驱使而敬仰上帝这种不可剥夺的权利，根据法律，任何人都不可能被迫违背自己的意愿去信奉、组织或维护任何一种宗教或任何一种宗教仪式。任何人的权力在任何情况下都不得干涉信仰问题或支配灵魂的力量。"

  新罕布什尔宪法第5、6条："自然权利中的有些权利，按其性质来说是不能让渡的，因为它们无可替代。信仰的权利就是这样。"（博蒙，前引书第213、214页）

在人权这一概念中并没有宗教和人权互不相容的含义。相反，**信奉宗教**、用任何方式信奉宗教、履行自己特殊宗教的礼拜的**权利**，都被明确列入人权。**信仰的特权**是**普遍的人权**。

Droits de l'homme，**人权**，它**本身**不同于 *droits du citoyen*，**公民权**。与 *citoyen*［**公民**］不同的这个 *homme*［**人**］究竟是什么人呢？不是别人，就是**市民社会的成员**。为什么市民社会的成员称做"人"，只称做"人"，为什么他的权利称做**人权**呢？我们用什么来解释这个事实呢？只有用政治国家对市民社会的关系，用政治解放的本质来解释。

首先，我们表明这样一个事实，所谓的**人权**，不同于 *droits du citoyen*［**公民权**］的 *droits de l'homme*［**人权**］，无非是**市民社会的成员**的权利，就是说，无非是利己的人的权利、同其他人并同共同体分离开来的人的权利。请看最激进的宪法，1793 年的宪法的说法：

人权和公民权宣言。

第 2 条："这些权利等等〈自然的和不可剥夺的权利〉是：平等、自由、安全、财产。"

自由是什么呢？

第 6 条："自由是做任何不损害他人权利的事情的权利"，或者按照 1791 年人权宣言："自由是做任何不损害他人的事情的权利。"

这就是说，自由是可以做和可以从事任何不损害他人的事情的权利。每个人能够**不损害**他人而进行活动的界限是由法律规定的，正像两块田地之间的界限是由界桩确定的一样。这里所说的是人作为孤立的、自我封闭的单子[3]的自由。依据鲍威尔的见解，犹太人为什么不能获得人权呢？

只要他还是犹太人，那么使他成为犹太人的那种狭隘本质就一定会压倒那种把他作为人而同别人结合起来的人的本质，一定会使他同非犹太人分隔开来。

但是，自由这一人权不是建立在人与人相结合的基础上，而是相反，建立在人与人相分隔的基础上。这一权利就是这种分隔的**权利**，是**狭隘的**、局限于自身的个人的权利。

自由这一人权的实际应用就是**私有财产**这一人权。

私有财产这一人权是什么呢？

第 16 条（1793 年宪法）："财产权是每个公民任意地享用和处理自己的财产、自己的收入即自己的劳动和勤奋所得的果实的权利。"

这就是说，私有财产这一人权是任意地（àson gré）、同他人无关地、不受社会影响地享用和处理自己的财产的权利；这一权利是自私自利的权利。这种个人自由和对这种自由的应用构成了市民社会的基础。这种自由使每个人不是把他人看做自己自由的**实现**，而是看做自己自由的**限制**。但是，这种自由首先宣布了人权是

任意地享用和处理自己的财产、自己的收入即自己的劳动和勤奋所得的果实。

此外还有其他的人权：平等和安全。

平等，在这里就其非政治意义来说，无非是上述**自由**的平等，就是说，每个人都同样被看成那种独立自在的单子。1795 年宪法根据这种平等的含义把它的概念规定如下：

第 3 条（1795 年宪法）："平等是法律对一切人一视同仁，不论是予以保护还是予以惩罚。"

安全呢？

第8条（1793年宪法）："安全是社会为了维护自己每个成员的人身、权利和财产而给予他的保障。"

安全是市民社会的最高社会概念，是**警察**的概念；按照这个概念，整个社会的存在只是为了保证维护自己每个成员的人身、权利和财产。黑格尔正是在这个意义上才把市民社会称为"需要和理智的国家"。[4]

市民社会没有借助安全这一概念而超出自己的利己主义。相反，安全是它的利己主义的**保障**。

可见，任何一种所谓的人权都没有超出利己的人，没有超出作为市民社会成员的人，即没有超出封闭于自身、封闭于自己的私人利益和自己的私人任意行为、脱离共同体的个体。在这些权利中，人绝对不是类存在物，相反，类生活本身，即社会，显现为诸个体的外部框架，显现为他们原有的独立性的限制。把他们连接起来的唯一纽带是自然的必然性，是需要和私人利益，是对他们的财产和他们的利己的人身的保护。

令人困惑不解的是，一个刚刚开始解放自己、扫除自己各种成员之间的一切障碍、建立政治共同体的民族，竟郑重宣布同他人以及同共同体分隔开来的利己的人是有权利的（1791年《宣言》）。后来，当只有最英勇的献身精神才能拯救民族、因而迫切需要这种献身精神的时候，当牺牲市民社会的一切利益必将提上议事日程、利己主义必将作为一种罪行受到惩罚的时候，又再一次这样明白宣告（1793年《人权……宣言》）。尤其令人困惑不解的是这样一个事实：正如我们看到的，公民身份、**政治共同体**甚至都被那些谋求政治解放的人贬低为维护这些所谓人权的一种**手段**；因此，citoyen［公民］被宣布为利己的 homme［人］的奴仆；人作为社会存在物所处的领域被降到人作为单个存在物所处的领域之下；最后，不是身为 citoyen［公民］的人，而是身为 bourgeois［市民社会的成员］的人，被视为**本来意义上的人，真正的人**。

"一切政治结合的目的都是为了维护自然的和不可剥夺的人权。"（1791年《人权……宣言》第2条）"政府的设立是为了保障人享有自然的和不可剥夺的权利。"（1793年《人权……宣言》第1条）

可见，即使在政治生活还充满青春的激情，而且这种激情由于形势所迫而走向极端的时候，政治生活也宣布自己只是一种**手段**，而这种手段的目的是市民社会生活。固然，这个政治生活的革命实践同它的理论还处于极大的矛盾之中。例如，一方面，安全被宣布为人权，一方面侵犯通信秘密已公然成为风气。一方面"不受限制的新闻出版自由"（1793年宪法第122条）作为人权的个人自由的结果而得到保证，一方面新闻出版自由又被完全取缔，因为"新闻出版自由危及公共自由，是不许可的"（小罗伯斯比尔语，见毕舍和卢—拉维涅《法国革命议会史》第28卷，第159页[2]）。所以，这就是说，自由这一人权一旦同**政治**生活发生冲突，就不再是权利，而在理论上，政治生活只是人权、个人权利的保证，因此，它一旦同自己的**目的**即同这些人权发生矛盾，就必定被抛弃。但是，实践只是例外，理论才是通则。即使人们认为革命实践是对当时的关系采取的正确态度，下面这个谜毕竟还有待解答：为什么在谋求政治解放的人的意识中关系被本末倒置，目的好像成了手段，手段好像成了目的？他们意识上的这种错觉毕竟还是同样的谜，虽然现在已经是心理上的、理论上的谜。

这个谜是很容易解答的。

政治解放同时也是同人民相异化的国家制度即统治者的权力所依据的旧社会的**解体**。政治革命是市民社会的革命。旧社会的性质是怎样的呢？可以用一个词来表述：**封建主义**。旧的市民社会**直接**具有**政治**性质，就是说，市民生活的要素，例如，财产、家庭、劳动方式，已经以领主权、等级和同业公会的形式上升为国家生活的要素。它们以这种形式规定了单一的个体对**国家整体**的关系，就是说，规定了他的**政治**关系，即他同社会其他组成部分相分离和相排斥的关系。因为人民生活的这种组织没有把财产或劳动上升为社会要素，相反，却完成了它们同国家整体的**分离**，把它们建成为社会中的**特殊**社会。因此，市民社会的生活机能和生活条件还是政治的，虽然是封建意义上的政治；就是说，这些机能和条件使个体同国家整体分隔开来，把他的同业公会对国家整体的**特殊**关系变成他自己对人民生活的普遍关系，使他的特定的市民活动和地位变成他的普遍的活动和地位。国家统一体，作为这种组织的结果，也像国家统一体的意识、意志和活动即普遍国家权力一样，必然表现为一个同人民相脱离的统治者及其仆从的**特殊**事务。

政治革命打倒了这种统治者的权力，把国家事务提升为人民事务，把政治国家组成为**普遍**事务，就是说，组成为现实的国家；这种革命必然要摧毁一切等级、同业公会、行帮和特权，因为这些是人民同自己的共同体相分离的众多表现。于是，政治革命消灭了**市民社会的政治性质**。它把市民社会分割为简单的组成部分：一方面是**个体**，另一方面是构成这些个体的生活内容和市民地位的**物质要素和精神要素**。它把似乎是被分散、分解、溶化在封建社会各个死巷里的政治精神激发出来，把政治精神从这种分散状态中汇集起来，把它从与市民生活相混合的状态中解放出来，并把它构成为共同体、人民的**普遍**事务的领域，在观念上不依赖于市民社会的上述**特殊**要素。**特定**的生活活动和特定的生活地位降低到只具有个体意义。它们已经不再构成个体对国家整体的普遍关系。公共事务本身反而成了每个个体的普遍事务，政治职能成了他的普遍职能。

可是，国家的唯心主义的完成同时就是市民社会的唯物主义的完成。摆脱政治桎梏同时也就是摆脱束缚住市民社会利己精神的枷锁。政治解放同时也是市民社会从政治中得到解放，甚至是从一种普遍内容的**假象**中得到解放。

封建社会已经瓦解，只剩下了自己的基础——人，但这是作为它的真正基础的人，即**利己**的人。

因此，这种**人**，市民社会的成员，是**政治**国家的基础、前提。他就是国家通过人权予以承认的人。

但是，利己的人的自由和承认这种自由，实际上就是承认构成这种人的生活内容的精神要素和物质要素的**不可阻挡的**运动。

因此，人没有摆脱宗教，他取得了信仰宗教的自由。他没有摆脱财产，他取得了占有财产的自由。他没有摆脱经营的利己主义，他取得了经营的自由。

政治国家的建立和市民社会分解为独立的**个体**——这些个体的关系通过**法制**表现出来，正像等级制度中和行帮制度中的人的关系通过**特权**表现出来一样——是通过**同一种行为**实现的。但是，人，作为市民社会的成员，即**非**政治的人，必然表现为**自然人**。*Droits de l'homme*[人权]表现为 *droits naturels*[自然权利]，因为**有自我意识的活动**集中于**政治行为**。利己的人是已经解体的社会的**消极的、现成的**结果，是有**直接确定性**的对象，因而也是**自然的**对象。**政治革命**把市民生活分解成几个组成部分，但没有**变革**这些组成部分本身，没有加以批判。它把市民社会，也就是把需要、劳动、私人利益和私人权利等领域看做**自己持续存在的基础**，看做无须进一步论证的**前提**，从而看做自己的**自然基础**。最后，人，正像他是市民社会的成员一样，被认为是**本来意义上的**人，与 *citoyen*[公民]不同的 *homme*[人]，因为他是具有感性的、单个的、**直接存在的**人，而**政治人**只是抽象的、人为的人，**寓意的人**，法人。现实的人只有以**利己**的个体形式出现才可予以承认，**真正的人**只有以**抽象的** *citoyen*[公民]形式出现才可予以承认。

可见卢梭关于政治人这一抽象概念论述得很对：

> 敢于为一国人民确立制度的人，可以说必须自己感到有能力改变人的本性，把每个本身是完善的、单独的整体的个体变成一个更大的整体的一部分——这个个体以一定的方式从这个整体获得自己的生命和存在——，有能力用局部的道德存在代替肉体的独立存在。他必须去掉人自身固有的力量，才能赋予人一种异己的、非由别人协助便不能使用的力量。（《社会契约论》1782年伦敦版第2卷第67页）

任何解放都是使人的世界即各种关系**回归于人自身**。

政治解放一方面把人归结为市民社会的成员，归结为**利己的、独立的**个体，另一方面把人归结为**公民**，归结为法人。

只有当现实的个人把抽象的公民复归于自身，并且作为个人，在自己的经验生活、自己的个体劳动、自己的个体关系中间，成为**类存在物**的时候，只有当人认识到自身"固有的力量"是**社会**力量，并把这种力量组织起来因而不再把社会力量以**政治**力量的形式同自身分离的时候，只有到了那个时候，人的解放才能完成。

二 布鲁诺·鲍威尔：《现代犹太人和基督徒获得自由的能力》

（《二十一印张》，第56～71页）

鲍威尔在这个标题下探讨了**犹太教和基督教**的关系，以及它们对批判的关系。它们对批判的关系是它们"对获得自由的能力"的关系。

结论是：

"基督徒只要跨越一个台阶，即跨越自己的宗教，就可以完全废除①宗教"，因而就可以获得自由，"相反，犹太人不仅要摒弃自己的犹太本质，而且要摒弃自己宗教的趋于完成的发展，即摒弃自己宗教的那种始终与自己相异的发展"（第71页）。

可见，鲍威尔在这里把犹太人的解放问题变成了纯粹的宗教问题。谁更有希望得救，是犹太人还是基督徒？这个神学上的疑虑问题，在这里以启蒙的形式再现：他们中间谁**更有能力获得解放**？的确，已经不再是这样

---

① 引文中的"废除"（aufheben）一词，在布·鲍威尔的文章中是："放弃"（aufgeben）。——编者注

提问：使人获得自由的，是犹太教还是基督教？而是相反：什么使人更加自由，是对犹太教的否定还是对基督教的否定？

  如果犹太人想要获得自由，那么他们不应该信奉基督教，而应该信奉解体了的基督教，信奉解体了的宗教，即信奉启蒙、批判及其结果——自由的人性。（第70页）

这里谈的还是关于犹太人应该**有所信奉**，但信奉的不再是基督教，而是解体了的基督教。

鲍威尔要求犹太人摒弃基督教的本质，正像他自己所说的，这个要求不是从犹太本质的发展中产生的。

鲍威尔在《犹太人问题》的结尾处认为犹太教只是对基督教的粗陋的宗教批判，因而从犹太教找到的"仅仅"是宗教意义。既然如此，不难预见，犹太人的解放在他笔下也会变成哲学兼神学的行动。[①]

鲍威尔把犹太人的**理想的**抽象本质，即他的**宗教**，看做他的**全部**本质。因此，他有理由作出这样的结论：

  "如果犹太教徒轻视自己的狭隘戒律"，如果他废除自己的整个犹太教，"那就不会对人类有任何贡献"（第65页）。

照此说来，犹太人和基督徒的关系是这样的：基督徒对犹太人的解放的唯一兴趣，是一般的人的兴趣、**理论的**兴趣。犹太教在基督徒的宗教眼光中是个侮辱性的事实。一旦基督徒的眼光不再是宗教的，这个事实也就不再是侮辱性的了。犹太人的解放本身不是基督徒要做的事情。

相反，犹太人要想解放自身，不仅要做完自己的事情，而且要做完基

[①] 布·鲍威尔：《犹太人问题》，1843年不伦瑞克版，第114~115页。——编者注

督徒的事情，学完《符类福音作者的福音故事考证》、《耶稣传》，等等。

> 他们自己可以看到：他们自己将决定自己的命运；但历史是不让人嘲弄自己的。（第71页）

我们现在试着突破对问题的神学提法。在我们看来，犹太人获得解放的能力问题，变成了必须克服什么样的特殊**社会**要素才能废除犹太教的问题。因为现代犹太人获得解放的能力就是犹太教和现代世界解放的关系。这种关系是由于犹太教在现代被奴役的世界中的特殊地位而必然产生的。

现在我们来考察一下现实的世俗犹太人，但不是像鲍威尔那样，考察**安息日的犹太人**，而是考察**日常的犹太人**。

我们不是到犹太人的宗教里去寻找犹太人的秘密，而是到现实的犹太人里去寻找他的宗教的秘密。

犹太教的世俗基础是什么呢？**实际**需要，**自私自利**。

犹太人的世俗礼拜是什么呢？**经商牟利**。他们的世俗的神是什么呢？**金钱**。

那好吧！从**经商牟利**和**金钱**中解放出来——因而从实际的、实在的犹太教中解放出来——就会是现代的自我解放了。

如果有一种社会组织消除了经商牟利的前提，从而消除经商牟利的可能性，那么这种社会组织也就会使犹太人不可能存在。他的宗教意识就会像淡淡的烟雾一样，在社会这一现实的、生命所需的空气中自行消失。另一方面，如果犹太人承认自己这个**实际**本质毫无价值，并为消除它而工作，那么他就会从自己以前的发展中解脱出来，直接为**人的解放**工作，并转而反对人的自我异化的**最高实际**表现。

总之，我们在犹太教中看到普遍的**现代的反社会的**要素，而这种要素，经由有犹太人在这一坏的方面热心参与的历史发展，达到自己目前这样的高度，即达到它必然解体的高度。

犹太人的解放，就其终极意义来说，就是人类从**犹太精神**①中解放出来。

犹太人已经用犹太人的方式解放了自己。

> 例如在维也纳只不过是被人宽容的犹太人，凭自己的金钱势力决定着整个帝国的命运。在德国一个最小的邦中可能是毫无权利的犹太人，决定着欧洲的命运。各种同业公会和行会虽然不接纳犹太人，或者仍然不同情他们，工业的大胆精神却在嘲笑这些中世纪组织的固执。（鲍威尔：《犹太人问题》，第114页）

这并不是个别的事实。犹太人用犹太人的方式解放了自己，不仅因为他掌握了金钱势力、而且因为**金钱**通过犹太人或者其他的人而成了世界势力，犹太人的实际精神成了基督教各国人民的实际精神。基督徒在多大程度上成为犹太人，犹太人就在多大程度上解放了自己。

例如，汉密尔顿上校说：

> 新英格兰的虔诚的和政治上自由的居民，是类似**拉奥孔**那样的人，拉奥孔没有作出最起码的努力去挣脱缠住他的两条蛇。**玛门**是他们的偶像，他们不仅口头上，而且整个身心都崇拜它。在他们的眼里，尘世无非是个交易所，而且他们确信，在这尘世间，他们除了要比自己邻居富有而外，没有别的使命。经商牟利占据了他们的全部思想，变换所经营的货品，是他们唯一的休息。比如说他们在旅行的时候也要背上自己的货物或柜台，而且所谈的不是利息就是利润。即使

---

① 马克思这里说的"犹太精神"，德文原文是 Judentum。在本文中，马克思在两种不同的意义上使用 Judentum 一词：一种是在宗教意义上，指犹太人信仰的宗教，中文译为"犹太教"；一种是在世俗意义上，指犹太人在经商牟利的活动中表现出的唯利是图、追逐金钱的思想和习气，中文译为"犹太精神"。——编者注

他们一时没考虑自己的生意，那也只是为了要探听一下别人的生意做得怎样。①

的确，在北美，犹太精神对基督教世界的实际统治已经有了明确的、正常的表现：**宣讲福音**本身，基督教的教职，都变成了商品，破产的商人讲起了福音，富起来的福音传教士做起了买卖。

>你看到的那位主持体面的布道集会的人，起初是个商人，经商失败以后他才成了神职人员。另一个人，起初担任神职，但当他手里有了些钱，他就离开布道台而去经商牟利。在大多数人的眼里，神职真是一个赚钱的行业。（博蒙，前引书，第185、186页）

鲍威尔认为，

>这种情况是虚假的：在理论上不给予犹太人以政治权利，实际上他却有很大的权力，而且**在很大的范围内显示自己的政治影响**，虽然这种影响**在一些细节上**被缩小了。（《犹太人问题》，第114页）

犹太人的实际政治权力同他的政治权利之间的矛盾，就是政治同金钱势力之间的矛盾。虽然在观念上，政治凌驾于金钱势力之上，其实前者是后者的奴隶。

犹太教之所以能保持与基督教同时存在，不仅因为它是对基督教的宗教批判，不仅因为它体现了对基督教的宗教起源的怀疑，而且因为犹太人的实际精神——犹太精神——在基督教社会本身中保持了自己的地位，甚至得到高度的发展。犹太人作为市民社会的特殊成员，只是市民社会的犹

---

① 托·汉密尔顿：《美国人和美国风俗习惯》第1卷，1843年曼海姆版，第109～110页。——编者注

太精神的特殊表现。

犹太精神不是违反历史，而是通过历史保持下来的。

市民社会从自己的内部不断产生犹太人。

犹太人的宗教的基础本身是什么呢？实际需要，利己主义。

因此，犹太人的一神教，在其现实性上是许多需要的多神教，一种把厕所也变成神律的对象的多神教。**实际需要、利己主义**是**市民社会**的原则；只要市民社会完全从自身产生出政治国家，这个原则就赤裸裸地显现出来。**实际需要和自私自利**的神就是**金钱**。

金钱是以色列人的妒忌之神；在他面前，一切神都要退位。金钱贬低了人所崇奉的一切神，并把一切神都变成商品。金钱是一切事物的普遍的、独立自在的**价值**。因此它剥夺了整个世界——人的世界和自然界——固有的价值。金钱是人的劳动和人的存在的同人相异化的本质；这种异己的本质统治了人，而人则向它顶礼膜拜。

犹太人的神世俗化了，它成了世界的神。票据是犹太人的现实的神。犹太人的神只是幻想的票据。

在私有财产和金钱的统治下形成的自然观，是对自然界的真正的蔑视和实际的贬低。在犹太人的宗教中，自然界虽然存在，但只是存在于想像中。

托马斯·闵采尔正是在这个意义上认为下述情况是不能容忍的：

> 一切生灵，水里的鱼，天空的鸟，地上的植物，都成了财产；但是，生灵也应该获得自由。①

抽象地存在于犹太人的宗教中的那种对于理论、艺术、历史的蔑视和

---

① 托·闵采尔：《为反驳维滕贝格的不信神、生活安逸、以歪曲方式剽窃圣经从而使可怜的基督教惨遭玷污的人而作的立论充分的抗辩和答复》，1524年纽伦堡版。马克思的引文援自莱·兰克《宗教改革时期的德国史》第2卷，1839年柏林版，第207页。——编者注

对于作为自我目的的人的蔑视，是财迷的**现实的、自觉的**看法和品行。就连类关系本身、男女关系等等也成了买卖对象！妇女也被买卖。

犹太人的**想像中的**民族是商人的民族，一般地说，是财迷的民族。

犹太人的毫无根基的法律只是一幅对毫无根基的道德和对整个法的宗教讽刺画，只是对自私自利的世界采用的那种徒具**形式的**礼拜的宗教讽刺画。

在这个自私自利的世界，人的最高关系也是**法定的**关系，是人对法律的关系，这些法律之所以对人有效，并非因为它们是体现人本身的意志和本质的法律，而是因为它们**起统治作用**，因为违反它们就会**受到惩罚**。

犹太人的狡猾手法，即鲍威尔在塔木德[6]中发现的那种实际的狡猾手法，就是自私自利的世界对统治着它的法律之间的关系，狡猾地规避这些法律是这个世界的主要伎俩。①

的确，这个世界在它这些法律的范围内的运动，必然是法律的不断废除。

犹太精神不可能作为**宗教**继续发展，即不可能在理论上继续发展，因为实际需要的世界观，按其本性来说是狭隘的，很快就会穷尽。

实际需要的宗教，按其本质来说不可能在理论上完成，而是只能在**实践**中完成，因为实践才是它的真理。

犹太精神不可能创造任何新的世界，它只能把新的世间创造物和世间关系吸引到自己的活动范围内，因为以自私自利为明智的实际需要是被动的，不能任意扩大，而是**随着**社会状况的进一步发展而扩大。

犹太精神随着市民社会的完成而达到自己的顶点；但是市民社会只有**在基督教**世界才能完成。基督教把**一切**民族的、自然的、伦理的、理论的关系变成对人来说是**外在的**东西，因此只有在基督教的统治下，市民社会

---

① 参看布·鲍威尔《犹太人问题》，1843年不伦瑞克版，第24~30页；《现代犹太人和基督徒获得自由的能力》，见《来自瑞士的二十一印张》第1卷，1843年苏黎世—温特图尔版，第60~62页。——编者注

才能完全从国家生活分离出来，扯断人的一切类联系，代之以利己主义和自私自利的需要，使人的世界分解为原子式的相互敌对的个人的世界。

基督教起源于犹太教，又还原为犹太教。

基督徒起初是理论化的犹太人，因此，犹太人是实际的基督徒，而实际的基督徒又成了犹太人。

基督教只是表面上制服了实在的犹太教。基督教太**高尚**了，太唯灵论了，因此要消除实际需要的粗陋性，只有使它升天了。

基督教是犹太教的思想升华，犹太教是基督教的鄙俗的功利应用，但这种应用只有在基督教作为完善的宗教从**理论上**完成了人从自身、从自然界的自我异化之后，才能成为普遍的。

只有这样，犹太教才能实现普遍的统治，才能把外化了的人、外化了的自然界，变成**可让渡的**、可出售的、屈从于利己需要的、听任买卖的对象。

让渡是外化的实践。正像一个受宗教束缚的人，只有使自己的本质成为**异己的**幻想的本质，才能把这种本质对象化，同样，在利己的需要的统治下，人只有使自己的产品和自己的活动处于异己本质的支配之下，使其具有异己本质——金钱——的作用，才能实际进行活动，才能实际生产出物品。

基督徒的天堂幸福的利己主义，通过自己完成了的实践，必然要变成犹太人的肉体的利己主义，天国的需要必然要变成尘世的需要，主观主义必然要变成自私自利。我们不是用犹太人的宗教来说明犹太人的顽强性，而是相反，用犹太人的宗教的人的基础、实际需要、利己主义来说明这种顽强性。

因为犹太人的真正本质在市民社会得到了普遍实现，并已普遍地世俗化，所以市民社会不能使犹太人相信他的**宗教**本质——这种本质只是实际需要在观念中的表现——的**非现实性**。因此，不仅在摩西五经或塔木德中，而且在现代社会中，我们都看到现代犹太人的本质不是抽象本质，而是高度的经验本质，它不仅是犹太人的狭隘性，而且是社会的犹太人狭隘性。

社会一旦消除了犹太精神的**经验**本质，即经商牟利及其前提，犹太人就**不可能**存在，因为他的意识将不再有对象，因为犹太精神的主观基础即实际需要将会人化，因为人的个体感性存在和类存在的矛盾将被消除。

犹太人的社会解放就是**社会从犹太精神中解放出来**。

卡·马克思写于 1843 年 10 月中 ~ 12 月中

载于 1844 年 2 月《德法年鉴》

原文是德文

中文根据《马克思恩格斯全集》历史考证版第 1 部第 2 卷并参考《马克思恩格斯全集》德文版第 1 卷翻译

选自《马克思恩格斯文集》第 1 卷，人民出版社，2009，第 21 ~ 23、37 ~ 55 页

注释：

[1]《论犹太人问题》是马克思从唯心主义向唯物主义、从革命民主主义向共产主义转变过程中的重要著作。这篇著作是为批判青年黑格尔派的主要代表布·鲍威尔的《犹太人问题》和《现代犹太人和基督徒获得自由的能力》这两篇著作中的错误观点而写的。马克思在这篇著作中驳斥了鲍威尔把犹太人的解放这一社会政治问题归结为纯粹宗教问题的错误论点，分析了市民社会与宗教的关系，指出宗教并不是政治压迫的原因，而是政治压迫的表现；必须消除政治压迫，才能克服宗教的狭隘性。马克思阐明了资产阶级的政治解放和人的解放的关系，指出资产阶级的政治革命把市民社会从封建主义桎梏下解放出来，消除封建等级制和封建特权，这是历史的进步，但是这种政治解放实现的只是资产阶级的民主自由，还远远不是人的解放；资产阶级在这种政治解放中所标榜的普遍的人权，归根结底不过是享用和处理私有财产的权利，这种自私自利的权利同人的解放的要求是背道而驰的；要实现人的解放，就必须突破资产阶级政治解放的历史局限性，对社会进行革命改造，消灭私有制，消除人的生活本身的异化。马克思在这里实际上阐明了共产主义革命同资产阶级革命的区别。

《论犹太人问题》写于1843年10月中～12月中，1844年2月发表在《德法年鉴》上。1850年，海·艾韦贝克在《从最新的德国哲学看什么是圣经》一书中收入了《论犹太人问题》的法译文；1881年6月30日和7月7日，德国社会民主党中央机关报《社会民主党人报》在杂文栏刊登了《论犹太人问题》的第二部分；1890年10月10～19日，《柏林人民报》在增刊上全文发表了《论犹太人问题》。

　　列宁认为，这篇文章和同时发表在《德法年鉴》上的《〈黑格尔法哲学批判〉导言》标志着马克思从唯心主义向唯物主义、从革命民主主义向共产主义的转变"彻底完成"（见《列宁全集》中文第2版第26卷，第83页）。

　　《论犹太人问题》的中译文最初于1939年由上海亚东图书馆出版，译者是郭和。

[2] 1843年夏，马克思在研读威·瓦克斯穆特的著作《革命时期的法国史》时发现菲·约·本·毕舍和皮·塞·卢—拉维涅编纂的《法国革命议会史》（四十卷集）1834～1838年巴黎版为研究法国大革命历史提供了重要的历史资料。此外，马克思还研读了他本人的巴黎藏书之一、由迪福、让·巴·杜韦尔日耶和加代编纂的《欧洲和南北美洲各国宪法、宪章和基本法编汇》（六卷集）1821年巴黎版第1卷。马克思在《论犹太人问题》中援用了这些著作中的有关资料。

[3] 单子在希腊哲学中指一切简单的不可分割的东西。在莱布尼茨的哲学中论述了自我封闭的、完成的、最终的和有灵魂的诸统一体（实体），它们的总和构成有序的世界体系。

[4] 见黑格尔《法哲学原理》，1833年柏林版，第247页。黑格尔在该书第3篇第2章《市民社会》中阐述了如下观点：市民社会包括三个环节：需要的体系、通过司法实行财产的保护、警察和同业公会。因此，司法制度和警察不归属于政治国家。

[5] 塔木德是公元前2世纪至公元5世纪间犹太教关于律法、条例、传统、风俗、祭奠、礼仪的论著和释义汇编。犹太教认为它是仅次于圣经的经籍。

弗·恩格斯

英国状况

十八世纪（节选）[1]

……

18世纪科学的最高峰是唯物主义，它是第一个自然哲学体系，是上述各门自然科学完成过程的结果。反对基督教的抽象主体性的斗争促使18世纪的哲学走向相对立的片面性；客体性同主体性相对立，自然同精神相对立，唯物主义同唯灵论相对立，抽象普遍、实体同抽象单一相对立。18世纪是与基督教精神相反的古典古代精神的复活。唯物主义和共和政体——古代世界的哲学和政治——又复活了；基督教内部代表古典古代原则的法国人，曾一度夺取了历史主动权。

因此，18世纪没有解决巨大的对立，即实体和主体、自然和精神、必然性和自由的对立，这种对立是历史从一开始就具有的，而且这种对立的发展贯穿于整个历史之中；但是，18世纪使对立的双方在针锋相对中得到充分发展，从而使消灭这种对立成为必不可免的事。由于对立的这种明显的、极端的发展，结果产生了普遍的革命，这个革命散见于各个不同的民族，而且它在不久的将来的实现，同时就是迄今历史上的对立得到解决。德国人，信仰基督教唯灵论的民族，经历的是哲学革命；法国人，信仰古典古代唯物主义的民族，因而是政治的民族，必须经过政治的道路来完成革命；英国人，这个民族是德意志成分和法兰西成分的混合体，就是说英国人身上具有对立的两个方面，所以比这两种因素中的任何一种更广泛，因此，英国人也就卷入了一场更广泛的革命，即社会革命。——这一点需要更详细地加以探讨，因为各个民族所占的地位，至少是在近代所占的地位，直到今天在我们的历史哲学中都阐述得很不充分，或者更确切些说，还根本没有加以阐述[2]。

德国、法国和英国是当代史上的三个占主导地位的国家，我认为这是既成的事实。德国人代表基督教唯灵论的原则，法国人代表古典古代唯物主义的原则，换句话说，前者代表宗教和教会，后者代表政治和国家，这一点也是显而易见的，或者到时候就会显现出来。英国人在近代历史上的作用不大引人注目，但对我们现在的论题是至关重要的。英吉利民族是由日耳曼语民族和罗曼语民族构成的，那时候正值这两个民族彼此刚刚分离，刚刚开始向对立的双方发展。日耳曼成分和罗曼成分并列地发展，最后形成一种具有不调和的两个片面性的民族。日耳曼唯心主义保留有那样多自由活动的余地，它甚至能够转变为自己的对立面，即转变为抽象的外在性；妻子儿女仍然可以被合法地出卖以及英国人的整个商业精神，肯定应该归之于日耳曼成分。同样，罗曼唯物主义也转变为抽象的唯心主义，转变为内在性和宗教笃诚；由此就产生了日耳曼新教**内部**持续存在着罗曼天主教这种现象，产生了国教会、世俗君主的教皇权势以及使宗教拘泥于仪式这种彻头彻尾的天主教作风。英吉利民族的特征是存在着未解决的矛盾，是截然相反的东西的合一。英国人是世界上最信宗教的民族，同时又是最不信宗教的民族；他们比任何其他民族都更加关心彼岸世界，可是与此同时，他们生活起来却好像此岸世界就是他们的一切；他们向往天国，然而这丝毫也不妨碍他们同样坚信这个"赚不到钱的地狱"①。因此，英国人怀着持久的内心不安——一种无法解决矛盾的感觉，这种不安促使他们走出自我而行动起来。矛盾的感觉是毅力的源泉，但只是外化了的毅力的

---

① 托·卡莱尔：《过去和现在》，1843年伦敦版，第362页。参看《马克思恩格斯全集》，中文第2版第3卷，第504页。——编者注

源泉,这种矛盾的感觉曾经是英国人殖民、航海、工业建设和一切大规模实践活动的源泉。无法解决矛盾这一点贯串着全部英国哲学,并促使它走向经验和怀疑论。由于培根未能用**他的**理性解决唯心主义和实在论的矛盾,人们就认为理性根本不能解决这个矛盾,干脆把唯心主义丢到一边,而把经验看做是唯一的拯救良方。对认识能力的批判和一般的心理倾向也正是从同一源泉产生的。英国哲学从一开始就只是在这种倾向的范围内兜圈子,在为解决矛盾而进行了一切徒劳的尝试以后,英国哲学最终宣称矛盾是不可解决的,理性是不能胜任的,它不是求救于宗教信仰就是求救于经验。休谟的怀疑论今天仍然是英国一切非宗教的哲学推理的形式。持这种看法的人声称:我们无法知道上帝是否存在;即使上帝存在,他也不可能和我们有任何交往;因此,我们不妨按照上帝并不存在这一假定来安排自己的实践活动。我们无法知道,灵魂是否能同肉体分开,灵魂是否不死;因此,我们就按照这辈子是我们仅有的一生这个想法来生活,而不用那些超出我们的理解力的事物来折磨自己。简单地说,这种怀疑论在实践上恰好是法国的唯物主义;但是,它由于无法明确作出判断,因而仍停留于形而上学的理论。——英国人身上具有推动大陆上历史发展的两种成分,因此,尽管他们同大陆的联系不很密切,可是他们仍然跟上运动的步伐,有时甚至走在运动的前面。17世纪英国革命恰恰是1789年法国革命的先声。在"长期国会"[3]里,很容易识别相当于法国制宪议会[4]、立法议会[5]和国民公会[6]的三个阶段。从立宪君主制到民主制、军事专制制度、复辟和中庸革命[7]这个转变过程,在英国革命中也鲜明地显现出来。克伦威尔集罗伯斯比尔和拿破仑于一身;长老派[8]相当于吉伦特派[9],独立派[10]相当于山岳派[11],平等派[12]相当于阿贝尔派[13]和巴贝夫派[14]。两次革命在政治上的结果都相当可怜;整个这一类似现象——本来可以描写得更详尽一些——同时也说明:宗教的革命和非宗教的革命,只要它们始终是政治性的,那么最终仍然会归结为一回事。当然,英国人只是暂时领先于大陆,慢慢地又与大陆处于同一水平了;英国的革命以中庸和两个全国性政党的建立而告终,可是法国的革命还没有结束,并且在没有达到德国哲学革命和英国社会革命应该达到的结果以前，它是不可能结束的。

英国人的民族特性在本质上和德国人、法国人的民族特性都不相同；对消除对立丧失信心因而完全听从经验，这是英国人的民族特性所固有的。纯粹的日耳曼成分固然也把自己的抽象内在性转变成抽象外在性，但是这种外在性从来没有失去它的起源的痕迹，并且始终从属于这种内在性和唯灵论。法国人也站在唯物的、经验的这一边；但是，因为这种经验直接是一种民族倾向，而不是自身分裂的民族意识的副产品，所以它通过民族的、普遍的方式起作用，并作为政治活动表现出来。德国人认定唯灵论是绝对有根据的，因此竭力在宗教方面，后来又在哲学方面阐明人类的普遍利益。法国人把唯物主义当做一种绝对有根据的东西来对抗这种唯灵论，因而把国家当做人类普遍利益的永恒形式。但是，英国人**没有**普遍利益，他们不触及矛盾这一痛处就无法谈普遍利益；他们对普遍利益不抱希望，他们只有单个利益。这种绝对的**主体性**——把普遍分裂为许多单一——当然导源于日耳曼成分，可是前面已经讲过，它已经和自己的根分离，因而它只是**以经验的方式**起作用，英国的社会经验和法国的政治经验的区别就在这里。法国的活动从来就是民族的活动，这种活动从一开始就意识到自己的整体性和普遍性；英国的活动则是独立的、彼此并立的个人的活动，是无联系的原子的运动，这些原子很少作为一个整体共同行动，而且即使作为整体行动的时候也是从**个人**利益出发。目前的普遍贫困和极端涣散就是个人之间缺乏统一性的表现。

换句话说，只有英国才有一部**社会的**历史。只有在英国，个人本身才促进了民族的发展并且使发展接近完成，而没有意识到要代表普遍原则。只有在这里，群众才作为群众为自己的单个利益进行活动；只有在这里，原则要对历史产生影响，必须先转变为利益。法国人和德国人也在逐渐走向社会的历史，可是他们还没有社会的历史。在大陆，也有穷苦、贫困和社会压迫，然而这对民族的发展没有产生影响；相反，现代英国工人阶级的贫困和穷苦却具有全国性意义，甚至具有世界历史意义。在大陆，社会因素还完全隐藏于政治因素之下，还丝毫没有和后者分离；而在英国，政治因素已逐渐被社会因素战胜，并且为后者服务。英国的全部政治基本上是社会性的；只因为英国还没有越出国家的界限，因为政治还是英国必需的适当手段，所以社会问题才表现为政治问题。

只要国家和教会还是实现人的本质的普遍规定性的唯一形式，就根本谈不到社会的历史。因此，古代和中世纪也表明不可能有任何的社会发展；只有宗教改革——这种还带有成见、还有点含糊的反抗中世纪的初次尝试，才引起了社会变革，才把农奴变成了"自由的"劳动者。① 但是，这个变革在大陆没有那么持久的影响，其实这种变革在这里只是经过18世纪的革命才告完成。而在英国，随着宗教改革，当时所有的农奴变成维兰、包达尔、考塔尔[15]，从而变成了享有人身自由的劳动者阶级，而且，这里早在18世纪就已经发展了这一变革的结果。至于这种情况为什么只发生在英国，前面已经分析过了。

古代根本不懂主体权利，它的整个世界观实质上是抽象的、普遍的、实体性的，因此古代没有奴隶制就不可能存在。基督教日耳曼世界观以抽象的主体性，从而以任意、内在性、唯灵论作为基本原则同古代相对抗；但是，正因为这种主体性是抽象的、片面的，所以它必然会立刻变成自己的对立物，它所带来的也就不是主体的自由，而是对主体的奴役。抽象的内在性变成了抽象的外在性，即人的贬低和外在化，这一新原则造成的第一个后果，就是奴隶制以另一种形式即农奴制的形式重新出现；这种形式不像奴隶制那样令人厌恶，却因此而更虚伪和不合乎人性。废除封建制度，实行政治改革，也就是说，**表面上**承认理性从而使非理性真正达到顶点，从**表面上**看这是消灭了农奴制，实际上只是使它变得更不合乎人性和更普遍。政治改革第一次宣布：人类今后不应该再通过强制即**政治的**手段，而应该通过利益即**社会的**手段联合起来。它以这个新原则为社会的运动奠定了基础。虽然这样一来它就否定了国家，但是，另一方面，它恰好

---

① 参看《马克思恩格斯全集》，中文第2版第3卷，第485～486页。——编者注

又重新恢复了国家,因为它把在此以前被教会所篡夺的内容归还给国家,从而给予这个在中世纪时并无内容也无意义的国家以重新发展的力量。在封建主义的废墟上产生了基督教国家,这是基督教世界秩序在政治方面达到的顶点。由于利益被升格为普遍原则,这个基督教世界秩序也在另一方面达到了顶点。因为利益实质上是主体的、利己的、单个的利益,这样的利益就是日耳曼基督教的主体性原则和单一化原则的最高点。利益被升格为人类的纽带——只要利益仍然正好是主体的和纯粹利己的——就必然会造成普遍的分散状态,必然会使人们只管自己,使人类彼此隔绝,变成一堆互相排斥的原子;而这种单一化又是基督教的主体性原则的最终结果,也就是基督教世界秩序达到的顶点。——其次,只要外在化的主要形式即私有制仍然存在,利益就必然是单个利益,利益的统治必然表现为财产的统治。封建奴役制的废除使"现金支付成为人们之间唯一的纽带"①。这样一来,财产,这个同人的、精神的要素相对立的自然的、无精神内容的要素,就被捧上宝座,最后,为了完成这种外在化,金钱,这个财产的外在化了的空洞抽象物,就成了世界的统治者。人已经不再是人的奴隶,而变成了**物**的奴隶;人的关系的颠倒完成了;现代生意经世界的奴役,即一种完善、发达而普遍的出卖,比封建时代的农奴制更不合乎人性、更无所不包;卖淫比初夜权更不道德、更残暴。——基督教世界秩序再也不能向前发展了;它必然要在自身内部崩溃并让位给合乎人性、合乎理性的制度。基督教国家只是一般国家所能采取的最后一种表现形式;随着基督教国家的衰亡,国家本身也必然要衰亡。人类分解为一大堆孤立的、互相排斥的原子,这种情况本身就是一切同业公会利益、民族利益以及一切特殊利益的消灭,是人类走向自由的自主联合以前必经的最后阶段。人,如果正像他现在接近于要做的那样,要重新回到自身,那么通过金钱的统治而完成外在化,就是必由之路。

---

① 托·卡莱尔:《过去和现在》,1843年伦敦版,第198页。——编者注

英国的社会革命大大地发展了封建制度的废除所引起的这些结果，以致基督教世界秩序灭亡的危机已经为期不远；而且，这个危机时代，虽然不能准确地从年份和量上加以预测，但可以确切地从质上加以预测：一旦废除了谷物法[16]并实行了人民宪章[17]，也就是说，一旦金钱贵族在政治上战胜了门阀世族，而工人民主派又在政治上战胜了金钱贵族，这个危机就必然到来。

16世纪和17世纪创造了社会革命的一切前提，结束了中世纪，树立了社会的、政治的、宗教上的新教原则，建立了英国的殖民地、海军和贸易，并使日益增长而且已经相当强大的中等阶级同贵族并列。在17世纪的动乱以后，社会关系逐渐建立起来并采取了固定的形式，这种形式一直保持到1780年或者说1790年。

……

弗·恩格斯大约写于1844年1月初~2月初
载于1844年8月31日、9月4、7和11日《前进报》第70、71、72和73号

原文是德文
中文根据《马克思恩格斯全集》历史考证版第1部分第3卷并参考《马克思恩格斯全集》德文版第1卷翻译
选自《马克思恩格斯文集》第1卷，人民出版社，2009，第88~95页

注释：

[1]《英国状况。十八世纪》是恩格斯从唯物主义和共产主义立场出发研究英国状况的文章。恩格斯在这篇文章中采用了与青年黑格尔派截然不同的观点和方法来考察英国和西欧18世纪的历史。他不是从抽象的观念和人性出发，而是从社会经济发展的事实出发来阐述历史前进的趋势。他分析了英国工业革命的起因、过程和结果，指出这场革命奠定了英国各种社会关系的基础，是整个社会运动的动力。他指出，由于工业革命，产生了无产阶级；无产阶级的诞生具有世界历史意义。他联系英国工业革命和经济发展的历程，深刻地阐述了英国政治和哲学的特征，并指出科学是社会发展和历史进步的动力。

恩格斯于 1843～1844 年撰写了一组共三篇研究英国状况的文章，本文是其中的第二篇。第一篇是《英国状况。评托马斯·卡莱尔的〈过去和现在〉》，发表在 1844 年 2 月的《德法年鉴》；第三篇是《英国状况。英国宪法》。按原计划，第二篇和第三篇也准备在《德法年鉴》上发表，但因《德法年鉴》停刊而分别于 1844 年 8 月 31 日～9 月 11 日、9 月 18 日～10 月 19 日在《前进报》上的连载。

[2] 莫·赫斯曾探讨过德国和法国在 18 世纪和 19 世纪所起的作用，他在《社会主义和共产主义》1843 年苏黎世—温特图尔版第 1 部第 74～91 页叙述了从贝夫经圣西门和傅立叶到蒲鲁东的法国政治革命，同时也阐述了从康德经费希特和黑格尔到青年黑格尔派无神论的哲学革命。

[3] 长期国会指英国资产阶级革命时期长达 13 年（1640～1653 年）没有改选的一届英国国会。长期国会是英国国王查理一世为筹集政府经费于 1640 年 11 月召开的，是英国资产阶级革命期间的立法机构和领导机构。该国会于 1649 年宣布处死国王，成立共和国；1653 年 4 月，奥·克伦威尔建立军事专政后将其解散。

[4] 制宪议会是 18 世纪末法国资产阶级革命第一阶段（1789 年 7 月 14 日～1792 年 8 月 10 日）的革命领导机关和国家立法机关，从 1789 年 7 月存在到 1791 年 9 月，立宪君主派在议会中起主要作用。制宪议会曾于 1789 年 8 月 4～11 日通过法令，宣布废除封建制度，取消教会和贵族的特权。1789 年 8 月 26 日通过了《人权和公民权宣言》，确立了资产阶级的人权、法制、公民自由和私有财产权等原则。

[5] 立法议会是 18 世纪末法国资产阶级革命第二阶段（1792 年 8 月～1793 年 6 月）的国家立法机关，从 1791 年 10 月存在到 1792 年 9 月。在此期间法国革命的政治领导权转到吉伦特派手中，但他们未能彻底废除封建制度和坚决抗击外国武装干涉。

[6] 国民公会是 18 世纪末法国资产阶级革命时期建立的最高立法机关，从 1792 年 9 月存在到 1795 年 10 月。在雅各宾专政期间，即革命的第三阶段（1793 年 6 月 2 日～1794 年 7 月 27～28 日），作为最高权力机关，国民公会颁布了一系列法令，废除封建所有制，公布了法国第一部共和制的民主宪法，并同国内外反革命势力进行了坚决的斗争；1794 年 7 月 27 日热月政变后，国民公

会遵循大资产阶级意旨，取消了雅各宾派颁布的主要革命措施。1795年10月国民公会被解散。

[7] 中庸革命指七月革命，即1830年7月爆发的法国资产阶级革命。1814年拿破仑第一帝国垮台后，代表大土地贵族利益的波旁王朝复辟，竭力恢复封建专制统治，压制资本主义发展，限制言论自由和新闻出版自由，加剧了资产阶级同贵族地主的矛盾，激起了人民的反抗。1830年7月27～29日巴黎爆发革命，推翻了波旁王朝。金融资产阶级攫取了革命的果实，建立了以奥尔良公爵路易-菲利浦为首的代表金融贵族和大资产阶级利益的"七月王朝"。

[8] 长老派是英国清教徒中的一派，产生于16世纪下半叶，主张设立长老管理教会；初期不脱离国教，只要求依据加尔文的教会组织原则对国家进行改革；后来发展成为英国长老会。17世纪英国资产阶级革命时期，长老派在长期国会中是代表大资产阶级和上层新贵族利益的温和派，主张与国王妥协。1640～1648年该派一度构成长期国会中的多数派，最后被独立派清洗出英国国会。

[9] 吉伦特派是18世纪末法国资产阶级革命时期的一个政治集团，代表大工商业资产阶级和在革命时期产生的地主资产阶级的利益。该派的许多领导人在立法议会和国民公会中代表吉伦特省，因此而得名。吉伦特派借口保卫各省实行自治和成立联邦的权利，反对雅各宾政府以及拥护政府的革命群众。

[10] 独立派是英国清教徒中的激进派，16世纪末开始形成，反对专制主义和英国国教会，反对设立国教，更不赞成教会从属于国家政权。这一宗教政治派别代表中等工商业资产阶级和资产阶级化了的中小贵族的利益，在17世纪英国资产阶级革命开始后，他们单独成立了一个政党，主张推翻并处决君主，成立共和国。1648年在奥·克伦威尔领导下，该派取得了政权，1649年共和国成立后，镇压平等派和掘地派的人民群众运动，并于1653年建立了军事专政的"护国政府"。

[11] 1793～1795年的山岳派，亦称山岳党，指法国资产阶级革命时期代表中小资产阶级利益的革命民主派，因其在国民公会开会时坐在大厅左侧的最高处而得名，代表人物有马·罗伯斯比尔、让·马拉、若·丹东等。其成员大都参加了雅各宾俱乐部。1792年10月，代表大工商业资产阶级利益的吉伦特派退出雅各宾俱乐部后，山岳派实际上成为雅各宾派的同义语。

[12] 这里的平等派全称是真正平等派,又称掘地派。他们是 17 世纪英国资产阶级革命时期的激进派,代表城乡贫民阶层的利益,要求消灭土地私有制,宣传原始的平均共产主义思想,并企图通过集体开垦公有土地来实现这种思想。

[13] 阿贝尔派是 18 世纪末法国资产阶级革命时期从雅各宾派分离出来的左翼政治派别,以资产阶级革命活动家雅·阿贝尔的名字命名。在雅各宾专政时期,该派主张坚决镇压反革命,彻底实行全面限价法以及没收嫌疑犯的财产平均分给农民的嫌疑犯法。

[14] 巴贝夫派是法国空想的平均共产主义派之一,18 世纪末由法国革命家弗·巴贝夫及其拥护者创立。他们主张以密谋方式策动工人、贫民和士兵进行革命,推翻现存制度,消灭私有制,建立财产公有、人人平等的劳动人民共和国。

[15] 恩格斯大概利用了约·威德《中等阶级和工人阶级的历史》1853 年伦敦第 3 版所提供的资料。威德在书中叙述了英国直到 15 世纪所发生的阶级关系的变化。他指出,在当时的农奴中,villains(维兰)"被容许占有小块土地以维持个人和家庭的生活",bordars(包达尔)"被容许拥有一间小屋,并且要向领主供应家禽、蛋品和其他食物",cottars(考塔尔)则"由领主指定从事铁匠、木工以及其他手工业劳动"。

根据后来的研究,在 15~17 世纪,从农奴人身依附关系中解放出来的英国农民,大多数是凭土地登记册的副本并按照领主的意志而持有土地的,他们是缴纳封建地租的终身佃农和世袭佃农。现代历史学把中世纪英国的不同类别的农奴称为 villains,bordars,cottars。

[16] 谷物法是英国历届托利党内阁为维护大土地占有者的利益从 1815 年起实施的法令,旨在限制或禁止从国外输入谷物。谷物法规定,当英国本国的谷物价格低于每夸特 80 先令时,禁止输入谷物。1822 年对这项法律作了某些修改,1828 年实行了滑动比率制,即国内市场谷物价格下跌时提高谷物进口关税,反之,谷物价格上涨时降低谷物进口关税。谷物法的实施严重影响了贫民阶层的生活,同时也不利于工业资产阶级,因为它使劳动力涨价,妨碍国内贸易的发展。谷物法的实施引起了工业资产阶级和土地贵族之间的斗争,这场斗争是由曼彻斯特的两个纺织厂主理·科布顿和约·布莱特于 1838 年

创立的反谷物法同盟领导，在自由贸易的口号下进行的。1846年6月26日英国议会通过了《关于修改进口谷物法的法令》和《关于调整某些关税的法令》，从而废除了谷物法。

［17］人民宪章是英国宪章运动的纲领性文件，1837年由下院六名议员和六名伦敦工人协会会员组成的一个委员会提出，并于1838年5月8日作为准备提交议会的一项草案在各地群众大会上公布。人民宪章包括宪章派的下列六项要求：普选权（年满21岁的男子）、议会每年改选一次、秘密投票、各选区一律平等、取消议会议员候选人的财产资格限制，以及发给议员薪金。1839、1842和1849年，议会三次否决了宪章派递交的要求通过人民宪章的请愿书。

弗·恩格斯

英国状况

英国宪法（节选）

在前一篇文章里，我们叙述了判断不列颠王国目前在文明史上的地位时所依据的一些原则，同时提供了为此目的而不可缺少但又鲜为大陆所知的有关英吉利民族发展的一些必要材料；这样，在论证了我们的前提之后，我们可以立即转向正题。

英国的状况直到现在仍然引起欧洲其他一切民族的羡慕；每个在表面上兜圈子、只用政治家的眼光看问题的人也都是如此。英国是一个像现今能够存在的、实质上也像所有其他曾经存在过的世界帝国一样的世界帝国，因为无论是亚历山大帝国和凯撒帝国，还是英帝国，都是文明民族对蛮族和殖民地的统治。世界上没有一个国家能在威力和财富上同英国匹敌；这种威力和这种财富并不像在古罗马那样仅仅集中在专制君主一个人手里，而是属于民族中有教养的那一部分人。在英国，对专制主义的恐惧和对王权的斗争不复存在，已经有一百年了。英国无可争辩地是地球上最自由的，即不自由最少的国家，北美也不除外。因此，有教养的英国人本身就具有某种程度的天赋的独立性，在这一点上法国人是没什么可引以自豪的，德国人就更不用说了。英国的政治活动，新闻出版自由，海上霸权以及规模宏大的工业，几乎使每一个人都充分发挥了民族特性所固有的毅力，最坚强的活力，还有最冷静的思索，就这点来说，大陆上的各个民族也远远地落在英国人后面了。英国陆海军史是由一系列辉煌的胜利构成的，八百年来英国在自己的海岸线几乎没有见过一个敌人。能够和英国文学竞争的恐怕只有古希腊文学和德国文学了；在哲学方面，英国至少能举出两位名人——培根和洛克，而在经验科学方面享有盛名的则不计其数。如果谈到**贡献**最多的是哪一个民族，那谁也不会否认这个民族就是英国人。

所有这一切都是英国能够引以自豪的事，也是英国人比德国人和法国人优越的地方；而我预先在这里把这些事列举出来，就是为了使善良的德国人一开头就能够确信我是"不偏不倚"的。因为我非常清楚，在德国，人们尽可以毫无顾忌地谈论德国人，而不可这样谈论其他任何一个民族。上面刚刚列举的事，大体上构成了大陆为论述英国而编纂的卷帙如此浩繁却毫无成果和徒劳无益的所有著作的主题。没有一个人想到去钻研英国历史的和英国民族特性的本质，而所有论述英国的著作是如此拙劣，从下面这件简单的事实就可以看出：据我所知，冯·劳默先生那本拙劣的书①，在德国已算是关于这种题材的最好著作了。

弗·恩格斯大约写于 1844 年 2 月中～3 月中，载于 1844 年 9 月 18、21、25 和 28 日，10 月 5、16 和 19 日《前进报》（巴黎）第 75、76、77、78、80、83 和 84 号

原文是德文
中文根据《马克思恩格斯全集》1985 年历史考证版第 1 部分第 3 卷译
选自《马克思恩格斯全集》第 3 卷，人民出版社，1995，第 558～559 页

注释：

[1] 指德国反动历史学家弗·劳麦写的《1835 年的英国》一书，该书于 1836 年在莱比锡分两册出版。

---

① 可能指弗·冯·劳默《英国》1842 年莱比锡增订版。——编者注

卡·马克思和弗·恩格斯

神圣家族，或对批判的批判所做的批判

驳布鲁诺·鲍威尔及其伙伴[1]（节选）

序　言

现实人道主义在德国没有比**唯灵论**或者说**思辨唯心主义**更危险的敌人了。思辨唯心主义用"**自我意识**"即"**精神**"代替**现实的个体的人**，并且用福音书作者的话教诲说："叫人活着的乃是灵，肉体是无益的。"① 显而易见，这种没有肉体的精神只是在自己的臆想中才具有精神。在鲍威尔的批判中，我们所反对的正是以**漫画形式**再现出来的**思辨**。我们认为这种思辨是**基督教日耳曼**原则的最完备的表现，这种原则通过把"**批判**"本身变为某种超验的力量来作自己的最后一次尝试。

我们的阐述主要涉及**布鲁诺·鲍威尔**的《文学总汇报》（我们手边有该杂志的前八期），因为在该报中鲍威尔的批判，从而**整个德国思辨**的胡说达到了顶点。批判的批判（即《文学报》的批判）越是把哲学对现实的颠倒变成最明显的滑稽剧，那就越有教益。（请看**孚赫**和**塞利加**二人的例子。）《文学报》提供了一份材料，就连广大的读者也能通过这份材料识破思辨哲学的幻想。这也就是我们写作本书的目的。

---

① 引自《新约全书·约翰福音》第6章第63节。这句话中的"灵"德文原文为"Geist"，通常译作"精神"。——编者注

我们的阐述自然要取决于阐述的**对象**。批判的批判在各方面都**低于**德国的理论发展已经达到的水平。因此，如果我们**在这本书中**不再对这一发展本身**进行评论**，那是因为我们所阐述的对象的本性使我们完全有理由这样做。

更确切的说，是批判的批判使我们不得不用现已达到的成果**本身**来批驳它。

因此，我们先发表这部论战性的著作，然后再写几部独立的著作，在那些著作里，我们——当然是各自单独地——将正面阐述自己的观点，从而也正面阐述自己对现代哲学学说和社会学说的态度。

恩格斯　马克思
1844年9月于巴黎

选自《马克思恩格斯文集》第1卷，人民出版社，2009，第253~254页

第六章　绝对的批判的批判或布鲁诺先生所体现的批判的批判（节选）

（1）绝对批判的第一次征讨

……

(b) **犹太人问题，第一号**。问题的提法

同群众相对立的"精神"为了立刻显示自己的**批判性**，就把他自己的肤浅的著作即布鲁诺·鲍威尔的**"犹太人问题"**看做绝对的东西，而把反对这一著作的人看做罪人。它在对这一著作受到的攻击所作的第一号答辩[2]中，不但丝毫没有表示这一著作有什么缺点，反而肯定它发现了犹太人问题的"真正的"和**"普遍的"**（！）意义。我们将会看到，它在以后的几次答辩中就不得不承认自己的**"失策"**。

53

我的著作所受到的待遇**开始**表明：正是那些过去和现在一直都为自由而斗争的人，比任何人都更应该起来反对精神。我现在对这一著作所进行的辩护，进一步证明了那些由于自己拥护解放和"**人权**"信条而自以为是不知有多么伟大的**群众的辩护人**，在思想方面是何等贫乏。

绝对批判的著作的问世必然要激起"群众"来**开始**表明自己对精神的敌对态度，因为"群众"的**存在**这件事本来是由"群众"和绝对批判之间的对立的实际存在来**决定**和**证实**的。

某些自由主义的和唯理论的犹太人对布鲁诺先生的"犹太人问题"的攻击，较之自由主义者对哲学和唯理论者对施特劳斯的群众的攻击，自然具有完全不同的批判的用意。上面所引证的评语究竟新颖到什么程度，可以根据**黑格尔**的下面这段话来判断：

"这里应该指出那种**肮脏的良心**的特殊形式：它的表现就是这些浅薄的先生们（自由主义者）[1]引以自傲的辩才；而首先必须指出的是：在它最**缺少精神内容**的地方，它最经常地谈论**精神**；在它表现出最无生气的地方，它却总是唠叨着**生命**这个词"等等。[3]

至于说到"人权"，那我们已经向布鲁诺先生证明过（"德法年鉴"上的"论犹太人问题"[4]）：不是**群众的辩护人**，而是"**他自己**"不了解这些"权利"的实质，并且以教条主义的态度对待它们。同布鲁诺关于人权不是"**天赋的**"这种发现相比较（这种发现近四十多年来在英国有过无数次），傅立叶关于捕鱼、打猎等等是天赋人权的论断，就应该说是天才的论断了。

---

① 括弧里的话是马克思的。——译者注

我们只从布鲁诺先生和**菲力浦逊、希尔施**等人的争论中举出几个例子。连这些可怜的对手也不是绝对的批判所能征服得了的。不管绝对的批判怎么说，**菲力浦逊**先生用以下的话来责备它时，决没有说出什么不尽情理的话：

鲍威尔在思索的是一个特殊类型的国家……**国家的哲学理想**。

布鲁诺先生把国家和人类、人权和人本身、政治解放和人类解放混为一谈，就必然会思索或者至少是想像一个特殊类型的国家即国家的哲学理想。

我曾经证明：**基督教国家**……不可能使其他某一宗教的信徒和基督教阶层在权利上完全平等，因为这种国家的主要原则是一种特定的宗教。假若朗诵者（希尔施先生）[①] 不是极其令人厌倦地阐述自己的思想，而是来推翻我的上述论证，那就会更好一些。

如果朗诵者**希尔施**像"德法年鉴"所做的那样，真的推翻了布鲁诺先生的论证，并且表明了等级的和排他的基督教的国家不仅是不完备的国家，而且也是不完备的**基督教**国家，那末，布鲁诺先生也会像回答"德法年鉴"上对他的驳斥那样回答道：

在这件事情上的责难是毫无意义的。

布鲁诺先生说：

[①] 括弧里的话是马克思的。——译者注

犹太人对历史弹簧的压力，引起了反压力。

和他的这一论断相反，希尔施先生完全正确地指出：

所以说，犹太人对于历史的形成必然起了某种作用，而如果鲍威尔自己也肯定了这一点的话，那末，另一方面，他就没有权利断言犹太人对于现代的形成是毫无贡献的。

布鲁诺先生回答道：

眼中的刺也起了某种作用。是否由此可以说它对我的视觉发展作了什么贡献呢？

刺，就像犹太精神在基督教世界中一样，从我生下来那天起就在我的眼中，现在仍然在我的眼中，并且跟眼睛一同成长和发展。这样的刺并不是普普通通的刺，而是和我的眼睛分不开的一根罕有的刺，它必然会对我的视觉的高度非凡的发展有所贡献。所以，批判的"**刺**"并没有刺痛正在朗诵的"**希尔施**"①。此外，上面提到的那篇批评文章已经向布鲁诺先生表明犹太精神对"**现代的形成**"的意义了。

莱茵省议会的一位议员说道："犹太人**显得古里古怪**是由于他们犹太人的习惯，而不是由于我们的所谓基督教的习惯。"这个意见使绝对批判的神学家的心灵深深地受到了凌辱，以至它现在还没有忘记"命令这个议员**规规矩矩地**使用这样的论据"。

另一位议员断定说，"犹太人的**市民**平权，只有在犹太本身已经不再存在的地方，才有可能实现"，布鲁诺先生就针对这种说法指出：

----

① 双关语：德语中 Hirsch（希尔施）是姓，但同时有"鹿"的意思。——编者注

"这是对的,而且正是在注意到我那本小册子中提到的另一批判见解的时候是对的。"这个见解就是:基督教也应当不再存在。

由此可见,绝对的批判在对"犹太人问题"这本小册子受到的攻击所做的第一号答辩中,仍旧把取消宗教、把无神论看做**市民的**平等的必要条件。所以,绝对的批判在考察犹太人问题的最初阶段上还没有进一步领悟到国家的本质和他的"**著作**"中的"**失策**"。

当有人证明绝对的批判所**杜撰**的"最新的"科学发现只不过是重复早已是人所共知的观点的时候,它就感到很恼怒。有一位莱茵省议员指出:

还没有人想断定说,法国和比利时在组织它们的政治机构时显示出它们对原则的认识是特别明确的。

绝对的批判满可以反驳说,这种说法就是把现在已变得陈腐了的关于法国的政治原则不能令人满意的见解拿来冒充传统的见解,从而把现在的东西搬到过去。这是就事论事的反驳,然而绝对的批判并不能从这种反驳中得到好处。相反地,绝对的批判必然会把过时的见解说成目前的主导见解,而把目前的主导见解说成批判的秘密,即绝对的批判还得通过**自己的**研究才能使群众了然的那种秘密。所以它才不得不说道:

大多数人(也就是群众)① 都已肯定了这一点(即过时的偏见)②;**但是**对历史的**认真的研究证明**,即使是在法国完成了巨大的工作之后,**也还要做许多事情**才能达到认识原则。

可见,对历史的认真研究本身并没有"**达到**"认识原则。它靠自己的

---

① 括弧里的话是马克思的。——译者注
② 括弧里的话是马克思的。——译者注

57

认真态度仅仅**证明了**"还要做许多事情才能达到"。真是伟大的成就！尤其显得伟大的是这个成就在社会主义者的著作之后。但是，在认识现存的社会制度方面，布鲁诺先生**已经**以自己的下述意见做了**许多事情**：

    目前占主导地位的**规定性**就是**非规定性**。

  如果黑格尔说，**中国**占主导地位的规定性是"**有**"，**印度**占主导地位的规定性是"**无**"等等，那末，绝对的批判就会"十足地"附和黑格尔，并把现时代的特性归结为"**非规定性**"这个逻辑范畴，并且会更加十足地把"非规定性"同"有"和"无"一样列入思辨逻辑的第一章，即列入关于"**质**"的一章。

  现在，我们如果不发表一个总的意见，就不能丢开"**犹太人问题**"第一号。

  绝对批判的主要任务之一，首先就是给当代的一切问题以**正确的提法**。它恰好没有回答**现实的**问题，却提出一些**毫不相干的**问题。既然它可以制造一切，那末它必然也会预先**制造出**"当代的问题"，就是说，它必然会把这些问题制造成**自己的**、批判的批判的问题。如果谈到拿破仑法典，那它就会证明：这**实际上是**谈"**摩西五经**"①。它对"当代的问题"的**提法**就是对这些问题的批判的**曲解**和**歪曲**。例如，它这样歪曲"犹太人问题"，以致它自己竟用不着去研究作为这一问题内容的**政治解放**，反而可以满足于批判犹太宗教和描写基督教德意志国家。

  和绝对批判的其他一切新颖的表现一样，这种方法也是**思辨**戏法的重演。**思辨哲学**，特别是**黑格尔**哲学认为：一切问题，要能够给以回答，就必须把它们从正常的人类理智的形式变为思辨理性的形式，并把现实的问题变为**思辨的**问题。思辨哲学歪曲**我的**问题，并且像教义问答那样，借我

---

① "摩西五经"——指旧约全书前五篇：创世纪、出埃及记、利未记、民数记、申命记。——译者注

的嘴来说**它**自己的问题，它当然也能够像教义问答那样，对我的每一问题都准备好现成的答案。

《（b）犹太人问题，第一号。问题的提法》选自《马克思恩格斯全集》第二卷，人民出版社，1957，第 110~115 页。

(2) 绝对批判的第二次征讨

(b) 犹太人问题，第二号。关于社会主义、法学和
政治学（民族问题）的批判的发现

有人在向群众的、物质的犹太人传布**基督教**关于**精神自由、理论自由**的教义，那是一种**唯灵论**的自由，那种自由即使戴着锁链也把自己**想象成**是自由的，那种自由在"观念"中是称心如意的，而只是由于一切群众性的存在而感到拘束。

犹太人现在在**理论**领域内有多大程度的进展，他们就获得多大程度的**解放**；他们在多大程度上**想要成为自由的人**，他们就在多大程度上**是自由的人了**。[5]

按照这个原理，人们立即就可以测量出那条把**群众**的世俗的共产主义和社会主义同**绝对**的社会主义分隔开来的批判的鸿沟。世俗社会主义的首要原理把**单纯理论领域内**的解放作为一种幻想加以摒弃，为了**现实的**自由，它除了要求有理想主义的"**意志**"以外，还要求有很具体的、很物质的条件。"群众"认为，甚至为了争得一些仅仅为从事"理论"研究所需要的时间和资金，也必须进行物质的、实际的变革；这样的"**群众**"在神圣的批判面前显得多么低下啊！

我们暂且从纯粹精神的社会主义跳到**政治学**中来看看！

里瑟尔先生反对布·鲍威尔的观点，指出**他的**国家（即**批判的国家**）必须排除"犹太人"和"基督徒"。里瑟尔先生说得完全正确。既然鲍威尔先生把**政治**解放同**人的**解放混淆起来，既然国家只知道用强行排除敌对分子的代表**人物**的办法去对付那些敌对分子（基督徒和犹太人在《犹太人问题》中已经被判定为叛逆分子），比如，恐怖统治就曾想用砍掉囤积居奇者脑袋的办法来杜绝囤积居奇行为，那么鲍威尔先生在他的"批判的国家"中也就必然把犹太人和基督徒送上绞架了。既然鲍威尔已经把政治解放同人的解放混淆起来，那么他也就必然合乎逻辑地要把实现解放的**政治手段**同实现解放的**人的手段**混淆起来。但是，只要有人向绝对的批判指出其推论的**特定**含义，绝对的批判就会加以反驳，其用语同**谢林**以前反驳一切论敌时的用语如出一辙（那些论敌用**现实的**思想来取代谢林的空话）：

> **批判**的反对者之所以成为批判的反对者，是因为他们不仅用自己的**教条主义**的尺度来对待批判，而且认为批判本身也是**教条主义**的；换句话说，他们之所以反对批判，就是因为批判不承认他们的教条主义的区分、定义和托词。

当人们把绝对批判的**特定的**、现实的含义、思想和观点作为前提时，他们对绝对批判当然就像对**谢林**先生那样，采取教条主义的态度。然而，为了适应并且为了向里瑟尔先生证明自己的博爱之忱，"**批判**"决心使用教条主义的区分、定义、特别是"**托词**"。

比如，有这样一段话：

> 如果我在那本书里〈在《犹太人问题》中〉**愿意**或者**可以**越出批判的**范围**，我本来**应当**〈！〉**谈论的**〈！〉就不是**国家**，而是"**社会**"，因为"社会"并不排除任何人，只有那些不愿意参与社会发展的人才自己把自己从社会中排除出去。

在这里，绝对的批判在它本来应当做的事（如果它没有做出相反的事的话）和它实际做的事之间进行了**教条主义的区分**。它用禁止它越出"**批判的范围**"的意愿和许可这种"**教条主义的托词**"来解释自己的小册子《犹太人问题》的局限性。怎么？"**批判**"应当**越出**"**批判**"的范围吗？由于教条主义的必然性，一方面势必要断言自己对犹太人问题的理解是绝对的，是"**批判**"，另一方面又不得不承认有更广泛的理解的可能性，绝对的批判才产生这种完全**群众性**的想法。

批判"**不愿意**"和"**不许可**"的**秘密**将在后面被揭开，原来这种秘密就是批判的**教条**。根据这种教条，"批判"的一切表面上的局限性无非是为迁就群众理解力而采取的必要的**适应行为**而已。

批判**不愿意**！批判**不许可**越出自己对犹太人问题的狭隘理解的范围！但是，如果它**愿意**或者**许可**的话，那它会做出些什么来呢？它会提出**教条主义的定义**。它会不谈"国家"而谈"社会"，因而它不会去研究犹太人同**当前市民**社会的**现实**关系！它会**教条主义地**给不同于"国家"的"**社会**"**下定义**，指出**国家**会把**那些**不愿参与社会发展的人从国家中排除出去，而这些人却是自己把自己从社会中**排除**出去的！

在排除异己方面，社会的做法跟国家的做法其实是一样的，只不过社会做得斯文一些罢了。社会不是把你一脚踢出门外，而是设法使你在这个社会里感到很不舒服，让你自己自愿的走出门外。

实际上，国家的做法也没有什么两样，因为国家并不排除那些能遵守其一切要求和一切禁令、并顺应其发展的人。**完备的**国家甚至无视事实，它把**现实的**对立说成是**非政治的**、对它毫不妨碍的对立。此外，绝对的批判本身还提出一种思想，认为就是因为犹太人排除国家，也就是说**犹太人自己把自己**从国家中排除出去，国家才排除犹太人。如果这种相互关系在**批判的**"**社会**"中采取更温文尔雅、更假仁假义、更阴险狡诈的形式，这只是证明"**批判的**""**社会**"的更加虚伪和发育不全。

我们再来看看绝对批判的"**教条主义的区分**"、"**定义**"、特别是"**托词**"。

例如，里瑟尔先生要求批判家"**把法的范围以内的东西和法的范围以外的东西区分开来**"。

批判家对于这种**法律上的**要求的蛮横无理表示愤慨。

他反驳说："**可是**直到目前，情感和良心都干涉了法，常常补充它，由于法的**教条主义形式**〈因而不是法的教条主义**本质**？〉所决定的法的性质，就必须常常补充它。"

批判家只是忘记了，**法本身**也非常明确地**把**自身同"情感和良心"**区分开来**；他忘记了，这种区分可以由**法**的片面**本质**和教条主义**形式**来说明，这种区分甚至成了法的**主要教条之一**；最后，他忘记了这种区分的实际实现就构**成法的发展的**顶峰，正像宗教同全部世俗内容的脱离使宗教成为**抽象的、绝对的**宗教一样。"情感和良心"干涉法这个事实使"**批判家**"有足够的根据在谈法的地方谈情感和良心，在谈**法律教义的地方谈神学教义**。

通过绝对批判的"定义和区分"，我们已经有了充分的准备去领教它关于"社会"和"法"的最新"发现"。

批判准备了世界形式，**甚至第一次**准备了世界形式的**思想**。这种世界形式**不单单是法**的形式，而且是〈读者，请你提起精神来！〉**社会的**形式，关于这种形式**至少可以**说这么多〈这么少？〉：谁对它的建立毫无贡献，谁在它那里不凭自己的良心和情感来生活，他就不会感到在它那里就像在自己家里一样，也不可能参与它的历史。

"批判"所准备的世界形式被规定为**不单单是法的形式，而且是**社会的形式。这个规定可以有两种解释。这里所引的这句话或者可以解释为世界形式"**不是法的，而是社会的**"形式；或者可以解释为世界形式"不单单是法的，而且**也是**社会的"形式。让我们按照这两种解释来考察一下这句话的内容，先按第一种解释来进行考察。绝对的批判在前面把这个不同于"**国家**"的新"**世界形式**"规定为"**社会**"。现在它却用形容词"**社会的**"来规定名词"**社会**"。欣里克斯先生的"**政治的**"一词曾经三次受到"**社会的**"这个词的批驳，而里瑟尔先生的"**法的**"一词则受到了"**社会的社会**"这个词组的批驳。如果向欣里克斯先生所作的那些**批判的**解释可以归结为这样一个公式："社会的"+"社会的"+"社会的"= 3a，那么，绝对的批判在其第二次征讨中就是从**加法**进一步转用**乘法**，让里瑟尔先生去找自我相乘的社会，社会的**平方**，即社会的社会 = a^2。绝对的批判为了使它的关于社会的解释臻于完善，只剩下以分数计算、求社会的**平方根**等等办法尚未使用。

如果我们反过来按照第二种解释，即"**不单单是法的，而且也是社会的**"世界形式来考察，那么这种双重的世界形式无非**是现今存在的世界形式**，即**现今社会的**世界形式。"批判"在其史前时代的思维中就先为**现今存在的**世界形式的**未来存在**作准备，这是伟大的令人崇敬的**批判奇迹**。但是，不管"不单单是法的，而且是社会的社会"情况怎样，关于这种社会，**批判**除了讲"**寓言教导**"〔fabula docet〕，除了谈**道德教化**以外，眼下就再也不可能透露什么东西了。谁在这个社会里不凭自己的情感和良心来生活，"他就不会**感到**自己在它那里就像在自己家里一样"。到最后，除了"纯情感"和"纯良心"，即"精神"、"**批判**"及其**自己人**之外，将不会有任何人在这个社会里生活。**群众**将会以这种或那种方式从社会中被排除出去，其结果是，"群众的社会"将置身于"社会的社会"之外。

总而言之，这个社会无非是**批判的天堂**，而现实的世界则作为**非批判的地狱**从那里被排除出去。绝对的批判正在其纯粹思维中为这个"**群众**"和"**精神**"相对立的超凡入圣的**世界形式**作准备。

就**民族**命运问题向里瑟尔先生所作的解释，如同就"**社会**"问题所作的解释一样，具有同样的**批判的**深度。

绝对的批判从犹太人渴望解放和基督教国家渴望"把犹太人打入政府

63

的另册"——仿佛犹太人不是早已被打入基督教政府的另册似的!——出发,最后做出了关于**各民族衰亡**的种种预言。我们看到,绝对的批判是通过多么复杂的曲折道路,也就是通过**神学的曲折道路**才走向现代的历史运动的。下面这句光芒四射的神谕般的预言证明,绝对的批判用这种办法获得了多么伟大的结果:

各民族的**未来**——**是**——**很**——**黑暗的**!

看在批判的面上,姑且让各民族的未来黑暗到批判想要达到的程度吧!然而有一点,而且是必要的一点显得很**清楚**:未来是**批判的创造物**。

批判大声疾呼:"**命运**可以任意决定一切;我们现在知道,命运是**我们的创造物**。"

正如上帝把自己的意志赋予**自己的创造物**——人一样,**批判**也把自己的意志赋予自己的创造物——命运。所以创造命运的**批判**也像上帝一样是**万能的**。甚至它所"**遭遇到的**"来自身外的"**反抗**"也是它自己的创造物。"**批判创造自己的对手**"。所以,针对批判的那种"**群众性的愤慨**"只会"严重威胁""群众"自己。

既然批判像上帝一样是**万能的**,那么它也像上帝一样是**无所不知的**,并且善于把他的万能同个人的**自由**、**意志**和**天职**结合起来:

如果批判没有本事使**每个人**成为自己**希望**成为的那种人,没有本事毅然决然地向每个人指出**适合其本性**和**意志**的那种观点,批判就不成其为**划时代**的力量了。

与此相比,**莱布尼茨**恐怕也不可能更加顺利的实现上帝的万能同人的自由和天职之间的先定的和谐。

"**批判**"没有**把**想要成为某种东西的**意志**和可以成为某种东西的**能力区分开来**,如果说它这样做看起来是违反了心理学,那么人们就必须想一想,批判是有确凿的根据来宣告这种"**区分**"是"**教条主义的**"。

让我们养精蓄锐进行第三次征讨!让我们再一次唤醒自己的记忆,回想一下"**批判创造自己的对手**"!但是,如果批判不说空话,它怎么能创造自己的对手——"**空话**"呢?

(3) 绝对批判的第三次征讨

(b) 犹太人问题,第三号

"绝对的批判"并不限于以自己的自传来证实它所特有的无所不能的本领,证实它能够"**像破天荒地首创新事物那样首创旧事物**"。它也不限于**亲自出马**为自己的过去撰写辩护书。现在,它给第三者、其余的世俗界提出了一项绝对的"任务",而且"**恰恰是目前至关紧要的任务**",这就是为鲍威尔的行为和"**著作**"**辩护**。

《德法年鉴》刊载了一篇对鲍威尔先生的小册子《犹太人问题》的评论[①]。这篇文章揭露了鲍威尔把"**政治解放**"和"**人的解放**"混为一谈的根本错误。固然,这篇文章没有使旧的犹太人问题首先获得一个"**正确的提法**",但是,对"犹太人问题"是根据对**旧的时事问题**作出新的解释的那种提法来探讨和解决的,也正是由于这种提法,旧的时事问题才由过去的"问题"变成了现代的"问题"。

看来,绝对的批判认为在**第三次**征讨中有必要给《德法年鉴》一个答复。绝对的批判首先**承认**:

---

① 指马克思《论犹太人问题》。——编者注

在《犹太人问题》中出了同样的"纰漏"——把**人的本质**和**政治本质**混为一谈。①

批判指出：

"现在想要**指责**批判还在**两年前**部分地所持的立场，未免太迟了。""**其实，重要的是应当对**批判甚至曾不得不……从事政治这一点加以说明。"

"两年前"？现在，我们就按**绝对**的纪元，从批判的救世主即鲍威尔主编的《文学报》**诞生的那一年**算起吧！批判的尘世拯救者诞生于 **1843 年**。同年，《犹太人问题》增订第二版问世。在《来自瑞士的二十一印张》这一文集中对《犹太人问题》进行"批判的"研究[6]，也是在旧历 1843 年，不过日期要晚一点。就在这重要的旧历 1843 年即批判的纪元元年，在《德国年鉴》和《莱茵报》被**查封**之后，鲍威尔先生的虚假政治的著作《国家、宗教和政党》出版了。这本书原封不动地重犯了鲍威尔在"**政治本质**"这一问题上的老毛病。辩护者被迫假造了一份**年表**。

对于为什么鲍威尔先生"**甚至曾不得不**"从事政治这一点的"**说明**"，只是在一定的条件下才具有普遍意义。也就是说，既然把绝对批判的可靠性、纯洁性和绝对性事先奉为**基本的信条**，那么，与这种信条相矛盾的事实当然会变成一堆迷，这些迷就像上帝的那些看来并不神圣的行动在神学家眼中那样深奥费解、意味深长、玄妙莫测。

相反，如果把"**批判家**"看做有限的个人，如果不把他和他所处的时代的**界限**分离开来，那就用不着再回答**为什么"批判家"甚至**曾不得不在世界范围以内求得发展这一问题了，因为**问题本身**已经不复存在了。

---

① 布·鲍威尔《目前什么是批判的对象？》，载于 1844 年 7 月《文学总汇报》第 8 期。《绝对批判的第三次征讨》一节引自《文学总汇报》的引文大都出自这篇文章。——编者注

不过，如果绝对的批判要坚持自己的要求，那我们愿意提供一篇经院式的短论来阐明下面的**时事问题**：

"为什么恰好要由布鲁诺·鲍威尔先生来证明童贞马利亚是因为圣灵而怀孕这个事实呢？""为什么鲍威尔先生必须证明，向亚伯拉罕显现的天使是神的**真正的**流出体，是尚未达到**消化食物**所必需的浓度的流出体？""为什么鲍威尔先生必须为普鲁士王室作辩护并且把普鲁士国家奉为**绝对的**国家呢？""为什么鲍威尔先生在自己的《符类福音作者的福音故事考证》中必须用'**无限的自我意识**'来代替人呢？""为什么鲍威尔先生在《基督教真相》中必须用**黑格尔**的形式来重谈**基督教的创世说**呢？""为什么鲍威尔先生必须要求自己和别人来'**说明**'他必定要犯错误这种怪事呢？"

我们在证明这些既是"批判的"，同样也是"绝对的"必要性之前，还是先来仔细听听"**批判**"用于辩护的遁词。

"犹太人问题……作为**宗教的**、**神学的**问题和作为**政治的**问题，必须……首先获得一个**正确的**提法。""在探讨和解决这两个问题时，'**批判**'既不持**宗教的**观点，**也不持政治的**观点。"

这番话的由来是，《德法年鉴》将鲍威尔对"犹太人问题"的探讨宣布为**真正神学的**探讨和**虚假政治的**探讨。

首先，"**批判**"针对自己被"**指责**"为有**神学**局限性，作了这样的回答：

犹太人问题是**宗教**问题。**启蒙**认为，只要把**宗教的**对立看做**无关紧要的对立**或者甚至予以否定，就可以解决犹太人问题。可是，**批判**却必须把这一纯粹的宗教对立表述出来。

至于说到犹太人问题的**政治**方面，我们将会发现，神学家鲍威尔先生甚至在政治上研究的也不是政治，而是神学。

而《德法年鉴》反对鲍威尔把犹太人问题当做"**纯粹宗教的**"问题来探讨，那是专门针对布鲁诺·鲍威尔在《来自瑞士的二十一印张》文集里的一篇文章来说的，那篇文章的标题是：

《现代犹太人和基督徒获得自由的能力》。

这篇文章和旧的"启蒙"毫无关系。该文包含着鲍威尔先生对现代犹太人获得解放的能力，即获得解放的可能性的**肯定**见解。

"批判"说道：

犹太人问题是**宗教**问题。

疑问恰恰是：**什么是宗教**问题，特别是，当前**什么是宗教**问题？

这位**神学家**将根据**表面现象**作出判断，把**宗教**问题就看成**宗教**问题。但是，请"批判"回想一下它为反对**欣里克斯**教授所作的那番解释：当前的**政治**利益具有**社会**意义，关于**政治**利益"再也没有什么可谈的了"。

根据同样的道理，《德法年鉴》曾对批判说过：**宗教**的焦点问题在当前具有**社会**意义。关于**宗教**利益**本身**再也没有什么可谈的了。只有这位**神学家**还会认为，这里涉及的是作为宗教的宗教。不过，《德法年鉴》也做了**不合道理的事情**，它竟不满足于单单使用"社会的"这个词。它还描述了犹太教在现代市民社会中的**现实**地位。在剥掉了犹太教的**宗教**外壳，使它只剩下经验的、世俗的、实际的内核之后，才能够指明那种可以消除这个内核的实际的、**真正社会**的方式。鲍威尔先生却心安理得地认为"宗教问题"就是"宗教问题"。

《德法年鉴》决没有否认犹太人问题也是**宗教**问题，那只是鲍威尔先生故意制造的**假象**。相反，该杂志曾经指出，鲍威尔先生只了解犹太教的**宗教**本质，但不了解这一宗教本质的**世俗的现实的**基础。他把**宗教意识**当做某种独立的本质来反对。所以，鲍威尔先生不是用**现实的犹太人**去说明犹太人的宗教的秘密，而是用**犹太人的宗教**去说明**现实的犹太人**。因此，鲍威尔先生对犹太人的理解仅限于犹太人是**神学**的直接对象或犹太人是**神学家**。

因此，鲍威尔先生就没有意识到，现实的**世俗的**犹太精神，因而**也连同宗教的**犹太精神，是由**现今的市民生活**所不断地产生出来的，并且是在**货币制度中**最终形成的。他之所以未能意识到这一点，是因为他没有认识到犹太精神是现实世界的一环，而只把它当做是**他的**世界即**神学**的一环；是因为他作为一个虔诚的、忠实于上帝的人，不是把进行工作的、从事**日常劳动的犹太人**，而是把在**安息日里假装正经的犹太人**视为**现实的**犹太人。在这位**笃信基督**的神学家鲍威尔先生看来，犹太教的**世界历史**意义已经必不可免地从基督教**诞生**的那一时刻起荡然无存。所以，他必须要重复那种认为犹太教是**违反**历史而保存下来的陈旧的正统观点；而认为犹太教只是作为神的诅咒的**确证**，作为基督启示的**明证**而存在的陈旧的神学偏见，则必然要在鲍威尔那里以**批判的神学**的形式屡屡出现。根据这种形式，犹太教现在和过去都只是作为**在宗教上**对基督教的超世俗起源的**肆无忌惮的怀疑**而存在，也就是作为反抗基督启示的**明证**而存在。

与此相反，《德法年鉴》曾经证明，犹太精神是**通过历史、在历史中**并且**同历史一起**保存下来和发展起来的，然而，这种发展不是用神学家的眼睛，而是只有用世俗人的眼睛才能看到，因为这种发展不是在**宗教学说**中，而是只有在**工商业的实践**中才能看到。《德法年鉴》曾经说明，**为什么实际的犹太精神只有在完备的基督教**世界里才达到完备的程度；不仅如此，那里还指出，这种实际的犹太精神正是**基督教世界本身的完备的实践**。《德法年鉴》不是用犹太人的宗教——这种宗教竟然被认为是一种特殊的自为地存在的本质——来说明**现代**犹太人的生活，而是用那些在犹太人的宗教中得到**幻想**反映的市民社会的实际要素来说明犹太人宗教的顽强生命力。因此，在《德法年鉴》中，犹太人解放成为人，或者说人从犹太精神中获得解放，不是像在鲍威尔先生笔下那样，被理解为犹太人的特殊任务，而是被理解为彻头彻尾渗透着**犹太精神**的现代世界的普遍的实践任务。《德法年鉴》已经证明，消除犹太本质的任务实际上就是消除**市民社会**[7]**中的犹太精神**的任务，就是消除现代生活实践中的非人性的任务，这种非人性的最高表现就是**货币制度**。

鲍威尔先生虽然是**批判的神学家**或者说是**神学的批判家**，但却是**名副其实的神学家**，他并没有能够超越**宗教的对立**。他把犹太人对基督教世界**的关系仅仅**看做是**犹太人的宗教**对**基督徒的宗教**的关系。他甚至不得不在犹太人和基督徒与**批判的宗教**——无神论、有神论的最后阶段、对神的**否定性的**承认——的**对立**中批判地恢复宗教对立。最后，他由于自己的**神学狂热**，不得不把"现代犹太人和基督徒"即现代世界"获得自由"的能力，仅仅**局限于**他们理解并亲自从事神学"批判"的能力。在正统的神学家看来，整个世界都应归结为"宗教和神学"（他也可以同样成功地把世界归结为政治学、国民经济学等等，并且给**神学**加上天国的**国民经济学**之类的名称，因为，它是一门关于"**精神财富**"和天国财宝的生产、分配、交换和消费的学说!），同样，在激进的批判的神学家看来，世界获得解放的**能力**就应归结为把"宗教和神学"作为"宗教和神学"加以批判的**唯一的抽象能力**。他所知道的唯一的斗争是反对自我意识的**宗教**局限性的斗争，然而自我意识的批判的"**纯粹性**"和"**无限性**"也同样是神学的局限性。

可见，鲍威尔先生之所以用**宗教和神学的**方式来考察**宗教**和**神学**问题，就是因为他把现代的"宗教"问题看做"**纯粹宗教的**"问题。他那种"对问题的**正确提法**"，只不过使问题获得了一种同他回答问题的"**特有能力**"相符合的"正确"提法！

现在，我们就来谈谈**犹太人问题**的政治方面。

在许多国家，**犹太人**（如同基督徒一样）**在政治上已经获得了完全的解放**。但是，犹太人和基督徒还远远没有获得**人**的意义上的解放。可见，**政治解放**和**人的解放**之间必定是存在**差别**的。所以，必须对**政治解放**的实质，也就是对发达的现代国家的实质进行研究。而对那些还不能**在政治上**

解放犹太人的国家，也应该对照完备的政治国家来加以衡量，指出它们是不发达的国家。

这就是研究犹太人的"**政治**解放"这一问题所应依据的观点，而《德法年鉴》所依据的就是这一观点。

鲍威尔先生为"批判"的"犹太人问题"作了如下的辩护：

> 有人向犹太人指出，他们对他们要求获得自由的那种**制度**抱有幻想。

鲍威尔先生的确已经指出**德国**犹太人的幻想，就是在不存在政治共同体的国家要求参加政治共同体，在只存在政治特权的国家要求**政治权利**。可是，《德法年鉴》已经向鲍威尔先生指出，他自己对"德国政治制度"所抱有的"幻想"并不比犹太人少。他就是用"**基督教国家**"不可能在政治上解放犹太人这一点来说明犹太人在德意志各邦的处境的。他歪曲了事实，他把**特权**国家、**基督教日耳曼**国家设想成绝对的基督教国家。可是，《德法年鉴》已经向他证明，那种没有任何宗教特权的政治上完备的现代国家，也就是完备的**基督教**国家；因此，完备的基督教国家不仅**能够**解放犹太人，而且已经解放了他们，同时按这种国家的本质来说，也必定会解放他们。

> 有人向犹太人指出……如果他们以为，他们是在要求**自由**和要求承认**自由的人性**，那么他们是在给自己制造有关自身的最大的幻想，其实对他们来说，关键是而且只能是专门的**特权**。

自由！承认自由人性！专门的特权！这些都是为了在辩护中规避某些问题而使用的动听的字眼！

自由？这里指的是**政治**自由。《德法年鉴》已经向鲍威尔先生指出，犹太人要求自由而又不想放弃自己的宗教，这就是在"**从事政治**"，而不是在提出任何与**政治**自由相抵触的条件。《德法年鉴》已经向鲍威尔先生指出，把人**划分**为不信宗教的**公民**和信奉宗教的**私人**，这同政治解放毫不矛盾。《德法年鉴》已经向他指出，当国家摆脱了**国教**，而在市民社会范围内则让宗教自由行事时，国家就从宗教中解放出来了，同样，当单个的人不再把宗教当做**公共**事务而当做自己的**私人事务**来对待时，他**在政治上**也就从宗教中解放出来了。最后，《德法年鉴》已经指出，**法国革命**对**宗教**采取的**恐怖**行动远没有驳倒这种看法，相反倒证实了这种看法。

......

(c) 对法国革命的批判的战斗

......

像法国革命这样的18世纪的实验还完全是18世纪的实验，而决不是19世纪的实验，这种年代学上的真理看来"还完全"属于那类"一开始就不言而喻的"真理。但是，在对"明如白昼"的真理深怀反感的**批判**所用的术语中，这样一种真理叫做"**考察**"，因此也就在"对这场革命的新的考察"中获得了理所当然的地位。

但是，法国革命所产生的思想并没有超出革命想用暴力来推翻的那个**秩序**的范围。

思想永远不能超出旧世界秩序的范围，在任何情况下，思想所能超出的只是旧世界秩序的思想范围。思想本身根本**不能实现什么东西**。思想要得到实现，就要有使用实践力量的人。由此可见，从字面的**意思**来看，上述批判的说法也是不言而喻的真理，因此也是"**考察**"。

法国革命没有受到这种考察的阻挠，这场革命产生了超出整个旧世界秩序的**思想**范围的思想。1789年在**社会小组**[12]中开始、中期以**勒克莱尔**和**卢**为主要代表、最后同**巴贝夫**的密谋活动一起暂时遭到失败的革命运动，产生了**共产主义**的思想。1830年革命以后，在法国，这种思想又为巴贝夫的友人邦纳罗蒂所倡导。这种思想经过了彻底的酝酿，就成为**新世界秩序的思想**。

因此〈！〉在这场革命消除了人民生活内部的封建主义界限以后，革命就不得不满足民族的纯粹利己主义要求，甚至煽起这种利己主义；而另一方面，革命又不得不通过对这种利己主义的必要补充，即承认一种最高的存在物，通过在更高的层次上确认那必须把单个的自私的原子联合起来的普遍国家制度，来约束这种利己主义。

民族的利己主义是普遍国家制度的自发的利己主义，它同封建主义界限所体现的利己主义互相对立。最高的存在物就是在最高的层次上确认普遍国家制度，因而也就是在更高的层次上确认民族。尽管如此，最高的存在物却必须**约束**民族的利己主义，即普遍国家制度的利己主义！通过确认利己主义，而且通过在**宗教上**确认利己主义，即通过承认利己主义是超人的、因而是不受人约束的存在物，来约束利己主义，这是真正批判的任务！最高存在物的创造者对自己这种批判的意图是一无所知的。

毕舍先生认为民族狂热是靠宗教狂热来支撑的，他更理解自己的英雄**罗伯斯比尔**。

罗马和希腊曾经由于民族问题而失败。因此，当**批判**说法国革命由于民族问题而失败的时候，**批判**并没有说出有关法国革命的任何独到见解。当它把民族的利己主义定义为**纯粹的**利己主义时，它同样也没有说出有关民族的任何东西。如果把这种纯粹的利己主义同**费希特的"自我"**的纯粹的利己主义加以对照，这种纯粹的利己主义反倒表现为非常阴暗的、掺杂着血和肉的、自发的利己主义。如果说这种利己主义的纯洁性只是相对的，因而与封建主义界限所体现的利己主义截然不同，那就没有必要对

"革命"进行"新的考察",以便发现以民族为内容的利己主义比以特殊等级和特殊团体为内容的利己主义更普遍或更纯粹。

……

第七章 批判的批判的通讯

……

(2)"非批判的群众"和"批判的批判"

……

(b)"软心肠的"和"需要解救的"群众

……

批判继续絮叨说:"直到**现在**没有一个民族同另一个民族相比具有**某种优点**。假如有一个民族能成功地……获得对其他各民族的精神优势,那么这个民族必定是能够批判自己和其他各民族并能认识普遍衰败的原因的民族。"

直到**现在每个**民族同另一个民族相比都具有**某种优点**。但是,如果批判的预言是正确的,那么任何一个民族同另一个民族相比都将不**会**具有某种长处,因为所有的欧洲文明民族——英国人、德国人、法国人——现在都在"**批判自己和其他民族**"并"**能认识普遍衰败的原因**"。最后,说"**批判**"、"**认识**"即**精神活动**能提供**精神优势**,其实只是一种词句上的**同义反复**;批判凭借无限的自我意识使自己凌驾于各民族之上,期待着各民族跪在自己脚下乞求指点迷津,它正是通过这种漫画化的、基督教日耳曼的唯心主义,证明它依然深深地陷在**德国民族性**

的泥坑里。

……

卡·马克思和弗·恩格斯写于1844年9月~11月
1845年2月在莱茵河畔法兰克福出版

原文是德文
中文根据《马克思恩格斯全集》德文版第2卷翻译
选自《马克思恩格斯文集》第1卷，人民出版社，2009，第253~254、297~310、319~321、354页

注释：

[1]《神圣家族，或对批判的批判所做的批判。驳布鲁诺·鲍威尔及其伙伴》是马克思和恩格斯合写的第一部重要哲学著作。"神圣家族"是对青年黑格尔派鲍威尔兄弟及其追随者的谑称，"批判的批判"是指他们的唯心主义哲学体系。

马克思和恩格斯在这部著作中批判了青年黑格尔派和黑格尔本人的唯心主义哲学观点，初步阐述了唯物史观的一些重要思想。他们针对布·鲍威尔等人宣扬的唯心史观，指出在历史发展进程中起决定作用的是物质生产而不是自我意识，强调必须从社会物质生产出发来观察历史；论证了人民群众在历史发展中的作用，指出"历史活动是群众的活动"；批判了私有制，并阐明了无产阶级的历史使命，指出"私有财产在自己的国民经济运动中自己使自己走向瓦解"；"无产阶级执行着雇佣劳动由于为别人生产财富、为自己生产贫困而给自己做出的判决，同样，它也执行着私有财产由于产生无产阶级而给自己做出的判决"；"无产阶级能够而且必须自己解放自己"。他们还针对鲍威尔对18世纪法国唯物主义的攻击，深刻论述和评价了法国唯物主义抨击现存政治制度、批判宗教和神学、反对17世纪形而上学的斗争历史和积极意义，指出了法国唯物主义同英国和法国的社会主义、共产主义的联系。

这部著作写于1844年9~11月，并于1845年2月在美因河畔法兰克福出版。

早在1842年夏季柏林的青年黑格尔派成立所谓"自由人"小组时，马克思就同他们发生了严重的分歧。马克思反对"自由人"小组热衷于唯心主义

的哲学思辨和空洞抽象的哲学争论。随着马克思和恩格斯由唯心主义转向唯物主义、由革命民主主义转向共产主义，他们同青年黑格尔派之间的分歧发展到了理论上和政治上根本对立的程度。为了批判青年黑格尔派的理论观点和政治主张，捍卫和阐述唯物主义和共产主义的观点，他们决定共同撰写这部著作。

1844年8月底～9月初恩格斯在巴黎逗留期间，同马克思一起拟定了全书的大纲，并合写了《序言》。恩格斯在离开巴黎之前写完了他所分担的几个章节。马克思承担了全书绝大部分写作任务，直到1844年11月底才完稿。他在写作时利用了自己在《1844年经济学哲学手稿》中的研究成果，以及对18世纪末法国资产阶级革命历史的研究心得和其他许多笔记、摘要。这部著作最初定名为《对批判的批判所做的批判。驳布鲁诺·鲍威尔及其伙伴》；在付排过程中，马克思在标题上加了"神圣家族"一词。这部著作在章节目录中标明了作者的名字。

列宁对这部著作作了详细摘要（见《列宁全集》，中文第2版第55卷，第5～36页）。他认为这部著作"奠定了革命唯物主义的社会主义的基础"（见《列宁选集》，中文第3版第1卷，第92页）。

本卷节录了《神圣家族》的若干篇章。这部著作的全文见《马克思恩格斯全集》中文第1版第2卷。

《神圣家族》的部分章节在20世纪30年代已译成中文出版，主要有：1930年2月上海社会科学研究会出版的《马克思论文选译》第一集刊载的由李一氓翻译的《神圣家族》第四章中的《批判性的评注1》、《批判性的评注2》和第六章中的《对法国唯物主义的批判的战斗》；1936年5月日本东京质文社出版的由郭沫若翻译的《神圣家族》第五章和第八章，译者所加的标题为《艺术作品之真实性》。

[2] 马克思指的是布·鲍威尔在《文学总汇报》（1843年12月）第1期发表的文章《犹太人问题的最新论文》。

[3]《黑格尔全集》1833年柏林版第8卷第12页，《法哲学原理》序言。

[4] 这里指的是卡·马克思的《论犹太人问题》。见《马克思恩格斯全集》1956年人民出版社版第1卷，第419～451页。

[5] 这一段及以下的引文均出自布·鲍威尔为反驳他的《犹太人问题》一书的批

评者而写的第二篇文章。他的第二篇文章发表在《文学总汇报》第 4 期（1844 年 3 月）上，和第一篇文章的标题相同，都是《犹太人问题的最新论文》。

[6] 指收集在《来自瑞士的二十一印张》这本文集里布·鲍威尔的《现代犹太人和基督徒获得自由的能力》一文。这本文集是由小资产阶级民主主义者、诗人格·海尔维格于 1843 年在苏黎世和温特图尔出版的。

[7] 市民社会（bürgerliche Gesells chaft）这一术语出自黑格尔《法哲学原理》第 182 节（见《黑格尔全集》1833 年柏林版第 8 卷）。在马克思的早期著作中，这一术语有两重含义。广义地说，是指社会发展各历史时期的经济制度，即决定政治制度和意识形态的物质关系总和；狭义地说，是指资产阶级社会的物质关系。因此，应按照上下文作不同的理解。

[8] 社会小组是民主知识分子的代表建立的组织，18 世纪末法国资产阶级革命的最初年代在巴黎进行活动。社会小组在共产主义思想史上的地位可以从以下事实中看出：社会小组的思想家克·福适主张平均分配土地，限制过多的财产，并主张对凡有劳动能力的公民都给予工作。福适对法国革命文献中宣布的形式上的平等所作的批判，促使"疯人派"的领导者雅克·卢就这一问题发表了更加大胆的言论。

弗·恩格斯

英国工人阶级状况（节选）

根据亲身观察和可靠材料[1]

致大不列颠工人阶级[2]

……

我希望，我对**他们**来说是外国人，而对**你们**则不是。我的英语也许不纯正，但是，我希望你们将发现它是**平实易懂的**。在英国，顺便说一下，在法国也一样，从来没有一个工人把我看做外国人。我极其满意地看到你们已经摆脱了民族偏见和民族优越感。这些极端有害的东西，它们归根结底不过是**大规模的利己主义**而已。我看到你们同情每一个真诚地致力于人类进步的人，不管他是不是英国人；我看到你们仰慕一切伟大的美好的事物，不论它是不是在你们祖国的土地上培育的。我确信，你们不仅仅是**英国人**，不仅仅是单个的、孤立的民族的成员；我确信，你们是认识到自己的利益和全人类的利益相一致的**人**，是伟大的人类大家庭的成员。对你们作为这样的人，作为这个"统一而不可分的"人类**家庭**的成员，作为真正符合人这个词的含义的**人**，我以及大陆上其他许多人祝贺你们在各方面的进步，并希望你们很快获得成功。

继续像以前那样前进吧！你们还将经受许多历练；要坚定，要勇敢，你们必定会获得成功，你们前进中的每一步都将为我们共同的事业，人类的事业所共有！

弗里德里希·恩格斯
1845年3月15日于巴门（莱茵普鲁士）

导　言

……

简单说来，这就是最近六十年的英国工业史，这是人类编年史中的一部无与伦比的历史。六十年至八十年以前，英国和其他任何国家一样，城市很小，只有很少而且简单的工业，人口稀疏而且多半是农业人口。现在它和其他任何国家都不一样了：有居民达250万人的首都，有巨大的工厂城市，有向全世界供给产品而且几乎全都是用极复杂的机器生产的工业，有勤劳智慧的稠密的人口，这些人口有三分之二从事工业①，他们是由完全不同的阶级组成的，可以说，组成了一个和过去完全不同的、具有不同的习惯和不同的需要的民族。工业革命对英国的意义，就像政治革命对法国，哲学革命对德国一样。1760年的英国和1844年的英国之间的差别，至少像旧制度下的法国和七月革命的法国之间的差别一样大。但是，这种工业变革的最重要的产物是英国无产阶级。

……

工人阶级的状况也就是绝大多数英国人民的状况。这几百万无产者，他们昨天挣得的今天就吃光，他们用自己的发明和自己的劳动创造了英国的伟业，他们日益意识到自己的力量，日益迫切地要求分享社会设施的利益，这些人的命运应该如何，这个问题，从改革法案[3]通过时起已成为全

---

① 在1887年和1892年的英文版中，这里是"工业和商业"。——编者注

国性的问题。议会中一切稍微重要的辩论都可以归结为这个问题。虽然英国的资产阶级到现在还不愿意承认这一点，虽然他们企图回避这个大问题，并把自己的特殊利益说成是真正的民族利益，但这都是完全无济于事的。议会每开一次会，工人阶级都赢得地盘，而资产阶级的利益则退居次要地位，虽然资产阶级是议会中主要的、甚至是唯一的力量，但是1844年最近的一次会议所讨论的却始终是有关工人的问题（济贫法案、工厂法案、主仆关系法案）[4]。工人阶级在下院的代表托马斯·邓库姆是这次会议的中心人物，而要求废除谷物法的自由资产阶级和提议拒绝纳税的激进资产阶级却充当了可怜的角色。甚至关于爱尔兰问题的辩论，实质上也只是关于爱尔兰无产阶级状况和援助他们的措施的辩论。确实，英国资产阶级应该赶快向工人让步了，否则将为时太晚；工人不是在乞求，而是在威逼，在要求。

尽管如此，英国资产阶级，特别是直接靠工人的贫困发财的工厂主阶级，却不正视这种贫困的状况。他们认为自己是最强大的、代表民族的阶级，却羞于向全世界暴露英国的这个痛处；他们不愿意承认工人是贫困的，因为正是**他们**，有产的工业阶级，对这种贫困应负道义上的责任。因此，当人们开始谈论工人状况时，有教养的英国人（大陆上知道的仅仅是他们，即资产阶级）通常总是报以轻蔑的一笑；因此，整个资产阶级对有关工人的一切都一无所知；因此，他们在议会内外一谈到无产阶级的状况就牛头不对马嘴；因此，虽然他们赖以生存的地盘正从他们脚下被挖空并且每天都可能坍塌，而这种很快会发生的坍塌就像某个数学和力学定律那样肯定无疑，他们还是可笑地安然自得；因此，就出现了这样的怪事：虽然天知道英国人已经用了多少年来反复调查和修补工人的状况，他们竟还没有一本完整地阐述工人状况的书。但是，因此也产生了从格拉斯哥到伦敦整个工人阶级对富有者的极大的愤怒，这些富有者系统地剥削他们，然后又冷酷地让他们受命运的摆布。这种愤怒要不了多久（这个时刻人们几乎可以算出来）就必然会爆发为革命，同这一革命比较起来，法国第一次革命和1794年简直就是儿戏。

爱尔兰移民

我们已经不止一次地顺便提到迁移到英格兰的爱尔兰人，在本章中就比较仔细地研究一下这种移民的原因和后果。

假若英国没有找到又多又穷的爱尔兰居民作为替工业服务的后备军，英国的工业就不可能发展得这样快。爱尔兰人在家乡没有什么可以丢掉的，而在英格兰却可以得到很多东西。自从爱尔兰人知道，在圣乔治海峡彼岸只要手上有劲就可以找到工资高的工作那时起，每年都有大批大批的爱尔兰人到英格兰来。据估计，到现在为止，这样迁移来的爱尔兰人已经在1000000以上，而且每年还有近50000人迁移过来，他们几乎全都奔向工业区，特别是大城市，并且在那里形成了居民中的最下层。例如伦敦有120000爱尔兰贫民，曼彻斯特有40000，利物浦有34000，布利斯托尔有24000，格拉斯哥有40000，爱丁堡有29000。[①] 这些人是在几乎一点文明也谈不到的状况下成长起来的，从小就受惯了各种各样的艰难困苦，粗野，喜欢喝酒，过一天算一天，他们迁移到英格兰来，把自己的各种粗野的习惯带给英格兰居民中对教育和道德本来就不大感到兴趣的那个阶层。让我们听听托马斯·卡莱尔是怎样说的吧。[②]

所有的大街小巷都有弥勒斯人[③]的野蛮的面孔向你打招呼，这些面孔流露出假装的纯朴、浮躁、无理、穷困和嘲讽。英格兰马车夫在

---
① 拉纳克郡郡长阿契波德·艾利生《人口原理及其和人类幸福的关系》两卷本1840年版（Archibald Alison, High Sheriff of Lanarkshire. 《The Principles of Population, and their connection with Human Happiness》. 2vols. 1840）. 作者是研究法国革命的历史学家，和他的哥哥威·巴·艾利生博士一样，是有宗教情绪的托利党人。——恩格斯原注
② 《宪章运动》第28、31页及以下各页。——恩格斯原注
③ 弥勒斯是爱尔兰古赛尔特国王的名字。——恩格斯原注

赶着马车过去的时候用鞭子抽弥勒斯人，而弥勒斯人却用自己的语言咒骂他两句，并脱下帽子向他行乞。这是我们的国家必须消灭的一种最糟糕的祸害。穿得破破烂烂、从来不知道发愁的野蛮的弥勒斯人，随时都在准备着去做那种只要手上有劲、脊梁结实就可以胜任的任何工作，而工资只要够他买土豆就行。调味品他只需要盐；过夜的地方只要随便在哪里碰到一个猪圈或狗窝他就觉得不错了，他住在草棚里面，穿一身破烂的衣服，这种衣服脱下和穿上都十分困难，只有在节日或特别隆重的场合才这样做。英格兰人要是不能在这种条件下工作，那他就找不到工作了。不大文明的爱尔兰人不是凭着自己的长处，而是凭着自己的短处把本地的英格兰人排挤出去，占据了他们的位置。他肮脏而无所用心，耍滑头，发酒疯，他是道德堕落和秩序混乱的祸根。一个还在竭力游泳、在水面上挣扎着的人，在这里就可以看到一个不是浮着而是已经沉下去的人怎样才可能生存下去的例子……大家知道，下层英格兰工人的生活水平愈来愈接近于在一切市场上都和他们竞争的爱尔兰工人的生活水平。凡是不需要什么特殊技能、只要有力气就行的工作，工资都不合于英格兰人的标准，而是接近于爱尔兰人的标准，也就是说，这种工资比"一年只有三十个星期吃最坏的土豆也只能吃个半饱"所必需的稍稍多一点，——稍稍多一点，但是每从爱尔兰新来一只轮船，就向这个水平靠近一步。

如果撇开对爱尔兰民族性格的过分的和片面的责备不谈，那末卡莱尔在这里的描写是完全正确的。这些花4辨士（合3 1/3 银格罗申）像牲口一样挤在轮船甲板上迁移到英格兰来的爱尔兰工人，总是随遇而安的。最恶劣的住宅在他们看来也是很好的；他们不大讲究衣着，只要能勉勉强强地穿在身上就行；他们不知道什么叫鞋子；他们的食品是土豆，而且仅仅是土豆；他们赚的钱要是超过以上这些需要，就立刻都拿去喝了酒。这样的人要挣很高的工资干什么呢？一切大城市中最坏的地区住的都是爱尔兰人。无论什么地方，只要那里的某个地区特别显得肮脏和破烂，就可以预先猜到，在那里遇到的大部分将是一眼看去就和本地人的盎格鲁撒克逊面貌不同的赛尔特面孔，听到的将是音调和谐的带气音的爱尔兰口音，这是道地的爱尔兰人永远不会失去的口音。有时候我甚至在曼彻斯特人口最稠密的地区听到爱尔兰人的话。几乎在任何地方，住地下室的那些家庭大部分都是来自爱尔兰的。一句话，如凯博士所说的，爱尔兰人发现了最低的生活需要是什么，现在又把这个教给英格兰工人。他们也带来了肮脏和酗酒。这种不爱清洁的习惯是爱尔兰人的第二天性。它在人口不密的农村中还没有多大害处，可是在这里，在大城市中，因为人口非常密集，就足以使人颤栗并招致各种各样的危险。弥勒斯人按照在家乡时的老习惯，把一切废弃物和脏东西都倒在自己门口，造成了污水坑和垃圾堆，结果把整个工人区都弄脏了，空气也弄得污浊不堪。如同在家乡一样，他紧靠着自己的房子就盖起猪圈来，如果不能这样做，他就干脆把小猪放到自己屋子里。在大城市中饲养牲畜的这种不像话的新方法，完全是爱尔兰人传来的。爱尔兰人爱自己的小猪，就像阿拉伯人爱自己的马一样，所不同的只是在猪长得够肥的时候他就把它卖掉；而在这以前他和猪一起吃，一起睡，孩子们和猪一起玩，骑在猪背上，和猪一起在泥里打滚。这种情形在英国的一切大城市中都可以看到千百次。这些小破屋子里面如何肮脏，如何不舒适，是很难想像的。爱尔兰人不习惯使用家具。一捆麦秸、几件完全没法子穿的破烂衣服，这就是他的床铺。一个木墩子、一把破椅子、一只当桌子用的旧木箱，再多就不需要了。一把茶壶、几个瓦罐和破土碗，就足够把他那也当做卧室和起居室的厨房陈设起来。如果他没有生炉子的东西，他就把手边可以烧的一切——椅子、门框、飞檐、地板都送到火炉里面去，只要真有这些东西的话。此外，他要很大的地方做什么呢？在爱尔兰，他的土房子一共只有一间屋子，一切东西都摆在里面；来到了英格兰，一家人所需要的也不多于一间屋子。可见现在已成为普遍现象的这种许多人挤在一间屋子里面的办法，主要也是爱尔兰人带来的。因为穷人到底也应当有一点享受，而其余的一切享受社会又不容许他有，所以他就只好到小酒店里面去。烧酒是点缀爱尔兰人生活的唯一的东西，再加上他那种满不在乎的快乐的性格，这就使得他老是喝得酩酊大醉。爱尔兰人具有南方人的轻浮性格，具有几乎可以和野人相提并论的暴躁的性情，他轻视所有那些正是因为他性情粗野而享受不到的人类享乐，他既肮脏，又贫穷，——所有这一切都促成他的喝酒的嗜好。诱惑是太大了，他简直不能抵抗，只要得到一点钱，他就把它喝光了。不这样又能怎样呢？既然社会使他陷入**几乎不可避免地**要成为一个酒徒的那种境地，既然社会丝毫不关心他，注定他要变得粗野，那末，当他真正变成酒徒的时候，这个社会又怎么能够责备他呢？

英格兰工人不得不和这样的竞争者斗争，这个竞争者是处于一个文明国家可能有的最低的发展阶段上的，因而他需要的工资比其他任何人都低。因此，如卡莱尔所说的，在英格兰工人不得不和爱尔兰工人竞争的一切劳动部门里，工资完全不可避免地会一天一天降低。而这样的劳动部门是很多的。所有那些不大需要或者完全不需要技能的部门都向爱尔兰人开着大门。当然，对于那些必须有多年的训练或者需要持久的、正规的活动的劳动部门，轻浮的、无耐心的、酗酒的爱尔兰人是不适合的。要当个机匠（mechanic——在英国，凡是在机器制造部门工作的工人都叫做机匠），要当个工厂工人，他就必须先接受英格兰的文化和英格兰的习俗，即在本质上变成英格兰人。但是，凡工作比较简单、比较粗糙、需要体力甚于需要技能的地方，爱尔兰人就一点也不亚于英格兰人。因此，这些劳动部门都首先被爱尔兰人所包围。手工织工、泥瓦匠、搬运工人、小工等等中都有许多爱尔兰人，爱尔兰人的侵入在这里大大地促进了工资的降低和工人阶级状况的恶化。即使那些侵入其他部门的爱尔兰人已经不得不接受一定程度的文化，他们仍然保存了一些旧习惯，这些旧习惯足以使那些在他们影响之下的英国同伴趋于堕落。实际上，如果注意到，几乎每一个大城市中都有1/5或1/4的工人是爱尔兰人或在爱尔兰式的肮脏环境中长大的爱尔兰人的孩子，那就会了解，为什么整个工人阶级的生活、他们的习俗、他们的才智和道德的发展、他们的整个性格，都染上了爱尔兰人的许多特征，也就会了解，为什么现代工业及其最直接的后果给英国工人造成的那种令人愤慨的状况还会更加恶化。

结　果

……

对英国工人的性格有重大影响的另一个因素是爱尔兰移民，这一点我们已经谈过。一方面，正如我们所看到的，爱尔兰移民固然使英格兰工人的水平下降，使他们和文明隔绝，使他们的状况恶化；另一方面，爱尔兰移民也由此而促进了工人和资产阶级之间的鸿沟的加深，从而加速了即将发生的危机的来临。问题在于，英国所患的社会病的进程和身体生病的进程是一样的；这种病症按照一定的规律发展，它有它的危机，危机中最后和最厉害的一次就决定患者的命运。因为英国这个国家不会在这次最后的危机中灭亡，相反地一定要从危机中复活更新，所以我们对于使这个病症达到顶点的一切因素都只能感到高兴。此外，爱尔兰移民在这方面所起的促进作用，还由于他们把爱尔兰人的热情和生气勃勃的气质带到了英格兰并灌输给英国工人阶级。爱尔兰人和英格兰人之间的差别，在许多地方很像法国人和德国人之间的差别。爱尔兰人的开朗乐观、容易激动、热情奔放的气质和英格兰人的沉着、坚毅、富于理智的气质相融合，归根到底，对两方面都只会有好处。假如没有爱尔兰人那种慷慨狭义的、很重感情的性格使英格兰工人受到感染，假如不是由于血统混合以及日常交往使英格兰人纯理智的冷静的性格变得柔和起来，那么英国资产阶级的冷酷的利己主义还会更多地存在于工人阶级中。

了解这一切之后，我们对于英国工人阶级逐渐变成一种和英国资产阶级完全不同的人，也就不会感到惊奇了。资产阶级和地球上所有其他民族的相近之处，都要多于它和它身边的工人的相近之处。工人比起资产阶级来，说的是另一种方言，有不同的思想和观念，不同的习俗和道德原则，不同的宗教和政治。这是两种完全不同的人，他们彼此是这样地不同，好像他们属于不同的种族。在大陆上，至今我们还只知道这两种人中的一种，即资产阶级。但是，恰恰是由无产者组成的另一种人显然对英国的未来最为重要。①

......

农业无产阶级

......

我们在英格兰看到了大农场制度的结果，在威尔士看到了小租佃制的结果，而在**爱尔兰**我们就会看到土地分散的后果。爱尔兰的居民极大多数是小佃农，他们租了一间孤零零的简陋不堪的小土房和一小块种土豆的地，这块地也只能勉强保证他们在冬季里有最必需的食物。由于这些小佃农之间存在着剧烈的竞争，地租达到了闻所未闻的高度，竟比英格兰的高1～2倍甚至3倍。每一个打短工的农业工人都想成为佃农，因此，尽管土地本来已经分散得很厉害，却仍然有很多短工想租到一小块土地。虽然大不列颠的耕地有3200万英亩，而爱尔兰只有1400万英亩，虽然大不列颠每年出产15000万英镑的农产品，而爱尔兰只出产3600万英镑的农产品，但是，爱尔兰的农业工人却比大不列颠**多**75000人②。这一极不相称的情况已经十分清楚地表明，在爱尔兰为了土地而进行的竞争是多么剧烈，而当我们注意到英格兰农业工人的生活已经极端穷困的时候，这一点就特别清楚了。竞争的后果自然是地租提高，使佃农的生活并不比短工的

---

① 恩格斯在1892年德文版上加了一个注："大家知道，迪斯累里在他的小说《女巫，或两种民族》中，几乎同时表达了大工业把英国人分成两种不同的民族这一观点。"——编者注
② 济贫法委员会在1837年的议会会议上所提出的关于爱尔兰的报告。——恩格斯原注

生活好多少。这样，爱尔兰人民就被束缚在令人难以忍受的贫困中，这种贫困在目前的社会关系下他们是摆脱不了的。这些人住在连用来关牲畜都不太适合的简陋的小土屋里，只有勉强能够维持一个冬天的食粮；正如上面引用过的报告里所说的那样，他们一年里有三十个星期可以靠土豆吃个半饱，而在其余的二十二个星期中就什么也没有了。到了春天，当储存的土豆已经吃完或者发了芽不能再吃的时候，妻子就带着孩子，提着小锅出门讨饭；家里的男人把土豆种下以后，就到附近的地方或英格兰去找工作，到收获的时候才又回来和家庭相聚。十分之九的爱尔兰乡村居民就是这样过日子的。这些人穷得像教堂里的老鼠一样，穿着破烂不堪的衣服，停留在只有半文明的国家里才可能有的最低的发展水平上。根据上面引用过的报告，在8500000居民中，有585000个当家人过着极端贫困（destitution）的生活，根据艾利生郡长所引用的其他资料①，爱尔兰有2300000人没有社会的或私人的救济就无法生活，换句话说，有27%的居民是贫民！

这种贫穷的原因就在于现代的社会关系，特别是竞争，只是竞争在这里采取了另一种形式，即土地分散的形式而已。有人曾企图找出别的原因来，他们断定贫穷的原因是佃农和土地占有者之间存在着一种特殊的关系，土地占有者把大块的土地租给大佃农，大佃农把这些土地分成小块租给其他的佃农，这些佃农再把这些土地出租给第三者，如此等等，这样一来，在土地占有者和那些实际耕种土地的人之间，有时候甚至有十层中间人夹在里面。有人认为贫穷的原因是那个实在可耻的法律，根据这个法律，直接向土地占有者租地的人不缴地租时，土地占有者有权把实际的耕种者从土地上赶走，即使他已经把地租缴给了那个和他订合同的中间人。但是这一切都只决定贫穷表现的**形式**而已。假定小佃农本身变成了土地占有者，结果又会怎样呢？即使大多数的小佃农都不用缴地租，他们也不能

---

① 《人口原理》第2卷。——恩格斯原注

够靠自己的一小块土地过活；即使情况有所改善，但人口不断迅速的增加也会在几年内就使一切都回到原来的水平上去。那些情况好转的人养活的孩子，现在由于贫穷和苦难，在幼年时就夭折了。也有人说，这种贫穷应归咎于英格兰人对爱尔兰人民的无耻的压迫。固然这种压迫能**加速**贫穷的到来，但它并不是贫穷到来的原因。还有人指出，贫穷的原因是强加于一个天主教民族的属于新教的国教教会，但是，如果把国教教会取之于爱尔兰人的一切分摊一下，每人还摊不到两个塔勒；此外，什一税税款虽然由佃农缴纳，但这种税并不是向佃农征收的，而是向**土地占有者**征收的。现在，在1838年的折现法案通过以后，什一税是由土地占有者自己缴纳的，但是他相应地提高了地租，佃农的状况也就没有得到改善。类似这些很少能说明问题的解释，还可以举出几百种来。贫穷是现代社会制度的必然结果，离开这一点，只能找到贫穷的某种表现形式的原因，但是找不到贫穷本身的原因。在爱尔兰，贫穷以现在这种形式而不以某种其他的形式表现出来，其原因就在于人民的民族性格及其历史的发展。爱尔兰人按其整个民族性格来说是和拉丁民族，和法国人，特别是和意大利人相似的。这个民族的缺点，我们已经用卡莱尔的话描述过了。现在让我们来听听爱尔兰人讲的话，他说的毕竟比那位特别偏爱日耳曼性格特点的卡莱尔所说的更接近于真理：

> 他们不安静，但同时也懒惰（indolent），他们机警而又轻率、急躁，没有耐性而又缺乏远见；他们生来就勇敢，落落大方；受到侮辱就马上报复或立即宽恕，交朋友快，绝交也快；他们天才四溢，但是判断力却差得可怜。①

在爱尔兰人身上，感情和热情无疑地是占优势的，理性必须服从它

---

① 《爱尔兰的状况》，1807年伦敦版，1821年第2版，小册子（《The State of Ireland》. London. 1807, 2nd edition, 1821. Pamphlet.）。——恩格斯原注

们。爱尔兰人这种重感情的容易激动的性格使他们不能深思熟虑，妨害他们从事冷静的坚忍的活动。这种人是根本不适宜于从事目前那样的工业劳动的。所以他们还继续从事农业，而且还是在最低的水平上从事农业。因为这里的小块土地并不像在法国和莱茵河地区那样人为地由大领地分割而成①，而是自古以来就存在着，所以用投资的办法来改良土壤是不可想像的。据艾利生计算，要投资12000万英镑，才能使爱尔兰的土壤达到英格兰那样本来就不算高的生产率水平。英格兰移民本来有充分的可能来提高爱尔兰人民的文化水平，但他们只是极端残酷地剥削爱尔兰人民，而爱尔兰移民却给英国民族带来了一种酵素，这酵素将来是会产生结果的；爱尔兰对英格兰移民是没有什么可以感谢的。

爱尔兰人民试图摆脱无法生活的现状的尝试，一方面表现为恐怖行动，这种行动在爱尔兰的农业区里，特别是在南部和西部，现在已成为日常现象：大多数场合是杀害直接的敌人——土地占有者的代理人和忠实的奴才、新教徒移民、大佃农（他们的田地是由成百个被赶走的人家的小块土豆地拼凑起来的）等等；另一方面表现在为取消和大不列颠合并[5]而进行的鼓动上。总观上述，可以清楚地看出，没有受过教育的爱尔兰人不能不把英格兰人看做自己的直接的敌人，对他们说来，前进的第一步就是争取民族独立。但是同样也很清楚，取消合并决不能消灭贫困，而只能表明，爱尔兰贫困的原因应当在国内寻找，而不应当像现在那样认为要到国外去找。但是，是否真正需要实现爱尔兰分离才能使爱尔兰人明白这一事实，这个问题我不打算在这里加以分析。到目前为止，无论是宪章主义或社会主义，在爱尔兰都没有获得特别的成就。

我就在这里结束有关爱尔兰的论述，因为1843年为取消合并而进行的

---

① 这是一个错误。小经济从中世纪起一直是农业中占优势的经济形式。因此，小农经济在革命前就已经存在了。革命只是改变了土地的**所有权**：它从封建主手里夺取了土地所有权，直接或间接地把这所有权交给农民。——恩格斯在1892年德文版上加的注

鼓动和奥康奈尔审判案,已经使德国的人们日益了解到爱尔兰的贫困状况了。

弗·恩格斯写于1844年9月~1845年3月
1845年在莱比锡印行
署名:弗里德里希·恩格斯

《致大不列颠工人阶级》、《导言》、《结果》部分选自《马克思恩格斯文集》第1卷,人民出版社,2009,第383~384、402~404、437~438页;其余部分选自《马克思恩格斯全集》第2卷,人民出版社,1957,第374~378、559~563页

注释:

[1]《英国工人阶级状况。根据亲身观察和可靠材料》是恩格斯在深入调查的基础上写成的论述工人阶级在资本主义制度下的社会地位、斗争历程和历史使命的重要著作。在这部著作中,恩格斯阐述了英国资本主义工业的发展史,说明了工人阶级伴随工业革命而形成和壮大的过程;以大量生动具体的材料真实地展现了工人阶级在资本主义制度下遭受残酷压迫和剥削的悲惨情景。恩格斯揭示了工人遭受非人待遇的社会根源,指出正是资本主义社会政治制度和经济制度把工人置于这种境地。恩格斯明确宣布,工人阶级的社会地位必然会推动它为争取自身解放而去推翻资本主义制度。他在高度评价英国工人阶级的斗争热情和坚强意志的同时,论述了英国工人运动的发展历程和前进方向,指出工人运动除了与社会主义相结合,再没有其他出路,而社会主义只有成为工人阶级政治斗争的目标,才能赢得胜利,只有到那时,"工人阶级才会真正成为英国的统治者"(见《马克思恩格斯文集》第1卷,第473页),从而实现改造整个社会的任务。

1842年11月~1844年8月,恩格斯在英国居住期间深入工人住宅区进行实地调查,亲自了解英国工人阶级的劳动和生活状况,同时广泛搜集和仔细研究他所能看到的各种官方文件和资料。根据亲身调查和考证的翔实材料,恩格斯于1844年9月~1845年3月在德国巴门撰写了《英国工人阶级状况》。这部著作的德文第一版于1845年5月在莱比锡出版,德文第二版于1892年出版,恩格斯为该版写了序言。经恩格斯本人同意还出版了两个英文本,即

1887年美国版和1892年英国版，恩格斯分别为这两个版本写了序言。恩格斯还将美国版序言译成德文，以《美国工人运动》为题发表在1887年6月10日和17日《社会民主党人报》上（见《马克思恩格斯文集》第4卷）。1892年德文第二版序言包括了英文版序言的主要内容，并在理论阐述上作了新的补充。在这篇序言中，恩格斯这样评价自己的这部著作："这本书无论在优点方面或缺点方面都带有作者青年时代的痕迹……但是当我重读这本青年时期的著作时，发现它毫无使我羞愧的地方。"（见《马克思恩格斯文集》第1卷，第365页）同时，他也说明了其中个别不足之处。他进一步分析了英国资本主义发展的新情况，指出英国资本主义的迅速发展只给少数工人贵族带来好处，而广大工人群众依然过着穷困的生活，工人阶级贫困的原因"应当到资本主义制度本身中去寻找"（见《马克思恩格斯文集》第1卷，第368页）。他强调工人阶级要善于总结经验，指出："伟大的阶级，正如伟大的民族一样，无论从哪方面学习都不如从自己所犯错误的后果中学习来得快。"（见《马克思恩格斯文集》第1卷，第379页）他还评述了当时流行的各种社会主义流派，批判了那种"凌驾于一切阶级对立和阶级斗争之上的社会主义"（见《马克思恩格斯文集》第1卷，第371页）。

列宁指出，恩格斯的《英国工人阶级状况》"是世界社会主义文献中的优秀著作之一"（见《列宁全集》中文第2版第24卷，第277页）；在这部著作中，"恩格斯第一个指出，无产阶级不只是一个受苦的阶级，正是它所处的那种低贱的经济地位，无可遏止地推动它前进，迫使它去争取本身的最终解放"；这部著作是"对资本主义和资产阶级的极严厉的控诉"，是"对现代无产阶级状况的最好描述"（见《列宁选集》中文第3版第1卷，第91、92页）。

《英国工人阶级状况》的部分内容曾由陈问路译成中文发表在南京《劳动季报》1935年第5期和1936年第8期。

本卷对《英国工人阶级状况》作了节选。该著作全文见《马克思恩格斯全集》中文第1版第2卷。

[2]《致大不列颠工人阶级》是恩格斯用英文写成的，他本打算单独印行并分发给英国各政党的某些领袖、著作家和议会议员们。1845年和1892年德文版《英国工人阶级状况》用原文刊载了这篇文章，1887年的美国版和1892年的英国

版没有收入这篇文章。

［3］1831年3月，辉格党内阁首相查·格雷和副首相约·罗素在议会中提出了一项关于选举法改革的法案。这一提案旨在打破土地贵族和金融贵族的政治垄断地位，增加资产阶级议员的席位，保证资产阶级的代表进入下院。为争取选举制度的改革而掀起的群众运动不断发展，形成了高潮。经过议会内外的斗争，这项法案于1832年6月4日经上院最后批准，于6月7日生效。改革法案调整了选区，向新兴工业城市补充或分配了下院议员席位；改变了选举的财产资格限制，使多数资本家获得了选举权，但是，为争取选举制度的改革而斗争的主力军工人和手工业者仍未获得选举权。

［4］1844年的议会会议讨论的有关问题的详细情况见《马克思恩格斯全集》中文第1版第2卷，第461～462、571～572和582页（以及《马克思恩格斯文集》第1卷，第483～484、493页）。

［5］英爱合并是英国政府镇压1798年爱尔兰起义后强迫爱尔兰接受的。合并自1801年1月1日起生效，它把爱尔兰的最后一点自治权也给剥夺了，并解散了爱尔兰的议会。从19世纪20年代起，取消合并（Repeal of Union）的要求成为爱尔兰最得人心的口号；在1840年成立"合并取消派协会"。

卡·马克思

评弗里德里希·李斯特的著作《政治经济学的国民体系》（节选）[1]

……

[7] Ⅱ.生产力理论和交换价值理论

……

[8] 那么，德国庸人想要干什么呢？他想在国内成为**资产者**，剥削者，而又不想在国外被剥削。他在国外自我吹嘘为"国家"并且说："我不屈服于竞争的规律，这有损于我的民族尊严；我作为国家，是一个超越买卖之上的存在物。"

工人的民族性不是法国的、不是英国的、不是德国的民族性，而是**劳动**、**自由的奴隶制**、**自我售卖**。他的政府不是法国的、不是英国的、不是德国的政府，而是**资本**。他的领空不是法国的、不是英国的、不是德国的领土，而是**工厂的天空**。[2]他的领土不是法国的、不是英国的、不是德国的领空，而是**地下若干英尺**。在国内，货币是工业家的祖国。因此，德国庸人想使竞争规律、交换价值规律、买卖的规律在他的国门之外丧失自己的力量！只有当承认资产阶级社会的力量符合**他的利益**。符合他的阶级利益的时候，他才愿意承认它！他不想成为他要别人**为之牺牲**、而他自己在国内也为之牺牲的那种力量的牺牲品！在国外他想表明自己是而且被人看成是同他在国内的身分和行为不同的另一个人！他想保存**原因**而又要消除它的一个**结果**！我们将向他证明：在国内自我售卖的必然结果就是在国外售卖；竞争在国内使他有力量，但它不能阻止他在国外变得软弱无力；在国内他使国家屈服于资产阶级社会，但是在国外这个国家不能保护他免受资产阶级社会的影响。

不管单个资产者同其他资产者进行多么激烈的斗争，资产者作为**阶级**是有共同利益的；这种共同性，正象它在国内是针对无产阶级的一样，在国外是针对其他国家的资产者的。这就是资产者所谓的他的**民族性**。

（2）当然，也可以从与肮脏的买卖利益的观点——现今不仅单个的商人，单个的工厂主，而且工业和商业的国家，也是从肮脏的买卖利益来看待工业的——完全不同的观点来看待工业。工业可以被看作是大作坊，在这里人第一次占有他自己的和自然的力量，使自己对象化，为自己创造人的生活的条件。如果这样看待工业，那就**撇开了**当前工业从事活动的、工**业作为工业**所处的**环境**；那就**不是**处身于工业时代之中，而是在它**之上**；那就不是按照工业目前对**人**来说是什么，而是按照现在的人对**人类历史**来说是什么，即历史地说他是什么来看待工业；所认识的就不是**工业本身**，不是它现在的**存在**，倒不如说是工业意识不到的并违反工业的意志而存在于工业中的力量，这种力量**消灭**工业并为人的生存奠定基础。（主张每个民族自身都经历这种发展，正象主张每个民族都必须经历法国的政治发展或德国的哲学发展一样，是荒谬的观点。凡是民族作为民族所做的事情，都是他们为人类社会而做的事情，他们的全部价值仅仅在于：每个民族都为其他民族完成了人类从中经历了自己发展的一个主要的使命（主要的方面）。因此，在英国的工业，法国的政治和德国的哲学制定出来之后，它们就是为全世界制定的了，而它们的世界历史意义，也象这些民族的世界历史意义一样，便以此而告结束。）

……

写于1845年3月 原文是德文

选自《马克思恩格斯全集》第42卷，
人民出版社，1979，第256～257页

注释：

[1] 马克思的这篇手稿是他为评论德国资产阶级经济学家弗·李斯特于1841年出版的《政治经济学的国民体系。第1卷。国际贸易，贸易政策和德国关税同盟》一书而写的文章的草稿。李斯特在这本书中吹嘘自己要对政治经济学中流行的国际贸易理论、贸易政策理论的错误的实质和原因进行研究。该书问世时在德国被大肆宣传，俨然成了追求财富、渴望统治的年轻的德国资产阶级的宣言书，成了在政治经济上推动德国的"福利、文化和力量"的良方。恩格斯在1844年11月19日给马克思的信中提到他打算写一本小册子批判这本书，而在1845年3月17日给马克思的信中则赞同马克思准备批判李斯特的理论观点的计划。恩格斯并没有写出一本专门评论李斯特的小册子，不过他的《在爱北斐特的演说》中有一篇演说（见《马克思恩格斯全集》，中文版第2卷，第619～621页）却批判了李斯特把德国资本家对保护关税的渴望变成了体系。

马克思评论李斯特的文章也没有付印。现在保存的马克思的这篇手稿是不完整的：缺少第一张，显然上面有作者所拟的标题；第10～21张以及第23张也未找到。马克思在手稿中分析和援引了李斯特这本书的第一卷。他把从法译本援用的引文都改译为德文。引文中的着重号照例都是马克思加的。在每一张的开头他用阿拉伯数字标明的手稿页码，本卷都放在方括号内。手稿中明显的笔误在这次准备发表时作了订正。编者给个别章节所加的标题放在方括号内。

这篇评论李斯特的文章的草稿，是在马克思的长女燕妮·龙格的孙子长期保存的马克思遗稿中发现的。

[2] 马克思的这些提法，从一定意义上说，已经对《共产党宣言》中有关"工人没有祖国"，决不能剥夺他们所没有的东西这一论点有所设想。

弗·恩格斯

在伦敦举行的各族人民庆祝大会

（庆祝1792年9月22日法兰西共和国的成立）[1]

"我们和各个民族有什么关系呢？我们和法兰西共和国有什么关系呢？我们不是老早就很了解各个民族了吗？我们不是已经给每一个民族指出了适当的地位了吗？我们不是已经把理论领域划给德国人，把政治领域划给法国人，把市民社会的领域划给英国人了吗？干嘛突然又把法兰西共和国搬出来！为什么要庆祝这样一个发展阶段的事情呢？这个阶段老早就被超过了，被它自身的后果取消了。如果你想告诉我们一些英国的事情，那你最好是谈谈社会主义原则最近所达到的阶段，请你告诉我们，片面的英国社会主义是不是还不知道它远远低于我们的原则高度，是不是还不知道它只能算是一个**阶段**，而且只是发展中的一个被超过了的阶段！"

亲爱的德意志，请你冷静些！无论是哪个民族或是法兰西共和国都和我们有非常密切的关系。

真正的无产阶级政党现在正在各地提倡各民族的兄弟友爱，用以对抗旧的赤裸裸的民族**利己**主义和自由贸易的伪善的自私自利的世界主义；这种兄弟友爱比德国的一切"真正社会主义"的理论都要宝贵得多。

现代民主（它从法国革命中产生，后来发展成法国的共产主义和英国的宪章主义）旗帜下的各民族的兄弟友爱向我们表明，群众和他们的代表比德国的理论家更懂得时代的要求。

"但是谈论的问题不是这个呵！谁在谈论**这种**兄弟友爱，谁在谈论**这种**民主呢？我们谈论的是各民族的兄弟友爱，而且就只是各民族兄弟友爱，我们谈论的是民主，而且就只是民主，只是民主**本身**。难道你们把自己的黑格尔全都忘掉了？"

"我们不是罗马人，我们都抽烟。"[2] 我们谈论的不是**现在在世界上**发生的反民族主义的运动，而是靠纯粹思考即靠毫无根据的幻想在我们的**头脑**中消除民族的特点。我们谈论的不是全欧洲所向往的**现实的**民主，即不同于从前的一切民主的完全特殊的民主；我们谈论的完全是另外一种民主，即希腊、罗马、美国和法国的民主的一种平均物，简而言之，即民主这个**概念**。我们谈论的不是属于19世纪的、丑恶的、暂时的**东西**；我们谈论的是永恒的、"早在山岳形成之前"就已经存在的范畴。总而言之，我们谈论的不是大家所谈论的东西，而是完全另外一种东西。

简单地说，当英国人、法国人以及那些参加实际运动而不空谈理论的德国人现在谈论民主和各民族的兄弟友爱的时候，绝不应该只就其政治意义来理解。目前，只有德国的理论家和我们现在没有加以考虑的少数外国人还有这类荒诞的想法。实际上，这些言论现在已经具有社会意义，而且它们的政治意义已经溶于社会意义之中。这个革命已经不是一个仅仅争取某种国家形式的斗争，如像目前在德国还经常描绘的那样。即使对问题没有进行深入的研究，从当时大多数的起义和饥荒的联系、从首都粮食供应和储备物资的分配（1789年开始的）的意义、从最高限价令和对付粮食囤积商的法律、从革命军队的战斗口号"对宫廷宣战，给茅屋和平"、从共和主义者唱的要 du fer〔武器〕、要 du coeur〔勇气〕、还要 du pain〔面包〕的"卡马尼奥拉"歌[3]以及成百件的其他极为明显的事实都可以看出当时的民主和纯政治的组织完全是两回事。此外，大家知道，1793年宪法[4]是由依靠起义的无产阶级的政党制定的，恐怖统治是由这个政党实行的，罗伯斯比尔的复亡表明资产阶级战胜了无产阶级，巴贝夫和他的同谋者从1793年的民主思想中给平等作出了当时最进步的结论。法国革命自始至终都是一个社会运动，在它之后，纯粹政治上的民主已经变为毫无意义的东西了。

民主在今天就是共产主义。任何其他的民主都只能存在于那些跟实际毫无联系、认为原则不是靠人和环境发展起来而是靠它本身发展起来的、好空谈的梦幻家的头脑中。民主已经成了无产阶级的原则，群众的原则。即使群众并不总是很清楚地懂得民主的这个唯一正确的意义，但是他们全都认为民主这个概念中包含着社会平等的要求，虽然这种要求还是模糊的。我们在估计共产主义的战斗力量的时候，可以放心地把这些具有民主思想的群众估计在内。而且，当各民族的无产阶级政党彼此联合起来的时候，它们完全有权把"民主"一词写在自己的旗帜上，因为除了我们现在没有加以考虑的那些民主主义者之外，1846年欧洲所有的民主主义者都是或多或少地有些觉悟的共产主义者。

尽管法兰西共和国已经"被超过"，但是各国的共产主义者仍然有充分的理由参加它的庆祝会。第一，所有因愚蠢而被人利用来镇压革命的人民，在他们终于明白了自己由于忠君爱国的情绪干了什么样的蠢事之后，就应该公开地向法国人道歉；第二，现在欧洲的整个社会运动只不过是革命的第二幕，只不过是为结束1789年在巴黎揭幕而现在已经以整个欧洲作为舞台的那出戏作准备而已；第三，在我们这个充满胆怯、自私和吝啬的资产阶级时代，回忆一下那个伟大的年代是完全适时的；那时全体人民曾经一度抛弃了一切胆怯、自私和吝啬，那时他们是敢于反抗法律的、在任何东西面前都不退缩的人，是具有坚强毅力的人，曾经在1793年5月31日到1794年7月26日使得一切胆怯鬼、一切小商人、一切投机者，总之，使得一切资产者都不敢抬头。在一个叫做路特希尔德的人掌握着欧洲和平的命运，克希林叫嚷着要实行保护关税，科布顿叫嚷着要实行贸易自由，迪加尔特在鼓吹利用改善劳动阶级状况的协会来拯救罪孽深重的人类的时候，我们确实必须提起马拉和丹东、圣茹斯特和巴贝夫，以及在热马普和弗略留斯两地所取得的光荣胜利[5]。如果这个坚强有力的时代和这些刚毅果敢的人物对我们这个小商人的世界不再有影响，那末，人类的确就会堕入失望的深渊，会把自己的命运交给克希林、科布顿和迪加尔特这些人去随意支配。

　　最后，各民族的兄弟友爱现在比过去任何时候都更具有纯粹的社会意义。幻想成立欧洲共和国和利用适当的政治组织来保障永久和平，就像空谈靠普遍的贸易自由来保护各族人民的团结一样荒唐可笑；当所有这类多情善感的幻想完全不中用的时候，各国的无产者就开始不声不响地在共产主义民主的旗帜下**真正地结成兄弟**。也只有无产者才能够真正做到这点，因为每个国家的资产阶级都有他们自己的特殊利益，而且由于他们认为这些利益高于一切，他们无法越出民族的范围。他们的少数几个理论家即使把他们所有那些美妙的"原则"都搬出来也顶不了什么事，因为他们根本不触犯这些互相矛盾的利益和整个现存制度，他们只会说空话。可是全世界的无产者却有共同的利益，有共同的敌人，面临着同样的斗争；所有的无产者生来就没有民族的偏见，所有他们的修养和举动实质上都是人道主义的和反民族主义的。只有无产者才能够消灭各民族的隔离状态，只有觉醒的无产阶级才能够建立各民族的兄弟友爱。

　　下面的事实可以证明我刚才所说的一切。

　　还在1845年8月10日，在伦敦就差不多同样隆重地庆祝过三个事件：1792年的革命、1793年宪法的颁布和"民主协会"的成立。"民主协会"是由参加1838～1839年运动的英国党中最激进的一派建立起来的。

　　这个最激进的派别自然是由宪章主义者和无产者组成，不过这些无产者对宪章运动的目的都有明确的认识并且竭力促其实现。当时大多数的宪章主义者都还只想到把政权转入工人阶级手中，只有少数人才想到如何使用这个政权的问题，可是在当时的运动高潮中起重要作用的这个协会的成员却一致认为，他们首先都是共和主义者，而且正是宣布1793年的宪法为自己的信仰的标志、断然拒绝和资产阶级（包括小资产阶级在内）联合、始终认为被压迫者在反对压迫者的斗争中有权使用压迫者用来反对他们的一切手段的共和主义者。他们还不止于此；他们不但是共和主义者，而且是共产主义者，并且还是不信宗教的共产主义者。到1838～1839年的革命高潮衰退时，协会瓦解了，但是它的活动并没有落空，而是大大地加强了宪章运动的积极性，促进了宪章运动中的共产主义因素的增长。在上述的8月10日的庆祝会上已经提出了共产主义和世界主义的原则，除了政治平等的要求，还提出了**社会**平等的要求，并且会上大家都热情地向各国民主主义者祝贺。

以前在伦敦也做过团结各国激进派的尝试，但是这些尝试都失败了；其所以如此，部分地是由于英国民主主义者内部的分歧和外国人对此不了解，部分地是由于各国党的领袖之间有原则上的分歧。民族差别严重地妨碍团结，甚至很早就住在伦敦的外国人都几乎一点也不了解在他们眼前所发生的运动和事物的真相（虽然他们对英国的民主寄以莫大的同情），分不清激进的资产者和激进的无产者，并且企图把臭名昭彰的敌人当做朋友聚集在同一个会上。由于这些原因，同时还由于不信任其他的民族，英国人也犯了同样的错误。又因为这种谈判成功与否必然取决于各委员会的几个领导人（他们大多是彼此不认识的）意见是否一致，所以更是容易犯这种错误。在过去那些尝试中，由于这些人选择得极不恰当，所以事情每次都很快就陷入了僵局。但是这种兄弟友爱是迫切需要的。每一次尝试的失败都只是激发大家再去努力。当伦敦的一些民主主义的领导人对这种事情感到厌倦的时候，就有其他的人来代替他们；1845年8月又做了一次彼此接近的尝试，这次尝试就不再是毫无结果了。住在伦敦的各国民主主义者利用别人早已宣布要召开的9月22日的庆祝会公开地宣告他们联合起来了。

弗·恩格斯写于1845年年底　　　　　　　　　　按杂志原文刊印
载于1846年《莱茵社会改革年鉴》第　　　　　原文是德文
2卷　　　　　　　　　　　　　　　　　　　选自《马克思恩格斯全集》第2卷，人
署名：弗·恩格斯　　　　　　　　　　　　　民出版社，1957，第662~667页

注释：

[1]《在伦敦举行的各族人民庆祝大会》一文是弗·恩格斯在1845年年底写的，

发表在1846年年底出版的《莱茵年鉴》第2卷上。在本文中，恩格斯根据1845年9月27日《北极星报》第411号的报道，描写了1845年9月22日在伦敦举行大会的经过情况并转述了会上的发言。这个大会实际上奠定了国际民主主义协会——"民主派兄弟协会"的基础。参加该协会的有宪章派左翼、德国的工人——正义者同盟盟员和侨居在伦敦的其他各国的革命流亡者。恩格斯非常重视这个大会（他和马克思都参加了它的筹备工作），并特地为它写了这篇文章。文章的第一段恩格斯以讽刺的口吻重述了一些"真正社会主义者"（格律恩、吕宁等）的典型的论调。这些人一方面对其他的民族抱虚无主义态度，一方面却以民族主义的态度吹嘘德国民族的优越性。恩格斯批判了这些观点，他提出各国无产者利害一致的思想来和它们相对抗。

[2] 引自海涅的诗《安心》。海涅在这首诗里抨击德国小市民的市侩作风和因循习惯，并拿古罗马的共和主义者来和他们相比照。

[3] 《卡马尼奥拉》是18世纪末法国资产阶级革命时期形成的一首革命歌曲。它的歌词联系着当前的政治事件而有所修改和补充。

[4] 1793年宪法是法国雅各宾派专政的头几个月中所拟定的宪法，它属于资产阶级宪法中最民主的宪法。这个宪法开头的人权和公民权宣言宣布主权属于人民，人民有权起来革命，反对篡夺他们政权的政府；这个宣言还承认社会有义务保证无产者有工作做和关心没有劳动能力的人。宪法取消了财产资格的限制，实行了普选权，同时却宣布私有制是神圣不可侵犯的。1793年的宪法由于内战和反革命干涉未能付诸实行，1794年热月9日后该宪法被取得了政权的反革命大资产阶级所撕毁。

[5] 指法国革命军队于1792年11月6日在热马普和1794年6月26日在弗略留斯同欧洲各反革命君主第一次联盟的军队作战时所取得的胜利。

[6] 1845年8月下半月，马克思和恩格斯在伦敦直接促进了英国工人运动的活动家和政治流亡者的代表人物的接近。他们出席了宪章主义者和正义者同盟伦敦组织的领导同各国民主革命运动的活动家所举行的协商会议。据1845年8月23日《北极星报》报道，会议在恩格斯的支持下通过了如下的决议："召开居住在伦敦的各国民主主义者的公开会议，讨论建立一个协会，以期彼此了解（通过定期的联席会议）各国争取共同事业的运动进行的情况。"但是，马克思和恩格斯没有参加9月22日的会议，因为他们当时已经离开伦敦。

卡·马克思

马克思致比埃尔·约瑟夫·蒲鲁东（节选）

巴　黎

1846年5月5日于布鲁塞尔

……

现在我们就**直接**来谈正事！我和我的两个朋友，即弗里德里希·恩格斯和菲力浦·日果（他们两人都在布鲁塞尔）一起同德国的共产主义者和社会主义者建立了经常性的通讯活动，借以讨论学术问题，评述流行的著作，并进行社会主义宣传（在德国，人们可以用这种办法进行社会主义宣传）。[1] 不过，我们这种通讯活动的主要目的，是要让德国的社会主义者同法国和英国的社会主义者建立联系，使外国人经常了解德国不断发展的社会主义运动，并且向德国国内的德国人报道法国和英国社会主义运动的进展情况。通过这种方式，可以发现意见分歧，从而得以交流思想，进行无私的批评。这是**文字**形式的社会运动为了摆脱**民族**局限性而应当采取的一个步骤。而在行动的时刻，当然每个人都非常希望对外国情况了解得象本国情况一样清楚。

……

选自《马克思恩格斯全集》第 27 卷，人民出版社，1972，第 464 页

注释：

[1] 指建立各共产主义通讯委员会（马克思和恩格斯于 1846 年初在布鲁塞尔创立的共产主义通讯委员会）。在德国、法国、英国和其他国家应当以此为榜样成立社会主义小组。通讯委员会（按照马克思和恩格斯的意图，通讯委员会应为建立一个国际的无产阶级政党打下基础）的目的，是从思想上和组织上团结各个国家的社会主义者和先进工人，同工人运动中非无产阶级的流派作斗争。马克思和恩格斯为了在伦敦、巴黎和德国各地成立通讯委员会，努力动员欧洲各国的著名社会主义者和共产主义者参加通讯委员会。从哈尼 1846 年 3 月 30 日给恩格斯的信和沙佩尔 1846 年 6 月 6 日、7 月 17 日给马克思的信中可以看到，在伦敦曾经成立了通讯委员会，参加该委员会的有宪章派的左翼领导人以及以沙佩尔为首的伦敦德意志工人教育协会的成员。马克思和恩格斯也曾打算动员卡贝、蒲鲁东和其他的法国社会主义者参加通讯委员会，但结果没有成功，这一点从蒲鲁东 1846 年 5 月 17 日给马克思的信中可以得到证明。在德国，是威廉·沃尔弗同西里西亚工人保持联系；格奥尔格·唯贝尔由基尔向布鲁塞尔通讯；从威斯特伐里亚通讯的是约瑟夫·魏德迈；在莱茵省形式上没有建立通讯委员会，但是通过瑙特和克特根与爱北斐特的社会主义者进行通讯；而科伦的共产主义者丹尼尔斯、毕尔格尔斯、德斯特尔则同马克思和恩格斯保持经常的通讯。

卡·马克思

马克思致巴维尔·瓦西里也维奇·安年柯夫

巴　黎

[1846年] 12月28日于布鲁塞尔纳缪尔郊区奥尔良路42号

　　社会——不管其形式如何——究竟是什么呢？是人们交互作用的产物。人们能否自由选择某一社会形式呢？决不能。在人们的生产力发展的一定状况下，就会有一定的交换〔commerce〕和消费形式。在生产、交换和消费发展的一定阶段上，就会有一定的社会制度、一定的家庭、等级或阶级组织，一句话，就会有一定的市民社会。有一定的市民社会，就会有不过是市民社会的正式表现的一定的政治国家。这就是蒲鲁东先生永远不了解的东西，因为，当他从诉诸国家转而诉诸社会，即从诉诸社会的正式表现转而诉诸正式社会的时候，他竟认为他是在完成一桩伟大的事业呢。

　　这里不必再补充说，人们不能自由选择**自己的生产力**——这是他们的全部历史的基础，因为任何生产力都是一种既得的力量，以往的活动的产物。所以生产力是人们的实践能力的结果，但是这种能力本身决定于人们所处的条件，决定于先前已经获得的生产力，决定于在他们以前已经存在、不是由他们创立而是由前一代人创立的社会形式。单是由于后来的每一代人所得到的生产力都是前一代人已经取得而被他们当做原料来为新生产服务这一事实，就形成人们的历史中的联系，就形成人类的历史，这个历史随着人们的生产力以及人们的社会关系的愈益发展而愈益成为人类的历史。由此就必然得出一个结论：人们的社会历史始终只是他们的个体发展的历史，而不管他们是否意识到这一点。他们的物质关系形成他们的一切关系的基础。这些物质关系不过是他们的物质的和个体的活动所借以实现的必然形式罢了。

蒲鲁东先生混淆了思想和事物。人们永远不会放弃他们已经获得的东西，然而这并不是说，他们永远不会放弃他们在其中获得一定生产力的那种社会形式。恰恰相反。为了不致丧失已经取得的成果，为了不致失掉文明的果实，人们在他们的交往〔commerce〕方式不再适合于既得的生产力时，就不得不改变他们继承下来的一切社会形式。——我在这里使用《commerce》一词是就它的最广泛的意义而言，就象在德文中使用《Verkehr》一词那样。例如：各种特权、行会和公会的制度、中世纪的全部规则，曾是唯一适合于既得的生产力和产生这些制度的先前存在的社会状况的社会关系。在行会制度及其规则的保护下逐渐积累了资本，发展了海上贸易，建立了殖民地，而人们如果想把这些果实赖以成熟起来的那些形式保存下去，他们就会失去这一切果实。所以就爆发了两次霹雳般的震动，即1640年和1688年的革命。一切旧的经济形式、一切和它们相适应的社会关系、曾经是旧的市民社会的正式表现的政治国家，当时在英国都被破坏了。可见，人们借以进行生产、消费和交换的经济形式是**暂时的和历史性**的形式。随着新的生产力的获得，人们便改变自己的生产方式，而随着生产方式的改变，他们便改变所有不过是这一特定生产方式的必然关系的经济关系。

这正是蒲鲁东先生没有理解、尤其是没有证明的。蒲鲁东先生无法探索出历史的实在进程，他就给我们提供了一套怪论，一套妄图充当辩证怪论的怪论。他觉得没有必要谈到十七、十八和十九世纪，因为他的历史是在想象的云雾中发生并高高超越于时间和空间的。一句话，这是黑格尔式的废物，这不是历史，不是世俗的历史——人类的历史，而是神圣的历史——观念的历史。在他看来，人不过是观念或永恒理性为了自身的发展而使用的工具。蒲鲁东先生所说的**进化**，是在绝对观念的神秘怀抱中发生的进化。如果揭去这种神秘辞句的帷幕，那就可以看到，蒲鲁东先生给我们提供的是经济范畴在他的头脑中的排列次序。我用不着花很多力量就可以向您证明，这是一个非常没有秩序的头脑中的秩序。

蒲鲁东先生的书一开头就论述**价值**，论述他的这个拿手好戏。我这次不来分析他书中的这些论述。

永恒理性的一系列经济进化是从**分工**开始的。在蒲鲁东先生看来，分工是一件非常简单的事情。但是，难道等级制度不是某种分工吗？难道行会制度不是另一种分工吗？难道在英国开始于十七世纪中叶而结束于十八世纪下半叶的工场手工业时期的分工不是和现代大工业中的分工截然不同吗？

蒲鲁东先生离开真理竟是这样地遥远，甚至普通经济学家都不会忘记的东西他都忽略了。他谈分工时，竟完全没有感到必须谈世界**市场**。好啊！难道十四世纪和十五世纪的分工，即在还没有殖民地、美洲对欧洲说来还不存在以及同东亚细亚来往只有通过君士坦丁堡的那个时代的分工，不是一定同已经存在有充分发展的殖民地的十七世纪时的分工有根本的不同吗？

但是还不止于此。难道各族人民的整个内部组织、他们的一切国际关系不都是某种分工的表现吗？难道这一切不是一定要随着分工的改变而改变吗？

蒲鲁东先生竟如此不懂得分工问题，甚至没有提到例如在德国于九到十二世纪发生的城市和乡村的分离。所以，在蒲鲁东先生看来，这种分离是永恒的规律，因为他既不知道这种分离的来源，也不知道这种分离的发展。他在他的整本书中都这样论述，仿佛这个一定生产方式的产物一直会存在到世界末日似的。蒲鲁东先生就分工问题所说的一切，最多不过是亚当·斯密和其他许多人在他以前说过的东西的归纳，并且是个很表面、很不完备的归纳。

……

但是，请稍稍看一下现实生活吧。在现代经济生活中，不仅可以看到竞争和垄断，而且可以看到它们的综合，这个综合并不是**公式**，而是**运动**。垄断产生竞争，竞争产生垄断。但是，这个方程式远不象资产阶级经济学家所想象的那样能消除现代状况的困难，反而会造成更困难和更混乱的状况。因此，如果改变现代经济关系赖以存在的基础，消灭现代的生产**方式**，那就不仅会消灭竞争、垄断以及它们的对抗，而且还会消灭它们的统一、它们的综合，亦即消灭使竞争和垄断达到真正平衡的运动。

现在我给您举一个蒲鲁东先生的辩证法的例子。

自由和奴隶制形成一种对抗。我没有必要谈自由的好的方面或坏的方面。至于奴隶制，那末它的坏的方面就不必去说了。唯一需要说明的，是奴隶制的好的方面。这里所说的，不是间接奴隶制，不是对无产者的奴役。这里所说的，是直接奴隶制，即在苏里南、巴西和北美南部各州的黑奴制。

直接奴隶制也象机器、信贷等等一样，是我们现代工业的基础。没有奴隶制，就没有棉花；没有棉花，就没有现代工业。奴隶制使殖民地具有了价值，殖民地造成了世界贸易，而世界贸易则是大机器工业的必不可少的条件。在买卖黑奴以前，殖民地给予旧大陆的产品很少，没有显著地改变世界的面貌。可见，奴隶制是一个极为重要的经济范畴。没有奴隶制，北美——最进步的国家——就会变成宗法式的国家。只要从世界地图上抹去北美，结果就会出现紊乱状态，就会出现贸易和现代文明的彻底衰落。但是，消灭奴隶制，那就等于从世界地图上把美国抹去。这样，正因为奴隶制是一个经济范畴，所以奴隶制从创世时起就在各国人民中存在。现代各民族善于仅仅在本国把奴隶制掩饰起来，而在新大陆则公开地实行它。这样考虑过奴隶制以后，这位善良的蒲鲁东先生又将怎么办呢？他会寻找自由和奴隶制的综合，寻求真正的中庸之道，即奴隶制和自由的平衡。

……

其实，他所做的是一切好心的资产者所做的事情。他们都说，竞争、垄断等等在原则上，即如果把它们看做抽象的观念，是生活的唯一的基础，但是它们在实践中还得大加改善。他们全都希望有竞争而没有竞争的悲惨后果。他们全都希望有一种不可能的事情，即希望有资产阶级生活的条件而没有这些条件的必然后果。他们全都不了解，资产阶级生产方式是一种历史的和暂时的形式，也正象封建形式的情况一样。其所以发生这个错误，是由于在他们看来作为资产者的人是一切社会的唯一基础，是由于他们不能想象会有这样一种社会制度：在那里这种人不再是资产者。

所以，蒲鲁东先生必然是一个**空论家**。对现代世界进行变革的历史运动，对他来说不过是要发现两种资产阶级思想的正确的平衡、综合的问题。于是这个机灵的家伙就借用诡计来发现神的隐秘思想，发现两个孤独思想的统一，而这两个思想所以是孤独的，仅仅是因为蒲鲁东先生把它们和实际生活隔离起来，把它们和现代生产、和作为这两个思想所表现的种种现实事物的结合物的现代生产隔离起来。蒲鲁东先生用自己头脑中奇妙的运动，代替了由于人们既得的生产力和他们的不再与此种生产力相适应的社会关系相互冲突而产生的伟大历史运动，代替了一个民族内各个阶级间以及各个民族彼此间准备着的可怕的战争，代替了唯一能解决这种冲突的群众的实践和暴力的行动，代替了这一广阔的、持久的和复杂的运动。总之，历史是由学者，即由有本事从上帝那里窃取隐秘思想的人们创造的。平凡的人只需应用他们所泄露的天机。

选自《马克思恩格斯全集》第 27 卷，人民出版社，1972，第 477～480、483～484、485～486 页

卡·马克思和弗·恩格斯

德意志意识形态

对费尔巴哈、布·鲍威尔和施蒂纳所代表的
现代德国哲学以及各式各样
先知所代表的德国社会主义的批判[1]
（节选）

第一卷
对费尔巴哈、布·鲍威尔和施蒂纳
所代表的现代德国哲学的批判

……

第一章
费尔巴哈

唯物主义观点和唯心主义观点的对立

……

一　费尔巴哈

A. 一般意识形态，特别是德意志意识形态

……

1. 一般意识形态，特别是德国哲学

……

人们用以生产自己的生活资料的方式，首先取决于他们已有的和需要再生产的生活资料本身的特性。这种生产方式不应当只从它是个人肉体存在的再生产这方面加以考察。更确切的说，它是这些个人的一定的活动方式，是他们表现自己生命的一定方式、他们的一定的**生活方式**。个人怎样表现自己的生命，他们自己就是怎样。因此，他们是什么样的，这同他们的生产是一致的——既和他们生产**什么**一致，又和他们**怎样**生产一致。因而，个人是什么样的，这取决于他们进行生产的物质条件。

这种生产第一次是随着**人口的增长**而开始的。而生产本身又是以个人彼此之间的**交往**［Verkehr］[2]为前提的。这种交往的形式又是由生产决定的。

——

各民族之间的相互关系取决于每一个民族的生产力、分工和内部交往的发展程度。这个原理是公认的。然而不仅一个民族与其他民族的关系，而且这个民族本身的整个内部结构也取决于自己的生产以及自己内部和外部的交往的发展程度。一个民族的生产力发展的水平，最明显地表现于该民族分工的发展程度。任何新的生产力，只要它不是迄今已知的生产力单纯的量的扩大（例如，开垦土地），都会引起分工的进一步发展。

一个民族内部的分工，首先引起工商业劳动同农业劳动的分离，从而也引起**城乡**的分离和城乡利益的对立。分工的进一步发展导致商业劳动同工业劳动的分离。同时，由于这些不同部门内部的分工，共同从事某种劳动的个人之间又形成不同的分工。这种种分工的相互关系取决于农业劳动、工业劳动和商业劳动的经营方式（父权制、奴隶制、等级、阶级）。在交往比较发达的条件下，同样的情况也会在各民族间的相互关系中出现。

分工的各个不同发展阶段，同时也就是所有制的各种不同形式。这就是说，分工的每一个阶段还决定个人在劳动材料、劳动工具和劳动产品方面的相互关系。

第一种所有制形式是部落［Stamm］[3]所有制。这种所有制与生产的不发达阶段相适应，当时人们靠狩猎、捕鱼、畜牧，或者最多靠耕作为生。在人们靠耕作为生的情况下，这种所有制是以有大量未开垦的土地为前提的。在这个阶段，分工还很不发达，仅限于家庭中现有的自然形成的分工的进一步扩大。因此，社会结构只限于家庭的扩大：父权制的部落首领，他们管辖的部落成员，最后是奴隶。潜在于家庭中的奴隶制，是随着人口和需求的增长，随着战争和交易这种外部交往的扩大而逐渐发展起来的。

第二种所有制形式是古典古代的公社所有制和国家所有制。这种所有制首先是由于几个部落通过契约或征服联合为一个**城市**而产生的。在这种所有制下仍然保存着奴隶制。除公社所有制以外，动产私有制以及后来的不动产私有制已经发展起来，但它们是作为一种反常的、从属于公社所有制的形式发展起来的。公民仅仅共同拥有支配自己那些做工的奴隶的权力，因此受公社所有制形式的约束。这是积极公民的一种共同私有制，他们面对着奴隶不得不保存这种自然形成的联合方式。因此，建筑在这个基础上的整个社会结构，以及与此相联系的人民权力，随着私有制，特别是不动产私有制的发展而逐渐趋向衰落。分工已经比较发达。城乡之间的对立已经产生，后来，一些代表城市利益的国家同另一些代表乡村利益的国家之间的对立出现了。在城市内部存在着工业和海外贸易之间的对立。公民和奴隶之间的阶级关系已经充分发展。

随着私有制的发展，这里第一次出现了这样的关系，这些关系我们在考察现代私有制时还会遇见，不过规模更为巨大而已。一方面是私有财产的集中，这种集中在罗马很早就开始了（李奇尼乌斯土地法[4]就是证明），从内战[5]发生以来，尤其是在帝政时期，发展得非常迅速；另一方面是由此而来的平民小农向无产阶级的转化，然而，后者由于处于有产者公民和奴隶之间的中间地位，并未获得独立的发展。

第三种形式是封建的或等级的所有制。古代的起点是**城市**及其狭小的领域，中世纪的起点则是**乡村**。地旷人稀，居住分散，而征服者也没有使人口大量增加，——这种情况决定了起点有这样的变化。因此，与希腊和罗马相反，封建制度的发展是在一个宽广得多的、由罗马的征服以及起初就同征服联系在一起的农业的普及所准备好了的地域中开始的。趋于衰落的罗马帝国的最后几个世纪和蛮族对它的征服本身，使得生产力遭到了极大的破坏；农业衰落了，工业由于缺乏销路而一蹶不振，商业停滞或被迫中断，城乡居民减少了。这些情况以及受其制约的进行征服的组织方式，在日耳曼人的军事制度[6]的影响下，发展了封建所有制。这种所有制像部落所有制和公社所有制一样，也是以一种共同体为基础的。但是作为直接进行生产的阶级而与这种共同体对立的，已经不是与古典古代的共同体相对立的奴隶，而是小农奴。随着封建制度的充分发展，也产生了与城市对立的现象。土地占有的等级结构以及与此相联系的武装扈从制度使贵族掌握了支配农奴的权力。这种封建结构同古典古代的公社所有制一样，是一种联合，其目的在于对付被统治的生产者阶级；只是联合的形式和对于直接生产者的关系有所不同，因为出现了不同的生产条件。

在**城市**中与这种土地占有的封建结构相适应的是同业公会所有制，即手工业的封建组织。在这里财产主要在于个人的劳动。联合起来反对成群搭伙的掠夺成性的贵族的必要性，在实业家同时又是商人的时期对公共商场的需要，流入当时繁华城市的逃亡农奴的竞争的加剧，全国的封建结构，——所有这一切产生了**行会**；个别手工业者逐渐积蓄起少量资本，而且在人口不断增长的情况下他们的人数没有什么变动，这就使得帮工制度和学徒制度发展起来，而这种制度在城市里产生了一种和农村等级制相似的等级制。

这样，封建时代的所有制的主要形式，一方面是土地所有制和束缚于土地所有制的农奴劳动，另一方面是拥有少量资本并支配着帮工劳动的自身劳动。这两种所有制的结构都是由狭隘的生产关系——小规模的粗陋的土地耕作和手工业式的工业——决定的。在封建制度的繁荣时代，分工是很少的。每一个国家都存在着城乡之间的对立；等级结构固然表现得非常鲜明，但是除了在乡村里有王公、贵族、僧侣和农民的划分，在城市里有师傅、帮工、学徒以及后来的平民短工的划分之外，就再没有什么大的分工了。在农业中，分工因土地的小块耕作而受到阻碍，与这种耕作方式同时产生的还有农民自己的家庭工业；在工业中，各手工业内部根本没有实行分工，而各手工业之间的分工也是非常少的。在比较老的城市中，工业和商业早就分工了；而在比较新的城市中，只是在后来当这些城市彼此发生了关系的时候，这样的分工才发展起来。

比较广大的地区联合为封建王国，无论对于土地贵族或城市来说，都是一种需要。因此，统治阶级的组织即贵族的组织到处都在君主的领导之下。

———

由此可见，事情是这样的：以一定的方式进行生产活动的一定的个人①，发生一定的社会关系和政治关系。经验的观察在任何情况下都应当根据经验来揭示社会结构和政治结构同生产的联系，而不应当带有任何神秘和思辨的色彩。社会结构和国家总是从一定的个人的生活过程中产生的。但是，这里所说的个人不是他们自己或别人想象中的那种个人，而是**现实中的**个人，也就是说，这些个人是从事活动的，进行物质生产的，因而是在一定的物质的、不受他们任意支配的界限、前提和条件下活动着的。②

---

① 手稿的最初方案是："在一定的生产关系下的一定的个人"。——编者注
② 手稿中删去以下这段话："这些个人所产生的观念，或者是关于他们对自然界的关系的观念，或者是关于他们之间的关系的观念，或者是关于他们自身的状况的观念。显然，在这几种情况下，这些观念都是他们的现实关系和活动、他们的生产、他们的交往、他们的社会组织和政治组织有意识的表现，而不管这种表现是现实的还是虚幻的。相反的假设，只有在除了现实的、受物质制约的个人的精神以外还假定有某种特殊的精神的情况下才能成立。如果这些个人的现实关系的有意识的表现是虚幻的，如果他们在自己的观念中把自己的现实颠倒过来，那么这又是由他们狭隘的物质活动方式以及由此而来的他们狭隘的社会关系造成的"。——编者注

马克思主义经典作家民族问题文选

思想、观念、意识的生产最初是直接与人们的物质活动，与人们的物质交往，与现实生活的语言交织在一起的。人们的想象、思维、精神交往在这里还是人们物质行动的直接产物。表现在某一民族的政治、法律、道德、宗教、形而上学等的语言中的精神生产也是这样。人们是自己的观念、思想等等的生产者，① 但这里所说的人们是现实的、从事活动的人们，他们受自己的生产力和与之相适应的交往的一定发展——直到交往的最遥远的形态——所制约。意识［das Bewuβtsein］在任何时候都只能是被意识到了的存在［das bewuβte Sein］，而人们的存在就是他们的现实生活过程。如果在全部意识形态中，人们和他们的关系就像在照相机中一样是倒立成像的，那么这种现象也是从人们生活的历史过程中产生的，正如物体在视网膜上的倒影是直接从人们生活的生理过程中产生的一样。

......

[Ⅱ]

......

我们谈的是一些没有任何前提的德国人，因此我们首先应当确定一切人类生存的第一个前提，也就是一切历史的第一个前提，② 这个前提是：人们为了能够"创造历史"，必须能够生活。③ 但是为了生活，首先就需要吃喝住穿以及其他一些东西。因此第一个历史活动就是生产满足这些需要的资料，即生产物质生活本身，而且，这是人们从几千年前直到今天单是为了维持生活就必须每日每时从事的历史活动，是一切历史的基本条件。即使感性在圣布鲁诺那里被归结为像一根棍子那样微不足道的东西④，它

---

① 手稿中删去以下这句话："而且人们是受他们的物质生活的生产方式，他们的物质交往和这种交往在社会结构和政治结构中的进一步发展所制约的"。——编者注
② 马克思加了边注："**历史**"。——编者注
③ 马克思加了边注："**黑格尔**。地质、水文等等的条件。人体。需要，劳动"。——编者注
④ 指布·鲍威尔在《评路德维希·费尔巴哈》一文中的观点。——编者注

114

仍然必须以生产这根棍子的活动为前提。因此任何历史观的第一件事情就是必须注意上述基本事实的全部意义和全部范围，并给予应有的重视。大家知道，德国人从来没有这样做过，所以他们从来没有为历史提供**世俗**基础，因而也从未拥有过一个历史学家。法国人和英国人尽管对这一事实同所谓的历史之间的联系了解得非常片面——特别是因为他们受政治意识形态的束缚——，但毕竟作了一些为历史编纂学提供唯物主义基础的初步尝试，首次写出了市民社会史、商业史和工业史。

第二个事实是，已经得到满足的第一个需要本身、满足需要的活动和已经获得的为满足需要而用的工具又引起新的需要，而这种新的需要的产生是第一个历史活动。从这里立即可以明白，德国人的伟大历史智慧是谁的精神产物。德国人认为，凡是在他们缺乏实证材料的地方，凡是在神学、政治和文学的谬论不能立足的地方，就没有任何历史，那里只有"史前时期"；至于如何从这个荒谬的"史前历史"过渡到真正的历史，他们却没有对我们作任何解释。不过另一方面，他们的历史思辨所以特别热衷于这个"史前历史"，是因为他们认为在这里他们不会受到"粗暴事实"的干预，而且还可以让他们的思辨欲望得到充分的自由，创立和推翻成千上万的假说。

一开始就进入历史发展过程的第三种关系是：每日都在重新生产自己生命的人们开始生产另外一些人，即繁殖。这就是夫妻之间的关系，父母和子女之间的关系，也就是**家庭**。这种家庭起初是唯一的社会关系，后来，当需要的增长产生了新的社会关系而人口的增多又产生了新的需要的时候，这种家庭便成为从属的关系了（德国除外）。这时就应该根据现有的经验材料来考察和阐明家庭，而不应该像通常在德国所做的那样，根据"家庭的概念"来考察和阐明家庭。此外，不应该把社会活动的这三个方面看做是三个不同的阶段，而只应该看做是三个方面，或者，为了使德国人能够明白，把它们看做是三个"因素"。从历史的最初时期起，从第一批人出现以来，这三个方面就同时存在着，而且现在也还在历史上起着作用。

这样，生命的生产，无论是通过劳动而生产自己的生命，还是通过生育而生产他人的生命，就立即表现为双重关系：一方面是自然关系，另一方面是社会关系；社会关系的含义在这里是指许多个人的共同活动，不管这种共同活动是在什么条件下、用什么方式和为了什么目的而进行的。由此可见，一定的生产方式或一定的工业阶段始终是与一定的共同活动方式或一定的社会阶段联系着的，而这种共同活动方式本身就是"生产力"；由此可见，人们所达到的生产力的总和决定着社会状况，因而，始终必须把"人类的历史"同工业和交换的历史联系起来研究和探讨。但是，这样的历史在德国是写不出来的，这也是很明显的，因为对于德国人来说，要做到这一点不仅缺乏理解能力和材料，而且还缺乏"感性确定性"；而在莱茵河彼岸之所以不可能有关于这类事情的任何经验，是因为那里再没有什么历史。由此可见，人们之间一开始就有一种物质的联系。这种联系是由需要和生产方式决定的，它和人本身有同样长久的历史，这种联系不断采取新的形式，因而就表现为"历史"，它不需要用任何政治的或宗教的呓语特意把人们维系在一起。

只有现在，在我们已经考察了原初的历史的关系的四个因素、四个方面之后，我们才发现：人还具有"意识"①。但是这种意识并非一开始就是"纯粹的"意识。"精神"从一开始就很倒霉，受到物质的"纠缠"，物质在这里表现为振动着的空气层、声音，简言之，即语言。语言和意识具有同样长久的历史；语言**是**一种实践的、既为别人存在因而也为我自身而存在的、现实的意识。语言也和意识一样，只是由于需要，由于和他人交往的迫切需要才产生的。② 凡是有某种关系存在的地方，这种关系都是为我而存在的；动物不对什么东西发生"**关系**"，而且根本没有"关系"；对于

---

① 马克思加了边注："人们之所以有历史，是因为他们必须**生产**自己的生命，而且必须用一定的方式来进行：这是受他们的肉体组织制约的，人们的意识也是这样受制约的。"——编者注

② 手稿中删去以下这句话："我对我的环境的关系是我的意识。"——编者注

动物来说，它对他物的关系不是作为关系存在的。因而，意识一开始就是社会的产物，而且只要人们存在着，它就仍然是这种产物。当然，意识起初只是对**直接的**可感知的环境的一种意识，是对处于开始意识到自身的个人之外的其他人和其他物的狭隘联系的一种意识。同时，它也是对自然界的一种意识，自然界起初是作为一种完全异己的、有无限威力的和不可制服的力量与人们对立的，人们同自然界的关系完全像动物同自然界的关系一样，人们就像牲畜一样慑服于自然界，因而，这是对自然界的一种纯粹动物式的意识（自然宗教）①；但是，另一方面，意识到必须和周围的个人来往，也就是开始意识到人总是生活在社会中的。这个开始，同这一阶段的社会生活本身一样，带有动物的性质；这是纯粹的畜群意识，这里，人和绵羊不同的地方只是在于：他的意识代替了他的本能，或者说他的本能是被意识到了的本能。由于生产效率的提高，需要的增长以及作为二者基础的人口的增多，这种绵羊意识或部落意识获得了进一步的发展和提高。与此同时分工也发展起来。分工起初只是性行为方面的分工，后来是由于天赋（例如体力）、需要、偶然性等等才自发地或"自然地"形成的分工。分工只是从物质劳动和精神劳动分离的时候起才真正成为分工②。从这时候起意识**才能**现实地想象：它是和现存实践的意识不同的某种东西；它不用想象某种现实的东西就能**现实地**想象某种东西。从这时候起，意识才能摆脱世界而去构造"纯粹的"理论、神学、哲学、道德等等。但是，如果这种理论、神学、哲学、道德等等同现存的关系发生矛盾，那么，这仅仅是因为现存的社会关系同现存的生产力发生了矛盾。不过，在一定民族的各种关系的范围内，这种现象的出现也可能不是因为在该民族范围内出现

---

① 马克思加了边注："这里立即可以看出，这种自然宗教或对自然界的这种特定关系，是由社会形式决定的，反过来也是一样。这里和任何其他地方一样，自然界和人的同一性也表现在：人们对自然界的狭隘的关系决定着他们之间的狭隘的关系，而他们之间的狭隘的关系又决定着他们对自然界的狭隘的关系，这正是因为自然界几乎还没有被历史的进程所改变。"——编者注
② 马克思加了边注："与此同时出现的是意识形态家、**僧侣的最初形式**"。——编者注

了矛盾，而是因为在该民族意识和其他民族的实践之间，亦即在某一民族的民族意识和普遍意识之间①出现了矛盾（就像目前德国的情形那样）——既然这个矛盾似乎只表现为民族意识范围内的矛盾，那么在这个民族看来，斗争也就限于这种民族废物，因为这个民族就是废物本身。但是，意识本身究竟采取什么形式，这是完全无关紧要的。我们从这一大堆赘述中只能得出一个结论：上述三个因素即生产力、社会状况和意识，彼此之间可能而且一定会发生矛盾，因为**分工**使精神活动和物质活动②、享受和劳动、生产和消费由不同的个人来分担这种情况不仅成为可能，而且成为现实，而要使这三个因素彼此不发生矛盾，则只有再消灭分工。此外，不言而喻，"幽灵"、"枷锁"、"最高存在物"、"概念"、"疑虑"显然只是孤立的个人的一种观念上的、思辨的、精神的表现，只是他的观念，即关于真正经验的束缚和界限的观念；生活的生产方式以及与此相联系的交往形式就在这些束缚和界限的范围内运动着。③

分工包含着所有这些矛盾，而且又是以家庭中自然形成的分工和以社会分裂为单个的、互相对立的家庭这一点为基础的。与这种分工同时出现的还有**分配**，而且是劳动及其产品的**不平等**的分配（无论在数量上或质量上）；因而产生了所有制，它的萌芽和最初形式在家庭中已经出现，在那里妻子和儿女是丈夫的奴隶。家庭中这种诚然还非常原始和隐蔽的奴隶制，是最初的所有制，但就是这种所有制也完全符合现代经济学家所下的定义，即所有制是对他人劳动力的支配。其实，分工和私有制是相等的表达方式，对同一件事情，一个是就活动而言，另一个是就活动的产品而言。

---

① 马克思加了边注："**宗教**。具有真正的**意识形态**的德国人"。——编者注
② 手稿中删去以下这句话："活动和思维，即没有思想的活动和没有活动的思想。"——编者注
③ 手稿中删去以下这句话："这种关于现存的经济界限的观念上的表现，不是纯粹理论上的，而且在实践的意识中也存在着，就是说，使自己自由存在的并且同现存的生产方式相矛盾的意识，不是仅仅构成宗教和哲学，而且也构成国家。"——编者注

其次，随着分工的发展也产生了单个人的利益或单个家庭的利益与所有互相交往的个人的共同利益之间的矛盾；而且这种共同利益不是仅仅作为一种"普遍的东西"存在于观念之中，而首先是作为彼此有了分工的个人之间的相互依存关系存在于现实之中。

正是由于特殊利益和共同利益之间的这种矛盾，共同利益才采取**国家**这种与实际的单个利益和全体利益相脱离的独立形式，同时采取虚幻的共同体的形式，而这始终是在每一个家庭集团或部落集团中现有的骨肉联系、语言联系、较大规模的分工联系以及其他利益的联系的现实基础上，特别是在我们以后将要阐明的已经由分工决定的阶级的基础上产生的，这些阶级是通过每一个这样的人群分离开来的，其中一个阶级统治着其他一切阶级。从这里可以看出，国家内部的一切斗争——民主政体、贵族政体和君主政体相互之间的斗争，争取选举权的斗争等等，不过是一些虚幻的形式——普遍的东西一般说来是一种虚幻的共同体的形式——，在这些形式下进行着各个不同阶级间的真正的斗争（德国的理论家们对此一窍不通，尽管在《德法年鉴》和《神圣家族》中已经十分明确地向他们指出过这一点）。从这里还可以看出，每一个力图取得统治的阶级，即使它的统治要求消灭整个旧的社会形式和一切统治，就像无产阶级那样，都必须首先夺取政权，以便把自己的利益又说成是普遍的利益，而这是它在初期不得不如此做的。

正因为各个人所追求的**仅仅**是自己的特殊的、对他们来说是同他们的共同利益不相符合的利益，所以他们认为，这种共同利益是"异己的"和"不依赖"于他们的，即仍旧是一种特殊的独特的"普遍"利益，或者说，他们本身必须在这种不一致的状况下活动，就像在民主制中一样。另一方面，这些始终**真正地**同共同利益和虚幻的共同利益相对抗的特殊利益所进行的**实际**斗争，使得通过国家这种虚幻的"普遍"利益来进行**实际的**干涉和约束成为必要。

……

受分工制约的不同个人的共同活动产生了一种社会力量，即成倍增长的生产力。因为共同活动本身不是自愿地而是自然形成的，所以这种社会力量在这些个人看来就不是他们自身的联合力量,而是某种异己的、在他们之外的强制力量。关于这种力量的起源和发展趋向,他们一点也不了解;因而他们不再能驾驭这种力量,相反,这种力量现在却经历着一系列独特的、不仅不依赖于人们的意志和行为反而支配着人们的意志和行为的发展阶段。

这种"**异化**"(用哲学家易懂的话来说)当然只有在具备了两个**实际**前提之后才会消灭。要使这种异化成为一种"不堪忍受的"力量,即成为革命所要反对的力量,就必须让它把人类的大多数变成完全"没有财产的"人,同时这些人又同现存的有钱有教养的世界相对立,而这两个条件都是以生产力的巨大增长和高度发展为前提的。另一方面,生产力的这种发展(随着这种发展,人们的**世界历史性的**而不是地域性的存在同时已经是经验的存在了)之所以是绝对必需的实际前提,还因为如果没有这种发展,那就只会有**贫穷**、极端贫困的普遍化;而在**极端贫困**的情况下,必须重新开始争取必需品的斗争,全部陈腐污浊的东西又要死灰复燃。其次,生产力的这种发展之所以是绝对必需的实际前提,还因为:只有随着生产力的这种普遍发展,人们的**普遍**交往才能建立起来;普遍交往,一方面,可以产生一切民族中同时都存在着"没有财产的"群众这一现象(普遍竞争),使每一民族都依赖于其他民族的变革;最后,地域性的个人为**世界历史性的**、经验上普遍的个人所代替。不这样,(1)共产主义就只能作为某种地域性的东西而存在;(2)交往的**力量**本身就不可能发展成为一种**普遍的**因而是不堪忍受的力量:它们会依然处于地方的、笼罩着迷信气氛的"状态";(3)交往的任何扩大都会消灭地域性的共产主义。共产主义只有作为占统治地位的各民族"一下子"同时发生的行动,在经验上才是可能的,而这是以生产力的普遍发展和与此相联系的世界交往为前提的。

共产主义对我们来说不是应当确立的**状况**,不是现实应当与之相适应的**理想**。我们所称为共产主义的是那种消灭现存状况的**现实**的运动。这个运动的条件是由现有的前提产生的。

此外,许许多多人**仅仅**依靠自己劳动为生——大量的劳力与资本隔绝或甚至连有限地满足自己的需要的可能性都被剥夺,——从而由于竞争,他们不再是暂时失去作为有保障的生活来源的工作，他们陷于绝境，这种状况是以**世界市场**的存在为前提的。因此，无产阶级只有**在世界历史意义上**才能存在，就像共产主义——它的事业——只有作为"世界历史性的"存在才有可能实现一样。而各个人的世界历史性的存在，也就是与世界历史直接相联系的各个人的存在。

否则，例如财产一般怎么能够具有某种历史，采取各种不同的形式，例如地产怎么能够像今天实际生活中所发生的那样，根据现有的不同前提而发展呢？——在法国，从小块经营发展到集中于少数人之手，在英国，则是从集中于少数人之手发展到小块经营。至于贸易——它终究不过是不同个人和不同国家的产品交换，——又怎么能够通过供求关系而统治全世界呢？用一位英国经济学家的话来说，这种关系就像古典古代的命运之神一样，遨游于寰球之上，用看不见的手把幸福和灾难分配给人们，把一些王国创造出来，又把它们毁掉，使一些民族产生，又使它们衰亡；但随着基础即随着私有制的消灭，随着对生产实行共产主义的调节以及这种调节所带来的人们对于自己产品的异己关系的消灭，供求关系的威力也将消失，人们将使交换、生产及他们发生相互关系的方式重新受自己的支配。

————

受到迄今为止一切历史阶段的生产力制约同时又反过来制约生产力的交往形式，就是**市民社会**[7]。前面的叙述已经表明，这个社会是以简单的家庭和复杂的家庭，即所谓部落制度作为自己的前提和基础的。关于市民社会的比较详尽的定义已经包括在前面的叙述中了。从这里已经可以看出，这个市民社会是全部历史的真正发源地和舞台，可以看出过去那种轻视现实关系而局限于言过其实的重大政治历史事件[8]的历史观是何等荒谬。

到现在为止，我们主要只是考察了人类活动的一个方面——**人改造自然**。另一方面，是**人改造人**……①

---

① 马克思加了边注："交往和生产力"。——编者注

国家的起源和国家同市民社会的关系。

——

历史不外是各个世代的依次交替。每一代都利用以前各代遗留下来的材料、资金和生产力；由于这个缘故，每一代一方面在完全改变了的环境下继续从事所继承的活动，另一方面又通过完全改变了的活动来变更旧的环境。然而，事情被思辨地扭曲成这样：好像后期历史是前期历史的目的，例如，好像美洲的发现的根本目的就是要促使法国大革命的爆发。于是历史便具有了自己特殊的目的并成为某个与"其他人物"（像"自我意识"、"批判"、"唯一者"等等）"并列的人物"。其实，前期历史的"使命"、"目的"、"萌芽"、"观念"等词所表示的东西，终究不过是从后期历史中得出的抽象，不过是从前期历史对后期历史发生的积极影响中得出的抽象。

各个相互影响的活动范围在这个发展进程中越是扩大，各民族的原始封闭状态由于日益完善的生产方式、交往以及因交往而自然形成的不同民族之间的分工消灭得越是彻底，历史也就越是成为世界历史。

……

[Ⅳ]

……

物质劳动和精神劳动的最大的一次分工，就是城市和乡村的分离。城乡之间的对立是随着野蛮向文明的过渡、部落制度向国家的过渡、地域局限性向民族的过渡而开始的，它贯穿着文明的全部历史直至现在（反谷物法同盟[9]）。——随着城市的出现，必然要有行政机关、警察、赋税等等，一句话，必然要有公共机构，从而也就必然要有一般政治。在这里，居民第一次划分为两大阶级，这种划分直接以分工和生产工具为基础。城市已经表明了人口、生产工具、资本、享受和需求的集中这个事实；而在乡村则是完全相反的情况：隔绝和分散。城乡之间的对立只有在私有制的范围内才能存在。城乡之间的对立是个人屈从于分工、屈从于他被迫从事的某种活动的最鲜明的反映，这种屈从把一部分人变为受局限的城市动物，把另一部分人变为受局限的乡村动物，并且每天都重新产生二者利益之间的对立。在这里，劳动仍然是最主要的，是**凌驾于**个人之上的力量；只要这种力量还存在，私有制也就必然会存在下去。消灭城乡之间的对立，是共同体的首要条件之一，这个条件又取决于许多物质前提，而且任何人一看就知道，这个条件单靠意志是不能实现的（这些条件还须详加探讨）。城市和乡村的分离还可以看做是资本和地产的分离，看做是资本不依赖于地产而存在和发展的开始，也就是仅仅以劳动和交换为基础的所有制的开始。

在中世纪，有一些城市不是从前期历史中现成地继承下来的，而是由获得自由的农奴重新建立起来的。在这些城市里，每个人的唯一财产，除开他随身带着的几乎全是最必需的手工劳动工具构成的那一点点资本之外，就只有他的特殊的劳动。不断流入城市的逃亡农奴的竞争；乡村反对城市的连绵不断的战争，以及由此产生的组织城市武装力量的必要性；共同占有某种手艺而形成的联系；在手工业者同时又是商人的时期，必须有在公共场所出卖自己的商品以及与此相联的禁止外人进入这些场所的规定；各手工业间利益的对立；保护辛苦学来的手艺的必要性；全国性的封建组织；——所有这些都是各行各业的手艺人联合为行会的原因。这里我们不打算详细地谈论以后历史发展所引起的行会制度的多种变化。在整个中世纪，农奴不断地逃入城市。这些在乡村遭到自己主人迫害的农奴是只身流入城市的，他们在这里遇见了有组织的团体，对于这种团体他们是没有力量反对的，在它的范围内，他们只好屈从于由他们那些有组织的城市竞争者对他们劳动的需要以及由这些竞争者的利益所决定的处境。这些只身流入城市的劳动者根本不可能成为一种力量，因为，如果他们的劳动带有行会的性质并需要培训，那么行会师傅就会使他们从属于自己，并按照自己的利益来组织他们；或者，如果这种劳动不需要培训，因而不是行会劳动，而是短工，那么劳动者就根本组织不起来，始终是无组织的平民。城市对短工的需要造成了平民。

这些城市是真正的"联盟"[10]，这些"联盟"的产生是由于直接的需要，由于对保护财产、增加各成员的生产资料和防卫手段的关心。这些城市的平民是毫无力量的，因为他们都是只身流入城市的彼此素不相识的个人，他们无组织地同有组织、有武装配备并用忌妒的眼光监视着他们的力量相抗衡。每一行业中的帮工和学徒都以最适合于师傅利益的方式组织起来；他们和师傅之间的宗法关系使师傅具有双重力量：第一，师傅对帮工的全部生活有直接的影响；第二，帮工在同一师傅手下做工，对这些帮工来说这是一根真正的纽带，它使这些帮工联合起来反对其他师傅手下的帮工，并同他们分隔开来；最后，帮工由于自己也想成为师傅而与现存制度结合在一起了。因此，平民至少还举行暴动来反对整个城市制度，不过由于他们软弱无力而没有任何结果，而帮工们只在个别行会内搞一些与行会制度本身的存在有关的小冲突。中世纪所有的大规模起义都是从乡村爆发起来的，但是由于农民的分散性以及由此而来的不成熟，这些起义也毫无结果。[11]

这些城市中的资本是自然形成的资本；它是由住房、手工劳动工具和自然形成的世代相袭的主顾组成的，并且由于交往不发达和流通不充分而没有实现的可能，只好父传子，子传孙。这种资本和现代资本不同，它不是以货币计算的资本——用货币计算，资本体现为哪一种物品都一样——，而是直接同占有者的特定的劳动联系在一起、同它完全不可分割的资本，因此就这一点来说，它是**等级**资本。

在城市中各行会之间的分工还是非常少的，而在行会内部，各劳动者之间则根本没有什么分工。每个劳动者都必须熟悉全部工序，凡是用他的工具能够做的一切，他必须都会做；各城市之间的有限交往和少量联系、居民稀少和需求有限，都妨碍了分工的进一步发展，因此，每一个想当师傅的人都必须全盘掌握本行手艺。正因为如此，中世纪的手工业者对于本行专业劳动和熟练技巧还是有兴趣的，这种兴趣可以升华为某种有限的艺术感。然而也是由于这个原因，中世纪的每一个手工业者对自己的工作都是兢兢业业，安于奴隶般的关系，因而他们对工作的屈从程度远远超过对本身工作漠不关心的现代工人。

分工的进一步扩大是生产和交往的分离，是商人这一特殊阶级的形成。这种分离在随历史保存下来的城市（其中有住有犹太人的城市）里被继承下来，并很快就在新兴的城市中出现了。这样就产生了同邻近地区以外的地区建立贸易联系的可能性，这种可能性之变为现实，取决于现有的交通工具的情况，取决于政治关系所决定的沿途社会治安状况（大家知道，整个中世纪，商人都是结成武装商队行动的）以及取决于交往所及地区内相应的文化水平所决定的比较粗陋或比较发达的需求。

随着交往集中在一个特殊阶级手里，随着商人所促成的同城市近郊以外地区的通商的扩大，在生产和交往之间也立即发生了相互作用。城市**彼此**建立了联系，新的劳动工具从一个城市运往另一个城市，生产和交往之间的分工随即引起了各城市之间在生产上的新的分工，不久每一个城市都设立一个占优势的工业部门。最初的地域局限性开始逐渐消失。

某一个地域创造出来的生产力，特别是发明，在往后的发展中是否会失传，完全取决于交往扩展的情况。当交往只限于毗邻地区的时候，每一种发明在每一个地域都必须单独进行；一些纯粹偶然的事件，例如蛮族的入侵，甚至是通常的战争，都足以使一个具有发达生产力和有高度需求的国家陷入一切都必须从头开始的境地。在历史发展的最初阶段，每天都在重新发明，而且每个地域都是独立进行的。发达的生产力，即使在通商相当广泛的情况下，也难免遭到彻底的毁灭。关于这一点，腓尼基人的例子就可以说明。由于这个民族被排挤于商业之外，由于他们被亚历山大征服以及继之而来的衰落，他们的大部分发明都长期失传了。再如中世纪的玻璃绘画术也有同样的遭遇。只有当交往成为世界交往并且以大工业为基础的时候，只有当一切民族都卷入竞争斗争的时候，保持已创造出来的生产力才有了保障。

不同城市之间的分工的直接结果就是工场手工业的产生，即超出行会制度范围的生产部门的产生。工场手工业的初期繁荣——先是在意大利，然后是在佛兰德——的历史前提，是同外国各民族的交往。在其他国家，例如在英国和法国，工场手工业最初只限于国内市场。除上述前提外，工场手工业还以人口特别是乡村人口的不断集中和资本的不断积聚为前提。资本开始积聚到个人手里，一部分违反行会法规积聚到行会中，一部分积聚到商人手里。

那种一开始就以机器，尽管还是以具有最粗陋形式的机器为前提的劳动，很快就显出它是最有发展能力的。过去农民为了得到自己必需的衣着而在乡村中附带从事的织布业，是由于交往的扩大才获得了动力并得到进一步发展的第一种劳动。织布业是最早的工场手工业，而且一直是最主要的工场手工业。随着人口增长而增长的对衣料的需求，由于流通加速而开始的自然形成的资本的积累和运用，以及由此引起的并由于交往逐渐扩大而日益增长的对奢侈品的需求，——所有这一切都推动了织布业在数量上和质量上的发展，使它脱离了旧有的生产形式。除了为自身需要而一直在继续从事纺织的农民外，在城市里产生了一个新的织工阶级，他们所生产的布匹被用来供应整个国内市场，通常还供应国外市场。

织布是一种多半不需要很高技能并很快就分化成无数部门的劳动，由于自己的整个特性，它抵制行会的束缚。因此，织布业多半在没有行会组织的乡村和小市镇上经营，这些地方逐渐变为城市，而且很快就成为每个国家最繁荣的城市。

随着摆脱了行会束缚的工场手工业的出现，所有制关系也立即发生了变化。越过自然形成的等级资本而向前迈出的第一步，是由商人的出现所促成的，商人的资本一开始就是活动的，如果针对当时的情况来讲，可以说是现代意义上的资本。第二步是随着工场手工业的出现而迈出的，工场手工业又运用了大量自然形成的资本，并且同自然形成的资本的数量比较起来，一般是增加了活动资本的数量。

同时，工场手工业还成了农民摆脱那些不雇用他们或付给他们极低报酬的行会的避难所，就像行会城市过去曾是农民摆脱土地占有者的避难所一样。

随着工场手工业的产生，同时也就开始了一个流浪时期，这个时期的形成是由于：取消了封建侍从，解散了拼凑起来并效忠帝王、镇压其诸侯的军队，改进了农业以及把大量耕地变为牧场。从这里已经可以清楚地看出，这种流浪现象是和封建制度的瓦解密切联系着的。早在13世纪就曾出现过的个别类似的流浪时期，只是在15世纪末和16世纪初才成为普遍而持久的现象。这些流浪者人数非常多，其中单单由英王亨利八世下令绞死的就有72000人，只有付出最大的力量，只有在他们穷得走投无路而且经过长期反抗之后，才能迫使他们去工作。迅速繁荣起来的工场手工业，特别是在英国，渐渐地吸收了他们。

随着工场手工业的出现，各国进入竞争的关系，展开了商业斗争，这种斗争是通过战争、保护关税和各种禁令来进行的，而在过去，各国只要彼此有了联系，就互相进行和平的交易。从此以后商业便具有了政治意义。

随着工场手工业的出现，工人和雇主的关系也发生了变化。在行会中，帮工和师傅之间的宗法关系继续存在，而在工场手工业中，这种关系由工人和资本家之间的金钱关系代替了；在乡村和小城市中，这种关系仍然带有宗法色彩，而在比较大的、真正的工场手工业城市里，则早就失去了几乎全部宗法色彩。

随着美洲和通往东印度的航线的发现，交往扩大了，工场手工业和整个生产运动有了巨大的发展。从那里输入的新产品，特别是进入流通的大量金银完全改变了阶级之间的相互关系，并且沉重地打击了封建土地所有制和劳动者；冒险者的远征，殖民地的开拓，首先是当时市场已经可能扩大为而且日益扩大为世界市场，——所有这一切产生了历史发展的一个新阶段，关于这个阶段的一般情况我们不准备在这里多谈。新发现的土地的殖民地化，又助长了各国之间的商业斗争，因而使这种斗争变得更加广泛和更加残酷了。

商业和工场手工业的扩大，加速了活动资本的积累，而在那些没有受到刺激去扩大生产的行会里，自然形成的资本却始终没有改变，甚至还减少了。商业和工场手工业产生了大资产阶级，而集中在行会里的是小资产阶级，现在它已经不再像过去那样在城市里占统治地位了，而是必须屈从于大商人和手工工场主的统治①。由此可见，行会一跟工场手工业接触，就衰落下去了。

在我们所谈到的这个时代里，各国在彼此交往中建立起来的关系具有两种不同的形式。起初，由于流通的金银数量很少，这些金属是禁止出口的；另一方面，工业，即由于必须给不断增长的城市人口提供就业机会而不可或缺的、大部分是从国外引进的工业，没有特权不行，当然，这种特权不仅可以用来对付国内的竞争，而且主要是用来对付国外的竞争。通过这些最初的禁令，地方的行会特权便扩展到全国。关税产生于封建主对其领地上的过往客商所征收的捐税，即客商交的免遭抢劫的买路钱。后来各城市也征收这种捐税，在现代国家出现之后，这种捐税便是国库进款的最方便的手段。

美洲的金银在欧洲市场上的出现，工业的逐步发展，贸易的迅速高涨以及由此引起的不受行会束缚的资产阶级的兴旺发达和货币的活跃流通，——所有这一切都使上述各种措施具有另外的意义。国家日益不可缺少货币，为充实国库起见，它现在仍然禁止输出金银；资产者对此完全满意，因为这些刚刚投入市场的大量货币，成了他们进行投机买卖的主要对象；过去的特权成了政府收入的来源，并且可以用来卖钱；在关税法中有了出口税，这种税只是阻碍了工业的发展，纯粹是以充实国库为目的。

第二个时期开始于17世纪中叶，它几乎一直延续到18世纪末。商业和航运比那种起次要作用的工场手工业发展得更快；各殖民地开始成为巨大的消费者；各国经过长期的斗争，彼此瓜分了已开辟出来的世界市场。这一时期是从航海条例[12]和殖民地垄断开始的。各国间的竞争尽可能通过关税率、禁令和各种条约来消除，但是归根结底，竞争的斗争还是通过战争（特别是海战）来进行和解决的。最强大的海上强国英国在商业和工场

---

① 马克思加了边注："小资产者——中间阶级——大资产阶级"。——编者注

手工业方面都占据优势。这里已经出现商业和工场手工业集中于**一个**国家的现象。

对工场手工业一直是采用保护的办法：在国内市场上实行保护关税，在殖民地市场上实行垄断，而在国外市场上则尽量实行差别关税。本国生产的原料（英国的羊毛和亚麻，法国的丝）的加工受到鼓励，国内出产的原料（英国的羊毛）禁止输出，进口原料的［加工］仍受到歧视或压制（如棉花在英国）。在海上贸易和殖民实力方面占据优势的国家，自然能保证自己的工场手工业在数量和质量上得到最广泛的发展。工场手工业一般离开保护是不行的，因为只要其他国家发生任何最微小的变动都足以使它失去市场而遭到破产。只要在稍微有利的条件下，工场手工业就可以很容易地在某个国家建立起来，正因为这样，它也很容易被破坏。同时，它的经营方式，特别是18世纪在乡村里的经营方式，使它和广大的个人的生活条件结合在一起，以致没有一个国家敢于不顾工场手工业的生存而允许自由竞争。因此，工场手工业就它能够输出自己的产品来说，完全依赖于商业的扩大或收缩，而它对商业的反作用，相对来说是很微小的。这就决定了工场手工业的次要作用和18世纪商人的影响。正是这些商人，特别是船主最迫切地要求国家保护和垄断；诚然，工场手工主也要求保护并且得到了保护，但是从政治意义上来说，他们始终不如商人。商业城市，特别是沿海城市已达到了一定的文明程度，并带有大资产阶级性质，而在工厂城市里仍然是小资产阶级势力占统治。参看艾金①。18世纪是商业的世纪。平托关于这一点说得很明确："贸易是本世纪的嗜好。"他还说："从某个时期开始，人们就只谈论经商、航海和船队了。"②

……

这一时期还有这样一些特征：禁止金银外运法令的废除，货币经营

---

① 约·艾金《曼彻斯特市外30~40英里范围内的郊区》，1795年伦敦版。——编者注
② 伊·平托：《关于商业忌妒的通讯》，见《关于流通和信用的论文集》，1771年阿姆斯特丹版，第234、238页。——编者注

业、银行、国债和纸币的产生，股票投机和有价证券投机，各种物品的投机倒把等现象的出现以及整个货币制度的发展。资本又有很大一部分丧失了它原来还带有的那种自然性质。

在17世纪，商业和工场手工业不可阻挡地集中于一个国家——英国。这种集中逐渐地给这个国家创造了相对的世界市场，因而也造成了对这个国家的工场手工业产品的需求，这种需求是旧的工业生产力所不能满足的。这种超过了生产力的需求正是引起中世纪以来私有制发展的第三个时期的动力，它产生了大工业——把自然力用于工业目的，采用机器生产以及实行最广泛的分工。这一新阶段的其他条件——国内的自由竞争，理论力学的发展（牛顿所完成的力学在18世纪的法国和英国都是最普及的科学）等等——在英国都已具备了。（国内的自由竞争到处都必须通过革命的手段争得——英国1640年和1688年的革命，法国1789年的革命。）竞争很快就迫使每一个不愿丧失自己的历史作用的国家为保护自己的工场手工业而采取新的关税措施（旧的关税已无力抵制大工业了），并随即在保护关税之下兴办大工业。尽管有这些保护措施，大工业仍使竞争普遍化了（竞争是实际的贸易自由；保护关税在竞争中只是治标的办法，是贸易自由**范围内**的防卫手段），大工业创造了交通工具和现代的世界市场，控制了商业，把所有的资本都变为工业资本，从而使流通加速（货币制度得到发展）、资本集中。大工业通过普遍的竞争迫使所有个人的全部精力处于高度紧张状态。它尽可能地消灭意识形态、宗教、道德等等，而在它无法做到这一点的地方，它就把它们变成赤裸裸的谎言。它首次开创了世界历史，因为它使每个文明国家以及这些国家中的每一个人的需要的满足都依赖于整个世界，因为它消灭了各国以往自然形成的闭关自守的状态。它使自然科学从属于资本，并使分工丧失了自己自然形成的性质的最后一点假象。它把自然形成的性质一概消灭掉，（只要在劳动的范围内有可能做到这一点），它还把所有自然形成的关系变成货币的关系。它建立了现代的大工业城市——它们的出现如雨后春笋——来代替自然形成的城市。凡是它渗入的地方，它就破坏手工业和工业的一切旧阶段。它使城市最终战胜了乡村。它的［……］① 是自动体系。［它]② 造成了大量的生产力，对于这些生产力来说，私有制成了它们发展的桎梏，正如行会成为工场手工业的桎梏、小规模的乡村生产成为日益发展的手工业的桎梏一样。在私有制的统治下，这些生产力只获得了片面的发展，对大多数人来说成了破坏的力量，而许多这样的生产力在私有制下根本得不到利用。一般说来，大工业到处造成了社会各阶级间相同的关系，从而消灭了各民族的特殊性。最后，当每一民族的资产阶级还保持着它的特殊的民族利益的时候，大工业却创造了这样一个阶级，这个阶级在所有的民族中都具有同样的利益，在它那里民族独特性已经消灭，这是一个真正同整个旧世界脱离而同时又与之对立的阶级。大工业不仅使工人对资本家的关系，而且使劳动本身都成为工人不堪忍受的东西。

当然，在一个国家里，大工业不是在一切地域都达到了同样的发展水平。但这并不能阻碍无产阶级的阶级运动，因为大工业产生的无产者领导着这个运动并且引导着所有的群众，还因为没有卷入大工业的工人，被大工业置于比在大工业中做工的工人更糟的生活境遇。同样，大工业发达的国家也影响着那些或多或少是非工业性质的国家，因为那些国家由于世界交往而被卷入普遍竞争的斗争中。

这些不同的形式同时也是劳动组织的形式，从而也是所有制的形式。在每一个时期都发生现存的生产力相结合的现象，因为需求使这种结合成为必要的。

……

住宅建筑。不言而喻，野蛮人的每一个家庭都有自己的洞穴和茅舍，正如游牧人的每一个家庭都有独自的帐篷一样。这种单个分开的家庭经济由于私有制的进一步发展而成为更加必需的了。在农业民族那里，共同的家庭经济也和共同的耕作一样是不可能的。城市的建造是一大进步。但

---

① 此处手稿缺损。——编者注
② 此处手稿缺损。——编者注

是，在过去任何时代，消灭单个分开的经济——这是与消灭私有制分不开的——是不可能的，因为还没有具备这样做的物质条件。组织共同的家庭经济的前提是发展机器，利用自然力和许多其他的生产力，例如自来水、煤气照明、蒸汽采暖等，以及消灭城乡之间的［对立］。没有这些条件，共同的经济本身将不会再成为新生产力，将没有任何物质基础，将建立在纯粹的理论基础上，就是说，将是一种纯粹的怪想，只能导致寺院经济。——还可能有什么呢？——这就是城市里的集中和为了各个特定目的而进行的公共房舍（监狱、兵营等）的兴建。不言而喻，消灭单个分开的经济是和消灭家庭分不开的。

……

由于这种发展是自发地进行的，就是说它不是按照自由联合起来的个人制定的共同计划进行的，所以它是以各个不同的地域、部落、民族和劳动部门等等为出发点的，其中的每一个起初都与别的不发生联系而独立地发展，后来才逐渐与它们发生联系。其次，这种发展非常缓慢；各种不同的阶段和利益从来没有被完全克服，而只是屈从于获得胜利的利益，并在许多世纪中和后者一起延续下去。由此可见，甚至在一个民族内，各个人，即使撇开他们的财产关系不谈，都有各种完全不同的发展；较早时期的利益，在它固有的交往形式已经为属于较晚时期的利益的交往形式排挤之后，仍然在长时间内拥有一种相对于个人而独立的虚假共同体（国家、法）的传统权力，一种归根结底只有通过革命才能被打倒的权力。由此也就说明：为什么在某些可以进行更一般的概括的问题上，意识有时似乎可以超过同时代的经验关系，以致人们在以后某个时代的斗争中可以依靠先前时代理论家的威望。

相反，有些国家，例如北美的发展是在已经发达的历史时代起步的，在那里这种发展异常迅速。在这些国家中，除了移居到那里去的个人而外没有任何其他的自发形成的前提，而这些个人之所以移居那里，是因为他们的需要与老的国家的交往形式不相适应。可见，这些国家在开始发展的时候就拥有老的国家的最进步的个人，因而也就拥有与这些个人相适应的、在老的国家里还没有能够实行的最发达的交往形式。这符合于一切殖民地的情况，只要它们不仅仅是一些军用场所或交易场所。迦太基、希腊的殖民地以及 11 世纪和 12 世纪的冰岛可以作为例子。类似的关系在征服的情况下也可以看到，如果在另一块土地上发展起来的交往形式被现成地搬到被征服国家的话。这种交往形式在自己的祖国还受到以前时代遗留下来的利益和关系的牵累，而它在这些地方却能够而且应当充分地和不受阻碍地确立起来，尽管这是为了保证征服者拥有持久的政权（英格兰和那不勒斯在被诺曼人征服[13]之后，获得了最完善的封建组织形式）。

——

征服这一事实看起来好像是同整个这种历史观矛盾的。到目前为止，暴力、战争、掠夺、抢劫等等被看做是历史的动力。这里我们只能谈谈主要之点，因此，我们举一个最显著的例子：古老文明被蛮族破坏，以及与此相联系重新开始形成一种新的社会结构（罗马和蛮人，封建制度和高卢人，东罗马帝国和土耳其人）。对进行征服的蛮族来说，正如以上所指出的，战争本身还是一种通常的交往形式；在传统的、对该民族来说唯一可能的粗陋生产方式下，人口的增长越来越需要新的生产资料，因而这种交往形式越来越被加紧利用。相反，在意大利，由于地产日益集中（这不仅是由购买和负债引起的，而且还是由继承引起的，当时一些古老的氏族由于生活放荡和很少结婚而逐渐灭亡，他们的财产转入少数人手里），由于耕地变为牧场（这不仅是由通常的、至今仍然起作用的经济原因引起的，而且也是由掠夺来的和进贡的谷物的输入以及由此造成的意大利谷物没有买主的现象引起的），自由民几乎完全消失了，就是奴隶也在不断地死亡，而不得不经常代之以新的奴隶。奴隶制仍然是整个生产的基础。介于自由民与奴隶之间的平民，始终不过是流氓无产阶级。总之，罗马始终只不过是一个城市，它与各行省之间的联系几乎仅仅是政治上的联系，因而这种联系自然也就可能为政治事件所破坏。

——

有一种最普通的观点认为，迄今为止在历史上只有**占领**才具有决定意义。蛮人**占领**了罗马帝国，这种占领的事实通常被用来说明从古代世界向封建制度的过渡。但是在蛮人的占领下，一切都取决于被占领国家此时是否已经像现代国家那样发展了工业生产力，或者被占领国家的生产力主要是否只是以它的联合和共同体为基础。其次，占领是受占领的对象所制约的。如果占领者不依从被占领国家的生产条件和交往条件，就完全无法占领银行家的体现于证券中的财产。对于每个现代工业国家的全部工业资本来说，情况也是这样。最后，无论在什么地方，占领都是很快就会结束的，已经不再有东西可供占领时，必须开始进行生产。从这种很快出现的生产的必要性中可以得出如下结论：定居下来的征服者所采纳的共同体形式，应当适应于他们面临的生产力发展水平，如果起初情况不是这样，那么共同体形式就应当按照生产力来改变。这也就说明了民族大迁移后的时期到处可见的一件事实，即奴隶成了主人，征服者很快就接受了被征服民族的语言、教育和风俗。

封建制度决不是现成地从德国搬去的。它起源于征服者在进行征服时军队的战时组织，而且这种组织只是在征服之后，由于在被征服国家内遇到的生产力的影响才发展为真正的封建制度的。这种形式到底在多大程度上受生产力的制约，这从企图仿效古罗马来建立其他形式的失败尝试（查理大帝，等等）中已经得到证明。

待续。——

———

在大工业和竞争中，各个人的一切生存条件、一切制约性、一切片面性都融合为两种最简单的形式——私有制和劳动。货币使任何交往形式和交往本身成为对个人来说是偶然的东西。因此，货币就是产生下述现象的根源：迄今为止的一切交往都只是在一定条件下个人的交往，而不是作为个人的个人的交往。这些条件可以归结为两点：积累起来的劳动，或者说私有制，以及现实的劳动。如果二者缺一，交往就会停止。现代的经济学家如西斯蒙第、舍尔比利埃[①]等人自己就把个人的联合同资本的联合对立

[①] 安·埃·舍尔比利埃：《富人或穷人》，1840年巴黎—日内瓦版。——编者注

起来。但是，另一方面，个人本身完全屈从于分工，因此他们完全被置于相互依赖的关系之中。私有制，就它在劳动的范围内同劳动相对立来说，是从积累的必然性中发展起来的。起初它大部分仍旧保存着共同体的形式，但是在以后的发展中越来越接近私有制的现代形式。分工从最初起就包含着劳动**条件**——劳动工具和材料——的分配，也包含着积累起来的资本在各个所有者之间的劈分，从而也包含着资本和劳动之间的分裂以及所有制本身的各种不同的形式。分工越发达，积累越增加，这种分裂也就发展得越尖锐。劳动本身只能在这种分裂的前提下存在。

――――

（各个民族的个人——德国人和美国人——的自身能力，已经通过种族杂交而产生的能力，——因此德国人是白痴式的；在法、英等国是异族人移居于已经发达的土地上，在美国是异族人移居于一块全新的土地上，而在德国，土著居民安居不动。）

……

国家和法同所有制的关系

所有制的最初形式，无论是在古典古代世界或中世纪，都是部落所有制，这种所有制在罗马人那里主要是由战争决定的，而在日耳曼人那里则是由畜牧业决定的。在古典古代民族中，一个城市里聚居着几个部落，因此部落所有制就具有国家所有制的形式，而个人的权利则局限于简单的占有，但是这种占有也和一般部落所有制一样，仅仅涉及地产。无论在古代或现代民族中，真正的私有制只是随着动产的出现才开始的。——（奴隶制和共同体）（古罗马公民的合法的所有权［dominium ex jure Quiritum］）。在起源于中世纪的民族那里，部落所有制经过了几个不同的阶段——封建地产，同业公会的动产，工场手工业资本——才发展为由大工业和普遍竞争所引起的现代资本，即变为抛弃了共同体的一切外观并消除了国家对所有制发展的任何影响的纯粹私有制。现代国家是与这种现代私有制相适应的。现代国家由于税收而逐渐被私有者所操纵,由于国债而完全归他们掌握;现代国家的存在既然受到交易所内国家证券行市涨落的调节,所以它完全依赖于私有者即资产者提供给它的商业信贷。因为资产阶级已经是一个**阶级**,不再是一个**等级**了,所以它必须在全国范围内而不再是在一个地域内组织起来,并且必须使自己通常的利益具有一种普遍的形式。由于私有制摆脱了共同体,国家获得了和市民社会并列并且在市民社会之外的独立存在;实际上国家不外是资产者为了在国内外相互保障各自的财产和利益所必然要采取的一种组织形式。目前国家的独立性只有在这样的国家里才存在:在那里,等级还没有完全发展成为阶级,在那里,比较先进的国家中已被消灭的等级还起着某种作用,并且那里存在某种混合体,因此在这样的国家里居民的任何一部分也不可能对居民的其他部分进行统治。德国的情况就正是这样。现代国家的最完善的例子就是北美。法国、英国和美国的一些近代著作家都一致认为,国家只是为了私有制才存在的,可见,这种思想也渗入日常的意识了。

……

卡·马克思和弗·恩格斯写于 1845 年秋~1846 年 5 月
中文根据《马克思恩格斯全集》德文版第 3 卷、《德国哲学杂志》1966 年第 10 期和《费尔巴哈。唯物主义观点和唯心主义观点的对立》1985 年德文版单行本翻译
第一次用俄文发表于《马克思恩格斯文库》1924 年版第 1 卷

原文是德文
选自《马克思恩格斯文集》第 1 卷,人民出版社,2009,第 507~584 页

［C.］共产主义。——交往形式本身的生产

共产主义和所有过去的运动不同的地方在于：它推翻了一切旧的生产和交往的关系的基础，并且破天荒第一次自觉地把一切自发产生的前提看作是先前世世代代的创造，消除这些前提的自发性，使它们受联合起来的个人的支配。因此，建立共产主义实质上具有经济的性质，这就是为这种联合创造各种物质条件，把现存的条件变成联合的条件。共产主义所建立的制度，正是这样的一种现实基础，它排除一切不依赖于个人而存在的东西，因为现存制度只不过是个人之间迄今所存在的交往的产物。这样，共产主义者实际上把过去的生产和交往所产生的条件看作无机的条件。然而他们并不以为，给他们提供资料是过去世世代代的意向和使命，也不认为这些条件对于创造它们的个人说来是无机的。有个性的个人与偶然的个人之间的差别，不仅是逻辑的差别，而且是历史的事实。在不同的时期，这种差别具有不同的含义，例如，等级在18世纪对于个人说来就是某种偶然的东西，家庭或多或少地也是如此。这种差别不是我们为一切时代划定的，而是每个时代本身在它所发现的各种不同现成因素之间划定的，而且不是根据概念而是在物质生活冲突的影响下划定的。在一切对于后来时代说来是偶然的东西（对于先前时代说来则相反）中，也就是在过去时代所停下来的各种因素中，也有与生产力发展的一定水平相适应的交往形式。生产力与交往形式的关系就是交往形式与个人的行动或活动的关系。（这种活动的基本形式当然是物质活动，它决定一切其他的活动，如脑力活动、政治活动、宗教活动等。当然，物质生活的这样或那样的组织，每次都依赖于已经发达的需求，而这些需求的产生，也像它们的满足一样，本身是一个历史过程，这一过程在羊或狗那里是没有的（这是施蒂纳顽固地提出来**反对**人的主要论据），尽管目前形态下的羊或狗无疑是历史过程的产物——诚然，不以它们的意愿为转移。）在上述矛盾产生以前，个人之间进行交往的条件是与他们的个性相适应的条件，这些条件对于他们说来不是什么外部的东西；它们是这样一些条件，只有在这些条件下，生存于一定关系中的一定的

个人才能生产自己的物质生活以及与这种物质生活有关的东西，因而它们是个人自主活动的条件，而且是由这种自主活动创造出来的①。这样，在上述矛盾产生以前，人们进行生产的一定条件是同他们的现实的局限状态和他们的片面存在相适应的，这种存在的片面性只是在矛盾产生时才表现出来，因而只是对于后代才存在的。这时人们才觉得这些条件是偶然的桎梏，并且把这种视上述条件为桎梏的观点也强加给过去的时代。

这些不同的条件，起初本是自主活动的条件，后来却变成了它的桎梏，它们在整个历史发展过程中构成一个有联系的交往形式的序列，交往形式的联系就在于：已成为桎梏的旧的交往形式被适应于比较发达的生产力，因而也适应于更进步的个人自主活动类型的新的交往形式所代替；新的交往形式又会变成桎梏并为别的交往形式所代替。由于这些条件在历史发展的每一阶段上都是与同一时期的生产力的发展相适应的，所以它们的历史同时也是发展着的、为各个新的一代所承受下来的生产力的历史，从而也是个人本身力量发展的历史。

由于这种发展是自发地进行的，就是说它不服从自由联合起来的个人的共同计划，因此它是以各个不同的地区、部落、民族和劳动部门等等为出发点的，其中的每一个起初都与别的不发生关系而独立地发展，后来才逐渐与它们发生联系。其次，这种发展是非常缓慢的；各种不同的阶段和利益从来没有得到完全的克服，而只是屈从于获得胜利的利益，并在许多世纪中和后者一起继续存在下去。由此可见，甚至在一个民族内各个个人都有各种完全不同的发展，即使撇开他们的财产关系不谈，而且较早时期的利益，在与之相适应的交往形式已经为适应于较晚时期的利益的交往形式所排挤之后，仍然在长时间内拥有一种表现为与个人隔离的虚幻共同体（国家、法）的传统权力，这种权力归根结底只有通过革命才能打倒。这也就说明了：为什么在某些带有较大的概括性的问题上，意识有时似乎超过了当代的经验关系，因

---

① 马克思在页边上写着："交往形式本身的生产"。——编者注

此人们在后来某个时代的斗争中可以指靠先前时代理论家的威望。

相反地，在那些在已经发达的历史时代才开始自己发展的国家里，例如北美，这种发展是异常迅速的。在这些国家里，除了移居到那里去的个人而外没有任何其他的自发地形成的前提，而这些个人之所以迁移到那里去，是因为他们的需要与古老国家里现存的交往形式不相适应。因此这些国家在开始发展的时候就拥有古老国家的最进步的个人，因而也就拥有与这些个人相适应的、在古老的国家里还没有能够确立起来的最发达的交往形式①。这符合于一切殖民地的情况，只要它们不仅仅是一些军用场所或交易场所。迦太基、希腊的殖民地以及11世纪和12世纪的冰岛可以作为例子。类似的过程在征服的情况下也可以看到，如果在另一种土壤上发展起来的交往形式被现成地搬到被征服国家的话。这种交往形式在自己的祖国还受到过去遗留下来的利益和关系的牵累，而它在新的地方就完全能够而且应当毫无阻碍地确立起来，尽管这是为了保证征服者的长期统治（英国和那不勒斯在被诺曼人征服之后，获得了最完善的封建组织形式）。

再没有比认为迄今历史上的一切似乎都可以归结于**占领**这一观念更普通的了。蛮人**占领**了罗马帝国，这一事实通常被用来说明从古代世界向封建主义的过渡。但是在蛮人的占领下，一切都取决于被征服民族此时是否已经像现代民族那样发展了工业生产力，或者它的生产力主要还只是以它的联合和现存的共同体形式为基础。其次，占领的性质是受占领的对象所制约的。如果占领者不依从于被占领国家的生产和交往的条件，就完全无法占领当地银行家的体现于票据中的财产。对于每个现代工业国家的整个工业资本说来情况也是这样。最后，无论什么地方，占领很快就面临结束之日，那时已经没有东西可供占领了，需要转向生产。从这种很快到来的生产的必要性中可以做出如下结论：定居下来的征服者所采纳的社会制度

---

① 个别国家的个人的精力，——德国人和美国人，——已经通过种族杂交而产生的精力，——因此德国人是白痴式的；在法、英等国是异族人民移居在已发达的土地上，在美国是异族人民移居在一块全新的土地上，而在德国，土著居民从来没有移动过。

形式，应当适应于他们面临的生产力发展水平，如果起初没有这种适应，那末社会制度形式就应当按照生产力而发生变化。这也就说明了民族大迁移后的时期中到处都可见到的一件事实，即奴隶成了主人，征服者很快就学会了被征服民族的语言，接受了他们的教育和风俗。封建主义决不是现成地从德国搬去的；它起源于蛮人在进行侵略时的军事组织中，而且这种组织只是在征服之后，由于被征服国家内遇到的生产力的影响才发展为现在的封建主义的。这种形式到底受到生产力的多大程度的制约，这从查理大帝等企图建立以古罗马遗迹为基础的其他形式的失败尝试中已经得到证明。

……

三

圣麦克斯①

……

1. 唯一者及其所有物②

……

旧约：人

……

---

① 麦克斯·施蒂纳是约翰·卡斯巴尔·施米特的笔名。本书中马克思和恩格斯在称呼他的时候，除用他原有的笔名外，还用了许许多多尖刻讽刺的外号来挖苦他，例如，把他成为"圣狮"、"柏林小市民"、"乡下佬雅各"、"教书匠"、"圣者"、"桑乔"、"堂吉诃德"等等。——译者注
② 施蒂纳的著作。他在该书中采用了任意编造的手法，宣扬对精神力量的信仰，大量引用圣经中有关精神统治世界的无稽之谈。因此马克思和恩格斯把这本书看成和圣经一样的东西，在批判过程中用《旧约》、《新约》、《创世纪》、《启示录》、《所罗门的雅歌》等等圣经上的标题来称呼该书的相应部分，而且也引用许多圣经里的话来讽刺和嘲笑施蒂纳。——译者注

4. 近代人

……

B. 中迷者（不纯粹的诸精神史）

……

a. 幽灵

……

此外，除了圣麦克斯的信仰移动一座历史大山而外，全章再也没有什么值得注意的东西了。他认为（第56页）："人们向来只是为了某个较高的本质而受到崇拜，只是作为怪影才被认为是神圣的，就是说〈好一个'**就是说**'！〉受到保护和承认的个人。"如果把这座仅仅被信仰移开的大山搬回原处，那末，"这就是说"：只是为了这些受到保护的个人，即自己保护自己的、赋有特权的个人，即自己为自己夺得特权的个人，较高的本质才受到崇拜，怪影才被神圣化。例如，在古代，每一个民族都由于物质关系和物质利益（如各个部落的敌视等等）而团结在一起，并且由于生产力太低，每个人不是做奴隶，就是拥有奴隶，等等，因此，隶属于某个民族成了人"最自然的利益"（"维干德"，第162页），而圣麦克斯却认为，当时是民族这个概念或"民族本质"从自身中第一次产生了这些利益；在近代，自由竞争和世界贸易产生了伪善的资产阶级的世界主义和人的概念，而圣麦克斯认为是恰恰相反，后来的关于人的哲学虚构把上述关系作为人的"启示"产生出来。

……

新约："我"

……

5. 所有者

……

C. 我的自我享乐

……

NaV. 我们已经听到过协议在"**联盟**"中起着什么样的作用。第462页:"如果需要进行协议和口头联系,那末很自然,我只能利用我所支配的那些**人**的手段,因为我也是人。"〈即类的一分子〉

可见,**语言**在这里被看作是类的产物。但是,对于桑乔讲德语而不讲法语这一点,他完全不应当感谢类,而应当感谢环境。其实,在任何一种发达的现代语言中,自然地产生出来的言语之所以提高为民族语言,部分是由于现成材料所构成的语言的历史发展,如拉丁语和日耳曼语;部分是由于民族的融合和混合,如英语;部分是由于方言经过经济集中和政治集中而集中为一个统一的民族语言。不言而喻,在将来,个人完全会把类的这种产物置于自己的控制之下。在**联盟**中,人们将说的是真正的语言、神圣的语言、**圣物**的语言——希伯来语,即基督这个"有形体的本质"所说的亚兰方言。我们"出乎"桑乔"意料"地"想到"这一点,"而且完全是因为**我们**觉得这有助于阐明其他东西"。

……

第二卷

对各式各样先知所代表的 德国社会主义的批判

……

一

《莱茵年鉴》[14]或

"真正的社会主义"的哲学

A.《共产主义、社会主义、人道主义》[15]
"莱茵年鉴"第1章第167页及以下各页

现在,我们来谈一谈"最近两年",在这两年中德国科学最彻底地解决了一切问题,而使其他民族只是扮演执行它的指令的角色。

……

德国人以极其自满的情绪把这个虚无缥缈的王国、"人的本质"的王国同其他民族对立起来,宣布这个王国是全世界历史的完成和目的;他们在一切领域都把自己的幻想看成是他们对其他民族的活动所下的最后判决,因为他们到处都只能是观察者和监视者,所以他们认为自己的使命是对全世界进行审判,断言整个历史过程在德国达到了自己的最终目的。我们已经不止一次地指出:这种傲慢的和无限的民族妄自尊大是同极卑贱的、商人的和小手工业者的活动相符合的。如果民族的狭隘性一般是令人厌恶的,那末在德国,这种狭隘性就更加令人作呕,因为在这里它同认为德国人超越民族狭隘性和一切现实利益之上的幻想结合在一起,反对那些公开承认自己的民族狭隘性和承认以现实利益为基础的民族。不过,在各国人民那里,现在只有资产者及其著作家中间才可以看到民族保守性。

……

卡·马克思和弗·恩格斯写于1845~1846年苏共中央马克思列宁主义研究院于1932年第一次全文用原文出版,1933年用俄文出版

选自《马克思恩格斯选集》第1卷,人民出版社,1972,第77~81页;《马克思恩格斯全集》第三卷,人民出版社,1960,第169~170、500、501、555页

注释：

[1]《德意志意识形态。对费尔巴哈、布·鲍威尔和施蒂纳所代表的现代德国哲学以及各式各样先知所代表的德国社会主义的批判》是马克思和恩格斯阐述唯物史观的共产主义理论的重要著作。这部著作共分两卷，第一卷批判了路·费尔巴哈、布·鲍威尔和麦·施蒂纳的唯心史观，阐发了唯物史观的基本原理，论述了共产主义和无产阶级革命的理论；第二卷批判了当时在德国流行的所谓"真正的"社会主义或"德国社会主义"，揭示了这种假社会主义的哲学基础、社会根源和阶级本质。

马克思和恩格斯在这部著作第一卷第一章中首次对唯物史观作了比较系统的阐述。他们阐明了社会存在决定社会意识这一唯物史观的出发点，论证了研究现实的人的活动和他们的物质生活条件是科学历史观的前提，指出这种历史观就在于：从直接生活的物质生产出发来考察现实的生产过程，并把同这种生产方式相联系的、它所产生的交往形式理解为整个历史的基础，同时由此出发来阐明意识的各种理论产物和形式，如宗教、哲学、道德等等，并追溯它们的生产过程。因此，"这种历史观和唯心主义历史观不同，它不是在每个时代中寻找某种范畴，而是始终站在现实历史的基础上，它不是从观念出发来解释事件，而是从物质实践出发来解释各种观念形态"。他们论述了物质生产在人类历史发展中的决定作用，论述了生产力与交往形式的矛盾运动，指出人类第一个历史活动是生产资料的生产，即物质生活本身的生产；生产力制约交往形式，随着生产力的发展，原来与生产力相适应的交往形式成为生产力发展的桎梏，从而必然由新的交往形式来代替，"一切历史冲突都根源于生产力和交往形式之间的矛盾"，这种矛盾"每一次都不免要爆发为革命"。他们从生产力和交往形式的矛盾运动中揭示了人类历史发展的一般规律，论证了共产主义取代资本主义的历史必然性，提出了无产阶级夺取政权、消灭私有制、建设新社会并在斗争实践中改造自己的任务。他们指出："对时间的唯物主义者即共产主义者来说，全部问题都在于使现存世界革命化，实际地反对并改变现存的事物"。他们强调未来新社会的创建一方面"十一生产力的巨大增长和高度发展为前提的"，"如果没有这种发展，那就只会有贫穷、极端贫困的普遍化；而在极端贫困的情况下，必须重新开始在争取必需品的斗争，全部陈腐污浊的东西又要死灰复燃"；另一方面要以同生产力的普遍发展相联系的世界交往为前提，共产主义是无产阶级的事业，这个事业"只有作为'世界历史性的'存在才有可能实现"。他们还指出，共产主义将消灭旧的分工造成的限制，使每个人的才能得到自由全面的发展；到那时，单个人才能摆脱种种民族局限和地域局限，在历史完全转变为世界历史的进程中真正获得解放。

这部著作是马克思和恩格斯于1845年秋～1846年5月共同撰写的。马克思和恩格斯曾多次为出版《德意志意识形态》在德国寻找出版商。由于书报检察机关的阻挠，加上出版商对书中所批判的哲学流派及其代表人物的同情，这部著作未能出版。只有第二卷第四章在1847年《威斯特伐利亚汽船》杂志8月号和9月号上发表过。这部著作以手稿形式保存下来，没有总标题。现在的署名源于马克思在1847年4月6日发表的声明《驳卡尔·格律恩》中对这部著作的称呼（见《马克思恩格斯全集》中文第2版第4卷，第43页）。《德意志意识形态》第一卷第一章《费尔巴哈》是未完成的手稿，写于第一卷写作过程中的不同时间。在手稿中，这一章原来的标题是《一、费尔巴哈》。在手稿第一章的结尾处恩格斯写有：《一、费尔巴哈。唯物主义观点和唯心主义观点的对立》。显然，这是恩格斯在马克思逝世以后整理马克思遗稿，重读《德意志意识形态》手稿时对原有标题所作的具体说明。

《费尔巴哈》这一章直到1924年才由苏共中央马克思恩格斯研究院第一次译成俄文发表，1926年在《马克思恩格斯文库》第一卷中以德文原文发表；1932年《德意志意识形态》全书第一次以原文发表于《马克思恩格斯全集》历史考证版第一部分第五卷，其中《费尔巴哈》这一章由编者重新编排，加了分节标题，删去手稿结尾部分关于社会意识形式等内容的几段札记。《马克思恩格斯全集》俄文第二版、德文版和中文第一版的第二卷均以这一版本为依据。后来，苏联《哲学问题》杂志1965年第10、11期发表了巴加图里亚根据手稿重新编排的《费尔巴哈》这一章的俄译文；1966年《德国哲学杂志》第10期用德文发表了该章的新编版本；此后该章的俄、德文单行本也相继问世。收入本卷的《费尔巴哈》章是根据该章1985年德文单行本译校的。

本卷节录了第一卷中《序言》、《第一章　费尔巴哈》和第二卷的开篇部分《"真正的社会主义"》。《德意志意识形态》全文见《马克思恩格斯全集》中文第1版第3卷。

《费尔巴哈》这一章曾由郭沫若译成中文，1938年由上海言行出版社出版，书名为《德意志意识形态》；1942年7月上海珠林书店还出版了克士（周建人）翻译的这一章的中译本，书名为《德意志观念体系》。

[2] "交往"（Verkehr）这个术语在《德意志意识形态》中含义很广。它包括单个人、社会团体以及国家之间的物质交往和精神交往。马克思和恩格斯在这部著作中指出：物质交往，首先是人们在生产过程中的交往，这是任何其他交往的基础。《德意志意识形态》中所用的"交往形式"、"交往方式"、"交往关系"、"生产关系和交往关系"这些术语，表达了马克思和恩格斯在这个时期形成的生产关系概念。

[3] 马克思和恩格斯使用的术语Stamm，在本文中译为"部落"。在19世纪中叶的历史科学中，这个术语的含义比现在广泛。它是指渊源于共同祖先的人们的共同体，包括近代所谓的"氏族"和"部落"。美国的民族学家路·亨·摩尔根在其主要著作《古代社会》（1877年）中第一次把"氏族"和"部落"这两个概念区分开来，并下了准确的定义。摩尔根指明，氏族是原是公社制度的基层单位，从而为原始社会的全部历史奠定了科学的基础。恩格斯在《家庭、私有制和国家的起源》（见《马克思恩格斯文集》第4卷）一书中总结了摩尔根的这些发现，全面地解释了氏族和部落这两个概念的内容。

[4] 李奇尼乌斯土地法是公元前367年在古罗马通过的一项法律，又称李奇尼乌斯法。该法律对于把公有地转交个人使用的权利作了某种限制，并规定撤销部分债务。该法反对大土地占有制，反对扩大贵族的特权，反映了平民的经济地位和政治地位有所加强。根据罗马的传统说法，该法是罗马护民官李奇尼乌斯和塞克斯蒂乌斯制定的。

[5] 内战指在罗马发生的内战，通常是指罗马统治阶级各集团之间从公元前2世纪末至公元前30年持续进行的斗争。这些内战连同日益尖锐的阶级矛盾和奴隶起义加速了罗马共和国的衰亡，并导致罗马帝国的建立。

[6] 在恩格斯的《家庭、私有制和国家的起源》（见《马克思恩格斯文集》第4卷）以及《法兰克时代》（见《马克思恩格斯全集》中文第2版第25卷）中均有关于日耳曼人军事制度的论述。

[7] 市民社会（bürgerliche Gesellschaft）这一术语出自黑格尔《法哲学原理》第182节（见《黑格尔全集》1833年柏林版第8卷）。在马克思的早期著作中，这一术语有两重含义。广义地说，是指社会发展各历史时期的经济制度，即决定政治制度和意识形态的物质关系总和；狭义地说，是指资产阶级社会的物质关系。因此，应按照上下文作不同的理解。

[8] 重大政治历史事件的德文原文是 Haupt-und Staatsaktion，其原意是"大型政治历史剧"，指17世纪和18世纪上半叶德国巡回剧团演出的戏剧。这些戏剧用夸张的、同时也用粗俗的和笑剧的方式展现悲剧性的历史事件。

  这个词的引申意义是指重大的政治历史事件。德国历史科学中的一个流派"客观的历史编纂学"就是在这个意义上使用这个词。莱·兰克是该派的主要代表之一。他把 Haupt-und Staatsaktion 看做是需要陈述的重要主题。"客观的历史编纂学"看重国家的政治和外交历史，宣称外交政治高于国内政治，无视人们的社会关系及其在历史中的积极作用。

[9] 反谷物法同盟是英国工业资产阶级的组织，由曼彻斯特的两个纺织厂主理·科布顿和约·布莱特于1838年创立。谷物法是英国政府为维护大土地占有者的利益，从1815年起实施的旨在限制或禁止从国外输入谷物的法令。同盟要求贸易完全自由，废除谷物法，其目的是为了降低国内谷物价格，从而降低工人的工资，削弱土地贵族的经济和政治地位。同盟在反对大土地占有者的斗争中曾经企图利用工人群众，宣称工人和工厂主的利益是一致的。但是，就在这个时候，英国的先进工人展开了独立的、政治性的宪章运动。1846年谷物法废除以后，反谷物法同盟宣布解散。实际上，同盟的一些分支机构一直存在到1849年。

[10] 按照麦·施蒂纳的看法，"联盟"是利己主义者的自愿联合（参看《马克思恩格斯全集》中文第1版第3卷，第452~501页）。

[11] 马克思和恩格斯后来研究了农民反抗封建制度的斗争历史，探讨了1848~1849年农民的革命活动，改变了他们对中世纪农民起义的评价。恩格斯在1850年写的《德国农民战争》（见《马克思恩格斯文集》第2卷）一书中阐明了农民起义的性质及其在推翻封建制度的基础方面所起的作用。

[12] 航海条例是英国为了保护本国海运、对付外国竞争而制定的一系列法律。条例规定，进口货物只能用英国船只或货物出产国的船只；英国沿海的航行以

及与殖民地的贸易只限于英国船只。第一个,也是最著名的航海条例,是1651年奥·克伦威尔为对付荷兰的转运贸易和巩固英国的殖民统治而颁布的。航海条例在19世纪20年代已受到很大限制,1849年只保留了有关沿海贸易部分,1854年全部废除。

[13] 英格兰于1066年被诺曼底公爵、征服者威廉征服。1130年宣告成立的西西里王国包括西西里和以那不勒斯为中心的南意大利。西西里王国的建国方针是由诺曼征服者的首领罗·基斯卡德于11世纪下半叶制定的。

[14]《莱茵社会改革年鉴》是海·皮特曼办的杂志;共出版过两卷,第1卷于1845年8月在达姆斯塔德出版,第2卷于1846年年底在德国和瑞士边境的一个小地方别列坞出版。年鉴的总的方向为"真正的社会主义"的代表人物所左右。

[15]《共产主义、社会主义、人道主义》是海尔曼·泽米希的一篇论文。

卡·马克思

哲学的贫困
答蒲鲁东先生的
《贫困的哲学》[1]（节选）

……

第二章　政治经济学的形而上学

……

第一节　方法

……

第四个说明

现在我们看一看蒲鲁东先生在把黑格尔的辩证法应用到政治经济学上去的时候，把它变成了什么样子。

蒲鲁东先生认为，任何经济范畴都有好坏两个方面。他看范畴就像小资产者看历史伟人一样：**拿破仑**是一个大人物；他行了许多善，但是也作了许多恶。

蒲鲁东先生认为，**好的方面**和**坏的方面**，**益处**和**害处**加在一起就构成每个经济范畴所固有的**矛盾**。

应当解决的问题是：保存好的方面，消除坏的方面。

奴隶制是同任何经济范畴一样的经济范畴。因此，它也有两个方面。我们抛开奴隶制的坏的方面不谈，且来看看它的好的方面。自然，这里谈的只是直接奴隶制，即苏里南、巴西和北美南部各州的黑人奴隶制。

同机器、信用等等一样，直接奴隶制是资产阶级工业的基础。没有奴隶制就没有棉花；没有棉花就没有现代工业。奴隶制使殖民地具有价值，殖民地产生了世界贸易，世界贸易是大工业的条件。可见，奴隶制是一个极重要的经济范畴。

没有奴隶制，北美这个进步最快的国家就会变成宗法式的国家。如果从世界地图上把北美划掉，结果看到的是一片无政府状态，是现代贸易和现代文明十分衰落的情景。消灭奴隶制就等于从世界地图上抹掉美国。①

因为奴隶制是一个经济范畴，所以它总是存在于各民族的制度中。现代各民族只是在本国内把奴隶制掩饰一下，而在新大陆却不加掩饰地推行奴隶制。

蒲鲁东先生将用什么办法挽救奴隶制呢？他提出的**问题**是：保存这个经济范畴的好的方面，消除其坏的方面。

黑格尔就不需要提出问题。他只有辩证法。蒲鲁东先生从黑格尔的辩证法那里只借用了用语。而蒲鲁东先生自己的辩证运动只不过是机械地划分出好、坏两面而已。

……

卡·马克思写于1847年上半年　　　　　　　　　　　　　　　原文是法文

---

① 恩格斯在1885年德文版上加了一个注："这对1847年说来是完全正确的。当时美国的对外贸易主要限于输入移民和工业产品，输出棉花和烟草，即南部奴隶劳动的产物。北部各州主要是为各蓄奴州生产谷物和肉类。直至北部开始生产供输出用的谷物和肉类，并且成为工业国，而美国棉花的垄断又遇到印度、埃及、巴西等国的激烈竞争的时候，奴隶制才有可能废除。而且当时，奴隶制的废除曾引起南部的破产，因为南部还没有以印度和中国苦力的隐蔽奴隶制代替公开的黑人奴隶制。——弗·恩·"——编者注

1847年初以小册子形式在巴黎和布鲁塞尔出版

选自《马克思恩格斯文集》第1卷，人民出版社，2009，第604~605页

注释：

[1]《哲学的贫困。答蒲鲁东先生的〈贫困的哲学〉》是马克思批判法国小资产阶级社会主义者蒲鲁东、阐发新的历史观和经济观的重要著作。在这部著作中，马克思批判了蒲鲁东为维护资本主义私有制而散步的取消阶级斗争和社会革命的改良主义观点，批判了他的唯心史观和形而上学方法论，阐明了唯物史观的基本原理，论述了生产力和生产关系的辩证关系以及生产力在社会发展中的决定作用，指出："随着新生产力的获得，人们改变自己的生产方式，随着生产方式即谋生的方式的改变，人们也就会改变自己的一切社会关系。手推磨产生的是封建主的社会，蒸汽磨产生的是工业资本家的社会。"同时，马克思对生产力的构成进行了科学的分析，指出生产力不仅包括生产工具，而且包括劳动者本身，强调"最强大的一种生产力是革命阶级本身。革命因素之组成为阶级，是以旧社会的怀抱中所能产生的全部生产力的存在为前提的"。马克思阐明了资本主义生产方式内在矛盾的对抗性，指出这种对抗性矛盾必然导致阶级斗争尖锐化，导致资本主义社会终将为一个没有阶级和阶级对抗的新社会所代替。在这部著作中，马克思还强调工人阶级是解决资本主义社会矛盾、实现社会根本改造的真正的社会力量，阐明了工人阶级在资本主义条件下进行斗争的目标和形式，指出工人阶级必须通过斗争来团结和教育广大劳动群众，必须联合起来、结成同盟，用革命手段来改造社会，争取劳动阶级的解放，而"劳动阶级解放的条件就是要消灭一切阶级"。

马克思在1859年回忆说："我们见解中有决定意义的论点，在我的1847年出版的为反对蒲鲁东而写的著作《哲学的贫困》中第一次做了科学的、虽然只是论战性的概述。"（见《马克思恩格斯文集》第2卷，第593页）恩格斯指出，《哲学的贫困》表明"马克思自己已经弄清了他的新的历史观和经济观的基本特点"（见《马克思恩格斯文集》第4卷，第199页）。

1846年12月，马克思读了刚出版的蒲鲁东的著作《经济矛盾的体系，或贫困的哲学》。他在1846年12月28日给俄国文学评论家和政论家帕·瓦·安年科夫的信（见《马克思恩格斯文集》第10卷）中对蒲鲁东《贫困的哲

学》中的唯心主义和形而上学观点作了详细的评论，信中表述的思想后来成为马克思撰写《哲学的贫困》的基础。1847年1月马克思着手撰写这部著作，4月初完稿并付印。1847年6月15日，马克思为该书写了一篇简短的序言。

这部著作于1847年7月初在布鲁塞尔和巴黎以法文出版。1880年4月7日，法国《平等报》刊登了马克思以编辑部名义为该报发表这部著作而写的一篇引言（见《马克思恩格斯全集》中文第2版第25卷，第425~426页）。在这篇引言中，马克思写道："我们决定重新发表《哲学的贫困》（初版已售完），是因为该书包含了经过20年的研究之后，在《资本论》中阐发的理论的萌芽。所以，阅读《哲学的贫困》以及马克思和恩格斯于1848年发表的《共产党宣言》，可以作为研究《资本论》和现代其他社会主义者的著作的入门。"马克思还进一步阐明了撰写《哲学的贫困》的目的和意义，他指出："为了给力求阐明社会生产的真实历史发展的、批判的、唯物主义的社会主义扫清道路，必须断然同意识形态的经济学决裂，这种经济学的最新的体现者，就是自己并没有意识到这一点的蒲鲁东。"这部著作的德文第一版于1885年出版，恩格斯校订了译文，加了许多注释，并专门写了一篇序言：《马克思和洛贝尔图斯》（见《马克思恩格斯文集》第4卷）。恩格斯在校订德译文过程中，参考了马克思在1876年1月1日送给娜·吴婷娜（第一国际俄国支部委员尼·伊·吴婷的妻子）的1847年法文版上的修改意见。该书的德文第二版于1892年出版，恩格斯写了一个简短的按语（见《马克思恩格斯全集》中文第1版第22卷，第333页）。恩格斯逝世以后，马克思的女儿劳·拉法格于1896年出版了法文第2版。

本卷节选了《哲学的贫困》的第二章。该著作的全文见《马克思恩格斯全集》中文第1版第4卷。

《哲学的贫困》曾由李铁声译成中文，1928年发表在上海《思想》月刊第2~3期；1929年上海水沫书店出版了杜竹君的译本；1932年北平东亚书局出版了许德珩的译本；1949年解放社出版了何思敬的译本。

弗·恩格斯

德国的制宪问题[1]（节选）

……

（二）

STATUS QUO〔现状〕和资产阶级

……

我们把前面讲过的总结一下。贵族已经衰败不堪，小资产者和农民的整个生活状况使得他们太软弱无力，工人还远不够成熟，所以他们都不可能在德国成为统治阶级。剩下来的就只有资产阶级了。

德国现状可悲之点主要在于：到现在为止，还没有一个阶级强大到足以使自己的生产部门变成全民族的 par excellence〔主导〕生产部门，从而自己也成为全民族利益的代表者。从10世纪以来在历史舞台上出现的一切等级和阶级——贵族、农奴、徭役农民、自由农民、小资产者、帮工、工场工人、资产者和无产者——肩并肩地存在着。他们之中那些靠自己的财产而成为某个生产部门的代表者的等级和阶级，即贵族、自由农民、小资产者和资产者，按照各自的人数、财富和在全国生产中所占的地位而瓜分政治统治权。前面已经讲过，这样瓜分的结果，贵族分得的最多，小资产阶级分得的最少。资产者的**正式**身份只是小资产者，而**真正**的农民根本不

153

为人所注意，因为他们自身势力微弱而且分散在其余的阶级中间。这种以官僚为代表的制度是德国社会上普遍存在的软弱低能、死气沉沉和乌烟瘴气在政治上的反映。在国内，和这种制度相适应的就是德国的分割状态：德国分成38个地方的和省的邦，而奥地利和普鲁士又分成若干独立省；在对外关系上，这种制度对外来的压榨和打击显得可耻的无能。这种普遍的可悲状态的根源就是普遍缺少资本。贫穷的德国的每一个阶级从一开始就带有小市民的庸碌的标记，和其他国家相应的阶级比较起来，它们又穷又落后。从12世纪以来，德国的上层和下层贵族同家财豪富、心胸开阔、无忧无虑、凡事坚决果断的法、英贵族比较起来，显得多么小资产阶级气呵！德国帝国城市和汉撒城市的市民同14、15世纪造反的巴黎资产者相比，同17世纪的伦敦清教徒相比，显得多么渺小，多么微不足道，多么偏狭短浅啊！就是在今天，我们的最大的工业家、银行家、船主同巴黎、里昂、伦敦、利物浦、曼彻斯特的交易所巨头比较起来，也是多么小资产阶级气呵！甚至德国的工人阶级也是浑身浸透着小资产阶级气息。可见，小资产阶级虽然社会地位和政治地位低微，可是它至少有一点能够聊以自慰，即它是德国的典型阶级，它把自己那种自甘屈辱和为日常琐事操心的特点也传染给其他阶级了。

　　这种可悲的状况的出路何在呢？出路只有一条。应当有**一个**阶级强大到足以使全民族的提高依赖于**它**的提高，使所有其他阶级利益的发展依赖于它的利益的发展和演进。这**一个**阶级的利益在目前应该成为民族的利益，而这个阶级在目前则应该成为民族的代表者。从这时候起，在这个阶级以及跟着它走的全民族的大多数人，便同政治现状发生了矛盾。政治现状是与各个不同阶级的利益彼此冲突这种已不存在的情况相适应的。新的利益受到了束缚，并且就连本来是现状的服务对象的那些阶级中间，也有一部分人发觉现状不代表他们的利益了。这种情况的后果必然是消灭现状，不管是用和平的还是暴力的方法。代之而起的将是这样一个阶级的统治，这个阶级在目前是全民族大多数的代表者，它的统治标志着一个新的发展阶段的开始。

既然现状即普遍虚弱无能的根源在于缺少资本，那末同样，只有拥有资本，只有资本集中在**一个**阶级的手里，才能赋予这个阶级以必要的力量去消灭现状。

在德国有没有这样一个能够摧毁现状的阶级呢？有的，有这样一个阶级，尽管和英国、法国的相应的阶级比较起来，它还是个小资产阶级气息非常浓厚的阶级，可是到底它是存在着的，具体说来就是资产阶级。

……

弗·恩格斯写于1847年3月~4月　　　　　　　　　　　　　原文是德文
苏共中央马克思恩格斯列宁斯大林研　　俄文是按手稿译的
究院　　　　　　　　　　　　　　　　选自《马克思恩格斯全集》第4卷，人
1929年第一次发表　　　　　　　　　　民出版社，1958，第57~59页

注释：

[1] 这篇文章是恩格斯本来预备于1847年以单行本在德国发表的。可是由于出版者被捕，这本小册子就没有印成。这篇文章的原稿（保存下来的不全）于1929年在苏联第一次发表。

本文标题是苏共中央马克思列宁主义研究院加的。

弗·恩格斯

共产主义信条草案[1]（节选）

……

第二十一个问题：**民族在共产主义制度下还将继续存在吗？**

答：按照公有制原则结合起来的各个民族的民族特点，由于这种结合而必然融合在一起，从而也就自行消失，正如各种不同的等级差别和阶级差别由于废除了它们的基础——私有制——而消失一样。

第二十二个问题：**共产主义者排斥现有的各种宗教吗？**

答：迄今一切宗教都是单个民族或几个民族的历史发展阶段的表现，而共产主义却是使一切现有宗教成为多余并使之消灭的发展阶段。①

1847年6月9日于伦敦 原文是德文
第一次发表于《共产主义者同盟建盟文献（1847年6月至9月）》1969年汉堡版
选自《马克思恩格斯全集》第42卷，人民出版社，1979，第379~380页

---

① 恩格斯手书的原文到此为止。——编者注

注释：

[1] 共产主义信条草案是1847年6月2～9日在伦敦召开的共产主义者同盟第一次代表大会上讨论的纲领性文件。这一文件是同章程草案和第一次代表大会致同盟盟员的通告信（见《马克思恩格斯全集》第1版第42卷，第419～437页）于1968年在共产主义者同盟的积极活动家约阿希姆·弗里德里希·马尔滕斯的文稿中发现的。找到的手稿，除了添写的几个字、最后一句话和代表大会主席及秘书的签名，都出自恩格斯的手笔。

恩格斯积极参加了代表大会（马克思未能去伦敦），这一点从代表大会的工作和各项决议中可以看出。同盟改名为共产主义者同盟，正义者同盟原来的口号"人人皆兄弟"改为具有阶级性的新口号"全世界无产者，联合起来！"1847年6月9日代表大会最后一次全会肯定了同盟章程草案和这一纲领草案。

共产主义者信条草案同章程草案一起被分发到同盟各支部去进行讨论，讨论结果则在第二次代表大会最后批准纲领和章程时给以考虑。1847年10月底恩格斯在信条原文的基础上拟定了另一个更加完善的共产主义者同盟纲领草案——《共产主义原理》（见《马克思恩格斯全集》第1版第4卷，第357～374页）。恩格斯利用信条原文这一点可直接从下述情况得到证明：信条和《原理》有许多地方在行文上是一致的；对《原理》中某些问题的回答，恩格斯决定保留信条中的原有答案。

卡·马克思和弗·恩格斯

*关于波兰的演说[1]

1847年11月29日在伦敦举行的纪念1830年
波兰起义[2]十七周年的国际大会上

马克思的演说

各民族的联合和兄弟联盟，这是目前一切派别，尤其是资产阶级自由贸易派[3]的一句口头禅。的确，现在存在着一种各民族资产阶级的兄弟联盟。这就是压迫者对付被压迫者的兄弟联盟、剥削者对付被剥削者的兄弟联盟。一个国家里在资产阶级各个成员之间虽然存在着竞争和冲突，但资产阶级却总是联合起来并且建立兄弟联盟以反对本国的无产者；同样，各国的资产者虽然在世界市场上互相冲突和竞争，但总是联合起来并且建立兄弟联盟以及反对各国的无产者。要使各国真正联合起来，它们就必须有一致的利益。要使它们利益一致，就必须消灭现存的所有制关系，因为现存的所有制关系是一些国家剥削另一些国家的条件；消灭现存的所有制关系只符合工人阶级的利益。也只有工人阶级有办法做到这一点。无产阶级对资产阶级的胜利也就是对民族冲突和工业冲突的胜利，这些冲突在目前使各国互相敌视。因此，无产阶级对资产阶级的胜利同时就是一切被压迫民族获得解放的信号。

毫无疑问,旧波兰已经病入膏肓了,我们绝对不希望它恢复。不过病入膏肓的不仅是旧波兰。旧德国、旧法国、旧英国,——整个旧社会都已经病入膏肓了。旧社会的死亡对于在那个社会里没有什么东西可以丧失的人们来说并不是一种损失,而一切现代国家里的极大多数人的处境正是这样。而且,他们必须通过旧社会的覆灭才能获得一切;旧社会的覆灭是建立一个不再以阶级对立为基础的新社会的条件。

在所有的国家里,英国的无产阶级和资产阶级之间的对立最为尖锐。因此,英国无产者对英国资产阶级的胜利对于一切被压迫者战胜他们的压迫者具有决定意义。因此,不应该在波兰解放波兰,而应该在英国解放波兰。因此,你们宪章派[4]不应该仅限于表达解放各民族的善良愿望。打倒你们国内的敌人,那时你们就可以自豪地感到,你们消灭了整个旧社会。

恩格斯的演说

我的朋友们,请允许我今天破例以一个德国人的身份来讲几句话。我们德国的民主主义者特别关心波兰的解放。正是德国的君主们曾经从瓜分波兰[5]中得到好处,正是德国的士兵直到现在还在蹂躏加利西亚和波森。我们德国人,我们德国民主主义者,首先应当洗刷我们民族的这个污点。一个民族当它还在压迫其他民族的时候,是不可能获得自由的。因此,只要波兰没有从德国人的压迫下解放出来,德国就不可能获得解放。正因为这样,波兰和德国才有着一致的利益,也正因为这样,波兰的和德国的民主主义者才能够为解放两个民族而共同努力。我也认为,导致民主主义胜利、导致欧洲各国解放的首次具有决定意义的打击将来自英国的宪章派;我在英国已经住了几年,并且在这段时间内公开地参加了宪章运动[6]。英国的宪章派将第一个奋起,因为正是在英国,资产阶级和无产阶级之间的斗争最为激烈。为什么最为激烈呢?因为由于现代工业,由于运用机器,英国一切被压迫阶级已经汇合成为一个具有共同利益的庞大阶级,即无产阶级;由于这种原因,对立方面的一切压迫阶级也联结成为一个阶级,即资产阶级。这样，斗争便简单化了，因此只要有一次重大的打击，就能对这种斗争产生决定性影响。难道不是这样吗？贵族在英国已不再拥有任何权力，资产阶级独揽大权，并且控制着贵族。跟资产阶级对抗的是众志成城的广大人民群众，他们战胜统治者资本家的时刻已经日益临近了。过去使工人的各个部分互相分离的那种对立的利益已经消除，所有工人的生活水平已经趋于平均化，这一切你们都应归功于机器生产；没有机器生产就不会有宪章运动，即使机器生产使你们现在的处境恶化，但也正因为如此我们的胜利才有可能。不仅在英国，就是在所有别的国家里，机器生产对工人的影响也都是如此。在比利时、美国、法国和德国，机器生产使一切工人的生活水平都平均化了，并且越来越平均；所有这些国家里的工人现在的共同利益，就是推翻压迫他们的阶级——资产阶级。各民族工人生活水平的平均化，他们的党派利益的一致，都是机器生产的结果，因此机器生产仍然是历史上的一大进步。从这里我们应当得出什么结论呢？既然各国工人的生活水平是相同的，既然他们的利益是相同的，他们的敌人也是相同的，那么他们就应当共同战斗，就应当以各国工人的兄弟联盟来对抗各国资产者的兄弟联盟。

载于1847年12月9日《德意志—布鲁塞尔报》第98号

原文是德文
中文根据《马克思恩格斯全集》德文版第4卷翻译
选自《马克思恩格斯文集》第1卷，人民出版社，2009，第694~697页

注释：

[1]《关于波兰的演说》是马克思和恩格斯论述无产阶级革命与民族解放运动关系的重要演说。他们指出，资本主义所有制关系是一些国家剥削另一些国家的条件，只有消灭现存的所有制关系，被压迫的无产阶级和一切被压迫民族才能同时获得解放。因此，无产阶级对资产阶级的胜利同时就是一切被压迫民

族获得解放的信号。一个民族当它还在压迫其他民族的时候，是不可能获得自由的，因此，具有相同处境、相同利益、相同敌人的无产阶级应当联合起来，共同为争取本阶段的解放和各民族的解放而斗争。

马克思和恩格斯的演说是在1847年11月29日民主派兄弟协会在伦敦举行的纪念1830年波兰起义国际大会上发表的。民主派兄弟协会是英国宪章运动左翼代表人物和各国革命流亡者于1845年在伦敦成立的国际性民主团体。1847年12月9日《德意志—布鲁塞尔报》刊载了马克思和恩格斯演说的全文。

[2] 指1830年11月开始的1830～1831年反对沙皇制度的波兰解放起义。起义的领导权基本上掌握在波兰小贵族的手里。由于他们拒绝满足广大农民群众废除农奴依附地位的要求，因而没有得到农民群众的支持，从而导致了起义的失败。起义遭到了沙皇的残酷镇压。对这次起义的评价，见恩格斯1848年2月22日在布鲁塞尔举行的1846年克拉科夫起义两周年纪念大会上的演说（《马克思恩格斯全集》中文第1版第4卷，第537～541页）以及他在《德国农民战争》中的有关论述（《马克思恩格斯全集》第2卷，第274页）。

[3] 自由贸易派也称曼彻斯特学派，是19世纪上半叶英国出现的资产阶级政治经济学的一个派别，其主要代表人物是曼彻斯特的两个纺织厂主理·科布顿和约·布莱特。19世纪20～50年代，曼彻斯特是自由贸易派的宣传中心。该学派提倡自由贸易，要求国家不干涉经济生活，反对贸易保护主义原则，要求减免关税并奖励出口，废除有利于土地贵族的、规定高额谷物进口关税的谷物法。1838年，曼彻斯特的自由贸易派建立了反谷物法同盟。19世纪40～50年代，该派组成了一个单独的政治集团，后来成为自由党的左翼。

[4] 宪章派指宪章运动的参加者。宪章运动是19世纪30～50年代中期英国工人的政治运动，其口号是争取实施人民宪章。人民宪章要求实行普选权并为保障工人享有此项权利而创造种种条件。宪章派的领导机构是"宪章派全国协会"，机关报是《北极星报》，左翼代表人物是乔·哈尼、厄·琼斯等。恩格斯称宪章派是"近代第一个工人政党"（见《马克思恩格斯文集》第3卷，第517页）。

[5] 瓜分波兰指18世纪根据1772年5月3日在圣彼得堡签定的协定对波兰进行的三次瓜分。1772年第一次瓜分波兰时，奥地利分得了加利西亚，普鲁士分得

了瓦尔米亚以及波美拉尼亚、库亚维恩和大波兰区的一部分；利夫兰及白俄罗斯东部的一部分划归俄国。1793年第二次瓜分波兰时，俄国得到了白俄罗斯的一部分地区和第聂伯河西岸乌克兰地区，普鲁士得到了但泽（今格但斯克）、托伦及大波兰区的部分地区。奥地利未参加第二次瓜分。1795年第三次瓜分时，俄国分得了立陶宛、库尔兰、白俄罗斯西部地区和沃伦的一部分。奥地利攫取了包括卢布林和克拉科夫在内的小波兰区的一部分。包括华沙在内的波兰本土大部分划归普鲁士。第三次瓜分以后，波兰贵族共和国已不再作为独立国家而存在了。

[6] 宪章运动是19世纪30~50年代中期英国工人的政治运动，其口号是争取实施人民宪章，人民宪章要求实行普选权并为保障工人享有此项权利而创造种种条件。按照列宁所下的定义，宪章运动是"世界第一次广泛的、真正的群众性的、政治上已经成型的无产阶级革命运动"（见《列宁选集》中文第3版第3卷，第792页）。宪章运动曾出现过三次高潮，其衰落的原因在于英国工商业垄断的加强、工人阶级政治上的不成熟，以及英国资产阶级用超额利润收买英国工人阶级上层（"工人贵族"），造成了英国工人阶级中机会主义倾向的增长，这种倾向增长的表现就是工联领袖放弃了对宪章运动的支持。

卡·马克思

需求[1]（节选）

……

贸易方面的领导地位。第一个占统治地位的**商业民族**是荷兰人（十六世纪末到十七世纪中）。在这个时期以前，只有大的**商业城市**。西班牙人和葡萄牙人形成从商业城市占优势到商业民族占优势的过渡。但是，商船航运和渔业仍然是荷兰领导地位的决定性的组成部分。

东北欧和它作为农业地区对西欧的关系。随着这里手工业和造船业的发展，对东北欧的原料的需求增加了，同时，它的原料的生产也增长了。

荷兰，十六世纪末到十七世纪中的第一个工商业民族，也是本国的农业不能满足需要、人口的增长大大超过国内农业生产发展的第一个民族。因此，它是第一个开始大量购买谷物的国家。**阿姆斯特丹**成了西欧的主要粮仓。（见 J 第Ⅲ本笔记第 167 页）

卡·马克思写于 1847 年 12 月
第一次用法文发表于 1968 年［在巴黎出版的］卡尔·马克思的《经济著作第二卷》

原文是德文
选自《马克思恩格斯全集》第 42 卷，人民出版社，1979，第 383 页

注释：

[1] 这份手稿片断保存在马克思的一本包括有《工资》手稿并注明日期为 1847 年 12 月（见《马克思恩格斯全集》中文版第 6 卷，第 635～660 页）的笔记本中。在保存下来的手稿和书信中没有确切资料谈到这个片断同马克思其他著作的联系。可以这样推测：这个片断或者是马克思 1848 年 1 月 9 日在布鲁塞尔民主协会会议上做的《关于自由贸易的演说》准备的纲要（见《马克思恩格斯全集》第 42 卷，第 478～480 页），或者是他为 1847 年 12 月在布鲁塞尔德国工人协会中的几次政治经济学讲演准备的纲要（见本注后＊）。

　　文中马克思援用的几处引文引自他于 1847 年夏天摘抄的一本笔记。这本笔记的内容是对古·居利希的著作《关于现代主要商业国家的商业、工业和农业的历史叙述》1830～1845 年耶拿版第 1～5 卷所作的摘要。上述引文见该书第 1 卷。手稿中把作者姓氏的第一个字母 G 写成 J（马克思往往把 Gülich 写成 Jülich）。马克思在写《共产党宣言》时曾使用过这些材料；在第一章中曾对个别思想和概况有所探讨。

＊指马克思和恩格斯为了对工人宣传科学共产主义思想而于 1847 年 8 月底在布鲁塞尔建立的德意志工人协会。在马克思、恩格斯及其战友们的领导下，协会成为在比利时的无产阶级革命力量实行公开联合的中心。协会的优秀分子参加了共产主义者同盟。协会对比利时工人运动产生了显著的影响，对布鲁塞尔民主协会的建立起了重要的作用。布鲁塞尔德意志工人协会的活动，在 1848 年法国二月革命之后不久，由于比利时警察当局逮捕和驱逐了它的成员而终止。

卡·马克思和弗·恩格斯

共产党宣言

1882年俄文版序言[1]（节选）

……

现在来看看俄国吧！在1848～1849年革命期间，不仅欧洲的君主，而且连欧洲的资产者，都把俄国的干涉看做是帮助他们对付刚刚开始觉醒的无产阶级的唯一救星。沙皇被宣布为欧洲反动势力的首领。现在，沙皇在加特契纳成了革命的俘虏[2]，而俄国已是欧洲革命运动的先进部队了。

《共产主义宣言》①的任务，是宣告现代资产阶级所有制必然灭亡。但是在俄国，我们看见，除了迅速盛行起来的资本主义狂热和刚开始发展的资产阶级土地所有制外，大半土地仍归农民公共占有。那么试问：俄国公社，这一固然已经大遭破坏的原始土地公共占有形式，是能够直接过渡到高级的共产主义的公共占有形式呢？或者相反，它还必须先经历西方的历史发展所经历的那个瓦解过程呢？

对于这个问题，目前唯一可能的答复是：假如俄国革命将成为西方无

---

① 即《共产党宣言》。——编者注

产阶级革命的信号而双方互相补充的话，那么现今的俄国土地公有制便能成为共产主义发展的起点。

卡尔·马克思　弗里德里希·恩格斯
1882年1月21日于伦敦

卡·马克思和弗·恩格斯写于1882年1月21日 载于1882年2月5日《民意》杂志第8~9期	原文是德文 中文根据《马克思恩格斯全集》历史考证版第1部分第25卷并参考《马克思恩格斯全集》德文版第19卷翻译

1892年波兰文版序言[3]

目前已有必要出版《共产主义宣言》①波兰文新版本这一事实，可以引起许多联想。

首先值得注意的是，近来《宣言》在某种程度上已经成为测量欧洲大陆大工业发展的一种尺度。某一国家的大工业越发展，该国工人想要弄清他们作为工人阶级在有产阶级面前所处地位的愿望也就越强烈，工人中间的社会主义运动也就越扩大，对《宣言》的需求也就越增长。因此，根据《宣言》用某国文字发行的份数，不仅可以相当准确地判断该国工人运动的状况，而且可以相当准确地判断该国大工业发展的程度。

因此，《宣言》波兰文新版本，标志着波兰工业的重大发展。而且从10年前上一版问世以来确实已有这种发展，这是丝毫不容置疑的。俄罗斯的波兰，会议桌上的波兰[4]，已成为俄罗斯帝国的巨大的工业区。俄国的大工业分散于各处，一部分在芬兰湾沿岸，一部分在中央区（莫斯科和弗拉基米尔），一部分在黑海和亚速海沿岸，还有一些分散在其他地方；波

---

①　即《共产党宣言》。——编者注

兰的大工业则集中于一个比较狭小的地区，这种集中所产生的益处和害处，它都感受到了。这种益处是竞争对手俄国工厂主所承认的，他们虽然拼命想把波兰人变成俄罗斯人，同时却要求实行对付波兰的保护关税。至于这种害处，即对波兰工厂主和俄国政府的害处，则表现为社会主义思想在波兰工人中间迅速传播和对《宣言》的需求日益增长。

但是，波兰工业的迅速发展（它已经超过了俄国工业），又是波兰人民拥有强大生命力的新的证明，是波兰人民即将达到民族复兴的新的保证。而一个独立强盛的波兰的复兴是一件不仅关系到波兰人而且关系到我们大家的事情。欧洲各民族的真诚的国际合作，只有当每个民族自己完全当家作主的时候才能实现。1848年革命在无产阶级的旗帜下使无产阶级战士归根到底只做了资产阶级的工作，这次革命也通过自己的遗嘱执行人路易·波拿巴和俾斯麦实现了意大利、德国和匈牙利的独立。至于波兰，虽然它从1792年以来对革命所作的贡献比这三个国家所作的全部贡献还要大，可是它于1863年在十倍于自己的俄国优势下失败的时候，却被抛弃不管了。波兰贵族既没有能够保持住波兰独立，也没有能够重新争得波兰独立；在资产阶级看来，波兰独立在今天至少是一件无关痛痒的事情。然而这种独立却是实现欧洲各民族和谐的合作所必需的。这种独立只有年轻的波兰无产阶级才能争得，而且在波兰无产阶级手里会很好地保持住。因为欧洲所有其余各国工人都像波兰工人本身一样需要波兰的独立。

弗·恩格斯
1892年2月10日于伦敦

弗·恩格斯写于1892年2月10日
载于1892年2月27日《黎明》杂志第35期

原文是德文
中文根据《马克思恩格斯全集》德文版第22卷翻译

1893年意大利文版序言[5]

致意大利读者

《共产党宣言》的发表，可以说正好碰上1848年3月18日这个日子，碰上米兰和柏林发生革命，这是两个民族的武装起义[6]，其中一个处于欧洲大陆中心，另一个处于地中海各国中心；这两个民族在此以前都由于分裂和内部纷争而被削弱并因而遭到外族的统治。意大利受奥皇支配，而德国则受到俄国沙皇那种虽然不那么直接，但是同样可以感觉得到的压迫。1848年3月18日的结果使意大利和德国免除了这种耻辱；如果说，这两个伟大民族在1848～1871年期间得到复兴并以这种或那种形式重新获得独立，那么，这是因为，正如马克思所说，那些镇压1848年革命的人违反自己的意志充当了这次革命的遗嘱执行人[7]。

这次革命到处都是由工人阶级干的；构筑街垒和流血牺牲的都是工人阶级。只有巴黎工人在推翻政府的同时也抱有推翻资产阶级统治的明确意图。但是，虽然他们已经认识到他们这个阶级和资产阶级之间存在着不可避免的对抗，然而无论法国经济的进展或法国工人群众的精神的发展，都还没有达到可能实现社会改造的程度。因此，革命的果实最终必然被资本家阶级拿去。在其他国家，在意大利、德国、奥地利，工人从一开始就只限于帮助资产阶级取得政权。但是在任何国家，资产阶级的统治离开民族独立都是不行的。因此，1848年革命必然给那些直到那时还没有统一和独立的民族——意大利、德国、匈牙利——带来统一和独立。现在轮到波兰了。

由此可见，1848年革命虽然不是社会主义革命，但它毕竟为社会主义革命扫清了道路，为这个革命准备了基础。最近45年来，资产阶级制度在各国引起了大工业的飞速发展，同时造成了人数众多的、紧密团结的、强大的无产阶级；这样它就产生了——正如《宣言》所说——它自身的掘墓人。不恢复每个民族的独立和统一，那就既不可能有无产阶级的国际联合，也不可能有各民族为达到共同目的而必须实行的和睦的与自觉的合作。试想想看，在1848年以前的政治条件下，哪能有意大利工人、匈牙利工人、德意志工人、波兰工人、俄罗斯工人的共同国际行动！

可见，1848年的战斗并不是白白进行的。从这个革命时期起直到今日的这45年，也不是白白过去的。这个革命时期的果实已开始成熟，而我的唯一愿望是这个意大利文译本的出版能成为良好的预兆，成为意大利无产阶级胜利的预兆，如同《宣言》原文的出版成了国际革命的预兆一样。

《宣言》十分公正地评价了资本主义在先前所起过的革命作用。意大利是第一个资本主义民族。封建的中世纪的终结和现代资本主义纪元的开端，是以一位大人物为标志的。这位人物就是意大利人但丁，他是中世纪的最后一位诗人，同时又是新时代的最初一位诗人。现在也如1300年那样，新的历史纪元正在到来。意大利是否会给我们一个新的但丁来宣告这个无产阶级新纪元的诞生呢？

弗·恩格斯
1893年2月1日于伦敦

弗·恩格斯写于1893年2月1日
载于1893年在米兰出版的意大利文版《共产党宣言》一书

……

原文是法文
中文根据《马克思恩格斯全集》德文版第22卷并参考《马克思恩格斯选集》1970年法文版第1卷翻译

一　资产者和无产者[①]

至今一切社会的历史[②]都是阶级斗争的历史。

自由民和奴隶、贵族和平民、领主和农奴、行会师傅[③]和帮工，一句话，压迫者和被压迫者，始终处于相互对立的地位，进行不断的、有时隐蔽有时公开的斗争，而每一次斗争的结局都是整个社会受到革命改造或者斗争的各阶级同归于尽。

在过去的各个历史时代，我们几乎到处都可以看到社会完全划分为各个不同的等级，看到社会地位分成多种多样的层次。在古罗马，有贵族、骑士、平民、奴隶，在中世纪，有封建主、臣仆、行会师傅、帮工、农奴，而且几乎在每一个阶级内部又有一些特殊的阶层。

从封建社会的灭亡中产生出来的现代资产阶级社会并没有消灭阶级对立。它只是用新的阶级、新的压迫条件、新的斗争形式代替了旧的。

但是，我们的时代，资产阶级时代，却有一个特点：它使阶级对立简单化了。整个社会日益分裂为两大敌对的阵营，分裂为两大相互直接对立的阶级：资产阶级和无产阶级。

从中世纪的农奴中产生了初期城市的城关市民；从这个市民等级中发

[①] 恩格斯在1888年英文版上加了一个注："资产阶级是指占有社会生产资料并使用雇佣劳动的现代资本家阶级。无产阶级是指没有自己的生产资料，因而不得不靠出卖劳动力来维持生活的现代雇佣工人阶级。"——编者注

[②] 恩格斯在1888年英文版上加了一个注："这是指有**文字**记载的全部历史。在1847年，社会的史前史，成文史以前的社会组织，几乎还没有人知道。后来，哈克斯特豪森发现了俄国的土地公有制，毛勒证明了这种公有制是一切条顿族的历史起源的社会基础，而且人们逐渐发现，农村公社是或者曾经是从印度到爱尔兰的各地社会的原始形态。最后，摩尔根发现了**氏族**的真正本质及其对**部落**的关系，这一卓绝发现把这种原始共产主义社会的内部组织的典型形式揭示出来了。随着这种原始公社的解体，社会开始分裂为各个独特的、终于彼此对立的阶级。关于这个解体过程，我曾经试图在《家庭、私有制和国家的起源》（1886年斯图加特第2版）中加以探讨。"——编者注

[③] 恩格斯在1888年英文版上加了一个注："行会师傅就是在行会中享有全权的会员，是行会内部的师傅，而不是行会的首领。"——编者注

展出最初的资产阶级分子。

美洲的发现、绕过非洲的航行，给新兴的资产阶级开辟了新天地。东印度和中国的市场、美洲的殖民化、对殖民地的贸易、交换手段和一般商品的增加，使商业、航海业和工业空前高涨，因而使正在崩溃的封建社会内部的革命因素迅速发展。

以前那种封建的或行会的工业经营方式已经不能满足随着新市场的出现而增加的需求了。工场手工业代替了这种经营方式。行会师傅被工业的中间等级排挤掉了；各种行业组织之间的分工随着各个作坊内部的分工的出现而消失了。

但是，市场总是在扩大，需求总是在增加。甚至工场手工业也不再能满足需要了。于是，蒸汽和机器引起了工业生产的革命。现代大工业代替了工场手工业；工业中的百万富翁、一支一支产业大军的首领、现代资产者，代替了工业的中间等级。

大工业建立了由美洲的发现所准备好的世界市场。世界市场使商业、航海业和陆路交通得到了巨大的发展。这种发展又反过来促进了工业的扩展，同时，随着工业、商业、航海业和铁路的扩展，资产阶级也在同一程度上发展起来，增加自己的资本，把中世纪遗留下来的一切阶级排挤到后面去。

由此可见，现代资产阶级本身是一个长期发展过程的产物，是生产方式和交换方式的一系列变革的产物。

资产阶级的这种发展的每一个阶段，都伴随着相应的政治上的进展①。它在封建主统治下是被压迫的等级，在公社②里是武装的和自治的

---

① "相应的政治上的进展"在1888年英文版中是"这个阶级的相应的政治上的进展"。——编者注
② 恩格斯在1888年英文版上加了一个注："法国的新兴城市，甚至在它们从封建主手里争得地方自治和'第三等级'的政治权利以前，就已经称为'公社'了。一般说来，这里是把英国当做资产阶级经济发展的典型国家，而把法国当做资产阶级政治发展的典型国家。"
　　恩格斯在1890年德文版上加了一个注："意大利和法国的市民，从他们的封建主手中买得或争得最初的自治权以后，就把自己的城市共同体称为'公社'。"——编者注

团体，在一些地方组成独立的城市共和国①，在另一些地方组成君主国中的纳税的第三等级②；后来，在工场手工业时期，它是等级君主国③或专制君主国中同贵族抗衡的势力，而且是大君主国的主要基础；最后，从大工业和世界市场建立的时候起，它在现代的代议制国家里夺得了独占的政治统治。现代的国家政权不过是管理整个资产阶级的共同事务的委员会罢了。

资产阶级在历史上曾经起过非常革命的作用。

资产阶级在它已经取得了统治的地方把一切封建的、宗法的和田园诗般的关系都破坏了。它无情地斩断了把人们束缚于天然尊长的形形色色的封建羁绊，它使人和人之间除了赤裸裸的利害关系，除了冷酷无情的"现金交易"，就再也没有任何别的联系了。它把宗教虔诚、骑士热忱、小市民伤感这些情感的神圣发作，淹没在利己主义打算的冰水之中。它把人的尊严变成了交换价值，用一种没有良心的贸易自由代替了无数特许的和自力挣得的自由。总而言之，它用公开的、无耻的、直接的、露骨的剥削代替了由宗教幻想和政治幻想掩盖着的剥削。

资产阶级抹去了一切向来受人尊崇和令人敬畏的职业的神圣光环。它把医生、律师、教士、诗人和学者变成了它出钱招雇的雇佣劳动者。

资产阶级撕下了罩在家庭关系上的温情脉脉的面纱，把这种关系变成了纯粹的金钱关系。

资产阶级揭示了，在中世纪深受反动派称许的那种人力的野蛮使用，是以极端怠惰作为相应补充的。它第一个证明了，人的活动能够取得什么样的成就。它创造了完全不同于埃及金字塔、罗马水道和哥特式教堂的奇迹；它完成了完全不同于民族大迁徙[8]和十字军征讨[9]的远征。

资产阶级除非对生产工具，从而对生产关系，从而对全部社会关系

---

① 在1888年英文版中这里加上了"（例如在意大利和德国）"。——编者注
② 在1888年英文版中这里加上了"（例如在法国）"。——编者注
③ "等级君主国"在1888年英文版中是"半封建君主国"。——编者注

不断地进行革命，否则就不能生存下去。反之，原封不动地保持旧的生产方式，却是过去的一切工业阶级生存的首要条件。生产的不断变革，一切社会状况不停的动荡，永远的不安定和变动，这就是资产阶级时代不同于过去一切时代的地方。一切固定的僵化的关系以及与之相适应的素被尊崇的观念和见解都被消除了，一切新形成的关系等不到固定下来就陈旧了。一切等级的和固定的东西都烟消云散了，一切神圣的东西都被亵渎了。人们终于不得不用冷静的眼光来看他们的生活地位、他们的相互关系。

不断扩大产品销路的需要，驱使资产阶级奔走于全球各地。它必须到处落户，到处开发，到处建立联系。

资产阶级，由于开拓了世界市场，使一切国家的生产和消费都成为世界性的了。使反动派大为惋惜的是，资产阶级挖掉了工业脚下的民族基础。古老的民族工业被消灭了，并且每天都还在被消灭。它们被新的工业排挤掉了，新的工业的建立已经成为一切文明民族的生命攸关的问题；这些工业所加工的，已经不是本地的原料，而是来自极其遥远的地区的原料；它们的产品不仅供本国消费，而且同时供世界各地消费。旧的、靠本国产品来满足的需要，被新的、要靠极其遥远的国家和地带的产品来满足的需要所代替了。过去那种地方的和民族的自给自足和闭关自守状态，被各民族的各方面的互相往来和各方面的互相依赖所代替了。物质的生产是如此，精神的生产也是如此。各民族的精神产品成了公共的财产。民族的片面性和局限性日益成为不可能，于是由许多种民族的和地方的文学形成了一种世界的文学[①]。

资产阶级，由于一切生产工具的迅速改进，由于交通的极其便利，把一切民族甚至最野蛮的民族都卷到文明中来了。它的商品的低廉价格，是它用来摧毁一切万里长城、征服野蛮人最顽强的仇外心理的重炮。它迫使

[①] "文学"一词德文是"Literatur"，这里泛指科学、艺术、哲学、政治等等方面的著作。——编者注

一切民族——如果它们不想灭亡的话——采用资产阶级的生产方式；它迫使它们在自己那里推行所谓的文明，即变成资产者。一句话，它按照自己的面貌为自己创造出一个世界。

资产阶级使农村屈服于城市的统治。它创立了巨大的城市，使城市人口比农村人口大大增加起来，因而使很大一部分居民脱离了农村生活的愚昧状态。正像它使农村从属于城市一样，它使未开化和半开化的国家从属于文明的国家，使农民的民族从属于资产阶级的民族，使东方从属于西方。

资产阶级日甚一日地消灭生产资料、财产和人口的分散状态。它使人口密集起来，使生产资料集中起来，使财产聚集在少数人的手里。由此必然产生的结果就是政治的集中。各自独立的、几乎只有同盟关系的、各有不同利益、不同法律、不同政府、不同关税的各个地区，现在已经结合为一个拥有**统一的**政府、**统一的**法律、**统一的**民族阶级利益和**统一的**关税的**统一的**民族。

资产阶级在它的不到一百年的阶级统治中所创造的生产力，比过去一切世代创造的全部生产力还要多，还要大。自然力的征服，机器的采用，化学在工业和农业中的应用，轮船的行驶，铁路的通行，电报的使用，整个整个大陆的开垦，河川的通航，仿佛用法术从地下呼唤出来的大量人口——过去哪一个世纪料想到在社会劳动里蕴藏有这样的生产力呢？

由此可见，资产阶级赖以形成的生产资料和交换手段，是在封建社会里造成的。在这些生产资料和交换手段发展的一定阶段上，封建社会的生产和交换在其中进行的关系，封建的农业和工场手工业组织，一句话，封建的所有制关系，就不再适应已经发展的生产力了。这种关系已经在阻碍生产而不是促进生产了。它变成了束缚生产的桎梏。它必须被炸毁，它已经被炸毁了。

起而代之的是自由竞争以及与自由竞争相适应的社会制度和政治制度、资产阶级的经济统治和政治统治。

……

二 无产者和共产党人

共产党人同全体无产者的关系是怎样的呢？

共产党人不是同其他工人政党相对立的特殊政党。

他们没有任何同整个无产阶级的利益不同的利益。

他们不提出任何特殊的①原则，用以塑造无产阶级的运动。

共产党人同其他无产阶级政党不同的地方只是：一方面，在无产者不同的民族的斗争中，共产党人强调和坚持整个无产阶级共同的不分民族的利益；另一方面，在无产阶级和资产阶级的斗争所经历的各个发展阶段上，共产党人始终代表整个运动的利益。

因此，在实践方面，共产党人是各国工人政党中最坚决的、始终起推动作用的部分②；在理论方面，他们胜过其余无产阶级群众的地方在于他们了解无产阶级运动的条件、进程和一般结果。

共产党人的最近目的是和其他一切无产阶级政党的最近目的一样的：使无产阶级形成为阶级，推翻资产阶级的统治，由无产阶级夺取政权。

共产党人的理论原理，决不是以这个或那个世界改革家所发明或发现的思想、原则为根据的。

这些原理不过是现在的阶级斗争、我们眼前的历史运动的真实关系的一般表述。废除先前存在的所有制关系，并不是共产主义所独具的特征。

一切所有制关系都经历了经常的历史更替、经常的历史变更。

例如，法国革命废除了封建的所有制，代之以资产阶级的所有制。

共产主义的特征并不是要废除一般的所有制，而是要废除资产阶级的

---

① "特殊的"在1888年英文版中是"宗派的"。——编者注
② "最坚决的、始终起推动作用的部分"在1888年英文版中是"最先进的和最坚决的部分，推动所有其他部分前进的部分"。——编者注

所有制。

但是，现代的资产阶级私有制是建立在阶级对立上面、建立在一些人对另一些人的剥削①上面的产品生产和占有的最后而又最完备的表现。

从这个意义上说，共产党人可以把自己的理论概括为一句话：消灭私有制。

有人责备我们共产党人，说我们要消灭个人挣得的、自己劳动得来的财产，要消灭构成个人的一切自由、活动和独立的基础的财产。

……

工人没有祖国。决不能剥夺他们所没有的东西。因为无产阶级首先必须取得政治统治，上升为民族的阶级②，把自身组织成为民族，所以它本身还是民族的，虽然完全不是资产阶级所理解的那种意思。

随着资产阶级的发展，随着贸易自由的实现和世界市场的建立，随着工业生产以及与之相适应的生活条件的趋于一致，各国人民之间的民族分隔和对立日益消失。

无产阶级的统治将使它们更快地消失。联合的行动，至少是各文明国家的联合的行动，是无产阶级获得解放的首要条件之一。

人对人的剥削一消灭，民族对民族的剥削就会随之消灭。

民族内部的阶级对立一消失，民族之间的敌对关系就会随之消失。

从宗教的、哲学的和一切意识形态的观点对共产主义提出的种种责难，都不值得详细讨论了。

人们的观念、观点和概念，一句话，人们的意识，随着人们的生活条件、人们的社会关系、人们的社会存在的改变而改变，这难道需要经过深思才能了解吗？

思想的历史除了证明精神生产随着物质生产的改造而改造，还证明了

---

① "一些人对另一些人的剥削"在1888年英文版中是"少数人对多数人的剥削"。——编者注
② "民族的阶级"在1888年英文版中是"民族的领导阶级"。——编者注

什么呢？任何一个时代的统治思想始终都不过是统治阶级的思想。

当人们谈到使整个社会革命化的思想时，他们只是表明了一个事实：在旧社会内部已经形成了新社会的因素，旧思想的瓦解是同旧生活条件的瓦解步调一致的。

当古代世界走向灭亡的时候，古代的各种宗教就被基督教战胜了。当基督教思想在18世纪被启蒙思想击败的时候，封建社会正在同当时革命的资产阶级进行殊死的斗争。信仰自由和宗教自由的思想，不过表明自由竞争在信仰领域①里占统治地位罢了。

"但是"，有人会说，"宗教的、道德的、哲学的、政治的、法的观念等等在历史发展的进程中固然是不断改变的，而宗教、道德、哲学、政治和法在这种变化中却始终保存着。

此外，还存在着一切社会状态所共有的永恒真理，如自由、正义等等。但是共产主义要废除永恒真理，它要废除宗教、道德，而不是加以革新，所以共产主义是同至今的全部历史发展相矛盾的。"

这种责难归结为什么呢？至今的一切社会的历史都是在阶级对立中运动的，而这种对立在不同的时代具有不同的形式。

但是，不管阶级对立具有什么样的形式，社会上一部分人对另一部分人的剥削却是过去各个世纪所共有的事实。因此，毫不奇怪，各个世纪的社会意识，尽管形形色色、千差万别，总是在某些共同的形式中运动的，这些形式，这些意识形式，只有当阶级对立完全消失的时候才会完全消失。

共产主义革命就是同传统的所有制关系实行最彻底的决裂；毫不奇怪，它在自己的发展进程中要同传统的观念实行最彻底的决裂。

……

---

① "信仰领域"在1872、1883和1890年德文版中是"知识领域"。——编者注

四　共产党人对各种反对党派的态度

......

总之，共产党人到处都支持一切反对现存的社会制度和政治制度的革命运动。

在所有这些运动中，他们都强调所有制问题是运动的基本问题，不管这个问题的发展程度怎样。

最后，共产党人到处都努力争取全世界民主政党之间的团结和协调。

共产党人不屑于隐瞒自己的观点和意图。他们公开宣布：他们的目的只有用暴力推翻全部现存的社会制度才能达到。让统治阶级在共产主义革命面前发抖吧。无产者在这个革命中失去的只是锁链。他们获得的将是整个世界。

全世界无产者，联合起来！

卡·马克思和弗·恩格斯写于 1847 年 12 月～1848 年 1 月底
1848 年 2 月以小册子形式在伦敦出版

原文是德文
中文根据《马克思恩格斯全集》德文版第 4 卷翻译
选自《马克思恩格斯文集》第 2 卷，人民出版社，2009，第 8、23～24、25～29、31～36、44～45、50～52、66 页

注释：

[1]《1882 年俄文版序言》是马克思和恩格斯为《共产党宣言》的第二个俄译本合写的序言。该译本由格·普列汉诺夫翻译。马克思和恩格斯在序言中强调："《共产党宣言》的任务，是宣告现代资产阶级所有制必然灭亡。"他们通过对俄美两国资本主义发展进程的分析，论证了自《共产党宣言》发表以来无

产阶级运动不断扩大的趋势，指出俄国已经从欧洲全部反动势力的最后一支庞大后备军变成了欧洲革命运动的先进部队，并对当时俄国农村公社土地公有制的前途提出这样的设想："假如俄国革命将成为西方无产阶级革命的信号而双方互相补充的话，那么现今的俄国土地公有制便能成为共产主义发展的起点。"

这篇序言最初于1882年2月5日在俄国民意党人的《民意》杂志第8~9期用俄文译文发表。附有这篇序言的《共产党宣言》俄文版单行本于1882年在日内瓦作为《俄国社会革命丛书》之一出版。1882年4月，德国社会民主党中央机关报《社会民主党人报》准备发表这篇序言，因找不到德文原稿，只好请帕·波·阿克雪里罗得将俄译文再转译成德文，于1882年4月13日发表在《社会民主党人报》第16号。恩格斯在《共产党宣言》1890年德文版序言中，全文引用了他本人由俄文转译成德文的这篇序言，个别地方与德文原稿略有差别。直到20世纪30年代，这篇序言的德文手稿才被重新发现。1939年莫斯科外国文书籍出版局出版的德文版《共产党宣言》首次按德文原文发表了这篇序言。

[2] 1881年3月1日民意党人刺杀沙皇亚历山大二世以后，亚历山大三世因害怕民意党人采取新的恐怖行动，终日藏匿在彼得堡附近的加特契纳行宫内，因而被人们戏谑地称为"加特契纳的俘虏"。

[3]《1892年波兰文版序言》是恩格斯为1982年由波兰社会党人的《黎明》杂志出版社在伦敦出版的波兰文版《共产党宣言》写的序言。恩格斯在序言中指出："近来《宣言》在某种程度上已经成为测量欧洲大陆大工业发展的一种尺度。某一国家的大工业越发展，该国工人想要弄清他们作为工人阶级在有产阶级面前所处地位的愿望也就越强烈，工人中间的社会主义运动也就越扩大，对《宣言》的需求也就越增长。"他还指出，波兰的独立只有年轻的波兰无产阶级才能争得，而欧洲其余国家的工人也像波兰工人一样需要波兰的独立和复兴，因为"欧洲各民族的真诚的国际合作，只有当每个民族自己完全当家作主的时候才能实现"。这篇序言发表于1892年2月27日《黎明》杂志第35期。

[4] 会议桌上的波兰指沙皇俄国根据1814~1815年维也纳会议的决定所并吞的波兰领土。维也纳会议后，波兰再度被俄、普、奥三国瓜分，沙皇俄国吞并了

大部分波兰国土，成立了波兰王国，由沙皇亚历山大一世兼国王。会议桌上的波兰或俄罗斯的波兰，即指这部分波兰领土。

[5]《1893年意大利文版序言》是恩格斯应意大利社会党领袖菲·屠拉梯的请求，用法文为1893年意大利文版《共产党宣言》写的序言。该版本由蓬·贝蒂尼翻译，序言由屠拉梯翻译，于1893年由社会党理论刊物《社会评论》杂志社在米兰出版。恩格斯在序言中回顾了1848年革命以来的历史进程，特别是意大利、德国、匈牙利等民族取得统一和独立的进程，指出："1848年革命虽然不是社会主义革命，但它毕竟为社会主义革命扫清了道路，为这个革命准备了基础。最近45年来，资产阶级制度在各国引起了大工业的飞速发展，同时造成了人数众多的、紧密团结的、强大的无产阶级；这样它就产生了——正如《宣言》所说——它自身的掘墓人。不恢复每个民族的独立和统一，那就既不可能有无产阶级的国际联合，也不可能有各民族为达到共同目的而必须实行的和睦的与自觉的合作。"

[6] 1848年3月18日米兰人民举行了反对奥地利统治的武装起义，赶走了奥地利军队，成立了资产阶级自由派和民主派领导的临时政府，推动了意大利其他各地的革命。

同一天，柏林人民也发动了武装起义，迫使国王宣布立即召开国民议会，制定宪法，撤出城内驻军，改组政府。

[7] 马克思曾在许多著作里，特别是在《1859年的爱尔福特精神》（见《马克思恩格斯全集》中文第1版第13卷）一文中阐述过这样的思想：反动派在1848年以后扮演了特殊的革命遗嘱执行人的角色，不可避免地实现了革命的要求，尽管这是在一种滑稽可笑的歪曲的方式下进行的。

[8] 民族大迁徙　指公元3~7世纪日耳曼、斯拉夫及其他部落向罗马帝国的大规模迁徙。4世纪上半叶，日耳曼部落中的西哥特人因遭到匈奴人的进攻侵入罗马帝国。经过长期的战争，西哥特人于5世纪在西罗马帝国境内定居下来，建立了自己的国家。日耳曼人的其他部落也相继在欧洲和北非建立了独立的国家。民族大迁徙对摧毁罗马帝国的奴隶制度和推动西欧封建制度的产生起了重要的作用。

[9] 十字军征讨　指11~13世纪西欧天主教会、封建主和大商人打着从伊斯兰教徒手中解放圣地耶路撒冷的宗教旗帜，主要对东地中海沿岸伊斯兰教国家发

动的侵略战争。因参加者的衣服上缝有红十字，故称"十字军"。十字军征讨前后共八次，历时近 200 年，最后以失败而告终。十字军征讨给东方国家的人民带来了深重的灾难，也使西欧国家的人民遭受惨重的牺牲，但是它在客观上也对东西方的经济和文化交流起到了一定的促进作用。

卡·马克思和弗·恩格斯

论波兰问题[1]

1848年2月22日在布鲁塞尔举行的
1846年克拉科夫起义[2]两周年纪念大会上的演说

马克思的演说

先生们！

历史上常常有惊人的相似之处。1793年的雅各宾党人[3]成了今天的共产主义者。1793年俄罗斯、奥地利、普鲁士瓜分波兰[4]的时候，这三个强国就以1791年的宪法为借口，据说这个宪法具有雅各宾党的原则因而遭到一致的反对。

1791年的波兰宪法到底宣布了什么呢？充其量也不过是君主立宪罢了，例如宣布立法权归人民代表掌握，宣布出版自由、信仰自由、公开审判、废除农奴制等等。所有这些当时竟被称为彻头彻尾的雅各宾原则！因之，先生们，你们看到了吧，历史已经前进了。当年的雅各宾原则，在现在看来，即使说它是自由主义的话，也变成非常温和的了。

三个强国和时代并驾齐驱。1846年，因为把克拉科夫归并给奥地利而剥夺了波兰仅存的民族独立，它们把过去曾称为雅各宾原则的一切东西都说成是共产主义。

克拉科夫革命的共产主义到底是什么呢？是不是由于这一革命的目的是恢复波兰民族，因而就是共产主义的革命呢？要是这么说，欧洲同盟为拯救民族而反对拿破仑的战争何尝不可以说成共产主义的战争，而维也纳会议[5]又何尝不可以说成是由加冕的共产主义者所组成的呢？也许由于克拉科夫革命力图建立民主政府，因而就是共产主义的革命吧？可是，谁也不会把共产主义意图妄加到伯尔尼和纽约的百万豪富身上去。

共产主义否认阶级存在的必要性；它要消灭任何阶级，消除任何阶级的差别。而克拉科夫革命家只希望消除阶级间的政治差别；他们要给不同的阶级以同等的权利。

到底在哪一点上说克拉科夫的革命是共产主义的革命呢？

也许是由于这一革命要粉碎封建的锁链，解放封建劳役的所有制，使它变成自由的所有制，现代的所有制吧？

要是对法国的私有主说："你们可知道波兰的民主主义者要求的是什么？波兰民主主义者企图采用你们目前的所有制形式。"那末，法国的私有主会回答说："他们干得很好。"但是，要是和基佐先生一同再去向法国私有主说："波兰人要消灭的是你们1789年革命所建立的、而且如今依然在你们那里存在的所有制。"他们定会叫喊起来："原来他们是革命家，是共产主义者！必须镇压这些坏蛋！"在瑞典，废除行会和同业公会，实行自由竞争现在都被称**为共产主义**。《辩论日报》[6]还更进一步，它说：剥夺二十万选民出卖选票的收益，这就意味着消灭收入的来源，消灭正当获得的财产，这就意味着是一个共产主义者。毋庸置疑，克拉科夫革命也希望消灭一种所有制。但这究竟是怎么样的所有制呢？这就是在欧洲其他地方不可能消灭的东西，正如在瑞士不可能消灭宗得崩德[7]一样，因为两者都已不再存在了。

谁也不会否认，在波兰，政治问题是和社会问题联系着的。它们永远是彼此不可分离的。

但是，最好你们还是去请教一下反动派吧！难道在复辟时期，他们只和政治自由主义及作为自由主义的必然产物的伏尔泰主义[8]这一沉重的压力战斗吗？

一个非常有名的反动作家坦白承认，不论德·梅斯特尔或是博纳德的最高的形而上学，最终都可以归结为金钱问题，而任何金钱问题难道不就是社会问题吗？复辟时期的活动家们并不讳言，如要回到美好的旧时代的政治，就应当恢复美好的旧的所有制，封建的所有制，道德的所有制。大家知道，不纳什一税，不服劳役，也就说不上对君主政体的忠诚。

让我们再回顾一下更早的时期。在1789年，人权这一政治问题本身就包含着自由竞争这一社会问题。

在英国又发生了什么呢？从改革法案[9]开始到废除谷物法[10]为止的一切问题上，各政党不是为改变财产关系而斗争又是为什么呢？他们不正是为所有制问题、社会问题而斗争吗？

就在这里，在比利时，自由主义和天主教的斗争不就是工业资本和大土地所有制的斗争吗？

难道这些讨论了十七年之久的政治问题，实质上不正是社会问题吗？

因而不论你们抱什么观点（自由主义的观点也好，激进主义的观点也好，甚至贵族的观点也好），你们怎么能责难克拉科夫革命把政治问题和社会问题联系在一起呢？

领导克拉科夫革命运动的人深信，只有民主的波兰才能获得独立，而如果不消灭封建权利，如果没有土地运动来把农奴变成自由的私有者，即现代的私有者，波兰的民主是不可能实现的。要是你们使波兰贵族去代替俄罗斯专制君主，那只不过是使专制主义改变一下国籍而已。德国人就是在对外的战争中也只是把一个拿破仑换成了三十六个梅特涅的。

即使俄罗斯的地主不再压迫波兰的地主，骑在波兰农民脖子上的依旧是地主，诚然，这是自由的地主而不是被奴役的地主。这种政治上的变化丝毫也不会改变波兰农民的社会地位。

克拉科夫革命把民族问题和民主问题以及被压迫阶级的解放看做一回事，这就给整个欧洲做出了光辉的榜样。

虽然这次革命暂时被雇佣凶手的血手所镇压，但是现在它在瑞士及意大利又以极大的声势风起云涌。在爱尔兰，证实了这一革命原则是正确的，那里狭隘的民族主义政党已经和奥康奈尔一起死亡，而新的民族政党首先就要算是改革派和民主派的政党了[11]。

波兰又重新表现了主动精神，但这已经不是封建的波兰，而是民主的波兰，从此波兰的解放将成为欧洲所有民主主义者的光荣事业。

恩格斯的演说

先生们！

今天我们纪念的这次起义并没有获得成功。在几天的英勇抵抗以后，克拉科夫陷落，波兰的血淋淋的幽灵一度在它的凶手的眼前出现，现在又进入了坟墓。

克拉科夫革命结果是失败了，这次失败是非常惨痛的。让我们对牺牲的英雄们致以崇高的敬意，并对他们的失败深表惋惜，对因这次失败而遭受更大奴役的两千万波兰人民，表示我们深切的同情。

但是，先生们，难道我们应该做的就只有这些吗？在不幸的国家的墓地上痛哭一场，并发誓永远痛恨奴役波兰的人，同时却毫无作为，难道这就算完事了吗？

不，先生们！克拉科夫起义的纪念日不仅是悲痛的日子；对我们民主主义者来说，这也是一个庆祝的日子，因为失败本身中就包含着胜利，而且这一胜利的果实我们已经巩固地取得，失败只是暂时的。

同时，这个胜利也是年轻的民主的波兰对老朽的贵族的波兰的胜利。

是的，在波兰为反对外国奴役者进行最后的斗争以前，波兰内部就已进行着隐蔽的、秘密的，但又坚决的斗争，这是被压迫的波兰人反对压迫的波兰人的斗争，波兰的民主政治反对波兰的贵族政治的斗争。

比较一下1830年和1846年，比较一下华沙和克拉科夫吧。1830年波兰的统治阶级在立法会议上表现得那样自私、狭隘和怯懦，但在战场上却又表现得那样富有自我牺牲的精神，满怀着坚毅和勇气。

1830年的波兰贵族所希望的是什么呢？就是保卫已得的权利不受帝王方面的侵犯。贵族把起义局限于维也纳会议乐于称为波兰王国的一块不大的地区；不让波兰其他地方也爆发起义；农民的农奴身份原封未动，依旧过着非人的牛马生活；犹太人依旧处于屈辱的地位。如果在起义过程中，贵族不得不向人民让步，那也只是在最后，当起义已经注定要失败了的时候。

直截了当地说，1830年的起义既不是民族革命（波兰的四分之三没有卷入起义），也不是社会的或政治的革命；这次起义一点也没有改变人民的内部状况；这是一次保守的革命。

可是在这次保守的革命的内部，就在国家的政府中，有人尖锐地批判了统治阶级目光短浅。他提出一些确实是革命的措施，这些大胆的措施使议会里的贵族感到惶恐。他号召整个旧波兰拿起武器，把波兰独立战争变成欧洲战争，赋予犹太人和农民以公民权利，把土地分给农民，在民主与平等的基础上改造波兰，——他在探寻变民族斗争为争取自由斗争的道路；他力图使一切民族的利益和波兰人民的利益等同起来。这个人的天才订出了如此广泛而又简单的计划，要不要提一下他的名字呢？这人就是列列韦尔。

1830年，多数派贵族利令智昏，总是拒绝这些建议。但这些思想在十五年之久的奴隶生活考验下成熟起来，而且得到了进一步的发展，我们看到克拉科夫起义的旗帜上就写着这些原则。在克拉科夫，显然已经没有可能遭到巨大损失的人了；那里已经完全没有贵族了。每一个既定步骤都具有民主勇气，这种勇气，我可以说，很象无产阶级的勇敢。无产阶级除了贫困以外，什么也不会失去，而得到的则是整个祖国，整个世界。这里没有任何犹豫和怀疑：立刻向三个强国发起了进攻，宣布了农民的自由、土地改革、犹太人的公民平等，而且绝不因为这会触犯一些贵族利益而踌躇不前。

克拉科夫革命既不想恢复旧波兰，也不想保持外国政府还原封不动地保存着的古代波兰制度；这次革命既不是反动的，也不是保守的。

不，克拉科夫革命敌视波兰本身，敌视这个以奴役大多数人民为基础的陈旧的、野蛮的、封建的、贵族的波兰，更甚于敌视波兰的外国压迫者。克拉科夫革命绝不是要恢复这陈旧的波兰，而是要彻底消灭它，并且在它的废墟上依靠完全新的阶级，依靠广大人民，建立新的、现代的、有文化的、民主的、不愧为十九世纪的波兰，要波兰真正成为捍卫文明的先进战士。

1830年和1846年之间存在着差别；遍地血腥，任人宰割的极端不幸的波兰有了巨大的进展；投入祖国压迫者怀抱的波兰贵族完全和波兰人民分离；波兰人民坚定不移地转到民主方面；在波兰，正如在我们这里一样，出现了阶级斗争这一整个社会进步的原动力，——克拉科夫革命的民主胜利就在于此，起义的结局就在于此，而当起义者为失败而雪耻时，结局还会带来更多的果实。

是的，先生们，由于克拉柯夫起义，波兰问题已由过去的民族问题变成各国人民的问题，已由过去的同情对象变成与一切民主主义者有切身关系的问题。1846年以前，我们应该对罪行报仇；而现在，我们应该拥护同盟者，而且我们一定会这样做。

我们德国首先应该为波兰迸发出的民主热情而高兴。我们自己在最近期也将完成一次民主革命；我们将要同奥地利及俄罗斯的野蛮匪帮进行斗争。在1846年以前，我们还可以怀疑，如果德国发生民主革命，波兰将站在哪一边。现在，克拉科夫革命把一切疑虑都打消了。从今以后，德国人民和波兰人民便紧密地联结在一起。我们有着共同的敌人，共同的压迫者，因为俄罗斯政府也象压迫波兰人一样地压迫着我们。无论是解放德国，无论是解放波兰，其首要条件是根本改变德国目前的政治状况，推翻普鲁士和奥地利，把俄罗斯赶出德涅斯特尔河和德维纳河。

因而，我们两个民族的同盟既不是什么美梦，也不是什么幻想；不，先生们，这个同盟是我们两个民族的共同利益所绝对必要的，而且由于克拉科夫革命，它已成了一种必然的东西了。迄今为止，德国人民对自己事业的热心几乎只表现在口头上。为了我们波兰兄弟的利益，现在应该见诸行动了；并且象我们在座的德国民主主义者向波兰民主主义者伸出手来一样，所有德国人民将庆祝在第一次战斗的战场上同波兰人民结成的同盟，因为在这次战斗中，我们共同的力量将战胜我们共同的压迫者。

载于1848年3月在布鲁塞尔出版的《布鲁塞尔庆祝1846年2月22日波兰革命两周年纪念文集》

原文是法文
选自《马克思恩格斯全集》第4卷，第534~541页
选自《马克思恩格斯选集》第1卷，人民出版社，1972，第291~298页

注释：

[1] 本文标题是《马克思恩格斯全集》俄文第2版编者加的。

[2] 波兰人民为了民族解放曾准备在1846年2月举行起义。起义的主要发起人是波兰的革命民主主义者（邓波夫斯基等人）。但是，由于波兰小贵族的背叛行为和普鲁士警察逮捕了起义的领袖，总起义没有成功。只是在个别地方发出了革命的火花。只有在从1815年起由奥、俄和普共管的克拉科夫，起义者在2月22日取得了胜利并建立了国民政府，发表了废除封建义务的宣言。克拉科夫起义在1846年3月初被镇压下去了。在1846年11月，奥、普、俄签订了关于把克拉科夫并入奥地利帝国的条约。

[3] 雅各宾党人是雅各宾俱乐部的成员，十八世纪末法国资产阶级革命时期代表下层资产阶级的利益，1793~1794年实行了雅各宾专政，颁布了一系列废除封建所有制，镇压反革命活动和击退外国武装干涉的法令。

[4] 指1793年第二次瓜分波兰。在这次瓜分中，俄国得到了白俄罗斯部分地区和德涅泊河西岸乌克兰地区，普鲁士得到了格但斯克、托伦以及大波兰区的部分地区。

[5] 在1814~1815年的维也纳会议上，欧洲反动势力的首领奥地利、英国和沙皇俄国，不顾各国人民的民族统一和独立的利益，为了使各个正统王朝复辟而改划了欧洲地图。

[6] 《辩论日报》（《Journal des Débats》）是法国资产阶级报纸《政治和文学辩论日报》（《Journal des Débats politiques at littéraires》）的简称，1789年创刊于巴黎。七月王朝时期为政府的报纸，奥尔良派资产阶级的机关报。1848年革命

时期，该报反映了反革命资产阶级，即所谓秩序党的观点。

[7] 宗得崩德是瑞士七个经济落后的天主教州在1843年缔结的单独联盟，目的是要反抗在瑞士实行进步的资产阶级改革，维护教会和耶稣会教徒的特权。宗得崩德的反动企图遭到了四十年代中在大部分的州和瑞士代表会议里取得优势的资产阶级激进派和自由派的反对。1847年7月，瑞士代表会议关于解散宗得崩德的决议成了宗得崩德11月初向其他的州采取军事行动的导火线。1847年11月23日宗得崩德的军队被联邦政府的军队击溃。在宗得崩德进行战争期间，以前加入神圣同盟的反动的西欧强国奥地利和普鲁士企图干涉瑞士内政，维护宗得崩德。基佐保护了宗得崩德，这实际上就是采取了支持这些强国的立场。

[8] 伏尔泰是自然神论者，他对僧侣主义、天主教和专制政体的猛烈抨击曾对他的同时代人发生极大的影响。因此伏尔泰主义特指十八世纪末期的进步的、反宗教的社会政治观点而言。

[9] 指选举法的改革。选举法改革法案于1831年为英国下院所通过，1832年6月为上院最后批准。这次改革旨在反对土地贵族和金融贵族的政治垄断，为工业资产阶级的代表打开了进入议会的大门。为实现改革而斗争的主力军——无产阶级和小资产阶级，受了自由资产阶级的欺骗而没有获得选举权。

[10] 关于废除谷物法的法案是在1846年6月通过的。英国的谷物法规定了高额的谷物进口税，其目的在于限制或禁止从国外输入谷物。此项法律是为大地主的利益从1815年起实行的。谷物法引起了工业资产阶级和土地贵族之间的斗争，结果在1846年通过了关于废除谷物法的法案。这一措施以及由此引起的谷物价格的下跌，虽然使生活费用有所减低，但归根结底还是降低了工人的工资，增加了资产阶级的利润。谷物法的废除沉重地打击了土地贵族，促进了英国资本主义更迅速的发展。

[11] 指1847年1月由爱尔兰民族运动中不满奥康奈尔的妥协政策而脱离合并取消派协会的激进派和民主派所创立的爱尔兰同盟。其中大多数人属于由爱尔兰资产阶级及小资产阶级知识分子于1842年组成的"青年爱尔兰"。爱尔兰同盟的革命左翼支持人民反对英国统治的起义，并竭力把爱尔兰独立斗争和民主改革的斗争结合起来。爱尔兰爆发的起义被英国当局镇压以后，爱尔兰同盟就在1848年夏天中止活动。

卡·马克思

马克思致《黎明报》编辑[1]

佛罗伦萨

[1848年5月底于科隆]

尊敬的先生：

由卡尔·马克思先生主编的名为《新莱茵报》的一家新的日报将从今年6月1日起在科隆出版。这家报纸将在我们北欧捍卫《黎明报》在意大利所拥护的那些民主原则。由此可见，我们对目前悬而未决的意大利和奥地利之间的问题将采取什么立场是无可置疑的。我们将捍卫意大利的独立事业，将与奥地利在意大利以及在德国和波兰的专制统治作殊死的斗争。我们向意大利人民伸出兄弟之手，并且要向他们表明，德意志民族将以各种方式反对那些在我国也一贯压制自由的人们对你们所实行的压迫政策。我们要竭力促使两个伟大和自由的民族团结一致并和睦相处，而丑恶的政治制度至今仍使这两个民族互抱敌意。因此，我们将要求残暴的奥地利兵痞立刻撤出意大利，让意大利人民能够完全自主地选择他们想要的政体。

为了让我们能够观察意大利的事态，为了让你们有机会评判我们是否忠实于自己的诺言，我们建议交换我们两家的报纸；这样，我们就可以每天把《新莱茵报》寄给你们，你们则把《黎明报》寄给我们。我们希望你们能接受这个建议,并且请你们尽快开始把《黎明报》寄给我们,以便我们就在我们最初的几号报纸上加以利用。

如果你们还有可能给我们寄一些其他的报道,那就请你们寄来我们向你们保证,对于一切有利于任何一个国家的民主事业的事情,我们始终都会予以最大的关注。

致以兄弟的问候!

《新莱茵报》编辑部主编卡尔·马克思博士

选自《马克思恩格斯全集》第48卷,
人民出版社,2007,第30~31页

注释:

[1] 马克思的这封信首次发表在1848年6月29日《黎明报》第258号上。《黎明报》在发表这封信时加了如下的编者按:"我们发表下面这封科隆来信是为了表明高尚的德国人对意大利人的感情,他们热切希望看到欧洲专制君主们挑拨离间而相互厮杀的意大利人民和德国人民之间建立友好关系。"《黎明报》编辑部曾于1848年6月20日给《新莱茵报》编辑部写了一封由李·阿利纳里签名的回信。恩格斯后来在1848年7月2日撰写的《德国的对外政策》一文中摘引了这封回信的部分内容。

弗·恩格斯

对波兰的重新瓜分[1]

科伦6月8日。冯·普富尔先生在波兹南划定的新界线是对波兰的新的掠夺。这个新界线把波兹南的"应当改组的"部分缩小到不及整个大公国的1/3，而把大波兰的大部分并入了德意志联邦。波兰的语言和民族性只是在沿俄罗斯边界的狭长地带才得到承认。这一地带包括弗勒申和普列申①州以及莫吉尔诺、冯格罗维茨、格内森、施罗达、施里姆、科斯滕、弗劳施塔特、克廖本、克罗托申、阿德瑙和席尔德堡②等州的一部分。这些州的其余部分以及布克、波兹南、奥博尔尼克、扎姆特尔、比恩包姆、梅泽里茨、博姆斯特、恰尔尼科夫、荷德捷日、维尔济茨、勃罗姆堡③、舒宾、伊诺弗罗茨拉夫等州则根据冯·普富尔先生的命令，干脆全部变成了德国的领土。但是毫无疑问，就是在这一片"德意志联邦的领土上"，大部分居民讲的还是波兰话。

旧分界线至少还以瓦尔塔河作为波兰人的边界。新分界线却把应当改组的部分又缩小1/4。其理由是：一方面陆军大臣**"希望"**波兹南要塞周

---

① 波兰称作：弗热斯尼亚，普列舍夫。——编者注
② 莫吉尔诺、冯格罗维茨、格涅茨诺、斯罗达、斯列姆、科息茨雅恩、弗斯霍瓦、克罗比亚、克罗托申、奥多利亚努夫、奥斯特舍舒夫。——编者注
③ 布克、波兹南、奥博尔尼基、沙莫土雷、门兹胡德、门兹热奇、巴比莫斯特、恰尔恩库夫、荷德捷日、维日斯克、贝德哥什。——编者注

围方圆3～4英里的地区不包括在改组范围以内；另方面各城市，例如奥斯特洛夫①等等要求并入德国。

说到陆军大臣的希望，那是不言而喻的。起初掠夺波兹南城市和揳入波兰内地10英里的波兹南要塞，然后为了毫无阻碍地享有掠夺来的东西，便承认侵占方圆3英里的新地区是合乎希望的。侵占了这一地区也就必然会引起各种各样的小范围的圈地，而且这是把德国边界逐渐向俄属波兰边界推进的最好的借口。

至于"德国人"住的城市希望合并的问题是这样的：在全波兰，德国人和犹太人是从事工商业的市民的主要核心；他们是那些主要由于宗教迫害而离乡背井的移民的后裔。他们在波兰土地上建立了城市，并且在数百年间和波兰国家同命运共呼吸。这些德国人和犹太人（居民中的极小部分）却企图利用这个国家目前的状况来争夺统治权。他们借口自己是**德国人**，然而他们和美洲的德国人一样，很少象德国人。把他们并入德国，也就等于抑制波兹南占半数以上的波兰居民的语言和民族性，而且受抑制的正好是该省民族起义声势浩大的部分即布克、扎姆特尔、波兹南、奥博尔尼克等州的波兰居民的语言和民族性。

冯·普富尔先生声言，新界线一经内阁批准，就是最终的界线。他丝毫没有提到妥协议会和德国国民议会，既然是关于确定德国边界的问题，这两个议会也应当表示自己的意见。不过，即使内阁、妥协派、法兰克福议会批准了普富尔先生的决定，只要这条分界线没有得到另外两种力量即德国人民和波兰人民的批准，它还是不可能成为"最终的"界线的。

弗·恩格斯写于1848年6月8日　　　　　　　　　　　原文是德文
载于1848年6月9日《新莱茵报》第9号　　俄文译自《新莱茵报》
　　　　　　　　　　　　　　　　　　选自《马克思恩格斯全集》第5卷，人
　　　　　　　　　　　　　　　　　　民出版社，1958，第62～63页

---

① 大波兰的奥斯特鲁夫。——编者注

注释：

［1］在该号《新莱茵报》的内容提要中本文标题为《对波兰的重新瓜分》，而正文的标题则是《对波兰的第七次瓜分》。

弗·恩格斯

德国的对外政策

科伦7月2日。迄今为止，一切统治者及其外交家玩弄手腕和进行活动的目的可以归结为一点：为了延长专制政权的寿命，唆使各民族互相残杀，利用一个民族压迫另一个民族。在德国这一点表现得特别明显。用不着追溯得太远，就以近七十年来看，德国曾经为了英国的黄金而派它的雇佣兵去帮助英国人镇压争取独立的北美洲人。第一次法国革命爆发的时候，德国人又受别人嗾使，象一群疯狗似的去咬法国人；他们在不伦瑞克公爵凶恶的声明中威胁说要把巴黎彻底毁灭[1]；他们和逃亡国外的贵族串通起来反对法国的新秩序，为此获得了英国的奖赏。当荷兰人在近两个世纪中好容易第一次有了理智的想法（结束奥伦治王朝的昏庸统治，把国家变为共和国[2]）的时候，德国人又充当了戕害自由的刽子手。瑞士也可以说出不少关于它的邻居德国人的罪状，匈牙利要想很快地从奥地利和德意志帝国朝廷给它造成的灾难中恢复过来是很困难的。德国雇佣兵甚至还被派到希腊去扶助那里的可爱的奥托的小小王位[3]，德国的警察甚至被派到葡萄牙去。还有在1815年以后召开的各种会议，奥地利向那不勒斯、都灵、洛曼尼雅的进军，监禁伊普西朗蒂，法国在德国的压力下发动了反对西班牙的奴役性战争[4]，德国支持唐·米格尔[5]、唐·卡洛斯[6]，汉诺威军队充当英国反动派的工具；在德国的影响下比利时被分裂和热月化！甚至在俄国内地，德国人也是专制君主和小暴君们的支柱——整个欧洲都充满了科堡家族的人!

波兰在德国军阀的干涉下被掠夺和分割;克拉柯夫也是被他们奸险地窒息了。[1]在德国的金钱和鲜血的帮助下,伦巴第和威尼斯被奴役,并且被弄得民穷财尽;意大利各地的任何一次解放运动都是在德国的直接或间接参与下,用刺刀、绞架、监狱和木桡船苦役镇压下去的。它的罪行数不胜数,我们不必一一列举了!

这些卑鄙行为都是在德国的帮助下在其他国家中干出来的,这不仅是德国政府的罪过,而且在很大程度上也是德国人民的罪过。要是他们不盲目无知,没有奴隶精神,不甘愿扮演雇佣兵和"仁慈的"刽子手的角色,不甘愿充当"天生的"老爷们的工具,"德国人"这几个字在国外就不会被人当作充满仇恨、诅咒和蔑视的骂人话,而受德国奴役的各族人民也早就获得了自由发展的正常条件。现在,当德国人在抛弃自己身上的羁绊的时候,也应当改变一下他们对其他民族的全部政策。不然的话,我们的年轻的、几乎是刚刚预感到的自由就会被束缚在我们用来束缚别国民族的锁链上。德国将来自由的程度要看它给予毗邻民族的自由的多少而定。

光明终于真正开始出现。旧政府机关报所大肆散布的关于波兰和意大利的谣言和歪曲,人为地激起仇恨的种种企图,什么事关德国荣誉和德国威力等等言过其词的滥调,——所有这一切魔术手法都已失去了效力。只是在这些爱国主义的华丽辞藻里面包含着物质利益的地方,只是在一部分打着正式的爱国主义的招牌来图谋私利的大资产阶级那里,这种正式的爱国主义还会有自己的市场。反动的政党懂得并利用了这一点。但是,德国中间阶层和工人阶级的广大群众了解或者至少感觉到,毗邻民族的自由是他们本身自由的保障。难道奥地利反对意大利独立的战争,普鲁士反对恢复波兰的战争受人欢迎吗?难道对于这些"爱国主义的"十字军讨伐的最后幻想不是在消失吗?但是,仅仅有这种了解,仅仅有这种感觉还是不够的。为了使德国人不再违反德国本身的利益,为压迫其他民族而流血牺牲和浪费金钱,我们就应当争取建立真正的人民政府,彻底摧毁旧的建筑。只有到那时,重新恢复起来的旧制度的血腥而又怯懦的政策才会被国际主义的民主政策所代替。当国内民主备受压制的时候,怎么能对外实行民主政策呢?但是,阿尔卑斯山的这面和那面都应当竭尽全力,采取一切措施来准备实现民主制度。**意大利人**一再表示对德国友好。请大家回忆一下米兰临时政府对德国人民的宣言[8]和意大利报刊上用同样精神写成的许多文章。我们这里还有一个关于这种态度的新的证据,这就是佛罗伦萨出版的《黎明报》[9]的编辑给《新莱茵报》[10]的编辑的一封私人信。信上标明的日期是6月20日,其中特别讲到:

"……我们衷心地感谢你们对我们可怜的意大利的关怀。请你们相信:我们全意大利人都知道究竟谁在侵犯他们的自由,谁在压制他们的自由;他们懂得:他们的死敌并不是强大浑厚的德国人民,而是德国人民的专横的、非正义的、残暴的政府。请你们相信:每一个真诚的意大利人都在焦急地等待着他们能够自由地向德国兄弟伸出手的日子的到来。因为他们知道:德国兄弟一旦稳固地确立了自己的不可剥夺的权利,就会保护它,尊重它,同时也会尊重自己所有兄弟的同样的权利。我们对于你们一贯遵行的那些原则深信不疑。

你们的忠实的朋友和兄弟 L·阿利纳里（签名）"

《黎明报》是意大利为数不多的坚决拥护民主原则的报纸之一。

写于1848年7月2日
载于1848年7月3日
《新莱茵报》第33号

原文是德文
选自《马克思恩格斯全集》第5卷,第177～179页
选自《马克思恩格斯选集》第1卷,人民出版社,1972,第304～306页

注释:

[1] 反对法国革命的奥普军队总指挥不伦瑞克公爵于1792年7月25日发表了一个

[2] 指1785年荷兰反对聚集在总督奥伦治的威廉周围的贵族天主教政党的统治的起义。这次起义是由资产阶级共和主义者领导的，结果总督被驱逐出国；但是1787年在普鲁士军队的帮助下又恢复了他的权利。

[3] 1832年，根据英法俄三国的协议，未成年的巴伐利亚王子奥托被立为希腊国王。奥托在巴伐利亚军队的护送下到达希腊。称号是奥托一世。

[4] 指由奥地利、普鲁士和俄国扮演主要角色的神圣同盟的反动政策。在1820年10月在特劳波召开、1821年5月在莱巴赫闭幕的会议上公开宣布了参加神圣同盟的各个国家干涉其他国家内政的原则。根据这个原则，莱巴赫会议通过了奥地利派兵干涉意大利的决议；维罗纳会议（1822年）通过了法国武装干涉西班牙的决议，其目的是镇压这些国家的革命运动和民族解放运动。

[5] 奥地利和普鲁士在十九世纪二十至三十年代支持了葡萄牙的以唐·米格尔为首的封建教权派，这个教权派反对对专制制度的任何限制。

[6] 在西班牙，唐·卡洛斯为了篡夺王位，以利于反对的封建教权派，1833年在奥地利和普鲁士的支持下发动了内战。

[7] 波兰人民为了民族解放曾准备在1846年2月举行起义。起义的主要发起人是波兰的革命民主主义者（邓波夫斯基等人）。但是，由于波兰小贵族的背叛行为和普鲁士警察逮捕了起义的领袖，总起义没有成功，只是个别地方发出了革命的火花。只有在从1815年起由奥、俄、普公关的克拉柯夫，起义者在2月22日取得了胜利并建立了国民政府，发表了废除封建义务的宣言。克拉柯夫起义在1846年3月初被镇压下去了。在1846年11月，奥、普、俄签订了关于把克拉柯夫并入奥地利帝国的条约。

[8] 指米兰临时政府在1848年4月6日向德国人民发表的宣言。见《临时政府出版的法令、通知、宣言和通报等汇编》米兰出版第1卷，第172～175页。

[9]《黎明报》（《L'Alba》）是意大利的一家民主报纸，1847年至1849年在佛罗伦萨出版，主编是拉法里纳。

[10]《新莱茵报。民主派机关报》（《Neue Rheinische Zeitunq. Orqan der Demokratie》）1848年6月1日至1849年5月19日每日在科伦出版，主编是马克思；参加编辑部的有恩格斯、威·沃尔弗·格·维尔特、斐·沃尔弗、恩·德朗克、斐·弗莱里格拉特和亨·毕尔格尔斯。

民主派中无产阶级一翼的战斗机关报《新莱茵报》起了人民群众的教育者的作用，号召他们起来和反革命作斗争。决定报纸对德国和欧洲革命最重要问题的立场的社论，通常都是由马克思和恩格斯执笔。

《新莱茵报》的坚决的、不妥协的立场，战斗的国际主义精神，它对普鲁士政府以及科伦地方当局的政治上的揭发，使该报在创刊后的最初几个月就受到封建保皇派和自由派资产阶级报刊的攻击，并且受到政府的迫害，而这种迫害在1848年11～12月普鲁士的反革命政变以后更变本加厉了。

尽管遭到种种迫害和警察局的阻挠，《新莱茵报》还是英勇地捍卫了革命民主主义的利益，捍卫了无产阶级的利益。1849年5月，在反革命势力全面进攻的形势下，普鲁士政府借口马克思没有普鲁士国籍而下令把他驱逐出境。由于马克思被驱逐出境和《新莱茵报》的其他编辑遭受迫害，该报停刊了。1849年5月19日，《新莱茵报》用红色油墨印出了最后一号即第301号。报纸的编辑在致科伦工人的告别书中说："无论何时何地，他们的最后一句话始终将是：工人阶级的解放！"

弗·恩格斯

德国的对外政策和布拉格最近发生的事件（节选）

科伦7月11日。尽管几乎所有的德国报刊都发出了爱国主义的吼声，**《新莱茵报》**还是首先起来替波兹南的波兰人、意大利的意大利人和波希米亚的捷克人辩护。首先我们揭破了马基雅弗利主义者的政策，这种政策由于它在德国国内的基础已经动摇，就力图麻痹民主力量，转移人们的视线，把革命的狂涛巨浪引向另一方面，制造对国内进行压迫的武器；为了这种目的，它挑起了自私自利的、与德国人的世界主义性格相反的**对其他民族的仇恨**，并且在各民族之间的空前残酷和无比野蛮的战争中建立了一种甚至在三十年战争中都没有过的黩武主义。

正当德国人为了争取国内的自由而同本国的各邦政府展开斗争的时候，却迫使他们就在这些政府的统率下从事十字军讨伐，去反对波兰、波希米亚和意大利的自由。多么阴险狡猾的勾当！多么荒诞的历史奇闻！被革命风潮所席卷的德国想在外面寻找出路，即在**为复辟而进行的战争**中、在**为巩固旧政权**（而德国的革命恰好是**反对**这个旧政权的）的进军中寻找出路。只有**反对俄国的战争**才是**革命的德国的战争**，只有在这个战争中它才能消除以往的罪过，才能巩固起来并战胜自己的专制君主，只有在这个战争中它才能象那些要摆脱长期的奴隶枷锁的人民所应该做的那样，用自己子弟的鲜血来换取宣传文明的权利，并且在解放国外各民族的同时使自己在国内获得解放。

关于最近发生的事件的材料公布得愈多,事实就愈加有力地证实我们对于德国用以污辱自己新纪元的各民族之间的战争的观点是正确的。……

写于 1848 年 7 月 11 日	原文是德文
载于 1848 年 7 月 12 日	俄文译自《新莱茵报》
《新莱茵报》第 42 号	选自《马克思恩格斯全集》第 5 卷,人民出版社,1958,第 235~236 页

弗·恩格斯

法兰克福关于波兰问题的辩论(节选)

一

科伦8月7日。法兰克福议会中的辩论,从来也没有失去真正德国人的温和的性质,就是在最激动的时刻也是如此;可是在讨论波兹南问题的时候,终于群情激昂起来了。对于这个由普鲁士的榴霰弹和顺从的联邦议会的决议为议会准备好了的问题,议会必须作出明确的决定。议会必须拯救德国的荣誉,还是再一次使德国蒙上耻辱;这里丝毫没有折衷的余地。议会的行动不出我们所料;它批准了对波兰的7次瓜分,它把1772、1794和1815年的耻辱从德意志各邦君主的肩上转到了自己的肩上。

不仅如此,法兰克福议会还把对波兰的这7次瓜分说成是施给波兰人的7次恩惠。难道犹太-德意志种族的暴力侵犯没有把波兰提到它过去不能想象的文化高度和知识水平吗?这些瞎了眼的忘恩负义的波兰人!如果你们没有被分割,你们就得自己去向法兰克福议会乞求这种恩惠!

在沙福豪森附近的天国修道院里,有一个叫博纳维达·布兰克的牧师驯养了40只椋鸟,他割掉了椋鸟的下喙,因此它们不能再自己获取食物,而只好从牧师手中得到饲料。庸夫俗子们老远地看到这些鸟向这位可敬的牧师飞来,落到他的肩上,驯顺地在他的手中啄食,因而对他这种高超的教化和修养感到惊讶。给这位牧师做传记的人说:鸟儿们**爱他就象爱自己**

的恩人一样。

而这些受束缚、受摧残、受凌辱的波兰人却不愿意爱自己的普鲁士恩人!

为了说明普鲁士国家制度施给波兰人的恩惠,最好分析一下作为讨论基础的国际法问题委员会的报告,这篇报告是历史编纂学家**施滕策尔**执笔起草的。

这篇报告按风格来说完全是一种最刻板的外交文件,它首先叙述了1815年波兹南大公国通过"加入"与"联合"而产生的经过,接着列举了弗里德里希-威廉三世当时给波兹南人许下的诺言:保持他们的民族特性、语言和宗教,从当地居民中任命总督,把著名的普鲁士宪法[1]推广到波兹南人中间去。

大家知道,这些诺言哪一条也没有实现过。被分裂的3部分波兰之间的交往自由当然也没有实现过。这种自由愈是不能实现,维也纳会议也就愈是心平气和地表示同意。

接着谈到了居民成分问题。施滕策尔先生计算了一下:1843年在大公国居住的有79万波兰人、42万德国人和将近8万犹太人,总共约130万人。

施滕策尔先生的说法是和波兰人的说法,特别是和普什鲁斯基大主教的说法相矛盾的,照普什鲁斯基的说法,居住在波兹南的波兰人大大超过80万人,而德国人(不包括犹太人、官吏和士兵)只有25万人。

不过我们还是根据施滕策尔先生的说法吧。要达到我们的目的,这已经足够了。为了避免今后的一切争论,我们就假定在波兹南有42万德国人。那末,这些包括犹太人在内已达50万的德国人究竟是些什么样的人呢?

斯拉夫人主要是从事农业的人民,不大善于从事斯拉夫各国直到现在才可能从事的那种城市手工业。当贸易只限于零售交易的时候,贸易的形式是原始的、粗糙的,从事贸易的全是**犹太**行商。当人口增加和文化水平提高的时候,当感到需要城市手工业和城市人口集中的时候,**德国人便伸**

展到斯拉夫各国来了。在中世纪帝国城市的小市民中、在萧条的商队的国内贸易中、在有限的海上贸易中以及在14世纪和15世纪的行会手工业中达到空前繁荣的德国人，表现了自己有成为世界历史上的小市民的才干，而且直到今天在整个东欧和北欧，甚至在美洲，他们仍然是小资产阶级的核心。在彼得堡、莫斯科、华沙和克拉柯夫，在斯德哥尔摩和哥本哈根，在佩斯、敖德萨和雅西，在纽约和费拉得尔菲亚，手工业者、小商人和小捐客大部分（往往是极大部分）是由德国人或祖籍是德国的人组成的。在所有这些城市里，都有纯粹讲德语的街区，而其中有些城市（如佩斯），差不多全是德国人。

德国人的这种移民，特别是向斯拉夫各国的移民，从12世纪和13世纪以来几乎一直没有间断过。此外，自从宗教改革以来，由于对宗教教派的迫害，时常有大批德国人被迫逃亡波兰，他们在那里受到热烈欢迎。在其他斯拉夫国家，在波希米亚①、莫拉维亚等等国家，斯拉夫人由于德国人的侵略战争而大大减少，德国人则由于侵略而增加了。

正是在波兰这种情况特别明显。几百年前就在这里定居下来的德国小市民，在政治上早已很少倾向于德国，正象在美国的德国人一样，或者象柏林的"法国移民"或蒙特维的亚的15000个法国人在政治上很少倾向于法国一样。这在17世纪和18世纪的地方分权时代是可能的，他们成了波兰人，成了操德语的波兰人，而且早已和祖国毫无联系。

但是，不正是他们给波兰带来了文化和教育，带来了贸易和手工业吗！的确，他们随身带来了小型贸易和行会手工业；他们以自己的消费和有限的交换的发展，在某种程度上提高了生产。至于高等教育，1772年以前在整个波兰都很少听到，以后在奥属波兰和俄属波兰的情形也是这样。关于普属波兰，我们还要比较详细地谈一谈。同时，德国人在波兰却妨碍了波兰城市的建立和波兰资产阶级的形成！他们以自己独特的语言，以自

---

① 即捷克。——编者注

己和波兰居民的疏远，以自己成千上万种特权和城市法规，妨碍了中央集权这个使一切国家迅速发展的最有力的政治手段的实现。差不多每一个城市都有自己的独特的法律；尤其是在民族杂居的城市里，都存在过而且往往还继续存在着对德国人、对波兰人、对犹太人的不同的法律。波兰的德国人停留在最低级的工业发展阶段，他们没有掌握大资本，不善于从事大工业，没有控制广泛的贸易关系。为了使工业能够在波兰扎根，需要英国人科克里尔到华沙来。零售贸易，手工业，至多不过是粮食贸易和工场手工业（织布业等等），而且规模非常小，——这就是波兰的德国人的全部活动。在评价波兰的德国人的功绩的时候，也不应忽略下列情况：他们把德国的市侩习气和德国小市民的狭隘性随身带到了波兰，他们兼有两个民族的坏的特性，而没有吸取好的特性。

施滕策尔先生企图激起德国人对波兰的德国人的同情，他说：

当国王……，特别是在17世纪，越来越软弱无力，甚至已经不能保卫当地波兰农民不受贵族最残酷的压迫的时候，德国的乡村和城市也趋于衰落，其中有许多变成了贵族的财产。只有一些比较大的国王的城市拯救了自己旧有的一部分优惠权（应读作：特权）。

施滕策尔先生真的不要求波兰人比保卫自己更好地保卫（其实也是"本地的"）"德国人"（应读作：波兰的德国人）吗？可是不言而喻，移居到某个国家去的外国人除了和当地居民共忧乐而外，不能有别的要求！

现在我们来谈谈波兰人应当特别感谢普鲁士政府的那些恩惠吧。

1772年，弗里德里希二世侵占了涅茨区①，次年，开凿了一条勃罗姆堡运河以沟通奥德河与维斯拉河之间的内河航运。

---

① 由涅茨河而得名（波兰称为诺帖茨）。——编者注

那些几世纪以来波兰和波美拉尼亚争执不下的地方，那些满目荒凉、沼泽遍野而无人烟的地方，现在已经被开垦，而且住上了大批移民。

这么说来，对波兰的第一次瓜分完全不是什么掠夺。弗里德里希二世所占领的不过是"几世纪以来争执不下的"地区。但是，**能够争夺**这个地区的独立的波美拉尼亚究竟从什么时候起不再存在了呢？有多少世纪这个地区实际上已不再是波兰人所争执的地区了呢？这种"争执"和"要求"的生了锈的陈腐理论，这种在17世纪和18世纪适用于掩饰扩大贸易和圈地的野心的理论究竟有什么价值呢？在1848年，当各种"历史的权利"和"非正义性"已经毫无根据的时候，这个理论有什么价值呢？

不过，施滕策尔应当考虑：根据这个早已过时的理论，莱茵河的界线是法德之间"几千年来争执的对象"，而波兰人可以提出要求把普鲁士省甚至把波美拉尼亚作为自己的封建领地！

简单地说，涅茨区已成为普鲁士的地区，从而已不再成为"争执的对象"。弗里德里希二世向这个地区移来了许多德国人，于是出现了因波兹南问题而闻名的所谓**"涅茨同胞"**。以国家为出发点的德国化是从1773年开始的。

根据一切值得相信的材料来看，大公国里的犹太人全是德国人，而且都**愿意**成为德国人……波兰过去在宗教上采取容忍态度，以及犹太人具有某些为波兰人所缺少的特性，这就使得犹太人能够在几世纪以来扩大活动范围，深入到波兰的生活（即波兰人的腰包）[①]中去。他们一般都通晓两种语言，即使在家里他们和他们的孩子也从小就讲**德语**。

[①] 括弧里的话是恩格斯的。——译者注

波兰的犹太人最近在德国所博得的出乎意料的同情和承认，在这里被正式表达出来了。凡是莱比锡市场的势力（投机、吝啬和腐败的最充分的体现）所及的地方，那里被侮辱的人突然成了德国同胞；正直的米歇尔含着喜悦的眼泪紧紧地拥抱他们，而施滕策尔先生则代表德意志民族妄想把他们看做今后**愿意**成为德国人的德国人。

为什么波兰的犹太人不能成为真正的德国人呢？难道他们"和他们的孩子在家里"不是"从小"就讲德语的吗？还要讲什么样的德语呵！

但是，我们要请施滕策尔先生注意，他可以用这样的方法取得整个欧洲和半个美洲，甚至一部分亚洲。大家都知道，德语是全世界犹太人的语言。在纽约和君士坦丁堡，在彼得堡和巴黎，"犹太人和他们的孩子在家里从小就讲德语"，其中一部分人讲的德语要比"涅茨同胞"的"同种族的"同盟者——波兹南犹太人所讲的更为正确。

这篇报告接着描述了民族之间的相互关系，它说得尽量含糊，尽量有利于由波兰的德国人、"涅茨同胞"和犹太人所组成的假想的50万德国人。德国农民的地产，按面积来说要比波兰农民的地产大（我们将看到这是怎么产生的）。自从波兰第一次被瓜分以来，波兰人和德国人（特别是和普鲁士人）之间的仇恨似乎已达到了顶点。

> 普鲁士由于最坚决地整顿国家制度和行政制度（什么话！）[1]，由于严格推行这些制度，就特别明显地破坏了波兰人旧时的法律和固有的制度。

可尊敬的普鲁士官僚的这些"坚决整顿的"和"严格推行的"措施是多么有力，它不但**"破坏了"**旧时的生活习惯和固有的制度，而且还**"破坏了"**全部社会生活，**"破坏了"**工农业生产、商业和采矿业，总而言之，

---

[1] 括弧里的话是恩格斯的。——译者注

毫无例外地"**破坏了**"一切社会关系，——关于这一点，不仅波兰人，而且普鲁士其余的居民，特别是我们莱茵省的居民，都能说出一些惊人的事情来。但是，施滕策尔先生在这里连1807～1848年的官僚都不谈，而只谈1772～1806年的官僚，谈最典型的地道的普鲁士国家制度下的官吏，他们的卑鄙、贪污、贪婪和残酷，在1806年的叛变行为中明显地表现出来了。这些官吏似乎保护了波兰农民反对贵族，而得到的却是忘恩负义；当然，这些官吏一定会感到："任何东西，甚至是强施于人的善行，都不能补偿民族独立的丧失"。

我们也熟悉那种直到最近还为普鲁士官吏所特有的"把一切强施于人"的习惯。哪一个莱茵人没有和新人口的旧普鲁士官吏打过交道，哪一个莱茵人不对这种无比的狂妄自大、这种到处多管闲事的可耻行径、这种眼光短浅和极端自信的结合、这种横行霸道的行为感到惊讶！诚然，在我们这里，旧普鲁士人先生们的骄气往往很快就受到了挫折；在他们的管辖之下，已经既没有"涅茨同胞"，也没有秘密审判，既没有普鲁士法律，也没有体罚；由于没有体罚，有人甚至悲痛欲绝。但是，正是在波兰，在这个可以肆无忌惮地采取体罚和进行秘密审判的地方，他们究竟是如何进行统治的，我们不说也可以想象得到了。

总而言之，普鲁士的专制制度已经给自己取得了这样一种爱："早在耶拿战役以后，波兰人的仇恨就已表现为普遍起义和驱逐普鲁士官吏的形式"。因此，官吏的统治暂时停止了。

但是在1815年，这种统治又恢复起来了，只是形式稍微改变了一下。"经过改良的"、"有教养的"、"廉洁的"、"优秀的"官吏，又企图在这些倔强的波兰人那里取得胜利。

> 但是就连建立波兹南大公国也未能取得充分的同意，因为……普鲁士国王当时决不能允许个别省有完全独立的组织，而把自己的国家在一定程度上变为联盟的国家。

所以，普鲁士国王，用施滕策尔的话来说，"当时决不能"履行自己的诺言和维也纳条约[2]！！

1830年，波兰贵族对华沙起义的同情引起了忧虑，从那时起就开始实行一个经过周密考虑的政策，这个政策归结起来就是采取一些措施（！），即采取收买、分割波兰领地并把它们分给德国人的办法，来逐步地彻底地消灭波兰贵族，于是波兰贵族对普鲁士的仇恨就增长起来了。

"采取一些措施！"就是采取禁止把地产拍卖给波兰人的办法，以及采取施滕策尔先生所竭力渲染的其他类似的措施。

如果普鲁士政府在我们这里也禁止把按照法庭决定应该出卖的地产卖给莱茵省的居民，莱茵省的居民将说些什么呢！这方面的借口是不难找到的：为了使新旧省的居民混合起来，为了把土地分割和莱茵立法的恩惠扩大到旧省居民身上；为了促使莱茵省居民通过移民而在旧省培植自己的工业等等。要使普鲁士"移民"也为我们造福，理由是够多的！我们将怎样看待那些由于完全消除了竞争而以低得可笑的价格收购我们的土地、并且还得到国家援助的居民呢？我们将怎样看待那些只是为了使我们习惯于如醉如狂地欢呼"天佑吾王，天佑吾国！"而强行移入的居民呢！

要知道，我们毕竟是德国人，我们和旧省居民讲的是一样的话。而在波兹南，这些移民经常毫不让步地向国有地、向森林、向被分割的波兰贵族领地移动，以便把当地的波兰人和他们的语言撵出他们的故乡，建立一个真正普鲁士的省，这个省在普鲁士狂方面甚至要超过波美拉尼亚。

为了使波兰的普鲁士农民不致没有天然的统治者，接着就给他们派来了**特雷斯科夫**或**吕提晓**之流的普鲁士贵族的杰出人物，他们在那里也同样以低得可笑的价格收购了波兰贵族的领地，而且用的还是国库贷款。此外，1846年波兰起义[3]以后，在崇高的和最崇高的大人物仁慈的庇护下，柏林成立了一个专为德国贵族收购波兰地产的股份公司。勃兰登堡和波美拉尼亚贵族中的消瘦的食客，预见到对起义的波兰人的审判会使大批波兰地主遭到破产，而他们的地产很快就会廉价出卖。这对那些债务累累的乌刻马克的唐·腊努多[4]该是多么好的生财之道啊！差不多是不化钱的肥沃土地，可以供奴役的波兰农民，而且还有为国王和祖国服务的功劳，——这是多么光辉灿烂的远景啊！

这样就产生了德国人向波兰的第三次移民：普鲁士农民和普鲁士贵族定居于波兹南各地，在政府的支持下抱着明显的目的，他们不仅要使波兹南德国化，而且要使波兹南**波美拉尼亚化**。如果说波兰的德国小市民还可以有所辩解，说他们在某种程度上促进了贸易的发展，如果说"涅茨同胞"还可以夸耀，说他们开垦了若干沼泽地带，那末，近来普鲁士人的入侵是没有任何遁词的。他们甚至没有始终一贯地实行土地分割，因为普鲁士贵族紧跟着普鲁士农民来到了。

二

科伦8月11日。在第一篇论文里，我们分析了施滕策尔报告中的"历史论证"，因为他的报告中有些地方涉及革命前波兹南的情况。今天，我们要谈谈施滕策尔先生所论述的波兹南的革命和反革命的历史。

> 对任何不幸者充满同情（这种同情是毫无价值的）① 的德国人民，始终深切地感到他们的君主对波兰人干下了严重的非正义行为。

当然，他们是以德国人的宁静的心"深切地感到"的，在这颗心里，感情藏得如此之"深"，以致从来也没有在行动中表现出来！当然，他们曾经通过1831年的某些施舍，通过宴会和波兰舞会来表示"同情"，但是

---

① 括弧里的话是恩格斯的。——译者注

事情也只限于跳跳舞来祝福波兰人，喝喝香槟酒和唱唱"波兰人还没有灭亡！"[5]的歌罢了。如果真正要做一些重大的事情，真正要受一些牺牲，那就决不是德国人的事情！

德国人诚恳地伸出了友谊之手，来补偿他们的君主过去的罪恶。

当然，如果悲天悯人的词句和令人沮丧的废话能够"补偿"什么的话，那末任何一个民族在历史面前都不象德国人那样纯洁。

但是就在波兰人欢迎德国人（就是握住向他们伸出的友谊之手）①的时候，两个民族的利益和目的就不一致了。波兰人只想恢复他们以前的国家，至少恢复1772年第一次瓜分前的疆界。

真的，单是那种向来就成为德意志民族性的主要装饰品的无思想、无内容、无目的的热情，就足以使德国人因波兰人的要求而感到茫然！德国人想"**补偿**"波兰所遭受的非正义行为。这种非正义行为是从什么时候开始的呢？撇开过去的种种叛卖行为不谈，至少是从1772年第一次瓜分波兰时开始的。这怎样才能"补偿"呢？只有恢复1772年**以前**的 status quo〔局面〕，或者至少把**德国人**从1772年起掠夺波兰人的全部东西归还波兰。但是这和德国人的利益有没有矛盾呢？好吧，如果谈到利益，那就根本谈不上"补偿"这一类悲天怜人的话；那你们就得用冷酷无情的实际的口吻讲话，就得抛开宴会上的言词和温厚的感情。

况且，第一，波兰人决不是"只""想"恢复波兰1772年的疆界。一般说来，波兰人这一次所"**想**"的事情和我们没有关系。他们首先只**要求**改组**整个**波兹南，并且只谈到今后如果德国-波兰和俄罗斯发生战争时的

---

① 括弧里的话是恩格斯的。——译者注

可能性问题。

第二,"两个民族的利益和目的不一致",只是由于革命的德国在各民族之间的关系上的"利益和目的"仍然和以前专制的德国完全一样。当然,只要德国的"利益和目的"是不惜任何代价同俄国订立同盟,或者至少同俄国和平共处,那末波兰的一切就必须照旧。但是以后我们会看到,德国的**真正**利益和波兰的利益是多么一致。

施滕策尔先生接着说了一段冗长、混乱和含糊的话,他详细地说明波兰的德国人是如何正确,他们虽然给了波兰应有的报答,但是同时却希望仍然做普鲁士人和德国人。在这里,"虽然"排除了"但是","但是"排除了"虽然",——当然,这和施滕策尔先生是毫无关系的。

这里所以加进这样一段冗长混乱的历史叙述,是因为施滕策尔先生企图以此来详尽地证明:在"两个民族的利益和目的不一致"因而使相互间的仇恨日益增长的情况下,流血的冲突是**不可避免的**。德国人坚持**"民族的"**利益,波兰人则坚持纯粹**"领土的"**利益。这就是说,德国人要求按民族来瓜分大公国,波兰人则竭力争取他们以前的一切地区都归自己。

这又不合乎事实,因为波兰人只要求改组,并且声明他们完全同意让出那些德国居民占大多数而且**愿意**归并到德国去的民族杂居的边境地区。不过不应该由普鲁士官吏随便把居民变为德国人或波兰人,而应该给他们表示**自己**的意志的机会。

施滕策尔先生继续说:由于(虚构的,根本不存在的)波兰人反对让出德国居民占大多数的地区,维利森的使命自然遭到了失败。施滕策尔先生手头有维利森对波兰人的声明和波兰人对维利森的声明。这些已经**公布的**声明证明情况恰恰相反。但是,一个如施滕策尔先生所说的"多年研究历史并且立志永远不说假话,永远不隐瞒真相的人"竟会说出这样的话来!

施滕策尔先生怀着这种永远不隐瞒真相的诚实精神,轻轻地放过了在波兹南横行无忌的残暴行为,放过了背信弃义地撕毁雅罗斯拉韦茨协定[6]

的无耻行径，放过了在特舍美什诺、米洛斯拉弗和弗勒申①的屠杀，放过了只有三十年战争中的兵痞们才干得出来的毁灭一切的暴行，他对这些事情竟只字未提。

施滕策尔先生现在谈到普鲁士政府4次重新瓜分波兰的问题。最初是夺取涅茨区和其他4个区（4月14日）；再加上总人口为593390人的其他各区的若干部分，并将这全部地区并入德意志联邦（4月22日）。随后是夺取波兹南城和波兹南要塞以及瓦尔特河左岸的剩余部分，——因此又有273500人，就是说，和上述数字合计，要比居住于整个波兹南的德国人（即使按**普鲁士的统计**）**多出一倍**。这是按照4月29日的诏书进行的，而5月2日已经接收入德意志联邦了。施滕策尔先生眼泪汪汪地要议会相信，波兹南这个重要而强大的要塞留在德国人手中是多么必要，因为居住在这里的有2万以上的德国人（其中大多数是波兰的犹太人），他们拥有全部地产的2/3等等。至于波兹南四周都是波兰的土地，它被迫实行德国化，波兰的犹太人根本不是德国人等等情况，对于"永远不说假话，永远不隐瞒真相"的人们，即对于施滕策尔先生之流的历史学家们是毫不相干的。

这样，从军事的角度来看，波兹南是决不能放弃的。既然照维利森的说法，建筑这个要塞是战略上的一个最大的错误，那就可以毁掉这个要塞，而去加强布勒斯劳②。但是加强波兹南要塞曾经花了1000万（这又不合乎事实，恐怕连500万也不到），自然，把这个珍贵的艺术品留在手里，同时占领20至30平方英里的波兰土地，是更有利的。

如果已经控制波兹南"城和要塞"，自然就给夺取更多的地方提供了有利的机会。

施滕策尔先生带着得意的微笑继续说道："但是要保住要塞，就

---

① 波兰称作弗热斯尼亚。——编者注
② 即弗罗茨拉夫。——编者注

必须保证从格洛高、尤斯特林和托恩①到要塞的通路，并且也必须保证从要塞通往东方的要塞区（只要前进1000至2000步就完全够了，如象马斯特里赫特要塞区到比利时和灵堡的距离那样）②。这样，同时就能够保证毫无阻碍地控制勃罗姆堡运河，而波兰居民占绝大多数的大批地区也不得不并入德意志联邦。"

正是根据这些理由，著名的硝酸银普富尔③这位人类保护者对波兰进行了两次新的瓜分，从而满足了施滕策尔先生的一切愿望，把整个大公国3/4的地区并入了德国。施滕策尔先生以非常感激的心情承认这种举动，因为他作为一个历史学家，必须看到这个路易十四的"归并议会"[7]的再版（而且更胜一筹）是德国人已经学会从历史教训中取得教益的明证。

施滕策尔先生认为波兰人应该引以自慰的是，留给他们的土地比被归并地区的土地肥沃；他们的地产比德国人的地产少得多；"任何一个公正的人都不会否认，波兰农民感到自己在德国政府管辖下要比德国人在波兰政府管辖下好过得多!!"历史已经很好地证明了这一点。

施滕策尔先生在结束时要波兰人相信，留给他们的那一小块土地对他们是足够的，同时向他们呼吁，要他们养成公民的一切美德，从而

很好地准备走向现在还被未来的帷幕遮住的那个时刻，走向他们企图用最正当的也许是非常热烈的方式促其到来的那个时刻。他们的一位最有远见的同国籍的人说得很中肯："有一种王冠也能激起你的**功名心，这就是公民的王冠**"！德国人可以添上两句：这项王冠虽然不是光辉灿烂的，但它却是更值得重视的！

---

① 即格洛古夫、科斯特森和托伦。——编者注
② 括弧里的话是恩格斯的。——编者注
③ 根据普鲁士将军普富尔的命令，给被俘的1848年波兹南起义的参加者剃光头发，并用硝酸银在他们的手上和耳朵上打烙印。从此以后，硝酸银（Von Höllenstein）就变成了普富尔将军的绰号。——编者注

"它是更值得重视的！"可是普鲁士政府4次重新瓜分波兰的真正原因还"更值得重视"。

善良的德国人！你以为进行这几次瓜分是为了把你的德国同胞从波兰统治下拯救出来吗？是为了用波兹南要塞来保护你不受一切侵犯吗？是为了保护尤斯特林、格洛高和勃罗姆堡①的通路或涅茨运河吗？多么错误的想法！

他们可耻地欺骗了你。他们几次重新瓜分波兰，不是由于什么别的原因，而只是**为了充实普鲁士的国库**。

1815年以前对波兰的最初几次瓜分是武装掠夺领土；1848年的瓜分是**盗窃**。

善良的德国人，现在来看一看他们怎样欺骗了你！

在第三次瓜分波兰以后，弗里德里希-威廉二世为了国家的利益，没收了波兰官方的领地和天主教僧侣的领地。正如1796年3月28日没收领地的公告中所说的那样，教会的领地是"全部地产中**最大**的部分"。这些新的领地由国王管辖或者把它们出租；这些新的领地是这样大，要加以管辖，就必须建立34个国有地管理区和21个林业总管理处。每一个国有地管理区管辖很多村庄；例如勃罗姆堡区的10个管理区共管辖636个村庄，而单是一个莫吉尔诺管理区就管辖了127个村庄。

此外，在1796年，弗里德里希-威廉二世还没收了奥文斯克的一个女修道院的领地和森林，并把它们卖给商人冯·特雷斯科夫（特雷斯科夫的祖先是最后一次英勇战争[8]中普鲁士军队的勇猛的首领）；这些领地共有24个有磨坊的村庄和2万摩尔根森林，价值至少也有100万塔勒。

以后，在1819年，又把至少值200万塔勒的克罗托申、罗兹德腊热夫、奥尔皮舍夫和阿德瑙②这几个国有地管理区让给图尔恩-翁特-塔克西斯公爵，作为对他让出他在某些并入普鲁士的省份中的邮务特权的补偿。

---

① 即贝德哥什。——编者注
② 即奥多利亚努夫。——编者注

弗里德里希-威廉二世把所有这些领地攫为己有，似乎是为了更好地管理它们。但是这些领地，即波兰民族的财产，却被分赠了，让与了，出卖了，而由此所得的钱流到**普鲁士**的国库中去了。

格涅兹诺、斯科仁琴、特舍美什诺等国有地也被瓜分和出卖了。

这样，普鲁士政府手中还剩下 27 个国有地管理区和林业总管理处，总值至少有 **2000 万塔勒**。我们准备用手中的地图来证明所有这些领地和森林，除了极少数例外，甚至毫无例外，都在波兹南被归并的地区内。为了把这个无价之宝拯救出来，而且无论如何也不再归还波兰民族，就必须把它归入德意志联邦；但是因为它自己不能到德意志联邦来，所以德意志联邦就得到它那里去，于是波兹南 3/4 的土地就被并入德意志联邦了。

在两个月期间对波兰进行的 4 次有名的瓜分，其真正原因就是这样。具有决定意义的不是某一民族的要求，也不是所谓战略上的考虑；占有领地的愿望和普鲁士政府的贪心，——这就是确定边界线的唯一根据。

正当德国市民们因捏造的他们可怜的同胞在波兹南遭受苦难而悲痛欲绝的时候，正当他们热烈地希望保障德国东部边境的安全的时候，正当他们因听到捏造的关于波兰人惨无人道的消息而对波兰人深恶痛绝的时候，普鲁士政府却偷偷摸摸地行动起来，干出了它的卑鄙勾当。可见德国人的无根据的盲目热情，仅仅适用于掩饰现代历史上最卑鄙的行为。

善良的德国人，这就是你的负责任的大臣们对你所开的玩笑！

但是，实际上你事先也能够知道这一点。凡是有汉泽曼先生参加的地方，那里的问题就决不会是德意志民族和军事需要的问题以及诸如此类的空谈，而总是关于现款和利润的问题。

三

科伦 8 月 19 日。我们已经详细分析了作为辩论基础的施滕策尔先生的报告。我们已经指出他如何伪造波兰现代的和更早的历史以及德国人在波兰的历史；他如何歪曲全部问题；历史学家施滕策尔不仅有意颠倒是非，而且暴露了自己鲁莽无知。

在谈到辩论本身之前，我们还要粗略地探讨一下波兰问题。

单独地提出波兹南问题是毫无意义的，是无法获得解决的。它只是波兰问题的一部分，只能和波兰问题联系起来，同波兰问题一起解决。只有当波兰重新存在的时候，德国和波兰之间的边界才能确定。

但是波兰能不能重新存在，会不会重新存在呢？在讨论中这个问题被否定了。

法国一个历史学家说过：il y a des peuples nécessaries——现时存在的都是**不可缺少的民族**。波兰民族无疑是在19世纪这些不可缺少的民族之列的。

然而正是对我们德国人来说，波兰的民族生存比对任何人都更有必要。

从1815年开始，某些方面甚至从法国第一次革命时期开始的欧洲反动势力，首先建立在什么基础上呢？建立在俄罗斯—普鲁士—奥地利**神圣同盟**的基础上。而这个同盟是靠什么结成的呢？**靠瓜分波兰**，这3个同盟者从瓜分波兰中取得了利益。

这3个强国对波兰进行的瓜分的路线，乃是一根把它们互相连结起来的链条；共同的掠夺用团结的纽带把它们联系起来了。

从第一次掠夺波兰时起，德国就陷于依赖俄国的地位。俄国命令普鲁士和奥地利保持君主专制政体，普鲁士和奥地利必须服从。资产阶级，特别是普鲁士资产阶级为自己争取统治地位的那种本来就软弱无力的意图，由于不可能摆脱俄国，由于俄国支持普鲁士的封建专制阶级而落空了。

此外还有一种情形，就是从三个同盟国最初企图征服波兰的时候起，波兰人就不仅举行起义来争取自己的独立，同时还进行**革命**活动来反对本国的社会制度。

瓜分波兰之所以能够实现，是由于波兰大封建贵族和参加瓜分波兰的3个强国结成联盟。正如前诗人约丹先生所断言的，这个联盟根本不是进步的；它是大贵族摆脱革命的最后一个手段，它彻头彻尾是反动的。

217

第一次瓜分波兰的结果，波兰其他各阶级，即小贵族、城市市民和一部分农民结成了联盟，这是十分自然的；这个同盟既反对波兰的压迫者，也反对本国的大贵族，1791年的宪法[9]证明，波兰人在那时就已经清楚地了解到，他们的独立是和推翻大贵族阶级，和国内的土地改革根本分不开的。

在波罗的海和黑海之间的各个大农业国家，只有实行土地革命，才能摆脱宗法封建的野蛮状态，才能把农奴制的或劳役制［frohnflichtigen］农民变为自由的农民，这个革命和1789年法国农村中的革命完全相似。波兰民族是邻近的农业民族中首先宣布实行这个革命的民族，这是它的功绩。1791年的宪法，是改革的第一次尝试；1830年起义时，列列韦尔宣布土地革命是救国的唯一方法，但是议会对这一点承认得太迟了；1846年和1848年起义时，曾公开宣布实行土地革命。

波兰人从被奴役的那一天起，就起来革命，从而使自己的奴役者更牢固地站在反革命的立场上。他们迫使自己的压迫者不仅在波兰，而且在本国保持宗法封建制度。特别是从1846年克拉柯夫起义时起，争取波兰独立的斗争同时也就是反对**宗法封建的专制政体**而争取**土地民主制**（东欧民主制的唯一可能的形式）的斗争。

由此可见，只要我们还在帮助压迫波兰，只要我们还把波兰的一部分拴在德国身上，我们自己就仍然要受俄国和俄国政策的束缚，我们在国内就不能彻底摆脱宗法封建的专制政体。建立民主的波兰是建立民主德国的首要条件。

建立波兰国家和调整波兰与德国的边界不仅是必要的，而且是革命以来东欧所发生的一切政治问题中最容易解决的问题。散居和杂居在喀尔巴阡山以南的种族庞杂的各个民族为独立而进行的斗争，比起波兰争取独立的斗争和确定波兰与德国的边界问题来，要复杂得多，要以更多的鲜血作代价，要引起更多的纷争和内战。

不言而喻，问题不是要建立一个虚幻的波兰，而是要建立一个有生命力基础的国家。波兰至少应该拥有1772年时代的领土，它不仅应该管辖本国各大河流经过的地区，而且应该管辖各大河流的出口地带以及广大的沿海地带，至少是波罗的海沿岸地带。

如果德国在革命以后，为了自己的利益，有勇气拿起武器去要求俄国放弃波兰，它就可以保证波兰实现上述一切，同时也就保卫了自己的利益和荣誉。至于德国居民和波兰居民在边境地区特别是沿海一带杂居的问题，双方应该互相作某种让步；某些德国人会成为波兰人，而某些波兰人也会成为德国人，这是不言而喻的，也是不会有什么困难的。

但是德国经过不彻底的革命，并没有找到勇气来采取这样坚决的行动。发表一些关于解放波兰的华而不实的演说，在火车站上欢迎来往的波兰人并对他们表示德国人民最热烈的同情（有谁没有被这种同情纠缠过呢？），——这就是我们能够做的事情；至于同俄国开战，使整个欧洲的均势受到威胁，最后，退还掠夺来的某一小块土地，——如果期望做这些事情，那就是太不了解我们德国人了！

对俄国作战究竟是什么意思呢？对俄国作战就是真正同我们过去可耻的一切进行彻底的公开的决裂，就是真正解放和统一德国，在封建制度的废墟上以及在昙花一现的资产阶级统治的基地上建立民主制度。对俄国作战是在对我们的斯拉夫邻邦特别是对波兰的关系上挽救我们的荣誉和利益的唯一可能的办法。

然而我们是市侩，而且始终是市侩。我们举行过好几打大大小小的革命，可是革命还没有完成，而自己就先害怕起来了。在我们大肆吹嘘以后，我们完全没有贯彻到底。革命没有使我们的眼界扩大，反而使它缩小了。在讨论一切问题的时候，那种最怯懦、最狭隘、最肤浅的庸俗见解就表现出来了，而我们的一切真正的利益当然又遭到了损害。从这种打小算盘的庸俗见解出发，解放波兰的大问题自然就归结为改组波兹南省的一部分地区的无谓的空谈，而我们对波兰人的热情也就变成了榴霰弹和硝酸银。

我们再重复一遍：对俄国作战是唯一能够解决问题、唯一能够保卫德国的荣誉和利益的办法。既然不敢进行这种战争，就必然会发生这样的事情：在柏林被击溃的反动军阀在波兹南重新抬头；他们在挽救德国的荣誉和民族利益的幌子下举起反革命的旗帜，镇压我们的同盟者，革命的波兰人，——在这个时刻，被愚弄的德国居然向它的胜利的敌人热烈致敬。重新瓜分波兰已经完成了，所差的只是德国国民议会的批准了。

要挽救这个问题，法兰克福议会还有一个办法，就是否认整个波兹南属于德意志联邦，并且声明，在有可能同复兴的波兰进行 d'égal à égal〔平等的〕谈判以前，边界问题是有讨论的余地的。

不过，这未免对我们的法兰克福国民议会中的教授、律师和牧师们提出过多的要求了！诱惑力是非常之大的：他们，从来没有闻过火药味的和平的市民们，应该通过简单的投票方式为德国夺取500平方英里的地区，兼并80万"涅茨同胞"、波兰的德国人、犹太人和波兰人，虽然这是损害了德国的荣誉和真正的长远的利益的。多么大的诱惑！他们屈服了，批准了瓜分波兰。

根据一些什么理由，我们明天就会见分晓。

……

五

……

如果法国人在最近宣布 Cologne、Coblence、Mayence 和 Francfort① 自古以来就是法国的领土，那么世界历史观点将怎么说呢？那将是世界历史观点的不幸！

可是我们不准备在更伟大的人物也要碰到的 petites misères de la vie humaine〔人类生活中的渺小的不幸〕上面耽搁了。我们现在要跟着柏林来的威廉·约丹先生飞到更高的地方去。我们在那里会听到说："和波兰

---

① 科伦、科布伦茨、美因兹和法拉克福的法文名字。——编者注

人越疏远，对波兰人了解得越少，就越爱波兰人；反之，和波兰人越接近，就越不爱"波兰人，因此，"这种同情"的基础"与其说是对波兰性格的真正赞美，不如说是某种**世界主义的唯心主义**"。

但是地球上各民族对其他某个民族，无论在"同它疏远"的时候，或是在"同它接近"的时候都不"爱"它，世界历史观点对此将作何解释呢？地球上各民族空前一致地鄙视、利用、讥笑和凌辱这个民族，"世界历史观点"对此又作何解释呢？这个民族就是**德意志民族**。

世界历史观点会告诉我们：这是建立在"**世界主义的唯物主义**"基础上的。它就这样摆脱了困境。

不过，全世界历史的鹰并没有因为这一类小小的异议而感到难堪，它越飞越勇敢，越飞越高，最后，一直飞到自在自为思想的纯以太中，大唱英勇的、全世界历史的黑格尔学派的如下颂歌：

> 让人们给历史以应有的报赏吧，历史在它的为必然性所注定的道路上，总是用铁蹄无情地践踏那个在同等民族中间已经无力支持的民族，但是看到这个民族所受的长期苦难而不表示任何同情，毕竟是残忍的和野蛮的，我决不能这样冷酷无情（上帝会奖赏你的，高贵的约丹!）[①]。可是，被悲剧所感动是一回事，想使悲剧向相反的方向发展是另一回事。要知道，仅仅那个使英雄屈服的铁的必然性，就能把他的命运变为**真正的悲剧**；而要干预这个命运的行程，想用人类的同情来阻止正在转动的历史车轮，并且还要把它倒转过来，这就意味着他本身会遭到压死的危险。希望波兰复兴，仅仅是因为它的灭亡引起了正义的哀痛，——我把这叫做怯懦的感伤。

多么丰富的思想！多么深湛的智慧！多么动人的言词！世界历史观点

[①] 括弧里的话是恩格斯的。——编者注

后来整理自己的演说速记记录时这样说。

波兰人必须选择：如果他们想表演"真正的悲剧"，那末他们就应该驯顺地让铁蹄和正在转动的历史车轮来蹂躏自己，同时告诉尼古拉："陛下，服从你的意志"！或者，如果他们想起来造反，想试一试能否用"历史的铁蹄"来痛击自己的压迫者，那末他们就不表演任何"真正的悲剧"，而从柏林来的威廉·约丹先生对他们就不会再感到兴趣。在罗生克兰茨教授那里受过美学教育的世界历史观点这样说。

暂时把波兰消灭了的那个铁面无情的铁的必然性到底是什么呢？这就是建立在农奴制基础上的小贵族民主制的崩溃，也就是大贵族在小贵族内部的产生。这是前进的一步，因为它是摆脱过时的小贵族民主制的唯一途径。但它的后果是什么呢？是历史的铁蹄即东方的3个专制君主粉碎了波兰。大贵族为了要消灭小贵族民主制，不得不和外国结成同盟。波兰的大贵族在不久以前，有一部分一直到今天，还是波兰压迫者的忠实同盟者。

使波兰恢复自由的那个铁面无情的铁的必然性又是什么呢？这就是从1815年起在波兰，至少在波兹南和加里西亚，甚至在一部分俄属波兰没有中断过的大贵族统治，现在也象1772年的小贵族民主制那样垮台了；这就是土地民主制的建立对波兰来说不仅是迫切的政治问题，而且是迫切的社会问题；这就是如果农奴制的或"有义务"〔robotpflichtige〕的农民不能成为自由的农民，那末波兰人民赖以为生的农业就要毁灭；最后，这就是如果不同时获得独立的民族生存，不占有波罗的海沿岸地区和波兰各河流的出口地带，实行土地革命是不可能的。

从柏林来的约丹先生却把这说成是想阻止正在转动的历史车轮，并且还要把它倒转过来！

当然，小贵族民主制的旧波兰早已死亡了并被埋葬了，只有约丹先生才能指望什么人来使这个波兰的"真正悲剧"向相反的方向发展；但是这个悲剧的"主角"却生了一个强壮的儿子，仔细地认识一下这个儿子，的确会使某个目空一切的柏林文学家胆颤心惊。这个儿子刚刚在准备演自己的戏，刚刚把自己的手放到"正在转动的历史车轮"上去，而他的胜利却是有保证的，——这个儿子就是**农民**民主制的波兰。

有一些陈腐的小说式的虚夸，有一些装腔作势的对世界的蔑视（这在黑格尔看来是勇敢，而在约丹先生看来却是不足道的平凡的蠢举），简单说来，有一些钟和炮，丑恶的言词所包含的"烟雾和音响"[10]，加上在最普通的历史方面的难以置信的糊涂和无知，——整个世界历史观点归结起来就是这样！

世界历史观点及其可理解的世界万岁！

六

……

在亚尼舍夫斯基之后发言的是从波兹南来的凯尔斯特校长先生。在为本民族的生存、为本民族的社会和政治自由而斗争的波兰人之后，是为自己的薪金而斗争的、迁居波兹南的普鲁士教师。在被压迫者的激昂慷慨的高贵的演说之后，是靠压迫来过幸福生活的官僚的卑鄙无耻的发言。

瓜分波兰，"现在叫做耻辱"，在当时却是**"极普遍的现象"**。

"按民族来独树一帜的民族权利，完全是一种新的、任何地方都没有承认过的权利。""在政治上，只有**实际的占有**才能起决定作用。"

这就是凯尔斯特的论证所根据的那些意味深长的格言中的几个例子。再说下去就矛盾百出了。

他说："有些地带随着波兹南归并德国，毫无疑问，这些地带大部分是波兰的；"过了一会又说："至于波兹南的波兰部分，它并没有要求合并到德国去，据我想来，诸位先生，你们不要违背它的意志，把这一部分合并过去！"

在发表了这些议论之后，他引用了关于居民成分的统计资料，这些资料是靠"涅茨同胞"所使用的有名的计算方法获得的。根据这些资料，只有完全不懂德语的人，才算是波兰人，多少能说几句德语的人则一律算作德国人。末了，他使用了一个极端巧妙的计算方法，由此得出结论说，波兹南省议会表决时，**赞成**合并到德国去的17票对26票的少数，其实是多数。

根据省的法规，毫无疑义，必须有2/3的多数，才有权做出决定。当然，17票还不到26票的2/3，但是不够的部分是很小很小的，在决定如此重要的问题时是不必加以重视的！！

这样一来，少数既然成了多数的2/3，"根据省的法规"，它就是多数了！旧普鲁士国家制度，无疑会因凯尔斯特先生的这种发明而给他加冕。实际上，问题是这样的：必须有2/3的票数，才能提出**建议**。加入德意志联邦也就是这样的建议。因此，这个建议只有得到议会的2/3，即43票的2/3的票数的赞成，才是合法的。可是，几乎有2/3的票数表示反对。这说明了什么呢？原来，17是"43的2/3弱"！

如果说波兰人不象"理智的国家"的公民那样，他们不是"有教养的民族"，那末，这是理所当然的，因为理智的国家给他们派去当教师的是这样的算术专家。

……

八

科伦9月2日。辩论的第三天，大家都露出了倦意。论证是老一套，没有什么更好的东西，如果不是第一位可敬的发言人**阿尔诺德·卢格**先生拿出了他的丰富的新论据来，速记记录就会是枯燥乏味的。

但卢格先生对自己的功绩比谁都知道得更清楚。他许下诺言：

我要用我的**全部热情**、我的**全部知识**。

他提出了建议,但是这不是什么普通的建议,不是一般的建议,而是唯一正确的**合乎真理**的建议,绝对的建议。

决不能有任何别的建议、别的假定了。当然可以采取另一种行动,诸位先生,因为人是习惯于离开正确的道路的。正因为人离开了正确的道路,他也就具有自由的意志……但是正确的决不因此就不再是正确的了。而在目前的情况下,我的建议是可能提出的建议中**唯一正确的**建议。

(这样一来,卢格先生就使自己的"自由的意志"为"正确的"东西牺牲了。)

我们现在来仔细地看一看卢格先生的热情和知识,看一看他的唯一正确的建议。

消灭波兰之所以是可耻的非正义行为,是因为这样就压制了这个民族的宝贵的发展,这个民族在欧洲各民族的大家庭中曾经树立过巨大的功绩,曾经辉煌地发展过中世纪生活的一个阶段,即发展过骑士精神。专制主义妨碍了小贵族共和国实现它本身的内在的(!)消灭,而这种消灭,借助于革命时期制定的宪法是有可能实现的。

中世纪的南方法兰西民族和北方法兰西民族,不比现在的波兰民族和俄罗斯民族有更多的亲属关系。南方法兰西民族——vulgo〔即一般所谈的〕普罗温斯民族——在中世纪时代不仅完成了"宝贵的发展",甚至还走在欧洲发展的前面。它在新时代的一切民族中第一个创造了标准语言。它的诗当时对拉丁语系各民族甚至对德国人和英国人都是望尘莫及的范例。在创造封建骑士精神方面,它可与卡斯提尔人、北方法兰西人和英格

225

兰诺曼人相匹敌；在工商业方面，它丝毫不逊于意大利人。它不仅"辉煌地"发展了"中世纪生活的一个阶段"，甚至使古希腊文明在中世纪末期回光返照。因此，南方法兰西民族"在欧洲各民族的大家庭中"不仅"有"很大的"功绩"，而且简直有无限的"功绩"。可是它终于象波兰一样，起初被北方法兰西和英国瓜分，后来又被北方法兰西人全部征服了。从阿尔比教派战争[11]起到路易十一止，北方法兰西人对南方法兰西人进行了连绵不断的奴役战争，结果把全国征服了，但是北方法兰西人在文化程度上低于其南方的邻人，犹如俄国人低于波兰人一样。"专制主义"（路易十一）"妨碍了"南方法兰西"小贵族共和国"（在它的繁荣时期，这个称号是完全正确的）"实现它本身的内在的消灭"，而这种消灭，借助于城市市民阶层的发展，无论如何是有可能实现的，正象波兰小贵族共和国借助于1791年的宪法来实现它的消灭一样。

南方法兰西人同自己的压迫者斗争了好几个世纪。但是历史的发展是铁面无情的。经过300年的斗争，普罗温斯人的优美的语言沦落到了地方方言的地步，他们本身也成了法兰西人。北方法兰西的专制主义，在南方法兰西身上压了300年，只是在300年后，北方法兰西人消灭了南方法兰西民族独立的最后一点残余，才补偿了自己的压迫。制宪议会把那些独立的省划分为几个部分，国民公会的铁拳破天荒第一次把南方法兰西的居民变成**法兰西人**，并为了补偿他们已经丧失的民族特性，给予他们以民主。但是在3个世纪中对他们的奴役，可以一字不差地借用卢格先生关于波兰人所说的话：

> 俄国的专制主义并没有解放波兰人，消灭波兰的小贵族阶级以及把这样多的贵族家庭逐出波兰，——这一切既没有使俄国建立民主制度，也没有使俄国具备合乎人道的生活条件。

可是，从来也没有把北方法兰西人征服南方法兰西叫做"最可耻的非正义行为"。这是怎么一回事呢，卢格先生？二者必居其一：或者征服南方法兰西是可耻的非正义行为，或者征服波兰决不是非正义行为。请你选择吧，卢格先生！

波兰人和南方法兰西人之间究竟有什么区别呢？为什么南方法兰西象一个软弱无力的累赘那样被北方法兰西人拖着走，直到它的民族特性完全消灭为止，而波兰人却完全有希望很快站在斯拉夫各部族的前列呢？

南方法兰西由于社会条件（这些社会条件我们在这里不可能详细分析），是法国的反动的部分。它对北方法兰西的反对立场很快就变成了对整个法国各进步阶级的反对立场。它成了封建主义的主要支柱，并且直到现在还是法国反革命的堡垒。

波兰就恰恰相反，它由于社会条件（这些社会条件我们在前面已经分析过了）（见本报第81号）①，成了俄国、奥地利和普鲁士的革命的部分。它对它的压迫者们的反对立场同时也就是对本国大贵族的反对立场。甚至小贵族阶级（一部分还站在封建的立场上）也以无比的忘我精神参加民主的土地革命。当德国还在最庸俗的立宪思想和浮夸的哲学思想中徘徊的时候，波兰就已经成了东欧民主的策源地。

波兰复兴的保证，波兰复兴的必然性就在这里，而根本不在于久已埋葬了的骑士精神的辉煌发展。

但是卢格先生还有另外一个为"欧洲各民族的大家庭"中必须有独立的波兰存在作辩护的论据：

> 加在波兰身上的暴力，使波兰人散布在欧洲各地；他们到处流散，因为遭到非正义行为而充满了愤怒……波兰精神在法国和德国（！？）成了更合乎人道的精神，而且纯化了，因为波兰的流亡者成了**宣传自由**的人（No1）②……斯拉夫人是能够加入欧洲各民族的大家庭

---

① 指《新莱茵报》第81号，见《马克思恩格斯全集》第五卷，人民出版社，1958，第389~398页。——编者注
② 括弧里的话和符号是恩格斯的。——译者注

227

的（没有"大家庭"无论如何是不可能的！）①，因为……他们的流亡者真正做到了**传播自由**（No2）②……多亏波兰人这些**自由的传播者**（No3）③，所有的俄国军队（！！）才感染了新时代的思想……我尊重波兰人在全欧洲表现出来的那种手执武器**宣传自由**（No4）④的可敬的志向……只要他们不断发出自己的声音，他们在历史上就会受到赞扬，因为**他们到处以急先锋**（No5）⑤**的姿态出现**（！！！）……波兰人是投到斯拉夫民族中去的**自由的因素**（No6）⑥；他们把在布拉格举行的斯拉夫人代表大会引上了**自由**的道路（No7）⑦，他们在法国、俄国和德国进行活动。由此可见，波兰人在现代文明中也是积极的因素，他们起了很好的作用，因为他们起了很好的作用，因为他们是必需的，所以他们决不是没有生气的。

卢格先生要证明：第一，波兰人是必需的；第二，波兰人不是没有生气的。他在证明时说："因为他们是必需的，所以他们决不是没有生气的。"

如果从上面所引的那段把同样的意思重复了7次之多的冗长的话中去掉几个字——波兰人、因素、自由、宣传、文明、传播，你们就可以看到这一段夸夸其谈的话还剩下些什么。

卢格先生要证明波兰复兴的必要性。他以如下的话来证明这一点。波兰人不是没有生气的，恰恰相反，他们是充满生命力的，他们起了很好的作用，他们是全欧洲自由的传播者。他们是怎样做到这一点的呢？加在他们身上的暴力和可耻的非正义行为，使他们散居在欧洲各地，他们带来了因为遭到非正义行为而产生的愤怒，正当的革命的愤怒。他们在被放逐中

---

① 括弧里的话和符号是恩格斯的。——译者注
② 括弧里的话和符号是恩格斯的。——译者注
③ 括弧里的话和符号是恩格斯的。——译者注
④ 括弧里的话和符号是恩格斯的。——译者注
⑤ 括弧里的话和符号是恩格斯的。——译者注
⑥ 括弧里的话和符号是恩格斯的。——译者注
⑦ 括弧里的话和符号是恩格斯的。——译者注

使自己的这种愤怒"纯化了",而这个纯化了的愤怒又使他们能够传播自由,并使他们"站在街垒的最前列"。由此应该得出什么结论呢?要放弃可耻的非正义行为和加在波兰人身上的暴力,要复兴波兰,——那时候"愤怒"就会消失,那时候愤怒就不会再纯化,那时候波兰人就会回家,而不再"传播自由"。如果说"因为遭到非正义行为而产生的愤怒"是使波兰人成为革命者的唯一原因,那末放弃非正义行为就会使他们成为反动分子。如果说反抗压迫是波兰人维持生命力的唯一来源,那末请放弃压迫吧,这样波兰人就会没有生气。

这样一来,卢格先生恰恰证明了他想要证明的反面。由他的论据引伸出来的结论,就是为了自由和欧洲各民族大家庭的利益,波兰**不应该复兴**。

而且,卢格先生的"知识"是很奇怪的,他说到波兰人时,只提到流亡者,只看到街垒中的流亡者。我们绝对不想侮辱波兰流亡者,他们在战场上以及在为了波兰的利益而进行的18年秘密工作中,证明了自己的毅力和勇气。但是我们也不能否认:凡是熟悉波兰流亡者的人,都知道波兰流亡者远不象卢格先生跟在前公爵利希诺夫斯基后面信口妄谈的那样,达到了以传道者的精神热爱自由和一心想置身街垒的程度。波兰流亡者为了复兴波兰,表现得很坚定,忍受了很多痛苦,做了很多工作。但是难道波兰国内的波兰人做的事情就少吗?难道他们没有蔑视严重的危险吗?难道他们没有遭受麻比特和斯皮尔堡的监狱、鞭笞、西伯利亚矿场、加里西亚的屠杀和普鲁士的榴霰弹等等的惨祸吗?可是这一切在卢格先生看来都是不存在的。他很少注意到,没有流亡的波兰人和几乎所有的波兰流亡者(除列列韦尔和梅洛斯拉夫斯基以外)比较起来,接受的一般欧洲文明要多得多,对他们常住的波兰的需要要清楚得多。卢格先生认为波兰所有的一切知识,或者用他的话来说,"传播到波兰人中间的、波兰人所掌握的"一切知识,是由于他们居住在外国取得的。我们在№〔81〕① 中曾经指出:

---

① 指"新莱茵报"第81号。——译者注

波兰人既不应当从二月以后已经由于空谈而没落的法国政治空想家那里去了解本国的需要，也不应当从还没有机会没落的深思熟虑的德国思想家那里去了解本国的需要；我们曾经指出：波兰本身就是研究波兰需要什么的最好的学校。波兰人的功绩就在于他们首先承认并宣告土地民主制是使一切斯拉夫民族获得解放的唯一可能的形式，而根本不是象卢格先生所设想的那样，把"在法国成熟了的政治自由的伟大思想"这一类空话"甚至（！）把在德国产生的哲学（卢格先生陷在这种哲学中）① 搬到了波兰和俄国"。

……

九

科伦9月6日。我们跟在"人道的"卢格先生后面，沿着他的道路对波兰的必要性作了历史的考察。直到现在为止，卢格先生所说的只是令人厌恶的过去，只是专制主义的时代；他修改了**不合理的事件**，现在他转到了当前的时代，转到了光荣的1848年，转到了革命，现在他踏上了故土，现在他修改"事件的**理性**"[12]。

怎样才能实现波兰的解放呢？波兰的解放可以用缔结条约的方式来实现，欧洲两大文明民族必须参与缔结条约，它们必须同德国，同解放了的德国组成新的三国同盟，**因为**它们的想法是一样的，它们的要求**一般说来**是相同的。

在我们面前的这句大胆的话中包含着对外政策方面的事件的全部意义。"想法一样、要求一般说来相同"的德国、法国和英国之间的同盟，

---

① 括弧里的话是恩格斯的。——译者注

就是现代3个瑞士人——卡芬雅克、莱宁根和约翰·罗素之间的新的留特利同盟[13]。不过,近来法国和德国依靠上帝的帮助,又后退得这样远,以致它们的政府关于一般政治原则的"想法"几乎"是一样的",官方的英国这块在大海中屹立不动的反革命的岩石也是这样。

但是这3个国家不仅"想法"是一样的,而且"要求一般说来也是相同的":德国要得到什列斯维希,英国则不愿意使它有这种机会;德国要实行保护关税,英国则希望有贸易自由;德国要统一,英国则希望它分散;德国希望成为一个独立的国家,英国则力求在工业上奴役它。这说明了什么呢?说明它们的要求"一般说来"毕竟"是相同的"!至于法国,它颁布反对德国的关税法;它的部长巴斯蒂德嘲弄代表德国驻法国的劳麦老师,这就很明显,它的要求"一般说来"和德国"是相同的"。真的,英国和法国都非常确切地证明,它们的要求也就是德国的要求,同时以战争来威胁德国:英国是为了什列斯维希,法国是为了伦巴第!

卢格先生具有思想家所特有的天真想法,他认为各民族如果在某些政治观念上相同,那末单凭这一点就应该结成同盟。在卢格先生的政治调色板上一共只有两种颜色:黑色和白色,即奴役和自由。在他看来,世界分为两大部分:文明民族和野蛮人,自由人和奴隶。6个月以前穿过莱茵河彼岸的自由的分界线,现在同俄国的国境线一致了,而人们就把这个过程叫做1848年的革命。现代运动在卢格先生头脑中的反映是这样混乱。二月和三月的街垒战斗口号,译成波美拉尼亚文[14]就是如此。

如果把卢格的议论反过来从波美拉尼亚文译成德文,那末,3个文明民族,3个自由民族,虽然发展的形式和阶段各不相同,原来都是资产阶级统治的民族,而处在宗法封建专制主义统治下的民族,都是"奴隶和仆役"。严格的共和主义者和民主主义者阿尔诺德·卢格所理解的自由,是最平凡的"肤浅的"自由主义,是至多不过具有假民主形式的资产阶级的统治,——问题的全部实质就在这里!

……

我们对波兰问题辩论的评论就此结束。如果还要我们谈一谈从波兹南来的勒弗先生以及在他以后发言的其他一些大人物,那未免要求过分了。

所有这些辩论所留下的印象都是微不足道的。长篇演说是这样多,内容是这样贫乏,对情况的了解是这样有限,才能是这样不够!过去或现在的法国议会或英国下院中最没有意思的辩论,也要比3天来对现代政治中一个最有意义的问题的讨论具有更多的智慧、更多的实际知识、更多的实际内容。本来可以用一切办法来利用这些辩论,可是国民议会却把它们变成了无谓的空谈!

真的,任何时候、任何地方都还没有开过这样的会议!

决议是大家都知道的。侵占了波兹南3/4的地方;不是靠武力,不是靠"德国人的勤劳",不是用"犁"去侵占,而是靠无谓的空谈,靠不确实的统计,靠羞羞答答的决议去侵占。

"你们吞下了波兰人,但是我发誓,你们决不能把他们消化!"

弗·恩格斯写于1848年8月7日~9月6日载于1848年8月9日、12日、20日、22日、26日、31日、9月1日、3日、7日《新莱茵报》第70号、73号、81号、82号、86号、90号、91号、93号、96号

原文是德文
俄文译自《新莱茵报》
选自《马克思恩格斯全集》第5卷,人民出版社,1958,第371～393、405～408、412～413、419～424、426～427、431页

注释:

[1] 恩格斯所讲的普鲁士宪法,是指国王弗里德里希-威廉三世屡次提出的关于在普鲁士实行等级宪法的诺言,但是这个诺言并没有兑现。

[2] 在俄罗斯、普鲁士和奥地利1815年5月3日在维也纳签订的条约中以及在1815年6月9日维也纳代表大会的最后决议案中,都包含有在波兰全境建立人民代议制和民族国家机构的诺言。在波兹南,问题归结为召开具有咨议职能的等级代表会议。

[3] 波兰人民为了民族解放曾准备在1846年2月举行起义。起义的主要发起人是波兰的革命民主主义者(邓波夫斯基等人)。但是,由于波兰小贵族的背叛行

为和普鲁士警察逮捕了起义的领袖,总起义没有成功,只是个别地方发出了革命的火花。只有在从1815年起由奥、俄、普共管的克拉柯夫,起义者在2月22日取得了胜利并建立了国民政府,发表了废除封建义务的宣言。克拉柯夫起义在1846年3月初被镇压下去了。在1846年11月,奥、普、俄签订了关于把克拉柯夫并入奥地利帝国的条约。

[4] 指丹麦作家路·霍尔堡的喜剧"唐·腊努多·迭·科利勃腊多斯,或称贫穷和骄傲"中的人物,这是一个非常愚蠢的妄自尊大的没落贵族的典型。

[5] 这是波兰国歌的歌词。

[6] 雅罗斯拉韦茨协定是1848年4月11日由波兹南委员会和普鲁士军事代表维利森将军签订的。该协定规定,解除波兰起义部队的武装和解散他们的部队。交换条件是:答应波兰人在波兹南实行"民族改组",即建立波兰部队,委任波兰人担任行政和其他职务,在行政和诉讼事宜中使用本民族语言。但是普鲁士当局背信弃义地撕毁了这个协定;普鲁士军队利用和起义部队所达成的协议,残酷地镇压波兹南的民族解放运动。答应波兰人实行"改组"的诺言也就没有实现。

[7] "归并议会"是路易十四在1679~1680年建立的,其任务是从法律上和历史上来论证法国对邻国某些领土要求的合理性,论证以后,随即由法国军队进占这些领土。

[8] 恩格斯用讽刺的口吻这样称呼由于什列斯维希-霍尔施坦而引起的普鲁士和丹麦的战争。

[9] 1791年的波兰宪法反映了波兰小贵族中最进步的人士和城市资产阶级的意向。这个宪法废除了利别龙委多(联邦议会的决议案必须一致通过的原则)和国王的被选举权,规定政府向联邦议会负责,并给予城市资产阶级以许多政治上和经济上的权利。这些措施反对大贵族和封建的无政府状态,从而巩固了中央政权。1791年的宪法由于承认地主和农民之间所签订的赎卖契约具有约束力,而使农奴制关系稍微缓和了。

[10] 歌德:《浮士德》第一部第十六场"玛尔特的花园"。

[11] 阿尔比教派战争是1209年至1229年北方法兰西的封建主和教皇对南方法兰西的"异教徒"(又称阿尔比教派,因南法城市阿尔比而得名)进行的战争。阿尔比教派运动是市民和小骑士阶层反对天主教教会和封建国家的一种

特殊形式。战争在 1229 年以朗基多克并入法国国王的领地而结束。

[12] 在卢格起草的"德国激进改良党的选举宣言"（1848 年 4 月）中提出，国民议会的主要任务是"修改事件的理性"。

[13] 这里指的是关于瑞士联邦形成的一个传说。瑞士联邦是由 3 个山地州——什维兹、乌利和温特瓦尔顿在 1291 年缔结条约而建立的。据传说，3 个州的代表于 1307 年在留特利（又称格留特利）的草原上聚会，宣誓在反对奥地利统治的联合斗争中忠实于联邦。

[14] 这是按照海涅的话改写的；海涅在 1843 年欢迎卢格时，说他是"善于把黑格尔的话译成波美拉尼亚文"的人。

弗·恩格斯

丹麦和普鲁士的休战（节选）

科伦9月9日。由于国民议会的优柔寡断（它不去迅速而果断地做出决定，**设法**任命新的大臣，却容许委员会不慌不忙地进行讨论，把内阁危机交给上帝去解决），我们现在再来谈谈和丹麦的休战。这种拙劣地掩盖"我们亲爱的朋友没有勇气"[1]这一事实的优柔寡断的态度，使我们有时间来谈这个问题。

意大利的战争一直不受民主党的欢迎，而且甚至连维也纳的民主主义者也早已对它不感兴趣了。普鲁士政府利用伪造的文件和谎话只能使因波兹南的歼灭战而引起的社会上不满的风暴延长几个星期而已。布拉格的巷战尽管被民族主义的报刊大肆渲染，但是它只能引起人民对失败者而不是对胜利者的同情。相反地，什列斯维希-霍尔施坦的战争一开始就受到**人民**的欢迎。这究竟是什么原因呢？

这是因为当时在意大利、波兹南和布拉格德国人曾**反对革命**，而在什列斯维希-霍尔施坦德国人则**支持了革命**。对丹麦的战争是德国进行的第一次革命战争。因此我们一开始就**主张**坚决和丹麦作战，但这和举杯歌颂受海洋冲洗的什列斯维希-霍尔施坦的资产阶级的热情毫无共同之处。

对德国来说，最悲惨的是，它的第一次革命战争乃是历来战争中最滑稽的战争！

现在来谈谈问题的实质。丹麦人民无论在贸易、工业、政治和文学等方面都处于绝对依赖德国的地位。大家知道，丹麦的京城实际上不是哥本哈根，而是汉堡；丹麦政府在整整一年中仿照因街垒战而垮台的普鲁士政府的榜样对联合议会进行了各种试验；丹麦从德国获得全部文学资料，正如获得物质资料一样，因此丹麦文学（除了霍尔堡以外）实际上是德国文学拙劣的翻版。

尽管德国从来软弱无力，但是它能感到满意的是：斯堪的那维亚的各个民族（包括丹麦在内）毕竟要仰它的鼻息，它和**这些民族**比较起来甚至还算是革命的和先进的国家哩。

你们需要证据吗？你们不妨了解一下自从斯堪的那维亚主义的思想出现以来在各个斯堪的那维亚民族之间所展开的激烈论战。斯堪的那维亚主义的含义是：歌颂残酷、粗暴和海盗式的古诺曼人的性格，即极端的闭关自守状态，在这种闭关自守的状态下，表达丰富的思想和感情的不是语言而是行动，即粗暴地对待妇女、经常酗酒和疯狂好战［Berserkerwut①］，而又多愁善感。

斯堪的那维亚主义以及与受海洋冲洗的什列斯维希-霍尔施坦有种族关系的理论同时出现在丹麦国王的土地上。它们彼此关联，相依为命，互相斗争，从而保存自己。

斯堪的那维亚主义是丹麦人向瑞典人和挪威人求援的形式。但是发生了在基督教日耳曼民族那里所经常发生的事情：立刻产生了一种争论，即谁是真正的基督教日耳曼人，谁是地道的斯堪的那维亚人。瑞典人说丹麦人"德意志化了"和退化了，挪威人又说瑞典人和丹麦人才是这样，而冰岛人却说他们都是一丘之貉。当然，一个民族越落后，它的风俗习惯和生活方式越接近古诺曼人，它就越具有"斯堪的那维亚的"性格。

我们手头有一份1846年11月18日克利斯提阿纳②的"晨报"[2]。在这份可爱的报纸的一篇文章中，我们可以发现如下几处关于斯堪的那维亚

---

① Berserker是指斯堪的那维亚传说中凶猛的武士形象。——编者注
② 即奥斯陆。——编者注

主义的饶有趣味的地方。

这篇文章把整个斯堪的那维亚主义完全说成是丹麦人为了自己的利益而想激起运动的一种企图，它这样描绘丹麦人：

> 这个活泼愉快的人民与古老、严峻和忧郁的战士的世界有什么共同之处（med den gamle, alvorlige og vemodsfulde Kjämpeverden）呢？这个性格柔弱而温和（甚至连一个丹麦作家也这样认为）的民族怎么能认为自己在精神上同坚强而精力充沛的古代人相近呢？这些操着柔和的南方口音的人怎么能以为他们讲的是北方话呢？我们这个民族和瑞典民族以及古老的北方居民的主要特征是：感情**涵蕴**而不**外溢**，可是这些敏感而诚恳的人却那样容易惊慌、激动和放弃己见，他们的一切举止神情很容易表露出自己的内心感受，虽然如此，这些人却认为他们是按照统一的北方样子制成的，他们在性格上是和其他两个斯堪的那维亚民族相近的！

"晨报"用丹麦人和德国的联系以及在丹麦推行德国风俗来解释丹麦人的这种退化。虽然德国人

> 丧失了自己最神圣的财富，即自己的民族性格；但是，不管德意志的民族性多么软弱无力和平淡无奇，而世界上还有另一种更软弱无力和平淡无奇的民族性，即丹麦的民族性。德国语言在亚尔萨斯、瓦得和斯拉夫的境内虽然受到排斥（！！当时"德国弟兄们的"功绩还没有被宣扬出去）①，而在丹麦的境内却取得了巨大的成就。

因此，据说丹麦人现在必须把自己的民族性和德国人对立起来，而且

---

① 括弧里的话是恩格斯的。——译者注

就是为了这个目的他们才发明了斯堪的那维亚主义；丹麦的民族性是无力反抗的，

　　因为，如上所述，丹麦民族虽然没有采用德国语言，但是**在很大程度上已经德意志化了**。作者本人在一份丹麦报纸上读到过如下的自白：**丹麦的民族性在本质上和德意志的民族性没有区别。**

"晨报"就是这样写的。
当然不能否认，丹麦人是半开化的民族。不幸的丹麦人！
……

弗·恩格斯写于1848年9月9日　　　　　　　　　　　　　原文是德文
载于1848年9月10日《新莱茵报》第　　　　　俄文译自《新莱茵报》
99号　　　　　　　　　　　　　　　　　　选自《马克思恩格斯全集》第5卷，人民出版社，1958，第463～466页

注释：

[1] 海涅：《德国——一个冬天的童话》第十九章。
[2] "晨报"（《*Morgenbladet*》）是挪威的报纸，1819年在克利斯提阿纳（奥斯陆）创刊；在19世纪30至40年代曾是所谓"人民党"的机关报。

卡·马克思

革命运动

科伦12月31日。从来还没有一次革命运动像1848年的革命运动这样以如此动人的序曲开始。罗马教皇给1848年的革命运动以宗教的祝福,拉马丁的风神之琴轻轻地奏出了优美慈爱的曲调,歌唱了所有社会成员和各族人民的《fraternité》——手足情谊。

"拥抱吧,亿万人民!
普天之下共亲吻。"[1]

现在,被赶出罗马的教皇在残暴的白痴斐迪南的保护之下稳坐在加埃塔;这个意大利的《iniciatore》〔"倡议者"〕[2]正在运用计谋,伙同他在自己的黄金时代曾以开除教籍相威胁的、意大利历来的死敌奥地利来反对意大利。不久前在法国举行的总统选举,对于叛徒拉马丁的不得人心作了统计学上的证明。没有比二月革命和三月革命更仁慈、更人道和更软弱的事变了;没有比这种**软弱性的人道主义**的必然后果更残酷的东西了。意大利、波兰、德国和首先是在六月战败的那些人们就是证明。

然而,随着法国工人在六月的失败,六月的胜利者自己也战败了。赖德律-洛兰和山岳党的其他领袖被资产阶级共和主义者的政党即"国民报"派排挤掉了;而"国民报"派则被王朝反对派即梯也尔—巴罗排挤掉了；如果三次复辟的循环没有完结，如果路易-拿破仑不只是一个空的投票箱（通过这个投票箱，法国农民声明他们参加社会革命运动，而法国工人则诅咒过去几个革命阶段的一切活动家：梯也尔—巴罗，拉马丁和卡芬雅克—马拉斯特），而是一个更有用的东西，那末这个王朝反对派也应该让位给正统主义者[3]。但是我们要指出如下的事实：革命的法国工人阶级失败的必然结果，便是刚刚镇压了无产阶级的法国共和派资产阶级的失败。

法国工人阶级的失败和法国资产阶级的胜利，同时也就是那些用谋求解放的英勇行动来回答高卢雄鸡的叫声的民族遭受新的奴役。波兰、意大利和爱尔兰又一次遭到普鲁士、奥地利和英吉利的警察制度的掠夺、侮辱和残暴的践踏。法国工人阶级的失败和法国资产阶级的胜利，同时也就是欧洲各国曾经一度与人民结合起来用反对封建制度的流血起义来回答高卢雄鸡的叫声的中等阶级的失败。那不勒斯、维也纳、柏林！法国工人阶级的失败和法国资产阶级的胜利，同时也就是东方对西方的胜利，文明在同野蛮作斗争中的失败。在瓦拉几亚俄国人及其工具——土耳其人开始对罗马尼亚人实行压迫；在维也纳，克罗地亚人、潘都尔兵、捷克人、奥地利边防军马队和其他的歹徒扼杀了德国的自由，而沙皇目前在欧洲则处处出头露面。因此，打倒法国资产阶级，争取法国工人阶级的胜利，争取整个工人阶级的解放，——这就是欧洲解放的口号。

但是，**英国**这个把许多民族变成自己的雇佣工人，并用自己的巨手来扼制整个世界，并且一度担负欧洲复辟费用的国家，这个在自己内部阶级矛盾发展得最尖锐最明显的国家，好像是一座使革命巨浪撞得浪花四溅的岩石，它想用饥饿来扼杀还在母腹中的新社会。英国统治着世界市场。欧洲大陆的任何一个国家甚至整个欧洲大陆在经济方面的变革，如果没有英国参与，都不过是杯水风浪。每个国家内的工业和贸易关系都依赖该国和其他国家的交往，都受该国和世界市场的关系的制约。但是英国统治着世界市场，而资产阶级又统治着英国。

因此，欧洲的解放——不管是各被压迫民族争得独立，还是封建专制政体被推翻，都取决于法国工人阶级的胜利的起义。但是法国的任何一种社会变革都必然要遭到英国资产阶级的破坏，遭到大不列颠在工业和贸易上的世界霸权的破坏。如果要把法国以及整个欧洲大陆的任何一种局部性的社会改革进行到底，那无论现在或将来都不过是一种虚无飘渺的善良愿望。而旧英国只有**世界大战**才能摧毁，只有世界大战才能给宪章派这个英国工人的有组织的政党提供条件，来进行胜利起义以反对它的强大的压迫者。只有当宪章派成了英国政府的首脑的时候，社会革命才会由空想的领域进入现实的领域。但是，凡是有英国参与的**欧洲战争**都是世界战争。这场战争将在加拿大和意大利、东印度和普鲁士、非洲和多瑙河流域进行。而欧洲战争将是法国胜利的工人革命的第一个结果。像在拿破仑时代一样，英国将成为反革命大军的首领，但由于这场战争，英国本身将被投入革命运动，将成为革命运动的领袖并赔偿它对十八世纪革命所犯下的罪过。

法国工人阶级的革命起义，世界大战，这就是1849年的前景。

卡·马克思写于1848年12月31日
载于1849年1月1日《新莱茵报》第184号

原文是德文
俄文译自《新莱茵报》
选自《马克思恩格斯全集》第6卷，人民出版社，1961，第173～175页

注释：

[1] 引自席勒的《欢乐颂》一诗。

[2] 罗马教皇庇护九世为了防止人民运动的发展，在1846年当选以后，随即出面倡导了一系列自由主义改革（特赦部分政治犯，废除书报预检制度，等等）。在罗马人民起义以后，庇护九世于1848年11月24日逃往那不勒斯王国境内的加埃塔要塞。

[3] 山岳党是聚集在《改革报》（《La Réforme》，1843年至1850年在巴黎出版）

周围、以赖德律-洛兰为首的小资产阶级的社会主义者。

《国民报》派联合了以阿尔曼·马拉斯特为首、以工业资产阶级和一部分同它有联系的自由派知识分子为依靠的温和的资产阶级共和主义者；在四十年代，这一派的信徒聚集在《国民报》(《Le National》)的周围；该报自1830年至1851年在巴黎出版。

弗·恩格斯

匈牙利的斗争（节选）[1]

科伦1月。当意大利去年夏秋两季的反革命进攻遭到第一次反击的时候，在匈牙利平原上，压迫者同直接导源于二月革命的运动的斗争的最后阶段正在结束。新的意大利运动是1849年运动的序幕，而对马扎尔人进行的战争则是1848年运动的尾声。也许，这个尾声还会演成一幕正在暗中准备着的新悲剧。

这个尾声像1848年革命悲剧中迅速交替的最初几场一样，像巴黎和维也纳的陷落一样，具有英雄豪迈的特点；这种特点使它迥然不同于6月至10月间发生的那些可怜的或微不足道的事件。1848年的最后一幕通过**恐怖主义**正转入1849年的第一幕。

在1793年以后，在1848年的革命运动中，一个被占优势的反革命包围的民族敢于用革命的激情来对抗怯懦的反革命的狂暴，用 terreur rouge〔红色恐怖〕来对抗 terreur blanche〔白色恐怖〕，这还是第一次。长时期以来，我们第一次见到了真正的革命性质，第一次看见了一个敢于代表本族人民接受敌人的挑战而进行殊死斗争的人——**路德维希·科苏特**；对于本民族来说，他体现了丹东和卡诺的形象。

敌人的优势的确大得惊人。整个奥地利，首先是一千六百万狂热的斯拉夫人，反对四百万马扎尔人。

群众性的起义，全国都来制造武器，发行纸币，迅速镇压一切阻碍革命运动的人，不断革命——总而言之，在被科苏特所武装、组织和鼓舞的匈牙利，我们重新看到了光荣的1793年的一切基本特征。维也纳缺少这种所谓在死亡的威吓下二十四小时内就能整装待发的革命组织，否则文迪施格雷茨永远也进不了这个城市。我们看看他能否战胜这种革命组织进入匈牙利。

现在我们就来比较详细地观察一下正在进行的斗争和斗争中的各个党派。

奥地利君主国是由于企图仿照法国国王（直到路易十一为止）曾经在法国采用过的办法把德国联合为统一的君主国而产生的。由于德国人和奥地利人都有一种可怜的地方局限性，由于哈布斯堡王朝具有一种同这一切相适应的小商贩性质，所以这种企图没有成功。哈布斯堡王朝没有得到整个德国，只是得到了德国南部的一些土地。当时在那里，不是在同分散的斯拉夫各民族直接进行斗争，就是德国封建贵族和德国市民阶级共同统治着被压迫的斯拉夫各民族。在这两种情况下，各省的德国人都需要外来的支援。对他们来说，联合起来反对斯拉夫人就是这种支援，于是，通过把有关各省在哈布斯堡王朝的统治下合并起来的方法，实现了这种联合。

这样就产生了德意志奥地利。为了判定我们的说法是否正确，只要随便拿一本历史教科书来读读就够了。那里讲到奥地利君主国是怎样产生的，它在反对斯拉夫人的不断斗争中怎样瓦解了又重新兴起。

匈牙利加入了德意志奥地利。马扎尔人在匈牙利进行的斗争同德国人在德意志奥地利进行的斗争一样。楔入奥地利大公国和施梯里亚的斯拉夫野蛮人中间的德国人和以同样方式楔入莱达河流域的斯拉夫野蛮人中间的马扎尔人联合起来了。像德国贵族在南部和北部，在波希米亚[①]、莫拉维亚、克伦地亚和克莱纳统治了斯拉夫民族，同化了他们，从而把他们卷入了欧洲运动一样，马扎尔贵族也在南部和北部，在克罗地亚、斯拉窝尼亚

[①] 即捷克。——编者注

和喀尔巴阡山附近地区上统治了斯拉夫民族。德国贵族和马扎尔贵族的利益是一致的，他们的敌人是天然的同盟者。马扎尔人同奥地利的德国人之间的同盟是必要的。只要有一个大事件，只要有一次对他们两者的强有力的进攻，就会使这个同盟成为不可分割的。土耳其人征服拜占庭帝国就是这样的事件。土耳其人威胁匈牙利，其次也威胁维也纳，因此，匈牙利曾在几世纪中同哈布斯堡王朝不可分割地联结在一起。

但是，他们的共同敌人逐渐衰弱了。土耳其帝国开始衰落，而斯拉夫人也无力起来反对马扎尔人和德国人了。在斯拉夫土地上掌权的一部分马扎尔贵族和德国贵族被斯拉夫族同化了，于是，各斯拉夫民族自己也愿意保持这个要愈来愈坚决地维护贵族、反对不断发展的德国资产阶级和马扎尔资产阶级的君主国。民族矛盾消失了，哈布斯堡王朝也改变了政策。这个在德国市民阶级支持下登上了德意志皇帝宝座的哈布斯堡王朝，现在却开始比其他任何王朝都更坚决地维护封建贵族，反对资产阶级。

奥地利参加瓜分波兰，就是根据这种精神行事的。加里西亚的名门豪绅和达官显贵，即波托茨基家族、留博米尔斯基家族、查尔托雷斯基家族，把波兰出卖给奥地利，而成为哈布斯堡王朝最可靠的支柱，以此换得了哈布斯堡王朝对他们的领地的保护，以免受下层贵族和资产阶级的侵犯。

但是，城市资产阶级愈来愈富裕，其影响也愈来愈大，和工业齐头并进的农业的进步也改变了农民对地主的地位。资产阶级和农民反对贵族的运动愈来愈带有威胁性。由于农民到处都是民族局限性和地方局限性的体现者，农民运动必然带有地方性质和民族性质，所以与农民运动一起又产生了民族之间的旧的斗争。

在这种形势下，梅特涅完成了他的杰作。他消除了贵族（除了最有势力的封建贵族以外）对国家事务的任何影响。他把那些最有势力的金融贵族拉到自己方面来，从而削弱了资产阶级，——他必须这样做，财政状况要求他这样做。于是，他依靠上层封建贵族和金融贵族，依靠官僚和军队，在比他的一切竞争者更大得多的程度上实现了君主专制的理想。他利用每一个民族的贵族和其他各民族的农民的帮助,把各该民族的资产阶级和农民置于自己统治之下;同时他又利用各民族的贵族对各该民族的资产阶级和农民的恐惧心理,把各民族的贵族置于自己的统治之下。各种不同的阶级利益,民族局限性和各种地方偏见,尽管错综复杂,总是处在适度的抗衡状态中,使老奸巨滑(猾)的骗子手梅特涅有可能自由地施展他的伎俩。他唆使各族人民互相倾轧究竟收到了什么效果,加里西亚的大屠杀[2]就说明了这一点。当时,梅特涅利用染上了宗教狂热病和民族狂热病的卢西族[3]农民,把为了农民利益而掀起的波兰民主运动镇压下去了。

1848年首先在奥地利造成了极可怕的混乱局面,使所有这些由于梅特涅的罪过直到当时还互相奴役的民族一度获得自由。德国人、马扎尔人、捷克人、波兰人、莫拉维亚人、斯洛伐克人、克罗地亚人、卢西人、罗马尼亚人、伊利里亚人、塞尔维亚人互相间都发生了冲突,同时,在这些民族的每一个民族内部,各个不同阶级之间也进行着斗争。但是,在这种混乱局面中很快就有了头绪。斗争者分成了两大阵营:德国人、波兰人和马扎尔人站在革命方面,其他民族,即除了波兰人以外的一切斯拉夫人、罗马尼亚人和特兰西瓦尼亚地区的萨克森人,则站在反革命方面。

为什么会出现这样的民族划分呢?这是由什么原因造成的呢?

这种划分符合这些民族过去的全部历史情况。这是解决所有这些大小民族生死存亡问题的开始。

直到现在为止,奥地利过去的全部历史都证明了这一点,1848年也证实了这一点。在奥地利各个大小民族中,只有三个民族是进步的代表者,它们积极地影响历史,并且现在还保持着生命力,这就是**德国人、波兰人、马扎尔人**。因此,他们现在是革命的。

其他一切大小民族,在最近的将来都要在世界革命的风暴中灭亡。因此,它们现在是反革命的。

至于**波兰人**,我们介绍读者看一看我们所写的法兰克福关于波兰问题的辩论那篇文章[4]。为了压制波兰人的革命精神,梅特涅早就求助过卢西人;卢西人所不同于波兰人的,是他们的方言稍有差异,而主要的区别是他们信奉正教；他们自古以来就属于波兰，他们只是从梅特涅那里才知道，波兰人是他们的压迫者。似乎在旧波兰，波兰人本身没有遭受过同卢西人一样的压迫，似乎在奥地利统治下，梅特涅不是他们共同的压迫者！

波兰人和卢西人的情况就是这样。由于自己的历史情况和地理位置，他们同奥地利本土是截然分开的。因此，为了更好地分析其他各民族的混乱情况，我们在叙述中只好把他们撇在一边。

可是，我们还要指出一点，波兰人表现了高度的政治认识和真正的革命精神，因为他们现在同自己以前的敌人——德国人和马扎尔人结成同盟来共同反对泛斯拉夫主义的反革命。一个斯拉夫民族能把自由看得比斯拉夫的民族特征更珍贵，仅仅这一点就足以证明它的生命力，从而保证它是有前途的。

现在我们来谈谈奥地利本土。

奥地利位于苏台德山和喀尔巴阡山的南部，易北河上游谷地和多瑙河中游地区。在中世纪早期，奥地利是一个完全居住着斯拉夫人的国家。按语言和风俗来看，这些斯拉夫人同土耳其的斯拉夫人、塞尔维亚人、波斯尼亚人、保加利亚人、弗拉基亚和马其顿的斯拉夫人属于同一个民族。这个民族同波兰人和俄罗斯人不同，被称为南方斯拉夫人。除了这些有血缘关系的斯拉夫民族以外，从黑海到波希米亚森林和提罗耳阿尔卑斯山的整个广大地区中，只是在巴尔干南部居住着为数不多的希腊人，在多瑙河下游地区零零星星地散居着一些说罗马尼亚语的瓦拉几亚人。

德国人从西面，马扎尔人从东面分别楔入这些密集的斯拉夫人中间。德国人侵占了波希米亚西部地区，沿着多瑙河两岸一直伸展到莱达河东岸地区。奥地利大公国、莫拉维亚部分地区、施梯里亚大部分地区都德意志化了。这样就把捷克人和莫拉维亚人同克伦地亚和克莱纳的居民隔开了。马扎尔人用同样的方法清除了居住在特兰西瓦尼亚和匈牙利中部直到德国边境的斯拉夫人，并占领了这个地区。马扎尔人在这里把斯洛伐克人和某些卢西人居住的地区（在北部）同塞尔维亚人、克罗地亚人和斯洛文尼亚人隔离开来，统治了所有这些民族。最后，土耳其人模仿拜占庭人的榜样,征服了在多瑙河和沙瓦河南面的斯拉夫人,从此南方斯拉夫人的历史作用也就永远结束了。

胡斯战争,即捷克民族为反对德国贵族和德意志皇帝的最高权力而进行的带有宗教色彩的农民战争,是南方斯拉夫人独立干预历史进程的最后一次尝试。这一尝试失败了,从此以后,捷克人便一直受着德意志帝国的束缚。

相反地,打败了斯拉夫人的胜利者——德国人和马扎尔人——却在多瑙河地区掌握了历史的主动性。如果没有德国人、特别是马扎尔人的帮助,南方斯拉夫人就会像在一部分斯拉夫人中确实已经发生的情况那样变成土耳其人,或者至少也会像至今斯拉夫族的波斯尼亚人的情况那样变成伊斯兰教徒。对奥地利的南方斯拉夫人说来,这是一个伟大的功绩,值得为此把自己的族别改成德意志民族或马扎尔民族以资酬劳。

十五世纪和十六世纪土耳其人的入侵,是八世纪阿拉伯人入侵的再版。在维也纳城下和匈牙利平原上,不止一次地重演了查理·马尔泰尔的胜利[5]。就像当年在普瓦提埃附近一样,也像后来蒙古人入侵时期在瓦尔施塔特附近[6]一样,现在危险又威胁着整个欧洲的发展。当问题涉及拯救欧洲发展的时候,像奥地利的斯拉夫人这样几个早就分崩离析和衰弱了的民族能起什么作用呢?何况问题还在于拯救它们自己。

内部情况是和外部情况相适应的。作为动力的阶级,运动的代表者,即资产阶级,到处都是德国的或马扎尔的资产阶级。斯拉夫人好容易才开始形成自己的民族资产阶级,而对南方斯拉夫人来说,这种现象也只是极个别的情况。由于有了资产阶级,德国人或马扎尔人便掌握了工业,掌握了资本,德国的文化也发展起来了;在精神方面,斯拉夫人也受德国人的支配,连克罗地亚的斯拉夫人也是如此。同样的情况也发生在匈牙利,不过时间较迟,因而程度也较弱罢了。在这里,马扎尔人同德国人一起领导了精神和贸易的发展。但是,匈牙利的德国人尽管仍然保持着德国的语言,然而在精神、性格和习俗方面,都成为道地的马扎尔人了。只有新迁去的农民移民、犹太人和特兰西瓦尼亚的萨克森人是例外,他们坚持在异国保留他们那种不必要的民族特性。

如果说马扎尔人曾在文明方面稍微落后于奥地利的德国人，那末最近他们已经用政治活动出色地弥补了自己的缺陷。在1830年至1848年这个时期中，只有匈牙利一个国家的政治生活比整个德国更活跃，并且，匈牙利旧宪法的封建形式也比德国南部宪法的现代形式更能用来为民主利益服务。谁在这里领导了这个运动呢？马扎尔人。谁支持奥地利的反动派呢？克罗地亚人和斯洛文尼亚人。

为了反对马扎尔人的这个运动，同时也为了反对在德国重新兴起的政治运动，奥地利的斯拉夫人建立了自己的宗得崩德——**泛斯拉夫主义**。

泛斯拉夫主义不是产生在俄国或波兰，而是产生在布拉格和阿格拉姆[7]。泛斯拉夫主义，这是奥地利的，其次是土耳其的一切弱小的斯拉夫民族为了反对奥地利的德国人、马扎尔人，可能也是为了反对土耳其人而结成的同盟。土耳其人只是在个别情况下才被考虑进去，而作为一个也是处于完全衰落状态的民族，完全可以不考虑他们。泛斯拉夫主义按其基本倾向来说，是要反对奥地利的革命分子，因此，它显然是反动的。

泛斯拉夫主义很快就以双重的叛卖行为暴露了这种反动倾向：它使至今仍站在革命方面的唯一的斯拉夫民族——**波兰人**成了它的可怜的民族局限性的牺牲品；它把自己和波兰**出卖给俄国沙皇**。

泛斯拉夫主义的直接目的，是要建立一个由俄国统治的从厄尔士山脉和喀尔巴阡山脉直到黑海、爱琴海和亚得利亚海的斯拉夫国家。在这个国家里，除了德语、意大利语、马扎尔语、瓦拉几亚语、土耳其语、希腊语和阿尔巴尼亚语以外，还要包括将近一打斯拉夫语和主要方言。这一切不是用直到现在把奥地利联合在一起并促进了它的发展的那些因素联合起来的，而是用斯拉夫民族特征的抽象性质和所谓的斯拉夫语（当然这是大多数居民的共同语）联合起来的。但是，要不是在某些思想家的头脑里，哪里会存在这种斯拉夫的民族特征呢？要不是在帕拉茨基先生、盖伊先生及其同僚的幻想中以及部分地在已经没有任何一个斯拉夫人能够了解的俄国教堂的古斯拉夫祈祷仪式中，哪里会存在什么"斯拉夫语"呢？事实上，所有这些民族都处在文明发展的极不相同的阶段上，从波希米亚的相当发达的（多亏**德国人**）现代工业和文化，直到克罗地亚人和保加利亚人的几乎是游牧性质的野蛮状态；所以，事实上所有这些民族的利益是极为对立的。事实上，这十个至十二个民族的斯拉夫语，是由同样数目的方言组成的，这些方言大部分互不相通，甚至可以归为不同的几大类（捷克语、伊利里亚语和塞尔维亚-保加利亚语）。由于这些民族十分轻视文学，而且其中大多数不开化，这些方言已变成了真正的民间土话，除了少数例外情形，这些方言都以某种异族的，即非斯拉夫的语言作为自己的标准语。所以，泛斯拉夫主义的统一，不是纯粹的幻想，就是**俄国的鞭子**。

　　哪些民族应该领导这个庞大的斯拉夫国家呢？恰好是那些一千年来分散得七零八落的民族（其他的非斯拉夫民族往这些民族中间**灌输了**具有生命力和发展能力的因素）；恰好是那些只是由于各非斯拉夫民族的胜利武器才从土耳其暴政的蹂躏下被拯救出来的民族；恰好是那些到处被隔离的、丧失了自己的民族力量的、只有几千人或最多不过两百万人的弱小民族！这些民族已经衰弱到这种程度，以致像保加利亚人这样一个在中世纪时最强悍的民族，现在在土耳其却只以温和敦厚和心地善良著称，并以被称为 dobrechrisztian〔善良的基督徒〕为荣！在包括捷克人和塞尔维亚人在内的这些民族中间，能够找到一个民族具有为人民所保持的、并被认为超乎琐碎的地方纠纷之上的民族历史传统吗？

　　八世纪和九世纪曾经是泛斯拉夫主义的时代，当时南方斯拉夫人还统治着整个匈牙利和奥地利，并且威胁着拜占庭。如果那时他们都未能抵挡住德国人和马扎尔人的入侵，如果甚至在他们的两个敌人——德国人和马扎尔人彼此进行着激烈斗争的时候，他们都未能获得独立，并建立起巩固的国家，那末现在，在经受了一千年的压迫和丧失了自己的民族特性以后，他们怎么能够做到这一点呢？

　　在欧洲，任何一个国家都能在某个角落找到一个或几个残存的民族，即被那个后来成了历史发展的代表者的民族所排挤和征服了的以前的居民的残余。这些按黑格尔的说法是被历史进程无情地蹂躏了的民族的残余，这些**残存的民族**，每次都成为反革命的狂热的代表者，并且以后还会是这样，直到它们被完全消灭或者完全丧失其民族特性为止；其实它们的存在本身就已经是对伟大历史革命的抗议。

在苏格兰，盖尔人就是这样，他们是1640年至1745年斯图亚特王朝的支柱。

在法国，布列塔尼人就是这样，他们是1792年至1800年波旁王朝的支柱。

在西班牙，巴斯克人就是这样，他们是唐·卡洛斯的支柱。

在奥地利，泛斯拉夫主义的**南方斯拉夫人**就是这样；这只是**残存的民族**，只是**一千年来极度混乱的发展**的产物。这些同样处于极度混乱状态中的残存民族把整个欧洲运动的倒退视为唯一的救星，它们想使这个运动不是从西向东，而是从东向西地进行，在它们看来，**俄国的鞭子**是解放的工具和统一的纽带，——这一切都是完全自然的事情。

可见，南方斯拉夫人早在1848年以前就明显地暴露了他们的反动性质；1848年向全世界揭露了他们的这种反动性质。

当二月风暴爆发的时候，是谁进行了奥地利革命呢？是维也纳还是布拉格？是布达佩斯还是阿格拉姆？是德国人和马扎尔人还是斯拉夫人？

的确不能否认，在有教养的南方斯拉夫人中存在过一个不大的民主党派，它虽然不放弃自己的民族特征，但愿意把这种特征献给争取自由的斗争。这种幻想也曾在西欧的民主主义者当中博得了同情，并且当斯拉夫的民主主义者还参加反对共同敌人的斗争时，这种同情是完全正当的。这种幻想由于轰击布拉格而破灭了。在这个事件以后，所有的南方斯拉夫民族都效法克罗地亚人把自己交给奥地利反动派支配。那些还继续胡说什么民族平等、民主的奥地利等等的南方斯拉夫运动的领导者们，不是变成了像许多报纸的无耻文人一样的愚蠢的空想家，就是变成了像耶拉契奇一样的恶棍。他们的民主誓言并不比奥地利官方反革命势力的民主誓言更有价值。简言之，南方斯拉夫人的民族特征的恢复实际上是从最残酷地镇压奥地利和匈牙利的革命开始的；这是南方斯拉夫运动的领导者们对俄国沙皇的第一次有力的效劳。

如果不算上层贵族、官僚和军阀，奥地利的权奸就只能从斯拉夫人那里得到支持。斯拉夫人在意大利的陷落中起过决定性的作用，斯拉夫人袭击过维也纳，现在斯拉夫人又从四面八方进攻马扎尔人。他们的思想家是以帕拉茨基为首的捷克人，他们的军事首领是以耶拉契奇为首的克罗地亚人。

这就是他们对德国民主刊物的报答。6月间，当文迪施格雷茨屠杀捷克民主主义者的时候，德国民主刊物到处都对他们表示同情。而这同一个文迪施格雷茨现在却成了他们的英雄。

总括起来说：

在奥地利（波兰和意大利除外），德国人和马扎尔人在1848年，像近千年来一样，掌握了历史主动权。他们是**革命**的代表者。

一千年来一直被德国人和马扎尔人牵着走的南方斯拉夫人在1848年所以要起来为恢复自己的民族独立而斗争，是为了与此同时把德国和匈牙利的革命镇压下去。他们是**反革命**的代表者。此外还应该加上两个民族，也是早已走向衰落和丧失了任何历史活动能力的民族：特兰西瓦尼亚的萨克森人和罗马尼亚人。

哈布斯堡王朝的权力，是在反对南方斯拉夫人的斗争中通过联合德国人和马扎尔人的方法建立起来的。现在这个王朝却想在反对德国人和马扎尔人的斗争中联合南方斯拉夫人来苟延残喘。

……

马扎尔人的处境远不像被收买的患着黑黄色[8]的狂热症的人想要使我们相信的那样坏。他们还没有被打败。即使他们倒下去，那也是像1848年革命的最后一批英雄一样光荣地倒下去，而这种失败只是暂时的失败。那时，极其残酷野蛮的斯拉夫反革命将会立刻席卷奥地利君主国，而权奸将会看到，他们的伙伴们都是些什么人物。只要法国无产阶级的起义（路易-拿破仑正在竭尽全力挑起这一起义）一取得胜利，奥地利的德国人和马扎尔人就会获得解放，他们就会向斯拉夫的野蛮人伸报血海深仇。那时爆发的大战将驱散这个斯拉夫的宗得崩德，甚至将从地球上消灭掉这些顽固的小民族的名字。

在即将来临的世界大战中，不仅那些反动阶级和王朝，而且那许多反动民族也要完全从地球上消失。这也将是一种进步。

弗·恩格斯写于1849年1月8日左右	原文是德文
载于1849年1月13日《新莱茵报》第194号	俄文译自《新莱茵报》 选自《马克思恩格斯全集》第6卷，人民出版社，1961，第193～204、207页

注释：

[1] 关于恩格斯在这篇文章中发挥的关于奥地利帝国境内各斯拉夫民族的命运的观点，参看《马克思恩格斯全集》第6卷（中文版第一版）说明，第 XIX～XXI 页。

[2] 指1846年2月的加里西亚事件，当时在波兰土地上爆发了争取波兰民族解放的起义。克拉科夫的起义者暂时取得了胜利。同时在加里西亚爆发了农民起义。奥地利当局阴险地利用了被压迫的乌克兰农民对波兰小贵族的仇视，于是在一些地方成功地驱使起义的农民对波兰的起义队伍。克拉科夫起义被镇压下去后，加里西亚的农民运动也被残酷地镇压下去了。

[3] 卢西人是资产阶级人种志学家和史学家对加里西亚、外喀尔巴阡和布柯维纳的乌克兰居民的称呼，流行于十九世纪。这些地方的居民被用暴力同全体乌克兰人民分割开来；1941～1945年苏联伟大卫国战争胜利之后，乌克兰人民才最终重新统一了。

[4] 见"法兰克福关于波兰问题的辩论"。

[5] 指732年在普瓦提埃战役中法兰克人对阿拉伯人的胜利。

[6] 1241年，在西里西亚的瓦尔施塔特（波兰称作：多勃勒地区）附近发生了会战，结果蒙古人战胜了德国人和斯拉夫人。但是，蒙古人没有利用这次胜利

就从西里西亚进攻匈牙利去了。

[7] 1848年6月2日，在布拉格召开了斯拉夫人代表大会；会上暴露了哈布斯堡帝国压迫下的各斯拉夫民族的民族运动中两种倾向的斗争。包括代表大会领导人（帕拉茨基、沙法里克）在内的右派即温和自由派，企图用保存和巩固哈布斯堡王朝君主国的办法来解决民族问题。左派即民主派（萨宾纳、弗里契、里别尔特等人）坚决反对这种做法，并极力主张与德国和匈牙利的革命民主运动采取联合行动。代表大会中属于激进派并且积极参加了布拉格起义的那部分代表，遭到了残酷的镇压。留在布拉格的温和自由派的代表于6月16日宣布代表大会无定期延期。

1848年6月在阿格拉姆（萨格勒布）举行了南方斯拉夫民族代表会议。

[8] "黑色"是指天主教修道士；黄黑色是奥地利国旗的颜色。

黑色和黄色是奥地利国旗的颜色。

弗·恩格斯

民主的泛斯拉夫主义[1]

一

科伦2月14日。我们一再指出,在二月革命和三月革命以后出现的甜蜜幻想,例如幻想达到各族人民的普遍友爱,建立欧洲联邦共和国和实现永久和平,实质上只是掩盖了当时思想界的领导人物们极端的张惶失措和庸碌无能。这些人看不到或者不愿看到,为了捍卫革命需要做些什么;他们不能或者不想采取任何真正革命的措施;一些人的故步自封和另一些人的反革命阴谋——这一切就使得人民仅仅得到的只是一些温情脉脉的漂亮话,而不是采取革命行动。夸夸其谈的恶棍拉马丁,就是这个在诗意盎然的美丽辞藻和华而不实的悦耳言词掩盖下背叛人民的时代的典型人物。

进行过革命的各族人民都懂得,他们当时由于轻信浮华的言词和虚夸的保证,付出了多么大的代价。结果不是革命的安全得到保障,而是到处成立了暗中破坏革命的反动议会;不是实现了过去在街垒上所许下的诺言,而是反革命在那不勒斯、巴黎、维也纳和柏林得胜,米兰的陷落和反对匈牙利的战争发生;不是各族人民结成兄弟同盟,而是"神圣同盟"在英国和俄国的庇护下重新恢复。那些在4月和5月里还兴高采烈地欢迎这些浮华言词的人,现在只好满面羞愧地回味他们当时怎样受了这些傻瓜和恶棍的欺骗了。

沉痛的经验使人们认识到，要实现"欧洲各族人民的兄弟同盟"，不能依靠空洞的言词和美好的意愿，而必须通过彻底的革命和流血的斗争；问题不在于欧洲各族人民在一个共和国的旗帜下结成同盟，而在于革命的各族人民结成反对反革命民族的同盟，这种同盟不是在**纸**上，而只有在**战场**上才能实现。

这种沉痛的、然而是必要的经验使整个西欧不再相信拉马丁的漂亮话了。相反地，在东欧却还有一些貌似民主和革命的派别，继续做这种漂亮话和柔情蜜意的应声虫，继续宣扬关于欧洲各族人民友爱的福音。

这些派别（我们撇开某些愚昧无知的德国空想家如阿·卢格先生等等不谈）就是各斯拉夫民族的**民主泛斯拉夫主义者**。

我们看到的民主泛斯拉夫主义的纲领，是一本小册子："**对斯拉夫人的号召**。俄国爱国志士、布拉格斯拉夫人代表大会代表米哈伊尔·**巴枯宁**著"1848年克顿版[2]。

巴枯宁是我们的朋友。但这并不妨碍我们批评他的小册子。

我们就来看看，巴枯宁怎样在他的呼吁书中一开头就陷入了去年3月和4月的幻想：

> 革命生活的第一个特征，就是高呼憎恨旧的压迫，高呼同情和热爱一切被压迫民族。各族人民……终于体验到了旧的外交所带给人类的耻辱，并且已经认识到，只要欧洲还有一个民族受着压迫，各民族的幸福安宁就无法得到保障……打倒压迫者！——响起了一致的呼声。光荣归于被压迫的人们，归于波兰人、意大利人和其他各族人民！不应当再进行侵略战争，但必须把最后一次战争，即争取各族人民彻底解放的光荣的革命斗争进行到底！废除各种暴君会议基于所谓历史的、地理的、贸易的和战略的考虑强行划定的各种人为的界线！除了各族人民本身的主权意志根据其民族特点所确定的界线，即根据正义和民主的精神划定的自然界线以外，不应该有任何其他的界线。这就是各族人民一致的呼声。（第6页和7页）

从这段话中我们已经完全可以重新看到革命最初几个月中的那种一味耽于幻想的狂热。这里一个字也没有提到实际存在的妨碍这种普遍解放的障碍，一个字也没有提到其差别如此之大的各个文明发展阶段，以及由这一点所决定的各族人民的不同政治要求。"自由"一词代替了这一切。这里根本没有谈到现实，即使不得不谈一谈的时候，现实也被描绘成为由那些"暴君会议"和"外交家们"任意制定的某种绝对不中用的东西。书中简单地把绝对不能违反的、无条件地要求"自由"的冒牌的人民意志同这种可憎的现实对立起来。

我们已经看到，它们中间谁更有力。冒牌的人民意志所以如此可耻地受到欺骗，正是因为它轻信那种脱离实际存在的关系的如此荒诞的抽象概念。

> 革命已经以其充分的权力宣布解散那些专制国家，如普鲁士邦……奥地利……土耳其帝国……和暴君们的最后希望——俄罗斯帝国……革命已经宣布这一切的最终目的是要建立一个欧洲共和国总联邦。（第8页）

在这里，在西方，我们真正应该感到奇怪的是，当这一切美好计划刚一付诸实现就遭到了失败的时候，居然还有人认为这些计划是某种值得赞扬的伟大的东西。要知道，糟糕的是，正是由于：革命虽"以其充分的权力宣布解散那些专制国家"，但同时它又"以其充分的权力"根本不去动手实现自己的法令。

当时召开了斯拉夫人代表大会。代表大会完全赞成这些幻想。请听：

> 我们亲身体验到我们有共同的历史〈？〉和血统关系。我们宣誓，决不容许别人再把我们的命运分开。我们诅咒那个长期使我们成为它的牺牲品的政策，**我们自己给自己确立了完全独立的权利，并庄严地**

257

宣誓，一切斯拉夫民族今后都应该获得这种独立。我们承认波希米亚①和莫拉维亚的独立……我们向德国人民，向民主的德国伸出友谊之手。我们代表我们那些居住在匈牙利的人，向马扎尔人，向我们种族的凶恶敌人建议结成兄弟同盟……在我们的解放同盟中，我们也没有忘记我们那些呻吟在土耳其人压迫之下的兄弟。我们庄严地诅咒那个曾经三度瓜分波兰的罪恶政策……我们说出了这一切，我们要同各民族的一切民主主义者〈？〉一起要求：实现各民族的自由、平等和博爱。（第10页）

民主泛斯拉夫主义居然到现在还提出这些要求：

当时我们对我们的事业充满信心……**正义和人道**完全在我们这一边，而在我们敌人那一边的只是违法和野蛮。这**不是我们所醉心的那种虚无飘缈的幻想，而是唯一正确和必要的政策**即革命政策的思想。

"正义"、"人道"、"自由"、"平等"、"博爱"、"独立"——直到现在除了这些或多或少属于道德范畴的字眼外，我们在泛斯拉夫主义的宣言中没有找到任何别的东西。这些字眼固然很好听，但在历史和政治问题上却**什么也证明不了**。"正义"、"人道"、"自由"等等可以一千次地提出这种或那种要求，但是，如果某种事情无法实现，那它实际上就不会发生，因此无论如何它只能是一种"虚无飘缈的幻想"。布拉格代表大会以后许多斯拉夫人所起的作用，本来应当打破泛斯拉夫主义者的幻想；他们本来应当认识到，用一切善良愿望和美好幻想丝毫也不能左右铁的现实，他们的政策同法兰西共和国的政策一样，很少能说是"革命的政策"。但是，他们直到现在，即1849年1月，还向我们端出那一套陈词滥调，殊不知由

---

① 即捷克。——编者注

于实行了血腥的反革命,西欧已对这一套陈词滥调的内容绝望了!

关于建立"各族人民的普遍的兄弟同盟"和划定"各族人民本身的主权意志根据其民族特点所确定的界线"问题,我们再说一句话。美国和墨西哥是两个共和国;这两国的人民都是自主的。

根据**道德的理论**,这两个共和国本来应当是"兄弟的"和"结成联邦的"国家,但是,由于得克萨斯问题,在它们之间爆发了战争;美国人民的"主权意志"依靠美国志愿军的勇敢,从"地理的、贸易的和战略的考虑"出发,把自然确定的边界线向南推移了几百英里,这究竟是怎么回事呢?这次战争虽然有力地打击了巴枯宁以"正义和人道"为依据的理论,但它完全是为了文明的利益进行的。巴枯宁是否要谴责美国人进行这种"侵略战争"呢?富饶的加利福尼亚从对它毫无作为的懒惰的墨西哥人手中摆脱出来,这有什么害处呢?如果精力充沛的美国佬迅速地开发那里的金砂矿床,增加流通手段,在短时间内在太平洋沿岸最适宜的地方集中稠密的人口,开展广泛的贸易,建立许多大城市,开辟轮船交通,铺设从纽约到旧金山的铁路,第一次使太平洋真正接触现代文明,在历史上第三次为世界贸易开辟新的方向,那有什么不好呢?当然,加利福尼亚和得克萨斯的某些西班牙人的"独立"在这种情况下可能会遭到侵害;"正义"和其他道德原则也许会受到一些破坏;但是同那些具有全世界历史意义的事实比较起来,这又算得了什么呢?

我们要顺便指出,这种不顾各族人民的历史状况和社会发展阶段而硬要把它们联合起来建立各族人民普遍的兄弟同盟的理论,早在革命前很久就受到了"新莱茵报"编辑们的批评,而且当时批评的是这些编辑的好友——英国和法国的民主主义者。这可以在当时英国、法国和比利时的民主报刊上找到证明[3]。

至于专门谈到泛斯拉夫主义,我们"新莱茵报"第194号①上已经

---

① 见本卷第200~204页。——编者注

指出，如果撇开民主泛斯拉夫主义者的真诚的自我欺骗不谈，泛斯拉夫主义的目的实际上无非是要给那些在历史、文学、政治、贸易和工业方面都依附于德国人和马扎尔人的零散的奥地利斯拉夫人一个据点，这个据点一方面是俄国，另一方面是由斯拉夫人的多数所统治的、依附于俄国的奥地利联合君主国。我们已经论证过，那些几百年来并非出于自己的意愿而被历史拖着走的小民族，必然要成为反革命的民族，而且它们在1848年革命中所采取的全部立场的确都是反革命的立场。既然民主泛斯拉夫主义的宣言不加区别地要求一切斯拉夫人都获得独立，我们应该再来谈谈这个问题。

首先我们要指出，对斯拉夫人代表大会的民主主义者来说，政治上的浪漫和温情是可以原谅的。除了波兰人以外（由于很明显的原因，波兰人不是泛斯拉夫主义者），这些人全都属于这样的民族，这些民族或者像南方斯拉夫人一样，由于其全部历史状况必然是反革命的民族，或者像俄罗斯人一样，距离革命还很远，因此它们至少在目前还是反革命的。这些由于在国外所受的教育而具有民主主义情绪的派别，企图把自己的民主主义观点同自己的民族感情调和起来，大家知道，这种感情在斯拉夫人身上表现得非常强烈；因为现实世界，他们本国的实际状况不能为这种调和提供任何根据，或者只能提供一些假想的根据，所以除了彼岸的"梦想的空中王国"[4]、美好愿望的世界，幻想的政治以外，他们就一无所有了。如果克罗地亚人、潘都尔兵和哥萨克人是欧洲民主的先锋队，如果西伯利亚共和国大使在巴黎呈递国书，那该多好呵！当然，这是美妙的前景；但是，就连最激烈的泛斯拉夫主义者也不要求欧洲民主必须等待这种前景的实现，目前恰好正是宣言专门为其要求独立的那些民族，是民主的特别凶恶的敌人。

我们重复一遍，除了波兰人、俄罗斯人——充其量还有土耳其的斯拉夫人——以外，没有一个斯拉夫民族是有前途的，原因很简单：其他一切斯拉夫人都没有具备为独立和维持生命力所必需的历史、地理、政治和工业的条件。

那些从来没有自己的历史,从达到文明发展的最初阶段即最低阶段的时候起就陷于异族统治之下,或者只是由于异族的压迫才被**强迫**提高到文明发展的最初阶段的民族,是没有生命力的,是永远也不可能获得什么独立的。

奥地利斯拉夫人的命运正是这样。捷克人(我们把莫拉维亚人和斯洛伐克人也算在内,尽管他们的语言和历史有所不同)从来没有自己的历史。从查理大帝时代起,波希米亚就并入了德国。有一个短时期,捷克民族曾经获得了解放,建立了大莫拉维亚帝国,但是很快又被征服了,在五百年中它一直像皮球一样,在德国、匈牙利和波兰之间被抛来抛去。此后,波希米亚和莫拉维亚最后并入了德国,斯洛伐克地区则留给了匈牙利。这个在历史上根本不存在的"民族"还要要求独立吗?

所谓南方斯拉夫人的情况也是如此。伊利里亚的斯洛文尼亚人、达尔马戚亚人、克罗地亚人和绍克人[5]的历史何在呢?从十一世纪开始,他们就连政治独立的最后一点影子也丧失了,他们分别受到德国人、威尼斯人和马扎尔人的统治。现在竟有人想把这些破烂的碎片拼凑成一个坚固、独立并且有生命力的民族!

不仅如此。如果奥地利的斯拉夫人像波兰人、马扎尔人和意大利人一样,是一个紧密的实体,如果它们能够联合成一个拥有一千二百万到两千万人口的国家,那末他们的要求倒会有一些认真的性质。但事实上情况恰好相反。德国人和马扎尔人已经像一个大楔子楔入他们中间,直抵喀尔巴阡山的最边缘,差不多已到达黑海;他们用一条宽达六十到八十英里的广阔地带把捷克人、莫拉维亚人和斯洛伐克人同南方斯拉夫人隔开。居住在这个地带以北的五百五十万斯拉夫人,同居住在这个地带以南的五百五十万斯拉夫人,被一个由于历史和必然性的缘故而成为同盟者的一千万到一千一百万德国人和马扎尔人的紧密实体分开了。

但是,为什么五百五十万捷克人、莫拉维亚人和斯洛伐克人不能建立一个国家,另外的五百五十万南方斯拉夫人也不能同土耳其的斯拉夫人一起建立另一个国家呢?

请随便拿一张精确的语言分布图来，看一看捷克人和在语言上与捷克人相近的邻族的分布情形。他们像楔子一样插在德国中间，但两边都受到德国人的压迫和排挤。波希米亚三分之一的居民讲德语；在波希米亚捷克人和德国人的比例是34比17。但是正是捷克人应当成为计划中的斯拉夫国家的核心，因为莫拉维亚人也同德国人混杂得很厉害，而斯洛伐克人则同德国人和马扎尔人混杂在一起，在民族关系上他们已经完全衰落了。如果到头来这个国家仍然受**德国城市资产阶级的统治**，那这算是什么斯拉夫国家呢？！

南方斯拉夫人的情况也是如此。斯洛文尼亚人和克罗地亚人把德国和匈牙利同亚得利亚海隔开，但德国和匈牙利出于"地理上和贸易上的考虑"，是**不能**让别人把它们同亚得利亚海隔开的。诚然，这种地理上和贸易上的考虑对于巴枯宁的幻想来说并不是一种障碍，然而这种考虑毕竟是存在的，并且对于德国和匈牙利来说，是一个非常重要的问题，就像从但泽到里加的波罗的海海岸对于波兰一样。在问题关系到各大民族的存在和其一切资源的自由发展的地方，悲天悯人地对某些分散在各个不同地方的德国人或斯拉夫人表示关切，是不会起任何作用的！何况这些南方斯拉夫人到处都同德国人、马扎尔人和意大利人混杂起来了，在这里，随便翻开语言分布图就会看出，计划中的南方斯拉夫国家会变成许多零零碎碎的小块，在最好的情况下，这整个国家也要落入的里雅斯特、阜姆、萨拉的**意大利**资产者和阿格拉姆、莱巴赫、卡尔施塔特、泽姆林、潘切沃、威斯基尔欣①的**德国**资产者手中！

但是，奥地利的南方斯拉夫人不能并入到塞尔维亚人、波斯尼亚人、摩尔拉克人[6]和保加利亚人中去吗？当然，如果除了上述的困难以外，奥地利边疆居民对居住在沙瓦河和乌纳河东岸的土耳其斯拉夫人没有世仇的话，这样做是可能的。但是，尽管他们属于同一个族系，这些许多世纪以

---

① 克罗地亚称作：里耶卡、萨达尔、萨格勒布；斯洛文尼亚称作：柳布梁纳；克罗地亚称作：卡尔洛瓦茨；塞尔维亚称作：泽蒙、潘切沃、贝拉茨尔克瓦。——译者注

来一直把对方看作骗子手和土匪的人彼此之间的仇恨,甚至比斯拉夫人和马扎尔人之间的仇恨还要大得多。

其实,如果能够帮助奥地利的斯拉夫人获得他们的所谓"权利",德国人和马扎尔人的处境会十分令人惬意!那样一来,在西里西亚和奥地利之间,会插入一个独立的波希米亚-莫拉维亚国家;奥地利和施梯里亚同它们通向亚得利亚海和地中海的天然出口的联系就会被"南方斯拉夫共和国"切断;德国的东部就会像被老鼠啃碎了的面包一样,被弄得支离破碎!这一切就是对德国人的报答,因为德国人曾经努力使顽固的捷克人和斯洛文尼亚人开化起来,在他们那里建立贸易和工业以及多少还过得去的农业和文化!

然而,正是这种以开化为名而加在斯拉夫人身上的羁绊,构成了德国人和马扎尔人的滔天罪行!请大家听听下面的话吧:

"你们的愤怒是正当的,你们有权要求对那种**万恶的德国政策**进行报复,因为这种政策只想使你们遭到灭亡,**使你们世世代代遭受奴役**……"(第5页)

"……**马扎尔人**,我们种族的**凶恶敌人**,一共才不过四百万人,他们却吹嘘要把羁绊加到八百万斯拉夫人的身上……"(第9页)

"我知道马扎尔人对我们的斯拉夫弟兄干下的一切坏事,我知道他们对我们的民族所犯下的罪行,我知道他们如何鄙视我们的语言,如何践踏我们的独立。"(第30页)

德国人和马扎尔人对斯拉夫民族所犯下的骇人听闻的滔天罪行究竟是什么呢?我们这里不谈瓜分波兰的事情,这个问题与此无关,我们只谈据说是斯拉夫人所蒙受的"世世代代的不公平待遇"。

德国人在北方从斯拉夫人手中重新夺回了起初属于德国而后来属于斯拉夫人的由易北河至瓦尔塔河的那片地区;所以要夺取这片地区,是由于从瓜分卡罗林君主国而产生的"地理上和战略上的考虑"。这些斯拉夫地区已经完全德意志化；这已是既定事实，而且已经无法挽回，除非泛斯拉夫主义者能够找到已经消亡了的索布语、温德语和奥博德里特语，并把这些语言强加于莱比锡、柏林和施特廷①的居民。但上述夺取行为是有利于文明的，这一点至今还没有人否认过。

在南方，当德国人发现各斯拉夫部族的时候，它们都已经零零散散。这是那些曾经占据过后来为马扎尔人所占领的地区的非斯拉夫族的阿瓦尔人所干的事情。德国人强迫这些斯拉夫人纳贡，并同他们进行了多次的战争。德国人也同阿瓦尔人和马扎尔人进行了这样的战争，结果从他们手中夺取了由恩斯河至莱达河的整个地区。德国人在这里强迫他们德意志化，而各斯拉夫地区的德意志化过程则和平得多，是通过移民和比较发达的民族影响比较不发达的民族来实现的。德国的工业、德国的贸易和德国的文化自然也把德国的语言带到了这些地区。至于说到"压迫"，那末斯拉夫人所受到的德国人的压迫，并不比德国人民大众所受的压迫更重。

至于说到马扎尔人，那末要知道，在匈牙利住着大量的德国人，但是马扎尔人从来没有理由抱怨"万恶的德国政策"，虽然他们总共只有"约四百万人"！如果说"八百万斯拉夫人"在**八个世纪**中一直被迫忍受四百万马扎尔人所加在他们身上的羁绊，那末，单单这一点便能充分证明：究竟谁具有更大的生命力和更富有精力——是人数众多的斯拉夫人呢，还是为数不多的马扎尔人！

当然，德国人和马扎尔人的滔天"罪行"在于，他们妨碍了这一千二百万斯拉夫人**受土耳其人同化**！要不是德国人和马扎尔人把这些在历史上起了如此微小的作用的零散的小民族凑在一起，并领导他们去同穆罕默德和苏雷曼的军队作战，要不是他们的这些所谓"压迫者"决定了为保护这些弱小民族而进行的各次战役的结局，那末，这些民族会落到什么地步呢！直到今天还受着"七十万奥斯曼人蹂躏"的"一千二百万斯拉夫人、

---

① 波兰称作：兹杰辛。——编者注

瓦拉几亚人和希腊人"的命运不是非常明显地说明了这一点吗？（第8页）

最后，在欧洲几个大君主国一般地说已经成了"历史的必要性"的时代，德国人和马扎尔人把所有这些弱小民族联合成为一个大的国家，从而使这些民族能够参预历史的发展（否则他们光靠自己始终是无法过问历史的发展的），能否认为这是"罪行"和"万恶的政策"呢！当然，在这种情况下难免践踏几朵娇嫩的民族鲜花。但是，没有暴力，没有坚定不移的无情手段，历史上任何事情都是不会成功的。如果亚历山大、凯撒和拿破仑也是一些像泛斯拉夫主义者现在为了维护其衰弱不堪的被保护人而要求的那种软心肠人，那历史会是什么样子呢！而波斯人、赛尔特人和日耳曼民族的神圣罗马帝国的居民在哪方面不如捷克人、奥古林人和奥地利边防军马队呢？

但是**现在**，由于工业、贸易和交通的长足进展，政治上的集中成了比当时即比十五和十六世纪更加迫切的要求。凡是还能集中的一切，都正在集中。正是**现在**，出现了泛斯拉夫主义者，他们要求我们"解放"这些已经半德意志化的斯拉夫人，要求我们消灭斯拉夫人的一切物质利益强加于这些斯拉夫人的集中。

一句话，德国人和马扎尔人对上述斯拉夫人所犯下的"罪行"，原来是最好的、值得感激的行为，原来是我国人民和匈牙利人民在自己历史上可以夸耀的行为。

至于说到马扎尔人，那末这里还必须特别指出，他们从革命开始的时候起，对待目空一切的克罗地亚人就过于迁就和软弱。大家都知道，科苏特除了没有让他们的代表在议会中用克罗地亚语发言以外，对他们作了一切可能的让步。唯一可以责备马扎尔人的地方，就是他们对这个本性就是反革命的民族让步太多了。

二

科伦2月15日。昨天我们在文章的最后曾经指出，奥地利的斯拉夫人从来没有过自己的历史,在历史、文学、政治、贸易和工业方面他们都依赖于德国人和马扎尔人,他们部分地已经被德国人、马扎尔人和意大利人同化了,一旦成立许多独立国家,统治这些国家的也不会是他们,而是他们城市中的德国资产阶级和意大利资产阶级,最后,无论是匈牙利,还是德国,都不会容许割去和单独成立这种没有生命力的小的中间国家。

但是这一切也许还不会有决定意义。如果斯拉夫人在他们受压迫的某一个时期开始**新的革命历史**,那末他们仅用这一点就足以证明自己是有生命力的。从这个时候起,革命就会要求他们求得解放,而德国人和马扎尔人的局部利益就会在欧洲革命的更重要的利益面前消失。

可是这种情形过去恰好一次也没有发生。斯拉夫人——我们再一次提醒大家,在这种情况下我们总是把波兰人除外,——恰好是经常充当**反革命的主要工具**。他们在家里受压迫,在外边,在斯拉夫人影响所及的一切地方,他们却是**一切革命民族的压迫者**。

请不要反驳我们,说我们在这里似乎是在维护德国人的民族偏见。德国、法国、比利时和英国的报纸上有事实为证,正是"新莱茵报"的编辑们,早在革命**以前**很久就最坚决地反对过德国人的民族局限性的一切表现[7]。虽然和其他一些人不同,他们没有人云亦云地对德国的一切乱加指责,但是他们历史地指出和无情地揭露了德国由于它的贵族和资产阶级、由于它的工业不发达,而在历史上无疑起过的那种卑鄙作用;他们向来承认,西方那些伟大的历史的民族,英国人和法国人,同落后的德国人比较起来有许多长处。但是,正因为如此,我们有权不赞成斯拉夫人的不切实际的幻想,并像我们谴责我们自己的民族一样来严厉谴责其他民族。

直到现在人们总是说,**德国人**是全欧洲专制制度的雇佣兵。我们丝毫不打算否认德国人在1792~1815年反对法国革命的历次可耻战争中,在1815年以后压迫意大利和1772年以后压迫波兰的过程中所起的可耻作用;但是,谁在背后为德国人撑腰呢?谁利用他们来作自己的雇佣兵或先锋队呢?是英国和**俄国**。要知道,俄国人直到现在还在吹嘘,说他们用无数的军队决定了拿破仑的垮台。当然,这在很大程度上是正确的。但有一点无论如何是不容置疑的，这就是在以自己的优势兵力把拿破仑由奥得河击退到巴黎的那些军队中，有四分之三是斯拉夫人，俄国的斯拉夫人或奥地利的斯拉夫人。

但是，德国人压迫过意大利人和波兰人呀！在瓜分波兰的时候，是一个斯拉夫国家和一个半斯拉夫国家彼此之间进行竞争；镇压考斯丘什科的军队大多数是由**斯拉夫人**组成的；吉比奇和帕斯凯维奇的军队完全是**斯拉夫军队**。在意大利，只有 tedeschi〔德国人〕在一个长时期内享有压迫者的臭名。但是，再问一次，可以最好地被用来进行压迫、而其残暴行为都算在德国人身上的那些军队又是由什么人组成的呢？还是**斯拉夫人**。请到意大利去问一问，是谁镇压了米兰的革命。现在已经不会有人对你说，这是 tedeschi 干的，——自从 tedeschi 在维也纳进行了革命以后，人们已经不再仇视他们了，——人们会说，这是 croati〔克罗地亚人〕干的。现在意大利人用这个名称称呼一切奥地利军队，就是说，称呼他们最痛恨的一切：i croati！

但是，如果斯拉夫人无论在什么地方认真地参加了1848年的运动，如果他们迅速地加入到革命民族的行列中来，那这些责难就会是多余的、不公正的。只要大胆地进行一次民主革命的尝试，纵然遭到失败，也可以使各族人民忘却他们许多世纪的耻辱和怯懦，也可以使一个即使是深受鄙视的民族的名誉马上得到恢复。德国人在去年已经有过这种体验。但是当法国人、德国人、意大利人、波兰人和马扎尔人举起革命旗帜的时候，**斯拉夫人**却像一个人一样全都站到**反革命**的旗帜下面了。走在前面的是很久以来一直对马扎尔人坚持其反革命的分离主义打算的南方斯拉夫人，其次是捷克人，他们后面是武装起来的、准备在决定关头投入战斗的**俄国人**。

大家知道，在意大利，马扎尔的骠骑兵曾经大批投向意大利人；在匈牙利，整个整个的意大利营听从匈牙利革命政府的指挥，并且现在还在匈牙利旗帜下作战；大家知道，德国兵团在维也纳是怎样对待人民的；甚至在加里西亚，这些兵团也决不是可靠的部队；大家知道，曾有大批波兰

267

人，不分奥地利的波兰人，还是非奥地利的波兰人，在意大利、维也纳和匈牙利同奥地利的军队作过战，并且现在还在喀尔巴阡山地区作战；但是有谁听说过捷克军队和南方斯拉夫军队举行过起义来反对黑黄旗①呢？

恰恰相反，至今大家所知道的只是：其基础已经动摇的奥地利，由于斯拉夫人的黑黄色狂热才得到了保全，暂时获得了巩固；正是克罗地亚人、斯洛文尼亚人、达尔马戚亚人、捷克人、莫拉维亚人和卢西人给文迪施格雷茨和耶拉契奇提供了军队去镇压维也纳、克拉科夫、里沃夫和匈牙利的革命。现在我们又从巴枯宁那里得知，**驱散布拉格斯拉夫人代表大会的**并不是德国人，而是加里西亚的、捷克的、斯洛伐克的**斯拉夫人**，而且**"只是斯拉夫人"**！（第33页）

1848年革命强迫欧洲的一切民族表明态度：是拥护这次革命，还是反对这次革命。在一个月内，已经成熟到能够进行革命的一切民族都进行了革命，而没有成熟到能够进行革命的一切民族都联合起来反对革命。在那个时候，应当把东欧民族的混乱状态弄清楚。当时的问题在于：哪个民族将在这里发起革命，哪个民族将发挥最大的革命毅力，从而保证自己的未来。斯拉夫人仍然是那样无声无息，而忠实于自己以前的历史作用的德国人和马扎尔人则领导了运动。于是，斯拉夫人就完全投入了反革命的怀抱。

而布拉格斯拉夫人代表大会的情况怎样呢？

我们再重复一遍：奥地利斯拉夫人中间的所谓民主派，不是恶棍，就是空想家，而那些在本民族中不能为从国外输入的思想找到基础的幻想家又经常被那些恶棍牵着鼻子走。在布拉格斯拉夫人代表大会上，空想家们占了上风。当**贵族**泛斯拉夫主义者图恩伯爵和帕拉茨基等人觉得这种空想是一种危险东西的时候，他们就把这些空想家出卖给了文迪施格雷茨和黑黄色反革命。这个为充满了幻想的布拉格青年所维护的幻想家代表大会竟

---

① 即反对奥地利哈布斯堡王朝。——编者注

被本民族的士兵们所驱散，人们竟用一种斯拉夫人的军事代表大会来和这个想入非非的斯拉夫人代表大会对抗，这是多么辛辣而难堪的讽刺啊！占领了布拉格、维也纳、里沃夫、克拉科夫、米兰和布达佩斯的奥地利军队，才是真正的，积极的斯拉夫人代表大会！

斯拉夫人代表大会的结果，证明了这次代表大会的幻想是多么没有根据和虚无飘渺。如果是在其他任何一个民族那里，轰击像布拉格这样一个城市的事件一定会引起对压迫者的不共戴天的仇恨。可是捷克人怎么样呢？他们却去亲吻那些把他们抽打得遍体鳞伤的鞭子，他们却热烈地向他们的兄弟在它下面被处死刑、他们的妻子在它下面遭到凌辱的那面旗帜宣誓。布拉格的巷战对奥地利的民主泛斯拉夫主义者来说是一个转折点。他们为了他们的可怜的"民族独立"的前途，竟把民主和革命出卖给奥地利君主国，出卖给这个正如巴枯宁本人在第二十九页上所说的"为在欧洲的心脏系统地实行专制制度效力"的"中心"。我们总有一天还要无情地报复斯拉夫人这种出卖革命的怯懦而卑鄙的行为。

这些叛徒们也终于开始明白，他们受了反革命的欺骗，根本谈不到"斯拉夫的奥地利"，以及"各民族平等的联邦国家"，更不用说为奥地利斯拉夫人建立民主的机关。耶拉契奇这个并不比奥地利斯拉夫人中的其他大多数民主主义者更坏的恶棍，痛心疾首地悔恨他这样被人利用了，而斯特拉蒂米洛维奇为了不再被人利用，宣布要公开起义反对奥地利。现在斯拉夫菩提树[8]所属各团体又在到处反对政府，他们根据沉痛的经验一天比一天深刻地认识到，他们上了别人的什么圈套。但是现在已经太晚了；他们无力在自己的祖国反对由他们自己改组过的奥地利军阀，他们遭到了被他们所出卖的德国人和马扎尔人的遗弃，他们遭到了革命的欧洲的遗弃，他们将被迫忍受那种在他们的帮助下加在维也纳人和马扎尔人身上的军事专制制度。"要服从皇帝，这样奥皇军队就不会像对待造反的马扎尔人一样来对待你们。"拉亚契奇总主教的这句话表明，在最近时期中等待着他们的是什么。

波兰人的行动截然不同！八十年以来他们一直受压迫，受奴役，遭到破产，他们始终站在革命方面，并且宣布，波兰的革命化同波兰的独立是不可分割地联系在一起的。在巴黎、维也纳、柏林，在意大利和匈牙利，波兰人都参加了历次革命和革命战争，不管是反对德国人、斯拉夫人、马扎尔人，或者即使是反对**波兰人**都是一样。波兰人是没有任何泛斯拉夫主义欲望的唯一斯拉夫民族。他们能够成为这样的民族，是有充分理由的：压迫他们的，主要是**他们自己的**所谓**斯拉夫兄弟**，而波兰人对俄罗斯人的仇恨甚至超过对德国人的仇恨——他们有充分的权利这样做。正是因为波兰的解放同革命密切地联系着，正是因为"波兰人"和"革命者"两个词成了同义语，波兰人就赢得了全欧洲的同情，保证了他们民族的复兴，而捷克人、克罗地亚人和俄国人却受到全欧洲的憎恨，整个西方都用流血的革命战争来反对他们。

奥地利的泛斯拉夫主义者们当然明白：他们的愿望，一般说来凡是可以实现的，都已经在俄国保护下重新恢复起来的"奥地利联合君主国"中实现了。如果奥地利瓦解了，那末等待着他们的前途将是德国人和马扎尔人的革命恐怖主义，而决不会像他们所想像的那样，是在奥地利统治下受奴役的一切民族的解放。因此，他们只有指望保全奥地利，而且为了使斯拉夫人在这个国家中保持多数，指望加里西亚仍然属于奥地利。可见，**泛斯拉夫主义**的利益是同**波兰**的复兴**直接相矛盾的**，因为没有加里西亚的波兰，不是从波罗的海一直伸展到喀尔巴阡山的波兰，就不是波兰。但是，正因为如此，"斯拉夫的奥地利"是极其虚无飘渺的幻想，因为正像奥地利直到最近几个月的全部历史所证明的，如果没有德国人和马扎尔人的统治、没有维也纳和布达佩斯这两个中心，奥地利就要重新瓦解。所以，泛斯拉夫主义的实现只能是俄国对奥地利的庇护。因此，公开反动的泛斯拉夫主义者拚命保全"联合君主国"，是完全正确的；这是唯一能够挽救一点什么东西的手段。但是所谓的民主泛斯拉夫主义者面临着一种极其困难的抉择：他们或者是放弃革命，借助于"联合君主国"至少部分地挽救民族特性，或者是放弃民族特性，通过瓦解"联合君主国"的办法挽救革命。在那个时刻，东欧革命的命运，是取决于捷克人和南方斯拉夫人的立场的；我们永远不会忘记，他们在紧要关头，由于自己微不足道的民族希望，把革命出卖给了彼得堡和奥里缪茨！

如果德国的民主派在它的纲领中把归还亚尔萨斯、洛林和在一切方面都倾向于法国的比利时的要求列入头条，借口说那里的居民大多数是德国人，那我们将怎么说呢？如果德国的民主派打算成立泛日耳曼德国—丹麦—瑞典—英国—荷兰同盟，以便"解放"说德语的一切国家，那他们会是多么令人可笑呵！幸运的是，德国民主派的发展已经超过了这些幻想。1817年和1830年，德国的大学生们曾经醉心于这类反动的幻想，而现在全德国都给他们以应有的评价。只是在德国人民彻底摆脱了这类虚无飘缈的幻想之后，德国的革命才有了可能，德国人民才开始起了一些作用。

但是，泛斯拉夫主义的幼稚性和反动性并不比泛日耳曼主义少些。当你们读到去年春季的布拉格泛斯拉夫主义运动的历史时，你们会感到，你们被抛回三十年以前去了：三色饰带、古式服装、古斯拉夫的祈祷仪式、原始森林时代及其风俗的完全复原；"同盟会"是真正的德国大学生联合会[9]，斯拉夫人代表大会是瓦特堡纪念大会[10]的再版；还是那一套话，还是那些幻想，而且还是那首悲伤的歌曲："我们建筑了美丽的大厦"[11]等等。谁想读一下这首译成了斯拉夫散文的著名歌曲，就让他读一读巴枯宁的小册子。

德国大学生联合会的会员们曾经长期受着强烈的反革命情绪、极端的仇法情绪和最狭隘的民族情感的支配，后来他们全都成了他们仿佛曾经醉心过的事业的叛徒。和这些人一样，只是更迅速些罢了（因为1848年是革命的年度），民主泛斯拉夫主义者的民主外貌很快就变成了狂热地仇恨德国人和马扎尔人的情绪，变成了间接反对复兴波兰（留博米尔斯基）和直接参加反革命的行动。

如果个别诚实的斯拉夫民主主义者现在号召奥地利的斯拉夫人参加革命，把奥地利君主国当作主要的敌人，甚至为了革命的利益同马扎尔人一起前进，那末这会使我们想到这样一件事情：一只母鸡，绝望地在池塘边跑来跑去，看样子是它所孵出来的那些小鸭突然离开了它，跑到它所不能跟去的另一个天地去了。

　　但是，我们不要沉溺于幻想。一切泛斯拉夫主义者都认为，民族特性，即虚构的全体斯拉夫人的民族特性，是**高于革命的**。泛斯拉夫主义者同意参加革命，可是有一个条件，就是允许他们不顾最迫切的物质需要，把一切斯拉夫人毫无例外地联合成为一些独立的斯拉夫国家。如果我们德国人也提出这种荒诞无稽的条件，那我们在三月里不知要走到哪里去了！但是革命是不允许向它提出任何条件的。或者做一个革命者，接受革命的一切后果，不管这种后果是什么，或者投入反革命的怀抱，有朝一日会不知不觉地（也许是事与愿违地）发现自己同尼古拉和文迪施格雷茨处在同一个阵营中。

　　我们和马扎尔人应该保障奥地利斯拉夫人的独立，——巴枯宁提出了这个要求，而像卢格那种类型的人真的会私下对他许下这种诺言。他们竟要求我们和欧洲的其他革命民族保证反革命势力可以直接在我们的大门口肆无忌惮地存在，保证他们有策划阴谋和武装起来反对革命的自由权利；我们应当在德国的中心建立一个反革命的捷克国家，我们应当在俄国楔入德国、波兰和匈牙利的、设在易北河、喀尔巴阡山和多瑙河地区的前哨部队的援助下粉碎德国、波兰和匈牙利的革命力量！

　　我们不打算这样做。对于那些以最反革命的民族的名义向我们所说的关于博爱的悲天悯人的漂亮话，我们的回答是：恨俄国人，过去是现在仍然是德国人的**首要的革命激情**；自从革命开始以来又加上了对捷克人和克罗地亚人的仇恨，只有对这些斯拉夫民族实行最坚决的恐怖主义，我们才能够同波兰人和马扎尔人一道保障革命的安全。我们现在知道，革命的敌人集中在什么地方：他们集中在俄国和奥地利的斯拉夫地区；无论什么花言巧语或关于这些国家的渺茫的民主未来的指示，都不能阻止于我们把我们的敌人当作敌人来对待。

　　如果巴枯宁最后还要叫喊：

　　　　"的确，斯拉夫人不应该**丧失**任何东西，而应该**得胜**！的确，他应该生存下去！而且我们将会生存下去。只要有人对我们的哪怕是**最小一部分**权利提出异议，只要**我们共同机体上的一个器官还同我们分开或者同我们脱离**，我们就将斗争**到底**，我们将无情地进行**殊死的斗争**，直到斯拉夫民族终于成为伟大的、自由的和独立的民族为止"，——

如果革命的泛斯拉夫主义认真地接受这些话，并在凡是涉及虚构的斯拉夫民族特性的地方都放弃革命，那末我们也就知道我们该怎么办了。

那时候就要斗争，对出卖革命的斯拉夫民族"无情地进行殊死的斗争"，进行歼灭战，实行无情的恐怖主义——而这样做不是为了德国的利益，而是为了革命的利益！

弗·恩格斯写于1849年2月14～15日　　　　　　　　　　　原文是德文
载于1849年2月15日和16日《新莱茵报》　　　　　　　俄文译自《新莱茵报》
报》第222和223号　　　　　　　　　　　　　　选自《马克思恩格斯全集》第6卷，人民出版社，1961，第322～342页

注释：

[1] 关于恩格斯在本文中发挥的关于奥地利帝国境内各斯拉夫民族的命运的观点，参看《马克思恩格斯全集》（中文版第一版）第6卷（说明第 XIX～XXI 页。

[2] 《Aufruf an die Slaven. Von einem russischen Patrioten Michael Bakunin. Mitglied des Slavenkongresses in Prag》. Koethen, 1848.

[3] 见恩格斯的《在伦敦举行的各民族人民庆祝大会》一文（《马克思恩格斯全集》中文版第2卷第662～676页），马克思和恩格斯的演说《论波兰》，恩格斯的《路易·勃朗在第戎宴会上的演说》、《"满意的"多数派议员》，以及1848年1月马克思在布鲁塞尔所做的《关于自由贸易的演说》（《马克思恩格斯全集》中文版第4卷，第409～412页、第423～426页、第430～437页、第444～459页）。

[4] 海涅《德国——一个冬天的童话》第七章。

［5］绍克人——居住在斯拉窝尼亚和匈牙利南部的塞尔维亚人的绰号，他们大部分是天主教徒。

［6］摩尔拉克人——居住在达尔马戚亚的塞尔维亚族，大部分是天主教徒。

［7］见恩格斯的《德国状况》(《马克思恩格斯全集》中文版第2卷，第631~653页)、《诗歌和散文中的德国社会主义》、《论波兰》的演说、《三个新宪法》、《致"改良报"》(《马克思恩格斯全集》中文版第4卷，第223~275页、第410~412页、第528~533页和542~544页)。

［8］斯拉夫菩提树是1848年4月底成立的一个捷克国民协会。布拉格协会的领导权掌握在资产阶级自由主义者（沙发里克、加乌奇）的手中，他们在1848年6月布拉格起义之后转入反革命阵营，而在各省分会中起领导作用的主要是捷克激进的资产阶级代表。

［9］同盟会——1848年3月在捷克出现的民族的，主要是大学生的组织。德国大学生联合会——在反拿破仑解放战争的影响下产生的德国大学生的组织；这些组织主张统一德国。在德国大学生联合会中除进步思想外，也广泛流行着极端民族主义的思想。

［10］瓦特堡纪念大会是德国大学生于1817年10月18日为了纪念宗教改革三百周年和1813年的莱比锡会战四周年而举行的。这一表现了民族主义情绪的纪念大会后来形成了反对派大学生反对梅特涅统治的示威游行。

［11］阿·本策尔于1819年就耶拿大学生联合会解散一事而作的歌曲。

弗·恩格斯

恩格斯致马克思[1]（节选）

伦　敦

1851年5月23日于曼彻斯特

……

我愈是思考历史，就愈是明白：波兰人是一个毫无希望的民族，它只是在俄国本身进入土地革命以前的时候有当工具的用处。在这之后，波兰就绝对不再有存在的理由。除了一些大胆的争吵不休的蠢事外，波兰人在历史上从来没有做过别的事。所以很难指出波兰在什么时候，甚至只是和俄国相比，曾经有成效地代表过进步，或者做出过什么具有历史意义的事情。相反地，俄国和东方相比确实是进步的。俄国的统治，不管怎样卑鄙无耻，怎样带有种种斯拉夫的肮脏东西，但对于黑海、里海和中亚细亚，对于巴什基里亚人和鞑靼人，都是有文明作用的，而且俄国所接受的文化因素，特别是工业因素，也比具有小贵族懒惰本性的波兰多得多。俄国的贵族，上自皇帝①和迭米多夫公爵，下至第十四等仅仅是出身高贵的小贵

———————
① 指尼古拉一世。——译者注

族，都从事工业、盘剥、欺诈、受贿，并从事种种的基督教徒的和犹太人的营生，单是这一些，就是俄国的优点。波兰从来不会同化异族的分子——城市里的德国人始终是德国人。但是俄国却很会把德国人和犹太人俄罗斯化，每个第二代的俄籍德国人都是明显的例子。甚至那里的犹太人也长出斯拉夫型的颧骨来。

1807年和1812年的拿破仑战争，对波兰的"不朽"提供了显著例证。波兰人的不朽的地方只是他们那种毫无目的的争吵。而波兰的大部分领土，所谓俄罗斯西部即别洛斯托克、格罗德诺、维尔诺、斯摩棱斯克、明斯克、莫吉廖夫、沃伦和波多利亚，自1772年以来，除少数例外，都平静地受着俄罗斯人的统治，除了个别地方的少数市民和贵族之外，他们连一点动静也没有。波兰四分之一的人讲立陶宛语，四分之一的人讲小俄罗斯语，一小部分讲半俄罗斯语，而波兰本部足足有三分之一已日耳曼化。

幸而，我们在《新莱茵报》上，除了在相应的边界内恢复波兰这种不可避免的义务——而且这也要以土地革命为条件——之外，没有对波兰人承担任何明确的义务。我确信，这种革命在俄国完全实现要比波兰早，这是由于俄国人的民族性。也是由于资产阶级因素在俄国有更大的发展。同彼得堡、莫斯科和敖德萨比较起来，华沙和克拉科夫算得上什么啊！

结论：尽可能地夺取波兰人的西部，以保护为借口用德国人占领他们的要塞，特别是波兹南，让他们去搞得乱七八糟，把他们投入战火，吃光他们的东西，使他们对里加和敖德萨抱有希望，如果能够把俄国人卷入运动，就和俄国人联合，并逼迫波兰人让步。从默麦尔①到克拉科夫边界，我们让给波兰人的每一英寸土地，在军事上都完全破坏了这条本来已经极为薄弱的边界线，并且暴露了直到施特廷②的整个波罗的海海岸。

此外，我确信在下次大动乱中，整个波兰的起义只会局限于波兹南和加里西亚的贵族以及一些来自波兰王国的倒戈分子，因为这个王国极端虚

---

① 立陶宛称作：克莱彼达。——编者注
② 波兰称作：兹杰辛。——编者注

弱，再也干不了什么了，而这些骑士们的要求，如果得不到法国人、意大利人、斯堪的那维亚人等的支持，得不到捷克斯洛伐克暴动为助力，就会破灭，因为他们的力量是很可怜的。一个最多只能提供两三万人的民族不可能有发言权。而波兰肯定不会提供更多的人。

……

你的　**弗·恩·**

选自《马克思恩格斯全集》第 27 卷，
人民出版社，1972，第 285～287 页

注释：

[1] 恩格斯在这封信中不是抽象地研究德国对波兰的政策，而是分析如果当时革命的民主运动在德国爆发并取得胜利时可能出现的一种严格确定的历史情况。同时，恩格斯还估计到同时在俄国开展反对沙皇制度的人民革命的可能性。从这封信中还可看出，恩格斯在德国和俄国革命胜利的情况下，给这些国家的未来的革命政府提出的这条政治路线，只有在波兰本国的民族运动没有超越波兰贵族阶级的要求的狭窄的框框，并且象以往常常发生的那样忽视把波兰农民从封建压迫下解放出来的任务的条件下才能实行。弗·伊·列宁在《论民族自决权》一文中提到恩格斯的这封信时指出："马克思和恩格斯对一般民族问题总是采取严格的批评态度，认为这个问题只有相对的历史意义"（《列宁全集》中文版第 20 卷，第 436 页）。

　　过了一些年，当马克思和恩格斯深信，中欧和东欧的形势没有变化，德国和俄国继续在推行反革命制度，同时，在 1863～1864 年的解放起义中起了显著作用的革命的民主主义分子的影响在波兰民族运动中日益加强的时候，马克思主义的创始人，用弗·伊·列宁的话来说，"又对波兰运动表示最深切的和热烈的同情"（《列宁全集》中文版第 20 卷，第 437 页）

弗·恩格斯

德国的革命和反革命[1]（节选）

一 革命前夕的德国

……

很难想象还有什么失败比大陆的革命党派（更确切地说是各革命党派）在全战线各个据点所遭受的失败更为惨重。但这有什么关系呢？为了争取社会的和政治的统治，英国资产阶级不是经过了48年[①]，而法国资产阶级不是经过了40年[②]空前的斗争吗？资产阶级不正是在复辟了的君主制以为自己的地位比任何时候都巩固的时刻才最接近自己的胜利的吗？把革命的发生归咎于少数煽动者的恶意那种迷信的时代，早已过去了。现在每个人都知道，任何地方发生革命动荡，其背后必然有某种社会要求，而腐朽的制度阻碍这种要求得到满足。这种要求也许还未被人强烈地、普遍地感觉到，因此还不能保证立即获得成功；但是，任何人企图用暴力来压制这种要求，那只能使它越来越强烈，直到它把自己的枷锁打碎。所以，如果我们被打败了，那么我们除了从头干起之外再无别的办法。值得庆幸的是，在运动的第一幕闭幕之后和第二幕开幕之前，有一次大约很短暂的休

[①] 指1640～1688年英国资产阶级革命时期。——编者注
[②] 指1789～1830年法国资产阶级革命时期。——编者注

息,使我们有时间来做一件很紧要的工作:研究这次革命必然爆发而又必然失败的原因。这些原因不应该从一些领袖的偶然的动机、优点、缺点、错误或变节中寻找,而应该从每个经历了动荡的国家的总的社会状况和生活条件中寻找。1848年2月和3月突然爆发的运动,不是个别人活动的结果,而是民族的要求和需要的自发的不可遏止的表现,每个国家的各个阶级对这种要求和需要的认识程度虽然各不相同,但都已清楚地感觉到。这已经是一件公认的事实。而每当问及反革命成功的原因时,却到处听到一种现成的回答:因为这个先生或那个公民"出卖了"人民。从具体情况来看,这种回答也许正确,也许错误,但在任何情况下,它都不能说明任何问题,甚至不能说明,"人民"怎么会让别人出卖自己。而且,如果一个政党的全部本钱只是知道某某公民不可靠这一件事,那么它的前途就太可悲了。

……

四 奥地利

我们现在应该来看看奥地利,这个国家在1848年3月以前不为外国人所了解,差不多就像最近一次同英国作战以前的中国①一样。

当然,我们这里只能研究德意志的奥地利。波兰、匈牙利或意大利的奥地利人,不属于本题范围;至于1848年后他们对德意志的奥地利人的命运的影响,我们将在以后来谈。

梅特涅公爵的政府所遵循的两个方针是:第一,使奥地利统治下的各民族中的每一个民族都受到所有其他处于同样境地的民族的牵制;第二,这向来是一切专制君主制的基本原则,即依靠封建地主和做证券交易的大资本家这两个阶级,同时使这两个阶级的权势和力量互相平衡,以便政府

---

① 即鸦片战争(1839~1842年)以前的中国。——编者注

保留完全的行动自由。以各种封建收益作为全部收入的土地贵族，不能不支持政府，因为政府是他们对付被压迫的农奴阶级（他们靠掠夺这些农奴为生）的唯一靠山。而每当他们之中较不富裕的一部分起来反对政府的时候，例如1846年加利西亚的情形，梅特涅立刻就唆使这些农奴去反抗他们，因为这些农奴总是力图抓住机会狠狠地报复他们的直接压迫者。[2]另一方面，交易所的大资本家由于大量投资于国家的公债，也受到梅特涅政府的束缚。奥地利在1815年恢复了它的全部实力，1820年后又在意大利恢复和维持了专制君主制，1810年的破产[3]又免除了它的一部分债务，所以，在媾和之后，它很快就在欧洲各大金融市场重新建立了信用；而信用越是增长，它也就越是加紧利用这种信用。于是，欧洲的一切金融巨头都把他们的很大一部分资本投入奥地利的公债。他们全都需要维持奥地利的信用，而要维持奥地利的国家信用又总是需要新的借款，于是他们便不得不时常提供新的资本，以维持他们过去已经投资的债券的信用。1815年以后的长期和平，以及表面上看来奥地利这样一个千年王国不可能倾覆的假象，使梅特涅政府的信用惊人地增长，甚至使它可以不依赖维也纳的银行家和证券投机商了；因为只要梅特涅还能够在法兰克福和阿姆斯特丹得到足够的资金，他当然就心满意足地看着奥地利的资本家们被踩在他的脚下，而且，他们在其他方面也得仰承他的鼻息。银行家、证券投机商、政府的承包商虽然总是设法从专制君主制那里获得大宗利润，但这是以政府对他们的人身和财产具有几乎是无限的支配权作为交换条件的。因此，不能期待这一部分人会对政府持任何反对态度。这样，梅特涅便有把握获得帝国中最有力量和最有权势的两个阶级的支持，此外他还拥有军队和官僚机构，它们被组织得最适合于为专制制度服务。奥地利的文武官员自成一个门第；他们的父辈是为奥皇效劳的，他们的子孙也将如此。他们不属于在双头鹰①的羽翼下联合起来的许多民族中的任何一族；他们经常从帝国

---

① 神圣罗马帝国国徽。——编者注

的一端迁移到另一端，从波兰到意大利，从德意志地区到特兰西瓦尼亚。他们对匈牙利人、波兰人、德意志人、罗马尼亚人、意大利人，克罗地亚人，对一切没有打上"皇家和王室"等等标记而具有某一民族特性的人同样予以轻视；他们没有民族性，或者更确切地说，正是他们构成了真正的奥地利民族。很明显，这样一个文武官员的特殊等级，在一个有才智有能力的统治者手里会是怎样一种驯顺而有力的工具。

……

五　维也纳起义

……

但是，不同阶级的这种联合，虽然在某种程度上向来是一切革命的必要条件，却不能持久，一切革命的命运都是如此。在战胜共同的敌人之后，战胜者之间就要分成不同的营垒，彼此兵戎相见。正是旧的复杂的社会机体中阶级对抗的这种迅速而剧烈的发展，使革命成为社会进步和政治进步的强大推动力；正是新的党派的这种不断的迅速成长，一个接替一个掌握政权，使一个民族在这种剧烈的动荡时期5年就走完在普通环境下100年还走不完的途程。

……

七　法兰克福国民议会

……

德国人民深深感到必须消除可恨的疆土分裂状态，因为这种状态分散和抵销了民族的集体力量，他们曾一度希望法兰克福国民议会至少是一个新纪元的开端。但这群自作聪明的蠢人的幼稚行为很快就使全国的热情冷却了。签订马尔默停战协定[4]这一可耻行为（1848年9月），使人民怒不可遏地起来反对这个议会；他们本希望它会给民族提供一个自由的活动场所，但它却无比怯懦而不知所措，只是使现在的反革命制度借以建立的各种基础恢复了它们从前的稳固。

八　波兰人、捷克人和德意志人

从以上几篇的叙述中已经可以明显看出，除非1848年三月革命后紧接着再来一次新的革命，否则德国就不可避免地要恢复到这次事变以前的状态。但我们现在试图略加阐述的历史问题，性质非常复杂，因此，如果不考虑到可以称之为德国革命的国际关系的种种情况，便不能够充分了解后来的一些事件。而这些国际关系也像德国内部情形一样复杂。

大家都知道，在过去1000年中，整个德国东半部，直到易北河、萨勒河和波希米亚林山，已经从斯拉夫族的入侵者手里夺回来了。这些地区的大部分都已日耳曼化，以至斯拉夫的民族性和语言几百年以前就已经完全消失；如果我们把少数完全孤立的残余（总共不到10万人，包括波美拉尼亚的卡舒布人、卢萨蒂亚的文德人或索布人）除外，这些地区的居民都已经是地地道道的德意志人了。但在所有同旧波兰接壤的地带和捷克语国家，在波希米亚和摩拉维亚，情形就不同了。在这些地方，两个民族在每个区域都混居杂处，城市一般地说在不同程度上属于德意志人，而农村中则是斯拉夫人占优势，不过在农村中斯拉夫人也因德意志人势力的不断增强而逐渐被瓦解和排挤。

造成这种情况的原因是：自从查理大帝时代以来，德意志人就十分坚决顽强地力求征服欧洲东部，把它殖民地化，或至少文明化。封建贵族在易北河与奥得河之间所进行的征服，武装骑士团在普鲁士和立窝尼亚一带所建立的封建殖民地，只是为德国工商业资产阶级所实行的一个规模更大和更有效得多的日耳曼化计划奠定了基础，因为在德国，正如在西欧其他国家一样，从15世纪起，资产阶级的社会和政治作用增长起来了。斯拉夫人，尤其是西方的斯拉夫人（波兰人和捷克人），主要是从事农业的民族，他们从来不怎么重视工商业。结果，随着这些地区人口的增加和城市的兴起，一切工业品的生产便落在德意志人移民的手里，这些商品与农产品的交换完全被犹太人所垄断，而这些犹太人，如果说他们属于什么民族的话，那么在这些国家里，他们当然与其说属于斯拉夫人，不如说属于德意志人。整个东欧的情形都是如此，虽然程度略轻。在彼得堡、佩斯、雅西，甚至在君士坦丁堡，直到今天，手工业者、小商人、小厂主都还是德意志人，而放债人、酒店老板和小贩（在这些人口稀少的国家，这种人是非常重要的）则大多数是犹太人，他们的母语是一种讹误百出的德语。在边境各斯拉夫人地区，德意志人的重要性随着城市和工商业的发达而增加，而当事实表明几乎一切精神文化都必须从德国输入时，他们的重要性就更大了。继德意志商人和手工业者之后，德意志牧师、教员和**学者**也到斯拉夫人的土地上安家立业。最后，侵略军的铁蹄或审慎周密的外交手段，不仅跟随在由于社会发展而发生的缓慢的但是肯定无疑的非民族化过程的后面，而且常常走在它的前面。因此，自从第一次瓜分波兰[5]以后，由于把官地卖给或赐给德意志殖民者，由于奖励德意志资本家在这些混居地区建立工业企业等等，以及由于经常对该地波兰居民采取极端横暴的手段，西普鲁士和波森的大部分就日耳曼化了。

因此，近70年来，德意志民族和波兰民族间的分界线完全改变了。1848年的革命，立即唤醒一切被压迫民族起来要求独立和自己管理自己事务的权利；所以很自然，波兰人也立即要求恢复他们在1772年以前旧波兰共和国疆界以内的国家。的确，就在当时，这个疆界作为德意志民族与波兰民族的分界线也已经过时了，而此后随着日耳曼化的进展，它更是一年比一年过时了；但是，既然德意志人当时曾经那样热情地宣布他们赞助波兰复国，那么，要求他们放弃**他们**所掠得的一部分领土作为体现他们同情心的第一个证据，也就是理所当然的了。但另一方面，应不应该把主要是德意志人居住的大块大块的土地和完全属于德意志人的大城市，让给一个从未证明自己能够摆脱以农奴制为基础的封建状态的民族呢？这个问题十分复杂。唯一可能的解决方法是同俄国开战。那时，革命化了的各民族间的划界问题就会成为次要的问题，而主要问题就将是确立一个对付共同敌人的安全的疆界。波兰人如果在东方获得广大的领土，他们在西方的要求便会比较温和而合理；总而言之，对他们来说，里加和米塔瓦也会同但泽和埃尔宾一样重要。因此，德国的先进政党认为，要支持大陆上的运动，就必须对俄国开战，而且它深信，即使是部分地恢复波兰的民族独立，也必然要引起这样的战争，所以它支持波兰人。而当权的自由派资产阶级党却很清楚地预见到，反对俄国的民族战争将使它自身崩溃，因为这种战争一定会使更活跃、更积极的人掌握政权；因此，它装出一副热心于德意志民族的扩张的样子，宣布普属波兰，即波兰革命鼓动的中心，是未来的德意志帝国的一个不可缺少的组成部分。在热情高涨的最初几天向波兰人许下的诺言，被可耻地背弃了。经政府批准而组成的波兰军队，被普鲁士的炮兵击溃和屠杀；到1848年4月，即柏林革命后六个星期，波兰的运动就被镇压下去了，而且波兰人和德意志人之间旧有的民族敌视复活了。为俄国专制君主①立下这份无法估量的巨大功劳的是自由派商人阁员康普豪森和汉泽曼。应当附带说明，这次对波兰的战役，是改组和鼓舞普鲁士军队的第一步，正是这支军队后来推翻了自由派政党，摧毁了康普豪森先生和汉泽曼先生辛辛苦苦促成的运动。"恶有恶报"②，这就是从赖德律-洛兰到尚加尔涅、从康普豪森到海瑙，所有这些1848年和1849年的暴发户的共同的命运。

民族问题在波希米亚引起了另一场斗争。在这个居住着200万德意志人和300万捷克语斯拉夫人的地区，有不少伟大的历史事迹几乎都与捷克人先前的霸权相联系。但自从15世纪的胡斯战争[6]以后，斯拉夫族的这一支脉的势力就被摧毁了。捷克语地区分裂了：一部分形成了波希米亚王国，另一部分形成了摩拉维亚公国，第三部分——斯洛伐克人居住的喀尔巴阡山地则归入匈牙利。从那时起，摩拉维亚人和斯洛伐克人就已失掉一切民族意识和民族生命力的痕迹，虽然在很大程度上还保留着他们的语

---

① 亚历山大一世。——编者注
② 引自《旧约外传·所罗门智训》。——编者注

言。波希米亚被德意志人的地区三面包围。德意志人在波希米亚境内作出了很大的成绩，其至在首都布拉格，这两个民族也完全势均力敌；而资本、商业、工业和精神文化则普遍掌握在德意志人手里。捷克民族的头号卫士帕拉茨基教授本人就是一个发了狂的博学的德意志人，直到今天他还不能正确地、不带外国腔调地讲捷克语。但是就像常有的情形那样，垂死的捷克民族——最近400年历史上的一切事实都证明它是垂死的——于1848年作了最后一次努力来恢复它从前的生命力，而这次努力的失败，撇开一切革命方面的考虑不谈，足以证明波希米亚此后只能作为德国的一个组成部分而存在，即使它的一部分居民在几百年之内继续说非德意志的语言。

1852年2月于伦敦

九　泛斯拉夫主义。石勒苏益格—荷尔斯泰因的战争

波希米亚和克罗地亚（斯拉夫族的另一个离散的成员，它受匈牙利人的影响，就像波希米亚人受德意志人的影响一样），是欧洲大陆上所谓"**泛斯拉夫主义**"的发源地。波希米亚和克罗地亚都没有强大到自身足以作为一个民族而存在。它们各自的民族性都已逐渐被种种历史原因的作用所破坏，这些原因必然使它们为更强大的种族所并吞，它们只能寄希望于通过和其他斯拉夫民族联合起来而恢复一定的独立性。波兰人有2200万，俄罗斯人有4500万，塞尔维亚人和保加利亚人有800万，为什么不把所有这8000万斯拉夫人组成一个强有力的联邦，把侵入神圣的斯拉夫族领土的土耳其人、匈牙利人、尤其是那可恨而又不可缺少的Niemetz即德意志人驱逐出去或消灭掉呢？于是，就从几个斯拉夫族的历史学**爱好者**的书斋里发起了一个荒唐的、反历史的运动，其目的无非是要使文明的西方屈服于野蛮的东方，城市屈服于乡村，商业、工业和文化屈服于斯拉夫农奴的原

始农业。但在这种荒唐的理论之后，还站着**俄罗斯帝国**这一可怕的现实；这个帝国的一举一动都暴露出它想把整个欧洲变成斯拉夫族，尤其是斯拉夫族的唯一强有力的部分即俄罗斯人的领土的野心；这个帝国虽有圣彼得堡和莫斯科两个首都，但只要被每个俄国农民视为其宗教和国家的真正首都的"沙皇之城"（君士坦丁堡，俄文为沙皇格勒，即沙皇城）还没有成为俄国皇帝①的真正的都城，这个帝国就还没有找到自己的重心。过去150年以来，这个帝国在它所进行的每次战争中不仅从未失掉领土，而且总是获得领土。在中欧，人所共知，俄罗斯的政策是用种种阴谋手段支持新式的泛斯拉夫主义体系，这个体系的发明最适合于它的目的。因此波希米亚和克罗地亚的泛斯拉夫主义者有的是自觉地、有的是不自觉地为俄国的直接利益服务；他们为了一个民族的幻影而出卖了革命事业，而这个民族的命运至多也不过同俄国统治下的波兰民族的命运一样。然而必须对波兰人加以赞扬：他们从来没有真正陷入这个泛斯拉夫主义的圈套；至于少数贵族变成了狂热的泛斯拉夫主义者，那是由于他们知道，他们在俄国统治下所受的损失，要比他们在自己的农奴起义时所受的损失轻微一些。

后来波希米亚人和克罗地亚人在布拉格召开了一个斯拉夫人代表大会[7]，筹备成立一个斯拉夫人大同盟。即使没有奥地利军队的干涉，这个大会也会遭到惨败。几种斯拉夫语言各不相同，就像英语、德语和瑞典语各不相同一样；因此在会议开始以后，那些发言人都无法讲一种大家都能听懂的共同的斯拉夫语言。曾经试用法语，但大多数人也不懂，于是，这些可怜的斯拉夫族狂热分子——他们的唯一的共同感情就是对德意志人的共同仇恨——最后不得不用与会者都听得懂的唯一语言，即可恨的德语来表达意见！但正在这个时候，在布拉格也召开了另外一个斯拉夫人代表大会，参加这个大会的是加利西亚人的轻骑兵、克罗地亚人和斯洛伐克人的掷弹兵、波希米亚人的炮兵和重骑兵，而这个真正的武装的斯拉夫人代表

---

① 亚历山大一世。——编者注

大会在文迪施格雷茨的指挥之下，不到24小时就把假想的斯拉夫人霸权的这些奠基者们驱逐出城，并把他们赶得东逃西散了。

奥地利制宪议会中的波希米亚、摩拉维亚、达尔马提亚的代表和一部分波兰的代表（贵族），在这个议会中对德意志代表发动了有计划的斗争。德意志人和一部分波兰人（破产的贵族）在这个议会中是革命进步势力的主要支持者。对他们采取反对态度的大多数斯拉夫族代表，并不满足于这样明确表露自己整个运动的反动倾向，他们竟下贱地同驱散他们的布拉格会议的奥地利政府暗中勾结。他们的这种卑鄙的行为也得到了报应。斯拉夫代表在1848年十月起义（归根到底正是这次起义使他们在制宪议会中获得了多数）时支持政府，而在这之后，现在这个几乎是清一色的斯拉夫人的议会，也像布拉格代表大会一样被奥地利军队驱散了，这些泛斯拉夫主义者还被警告说，他们如果再有所动作，就将被关进监狱。他们得到的只是这样一个结果：斯拉夫人的民族性现在到处都被奥地利的中央集权所摧毁，而这是他们的幻想和愚蠢所应得的。

如果匈牙利和德国的边境问题还有任何疑问，那也一定会引起另一场争端。但是，幸亏没有任何口实，而且两个民族的利益密切相连，他们一起反对共同的敌人——奥地利政府和泛斯拉夫主义狂热。相互的善意谅解一刻也没有受到损害。但是意大利的革命至少使德国的一部分陷入了自相残杀的战争，而在这里必须指出一个事实，1848年的头六个月曾经在维也纳参加街垒战斗的人又满腔热情地参加了与意大利爱国者作战的军队，这证明梅特涅的统治多么严重地阻碍了社会意识的发展。不过，这种可悲的思想混乱并没有继续多久。

最后，还因为石勒苏益格—荷尔斯泰因而发生了与丹麦的战争。这两个地方在民族、语言和感情方面无疑都是德意志的，而从军事、海运和商业方面说，也是德国所需要的。这两地的居民在过去三年中曾经顽强地反对丹麦人的入侵。此外，根据条约，正义在他们方面。三月革命使他们与丹麦人发生公开冲突，德国援助了他们。可是，虽然在波兰、意大利、波希米亚，以及后来在匈牙利，战事进行得十分激烈，但在这个唯一得人心的、唯一至少具有部分革命性的战争中，却让部队采取了一系列毫无意义的前进和后撤行动，甚至屈从外国的外交干涉，在进行了许多次英勇的战斗之后，导致了十分悲惨的结局。德国各邦政府在这次战争中抓住一切机会出卖石勒苏益格—荷尔斯泰因的革命军队，故意让丹麦人在这支军队被分散或分开的时候把它消灭，由德意志志愿兵组成的部队也遭到同样的待遇。

虽然德国的名字遭到普遍的憎恨，而德国各立宪派和自由派的政府却扬扬得意。它们把波兰人和波希米亚人的运动镇压下去了。它们到处重新挑起旧日的民族仇恨，这种仇恨直到今天还使德意志人、波兰人和意大利人彼此间不能有任何谅解和共同行动。它们使人民习惯于内战和军队镇压的场面。普鲁士军队在波兰，奥地利军队在布拉格都恢复了自信。当满怀着过分的爱国激情（即海涅所谓的"die patriotische Überkraft"）①的、热心革命但目光短浅的青年被引导到石勒苏益格和伦巴第去在敌人的霰弹下送死的时候，普鲁士和奥地利的正规军这些真正的作战工具，却得到机会以战胜外国人来重新赢得人心。但是我们要再说一遍：这些被自由派加强起来当做反对较先进的党派的作战工具的军队，刚刚在某种程度上恢复它们的自信和纪律，便翻脸反对自由派，而把政权交还给了旧制度的代表人物。当拉德茨基在阿迪杰河彼岸他的军营中接到维也纳的"责任大臣们"的第一批命令时，他大喊道："这些大臣是些什么人？他们并不是奥地利政府！奥地利现在只存在于我的军营中；我和我的军队就是奥地利；等将来我们把意大利人打败，我们就要为皇帝夺回帝国！"老拉德茨基是对的。但维也纳的没头脑的"责任"大臣们却没有注意他。

1852 年 2 月于伦敦

---

① 海涅：《夜巡来到巴黎》。——编者注

十四　秩序的恢复。议会和议院

　　奥地利和普鲁士政府利用1849年的最初几个月来扩大上一年10月和11月的战果。自从维也纳被占领以后，奥地利的议会就在摩拉维亚的一个叫做克雷姆西尔的小镇上继续其有名无实的存在。斯拉夫族议员和选派他们的人曾经充当奥地利政府用来摆脱虚脱状态的主要工具，在这里，他们因为自己背叛欧洲革命而受到了应有的惩罚。政府一经恢复了力量，便用极端轻蔑的态度来对待议会和构成议会多数的斯拉夫族议员；当帝国军队的最初的胜利已经预示匈牙利战争将很快结束的时候，议会便在3月4日被解散了，议员们也被武力驱散了。这时斯拉夫人才终于看到他们受了愚弄，于是他们大声疾呼：我们要到法兰克福去继续我们在这里不能进行的反对派活动！但这时已经太迟了，而他们除了安分守己或者参加无能的法兰克福议会以外再无别的选择，单是这个事实也足以表明他们已完全无可奈何了。

　　德国的斯拉夫人恢复独立的民族生存的尝试，现在而且很可能是永远地就这样完结了。有许多民族的零星残余，它们的民族性和政治生命力早已被消灭，因此它们在近1000年以来总是不得不尾随一个更强大的民族即它们的征服者，就像过去威尔士人在英国，巴斯克人在西班牙，下布列塔尼人在法国一样，也像今天西属或法属克里奥尔人在最近被英裔美国人占领的北美洲那些地方一样。这些垂死的民族，如波希米亚人、卡林西亚人、达尔马提亚人等等，都力图利用1848年的普遍混乱恢复他们在公元800年时的政治**状况**。过去1000年的历史应该已经向他们表明，这样开倒车是不行的；如果说易北河和萨勒河以东的全部领土的确曾一度被斯拉夫血统的人所占据，那么这个事实只能证明德意志民族征服、并吞和同化它的古老的东方邻人的历史趋势以及它的肉体的和精神的能力；德意志人进行并吞的趋势过去一向是，现在也还是西欧文明传播到东欧的最有力的方法之一；只有当日耳曼化的过程进行到那些能够保持独立民族生存、团结统一的大民族（匈牙利人是这种民族，在某种程度上波兰人也是这种民族）的边界时，这种趋势才会停止；因此，这些垂死的民族的自然而不可避免的命运，就是让它们的强邻完成这种瓦解和并吞它们的过程。当然，这对曾经把一部分波希米亚人和南方斯拉夫人鼓动起来的泛斯拉夫主义梦想家的民族野心来说，并不是一种很惬意的前途；但是他们怎么能够希望历史为了让少数病弱者称心而倒退1000年呢？这些人在他们居住的所有地方到处都是和德意志人混居杂处并且为后者所包围，他们几乎从很久以来为了满足文明的需要除了德语以外就再没有别的语言，而且他们甚至缺乏民族生存的首要条件——众多的人口和整片的领土。因此，泛斯拉夫主义的浪潮，在德国和匈牙利的斯拉夫人地区，到处都掩盖着所有这些无数的小民族力求恢复独立的企图，到处都与欧洲的革命运动相冲突，同时，斯拉夫人虽然自称为自由而战，却总是（除了波兰的一部分民主派之外）站在专制主义和反动势力一边。在德国、匈牙利是这样，甚至在土耳其某些地方也是这样。他们是人民事业的叛徒，是奥地利政府的各种阴谋的拥护者和主要支持者，在所有革命的民族的心目中，他们是罪人。虽然任何地方的人民群众都没有参加泛斯拉夫运动的领袖们所制造的关于民族问题的琐碎的纷争——这完全是因为他们过分无知，但永远不应忘记：在布拉格这个半德意志的城市里，成群的狂热的斯拉夫人曾经一再高呼："宁受俄罗斯的鞭笞也不要德意志的自由！"在他们1848年的初次尝试遭到失败以后，在奥地利政府给了他们教训以后，下次遇有机会他们大概不会再这样做了。但如果他们再一次准备以类似的借口去和反革命势力联合，那么德国的职责就很明显了，没有一个处于革命状态并卷入了对外战争的国家，能够容忍一个**旺代**[8]处在自己的心腹之中。

……

1852年4月于伦敦

弗恩格斯写于1851年8月17日~1852年9月23日

原文是英文
中文根据《马克思恩格斯全集》历史考

载于1851年10月25和28日,11月6、7、12和28日,1852年2月27日,3月5、15、18和19日,4月9、17和24日,7月27日,8月19日,9月18日,10月2和23日《纽约每日论坛报》

署名:卡尔·马克思

证版第1部分第11卷并参考《马克思恩格斯全集》英文版第11卷翻译

选自《马克思恩格斯文集》第2卷,人民出版社,2009,第351~352、375、383、395、396~400、407~405、429~431页

注释:

[1]《德国的革命和反革命》是恩格斯总结德国1848~1849年革命经验的重要著作。在这篇著作中,恩格斯用历史唯物主义观点分析德国革命的起因、性质、过程和失败的原因,批判了资产阶级、小资产阶级社会主义思想对工人的侵蚀,指出应当根据社会总的经济状况和生活条件研究革命发生和成败的原因,并通过对德国社会阶级结构、各阶级的社会地位及其在革命中的态度和作用的分析,论述了无产阶级领导权和工农联盟问题。他强调革命是"社会进步和政治进步的强大推动力"(见《马克思恩格斯文集》第2卷,第383页),阐明了无产阶级革命斗争的策略原则,指出武装起义是一种艺术,必须遵守一定规则,不要把起义当儿戏,事前必须有充分准备,要集中强大的优势力量对付敌人;起义一旦开始,就必须以最大的决心行动起来并采取进攻,要按照"勇敢,勇敢,再勇敢!"的要求去行动。恩格斯还运用唯物史观分析了1848年革命中对民族解放斗争的背叛,强调无产阶级应当支持被压迫民族的解放运动,他还批判了"泛斯拉夫主义",指出这种理论起着助长俄罗斯帝国的侵略扩张政策的作用。

这篇著作由恩格斯与1851年8月~1852年9月写的19篇文章组成。1851年7月底,《纽约每日论坛报》编辑查·德纳约请马克思为该报撰稿。当时马克思正忙于经济学研究,因此请恩格斯帮忙。恩格斯在写这些文章是利用了《新莱茵报》合订本以及马克思提供的其他资料,文章在寄出前都经马克思看过。恩格斯本来还打算写一篇结束语,但未能写成。

这些文章从1851年10月25日~1852年10月23日陆续发表在《纽约每日论坛报》的"德国"专栏,标题是《革命和反革命》,署名是卡尔·马克思,直到1913年马克思和恩格斯的来往书信发表后,人们才知道作者是恩

格斯。

在马克思和恩格斯生前，这组文章没有出版过单行本，开头几篇文章曾被译成德文在美国的德文报纸《纽约晚报》以及柏林的《德意志总汇报》上转载。

1896年，马克思的女儿爱·马克思-艾威林编辑出版了这组文章的第一个英文单行本，并给每篇文章加了标题，书名是《革命和反革命或1848年的德国》。同年还出版了卡·考茨基翻译的德文本，书名是《德国的革命和反革命》。这两个版本均收入了恩格斯1852年11月写的《最近的科隆案件》（见《马克思恩格斯全集》中文第2版第11卷），作为恩格斯原打算写的结束语。在后来编辑出版的马克思恩格斯著作的全集本中，没有将《最近的科隆案件》收入《德国的革命和反革命》。1900年，马克思的女儿劳·拉法格将此书译成法文出版。

本卷选用《德国的革命和反革命》作为总标题，并保留了爱·马克思-艾威林为19篇文章所加的标题。

这篇著作1930年由刘镜园译成中文，由上海新生命书局出版；1939年延安解放社又出版了王石巍、柯柏年等翻译的中译本。

[2] 1846年2~3月加利西亚爆发了乌克兰农民起义，当时在奥地利所辖的波兰地区，以克拉科夫为中心恰好也爆发了民族解放起义。奥地利当局利用乌克兰农民与当时准备进行反奥暴动的波兰贵族之间的阶级矛盾和民族矛盾，多次使起义农民将矛头指向波兰起义者的队伍。起义农民一开始就解除了波兰贵族起义部队的武装，随后大规模地摧毁地主庄园。奥地利政府在平息波兰贵族的起义运动之后，又镇压了加利西亚的农民起义。

[3] 奥地利的财政状况在19世纪初依然极度拮据。当局曾想采用发行纸币的办法来克服支付和信贷上的困难；1810年流通的钞票超过10亿盾，全值兑现已不可能。1811年2月20日的特许令规定兑现面值的五分之一，这实际上意味着国家的破产。

[4] 马尔默停战协定指1848年8月26日丹麦和普鲁士签订的关于石勒苏益格—荷尔斯泰因战争的停战协定。从石勒苏益格—荷尔斯泰因德意志居民起义开始的反对丹麦的战争，是德国人民争取德国统一的革命斗争的一部分。德意志各邦政府，其中包括普鲁士政府，在人民群众的压力下不得不参战。但是，

普鲁士政府实际上在作战中采取消极态度，并于1848年8月在马尔默同丹麦政府签订了为期七个月的停战协定。法兰克福国民议会在1848年9月批准了这一协定，引起了人民群众的抗议怒潮并导致法兰克福的人民起义。1849年春天，石勒苏益格—荷尔斯泰因战事再起，结果，1849年7月普鲁士和丹麦签订了和约，石勒苏益格—荷尔斯泰因仍然留在丹麦王国中。

[5] 第一次瓜分波兰是普鲁士、奥地利和俄国根据1772年8月5日在圣彼得堡签订的协定进行的。奥地利分得了加利西亚，普鲁士分得了瓦尔米亚以及波美拉尼亚、库亚维恩和大波兰区的一部分；利夫兰和白俄罗斯东部的一部分划归俄国。波兰当时失去了29%的领土。

[6] 胡斯战争是1419~1434年间捷克民族为反对德国贵族和德意志皇帝的最高权力而进行的带有宗教色彩的农民战争（见恩格斯《匈牙利的斗争》，《马克思恩格斯全集》中文第1版第6卷，第199页）。因捷克爱国者和宗教改革领袖胡斯而得名。胡斯严厉谴责教皇兜售"赎罪券"，反对教会占有土地，抨击教士的奢侈堕落行为，主张用捷克语举行宗教仪式。1415年7月胡斯作为异教徒被处以火刑。对胡斯的处决激起捷克人民更大的义愤，1419年7月30日布拉格发生起义，拉开了这场民族解放战争的序幕。胡斯战争的参加者分为两大派，即代表农民和平民的塔博尔派与代表市民和中小贵族的圣杯派。战争期间，塔博尔派军队击退了教皇和德意志皇帝组织的五次反对捷克的十字军征讨。最后由于圣杯派同国外封建反动势力实行叛变性的妥协，人民起义遭到失败。胡斯派的运动对16世纪欧洲宗教改革产生了巨大的影响。

[7] 斯拉夫人代表大会于1848年6月2日在布拉格举行。代表大会上，受哈布斯堡王朝压迫的斯拉夫民族的民族运动中的两个派别展开了斗争。温和的自由主义右派（属于该派的有代表大会的领导者弗·帕拉茨基和帕·约·沙法里克）为了维护和巩固哈布斯堡王朝，试图使之变为各民族享有平等权利的联盟，从而解决民族问题。民主主义左派（萨宾纳、弗里奇、利贝尔特等）对此坚持反对，他们竭力主张同德国和匈牙利的革命民主力量一致行动。代表大会的部分代表积极参加了1848年6月12~17日布拉格起义，受到残酷的迫害。其余的代表，即温和的自由派代表于6月16日宣布代表大会无限期休会。

[8] 旺代是法国西部的一个省。1793年春季,该省经济落后地区的农民在贵族和僧侣唆使和指挥下举行反对法国大革命的暴动,围攻并夺取了共和国军队防守的索米尔城。暴动于1795年被平定,但是在1799年和以后的年代中,这一地区的农民又多次试图叛乱。旺代因此而成为反革命叛乱策源地的代名词。

卡·马克思和弗·恩格斯

不列颠政局。——迪斯累里。——流亡者。——马志尼在伦敦。——土耳其[1]（节选）

1853年3月22日星期二于伦敦

……

真正经常引起纠纷的，是沙瓦河和多瑙河以南的一个大的半岛，即欧洲土耳其。这个好地方却不幸成了各个不同种族[2]和民族杂居的地方，同时很难说它们当中谁最缺少走向进步和文明的条件。1200万斯拉夫人、希腊人、瓦拉几亚人、阿尔纳乌特人[3]处于100万土耳其人的统治下，一直到不久以前还很难说，除了土耳其人以外，在这些不同种族中哪一个最有能力实行统治，而在居民这样混杂的情况下，统治权不能只属于其中的一个民族。但是，当我们看到，土耳其政府想走上文明道路的一切企图遭到了怎样可怜的失败，而以几个大城市中的土耳其平民为主要支柱的伊斯兰教狂热势力为了重掌政权和消灭任何进步倡议每一次都不惜向奥地利和俄国乞援的时候；当我们看到，中央政府即土耳其政府的权力是怎样由于基督徒省份的起义（由于土耳其政府的衰弱和邻邦的干涉，这些起义没有一次是完全不成功的）而一年年地削弱下去的时候；最后，当我们看到，希腊争取独立，俄国夺取部分阿尔明尼亚，而莫尔达维亚、瓦拉几亚和塞尔维亚相继归这一强国保护的时候,——在这种情况下,我们应当同意这样一种看法,即土耳其人居留在欧洲严重阻碍了色雷斯—伊利里亚半岛所拥有的一切潜力的发挥。

很难称土耳其人是土耳其的**统治阶级**,因为那里各不同社会阶级之间的相互关系像各不同种族之间的关系一样复杂。在不同地区和不同情况下,土耳其人中有工人、佃农、小土地所有者、商人、处于封建主义最低和最野蛮阶段的封建地主、官吏或军人;但是,不管一个土耳其人的社会地位如何,他却属于有特权的宗教和民族——只有土耳其人才有佩带武器的权利,而地位最高的基督徒在遇见社会下层的穆斯林时也必须让路。在波斯尼亚和黑塞哥维那,斯拉夫族的贵族改宗了伊斯兰教,而人民群众仍然是"莱雅",即基督徒。因此,在这一省份里,占统治地位的宗教和占统治地位的阶级是吻合的,波斯尼亚穆斯林和他们的土耳其族教友的地位一般来说是同等的。

欧洲的土耳其居民(不算随时可以从亚洲吸引过来的后备)的主体是君士坦丁堡和其他几个大城市的城市平民。他们主要是土耳其族,同时,尽管他们的雇主主要是信基督教的资本家,但是他们仍然狂热地维护自己想像的优越性和胡作非为不受惩罚的实有的权利,这种权利,是因为他们信奉有特权的宗教即伊斯兰教而享有,用来对付基督徒的。谁都知道,在任何一次重要的 coup d'état〔政变〕中,都必须用收买和恭维的手段把这些平民吸引到自己方面来。就是这一些人形成了(某些殖民区除外)人数相当多同时又密集的欧洲土耳其居民。不言而喻,完全有必要把欧洲大陆上这个最好的地方从平民(罗马帝国时代的平民和他们比起来都成了贤人和英雄)统治下解放出来,这种必要性迟早总会出现的。

至于其他民族,这里首先谈一谈阿尔纳乌特人。阿尔纳乌特人是勇敢的山民,他们是位于亚得利亚海沿岸山坡上的国家的土著居民。他们有特殊的语言,这种语言大概属于大印欧语系。在阿尔纳乌特人中,部分人是信奉希腊正教的基督徒,部分人是穆斯林;据我们所知道的关于他们的一切来判断,他们好像还很少具备走上文明道路的条件。他们惯于打家劫舍，因此，在周围地区工业的进步没有保证他们能够像西班牙的加利埃哥人[4]和其他地方的山民那样从事采伐和运水的劳动之前，任何一个邻国政府都不得不用军事力量严格控制他们。

位于多瑙河下游和德涅斯特尔河之间的地区的主要居民是瓦拉几亚人，或称达克-罗马尼亚人，这是一个非常混杂的民族。他们都属于正教教会，他们的语言源自拉丁语，在很大程度上与意大利语相似。在这个民族中，特兰西瓦尼亚和布柯维纳的居民是奥地利帝国的臣民，而贝萨拉比亚的居民则是俄罗斯帝国的臣民；莫尔达维亚和瓦拉几亚是达克—罗马尼亚种族得到政治存在的唯一的两个公国，这里的居民有自己的公爵，公爵名义上是土耳其政府的藩臣，而实际上则处于俄国统辖之下。特兰西瓦尼亚的瓦拉几亚人的事，我们在匈牙利战争时期已听到很多了[5]。奥地利人用小恩小惠和各种诺言把这些陷于野蛮状态的瓦拉几亚人（他们迄今一直受着匈牙利大地主的封建压迫，而且这些大地主又适应着奥地利制度变成了政府进行各种勒索的工具）拉到自己这边来，如同1846年他们在加里西亚对处于农奴地位的卢西人所做的那样[6]，于是瓦拉几亚人便对匈牙利人进行了一场焦土战争，这场战争把特兰西瓦尼亚变成了荒漠地带。土耳其各公国的达克-罗马尼亚人至少还有自己的贵族和政治机关，在那里，俄国虽然极力防范，但革命精神仍然渗进去了，1848年的起义[7]就充分说明了这一点。从1848年起，他们在俄国占领时期所身受的压迫和勒索，无疑地会使这种革命精神更为增长，尽管他们同俄国的共同宗教和他们对沙皇的宗教迷信使他们直到现在还把戴皇冠的正教教主当作天然的保护者。所以，如果情况确是这样，那末瓦拉几亚民族在最后决定这些地区的问题方面，能够起重要的作用。

土耳其境内的希腊人大部分是斯拉夫族，虽然他们接受了新希腊语。实际上现在所有的人都承认，除了几家名门望族以外，在君士坦丁堡和特拉比曾德，甚至在希腊本土，纯粹的希腊人都已经很少了。希腊人和犹太人一起，构成了各沿海口岸和内地许多城市中的商人的基本部分。在某些地区，他们也从事农业。但是，除了在特萨利亚（也许还有伊皮罗斯）以外，无论从人数、人口密度来看，或是从民族意识来看，他们在任何地方都不起作为一个民族所起的政治作用。少数几家希腊的名门望族的代表人物由于当通事（翻译官）在君士坦丁堡所享有的威望，在土耳其人到欧洲受教育和欧洲各大使馆配备了通晓土耳其语的随员之后，也几乎丧失净尽了。

现在来谈谈构成居民基本部分和在每一个种族混杂的地方其血统都占主要地位的那个种族。可以断言，这个种族构成了从摩里亚半岛到多瑙河，从黑海到阿尔纳乌特山脉这一地区内的基督教居民的主体。这个种族就是斯拉夫族，特别是其中名为伊利里亚（Ilirski）或南方斯拉夫（Jugoslavenski）的一个分支。继西方斯拉夫人（波兰人和捷克人）和东方斯拉夫人（俄罗斯人）之后，它构成了在12个世纪中定居在欧洲东部的人数众多的斯拉夫民族系统中的第三个分支。南方斯拉夫人不仅居住在土耳其大部分土地上，并且居住在达尔马戚亚、克罗地亚、斯拉窝尼亚和南匈牙利。他们都讲同一种语言，这种语言同西欧人听来无疑最富有音乐性的一种斯拉夫语言——俄语非常相近。克罗地亚人和部分达尔马戚亚人信奉罗马天主教；其余的南方斯拉夫人都信奉正教。天主教徒使用拉丁字母，正教徒书写时则使用俄语、古斯拉夫语（或称教会斯拉夫语）所使用的基利尔文字。由于这种情况，再加上信仰不同，就阻碍了他们的民族发展，使南方斯拉夫人居住的所有地区不能汇入一个民族的轨道。贝尔格莱德的居民不能阅读印成自己的语言但在阿格拉姆或贝奇①出版的书。他甚至还可能拒绝用手去拿，因为这本书是用"异教"字体和按"异教"正字法的规则印的。另一方面，他却毫不困难地阅读和了解在莫斯科用俄文出版的书，因为两种语言非常相似，特别是在古斯拉夫语源学正字法方面非常相似；此外，这本书还是用"正统"（正教）字体印的。大多数信正教的斯拉夫人甚至不愿意他们的圣经、祀神书和祈祷书在本国印，因为他们深信

---

① 塞尔维亚人对维也纳的叫法。——编者注

凡是在神圣的莫斯科或在圣彼得堡帝国印刷局印出来的东西都特别正确、正统和神圣。尽管阿格拉姆或布拉格的狂热分子[8]作了种种泛斯拉夫主义的努力，可是塞尔维亚人、保加利亚人、波斯尼亚的"莱雅"、马其顿和色雷斯的斯拉夫族农民都对俄罗斯人抱有更大的民族同情；他们跟俄罗斯人的共同点，跟俄罗斯人在精神上的交往手段，要比讲同一种语言的信天主教的南方斯拉夫人更多。不论发生什么事，他们总注视着彼得堡，希望从那里来个救世主把他们从所有罪恶中解救出来。所以，他们把君士坦丁堡叫做沙皇格勒，即沙皇城，他们这样做一方面是希望正教沙皇从北方降临本城复兴真教；另方面是纪念在土耳其征服全国以前统治君士坦丁堡的另一个正教沙皇。

在土耳其大部分地区，斯拉夫人虽然自己选地方政权，但他们都处于土耳其人的直接统治之下；在某些地方（在波斯尼亚），他们皈依了征服者的宗教。斯拉夫种族只在土耳其的两个地区里保持了自己的政治独立，或争得了政治独立。其中一个地区是位于摩拉瓦河谷的塞尔维亚，这个地区有着明显的天然边界，这条边界600年前曾在这些国家的历史上起过突出的作用。1806年俄国的战争[9]使长期处于土耳其人压迫下的塞尔维亚人得以独立，虽然只不过是在土耳其统辖下的独立。从那个时候起，塞尔维亚就经常受俄国的直接保护。但是，同莫尔达维亚和瓦拉几亚一样，政治存在产生了新的需要，促使塞尔维亚扩大自己和西欧的联系。文明开始生根，贸易增长了，产生了新的思想，于是，在受俄国影响最大的中心堡垒里，即在斯拉夫族和正教的塞尔维亚，就出现了反俄的进步党派；当然，这个党派在改革要求方面是非常温和的。领导这个党派的是前财政大臣加腊沙宁[10]。

如果希腊—斯拉夫居民一旦成为自己居住的并占总人口四分之三（700万人）的那个国家的主人，那末毫无疑问，上述的需要逐渐会使他们中间出现反俄的进步党派；这样的党派的出现，一直都是这些居民的每一部分获得对土耳其的半独立地位之后不可避免的事情。

门的内哥罗不是拥有较大城市的肥沃平原，而是一个贫瘠的、交通极不便的山国。境内盗匪盘踞，他们到平原去抢劫，抢来东西就藏在自己的山寨里。这些浪漫然而相当粗暴的先生们早就成了欧洲的负担，而俄国和奥地利则保护黑山（Tsernogorci）① 这个地方的人焚毁村庄、杀戮居民和抢掠牲畜的权利，因为这种情况和它们的政策是十分谐调的。

卡·马克思和弗·恩格斯合写于
1853 年 3 月 12 日和 22 日之间
载于 1853 年 4 月 7 日《纽约每日论坛报》第 3736 号
署名：卡尔·马克思

原文为英文
俄文译自"纽约每日论坛报"俄译文第一次全文发表
选自《马克思恩格斯全集》第 9 卷，人民出版社，1961，第 7～13 页

注释：

[1] 从本文起，马克思和恩格斯联系着 1853 年俄国和西欧列强在近东和巴尔干半岛上的矛盾尖锐化和后来爆发的克里木战争，开始在"纽约每日论坛报"上对东方问题作系统化的阐述。同马克思和恩格斯在"纽约每日论坛报"上发表的大多数文章和通讯一样，本文在作者生前没有翻印过。"土耳其"这一节曾同其他一些关于东方问题的文章一起，收入由马克思的女儿爱琳娜·马克思－艾威林和英国社会主义者爱德华·艾威林编辑的文集——卡尔·马克思"东方问题。1853～1856 年关于克里木战争事件的论文翻印本"1897 年伦敦版。由于在"纽约每日论坛报"上发表的这些文章有时署名马克思，有时没有署名，所以这本文集以马克思为所有文章的作者。只是到了 1913 年马克思和恩格斯的通信发表后才知道，马克思寄到"论坛报"去的文章有相当一部分是恩格斯写的，有的是整篇，有的是部分。

  本文中"不列颠政局。——迪斯累里。——流亡者。——马志尼在伦敦"几节是马克思写的，"土耳其"这一节是恩格斯写的。在"马克思恩格斯全集"俄文第 1 版中本文不全，缺第一段。

  "纽约每日论坛报"（"New-York Daily Tribune"）是一家美国报纸，

---

① 即门的内哥罗。——译者注

1841～1924年出版。该报由著名的美国新闻工作者和政治活动家霍拉斯·格里利创办，在五十年代中期以前是美国辉格党左翼的机关报，后来是共和党的机关报。在四十至五十年代，该报站在进步的立场上反对奴隶占有制。参加该报工作的有许多著名的美国作家和新闻工作者。受空想社会主义思想影响的查理·德纳从四十年代末起是该报的编辑之一。马克思于1851年8月开始为该报撰稿，一直到1862年3月，继续了10年以上。为"纽约每日论坛报"写的文章，很大一部分是马克思约恩格斯写的。马克思和恩格斯在"纽约每日论坛报"上写的文章，涉及国际和国内政治、工人运动、欧洲各国的经济发展、殖民地扩张、被压迫国家和附属国家的民族解放运动等等极其重要的问题。在欧洲的反动时期里，马克思和恩格斯利用这个发行很广大的美国报纸以具体材料来揭露资本主义社会的种种病态和这个社会所固有的各种不可调和的矛盾，并且说明资产阶级民主的局限性。

"纽约每日论坛报"编辑部对马克思和恩格斯的文章常常随意处理，有些文章不署作者名字而作为编辑部的社论刊登出去，有时竟然还删改文章的内容。编辑部的这些行为曾一再引起马克思的抗议。从1857年秋天起，由于美国发生经济危机，报纸的财政状况受到影响，马克思不得不较少给"纽约每日论坛报"的通讯。到美国国内战争开始时，马克思完全停止了撰稿。马克思所以和"纽约每日论坛报"断绝关系，很大的一个原因是编辑部内主张同奴隶占有制各州妥协的人的势力加强和报纸离开了进步立场。

[2] "种族"（《race》）一词在这里是根据当时一般人对这个词的理解而用的，当时一般人都把"第二级种族"（基本种族内的集团）同人类的各个语言上和人种上的分支混为一谈。

[3] 阿尔纳乌特人是土耳其人对阿尔巴尼亚人的叫法。

[4] 加利埃哥人是加利西亚的山民，自古以来就住在比利牛斯半岛的这个地区。在西班牙和葡萄牙的许多城市中，加利埃哥人形成了自己的居民点。

[5] 指奥地利的哈布斯堡王朝在1848～1849年利用特兰西瓦尼亚的瓦拉几亚人的运动反对革命的匈牙利。特兰西瓦尼亚在革命前夕属于哈布斯堡王朝统治下的匈牙利王国的版图。在1848～1849年革命时期，匈牙利革命政府拒绝承认特兰西瓦尼亚的瓦拉几亚人的民族独立权。奥地利的反革命利用了这种情况，把特兰西瓦尼亚的瓦拉几亚人的起义军拉过来同匈牙利人的革命军作战。但

是，匈牙利资产阶级革命的失败却使特兰西瓦尼亚居民受害无穷，因为在那里又恢复了匈牙利大地主的统治。

[6] 卢西人是资产阶级民族志学家和历史学家对加里西亚、外喀尔巴阡和布柯维纳的乌克兰人的称呼，流行于十九世纪。这些地方的居民那是被强迫同乌克兰人民的基本部分分割开来。

1846年2月，当波兰试图举行起义争取民族解放和克拉科夫的起义者取得了暂时的胜利的时候，在加里西亚页爆发了农民起义。奥地利当局利用了被压迫的乌克兰农民仇视波兰贵族的心理，往往很成功地唆使起义的农民去反对波兰的起义部队。在克拉科夫的起义被镇压下去后，加里西亚的农民运动也遭到了残酷的镇压。

[7] 指1848年莫尔达维亚和瓦拉几亚的资产阶级革命，在革命的进程中，这两个公国的人民群众开展了广泛的运动，力争完全脱离土耳其帝国，消灭农奴制度和资本主义发展道路上的其他障碍。这次革命被国内反动派勾结苏丹土耳其和沙皇俄国进行武装干涉镇压了下去。

[8] 指克罗地亚和捷克民族运动中的地主资产阶级右翼分子，这些人在1848～1849年革命时期反对用革命民主的方法解决民族问题，主张被压迫的各斯拉夫民族联合在反动的哈布斯堡帝国范围内。在1848年于阿格拉姆（萨格勒布）召开的克罗地亚沙布尔的决议中，在1848年6月布拉格斯拉夫人代表大会的温和自由派（帕拉茨基、沙法里克）维护和巩固哈布斯堡王朝的立场中，都反映出这样的态度。与此相反，这个代表大会的民主左派（萨宾纳、弗利契、李别尔特等等）则力争与德国和匈牙利的革命民主运动共同行动。

[9] 指1806～1812年的俄土战争，土耳其在这次战争中失败，于1812年签订了布加勒斯特和约，和约规定贝萨拉比亚割给俄国。和约还规定给予塞尔维亚以内政自治权，为塞尔维亚后来的的独立奠定了基础。

[10] 加腊沙宁所领导的塞尔维亚反俄的党派的立场，是指望西方各强国的援助。1853年初，塞尔维亚公爵亚历山大根据俄国驻君士坦丁堡特使缅施科夫公爵的要求，革去了加腊沙宁政府首脑和外交大臣的职务。立场不同的各党派的斗争，导致了1853年塞尔维亚国内局势的尖锐化。

弗·恩格斯

欧洲土耳其前途如何？[1]

我们看到，欧洲的政界要人们由于不可救药的愚昧无知、相沿成习的因循守旧和世代相承的思想懒惰，都根本不打算回答这个问题。阿伯丁和帕麦斯顿，梅特涅和基佐，都对解决这个问题不抱任何希望，至于1848～1852年时期他们的那些永远不会被后世提起的共和派和立宪派后继者就更不用说了。

而与此同时，俄国却在一步一步地、慢慢地然而不可阻挡地向君士坦丁堡进逼，全然不把法国和英国的一切外交照会、一切计谋和手腕放在眼里。

欧洲所有国家的所有党派虽然都承认俄国节节挺进的事实，官方的政界要人们却从来没有对此加以解释。他们看到它的影响，他们甚至看到它的最终后果，但是其原因何在，他们却不知道，尽管事情再也简单不过。

推动俄国向君士坦丁堡迅速挺进的强大动力，正是原来想借以阻止它这样做的那个办法，即空幻的、从来没有实现过的维持现状的理论。

这种现状是什么呢？对于土耳其政府管辖下的基督教臣民来说，这无非是意味着使他们永远受土耳其的压迫。而他们只要仍然处在土耳其统治的压迫下，希腊正教教会的首领，6000万信希腊正教的基督徒的统治者（不管他在其他方面怎样）就是**他们的天然的解放者和保护者**。这样一来，原先为了防止俄国侵略而发明的外交体制，反而迫使欧洲土耳其的1000万信希腊正教的基督徒向俄国求援。

我们且来看看历史事实。早在叶卡捷琳娜二世即位以前,俄国就从来没有放弃任何一个机会来取得摩尔多瓦和瓦拉几亚的特惠。这些优惠最后在阿德里安堡条约(1829年)[2]中得到了极为详尽的规定,以致上述两个公国目前在更大的程度上受制于俄国,而不是土耳其。当1804年爆发塞尔维亚革命[3]的时候,俄国马上出来保护起义的莱雅,在两次战争中支持他们,然后又在两个条约中保障了他们国家的内政独立[4]。当希腊人举行起义的时候,是谁决定了斗争的结局呢?不是亚尼纳的阿里帕沙的阴谋和叛乱[5],不是纳瓦里诺会战[6],不是在摩里亚登陆的法国军队[7],不是伦敦的那些会议和议定书,而是吉比奇率领的越过巴尔干山脉进入马里查河谷地的俄国军队。[8]而当俄国如此无所顾忌地动手肢解土耳其的时候,西方的外交家们却仍然在维护现状和奥斯曼帝国领土的不可侵犯,把它们奉为神圣!

只要西方外交界仍然把不惜任何代价维持现状和维持土耳其目前状态下的独立这一传统当作他们的指导原则,欧洲土耳其十分之九的居民就始终会把俄国看作他们唯一的靠山,他们的解放者,他们的救世主。

现在暂且假定,土耳其在讲希腊语的斯拉夫人的半岛上的统治结束,那里出现一个比较符合人民需要的政府,那么,俄国的地位会怎样呢?以下的事实是众所周知的:在土耳其境内出现的每一个取得完全独立或部分独立的国家,都组成了强大的反俄党派。如果说,在俄国的援助是他们挣脱土耳其压迫的唯一靠山的时候情况尚且如此,那么对土耳其压迫的恐惧一旦消失,又会出现什么局面呢?

可是,如果把土耳其的统治排挤到博斯普鲁斯海峡以东,如果让巴尔干半岛上的各个不同的教派和民族获得自由,如果让欧洲列强的各种计划和阴谋、各种互相冲突的愿望和利益都畅行无阻,难道不会引起一场大战么?——胆小怕事和因循守旧的外交界这样问道。

当然,不能指望帕麦斯顿们、阿伯丁们、克拉伦登们和大陆上的外交大臣们会做这样的事。他们一想到这种事就不寒而栗。但是,每一个人,只要他用心研究历史，体味到人间事物的永不停息的变迁，懂得除不固定本身外万事皆不固定，除变化本身外万物皆变幻无常；每一个人，只要他追踪历史的不可阻挡的进程，看到历史的车轮怎样无情地驰过一个个帝国的废墟，毫不怜惜地把一代代人整个碾为齑粉；简言之，每一个人，只要他不是闭眼不看这样一个事实，即任何蛊惑的号召和谋叛的宣言都不能像平凡而简单的人类史料那样起着革命作用；每一个人，只要他知道如何认识我们时代的异常革命的性质，——在这个时代，蒸汽和风力、电力和印刷机、大炮和金矿的开发合在一起在一年当中引起的变化和革命要多过以往整整一个世纪，——每一个这样的人，都一定不会由于考虑到一个历史性问题的正当解决可能引起一场欧洲战争而不敢正视这个问题。

不，按老办法行事的外交界和各国政府永远也解决不了这个难题。土耳其问题，和其他重大问题一起，都要留待欧洲革命来解决。把这个乍看起来好像是不太相干的问题也归入这个伟大运动的领域决不是一种武断。从1789年起，革命的界标就一直在向前移动。革命的前哨最后已经到了华沙、德布勒森、布加勒斯特；下一次革命的前哨必将是彼得堡和君士坦丁堡。俄国反革命的庞然大物必将在这两个薄弱之点收到攻击。

要拟定一个分割欧洲土耳其领土的详尽的规划，那是徒劳的幻想。这样的规划可以想出20种，每一种看来都同其他19种一样可行。但我们要做的，不是制定空幻的计划，而是从无可辩驳的事实中寻求普遍的结论。从这一观点来看，这个问题有两个方面。

首先，这个通常叫作欧洲土耳其的半岛是南方斯拉夫种族的天然继承物，这是一个不能否认的事实。这个种族在欧洲土耳其1200万居民中占700万人。它占有这块土地已有12个世纪之久。如果我们把讲希腊语而实际上是斯拉夫族后裔的极少数居民除外，只有土耳其或阿尔瑙特族的蛮人是斯拉夫人的竞争对手。这些蛮人早就被斥为仇视一切进步的死敌。相反，南斯拉沃尼亚人是该国内陆地区文明的唯一代表者。他们还没有形成为民族，但是他们在塞尔维亚已经有了一个强大的和比较开明的民族核心。塞尔维亚人有自己的历史和自己的文献。他们同在数量上占优势的敌人进行了11年英勇的斗争，方才获得了今天的内政自主。近20年来，他们在文化和文明手段方面取得了迅速的进展。他们被保加利亚、色雷斯、马其顿和波斯尼亚的基督徒看作自己在将来争取独立和民族生存的斗争中必须在其周围团结起来的中心。实际上可以说，塞尔维亚和塞尔维亚民族自身越加强，俄国对土耳其的斯拉夫人的直接影响就越被排除；因为塞尔维亚为了保持一个基督教国家的独特地位，曾经不得不以西欧为借鉴来建立自己的政治制度、自己的学校，形成自己的科学、自己的工业组织。由此也就可以解释这样一个反常现象：塞尔维亚尽管受俄国的保护，但它从一解放就建立了立宪君主制度。

尽管俄国的斯拉夫人和土耳其的斯拉夫人相同的血缘关系和宗教信仰会使他们联结起来，但一旦后者获得解放，他们的利益就将截然对立。由两国的地理位置而产生的贸易需求说明了这一点。俄国是一个密实的内陆国家，基本上是以农业生产为主，也可能有一天将以工业生产为主。讲希腊语的斯拉夫人的半岛，版图不大而海岸线很长，面临三海，其中有一个海归它控制，它在目前基本上是一个过境贸易国家，虽然它也具有发展独立生产的雄厚潜力。俄国要垄断，南方斯拉夫则要扩张。此外，他们在中亚也是竞争对手；同时，俄国迫切要求排除自己的产品以外的任何其他产品，南斯拉沃尼亚则目前就已经迫切要求把西欧的产品引进东方市场。在这种条件下，这两个国家怎么可能合得来呢？实际上，土耳其的南方斯拉夫人和希腊人甚至现在同西欧就比同俄国有更多的共同利益。而一旦现在从奥斯坦德、勒阿弗尔和汉堡通到佩斯的铁路线继续延伸到贝尔格莱德和君士坦丁堡（目前正在拟议之中），西方文明和西方贸易对东南欧的影响就要成为永久的了。

另一方面，土耳其的斯拉夫人深受由他们供养的穆斯林军事占领者阶级的统治之苦。这些军事占领者包揽了一切军事、民政和司法的大权。而俄国的统治制度在它还没有同封建机构混合起来的所有地方，不也是一种按军事方式来组织等级制的民政和司法并且要人民担负全部费用的军事占领吗？谁要是认为这种制度会使南方斯拉夫人向往，那就请他看看1804年以来的塞尔维亚历史吧。塞尔维亚独立的缔造者卡拉乔治之所以遭到人民的唾弃，重新恢复了塞尔维亚独立的米洛什·奥布廉诺维奇之所以被可耻地驱逐出国，都是因为他们企图推行俄国的专制制度，这种制度必然带来贪污腐败、半军事的官僚政治和帕沙式的敲诈勒索。

总之，使这个问题得到简单而彻底的解决的途径就在这里。历史和当前的事实都指明，必须在欧洲穆斯林帝国的废墟上建立一个自由的、独立的基督教国家。下一步的革命一定会使这样的事成为不可避免，因为它一定会引发俄国专制和欧洲民主之间已久成熟的冲突。英国势必卷入这个冲突，不管那是碰上什么人执政。它永远不会容许俄国占有君士坦丁堡。它势必会站在沙皇的敌人一方，竭力在虚弱衰败的、被推翻的土耳其政府的遗址上促使建立一个独立的斯拉夫人的政府[9]。

弗·恩格斯写于1853年4月1日以后——最迟7日
作为社论载于1853年4月21日《纽约每日论坛报》第3748号

原文是英文
中文根据《马克思恩格斯全集》1984年历史考证版第1部分第12卷翻译
选自《马克思恩格斯全集》第12卷，人民出版社，1998，第38~43页

注释：

[1] 这是恩格斯应马克思1853年3月10日来信之邀撰写的关于东方问题的第四篇文章，是《土耳其问题》（见《马克思恩格斯全集》第12卷，第27~33页）的续篇，文章根据马克思来信中提出的第3和第4点建议写成。恩格斯在4月1日开始写这篇文章，最迟是在4月7日完成并寄给马克思的，这样马克思才能在定期发稿的4月8日星期五连同自己的通讯一起寄出。

通讯于4月9日随阿拉伯号轮船从利物浦出发，于4月20日到达纽约。编辑部将这一通讯分成了两部分。恩格斯论述欧洲土耳其今后命运的部分作为社论发表在1853年4月21日的《纽约每日论坛报》第3748号，没有署名。马克思撰写的部分作为伦敦通讯同期发表，署名卡尔·马克思。

[2] 阿德里安堡条约是1828~1829年俄土战争中俄国获胜后两国于1829年9月

14日缔结的和约。根据条约，多瑙河口及附近诸岛屿，以及库班河口以南黑海东岸很大一部分土地划归俄国所有。土耳其必须承认摩尔多瓦和瓦拉几亚的自治，赋予它们独立选举国君的权利。这种自治由俄国来保障，这等于确立了沙皇对这两个公国的保护权。土耳其政府还被迫承认希腊为独立国（同土耳其的联系仅限于向苏丹纳年贡），遵守以前就塞尔维亚的自治问题所缔结的一切条约，并用特别敕令赋予这种自治以法律效力。

[3] 1804年塞尔维亚起义的直接原因是土耳其近卫军对塞尔维亚人的大屠杀。在格·彼得罗维奇领导下，起义发展成争取塞尔维亚民族独立的解放战争（1804～1813年）。在起义过程中，土耳其封建主的土地转归塞尔维亚农民所有。起义者得到俄国经济上、外交上的支持；彼得罗维奇被推举为最高首领后，于1805年4月召集国民议会，向君士坦丁堡土耳其政府提出地方自治的要求，遭拒绝后继续领导这场斗争，于1808年被宣布为塞尔维亚世袭最高首领，1811年建立了自己的国家管理机构。土耳其在1806～1812年俄土战争中遭到失败，在1812年5月28日与俄国签订的布加勒斯特合约中被迫答应给塞尔维亚以内政自治权。不久，苏丹乘拿破仑入侵俄国之机，撕毁合约，于1813年征讨塞尔维亚，并在那里恢复了自己的统治。

[4] 指1806～1812年和1828～1829年的两次俄土战争结束后分别签订的布加勒斯条约（见注120）和阿德里安堡条约（见注41）。土耳其在这两个条约中被迫答应给塞尔维亚以内政自治权。

[5] 亚尼纳的阿里帕沙是巴尔干半岛西南广大地区事实上的独立的统治者（他的属地包括伊庇鲁斯、阿尔巴尼亚、马其顿南部等其他地区，以亚尼纳城为中心），从1820至1822年一直同苏丹处于交战状态。他对土耳其军队的作战行动，在某种意义上也促成了希腊起义的胜利，但他所领导的带有封建分立主义性质的起义却于1822年失败了。

[6] 纳瓦里诺会战（纳瓦里诺，现名皮洛斯，是希腊的城市和港口）是1827年10月20日进行的以土埃舰队为一方和以英国海军上将爱·科德林顿指挥下的英、法、俄联合舰队为另一方的会战。英、法、俄各国为了武装调停土耳其和希腊起义者之间的战争而把自己的联合舰队开进了希腊领海。因土耳其司令部拒绝停止对希腊居民的迫害，会战开始，结果土埃舰队全军复没；会战加速了1828～1829年俄土战争的爆发。

［7］1828年春俄土战争爆发后，法国军队在梅松将军率领下于同年8月开进希腊南方的摩里亚（伯罗奔尼撒），几乎没有遇到土耳其埃及军队的抵抗就占领了这个半岛。这次以援助希腊人为名的军事行动，实际上是为了削弱俄国在巴尔干不断增长的影响，加强法国在这一地区的地位。

［8］英、俄、法三国代表讨论希腊问题的伦敦会议于1827～1829年举行。1827年7月6日，三大强国在伦敦缔结了一个公约，确认英俄1826年4月4日在彼得堡签订的议定书，承认希腊的自治权。像议定书一样，公约也承认希腊为一独立国家并同意用武力调停希土冲突。根据这个协议，三强国向希腊领海派去了联合舰队，参加了纳瓦里诺会战。在伦敦会议上还签署了其他几个有关希腊的文件，其中包括1829年3月22日的议定书，这份议定书确定了希腊的国界，并规定在希腊建立君主政体。但是，这些协议以及英法两国力图通过外交途径解决冲突的努力，均未动摇土耳其政府在希腊问题上的立场，只是吉比奇将军率领下的俄军在1829年战事中取得的胜利才迫使土耳其政府作出让步。

［9］在《纽约每日论坛报》上刊载的原文中，编辑部曾在文章的最后加了如下一段话："现在，想对欧洲的人民事业有所帮助的人的责任就是：尽一切力量促进土耳其治下的基督教国家发展工业，普及教育，尊重法律，发扬向往自由和独立的本能。世界和平和进步的前途都有赖于此。要想丰收，在耕耘和播种上所花费的任何劳力都不能认为是多余的。"

弗·恩格斯

瑞士共和国的政治地位[1]

1853年5月1日于伦敦

从前的皇族通常都雇养代鞭童,这些代鞭童享有一种光荣的使命:每逢王孙公子违犯了某种规矩,他们就要用自己低贱的脊背代为挨打受罚。欧洲现今的政治体系在某种程度上继承了这一传统,它建立了一批小的缓冲国,这些小国在任何可能破坏和谐的"均势"的内部纠纷中,都必须扮演替罪羊的角色。为了使这些小国能够相当体面地担任这种值得羡慕的角色,它们在"参加会议的"欧洲列强的一致同意下,被十分隆重地宣布为"中立国"[2]。希腊就是这样的替罪羊,或者说代鞭童,比利时和瑞士也扮演着同样的角色。唯一不同的是,这些现代的政治替罪羊,由于它们生存条件的异于寻常而很少受到完全不应该赏赐给他们的鞭打。

在这一类国家中,近来最引人注目的要数瑞士,

每逢君主们胡作非为,遭殃的总是……①

----

① 套用贺拉斯《书信集》第2册第2封信中的一句话:"每逢君主们胡作非为,遭殃的总是亚该亚人。"——编者注

瑞士人。任何一个欧洲国家的**人民**同他们的统治者发生冲突，瑞士人肯定也少不了麻烦；就这样一直弄到瑞士这个无端招来革命政党鄙视的国家在今年年初又被欧洲大陆的统治者们视为异端。瑞士在流亡者问题上同波拿巴皇帝发生纠纷，为此一度几乎导致战争[3]，在纳沙泰尔问题上同普鲁士发生纠纷[4]；在泰辛人和米兰起义[5]问题上同奥地利发生纠纷[6]；在一些没有什么人关心的问题上同一些德国小邦发生纠纷；和四面八方的纠纷、威胁性的照会、驱逐令、在护照上做手脚、进行封锁——凡此种种，就像冰雹一样落在可怜的瑞士头上。可是——这也是人的天性——瑞士人仍然自感幸福、满足和骄傲；他们感到面对这种倾盆而下的咒骂和侮辱，要比在政治地平线上万里无云的时候更自在。

对于瑞士的这种光荣的政治地位，欧洲舆论界有一种比较含糊而粗俗的流行说法：欧洲的统治者为了使共和政体丢脸，就创造了一个瑞士；的确，梅特涅或基佐这样的人也许会不止一次地这样说：如果没有瑞士，我们就应当造出一个来。对他们来说，瑞士这样的邻邦实在是一个天赐的宝物。

不要期待我们会重复革命派或假革命派最近对瑞士和它的制度提出的各种各样的责难。早在1848年运动以前，德国革命的共产党的报刊就已经分析了这个问题，指明了为什么作为一个独立国家的瑞士偏偏总是跟不上欧洲进步的脚步，为什么这个表面上一片共和主义气象的国家实质上总是反动的①。由于发表了这样的看法，这些报刊当时甚至遭到各种民主派的饶舌者和秘密演说炮制者的猛烈攻击，他们把瑞士捧作他们的"模范共和国"，直到他们自己终于尝到这种模范制度的滋味为止。现在，这一点已经成了尽人皆知的老生常谈，没有人会来怀疑这个事实，所以只要用几句话就可以把真实的情况说清楚了。

大部分瑞士居民非牧即农，他们在高山地区都经营畜牧业，在适合耕

---

① 恩格斯：《瑞士的内战》，见《德意志—布鲁塞尔报》1847年11月14日，第91号。——编者注

种的地方都经营农业。牧民部落——我们可以称之为部落——属于文明程度最低的欧洲人之列。即使他们在举行审判会时不像土耳其人和黑山人那样采取砍脑袋和割耳朵的办法,但其行为的野蛮程度毫不逊色。在那不勒斯和其他地方的瑞士雇佣兵[7]就充分证明瑞士人能干出怎样残暴凶狠的事情来。农民完全像牧民一样守旧,他们同美国西部地区的农民毫无共同之处;对于后者来说,只有变动,生活才有来源,这些农民每年都开垦出面积超过瑞士整个领土很多的耕地。瑞士农民耕种的还是从前他父亲和祖父耕种的那一小块土地,他们像父辈祖辈一样耕种得马马虎虎,收获的东西也差不了多少;他们的生活同父辈祖辈差不多,因此他们的想法也几乎完全一样。如果不是一部分由贵族世家、一部分由市镇的贵族行会加在他们头上的封建义务和捐税,瑞士农民就其政治存在而言,直到现在还会完全像他们的牧民邻居一样守旧。瑞士人的第三个组成部分是工业居民,尽管他们自然要比上述两个阶级文明得多,但是由于他们生存的条件,他们在很大程度上并没有受到现代工业生产方式对西欧产生的那种巨大的进步影响。在瑞士,很多人还不知蒸汽机为何物;大工厂仅仅在少数地方才有;人力便宜,人口稀少,适合修建磨坊的山地小河比比皆是,——由于所有这一切以及其他许多条件,在瑞士产生一种与农业错综结合的小型分散的工业,一种对瑞士最适合的工业生产方式。例如,有几个州发展了钟表业、绦带编织业以及草编制品和刺绣品等等的生产,但是从来没有因此而兴起一座新的城市,甚至没有使已有的城市有所发展。日内瓦和巴塞尔这两个最富裕、工业最发达(在这方面还要加上苏黎世)的城市,几个世纪以来几乎没有什么扩展。因此,如果说瑞士的工业生产几乎还完全保持着蒸汽机发明**以前**全欧洲普遍采用的那种方式,那又怎么能指望生产者的头脑中,除了与此相适应的思想以外还会有其他思想呢?如果说蒸汽机还没有使瑞士的生产和交通方式革命化,它又怎么能够推翻瑞士人的传统的思想方式呢?

匈牙利宪法和大不列颠宪法有某些相似之处,一些马扎尔人的政界人物就利用这种情况作为根据,企图让我们匆忙作出匈牙利民族几乎和英国人一样先进的结论。然而布达的小商人和兰开夏郡的棉纺大王之间的距离，或者说普斯陶的流动补锅匠和英国工业中心的宪章派[8]工人之间的距离，不仅是千百里，而且是千百年。同样，瑞士也很想把自己描绘成一个小美国。但是，如果撇开政治制度上表面的相似之处，恐怕没有比美国和瑞士这样两个国家更不相同的了。美国在不断变动，不断变化，它所肩负的历史使命之巨大，大西洋两岸的人们现在不过才开始有所认识；而瑞士却停滞不变，如果不是邻邦的工业发展违反它的本意硬把它朝前推动的话，它那些无休止的细小纷争也许会使它永远在狭小的圈子里打转转。

对此有怀疑的人，只要仔细看看瑞士铁路的历史就会相信了。如果不是因为有从两侧纵贯瑞士南北的过境运输，在这个国家里根本就不会修起一条铁路来。事实上，现有的铁路也是晚了20年才修建起来的。

1789年的法国入侵和1830年的法国革命，使瑞士农民得以摆脱封建义务，使工商业居民得以摆脱贵族和行会控制的中世纪枷锁。这一进步标志着州政方面的革命的完成。较先进的州都获得了符合自己利益的宪法。州的这一革命又影响了中央的代表会议①和行政机关。在州里被击败的政党，在中央仍然很有势力，因而斗争又起。1840～1847年普遍的政治运动，在欧洲各地都引起了初步的斗争。或者说，为决定性的冲突作了准备。由于列强之间的竞争，这个运动在所有二等和三等国家里都使可以称为中等阶级政党的反对派得到了好处。当时瑞士的情况也是这样；英国的道义上的支持，基佐的迟疑不决，梅特涅在意大利陷于困境，这一切使瑞士人顺利地结束了宗得崩德战争[9]。1830年在各个自由派的州里取得胜利的政党，这时夺得了中央政权。1848年的革命使瑞士人得以改革他们的封建宪法，使宪法同大多数州的新的政治组织一致起来；所以现在我们可以说，瑞士已经达到它作为一个独立国家所能取得的政治发展的顶点。瑞士联邦的新宪法是完全适合国家需要的；在币制和通讯传播手段方面不断进

---

① 联邦议会。——编者注

行的改革，以及其他有关国家工业的立法措施，都充分证明了这一点。但是可惜得很！换上任何一个其他国家都会对这样的改革感到羞愧，因为传统的丑恶东西是那样多，社会状态是那样古老原始，这些直到现在还在改革中暴露出来。

能够说成是1848年瑞士宪法的成就的，顶多不过是比较文明的那部分瑞士人通过宪法的制定，宣告了他们在一定程度上由中世纪过渡到现代社会的愿望。但是他们能不能在任何时候都抛弃享有特权的手工业公会、行会以及诸如此类的中世纪的宝贝呢？对于这一点，任何人只要对这个国家有最起码的了解，只要看一看那些可敬的"既得利益集团"怎样竭力反对甚至最必要的改革，就必定会深表怀疑。

因此，当瑞士人周围的欧洲大陆的稳定局面整个都被1848年革命连根摧毁的时候，我行我素的瑞士人却仍然安静地生活在他们自家的小圈子里。巴黎、维也纳、柏林、米兰的革命，全都被他们当成进行州际阴谋活动的手段。对于欧洲发生的地震，连瑞士的激进派也无动于衷，觉得它只不过会使保守的邻居因震碎了坛坛罐罐而烦恼罢了。在争取意大利独立的时候，撒丁曾经请求同瑞士结盟，如果当时瑞士能出2万或3万人加入撒丁军队，那么无疑很快就会把奥地利人赶出意大利。当15000名瑞士人在那不勒斯为反对意大利自由而作战时，人们无疑会期望瑞士为了维持它所标榜的"**中立**"总该派出同样多的人去为意大利人而战；但是结盟的建议被拒绝了，这样，在断送意大利的独立事业方面，瑞士人和奥地利的刺刀起了同样的作用。此后，革命派连遭失败，大批的流亡者从意大利、法国、德国涌入了**中立**的瑞士。但是那里中立已经终止，瑞士的激进派对于既有的成就已经心满意足，而那些起义者，那些使瑞士的监护人和天然尊长——大陆各国的专制政府——的力量受到牵制并使瑞士人得以顺利进行国内改革的起义者，现在在瑞士却遭到了百般欺辱，并且只要追捕者一提出要求，就被驱逐出境。于是，瑞士的邻国政府就一个接着一个对它大加凌辱和欺侮；如果瑞士的民族地位还有点根基的话，如果瑞士的独立不是自吹自擂和空有其名的话，那么每个瑞士人的热血都会因此而沸腾起来的。

从来还没有一个民族像瑞士这样遭到法国、奥地利、普鲁士以及德意志小邦的如此待遇。从来还没有一个国家面对着即使是减半的侮辱性要求而不忿起作决死抗争的。邻邦政府竟敢通过自己的代理人在瑞士领土上行使警察权力，它们不仅对流亡者，而且对瑞士警方人员也行使这种权力。它们不满意自己的下级代理人，要求把他们撤职；它们甚至到了暗示瑞士必须修改某些州的宪法的地步。至于瑞士政府，越是遇到蛮横无礼的要求，它就越是报以低声下气的回答。如果说有时它在言词上带点反抗味道，那么它在行动上必然用更多的逢迎来弥补。屈辱一个接着一个忍受，命令一个接着一个照办，直到瑞士被欧洲鄙视到了无以复加的程度，直到它所受的鄙视甚至超过了它的两个"中立"对手——比利时和希腊。而现在，在它的主要敌人奥地利向它提出的要求已经蛮横到甚至使得像德律埃先生这样脾气的政治活动家不表示抗议都难以忍受的时候，瑞士在它给维也纳的最近的也是最勇敢的照会中也只不过是表演了一下它是何等卑躬屈节。

瑞士在照会中痛斥争取意大利独立的战士们，其实这些人不仅根本没有表现过任何大逆不道的社会主义或共产主义的倾向，甚至没有奢望意大利有像瑞士现行的这样的宪法；这些人甚至也不指望获得像马志尼这样的蛊惑家的名声，而他们在照会中竟然被说成是杀人放火的强盗和一切社会秩序的破坏者。当然，对马志尼使用的言词就更凶狠得多了；然而大家都知道，马志尼尽管搞密谋和起义，仍然和德律埃先生本人一样，是一个现存社会秩序的拥护者。因此，交换这些照会的结果只能表明：在原则上瑞士人已经向奥地利人屈服。既然如此，又怎能指望他们在实践中不会向奥地利人屈服呢？

事实是：任何一个蛮横和强硬的政府都能从瑞士人那里得到它想得到的东西。大多数瑞士人过的孤立的生活，使他们根本意识不到共同的民族利益。当然，同一村庄、或同一谷地、或同一州的居民还是可以同心协力的。但是他们从来也不想作为一个民族为一个共同的目标（不管是什么样的目标）而和衷共济。每一次外国入侵时，情况只要一严重，例如像在

1798年那样，一个瑞士人就会出卖另一个瑞士人，一个州就会抛弃另一个州。奥地利人毫无理由地从伦巴第赶走了18000名泰辛人。瑞士人为这件事而大声疾呼，并且为自己不幸的同胞发起募捐。但是，只要奥地利坚持自己的做法，继续禁止那些泰辛人回去，那么你们很快就会看到，瑞士的舆论就会有一个惊人的转变。他们会对募捐表示厌倦，他们会说泰辛人总是干涉意大利的政治，现在这样是咎由自取；还会说泰辛人实际上并不是真正的瑞士联邦同胞（Keine guten Eidgenossen）。接着还会说，被驱逐的泰辛人会移居瑞士其他州，"夺走当地人的工作"。因为住在瑞士的人并不算是瑞士人，而算是这个州或那个州的当地人。到那个时候，你们就会看到我们的这些勇敢的联邦同胞怎样义愤填膺，你们就会看到怎样用各种阴谋诡计来对待奥地利专制统治的受害者，你们就会看到这些泰辛州的瑞士人怎样同逃到瑞士的外国流亡者一样被仇视、被迫害和被诽谤的。这样，奥地利就会得到它所要的一切，而且如果它不辞辛苦去索要的话，它得到的还会多得多。

当欧洲各国恢复自由而正常活动的能力时，它们就要考虑怎样对待这些在反革命占上风时对它曲意逢迎，对任何革命运动都采取中立甚至敌对态度，同时还冒充自由独立国家的小小的"**中立**"国。不过，也许到那个时候，病体上的这些赘瘤已经荡然无存了。

卡尔·马克思

弗·恩格斯写于1853年4月24日～26日之间
载于1853年5月17日《纽约每日论坛报》第3770号

原文是英文
中文根据《马克思恩格斯全集》1984年历史考证版第1部分第12卷翻译
选自《马克思恩格斯全集》第12卷，人民出版社，1998，第87～94页

注释：

[1] 这是恩格斯应马克思1853年4月23日来信之邀为《纽约每日论坛报》撰写的一篇关于瑞士问题的文章。文章主要报道了在瑞士的政治流亡者所遭受的迫害。恩格斯显然是想告诫英国人不要效仿这个小小的"中立"国，成为大陆反动政府的帮凶。

恩格斯在接到马克思的来信后于4月24日着手写这篇文章，4月26日将文章寄往伦敦。马克思在接到恩格斯的文章后补充了一些关于火箭事件的报道，作为一篇通讯于4月29日寄往纽约。文章随坎布里亚号轮船4月30日从利物浦出发，5月11日到达哈利法克斯，5月13日到达纽约。《纽约每日论坛报》编辑部在发表时将这篇文章分成了两部分。恩格斯撰写的没有注明写作日期的这一部分，作为一篇单独的伦敦通讯发表在1853年5月17日的《纽约每日论坛报》第3770号，署名卡尔·马克思。恩格斯撰写的关于瑞士暴动的另一部分，与马克思关于火箭事件的报道一起发表在1853年5月14日的《纽约每日论坛报》第3768号，署名卡尔·马克思。

《瑞士共和国的政治地位》这篇文章在《纽约每日论坛报》上发表之后又略加删节以《瑞士》为标题由哥·克耳纳译成德文刊载于1853年6月1日的纽约《改革报》。从此以后，《改革报》就常常刊登马克思在《论坛报》上发表的文章的译文或摘要。从事这项工作的主要是前共产主义者同盟盟员约·魏德迈和阿·克路斯。

[2] 指维也纳会议1815年3月20日签署的一项关于保证瑞士"永久中立"的宣言。

[3] 法国和瑞士的冲突发生在1851年12月～1852年1月间，起因是路易·波拿巴要求瑞士驱逐法国的共和主义流亡者，1851年十二月二日政变的反对者，但却遭到了瑞士联邦议会的拒绝。在1836年，瑞士政府曾受到法国七月王朝军事上的威胁，因为当时瑞士政府让法国流亡者，包括其中包括路易·波拿巴本人在瑞士避难；这次，瑞士政府又像1836年一样，被迫作出重大的让步。

[4] 纳沙泰尔（德文名诺因堡）是瑞士的一个州，在1815年的维也纳会议上被划归普鲁士；但却完全独立于普鲁士王国之外，仍旧是瑞士联邦的第21个州。

在1848年2月的资产阶级革命中，纳沙泰尔州宣布彻底脱离普鲁士，成立共和国。但是法国、英国、俄国、奥地利在1852年3月24日的伦敦议定书中仍然向普鲁士国王弗里德里希-威廉四世重申，维也纳会议决定给予他的对纳沙泰尔的"主权"继续有效。于是在普鲁士和瑞士共和国之间便爆发了激烈的冲突。直到1857年法国进行了外交干涉，普鲁士被迫放弃了对纳沙泰尔的要求，冲突才算平息。

[5] 米兰起义是意大利革命家马志尼的拥护者1853年2月6日在米兰发动并得到匈牙利革命流亡者支持的起义。起义者大多数是意大利的爱国工人，他们的目的是要推翻奥地利的统治，但是他们的密谋策略导致了起义的失败。马克思在一系列文章中（见《马克思恩格斯全集》中文第2版第11卷，第634～635、640～643、668～669页）对这次起义作了评价。

[6] 奥地利与瑞士在1853年发生了冲突，原因是意大利民族解放运动的参加者在1853年2月6日的米兰起义失败后从奥地利统治下的意大利地区，特别是从伦巴第逃出后，在瑞士的泰辛州获得了避难权。

[7] 瑞士雇佣兵是瑞士各州按照协议向欧洲其他国家提供的雇佣兵。从15世纪到19世纪中叶，瑞士各州曾同欧洲各国缔结了向对方提供瑞士雇佣兵的协议。这里所说的那不勒斯和其他地方的瑞士雇佣兵是指1848年伯尔尼州和其他一些州向那不勒斯国王斐迪南二世提供的雇佣兵，这些雇佣兵在反对意大利革命运动中的行为引起瑞士进步群众的极大愤怒，最后导致提供雇佣兵协议的废除。

[8] 宪章派是宪章运动的参加者。宪章运动是19世纪30～50年代中期英国工人的政治运动，其口号是争取实行包括要求普选权和一系列为工人保证此项权利的许多条件的人民宪章。英国工人阶级为实现人民宪章掀起了广泛的群众性政治运动，宪章运动出现过三次高潮。由于资产阶级收买工人上层和工人阶级政治上的不成熟，到50年代中期运动终于失败。宪章派的领导机构是"全国宪章派协会"，机关报是《北极星报》，左翼代表人物是哈尼、琼斯等。恩格斯称宪章派是"近代第一个工人政党"（见《〈社会主义从空想到科学的发展〉英文版导言》）。列宁把宪章运动称作"世界上第一次广泛的、真正群众性的、政治上已经成型的无产阶级革命运动"（见《列宁全集》中文第2版第36卷，第292页）。

[9] 宗得崩德是瑞士7个经济落后的天主教州在1843年为了对抗瑞士进步的资产阶级改革、维护教会和耶稣会教徒的特权而组成的单独联盟。瑞士联邦议会1847年7月通过的解散宗得崩德的决议，是宗得崩德在同年11月初对其他州采取军事行动，挑起国内战争的导火线。1847年11月23日宗得崩德的军队被联邦政府军击溃。天主教僧侣和城市贵族上层当中领导过宗得崩德的分离主义分子，在宗得崩德被击溃后仍不止一次地利用一部分落后保守的农民企图抗拒自由主义的改革和夺取各州的政权。

弗·恩格斯

恩格斯致马克思（节选）

伦　敦

[1853年5月26日左右于曼彻斯特]

……

昨天我看了一本我曾经向你提到过的关于阿拉伯碑文的书[1]。尽管书里每行都有教士和圣经辩护人而使人厌恶，但它还不是毫无兴味的。作者认为自己最辉煌的成就是他发现了**吉本**在古地理学方面所犯的若干错误，并由此得出结论说，吉本的神学同样也是不行的。这本书叫做《阿拉伯的历史地理学》，圣查理·福斯特著。其中最有意思的结论如下：

（1）《创世记》中记载的所谓挪亚和亚伯拉罕等人的系谱，是按方言的亲疏等等对当时贝都英各族的相当准确的排列。大家知道，贝都英各族到今天还自称为萨勒德-贝尼、优素福-贝尼等等，即某某人的子孙。这种由古代宗法制生活方式所决定的称呼最终产生了这种系谱。《创世记》中的支系的排列或多或少地为古地理学家所证实，而现代旅行家证明，这些古代的名称虽然按当地方言有所改变，但是大部分至今还继续存在。由此可见，犹太人本身同其他各族一样，也是一个小贝都英族，只是由于当地条件、农业等等而和其他贝都英人对立起来。

(2) 关于我们已经提到的阿拉伯人的大入侵，现在已经弄清楚：贝都英人象蒙古人一样，曾经周期性地入侵；亚述帝国和巴比伦帝国都是在后来产生巴格达哈利发国的同一个地区由贝都英族建立起来的。创建巴比伦帝国的迦勒底人，现在还在同一个地方生活，用同一个名称迦勒德-贝尼。大城市尼尼微和巴比伦的迅速产生，正象三百年前东印度的阿格拉、德里、拉合尔、木坦这些大城市由于阿富汗或鞑靼的入侵而建立起来一样。因此，伊斯兰教徒的入侵在很大程度上就失去了它的某种特性。

(3) 在西南部定居的阿拉伯人，看来曾经是象埃及人、亚述人等一样的文明民族；他们的建筑物就证明了这一点。伊斯兰教徒入侵时的许多事情也说明了这一点。至于谈到宗教的欺骗，那末，从南阿拉伯的古代碑文中显然可以看出，穆罕默德的宗教革命，和**任何**宗教运动一样，是一种**表面上的反动**，是一种虚假的复古和返朴。在这些碑文中，古老的阿拉伯民族的一神教传说还占优势（象在美洲的印第安人那里一样），而希伯来人的一神教只是它的**一小部分**。

现在我已经完全弄清楚，犹太人的所谓圣书不过是古代阿拉伯的宗教传说和部落传说的记载，只是这些传说由于犹太人和与他们同一个族系但从事游牧的邻族早已分离而有了改变。巴勒斯坦在靠阿拉伯的一面完全被沙漠，即贝都英人的土地环绕着，这种情况是叙述独特的原因。但是，古代阿拉伯的碑文、传说和可兰经，以及一切系谱等等的易于解释，都证明主要内容是关于阿拉伯人的，或者更确切些说，是关于一般闪族的，就象我们这里的《艾达》[2]和德国的英雄传说一样。

你的 **弗·恩**·

选自《马克思恩格斯全集》第28卷，
人民出版社，1973，第249～251页

注释：

［1］指查·福斯特《阿拉伯的历史地理学，或主教对天启教的证实》1844年伦敦版第 1～2 卷。（Ch. Forster.《The Hisorical Geography of Arabia; or, The Patriarchal Evidences of Revealed Religion》. Vol. Ⅰ-Ⅱ, London, 1844）

［2］《艾达》是一部斯堪的纳维亚各民族的神话、英雄传说和歌曲的集子；保存下来的是十三世纪的两种版本。《艾达》的歌曲反映了氏族制度解体和民族大迁徙时期斯堪的纳维亚社会的状况。从这里也可以看到古代日耳曼人的民间创作中的一些形象和题材。

卡·马克思

马克思致恩格斯（节选）

曼彻斯特

1853年6月2日于［伦敦］
索荷区第恩街28号

……

你来信中关于希伯来人和阿拉伯人的那一部分使我很感兴趣。顺便提一下：（1）可以探索一下有史以来一切东方部落中定居下来的一部分和继续游牧的一部分之间的**一般**关系。（2）在穆罕默德的时代，从欧洲到亚洲的通商道路有了很大改变，而且早先同印度等地有过大量贸易往来的一些阿拉伯城市，在商业方面已经衰落了；这当然也是个推动。（3）至于宗教，可以归结为一个一般的、从而是易于回答的问题：为什么东方的历史**表现为各种**宗教的历史？

在论述东方城市的形成方面，再没有比老弗朗斯瓦·贝尔尼埃（他在奥朗则布那里当了九年医生）在《大莫卧儿等国游记》[1]中描述得更出色、更明确和更令人信服的了。他还出色地记述了军事状况，以及供养这些庞大军队的组织等等。关于这两个问题，他写道：

骑兵是主要部分，如果不把那些随军的全部仆役和商贩同真正的战斗人员混在一起，步兵并不象传说的那样多。如果把全部人员都计算上，那么光是跟随国王的军队就足足有二十万到三十万；有时，例如在预计国王要长久离开首都的时候，军队的人数就还要多。但是，所有这一切并不使人感到奇怪，因为随军队走的有难以相信的大量帐篷、炊具、服装、各种家具，甚至常常还有妇女，因此又有象、骆驼、牛、马、脚夫、粮秣采购员、各种商人和仆役；只要了解国家的情况和独特的管理制度，对所有这一切不会感到奇怪，因为**国王是国中全部土地的唯一所有者**，由此必然产生的结果是，整个**首都**，如德里或阿格拉，几乎完全靠军队生活，因此当国王要在某个时期出征时，全城的人都得随同前往。这些城市一点也不象巴黎，**它们实际上是军营**，只不过是比设在旷野的军营稍微舒适一些和方便一些而已。

关于大莫卧儿率领四十万人的军队征讨克什米尔等等，他说：

这样大的一支军队，这样多的人和牲口在行军中靠什么和如何生活，是难以理解的。要理解这一点，只要这样设想一下就够了：印度人——他们事实上也是这样——在食物上非常节制、非常简朴，全部庞大的骑兵队伍在行军的时候吃肉的人不到十分之一，或甚至二十分之一。只要有基什里（大米饭和蔬菜的混合物，再浇上点炼过的油），他们就满意了。还有，骆驼是极其耐劳和耐饥渴的，它们吃得很少，并且吃什么都行。只要一驻扎下来，赶骆驼的人就把它们赶到附近去放牧，它们在那里吃它们所找到的东西；其次，在德里开设小铺的商人，也有义务在行军中开设小铺，小贩等也是如此……最后，至于饲料，所有这些贫苦的人分散到周围各个村庄去买一些，并靠此赚点钱。他们最根本、最常见的办法是，用镰刀一类的工具到整个野地里去割草，把割下的草抖掉土或洗干净，再拿到军队里去卖……

贝尔尼埃完全正确地看到，东方（他指的是土耳其、波斯、印度斯坦）一切现象的基础是**不存在土地私有制**。这甚至是了解东方天国的一把真正的钥匙。

……

卡·马·

选自《马克思恩格斯全集》第 28 卷，
人民出版社，1973，第 255～256 页

注释：

[1]弗·贝尔尼埃《大莫卧儿、印度斯坦、克什米尔王国等国游记》1830 年巴黎版第 1~2 卷。（F. Bernier.《Voyages contenant la description des états du Grand Mogol, de l'Indoustan, du Royaume de Cache-mire, etc.》. Tomes Ⅰ-Ⅱ. Pairs, 1830）

弗·恩格斯

恩格斯致马克思（节选）

伦　敦

1853年6月6日晚上于曼彻斯特

……

不存在土地私有制，的确是了解整个东方的一把钥匙[1]。这是东方全部政治史和宗教史的基础。但是东方各民族为什么没有达到土地私有制，甚至没有达到封建的土地所有制呢？我认为，这主要是由于气候和土壤的性质，特别是由于大沙漠地带，这个地带从撒哈拉经过阿拉伯、波斯、印度和鞑靼[2]直到亚洲高原的最高地区。在这里，农业的第一个条件是人工灌溉，而这是村社、省或中央政府的事。在东方，政府总共只有三个部门：财政（掠夺本国）、军事（掠夺本国和外国）和公共工程（管理再生产）。在印度的英政府成立了第一和第二两个部门，使两者具有了更加庸俗的形态，而把第三个部门完全抛开不管，结果是印度的农业完全衰落了。在那里，自由竞争被看成极丢脸的事。土壤肥力是靠人工达到的，灌溉系统一破坏，土壤肥力就立即消失，这就说明了用其他理由难以说明的下述事实，即过去耕种得很好的整个整个地区（巴尔米拉，彼特拉，也门的废墟，以及埃及、波斯和印度斯坦的某些地区），现在却荒芜起来，成了不毛之地。这也说明了另一个事实，即一次毁灭性的战争足以使一个国家在数世纪内荒无人烟，文明毁灭。依我看来，穆罕默德以前阿拉伯南部商业的毁灭，也属于这类现象，你认为这一点是伊斯兰教革命的一个重要因素[①]，是完全正确的。我对纪元最初六个世纪的商业史了解得不够，所以无法判断，一般的世界物质条件究竟使人们在多大程度上宁愿选择经波斯到黑海和经波斯湾到叙利亚和小亚细亚这条通商道路而不选择经红海的道路。但是，无论如何下列情况起了巨大的作用：就是商队在萨珊王朝的秩序井然的波斯王国中行走比较安全，而也门从公元200年到600年间则几乎一直受到阿比西尼亚人的奴役、侵略和掠夺。曾经在罗马时代还很繁荣的阿拉伯南部各城市，在七世纪已经成了荒无人烟的废墟；邻近的贝都英人在这五百年内编造了一些关于他们起源的纯粹神话的无稽传说（见《可兰经》和阿拉伯历史学家诺瓦伊里的著作），这些城市里的碑文上所使用的字母几乎完全没有人能认识了，虽然**没有第二种字母**，所以，实际上**任何文字都**被忘记了。这类事情使人有理由得出结论说，除了一般的商业状况所引起的排挤外，还有直接的暴力破坏，这种破坏只有拿埃塞俄比亚人的入侵来说明。阿比西尼亚人的被驱逐大约发生在穆罕默德前四十年间，这是阿拉伯人的民族感觉醒的第一个行动，此外，这种民族感也受到从北方几乎直逼麦加城的波斯人的入侵所激发。只是这几天我才着手研究穆罕默德本身的历史。目前，我觉得，这种历史具有贝都英反动势力反对那些定居的、但日益衰落的城市农民的性质，这种农民当时在宗教方面也是分崩离析的，他们的宗教则是对自然的崇拜同正在解体的犹太教和基督教的混合物。

……

选自《马克思恩格斯全集》第28卷，人民出版社，1973，第260、263~264页

[①] 见《马克思恩格斯全集》第28卷，第255页。——编者注

注释：

［1］恩格斯在这封信里所表述的思想，马克思在他的《不列颠在印度的统治》一文中加以利用。(见《马克思恩格斯全集》中文版第9卷，第143~150页)。

［2］鞑靼是十九世纪对中亚细亚和土尔克斯坦的一部分地区的叫法。

卡·马克思

不列颠在印度的统治[1]

1853年6月10日星期五于伦敦

来自维也纳的电讯报道,那里都认为土耳其问题、撒丁问题和瑞士问题肯定会得到和平解决。

昨晚下院继续辩论印度问题,辩论情况同往日一样平淡无味。布莱克特先生责备查理·伍德爵士和詹·霍格爵士,说他们的发言带有假装乐观的味道。内阁和董事会①的一批辩护士对这个责难极力加以反驳,而无所不在的休谟先生则在结论中要大臣们把他们的法案收回。辩论决定暂停。

印度斯坦是亚洲规模的意大利。喜马拉雅山相当于阿尔卑斯山,孟加拉平原相当于伦巴第平原,德干高原相当于亚平宁山脉,锡兰岛相当于西西里岛。在土地出产方面是同样地富庶繁多,在政治结构方面是同样地四分五裂。意大利常常被征服者的刀剑压缩为各种大大小小的国家,印度斯坦的情况也是这样,在它不处于伊斯兰教徒、莫卧儿人[2]或不列颠人的压迫之下时,它就分解成像它的城镇甚至村庄那样多的各自独立和互相敌对的邦。但是从社会的观点来看,印度斯坦却不是东方的意大利,而是东方的爱尔兰。

---

① 当指东印度公司董事会。——编者注

意大利和爱尔兰——一个淫乐世界和一个悲苦世界——的这种奇怪的结合，早在印度斯坦宗教的古老传统里已经显示出来了。这个宗教既是纵欲享乐的宗教，又是自我折磨的禁欲主义的宗教；既是崇拜林伽[3]的宗教，又是崇拜札格纳特[4]的宗教；既是僧侣的宗教，又是舞女的宗教。

我不同意那些相信印度斯坦有过黄金时代的人的意见，不过为了证实我的看法也不必搬出库利汗统治时期，像查理·伍德爵士那样①。但是，作为例子大家可以举出奥朗则布时期；或者莫卧儿人出现在北方而葡萄牙人出现在南方的时代；或者伊斯兰教徒入侵和南印度七国争雄[5]的年代；或者，如果大家愿意，还可以追溯到更远的古代去，举出婆罗门[6]本身的神话纪年，它把印度灾难的开端推到了甚至比基督教的世界创始时期更久远的年代。

但是，不列颠人给印度斯坦带来的灾难，与印度斯坦过去所遭受的一切灾难比较起来，毫无疑问在本质上属于另一种，在程度上要深重得多。我在这里所指的还不是不列颠东印度公司[7]在亚洲式专制的基础上建立起来的欧洲式专制，这两种专制结合起来要比萨尔赛达庙[8]里任何狰狞的神像都更为可怕。这并不是不列颠殖民统治独有的特征，它只不过是对荷兰殖民统治的模仿，而且模仿得惟妙惟肖，所以为了说明不列颠东印度公司的所作所为，只要把英国的爪哇总督斯坦福·拉弗尔斯爵士谈到旧日的荷兰东印度公司[9]时说过的一段话一字不改地引过来就够了：

> 荷兰东印度公司一心只想赚钱，它对它的臣民还不如过去的西印度种植场主对那些在他们的种植场干活的奴隶那样关心，因为这些种植场主买人的时候是付了钱的，而荷兰东印度公司却没有花过钱，它开动全部现有的专制机器压榨它的臣民，迫使他们献出最后一点东西，付出最后一点劳力，从而加重了恣意妄为的半野蛮政府所造成的祸害，因为它把政客的全部实际技巧和商人的全部独占一切的利己心

---

① 见《马克思恩格斯全集》第12卷，第134页。——编者注

肠全都结合在一起。①

内战、外侮、革命、征服、饥荒——尽管所有这一切接连不断地对印度斯坦造成的影响显得异常复杂、剧烈和具有破坏性，它们却只不过触动它的表面。英国则摧毁了印度社会的整个结构，而且至今还没有任何重新改建的迹象。印度人失掉了他们的旧世界而没有获得一个新世界，这就使他们现在所遭受的灾难具有一种特殊的悲惨色彩，使不列颠统治下的印度斯坦同它的一切古老传统，同它过去的全部历史，断绝了联系。

在亚洲，从远古的时候起一般说来就只有三个政府部门：财政部门，或者说，对内进行掠夺的部门；战争部门，或者说，对外进行掠夺的部门；最后是公共工程部门。气候和土地条件，特别是从撒哈拉经过阿拉伯、波斯、印度和鞑靼区直至最高的亚洲高原的一片广大的沙漠地带，使利用水渠和水利工程的人工灌溉设施成了东方农业的基础。无论在埃及和印度，或是在美索不达米亚、波斯以及其他地区，都利用河水的泛滥来肥田，利用河流的涨水来充注灌溉水渠。节省用水和共同用水是基本的要求，这种要求，在西方，例如在佛兰德和意大利，曾促使私人企业结成自愿的联合；但是在东方，由于文明程度太低，幅员太大，不能产生自愿的联合，因而需要中央集权的政府进行干预。所以亚洲的一切政府都不能不执行一种经济职能，即举办公共工程的职能。这种用人工方法提高土壤肥沃程度的设施靠中央政府办理，中央政府如果忽略灌溉或排水，这种设施立刻就会荒废，这就可以说明一件否则无法解释的事实，即大片先前耕种得很好的地区现在都荒芜不毛，例如巴尔米拉、佩特拉、也门废墟以及埃及、波斯和印度斯坦的广大地区就是这样。同时这也可以说明为什么一次毁灭性的战争就能够使一个国家在几百年内人烟萧条，并且使它失去自己的全部文明。

现在，不列颠人在东印度从他们的前人那里接收了财政部门和战争部门，但是却完全忽略了公共工程部门。因此，不能按照不列颠的自由竞争

---

① 托·斯·拉弗尔斯：《爪哇史》，1817年伦敦版第1卷，第151页。——编者注

原则——自由放任[10]原则——行事的农业便衰败下来。但是我们在一些亚洲帝国经常可以看到，农业在一个政府统治下衰败下去，而在另一个政府统治下又复兴起来。在那里收成取决于政府的好坏，正像在欧洲随时令的好坏而变化一样。因此，假如没有同时发生一种重要得多的、在整个亚洲的历史上都算是一种新事物的情况，那么无论对农业的抑制和忽视多么严重，都不能认为这是不列颠入侵者给予印度社会的致命打击。从遥远的古代直到19世纪最初十年，无论印度过去在政治上变化多么大，它的社会状况却始终没有改变。曾经造就无数训练有素的纺工和织工的手织机和手纺车，是印度社会结构的枢纽。欧洲从远古的时候起就得到印度制作的绝妙的纺织品，同时运送它的贵金属去进行交换，这样就给当地的金匠提供了材料，而金匠是印度社会必不可少的成员，因为印度人极其爱好装饰品，甚至社会最下层中的那些几乎是衣不蔽体的人们通常都戴着一副金耳环，脖子上套着某种金饰品。手指和脚趾上戴环戒也很普遍。妇女和孩子常常戴着沉甸甸的金银手镯和脚镯，而金银的小神像在很多家庭中都可以看到。不列颠入侵者打碎了印度的手织机，毁掉了它的手纺车。英国起先是把印度的棉织品挤出了欧洲市场，然后是向印度斯坦输入棉纱，最后就使英国棉织品泛滥于这个棉织品的故乡。从1818年到1836年，大不列颠向印度输出的棉纱增长的比例是1∶5200。在1824年，输入印度的不列颠细棉布不过100万码，而到1837年就超过了6400万码。但是在同一时期，达卡的人口却从15万人减少到2万人。然而，曾以纺织品闻名于世的印度城市的这种衰败决不是不列颠统治的最坏的结果。不列颠的蒸汽机和科学在印度斯坦全境彻底摧毁了农业和制造业的结合。

在印度有这样两种情况：一方面，印度人也像所有东方人一样，把他们的农业和商业所凭借的主要条件即大规模公共工程交给中央政府去管，另一方面，他们又散处于全国各地，通过农业和制造业的家庭结合而聚居在各个很小的中心地点。由于这两种情况，从远古的时候起，在印度便产生了一种特殊的社会制度，即所谓**村社制度**，这种制度使每一个这样的小结合体都成为独立的组织，过着自己独特的生活。从过去英国下院关于印度事务的一份官方报告的下面一段描写中，可以看出这个制度的特殊性质：

从地理上看，一个村社就是一片占有几百到几千英亩耕地和荒地的地方；从政治上看，它很像一个地方自治体或市镇自治区。它固有的管理机构包括以下各种官员和职员：**帕特尔**，即居民首脑，一般总管村社事务，调解居民纠纷，行使警察权力，执行村社里的收税职务——这个职务由他担任最合适，因为他有个人影响，并且对居民的状况和营生十分熟悉。**卡尔纳姆**负责督察耕种情况，登记一切与耕种有关的事情。还有**塔利厄尔**和**托蒂**，前者的职务是搜集关于犯罪和过失的情况，护送从一个村社到另一个村社去的行人；后者的职务范围似乎更直接地限于本村社，主要是保护庄稼和帮助计算收成。**边界守卫员**负责保护村社边界，在发生边界争议时提供证据。蓄水池和水道管理员主管分配农业用水。婆罗门主持村社的祭祀事宜。教师教村社的儿童在沙上读写，另外还有管历法的婆罗门或占星师等等。村社的管理机构通常都是由这些官员和职员组成；可是在国内某些地方，这个机构的人数较少，上述的某些职务有的由一人兼任；反之，也有些地方超过上述人数。从远古的时候起，这个国家的居民就在这种简单的自治制的管理形式下生活。村社的边界很少变动。虽然村社本身有时候受到战争、饥荒或疫病的严重损害，甚至变得一片荒凉，可是同一个村名、同一条村界、同一种利益、甚至同一个家族却一个世纪又一个世纪地保持下来。居民对各个王国的崩溃和分裂毫不关心；只要他们的村社完整无损，他们并不在乎村社转归哪一个政权管辖，或者改由哪一个君主统治，反正他们内部的经济生活始终没有改变。帕特尔仍然是居民的首脑，仍然充当着全村社的小法官或地方法官，全村社的收税官或收租官。①

---

① 托·斯·拉弗尔斯：《爪哇史》，1817年伦敦版第1卷，第285页。——编者注

这些细小刻板的社会机体大部分已被破坏，并且正在归于消失，这与其说是由于不列颠收税官和不列颠兵士的粗暴干涉，还不如说是由于英国蒸汽机和英国自由贸易的作用。这些家庭式公社本来是建立在家庭工业上面的，靠着手织业、手纺业和手耕农业的特殊结合而自给自足。英国的干涉则把纺工放在兰开夏郡，把织工放在孟加拉，或是把印度纺工和印度织工一齐消灭，这就破坏了这种小小的半野蛮半文明的公社，因为这摧毁了它们的经济基础；结果，就在亚洲造成了一场前所未闻的最大的、老实说也是唯一的一次**社会**革命。

从人的感情上来说，亲眼看到这无数辛勤经营的宗法制的祥和无害的社会组织一个个土崩瓦解，被投入苦海，亲眼看到它们的每个成员既丧失自己的古老形式的文明又丧失祖传的谋生手段，是会感到难过的；但是我们不应该忘记，这些田园风味的农村公社不管看起来怎样祥和无害，却始终是东方专制制度的牢固基础，它们使人的头脑局限在极小的范围内，成为迷信的驯服工具，成为传统规则的奴隶，表现不出任何伟大的作为和历史首创精神。我们不应该忘记那些不开化的人的利己主义，他们把全部注意力集中在一块小得可怜的的土地上，静静地看着一个个帝国的崩溃、各种难以形容的残暴行为和大城市居民的被屠杀，就像观看自然现象那样无动于衷；至于他们自己，只要哪个侵略者肯于垂顾他们一下，他们就成为这个侵略者的驯顺的猎获物。我们不应该忘记，这种有损尊严的、停滞不前的、单调苟安的生活，这种消极被动的生存，在另一方面反而产生了野性的、盲目的、放纵的破坏力量，甚至使杀生害命在印度斯坦成为一种宗教仪式。我们不应该忘记，这些小小的公社带着种姓[11]划分和奴隶制度的污痕；它们使人屈服于外界环境，而不是把人提高为环境的主宰；它们把自动发展的社会状态变成了一成不变的自然命运，因而造成了对自然的野蛮的崇拜，从身为自然主宰的人竟然向猴子哈努曼和母牛撒巴拉虔诚地叩拜这个事实，就可以看出这种崇拜是多么糟蹋人了。

的确，英国在印度斯坦造成社会革命完全是受极卑鄙的利益所驱使，而且谋取这些利益的方式也很愚蠢。但是问题不在这里。问题在于，如果亚洲的社会状态没有一个根本的革命，人类能不能实现自己的命运？如果不能，那么，英国不管干了多少罪行，它造成这个革命毕竟是充当了历史的不自觉的工具。

总之，无论一个古老世界崩溃的情景对我们个人的感情来说是怎样难过，但是从历史观点来看，我们有权同歌德一起高唱：

> 我们何必因这痛苦而伤心，
> 既然它带给我们更多欢乐？
> 难道不是有千千万万生灵
> 曾经被帖木儿的统治吞没？①

卡尔·马克思

卡·马克思写于 1853 年 6 月 7 日~10 日之间
载于 1853 年 6 月 25 日《纽约每日论坛报》第 3804 号

原文是英文
中文根据《马克思恩格斯全集》1984 年历史考证版第 1 部分第 12 卷翻译
选自《马克思恩格斯全集》第 12 卷，人民出版社，1998，第 137~144 页

注释：

[1] 这是马克思为《纽约每日论坛报》撰写的关于印度问题的第二篇文章。其中除了介绍和批评了英国政府的印度管理改革方案外，还谈到了印度的社会关系及英国的殖民政策对印度的影响等问题。

马克思大约从 1853 年 4 月开始研究印度史，他后来在写作《资本论》时又利用了本文中关于印度农村公社制度、分工的论述（见《资本论》第 1 卷第 12 章）。

马克思很可能在寄出 6 月 7 日的通讯后立即着手这篇文章的写作，在撰

---

① 歌德：《致祖莱卡》。——编者注

写过程中，他利用了恩格斯6月6日来信中的许多见解。这篇通讯在笔记本中注明的日期是6月10日，通讯随尼亚加拉号轮船6月11日从利物浦出发，6月22日到达哈利法克斯，大约于6月24日到达纽约，发表在1853年6月25日的《纽约每日论坛报》第3804号，署名卡尔·马克思。

[2] 莫卧儿人是16世纪从中亚细亚东部侵入印度的突厥侵略者，1526年他们在印度北部建立了伊斯兰教国家大莫卧儿帝国。"莫卧儿"（Mogul）一词为"蒙古"（Mongol）的转音，因该帝国的创造人（巴卑尔，1483~1530）自称是蒙古人，相传是成吉思汗时代蒙古人的直系后裔，这就是"莫卧儿"一词的由来。大莫卧儿帝国在17世纪中叶征服了印度的大部分以及阿富汗的部分地区。但是，由于农民起义和印度各民族对伊斯兰教侵略者的反抗加剧，以及他们经常的内讧和封建割据趋势的日益加强，到18世纪的上半叶莫卧儿帝国便逐渐分裂成许多小邦，这些邦逐渐被英国殖民主义者侵占。

1803年英国人占领德里以后，大莫卧儿王朝的后裔靠东印度公司的赡养费过活，成了该公司的傀儡。1858年英国殖民者宣布印度是不列颠王国的领地之后，莫卧儿帝国遂亡。

[3] 林伽是印度教的主神之一湿婆神的象征。崇拜林伽的宗教盛行于南印度。这一印度教派不承认种姓，反对斋戒、祭祀和朝圣。

[4] 札格纳特是印度教的主神之一毗湿奴的化身。崇拜札格纳特的教派的特点是宗教仪式上十分豪华和极端的宗教狂热，这种狂热表现为教徒的自我折磨和自我残害。在举行大祭的日子里，某些教徒往往投身于载着毗湿奴神像的车轮下让它轧死。

[5] 七国争雄亦称七国时代，是英国史编纂学中用以表示英国中世纪初期七国并立时代的术语，6~8世纪时英国分为七个盎格鲁撒克逊王国，这些王国极不稳定，分合无常。马克思借用这个词来描绘德干（印度的中部和南部）在穆斯林入侵以前的封建割据状态。

[6] 婆罗门是梵文 Brăhmana 的音译，意译为"净行"或"承习"。印度古代的僧侣贵族，印度的第一种姓。世代以祭祀、育经（吠陀经）、传教为业。

婆罗门教是印度古代宗教之一。约于公元前7世纪形成，因崇拜梵天及由婆罗门种姓担任祭司而得名。以吠陀为最古的经典。信奉多神，其中主神为婆罗贺摩（梵天，即创造之神）、毗湿奴（遍入天，即保护之神）和湿婆

（大自在天，即毁灭之神），并认为三者代表宇宙的"创造"、"保全"和"毁灭"三个方面。主张善恶有因果、人生有轮回之说。

[7] 东印度公司是存在于1600年至1858年的英国贸易公司，它是英国在印度、中国和亚洲其他国家经营垄断贸易，推行殖民掠夺政策的工具。从18世纪中叶起，公司拥有军队和舰队，成为巨大的军事力量。在公司的名义下，英国殖民主义者完成了对印度的占领。这个公司长期控制着同印度进行贸易的垄断权和这个国家的最主要的行政权。它的贸易和行政特权由英国议会定期续发的公司特许状规定。公司管理中的独断专行，经营不善，加之19世纪初日益强大的英国工业资产阶级迫使印度对外"开放"的趋势，都使东印度公司的权力和影响日渐削弱。1853年下院辩论印度法案时中心问题就是英国今后在印度的统治形式问题，因为1854年4月30日是东印度公司特许状的截止日期。1857～1859年印度的民族解放起义迫使英国人改变了他们殖民统治的形式。公司被撤销，印度被宣布成为英王的领地。

[8] 萨尔赛达庙是位于孟买北部的萨尔赛达岛上的庙宇，以109座佛教石窟而闻名。

[9] 荷兰东印度公司是存在于1602年至1798年的荷兰贸易公司。它是荷兰在印度尼西亚推行殖民掠夺政策的工具。公司从荷兰政府获得了好望角以东的通商垄断权，不许荷兰盟国或个别荷兰人在此地区进行贸易。它在印度尼西亚活动的特点是用强制手段巩固和保存当地奴隶占有制关系和封建关系，在为荷兰人效劳的土著政权的封建官僚机构的帮助下，掠夺当地被征服的居民。随着荷兰的全面衰落以及当地大规模的起义，公司逐渐衰败最后宣告倒闭。

[10] "自由放任"（laissez faire，laissez allen）是英国资产阶级自由贸易派经济学家的信条，他们主张贸易自由，反对国家干涉经济范围内的任何事务。

[11] 种姓是职业世袭、内部通婚和不准外人参加的社会等级集团。种姓的出现和阶级社会形成时期的分工有关。种姓制度曾以不同形式存在于古代和中世纪各国，但在印度社会中表现得最为典型。古印度的《摩奴法典》规定有四个种姓：婆罗门、刹帝利、吠舍、首陀罗。

卡·马克思

不列颠在印度统治的未来结果

1853年7月22日星期五于伦敦

在这篇通讯里，我打算归纳一下我对印度问题的意见。

英国在印度的统治是怎样建立起来的呢？大莫卧儿[1]的无上权力被它的总督们摧毁，总督们的权力被马拉塔人[2]摧毁，马拉塔人的权力被阿富汗人摧毁；而在大家这样混战的时候，不列颠人闯了进来，把他们全都征服了。这是一个不仅存在着伊斯兰教徒和印度教徒的对立，而且存在着部落与部落、种姓[3]与种姓对立的国家，这是一个建立在所有成员之间普遍的互相排斥和与生俱来的排他思想所造成的均势上面的社会。这样一个国家，这样一个社会，难道不是注定要做征服者的战利品吗？就算我们对印度斯坦过去的历史一点都不知道，那么，甚至现在英国还在用印度出钱供养的印度人军队来奴役印度，这难道不是一个重大的、不容争辩的事实吗？所以，印度本来就逃不掉被征服的命运，而它过去的全部历史，如果还算得上是什么历史的话，就是一次又一次被征服的历史。印度社会根本没有历史，至少是没有为人所知的历史。我们通常所说的它的历史，不过是一个接着一个的入侵者的历史，他们就在这个一无抵抗、二无变化的社会的消极基础上建立了他们的帝国。因此，问题并不在于英国人是否有权征服印度，而在于我们是否宁愿让印度被土耳其人、波斯人或俄国人征服而不愿让它被不列颠人征服。

英国在印度要完成双重的使命：一个是破坏的使命，即消灭旧的亚洲式的社会；另一个是重建的使命，即在亚洲为西方式的社会奠定物质基础。

相继侵入印度的阿拉伯人、土耳其人、鞑靼人和莫卧儿人，不久就被**印度化**了，——野蛮的征服者，按照一条永恒的历史规律，本身被他们所征服的臣民的较高文明所征服。不列颠人是第一批文明程度高于印度因而不受印度文明影响的征服者。他们破坏了本地的公社，摧毁了本地的工业，夷平了本地社会中伟大和崇高的一切，从而毁灭了印度的文明。他们在印度进行统治的历史，除破坏以外很难说还有别的什么内容。他们的重建工作在这大堆大堆的废墟里使人很难看得出来。尽管如此，这种工作还是开始了。

使印度达到比从前在大莫卧儿人统治下更加牢固和更加扩大的政治统一，是重建印度的首要条件。不列颠人用刀剑实现的这种统一，现在将通过电报而巩固起来，永存下去。由不列颠的教官组织和训练出来的印度人军队，是印度自己解放自己和不再一遇到外国入侵者就成为战利品的必要条件。第一次被引进亚洲社会并且主要由印度人和欧洲人的共同子孙所领导的自由报刊，是改建这个社会的一个新的和强有力的因素。柴明达尔制度[4]和莱特瓦尔制度[5]本身虽然十分可恶，但这两种不同形式的土地私有制却是亚洲社会迫切需要的。从那些在英国人监督下在加尔各答勉强受到一些很不充分的教育的印度当地人中间，正在崛起一个具有管理国家的必要知识并且熟悉欧洲科学的新的阶级。蒸汽机使印度能够同欧洲经常地、迅速地交往，把印度的主要港口同整个东南海洋上的港口联系了起来，使印度摆脱了孤立状态，而孤立状态是它过去处于停滞状态的主要原因。在不远的将来，铁路加上轮船，将使英国和印度之间的距离以时间计算缩短为八天，而这个一度是神话中的国度就将同西方世界实际地联结在一起。

大不列颠的各个统治阶级过去只是偶尔地、暂时地和例外地对印度的发展问题表示兴趣。贵族只是想征服它，金融寡头只是想掠夺它，工业巨头只是想通过廉价销售商品来压垮它。但是现在情势改变了。工业巨头们发现，使印度变成一个生产国对他们大有好处，而为了达到这个目的，首先就要供给印度水利设备和国内交通工具。现在他们正打算用铁路网覆盖整个印度。他们会这样做。其后果将是无法估量的。

大家知道，由于印度极端缺乏运输和交换其各种产品的工具，它的生产力陷于瘫痪状态。尽管自然资源丰富，但由于缺乏交换工具而使社会非常穷困，这种情况在印度比世界任何一个地方都要严重。1848年在英国下院的一个委员会的会议上曾经证明：

> 在坎德什，每夸特粮食售价是6~8先令，而在布纳却高达64~70先令，那里的居民饿死在街头，粮食却无法从坎德什运来，因为道路泥泞不堪，无法通行。①

铁路的敷设可以很容易地用来为农业服务，例如在建筑路堤需要取土的地方修水库，给铁路沿线地区供水。这样一来，作为东方农业的必要条件的水利事业就会大大发展，常常因为缺水而造成的地区性饥荒就可以避免。从这样的观点来看，铁路有多方面的重要性是很明显的，因为甚至在高止山脉附近地区，经过灌溉的土地也比面积相同而未经灌溉的土地多纳2倍的税，多用9~11倍的人，多得11~14倍的利润。

铁路可以缩减军事机构的数量和开支。圣威廉堡[6]司令沃伦上校曾在下院的专门委员会中作过如下的说明：

> 如果不是像现在这样，要用几天甚至几个星期才能从这个国家的边远地区收到情报，而是用几小时就能收到，如果能在更短的时间内把命令连同军队和给养一起送到目的地，其意义将是不可估量的。军

---

① 约·狄金逊：《官僚制度下的印度管理》，第81~82页。——编者注

队可以驻扎在彼此距离比现在更远和更卫生的地方，这样就可以免得使许多人因疾病而丧生。仓库里的给养也用不着储存得像现在这样多，因而就能避免由于腐烂和天气不好而造成的损失。军队的人数也将因效率提高而相应地减少。①

我们知道，农村公社的自治制组织和经济基础已经被破坏了，但是，农村公社的最坏的一个特点，即社会分解为许多固定不变、互不联系的原子的现象，却残留下来。村庄的孤立状态在印度造成了道路的缺少，而道路的缺少又使村庄的孤立状态长久存在下去。在这种情况下，公社就一直处在既有的很低的生活水平上，同其他村庄几乎没有来往，没有推动社会进步所必需的愿望和行动。现在，不列颠人把村庄的这种自给自足的**惰性**打破了，铁路将造成互相交往和来往的新的需要。此外，

> 铁路系统的效果之一，就是它将把其他地方的各种发明和实际设备的知识以及如何掌握它们的手段带给它所经过的每一个村庄，这样就将使印度世代相传的、领取工薪的农村手工工匠既能够充分显示他们的才能，又能够弥补他们的缺陷。（查普曼《印度的棉花和贸易》）

我知道，英国的工业巨头们之所以愿意在印度修筑铁路，完全是为了要降低他们的工厂所需要的棉花和其他原料的价格。但是，你一旦把机器应用于一个有铁有煤的国家的交通运输，你就无法阻止这个国家自己去制造这些机器了。如果你想要在一个幅员广大的国家里维持一个铁路网，那你就不能不把铁路交通日常急需的各种必要的生产过程都建立起来，而这样一来，也必然要在那些与铁路没有直接关系的工业部门应用机器。所以，铁路系统在印度将真正成为现代工业的先驱。何况，正如英国当局自

---

① 《印度的铁路及其可能产生的后果。附地图和附录》，1848年伦敦第3版，第20～22页。——编者注

己所承认的,印度人特别有本领适应完全新的劳动并取得管理机器所必需的知识。在加尔各答造币厂操纵蒸汽机多年的本地技师们表现出来的本领和技巧,在布德万①煤区看管各种蒸汽机的本地人的情况以及其他许多实例,都充分证明了这个事实。甚至受东印度公司[7]的偏见影响很深的坎伯尔先生本人也不得不承认:

"广大的印度人民群众具有巨大的**工业活力**,很善于积累资本,有清晰的数学头脑,有长于计算和从事精密科学的非凡才能。"他还说,"他们的智慧是卓越的。"②

由铁路系统产生的现代工业,必然会瓦解印度种姓制度所凭借的传统的分工,而种姓制度则是印度进步和强盛的基本障碍。

英国资产阶级将被迫在印度实行的一切,既不会使人民群众得到解放,也不会根本改善他们的社会状况,因为这两者不仅仅决定于生产力的发展,而且还决定于生产力是否归人民所有。但是,有一点他们是一定能够做到的,这就是为这两者创造物质前提。难道资产阶级做过更多的事情吗?难道它不使个人和整个民族遭受流血与污秽、蒙受苦难与屈辱就实现过什么进步吗?

在大不列颠本国现在的统治阶级还没有被工业无产阶级取代以前,或者在印度人自己还没有强大到能够完全摆脱英国的枷锁以前,印度人是不会收获到不列颠资产阶级在他们中间播下的新的社会因素所结的果实的。但是,无论如何我们都可以满怀信心地期待,在比较遥远的未来,这个巨大而诱人的国家将得到重建。这个国家的人举止文雅,用萨尔蒂科夫公爵

---

① 《纽约每日论坛报》误为"赫尔德瓦尔"。——编者注
② 乔·坎伯尔:《现代印度。民政管理制度概述》,1852年伦敦版,第59~60页。——编者注

的话来说，甚至最下层阶级里的人都"比意大利人更精细更灵巧"①；他们的沉静的高贵品格甚至足以抵消他们所表现的驯服态度；他们虽然天生一副委靡不振的样子，但他们的勇敢却使英国军官大为吃惊；他们的国家是我们的语言、我们的宗教的发源地，从他们的贾特[7]身上我们可以看到古代日耳曼人的原型，从他们的婆罗门[8]身上我们可以看到古代希腊人的原型。

在结束印度这个题目时，我不能不表示一些结论性的意见。

当我们把目光从资产阶级文明的故乡转向殖民地的时候，资产阶级文明的极端伪善和它的野蛮本性就赤裸裸地呈现在我们面前，它在故乡还装出一副体面的样子，而在殖民地它就丝毫不加掩饰了。资产阶级是财产的捍卫者，但是难道曾经有哪个革命党发动过孟加拉、马德拉斯和孟买那样的土地革命吗？当资产阶级在印度单靠贪污不能填满他们那无底的欲壑的时候，难道他们不是都像大强盗克莱夫勋爵本人所说的那样，采取了凶恶的勒索手段吗？当他们在欧洲大谈国债神圣不可侵犯的时候，难道他们不是同时就在印度没收了那些把私人积蓄投给东印度公司作股本的拉甲[9]所应得的红利吗？当他们以保护"我们的神圣宗教"为口实反对法国革命的时候，难道他们不是同时就在印度禁止传播基督教吗？而且为了从络绎不绝的朝拜奥里萨和孟加拉的神庙的香客身上榨取钱财，难道他们不是把札格纳特庙里的杀生害命和卖淫变成了一种职业吗？[10]这就是维护"财产、秩序、家庭和宗教"的人的真面目！

对于印度这样一个和欧洲一样大的、幅员15000万英亩的国家，英国工业的破坏作用是显而易见的，而且是令人吃惊的。但是，我们不应当忘记：这种作用只是整个现存的生产制度所产生的有机的结果。这个生产建立在资本的绝对统治上面。资本的集中是资本作为独立力量而存在所十分必需的。这种集中对于世界市场的破坏性影响，不过是在广大范围内显示目前正在每个文明城市起着作用的政治经济学本身的内在规律罢了。资产

---

① 阿·德·萨尔蒂科夫：《印度信札》，1848年巴黎版，第61页。——编者注

阶级历史时期负有为新世界创造物质基础的使命：一方面要造成以全人类互相依赖为基础的普遍交往，以及进行这种交往的工具；另一方面要发展人的生产力，把物质生产变成对自然力的科学支配。资产阶级的工业和商业正为新世界创造这些物质条件，正像地质变革创造了地球表层一样。只有在伟大的社会革命支配了资产阶级时代的成果，支配了世界市场和现代生产力，并且使这一切都服从于最先进的民族的共同监督的时候，人类的进步才会不再像可怕的异教神怪那样，只有用被杀害者的头颅做酒杯才能喝下甜美的酒浆。

卡尔·马克思

卡·马克思写于1853年7月22日
载于1853年8月8日《纽约每日论坛报》第3840号

原文是英文
中文根据《马克思恩格斯全集》历史考证版第1部分第12卷翻译
选自《马克思恩格斯文集》第2卷，人民出版社，2009，第685～691页

注释：

[1] 莫卧儿人是16世纪从中亚细亚东部入侵印度的突厥征服者，1526年在印度北部建立伊斯兰教国家大莫卧儿帝国。"莫卧儿"（Mogul）一词为"蒙古"（Mongol）的转音，该帝国的创建者（巴卑尔，1483～1530）自称是蒙古人，相传是成吉思汗时代蒙古人的直系后裔，这就是"莫卧儿"一词的由来。

大莫卧儿帝国在17世纪中叶征服了印度大部分地区以及阿富汗部分地区。由于农民起义和印度各民族对征服者的反抗加剧，加之征服者经常发生内讧，封建割据趋势日益加剧，到了18世纪上半叶莫卧儿帝国便分裂成许多小邦，这些小邦逐渐被英国殖民主义者侵占。

1803年英国人占领德里以后，大莫卧儿王朝的后裔靠东印度公司的赡养费维持生计，成了该公司的傀儡。1858年英国殖民者宣布印度为不列颠王国的领地之后，莫卧儿帝国遂亡。

[2] 马拉塔人是印度境内居住在德干西北部地区的一个部族。从17世纪中叶起，这个部族开始进行反对莫卧儿封建主的武装斗争，沉重地打击了大莫卧儿帝国并加速了它的崩溃。在这一斗争进程中建立了一个马拉塔人的独立邦，这个邦的封建上层人物不久就走上了发动侵略战争的道路。17世纪末，马拉塔邦被封建内讧所削弱，但是到了18世纪初，又形成了一个以最高统治者派施华为首的诸马拉塔王国的强大联盟。马拉塔封建主为了称霸印度而与阿富汗人进行斗争，1761年遭到惨重的失败。在1803～1805年英国—马拉塔战争中诸马拉塔王国被东印度公司征服。

[3] 种姓是职业世袭、内部通婚和不准外人参加的社会等级集团。种姓的出现和阶级社会形成时期的分工有关。种姓制度曾以不同形式存在于古代和中世纪各国，但在印度社会中表现得最为典型。古印度的《摩奴法典》规定有四个种姓：婆罗门、刹帝利、吠舍及首陀罗。

[4] 柴明达尔在大莫卧儿帝国时代指主要来自被征服的印度教徒中的封建领主。他们的世袭土地持有权被保留了下来，条件是从自己向被压迫农民征收的租税中抽出一定份额交给政府。"柴明达尔"这个名词还被用来指孟加拉的土地税大包税主。1793年英国政府用"永久柴明达尔"法把柴明达尔（包税主）变成了私有土地的地主，以他们作为英国殖民当局的阶级支柱。随着英国人对印度的步步征服，柴明达尔制度在形式上略经改变后也在印度某些地区实行起来。

[5] 莱特即印度农民，在18世纪末19世纪初英国殖民者实行新的土地税收法以前，在英国殖民者没有破坏印度的村社以前，他们是享有充分权利的村社农民。在从1793年起实行所谓柴明达尔制度的地区（最初在孟加拉、比哈尔、奥里萨实行，后来稍微改变了形式，在联合省和中央省以及马德拉斯省部分地区实行）莱特成了柴明达尔（地主）的佃农。在19世纪初孟买和马德拉斯两管区实行"莱特瓦尔"土地税收制后，莱特成为国有土地的持有者，并按印度英政府随意规定的数额缴纳地租。根据"莱特瓦尔"制度，莱特同时被宣布为他们所租佃的土地的所有者。由于实行这种在法律上自相矛盾的土地税收制，为农民规定了高得无力缴纳的地租，致使农民欠税日增，其土地逐渐转到包买商和高利贷者手里。

[6] 圣威廉堡（威廉堡）是英国人于1696年在加尔各答修建的一座城堡，以当时

英国国王奥伦治的威廉三世的名字命名。英国人在1757年征服孟加拉以后，把政府机关迁入这座城堡，城堡的名称遂被用来指"孟加拉管区政府"，后来指"印度英国政府"。

[7] 贾特是印度北部的一个种姓集团，其基本群众是耕作农，其中也有军事封建等级的代表。在17世纪，农民贾特曾多次举行起义，反对外来的莫卧儿封建主的统治。

[8] 婆罗门是梵文 Brāhmana 的音译，意译为"净行"或"承习"，是印度古代的僧侣贵族、印度的第一种姓，世代以祭祀、诵经（吠陀）、传教为业。

婆罗门教是印度古代宗教之一。约于公元前7世纪形成，因崇拜梵天，并由婆罗门种姓担任祭司而得名。以吠陀为最古的经典，信奉多神，其中主神为婆罗贺摩（梵天，即创造之神）、毗湿奴（遍入天，即保护之神）和湿婆（大自在天，即毁灭之神），并认为三者代表宇宙的"创造"、"保全"和"毁灭"三个方面。主张善恶有因果、人生有轮回之说。

[9] 拉甲（raja）是古代印度贵族的称号，指一族的酋长或一地的首领。最初由人民推选，后演变成世袭职位。近代英国殖民政府称印度土著王公为拉甲。

[10] 奥里萨（东印度）的札格纳特庙是崇拜印度教主神之一毗湿奴-札格纳特的中心。庙里的僧侣受东印度公司的庇护，从群众朝拜以及豪华祭祀中取得巨额收入。在群众朝拜时，他们乘机怂恿住在庙里的妇女卖淫，而在举行祭祀时，则有一些狂热信徒自我折磨和自我残害。

卡·马克思

希腊人暴动[1]

引起巴黎和伦敦很大不安的苏丹的希腊臣民的暴动，现在被镇压下去了，但是人们认为，再度暴动的可能性还存在。关于这一点，我们可以说，在仔细地研究了有关整个事件的文件以后，我们确信：暴动者全部都是品都斯山脉南坡的山地居民；除了黑山强盗中的虔诚教徒外，他们得不到土耳其其他民族的基督徒的同情；帖撒利亚平原的居民是还处在土耳其统治下唯一密集的希腊移民，他们怕自己的同胞比怕土耳其人更厉害。不应当忘记，这部分居民胆小怕事，甚至在希腊独立战争[2]时期也不敢起事。其余的大约30万希腊人，散居在土耳其帝国的各个城市，他们深受其他民族的基督徒的痛恨，以致凡是人民运动胜利的地方，如塞尔维亚和瓦拉几亚，所有希腊籍神父最终都被赶走而代之以本地牧师。

虽然这次希腊人暴动本身一般来说意义并不大，但是从它使西方强国有了干涉土耳其政府同它的大多数欧洲臣民（其中希腊人只占100万，而信仰正教的其他民族却有1000万人）之间关系的借口这一点来说，它仍然具有重大意义。所谓的希腊王国的居民以及居住在伊奥尼亚群岛受不列颠统治的希腊人，自然认为自己的民族使命就是要在一切操希腊语的地方把土耳其人赶走，把帖撒利亚和伊庇鲁斯并入希腊人自己的国家。他们甚至还可能幻想恢复拜占庭，虽然整个说来这是一个很机敏的民族，他们是不会相信这种幻想的。但是希腊人关于扩大民族国家和关于独立的这些计划，在当时是由俄国的阴谋活动挑起的（不久前揭露的阿塔纳西乌斯神父的阴谋[3]证明了这一点），并且得到山地强盗的支持，但没有得到平原农民的响应，——这一切同土耳其臣民的宗教权利问题没有任何关系，而人们却企图把这个问题扯进去。

我们从英国报纸以及舍夫茨别利勋爵在上院作的和蒙克顿·米尔恩斯先生在下院作的报告中得悉，不列颠政府由于（至少部分地由于）希腊居民的这些运动将不得不采取措施来改善土耳其帝国基督教臣民的处境。报告中清楚地指出，西方强国所追求的伟大目标，就是使土耳其境内基督教和伊斯兰教享有平等权利。这一点或者根本不意味着什么，或者意味着赋予穆斯林和基督徒以政治权和公民权，而不分教别，根本不考虑宗教问题。换句话说，这意味着国家同教会、宗教同政治的完全分离。但是土耳其国家同所有东方国家一样，是以国家和教会、政治和宗教紧密结合而且几乎可以说是两位一体为基础的。对于土耳其帝国及其当权者来说，古兰经同是信仰和法律的源泉。但是在古兰经面前，怎么能使虔诚教徒和异教徒、穆斯林和莱雅①平等呢？实际上，要做到这一点就必须用新的民法典来代替古兰经，换句话说，就是破坏土耳其社会的结构，并在它的废墟上建立新的秩序。

另一方面，正教不同于基督教其他教派的主要特征，也就是国家和教会、世俗生活和宗教生活的两位一体。在拜占庭帝国，国家和教会是非常紧密地交织在一起的，以致不记述一方的历史，就不能记述另一方的历史。在俄国也是两位一体占主导地位，尽管与拜占庭帝国的情况截然不同，教会变成了国家的纯粹的工具，变成了对内进行压迫和对外进行掠夺的工具。在奥斯曼帝国，按照土耳其人的东方概念，拜占庭的神权政治已经发展到了这种程度：教区的牧师同时是法官、市长、教师、遗嘱执行人、税吏和世俗生活中到处都出现的总管，他不是仆人，而是各项工作的

---

① 土耳其用语，从19世纪初起通常指受压迫的非伊斯兰教居民。——编者注

主管。这里可以对土耳其人提出的主要责难，并不是他们削弱了基督教教士的特权，相反地是在他们统治之下，教会的这种无所不包的暴虐的监护、控制和干涉竟然可以渗透到了社会生活的一切领域。法耳梅赖耶尔先生在他的《东方来信》中非常有趣地描述了一位正教神父在听到他说天主教神父没有任何世俗权力、不承担世俗职责后如何惊讶的情况。这位正教神父惊呼："那么我们天主教弟兄们怎么去消磨时间呢？"

因此很清楚：在土耳其实施新的民法典，即同宗教完全没有关系的并以国家和教会完全分离为基础的民法典，不仅意味着废除伊斯兰教，而且意味着毁掉在土耳其帝国存在的那种形式的正教会。难道会有人那么轻信，真的以为，不列颠现政府中那些反动的懦夫们会想到要在土耳其这样的国家里担负起包括实现彻底的社会革命这样巨大的任务吗？这种想法是十分荒谬的。他们只可能有一个目的，这就是蒙蔽英国人民和欧洲人民。

卡·马克思写于1854年3月14日	原文是英文
作为社论载于1854年3月29日《纽约每日论坛报》第4039号	中文根据《马克思恩格斯全集》1985年历史考证版第1部分第13卷翻译
	选自《马克思恩格斯全集》第13卷，人民出版社，1998，第146~148页

注释：

[1] 马克思先前曾在两篇通讯中简要阐述了土耳其统治下的希腊臣民暴动的过程和前景（见《马克思恩格斯全集》第13卷，第107~109、113~114页）。1854年3月初，马克思计划就这一问题专门写文章进行分析，最初他打算请恩格斯写，他在1854年3月9日给恩格斯的信中说："……你要替我给《论坛报》准备点什么东西，也许可以谈谈希腊革命？"后来他又亲自于3月14日写了这篇文章。马克思的作者身分可以从他1854年4月22日和5月3日给恩格斯的信中得到证实。促使他写这篇文章的原因是几天前舍夫茨别利勋爵在上院以及作家、政治活动家理·蒙·米耳恩斯在下院的报告中向英国政府呼吁，考虑到希腊人发生暴动，应采取一些措施以改善土耳其统治下的基督

教臣民的处境。

马克思在撰写这篇文章的过程中，利用了雅·菲·法耳梅赖耶尔的著作《东方来信片断》第1卷（1845年斯图加特—蒂宾根版），马克思曾在一年前作过此书的摘录，但是，他最主要的还是采用了当时《泰晤士报》的新闻报道。

马克思原本是将这篇文章与上一篇（见《马克思恩格斯全集》第13卷，第141～145页）合为一篇文章寄给《纽约每日论坛报》编辑部的，笔记本上注明的日期是：3月14日，星期二，文章作为邮件随富兰克林号轮船于1854年3月15日从南安普敦出发，于3月29日抵达纽约。《论坛报》编辑部将有关希腊人暴动的这部分单独作为社论发表在1854年3月29日《纽约每日论坛报》第4039号上。

[2] 指1821年春发生的希腊人暴动。这次暴动是由希腊爱国者的各秘密协会（赫特里）组织的。在极短的时间内，不仅希腊大陆而且爱琴海各岛的居民都奋起反抗土耳其外来统治。1821年底暴动者解放了希腊的大部分地区。1822年1月21日，临时国民议会召开，宣布了希腊的独立，并通过了资产阶级的宪法，组成了以亚·马夫罗科尔扎托斯为首的政府。土耳其苏丹由于光靠自己的力量对付不了参加暴动的希腊人，便求助于它的藩臣，埃及执政者穆罕默德-阿里，要求双方采取共同行动来对付希腊人。在暴动之初，神圣同盟各强国，其中包括沙皇俄国对暴动持有强烈的反对态度。但是英国、沙皇俄国和法国一方面看到希腊人的斗争到处获得极大的同情，而另一方面主要是可以利用这个斗争来巩固自己在巴尔干半岛南部的影响，于是承认了希腊为交战的一方，并给予它以军事上的援助及外交上的支持。1828～1829年的俄土战争中俄国取得的胜利对希腊赢得独立具有决定性的意义。由于俄国的胜利，土耳其不得不承认希腊为独立国家。但是根据欧洲各强国的统治集团的决定，把反动的君主制度强加给了希腊人民。1829年3月22日，1830年2月3日和1832年5月7日的伦敦会议（1827～1832）议定书的签订最后确立了希腊王国的独立。

[3] 1854年1月，君士坦丁堡有消息报道，警察局破获了一起希腊人的密谋活动，希腊正教教士阿塔纳西乌斯在维丁被捕。西欧各日报报道说，这次密谋的首要人物是巴·厄尔斯纳，此人以前曾是俄国将军亚·尼·吕德尔斯的副官。这次密谋的主要目的是发动居住在土耳其的希腊人和斯拉夫人起义。

卡·马克思

宣战。——关于东方问题的历史[1]

1854年3月28日星期二于伦敦

终于宣战了。女王的诏书昨天已由阿伯丁勋爵和约·罗素勋爵分别在上院和下院宣读。诏书中说将要采取的种种措施是"反对俄国蚕食土耳其的积极步骤"。明天《伦敦官报》将公布正式的宣战书,议会将在星期五讨论对女王诏书的复文。

在英国发表宣言的同时,路易-拿破仑也向参议院和立法团发出了类似的文告。

布莱克伍德上尉已把英法两国的最后通牒送交沙皇,并于上星期六带回答复说,俄国根本不打算答复这个文件,这样一来,对俄宣战已经不能再拖延下去了。但是,布莱克伍德上尉的使命并不是毫无结果的。由于这一使命俄国赢得了三月份这个一年中对俄军最危险的时期。

沙皇和英国政府之间秘密往来的函件的公布,不仅没有激起公众对英国政府的愤懑,反而——真是不可思议——使得各种日报和周报祝贺英国有一个真正的民族内阁。但据我所知,将召集一个群众大会来使盲目的英国公众看清政府的真正行为。这次大会将于下星期四在货栈街音乐厅举行,预料庞森比勋爵、莱亚德先生、乌尔卡尔特先生等人将参加这次大会。

《汉堡记者》刊载了如下一则简讯：

据此间本月16日得自彼得堡的消息称，俄国政府准备公布有关东方问题的其他各种文件，其中包括阿尔伯特亲王的几封信。

令人诧异的是，就在下院宣读女王诏书的那一个下午，政府在这次议会会议上遭到了第一次**失败**。尽管政府花了很大的力气，关于强迫贫民迁返原居住地的法案[2]的二读仍以209票对183票的多数决定延期到4月28日进行。政府这次遭到失败，原因不在别人，而在帕麦斯顿阁下。

今天的《泰晤士报》写道：

这位阁下**设法**把他和他的同僚置于两团火焰〈托利党和爱尔兰党〉之间而不寄很大希望于让它们自己去解决问题。

我们得悉，本月12日法国、英国和土耳其签订了一个三国同盟条约[3]，但是，尽管苏丹亲自向大穆夫提[4]提出请求，后者在乌里玛[5]团体的支持下还是拒绝作出批准关于改变土耳其境内的基督徒地位的条款的判决，认为这些条款违背古兰经的教义。看来，这个消息是有重大意义的，因为它使德比勋爵不得不发表下述声明：

我只想表明自己的真诚希望：政府将发表一个声明来说明近日来流传的一则消息是否属实，这则消息说英国、法国和土耳其之间订立的协定中包含一些规定我们具有保护权的条文，这种保护权至少会同我们曾加以反对的俄国的保护权一样受到指责。

今天的《泰晤士报》说，政府的政策同德比勋爵的政策完全相反，还说：

如果某种严重违抗这一政策的行为是大穆夫提或乌里玛的宗教狂热的结果，我们将感到非常遗憾。

无论要了解土耳其政府和土耳其宗教当局之间的关系的性质，还是要了解目前土耳其政府在关于土耳其帝国基督教臣民的保护权问题（初看起来这个问题好像是目前东方一切实际纠纷的根源）上所面临的困难，都必须先追溯一下这个问题产生和发展的历史。

古兰经和以它为根据的伊斯兰教法律把各个不同民族的地理和人文归结为一个简便的公式，即把他们分为两种民族和两种国家——正统教徒和异教徒的民族和国家。异教徒就是"**哈尔比**"，即敌人。伊斯兰教宣布异教徒的民族是不受法律保护的，并在穆斯林和异教徒之间造成一种经常互相敌视的状态。在这种意义上说，柏柏尔国家[6]的海盗船曾是伊斯兰教的神圣舰队。那么土耳其帝国的基督教臣民的存在如何能同古兰经相容呢？

伊斯兰教法律规定：

> 如果某个城市投降，其居民同意成为**莱雅**，即穆斯林君主的臣民，而又不放弃自己的信仰，那么他们必须缴纳**哈拉志**（人头税）；他们和正统教徒达成停战协议，无论谁都不得没收他们的地产或房屋……在这种情况下，他们的旧教堂就是他们的财产的一部分，允许他们在这些教堂中举行祈祷仪式。但是不允许他们修建新教堂。他们只有权修缮旧教堂和恢复其坍塌的部分。各省总督定期派专员巡视基督徒的教堂和圣殿，检查是否有以修缮为名增添新建筑的情况。如果某个城市是用武力征服的，那么居民可以保存自己的教堂，但只是作为他们居住处或避难所，不允许在里面举行祈祷仪式。①

---

① 塞·法曼：《基督教会在东方的竞争和对它们进行保护的历史》，1853年巴黎版。——编者注

因为君士坦丁堡同土耳其欧洲部分的大部分地区一样是投降的，所以那里的基督徒在土耳其政府统治下享有作为**莱雅**而存在的特权。他们之所以享有这个特权，仅仅是因为他们同意把自己置于穆斯林的保护之下。因而，仅仅是由于基督徒应按照伊斯兰教法律服从穆斯林管理，君士坦丁堡的宗主教，即他们的宗教首领，同时也就是他们的政治代表和最高审判官。凡是奥斯曼帝国境内我们看到有正教徒**莱雅**聚居的地方，根据法律，大主教和主教都是市政委员会的委员，并在宗主教的领导下管理向正教徒分派赋税的事宜。宗主教对自己的教徒的行为向土耳其政府负责。宗主教由于被授权审判本教的莱雅，他便把这个权力转托给都主教和主教在他们管辖的教区内行使，而他们的判决，土耳其政府的官吏和法官等等必须执行。他们有权判处罚款、徒刑、笞刑和流放。此外，他们自己的教会还赋予他们开除教籍的权力。除了罚款以外，他们还对民事和商业案件课收各种税款。教阶制度中的每个等级都有一定的金钱价格。宗主教为了获得叙任权向国务会议缴纳很重的贡赋，但他也把大主教和主教的职位卖给本教会的神职人员，而后者则靠出卖下级职位给别人并从教士身上征收贡赋而得到补偿。教士又把从上级那里买来的权力零售出去，并在他执掌的洗礼、结婚、离婚、遗嘱等事情上大做其生意。

从这个叙述中可以清楚地看到，在土耳其对信仰正教的基督徒的宗教统治系统以及土耳其社会的整个结构都是以莱雅服从古兰经这点为基础的，而古兰经则把莱雅看作异教徒，也就是看作仅仅是宗教意义上的一个民族，准许把教会和世俗权力集中在他们的教士的手中，因此通过世俗的解放来废除他们对古兰经的从属，也就是同时消除他们对神职人员的从属，并引起他们在社会、政治和宗教关系等方面的革命，这场革命首先不可避免地会把他们推入俄国的怀抱。谁想用一部民法典来代替古兰经，谁就必须按照西欧的式样来改造拜占庭社会的全部结构。

穆斯林和他的基督教臣民之间的关系就是这样。于是又产生了一个问题：穆斯林和信异教的外国人之间的关系又怎样呢？

因为古兰经把一切外国人都视为敌人，所以谁也不敢没有预防措施而到伊斯兰教国家去。因此，第一批冒险去同这样的民族做生意的欧洲商人一开始就力图保证个人享有特殊待遇和特权，后来，这种特殊待遇和特权扩大到他们的整个国家。这就是特惠条例[7]产生的根源。特惠条例——这是土耳其政府发给欧洲各国的帝国文书，即特权证件，它允许这些国家的臣民通行无阻地进入伊斯兰教国家，在那里安安稳稳地从事自己的经营活动并按照本国的仪式进行祈祷。它和条约最大的不同之处在于，它不是经过缔约双方对等磋商，不是在互利互让的基础上经双方同意的互惠条例。相反地，特惠条例是由其颁发政府单方面赋予的特许权，因此也可以由它自行决定废除。而事实上，土耳其政府已经不止一次地使它赋予某个国家的特权化为乌有，其办法就是把这些特权也赋予其他国家，或者完全废除这些特权，拒绝继续实施这种条例。特惠条例的这种不稳定的性质使它永远成为各国大使争执和埋怨的根源，为此无休无止地交换互相反驳的照会，而且每位新王即位时都要重新颁布敕令。

外国列强的那种不是对土耳其帝国的基督教臣民——莱雅，而是对去土耳其旅行或者作为外国人在那里侨居的本教教徒的**保护权**，正是从这种特惠条例开始产生的。获得这种保护权的第一个强国是法国。1535年在苏里曼大帝和弗朗索瓦一世时代，1604年在艾哈迈德一世和亨利四世时代以及1673年在穆罕默德四世和路易十四时代，法国和奥斯曼政府之间签订的各个惠特条例，于1740年在一本条约汇编中得到了修订、确认、重申和增补，这本汇编的标题就是《法国宫廷和奥斯曼政府之间的新旧特惠条例和条约。——公元1740年（希吉拉历1153年）修订和增补。由御前翻译秘书兼驻奥斯曼帝国宫廷首席翻译官德瓦尔先生译〈经土耳其政府批准的第一个正式译本〉于君士坦丁堡》。这个协定的第三十二条规定法国有权保护一切传播法兰克宗教的寺院（不管这些寺院属于哪一个国家），以及一切到圣地去的法兰克朝圣者。

俄国是第一个在1774年把仿照法国的先例而取得的特惠条例列入**条约**的国家。这个条约就是凯纳吉条约[8]。同样地，拿破仑在1802年认为，使特惠条例的存在和保持成为条约的一项条款，并使之具有相互约束的协定的性质是适当的。

圣地问题[9]同保护权问题又有什么联系呢？

圣地问题是关于耶路撒冷的信仰正教的基督徒的宗教团体和它们在圣土上占有的建筑物，特别是圣墓神殿的保护权问题。显然，在这种情况下的占有意味的不是所有权（这是古兰经拒绝给予基督徒的），而只是**使用权**。这种**使用**权决不排斥别的团体在同一个地方进行祈祷仪式；占有者只有权掌管**钥匙**、修缮和进入庙宇、燃点圣灯、打扫屋舍、铺置地毯，此外没有其他特权，而这一切在东方乃是占有的象征。正如圣地对基督教来说至高无上，关于保护权的问题也同样至关重要。

圣地和圣墓神殿分别由天主教徒、正教徒、亚美尼亚教徒、阿比西尼亚教徒、叙利亚教徒和科普特教徒各自占有一部分。在所有这些不同的觊觎者中发生了冲突，欧洲君主们认为这种宗教纠纷是一个有关自己在东方的影响的问题，于是他们便首先注意到了土地的主人——滥用自己职权的、狂热的和贪婪的帕沙们。奥斯曼政府和它的官吏采用很麻烦的秋千法，处理问题时使天主教徒、正教徒和亚美尼亚教徒轮流得到好处，向各方索取黄金，并拿他们所有的人来开心。土耳其人刚刚把承认其有权占有某一有争议地区的敕令授给了天主教徒，亚美尼亚教徒就带着更沉重的钱袋来了，转瞬之间就得到了一道相反的敕令。他们对正教徒也使用这样的策略。正教徒除了土耳其政府的各种敕令和它的官吏们的"哈德热茨"（指示）所正式确认的东西以外，还善于为自己伪造各种各样的获取权利的根据。有时，由于叙利亚的帕沙们和下级官吏们的贪得无厌和居心不善，苏丹政府的决议实际上等于一纸空文。这样一来就必须重新商谈，任命新的专员并再牺牲一笔钱。土耳其政府过去为了金钱而干的事情，现在由于害怕才去干，以便获得偏袒和保护。它向法国的要求和天主教徒的要求让步之后，赶忙又向俄国和正教徒作出同样的让步，企图用这种办法来躲过它无力反抗的风暴。没有一处圣所，没有一座小礼拜堂，没有一块圣墓神殿的石头，不曾被用来挑起各基督教团体之间的争端。

我们发现在圣墓周围聚集着各种各样的基督教教派，在它们的宗教野心后面隐藏着同样多的政治的和民族的角逐。

在耶路撒冷和圣地居住着信仰各种宗教的民族：天主教徒、正教徒、亚美尼亚教徒、科普特教徒、阿比西尼亚教徒和叙利亚教徒。正教徒有2000人，天主教徒有1000人，亚美尼亚教徒有350人，科普特教徒有100人，叙利亚教徒有20人，阿比西尼亚教徒有20人，共计3490人。在奥斯曼帝国境内有1373万正教徒，240万亚美尼亚教徒和90万天主教徒，其中每一种教徒又分为若干较小的支系。我在上面谈到过的承认君士坦丁堡宗主教的正教会同俄罗斯正教会根本不同，后者的最高宗教首脑是沙皇；它也同古希腊人的教会根本不同，后者的最高首脑是国王和雅典正教会议。同样，天主教徒也分为罗马天主教徒，希腊东仪天主教徒和马龙派；亚美尼亚教徒分为格雷戈里派和亚美尼亚天主教派；科普特教徒和阿比西尼亚教徒同样也划分为许多支系。在圣地的三大教派是正教会、天主教会和亚美尼亚教会。天主教会可以说主要是代表拉丁民族；正教会主要是代表斯拉夫民族、土耳其斯拉夫民族和希腊民族，其余的教会则主要是代表亚洲和非洲民族。

不难想象，所有这些互相敌对的人是怎样包围圣墓的，僧侣们是怎样进行战争的，而他们争夺的表面上的对象是出自伯利恒岩穴的一个星状物、一块绣帷、一个圣殿的钥匙、一个祭坛、一个陵墓、一个宝座、一个圣枕——一句话，任何一种可笑的优越地位！

要了解僧侣们的这样一种十字军征讨，便必须首先了解他们的生活方式，其次是他们的居住方式。

关于这一点，一位旅行家不久以前叙述道：

各民族的所有这些宗教渣滓彼此隔绝地生活在耶路撒冷，他们互相敌视和忌妒；这是一些流浪居民，他们从朝圣者中源源不断地得到补充，而又经常死于瘟疫和贫困。过了若干年，欧洲人死去了或者回到欧洲去了，帕沙和他们的近卫军到大马士革或君士坦丁堡去了，而阿拉伯人则跑到沙漠里去了。耶路撒冷——这是每个来的人短时客居的地方，但谁也不在那里定居，在这个圣城中每个人都从自己的宗教中找到生活的来源——正教徒和亚美尼亚教徒依靠每年到耶路撒冷来的12000或13000朝圣者的施舍过活，天主教徒则依靠他们在法国、意大利等地的教友的津贴和周济过活。①

信仰基督教的民族除了自己的寺院和圣所之外，在耶路撒冷还占有一些造在圣墓神殿旁边的矮小的住房或单人住所，其中居住着日夜守护着这个圣所的僧侣。履行这些职责的僧侣定期由教友替换。单人住所只有一道通向神殿内的房门；担任看守的僧侣的食物是从小窗口由外面送进来的。神殿的门经常锁着，由土耳其人看守，他们只是为了钱才把门打开，并且由于任性或者贪财而擅自把门关上。

马扎里尼说，教士之间的争吵总是最恶毒的。试设想一下这些教士吧，他们不仅都靠这些圣所为生，而且都一起住在这些圣所里！

为了透彻地了解这种情况，应当记住，天主教神父几乎完全是由罗马人、撒丁人、那不勒斯人、西班牙人和奥地利人组成的，他们全都忌妒法国的保护权，都渴望代之以奥地利的、撒丁的或那不勒斯的保护权；撒丁国王和那不勒斯国王都自封为耶路撒冷国王；还要补充的一点是，耶路撒冷的定居居民约有15500人，其中有4000穆斯林，8000犹太人。穆斯林约占全部居民的四分之一，其中有土耳其人、阿拉伯人和摩尔人，他们当然在各方面都是主人，因为君士坦丁堡的穆斯林政府的软弱无能完全没有影响他们的地位。耶路撒冷的犹太人所遭受的贫困和痛苦非笔墨所能形容，他们居住在耶路撒冷的最肮脏的地区，即锡安山和莫里亚山之间的一个叫作哈拉斯-耶胡德的地区（那里有他们的犹太教会堂），他们经常遭到穆斯林的压迫和排斥；他们受到正教徒的侮辱，受到天主教徒的迫害，仅仅依靠从他们的欧洲弟兄那里获得的微薄的施舍为生。但是这里的犹太人不是当地居民，而是出生于遥远的不同国家的人，他们之所以被吸引到耶

---

① 塞·法曼：《基督教会在东方的竞争和对它们进行保护的历史》，1853年巴黎版。——编者注

路撒冷来,只是希望居住在约萨法特河谷,并在救世主应当出现的地方死去。一位法国作家说道:

> 他们在忍耐和祈祷中等待死亡。他们眼巴巴地望着莫里亚山,那里曾经矗立着所罗门神庙,他们不得走近这座山,他们为锡安山的不幸,为他们散居于世界各地而落泪。①

英国和普鲁士在1840年任命了一位驻耶路撒冷的圣公会主教,他的明显的目的就是要使犹太人改变宗教信仰,结果这些犹太人更加苦难深重。在1845年,他受到了犹太人以及基督徒和土耳其人的痛打和嘲弄。实际上,他可以说是使耶路撒冷一切宗教联合起来的第一个和唯一的原因。

现在我们很清楚,为什么基督徒在圣地共同进行祈祷仪式会变成各种不同教派之间的永无休止的拼命的爱尔兰式的争吵;但是,另一方面,这些神圣的争吵恰恰掩盖着不仅是各个国家而且是各个民族之间的世俗的斗争,而在西欧人看来是如此可笑的、在东方人看来却是如此异乎寻常地重要的圣地的保护权问题,仅仅是经常出现的、始终被掩盖着的和永远不能解决的东方问题的一个阶段。

卡尔·马克思

卡·马克思写于1854年3月28日
载于1854年4月15日《纽约每日论坛报》第4054号

原文是英文
中文根据《马克思恩格斯全集》1985年历史考证版第1部分第13卷翻译
选自《马克思恩格斯全集》第13卷,人民出版社,1998,第179~188页

---

① 塞·法曼:《基督教会在东方的竞争和对它们进行保护的历史》,1853年巴黎版。——编者注

注释：

[1] 促使马克思撰写这篇通讯的原因是英国和法国对俄宣战以及当时发生的与此有关的几个事件。1854年3月28日伦敦《泰晤士报》在报道宣战一事的同时也报道了3月12日法国、英国和土耳其在君士坦丁堡签订了一项条约。3月27日，德比勋爵在上院提醒人们注意当时流传的一则消息，说英、法和土耳其签订的条约中包含了有关土耳其基督教臣民保护权的条文。这一事件促使马克思去研究有关土耳其基督教臣民保护权的问题。在撰写这篇文章时，马克思利用了他于1854年春天摘录的塞·法曼的著作《基督教会在东方的竞争和对它们进行保护的历史》。

　　这篇文章在《纽约每日论坛报》上注明的日期是：1854年3月24日，星期五。笔记本上注明的日期是3月28日，星期二，此外马克思曾利用了1854年3月27日和28日报刊的通讯报道，这两点都明确地表明这篇通讯的写作日期是3月28日。文章作为邮件随海尔曼号轮船于1854年3月29日从南安普敦出发，于4月14日抵达纽约，发表在1854年4月15日《纽约每日论坛报》第4054号上。

[2] 按照英国从1662年起实施的定居法，对于向任何教区济贫所申请救济的贫民，可以根据法院的决定强迫他们迁返原籍。1854年2月10日提交下院的禁止在英格兰和威尔士实行强迫贫民迁移的法案未被议会通过。

[3] 三国同盟条约是1854年3月12日法国、英国和土耳其在君士坦丁堡签订的一项条约。根据这项条约，同盟国有义务在海军和陆军方面给予土耳其军事援助，而土耳其未经英法同意不得同俄国进行和谈并签订和约。

[4] 穆夫提是伊斯兰教教法权威。负责就个人或法官所提出的询问提出意见，这种意见有时在疑难案件中起决定性作用。

[5] 乌列玛是中近东伊斯兰教国家中神学家和法学家的最高等级。这个等级掌握着诉讼程序及一切宗教机构和学校的管理权；乌列玛在奥斯曼帝国的政治生活中有很大的影响。

[6] 柏柏尔国家是19世纪对地中海沿岸北非国家（阿尔及利亚、突尼斯、摩洛哥）的称呼。

[7] 特惠条例（"特惠"一词源于拉丁文 capitulare）是规定给予东方国家（其中

包括土耳其）中的欧洲各国臣民以商业上的优惠和特权的文件（见马克思《宣战。——关于东方问题的历史》，13卷，第179~188页）。

[8] 库楚克-凯纳吉条约是1768~1774年俄土战争中俄国获胜后，两国于1774年7月21日签订的和约。根据条约，俄国获得了南布格河和第聂伯河之间的黑海北部沿岸地区（包括金布恩要塞在内）以及亚速、刻赤、叶尼卡列等城市，并迫使土耳其承认了克里木的独立。俄国商船获得了自由通过博斯普鲁斯海峡和达达尼尔海峡的权利。条约还规定，苏丹必须给予正教教会一系列特权，特别是在第十四项条款中，规定在君士坦丁堡建一座正教教堂。

阿德里安堡条约，见13卷注18。

安吉阿尔-斯凯莱西条约是俄国和土耳其于1833年7月8日在君士坦丁堡签订的友好共同防御条约。根据这个条约，俄国和土耳其一旦和任何国家发生战争，双方均有互相援助的义务。关于这个条约的秘密条款，见13卷注16。

[9] 圣地问题是希腊正教教会和罗马天主教会之间一个多年的纠纷。纠纷的核心是争夺巴勒斯坦圣地：伯利恒的耶稣诞生教堂和耶路撒冷圣墓教堂的管辖权。这里所说的俄国、法国和土耳其政府之间关于圣地的纠纷，是1850年由路易·波拿巴挑起的。他为了巩固自己在东方的地位，在君士坦丁堡支持天主教派的要求。沙皇俄国保护当地正教教会的特权，并以此为借口干涉土耳其内政，达到占领斯拉夫人居住的地区并最终占领墨西拿海峡的目的。双方的实际目的都是争夺近东霸权。摇摆不定的土耳其政府起初对法国的要求让步，但在1853年5月4日，当俄国特命全权公使缅施科夫到达土耳其时，土耳其政府又被迫同意特别保障正教教会的权利和特权。与此同时，苏丹在英法两国大使的支持下，拒绝了尼古拉一世关于承认他是奥斯曼帝国正教居民的保护者的要求。圣地纠纷演变成激烈的外交冲突，成为导致克里木战争的原因之一。

卡·马克思

法国和英国的最近前途（节选）

1855 年 4 月 10 日星期二于伦敦

……

在法国和英国的资产阶级集团内，这场战争根本不受欢迎。在法国资产阶级中间，这场战争一开始就不受欢迎，因为从 12 月 2 日起，这个阶级对"社会救主"的政府采取了完全反对的立场。在英国，资产阶级内部意见有分歧。它的大部分将自己对法国人的民族仇恨转移到了俄国人身上。虽然约翰牛自己有时可以在印度实行某种兼并，但是他并不想让别的国家在离英国本土或它的领地非常近的一些地方去干同样的事情。俄国是在这方面早已引起约翰牛不安的国家。由于不列颠同东方地区的贸易以及通过特拉比曾德同亚洲内地的贸易日益大规模地扩大，船只自由通过达达尼尔海峡的问题对英国来说就具有特别重要的意义。英国不能容许俄国逐渐并吞多瑙河沿岸各国，因为这些国家作为谷仓的意义在日益增长；英国不能容许俄国封锁多瑙河上的航行。俄国的粮食现在已经是英国消费项目中一个十分重要的项目，要是这些与俄国毗邻的产粮国家归并于俄国，那就会使大不列颠处于完全依赖俄国和合众国的地位，而这两个国家就会变成世界粮食市场的调节者。此外，在英国常常流传着关于俄军向中亚细亚挺进这样一些捉摸不定的、使人惶惶不安的谣言；不熟悉地理的英国公众，很容易相信那些在印度事务上有利害关系的政客和吓破了胆的幻想家所大力散布的这种谣言。因此,当俄国开始侵略土耳其时,民族仇恨马上就很明显地暴露了出来;也许,从来没有一场战争像这场战争那样受人欢迎。主和派只好暂时保持缄默;甚至其中很大一部分成员已被大流所卷走。但是了解英国人性格的人都相信这种好战的热情不会持续很久,至少对资产阶级来说是如此。只要战争使资产阶级破费,它的唯利是图的天性就比它的民族自豪感占上风,对私人利益立即会遭到损失的恐惧心理比对全民族的巨大优势必然要逐渐遭到损失的恐惧心理更厉害。

……

在这两个国家里,工业无产阶级对于战争采取了几乎是同样的特殊态度。无论英国无产者或是法国无产者都充满着崇高的民族感情,不过他们或多或少摆脱了两国农民所固有的陈旧的民族偏见。除了同胞们的胜利能使他们的民族自豪感得到满足,而法国人轻率地过于自信地指挥战争和英国人胆怯地愚钝地指挥战争,给予他们一个很好的鼓动机会来反对现政府和执政阶级以外,战争对他们很少有直接利害关系。但是对他们来说最主要的是下面这一点:与商业危机(目前还只有一些初步表现)结合在一起的、由那些没有能力解决他们所面临的任务的人们所指挥的、同时又具有欧洲规模的这场战争,必然会引起一些事件,这些事件将使无产阶级能够重新取得它在法国1848年六月战斗[1]中所失去的地位。这不仅关系到法国,而且也关系到整个中欧,包括英国在内。

卡·马克思写于1855年4月10日 原文是英文
载于1855年4月27日《纽约每日论坛 俄文译自《纽约每日论坛报》
报》第4375号 选自《马克思恩格斯全集》第11卷,
署名:卡尔·马克思 人民出版社,1962,第204~205、
207~208页

注释：

［1］指1848年6月23～26日巴黎无产阶级的英勇起义，这次起义遭到法国资产阶级的残酷镇压，六月起义的失败是欧洲各国反革命进攻的信号。

弗·恩格斯

德国和泛斯拉夫主义[1]

一

据可靠消息报道，俄国**当今的**皇帝给某些宫廷发了一份电报，其中说道：

> 一旦奥地利同西方最终结成联盟，或者对俄国采取某种公开敌对行动，**亚历山大二世就要亲自领导泛斯拉夫主义运动**，并且将他目前的**全俄罗斯皇帝**的称号改为**全体斯拉夫人皇帝**的称号〈？〉。

如果亚历山大的这个声明确实可信，那末它就是战争开始以来第一次坦率的表白。这是使战争具有欧洲性质的第一个步骤，到现在为止这种性质只是从各种各样的托词和借口、议定书和条约、瓦特耳的几段话和普芬多夫的语录来猜测的。土耳其的独立问题、甚至土耳其的生存问题从而也退居次要地位。现在问题已经不是谁来管辖君士坦丁堡，而是谁来统治整个欧洲了。斯拉夫人由于内部纠纷早就弄得四分五裂，他们被德国人逼退到东方，部分地被德国人、土耳其人和匈牙利人所征服，但是他们用逐渐传播泛斯拉夫主义的办法在1815年以后又悄悄地把自己的各个支系联合起来，现在他们第一次声明自己的统一，并且进而向至今还统治着欧洲的罗曼—赛尔特民族和德意志民族宣布殊死战。泛斯拉夫主义。这不仅仅是一种争取民族独立的运动；这是一种力图把一千年来历史所创造的一切东西化为乌有的运动；这是一种只有把土耳其、匈牙利和半个德国从欧洲地图上抹掉才能达到自己的目的，而在达到这个目的之后，又只有通过征服欧洲的办法才能保证自己的未来的运动。现在泛斯拉夫主义已经从信条变成了政治纲领，它掌握有80万名步兵。它使欧洲处在一个十字路口：或者被斯拉夫人征服，或者永远消灭泛斯拉夫主义的进攻力量的中心——俄国。

我们必须回答的下一个问题就是：奥地利被俄国式的泛斯拉夫主义所触动的程度如何？在居住在波希米亚森林和克伦地亚的阿尔卑斯山以东的7000万斯拉夫人中，几乎有1500万人处在奥地利君主的统治之下，其中几乎包括斯拉夫语系的所有各种代表。波希米亚系或捷克系（600万人）全部处在奥地利的统治之下，波兰系有近300万加里西亚波兰人，俄罗斯系有住在加里西亚和匈牙利东北部的300万小俄罗斯人（卢西人和卢田人），这是在俄罗斯帝国境外的唯一的俄罗斯族；南斯拉夫系几乎有300万斯洛文尼亚人（克伦地亚人和克罗地亚人）和塞尔维亚人，以及为数不多的散居各处的保加利亚人。因此，奥地利的斯拉夫人分为两个集团：一个集团是由各民族的残余分子组成，他们过去有自己的历史，而现在的历史发展是同那些与他们有不同种族和语言的民族联系在一起的。他们作为民族，处境是困难的，这是因为这些过去伟大而现在悲惨的残余分子在奥地利境内没有任何的民族的组织，相反地，他们散居在各个省内。斯洛文尼亚人虽然勉勉强强有150万人，但他们分散在克莱纳、克伦地亚、施梯里亚、克罗地亚以及匈牙利西南部等各省。捷克人是奥地利斯拉夫人中人口最多的一个民族，一部分住在波西米亚，一部分住在莫拉维亚，一部分（斯洛伐克系）住在匈牙利西北部。因此上述这些民族虽然全都住在奥地利境内，但未被承认为已经形成了的不同的民族。他们或者被看成是德意志民族的附加部分，或者被看成是匈牙利民族的附加部分，实际上他们也不是什么别的民族。奥地利斯拉夫人的另一集团是由一些零星的不同的民族构成的，这些民族在历史进程中同本民族的基本群众分离，因而他们的主要中心是处在奥地利境界以外。因此，奥地利的波兰人倾向于俄属波兰，把它看做自己的自然中心，卢西人倾向于另一些同俄国合并的小俄罗斯地区，而塞尔维亚人则倾向于土耳其的塞尔维亚。所有这些同本民族分离的零星部分，每个都倾向于他们的自然中心，这是完全可以理解的，随着他们中间文明的传播，并因此对民族历史活动的需要的日益增长，这种现象也就愈来愈明显了。在这两种情况下，奥地利的斯拉夫人仅仅是disjecta membra［分散的人，零星的部分］，他们力图彼此重新结合起来，或者是各自同本民族的基本群众合而为一。为什么**泛斯拉夫主义不是俄国的而是奥地利的发明创造**，原因就在这里。为了保证各个斯拉夫民族的复兴，奥地利的各个斯拉夫民族就开始赞成欧洲所有斯拉夫民族联合起来。俄国本身是强大的，波兰则深深意识到自己民族存在的不可动摇的稳定性，而且公开地敌视斯拉夫俄国——显然这两个民族都不会要求创造泛斯拉夫主义。处在土耳其统治之下的塞尔维亚人和保加利亚人还很不开化，不会提出这种思想；保加利亚人顺从地屈服于土耳其人，而塞尔维亚人则致力于争取本身独立的斗争。

二

泛斯拉夫主义的最初形式是纯粹文艺的形式。它的创始人是**多勃罗夫斯基**（捷克人，斯拉夫方言的科学语文学的奠基人）和**科勒**（匈牙利外喀尔巴阡山的斯格伐克诗人）。多勃罗夫斯基富有学者和研究家的热情，而科勒的政治思想很快占了优势。泛斯拉主义起初只满足于一些哀诗，它的诗歌的主题是过去的伟大，现在的耻辱、不幸和异族的压迫。"呵，上帝！难道大地上就找不到一个人能把正义交还给斯拉夫人吗？"关于建立一个迫使欧洲遵守它的法律的泛斯拉夫帝国的想法，那时还只是模模糊糊地有所表露。但是，哀诗时期很快就结束了，单纯"为了斯拉夫人的正义"的呼吁也随之过去了。

有关斯拉夫人的政治、文学和语言学发展的历史研究活动，在奥地利取得了巨大的成就。语言学家**沙法里克、科皮塔尔**和**米克洛希奇**以及历史学家**帕拉茨基**领导了这个运动,追随他们的还有许多其他的天资较差或根本没有才能的学者,如**汉卡**和**盖伊**等人。捷克和塞尔维亚的光荣的历史时代都被作了色彩鲜明的描绘,以与这些民族目前受屈辱的悲惨处境相对照;正如在德国的其他地方政治和神学在"哲学"的幌子下遭受批判一样,在奥地利,梅特涅认为,泛斯拉夫主义者利用语文学来鼓吹斯拉夫人统一的学说,并建立这样一个政党,它的目的显然是要根本改变奥地利各民族的现状,甚至要把奥地利变成一个大斯拉夫帝国。

从波希米亚和克伦地亚往东,一直到黑海,语言的混杂情况真是令人吃惊。居住在邻接德国地区的斯拉夫人中间非民族化的过程,德国人的缓慢而不间断的推进,匈牙利人的入侵(这一入侵的结果使北部和南部的斯拉夫人被700万密集的芬兰民族分割开来),插入斯拉夫族地区的土耳其人、鞑靼人和瓦拉几亚人的存在——所有这一切造成了真正的语言上的巴比伦。村与村之间,几乎是田庄与田庄之间,语言都有变化。甚至在波希米亚,500万居民中有200万德意志人和300万斯拉夫人,而且这些斯拉夫人三面受到德意志人的包围。奥地利的斯拉夫族的情况也是这样。把斯拉夫人的原有土地归还给斯拉夫人,把奥地利(提罗耳和伦巴第除外)变成一个斯拉夫帝国,这就是泛斯拉夫主义者的目的,这就意味着宣布近千年来的历史发展全部无效,砍掉德国的三分之一和整个匈牙利,把维也纳和布达佩斯变成斯拉夫的城市——目前占有这些地区的德意志人和匈牙利人是不能同情这种行动的。而且,各种斯拉夫方言的差别很大,除极少数外,讲斯拉夫方言的人彼此都听不懂。有一个可笑的例子可以证明这一点:1848年在布拉格召开的斯拉夫人代表大会[2]上,曾经想找出一种大家都能听懂的共同语言,作了各种各样的尝试都没有成功,最后与会者不得不讲他们所最痛恨的语言——**德语**。

因此,我们看到,奥地利的泛斯拉夫主义缺乏取得成就的最重要的因素:群众和统一。所以缺乏**群众**,是因为泛斯拉夫主义派只掌握一部分受过教育的阶级,在人民中没有什么威信,因此要同时反抗它所敌对的奥地利政府以及德意志民族和匈牙利民族，力量就不够了。所以没有**统一**，是因为泛斯拉夫主义派的统一原则是纯粹理想的原则，在第一次企图实现这种统一原则时，就因语言上的差别而遭到了失败。只要泛斯拉夫主义一直是纯粹奥地利的运动，那末它不会有很大的危险性，但它会很快地找到它所需要的那种统一和群众的中心。

本世纪初土耳其的塞尔维亚人的民族运动[3]很快就使**俄国政府**注意到这样一个事实：在土耳其的居民中大约有700万斯拉夫人，他们的语言是所有斯拉夫方言中同俄语最近似的一种语言，而宗教和**教会**语言（古斯拉夫语或教会斯拉夫语）则同俄国人的完全一样。俄国依靠自己的希腊正教教会领袖和庇护者的地位，正是在这些塞尔维亚人和保加利亚人当中第一次开始进行了泛斯拉夫主义的鼓动。当泛斯拉夫主义运动刚刚在奥地利生根的时候，俄国就立刻把它的谍报机关的分支伸展到自己盟国的地区。在它碰到信仰罗马天主教的斯拉夫人的地方，就根本不提宗教方面的问题，俄国仅仅表现为一个吸引一切斯拉夫人的中心，即团结各个复兴的斯拉夫民族的核心，它要使各个斯拉夫民族形成为一个强大而统一的民族，这个民族的使命是建立一个从易北河到中国、从亚得利亚海到北冰洋的伟大的斯拉夫帝国。总之，这里已经找到了所缺乏的群众和统一！泛斯拉夫主义一下子就落入了圈套。于是，它宣布了自己的判决。为了重新建立想像中的民族，泛斯拉夫主义者表示愿意为维护俄罗斯-蒙古人的野蛮统治而牺牲八百年来实际参加过的文明生活。难道这不是一开始就坚决反动地反对欧洲文明发展进程和力图使世界历史开倒车的运动的自然结果吗？

梅特涅在自己实力最雄厚的年代就已认识到了这种危险性，并且觉察到了俄国的阴谋。他使用他所有的一切手段来镇压了这个运动。但是他所使用的一切手段可以用**一个**词来说明，那就是**迫害**。而唯一有效的手段——德意志和匈牙利的精神的自由发展完全可以驱散斯拉夫怪影——是同他的一套卑鄙的政策相矛盾的。结果，在梅特涅垮台以后，1848年斯拉夫运动又蓬蓬勃勃地开展了，它席卷了比过去任何时候都要广泛的居民阶层。然而这个运动的极其反动的性质很快就暴露了出来。当奥地利的德意志人和匈牙利人的运动显然是一种进步的运动的时候，——斯拉夫人却正是挽救了旧制度，使旧制度免于毁灭，使拉德茨基得以向明乔河推进，使文迪施格雷茨得以夺取维也纳。为了使奥地利完全依从于斯拉夫人，强大的**斯拉夫后备军**即俄国军队于1849年开进了匈牙利[4]，在那里强迫它接受和约。

如果说泛斯拉夫主义运动同俄国的结合是它的一种自我斥责的话，那末奥地利同样明显地承认了它自己的没有生命力，因为它决定接受、甚至呼请这种斯拉夫人的援助以反对它境内的三个刚刚具有历史生命力而且正在表现这种生命力的民族，即反对德意志人、意大利人和匈牙利人。从1848年起，对泛斯拉夫主义所欠的这笔债一直威胁着奥地利，意识到这笔债，是奥地利政策的主因。

奥地利已开始在本国领土上反对斯拉夫人，但是，如果不实行哪怕有部分的进步性质的政策，就不可能做到这一点。各省的特权都废除了，实行了集中管理制来代替联邦管理制，提出承认一种**人为的**民族——**奥地利**民族来代替各种不同的民族。虽然这些新办法有一部分是针对德意志人、意大利人和匈牙利人的，但是它们的重点却落在不大密集的斯拉夫族身上，德意志人也受到了相当大的压力。如果说国内对斯拉夫人的依赖因此而消除了，那末对俄国的依赖仍旧存在，所以必须哪怕是暂时地或在一定程度上结束这种直接的和屈辱的依赖状态。这就是奥地利在东方问题上奉行虽然是动摇的、但至少是公开宣布的反俄政策的真实原因。另一方面，泛斯拉夫主义并没有绝迹；它深受凌辱，它正在愤怒、沉默，并从在匈牙利进行干涉的时候起把俄国皇帝当作它命中注定的救世主。一旦俄国作为泛斯拉夫主义首领而采取公开行动，奥地利为了使自己生存不至于遭到威胁，是否会采取向匈牙利和波兰让步的对策？考察这样的问题并不是我们的任务。但有一点是很清楚的：现在已经不仅是俄国，而是整个泛斯拉夫主义的阴谋有在欧洲废墟上建立自己统治的危险。所有斯拉夫人的联合具有显著的力量，而且这种力量会日益增强，因此这种联合很快要迫使与它敌对的力量采取与过去完全不同的形式行动起来。这里我们没有谈到波兰人，他们可尊敬的大部分是敌视泛斯拉夫主义的；也没有谈到假民主和假社会主义形式的泛斯拉夫主义，这种泛斯拉夫主义本质上同普通的露骨的俄国泛斯拉夫主义不同的地方只是在于它的漂亮言词和假仁假义。我们同样很少谈到德国思辨哲学的代表[5]，这些代表们因离奇的愚昧无知而堕落为俄国阴谋的工具。以后我们还要来谈这个问题，并将详细说明这些以及另外一些与泛斯拉夫主义有关的问题。

弗·恩格斯写于1855年4月17日左右　　　　　　　　　　　原文是德文
载于1855年4月21日和24日《新奥得报》　　　　俄文译自《新奥得报》
报》第185和189号　　　　　　　　　　选自《马克思恩格斯全集》第11卷，
　　　　　　　　　　　　　　　　　　人民出版社，1962，第218~225页

注释：

[1] 恩格斯的这两篇文章是应马克思的请求为在"新奥得报"和"纽约每日论坛报"上同时发表而写的。从"新奥得报"发表的第二篇文章中以及1855年4月17日马克思给恩格斯的信中可以看出，恩格斯建议继续批判泛斯拉夫主义的理论；马克思和恩格斯认为揭露泛斯拉夫主义理论的反动实质具有很大的意义。但是后来在报纸上没有看到恩格斯关于这一题目的文章。

"纽约每日论坛报"在1855年5月5日和7日以"欧洲的斗争"（"The European Struggle"）和"奥地利的弱点"（"Austria's Weakness"）为题歪曲地登载恩格斯关于泛斯拉夫主义的文章；"论坛报"编辑部在第二篇文章中加进了一段话，赞扬了报纸撰稿人之一阿·古罗夫斯基的泛斯拉夫主义思想。

[2] 斯拉夫人代表大会于1848年6月2日在布拉格举行；在代表大会上，受哈布斯堡王朝压迫的斯拉夫民族的民族运动中的两个派别展开了斗争。温和的自由主义右派（属于该派的有代表大会领导者帕拉茨基，沙法里克）企图以维护和巩固哈布斯堡王朝的办法来解决民族问题。民主主义左派（萨宾纳、弗里契和里别尔特等）坚决反对这一点，竭力主张同德国和匈牙利的革命民主力量一致行动。代表大会中属于激进派和积极参加1848年6月布拉格起义的那一部分代表收到了残酷的迫害。布拉格其余的代表即温和的自由派代表6

月16日宣布代表大会无限期休会。

[3] 1804年塞尔维亚发生了人民起义，这次起义是塞尔维亚人民世世代代反对土耳其封建主统治所进行的民族解放斗争史上一个最重要的里程碑。起义的直接原因是土耳其近卫军对塞尔维亚人的大屠杀。1804年2月，塞尔维亚广大人民群众在农村资产阶级的代表、做过海杜克的格奥尔基·彼得罗维奇（格奥尔基·车尔尼）的领导下群起投入反对土耳其侵略者的斗争。在1806~1812年的俄土战争时期，俄国军队在巴尔干的顺利挺进给塞尔维亚人的运动以重大的支持。在这次战争期间，塞尔维亚人赶走了土耳其侵略者之后，于1811年建立了自己的国家管理机构。按照1812年布加勒斯特条约，土耳其应该让塞尔维亚享有内政自治权。但是，苏丹乘拿破仑军队入侵俄国之隙撕毁条约，于1813年征讨塞尔维亚，并在那里暂时恢复了自己的统治。由于1815年塞尔维亚人又一次实行了胜利的起义，以及俄国在外交上的援助，土耳其的枷锁终被打碎。在1828~1829年的俄土战争后，土耳其在1830年苏丹的特别敕令中被迫承认塞尔维亚的自治（事实上的独立）。

[4] 指沙皇俄国参与镇压1849年匈牙利的革命。

[5] 这里恩格斯指的是德国唯心主义哲学家布鲁诺·鲍威尔，他在《俄国和德国》（1853）、《俄国和英国》（1854）等许多小册子中实质上发展了泛斯拉夫主义思想。

卡·马克思

马克思致恩格斯（节选）

曼彻斯特

1856年3月5日于[伦敦]
索荷区第恩街28号

……

顺便谈谈宗教改革：奥地利到底从一开始就下工夫使斯拉夫人变成一种危险。在斯拉夫人当中，除了俄罗斯人之外，一切民族都同情宗教改革。宗教改革使圣经译成斯拉夫民族的各种方言。由于宗教改革，至少各民族有了觉醒，另一方面，同新教的德意志北方建立了紧密的联盟。如果奥地利不镇压这个运动，那末通过新教就会既奠定德意志精神优势的基础也建立抵御正教俄罗斯的屏障。奥地利把德意志人拖进了臭泥坑，并且在德意志也象在东方一样，替俄国作了事情。

……

你的 卡·马·

选自《马克思恩格斯全集》第29卷，
人民出版社，1972，第25~26页

卡·马克思

马克思致恩格斯（节选）

伦　敦

1856 年 3 月 7 日于曼彻斯特

……

你在斯拉夫人和新教问题上谈到的对奥地利的看法是完全正确的。幸而斯洛伐克保持了十分强大的新教，因此——在很大的程度上——斯洛伐克人才没有反对匈牙利。在波希米亚，一切重大的民族运动，除了无产阶级运动，都还大量掺杂着胡斯派的传统，因而削弱了民族特点。对于十五世纪如此光荣地斗争过的斯洛文尼亚农民来说未免可惜。

……

你的弗·恩·

选自《马克思恩格斯全集》第 29 卷，人民出版社，1972，第 32 页

弗·恩格斯

恩格斯致马克思

伦　敦

1856年5月23日于曼彻斯特

亲爱的马克思：

在我们的爱尔兰之行[1]中，我们从都柏林出发到西海岸的戈尔韦，接着向北往内地20英里，转利默里克，沿香农河而下，前往塔伯特、特拉利、基拉尼，最后返回都柏林。行程总共约450～500英里，因此看到了整个国家的三分之二左右。都柏林同伦敦的关系，就像杜塞尔多夫同柏林一样，它完全保持了昔日小王都的特点，而且是完全按英国式样建筑的；但是除了都柏林，整个国家，特别是各个城市，看起来就像法国或意大利北部一样。宪兵、教士、律师、官吏和贵族地主，触目皆是，而工业却一无所有，所以，如果没有农民的贫困这一相应的对立面，就难以理解所有这些寄生虫是靠什么生活的。到处都可以看到"惩治措施"，政府对任何事情都要干涉，根本谈不上所谓自治。可以把爱尔兰看做英国的第一个殖民地，而且是这样一个殖民地，它由于靠近宗主国，仍然被直接用旧的方式统治着，在这里已可看出，英国公民的所谓自由是建立在对殖民地的压迫上的。我无论在哪个国家都没有见过这么多宪兵，而普鲁士宪兵醉醺醺的形态，在爱尔兰这些装备了马枪、刺刀和手铐的警察身上，已发展到了登峰造极的地步。

废墟是这个国家的特色，最古老的有5～6世纪的，最新的有19世纪的，还有各个中间阶段的。最古老的全是教堂，1100年以后的是教堂和宫殿，1800年以后的是农舍。在整个西部，特别是在戈尔韦地区，这类倒坍了的农舍遍地皆是，它们多半是在1846年以后才被废弃的，我从来没有想到饥荒竟能这样现实地感受到。[2] 整个整个的村庄荒无人烟，其间有一些较小的地主的漂亮花园，几乎只有他们还住在那里；这些人多半是律师。这种情况是由饥饿、移民和清扫领地[3]共同造成的。田野上甚至看不到牲畜，土地成了谁也不要的不折不扣的荒地。在戈尔韦南面的克莱尔郡，情况稍微好一些，那里毕竟还有牲畜；利默里克附近的丘陵地带主要由苏格兰农场主进行了精心耕作，废墟已被清除，这个地方看上去较为殷实；西南部是山地和沼泽，但也有非常繁茂的森林，接着又是很好的牧场，特别是在蒂帕雷里；而在靠近都柏林的地方，可以看出，土地正在逐步落到大农场主手里。

这个国家由于英国人从1100年到1850年所进行的侵略战争（这种战争以及戒严状态的确延续了这么长的时间），遭到了彻底的破坏。从大部分废墟可以看出，这是由于战争的破坏造成的。这样一来，人民也形成了他们特殊的性格，尽管他们对爱尔兰充满民族狂热，但感觉自己不再是自己国家的主人。爱尔兰属于撒克逊人！这一点现在正在成为现实。爱尔兰人知道，他们不可能同那些在各方面都拥有优越手段的英格兰人竞争；向外移民将继续下去，直到居民身上占主导地位的、甚至几乎是独有的凯尔特人的性格完全消失为止。爱尔兰人曾多少次想尽力取得一些成就，但是每次都遭到了惨败，不论在政治方面还是在工业方面。他们由于老受压迫，已经被人为地变成了一个完全赤贫的民族；大家知道，他们现在干的行业就是：为英国、美国、澳大利亚等地输送妓女、短工、皮条客、小偷、骗子、乞丐以及其他游民。这种贫困也渗透到贵族中间。在其他任何地方，地主都已经资产阶级化，而在这里却完全贫困化了。他们的住宅的四周是非常漂亮的大花园，但附近却是一片荒地，看不出从哪里能弄到钱。这些家伙给人一种可笑的印象。他们都是混血种，多半是身材高大、强壮、漂亮的小伙子，在他们的大鹰鼻下面都留着一丛大胡子，硬装出退伍上校的样子，周游全国各地，以追求一切可能的欢乐，但是，如果一打听，就会知道，他们腰无分文，债务缠身，而且时刻提心吊胆，怕被送上债务法庭[4]。

关于英国统治这个国家的方式方法——压榨和行贿（在波拿巴试图运用这类方式方法以前很久就运用了）……

你的 弗·恩·

选自《马克思恩格斯文集》第 10 卷，
人民出版社，2009，第 132～134 页

注释：

[1] 1856 年 5 月中旬，恩格斯同玛·白恩士到爱尔兰旅行。

[2] 恩格斯指 1845～1847 年爱尔兰各地马铃薯普遍歉收造成的大饥荒。因为受英国地主奴役和处于贫困状态的爱尔兰农民以马铃薯为主要食物，所以，尽管这几年爱尔兰谷物丰收，但是马铃薯的歉收仍使大批居民死于饥荒。饥荒和随之而来的工商业危机对 1847～1848 年爱尔兰民族解放运动的发展产生了很大的影响。

[3] 清扫领地指 19 世纪 40～60 年代英国地主把大批爱尔兰佃户强行赶出家园。关于这个问题详见马克思的文章：《选举。——财政困难。——萨瑟兰公爵夫人和奴隶制》和《强迫移民。——科苏特和马志尼。——流亡者问题。——英国选举中的贿赂行为。 科布顿先生》（《马克思恩格斯全集》中文第 2 版第 11 卷）。

[4] 债务法庭是为了加速和方便低价出售地产而根据 1849 年法律成立的英国皇家专门委员会。实行这一措施，是因为 40 年代中期爱尔兰各地普遍歉收，致使许多爱尔兰土地所有者困于债务和无法从事有收益的经营而破产。债务法庭

有权根据地产所有者或其任何一个债权人的请求，不必事先审查双方中的任何一方的权利，便可着手拍卖地产，用卖地所得的钱来满足债权人的要求。债务法庭的活动使大量土地从土地贵族和被盘剥的小佃农手里转到资产阶级高利贷者和大土地经营者手里。

卡·马克思

布·鲍威尔关于同俄国的冲突的小册子[1]（节选）

……

布鲁诺·鲍威尔认为，英国的民族性就是仇视法国，反之亦然。这种英国的"民族性"——法国和英国早期的历次封建战争当然另当别论——源于"**光荣革命**"，因此，是"不会被消除的"。说得多么深刻！

俄国的民族性就是：时而同法国结成反英同盟，时而同英国结成反法同盟……但是，英国和法国如果不放弃自己的"未来"，就不能结成一个对付俄国的同盟。其实，布鲁诺·鲍威尔想要说的是，除了俄国，欧洲各国的民族性正在消失。法国和英国正代表着"西方"对付俄国。所以它们的民族性也就丧失了。但是，难道俄国、英国、奥地利、普鲁士、那不勒斯和西班牙没有代表欧洲对付过法国？它们的民族性是不是因此又恢复了呢？当然，批判并不关心市民社会。英国社会和法国社会都在经历政治蛹化期。当一片蛹壳蜕落时，批判就认为，这是这些社会衰亡的明确信号。例如，充满政治废话的"盟友的自私动机和别有用心"① **这一章**证明了什么呢？无非是证明这两个社会仍然在同完全属于其过去发展阶段的政治传

---

① 这是布·鲍威尔《俄国和英国》1854年夏洛滕堡版第13页上的一个标题。——编者注

统搏斗，证明它们尚未拥有适合新阶段需要的政治形式，他能以此证明，这个同盟，这个如此糟糕的同盟，肯定不能成为达到更高形式的手段吗？说拥有现代生产方式的社会需要不同于封建社会的国际条件，这是同义反复。

……

俄国的要求！① 俄国政府的真正目的是以俄国领事的管理来代替信希腊正教的斯拉夫民族[2]的某种程度的自治。当然，批判轻信地将俄国的空话看成是它的真实动机，为的是在后来的一本小册子中气愤地指出俄国政府现在放弃了它的**欺诈手段**。② 布鲁诺·鲍威尔责备一些报纸对最近的土耳其事态的无知。其实，他本人才是无知的，竟然没有发现俄国人（例如，在塞尔维亚和希腊）一再企图破坏公社的自治。俄国力图保存的东西就是处于土耳其宗主权下的希腊神父的神权政治，它完全束缚和扼杀了信希腊正教的斯拉夫公社独立的市民的发展。批判的学识渊博特别出色地表现在

"俄国参加组织塞尔维亚的事业时所具有的保证"③ 以及它的"组织规程"。

俄国通过基谢廖夫把这份组织规程[3]赐给了多瑙河两公国！这太过分了。在布鲁诺·鲍威尔看来，南方斯拉夫人应该成为俄国人：首先，由于"事物的本性"④，——援引这个抽象概念，就是一种深刻的论证；其次，不仅由于"事物的本性"，而且由于"历史"⑤，可是，塞尔维亚的历史恰

---

① 这是布·鲍威尔《俄国和英国》1854年夏洛滕堡版第28页上的一个标题。——编者注
② 布·鲍威尔：《论西方的专政》，1854年夏洛滕堡版，第25~26页。——编者注
③ 布·鲍威尔：《俄国和英国》，1854年夏洛滕堡版，第33页。——编者注
④ 布·鲍威尔：《俄国和英国》，1854年夏洛滕堡版，第34页。——编者注
⑤ 布·鲍威尔：《俄国和英国》，1854年夏洛滕堡版，第34页。——编者注

好证明了相反的东西；最后，由于"地理位置"①，马扎尔人和罗马尼亚人由于这种地理位置把他们同俄国隔开。这是典型的突降法！② 他从"事物的本性"降到"历史"，又从这个抽象概念降到"地理位置"这样的细枝末节。

卡·马克思写于1857年1月
第一次用俄文发表于1928年
《马克思主义年鉴》第6卷

原文是德文
中文根据《马克思恩格斯全集》1985年英文版第15卷翻译
选自《马克思恩格斯全集》第16卷，人民出版社，2007，第39～42页

注释：

[1] 马克思的未完成的著作《布·鲍威尔关于同俄国的冲突的小册子》是专门批判布·鲍威尔的对外政策观念，特别是批判他对沙皇俄国在欧洲各族人民命运中的作用的认识的。德国唯心主义哲学家布·鲍威尔就政治信念来说是资产阶级激进派，在克里木战争期间的1854年发表过一些小册子；他在小册子里分析各种战争事件和早先欧洲各国对外政策的历史时，得出的结论是，西方列强一败涂地，俄国将成为全欧洲的仲裁者。马克思在1855年4月17日给摩·埃尔斯纳的信中就已经表明他打算批驳"批判的批判"的"高傲的愚蠢"，即批驳布·鲍威尔。他在《十八世纪外交史内幕》中提到鲍威尔时，也表达了要对他的观点进行分析的想法。这篇手稿可能是1857年1月写成的，是实现这一想法的尝试。马克思写这篇手稿时主要是批判鲍威尔的两本小册子：《俄国和英国》（1854年6月在沙洛顿堡出版，译自德文的法文版）和《俄国当前的立场》（1854年10月在沙洛顿堡出版的德文版）。

马克思1857年的摘录笔记本是以这篇手稿开始的，第1页上注有："1. 笔记A"；第2页上注有："A. 斯帕达。俄国大事记"；指斯帕达的书

---

① 布·鲍威尔：《俄国和英国》，1854年夏洛滕堡版，第33页。——编者注
② 突降法为修辞学用语，指写作或演说中由庄严崇高突降至平庸可笑的修辞手法。——编者注

《1816年以前的俄国政治、文学、历史和已故名人等大事记》1816年圣彼得堡版，注明日期是："1857年（1月）"。从第3页开始是手稿本身，手稿总共六页。手稿标题前有带圆括号的阿拉伯数字1。手稿发表时，有些地方被划掉，现用脚注注出。手稿最初用俄文发表在1928年《马克思主义年鉴》杂志第6卷上，标题是《布·鲍威尔关于俄国的冲突的小册子》。

［2］这里的原文是"Stămme"，德语"Stamm"在19世纪中叶的历史科学中含义比现在要广，它表示渊源于同一祖先的人们的共同体，包括近代所谓的"氏族"（Gens）和部落两个概念。这里根据其实际内容译成"民族"。

［3］组织规程是多瑙河两公国（摩尔多瓦和瓦拉几亚）的第一部宪法。1828～1829年俄土战争结束后，根据两国于1829年9月14日缔结的阿德里安堡条约，俄军占领了两公国。这部宪法是由这两个公国的俄国行政当局首脑帕·德·基谢廖夫于1831年实施的。根据组织规程，每个公国的立法权交给大土地占有者所选出的议会，而行政权交给土地贵族、僧侣和城市的代表所选出的终身国君。规程保持了原有的封建制度，包括徭役制，从而巩固了大贵族和上层僧侣的统治地位。同时，组织规程还规定了一系列资产阶级的改革：废除国内关税，实施贸易自由，司法和行政分立等。1848～1849年革命期间，组织规程被取消。

卡·马克思

十八世纪外交史内幕[1]（节选）

……

斯拉夫族的一个特点会使任何观察家惊讶，几乎到处他们都僻居在内陆地区，而把滨海地区让给非斯拉夫部落。芬兰—鞑靼部落占有了黑海海岸，立陶宛人和芬兰人占有了波罗的海海岸和白海海岸。斯拉夫人不管在哪里到达海边，如在亚得里亚海沿岸和波罗的海沿岸一部分地方，他们很快就不得不服从外族的统治。俄罗斯人民分享了斯拉夫族的这一共同的命运。他们在历史上初次出现的时候，他们的发祥地是伏尔加河及其支流、德涅泊河、顿河和北德维纳河等河流的发源地和上游流域。他们的领土除芬兰湾尽头外，没有一处与海相连。在彼得大帝以前，俄罗斯人也并未表现出有能力征服除白海出海口以外的任何出海口，而白海一年有四分之三的时间被冰块封冻，不得通航。彼得堡现在所在之处是过去一千年来芬兰人、瑞典人和俄罗斯人纷争的场所。从默麦尔[2]附近的波兰根到托尔尼欧[3]的其余全部海岸，从阿克尔曼[4]到列杜持——卡列[5]的全部黑海海岸是后来才被征服的。而且，好象为了证明斯拉夫人的抗海特性，在这全部海岸线中，波罗的海海岸没有哪一部分实际属于俄罗斯人，黑海东岸的切尔克西亚[6]和明格列里亚[7]也是如此，只有白海海岸适合耕种的部分，黑海北岸某一部分和阿速夫海岸一部分实际上居住着俄罗斯人，然而尽管他们处在新的环境中，他们仍不从事航海生涯，而是固执地坚守他们祖辈流浪汉的传统。

彼得大帝一上台就破除了斯拉夫族的所有传统。"俄国需要的是水域"——他对坎特米尔亲王讲的这句辩驳之词被铭刻在他的传记的扉页上。他第一次对土耳其作战[8]的目的是为了征服阿速夫海；他对瑞典作战[9]是为了征服波罗的海；他第二次对土耳其政府作战[10]是为了征服黑海；他对波斯进行欺诈性的干涉[11]是为了征服里海。对于一种地域性蚕食体制来说，陆地是足够的；对于一种世界性侵略体制来说，水域就成为不可缺少的了。只是由于把莫斯科公国从一个单纯内陆国家变成濒海帝国，莫斯科公国政策的传统局限性才得以打破，并融化在那种把蒙古奴才的蚕食方法和蒙古主子的世界性征服的倾向混杂在一起从而构成现代俄国外交的生命源泉的大胆综合中。

曾有人说，没有任何一个大国曾经或者能够在彼得大帝原有的帝国所处的那样一种内陆地位中生存；也没有任何一个大国曾经甘心看着自己的海岸和河流入海口被人夺走；俄罗斯既不能让顿河、德涅泊河和布格河的入海口以及刻赤海峡[12]留在靠游牧和掠夺为生的鞑靼人手中，也不能让涅瓦河口这个俄罗斯北部物产的天然出海口留在瑞典人手里；波罗的海诸省，单是从它们的地理形势来看，就自然属于任何控制着它们背后的土地的国家。总之，彼得至少在这个地区只是夺得了对于他的国家的正常发展所绝对必需的东西。从这个观点看来，彼得大帝只是想通过他对瑞典的战争建立一个俄国的利物浦，并赋予这个俄国的利物浦一条不可缺少的沿海地带。

可是，他们忽略了一件重大的事实：彼得用**出色本领**把帝国的都城从内陆中心迁到滨海地区，他以特有的胆略把新都建在他征服的第一块波罗的海海岸上，距离边境几乎在步枪射程之内，就这样有意给他的领土制造了一个**外偏中心**。把沙皇的宝座从莫斯科迁往彼得堡，这在从里巴瓦[13]到托尔尼欧的海岸线尚未全部征服（这项工作直到一八〇九年征服芬兰之后才完成）的情况下，就是把它置于一个不能保证安全，甚至不能保证不受屈辱的地位。阿尔加罗蒂说，"圣彼得堡是俄国得以俯瞰欧洲的窗户。"它从一开始起就是对欧洲人的一种挑衅,就是激发俄国人进行新的征服的一种诱因。而现在,在俄属波兰构筑的工事只不过是执行这同一思想的进一步措施而已。莫德林、华沙、伊万城[14]不仅是旨在钳制一个反叛国家的要塞,它们对西方构成威胁,正与百年前彼得堡直接对北方构成威胁一样。它们是要使俄国变成泛斯拉夫国,正如波罗的海诸省过去要使莫斯科公国变成俄国一样。

彼得堡这个帝国的**外偏中心**从一开始就表明:一个圆周尚有待于划定。

因此,仅仅对波罗的海诸省的征服并没有把彼得大帝的政策与其祖先的政策区别开,都城的迁移才显示出他征服波罗的海诸省的真正意义。彼得堡与莫斯科公国不同,它不是一个种族的中心,而是一个政府的所在地,不是一个民族的悠久业绩,而是一个人物的瞬时创造;不是使一个内陆民族的特征得以传播的媒介,而是使这个特征消失的滨海地区;不是民族发展的传统核心,而是一个为进行世界性阴谋而精心选中的巢穴。通过迁都,彼得斩断了把老莫斯科公国沙皇们的蚕食体制与大俄罗斯种族天赋的才能和抱负连接在一起的天然纽带。通过把都城建在海边,他向俄罗斯种族的抗海本能提出了公开挑战,并把那个种族贬低到只是他的政治结构中的一个砝码的地位。从十六世纪以来,莫斯科公国除西伯利亚方面外没有取得重大扩展,而且在十六世纪以前,向西和向南的不牢靠的征服只是直接借助于东方才得以实现。通过迁都,彼得宣告了他打算反过来借助于西方来影响东方和各紧邻国家。如果对东方的借助由于亚洲各国人民的停滞特性和有限交往而大受限制的话,那末对西方的借助则由于西欧的活动特征和频繁交往而顿时变得毫无限制和无所不包了。迁都表明了这种对借助对象的有意识改变,而波罗的海诸省的征服为实现这种改变提供了手段,因为它立即使俄国在北方各邻国中居于优势的地位;使俄国与欧洲所有地方保持经常的直接接触;奠定了同海上强国建立物质联系的基础,这些国家由于俄国征服了波罗的海诸省而开始依赖俄国供应造船材料;这种依赖关系,在莫斯科公国这个出产大量造船材料的国家没有自己的出海口，而原来掌握这些出海口的强国瑞典没有拥有这些出海口背后的土地时，是不存在的。

如果说，主要借助于鞑靼诸汗以进行蚕食活动的莫斯科公国的沙皇们不得不使莫斯科公国**鞑靼化**，那么，决心借助于西方以进行活动的彼得大帝则不得不使俄国**文明化**。他一把波罗的海诸省攫取到手，就立即掌握了实现这一过程所必需的手段。这些省份不仅给他提供了外交官和将领，即借以推行他那一套对西方的政治和军事行动的人才，同时还向他供应了大批官僚、教师和军训教官，以便训练俄罗斯人，给他们涂上那样一层文明的色泽，使他们能适应西方民族的种种技术设备，却不受其思想的感染。

无论阿速夫海、黑海或里海都不能为彼得打开这条直接通往欧洲的通道。此外，还在他在世的时候，塔干罗格、阿速夫[15]、黑海，连同那里新建的俄国舰队、港口和码头，都重新被放弃或是丢给了土耳其人。征服波斯之役[11]，也证明是一次不成熟的行动。在构成彼得大帝全部军事生涯的四次战争中，他的第一次战争，即对土耳其的战争[8]（这次战争的成果在第二次对土耳其的战争[10]中丧失了），一方面，固然是对鞑靼人的传统斗争的继续，另一方面，它只不过是对瑞典战争的序幕。第二次对土耳其的战争是对瑞典战争的插曲，而对波斯的战争则是对瑞典战争的尾声。就是这样，持续二十一年之久的对瑞典战争，几乎占据了彼得大帝的全部军事生涯。无论是从这次战争的目的、结局，还是从它的持续时间来考虑，我们都可以公正地把它称为"彼得大帝的战争"。他的全部事业都以征服波罗的海沿岸为转移。

现在，假定我们对于他在军事方面和外交方面的各种行动的详情一无所知。单是莫斯科公国之变成俄国是由于它从一个半亚洲式的内陆国家转变成为波罗的海至高无上的海上强国而实现的这一事实，难道不足以促使我们得出下面这样一个结论吗？即英国这个当时最大的海上强国——一个也扼守着波罗的海门户、从十七世纪中叶起就在那里保持着最高主宰者姿态的海上强国——必定曾经插手过这一巨大的变化，必定曾经是彼得大帝各项计划的主要支柱或者主要障碍，必定曾经在瑞典和俄国之间旷日持久的和殊死的斗争中左右过局势，如果我们没有发现它竭尽全力去挽救瑞典人，那么我们可以肯定它曾尽其所能千方百计地扶持过俄国人。然而，在通常所谓的历史中，英国几乎没有在这场大戏的前台抛头露面，它被描写为一个观众，而不是一个演员。真实的历史将表明，金帐汗国[16]诸汗之有助于实现伊万三世及其先人的计划，并不超过英国统治者之有助于实现彼得一世及其后人的计划。

……

卡·马克思撰写
部分发表于《设菲尔德自由新闻报》
（1856年6~8月）
发表于伦敦《自由新闻》（1856年8月~1857年4月）

原文是英文
选自《马克思恩格斯全集》第44卷，人民出版社，1982，第321~325页

注释：

[1] 本篇是马克思计划撰写的一部关于十八世纪英国和俄国外交史的巨著的导言。1856年，马克思在翻阅英国博物馆保存的外交手稿时，发现了一些能够说明英国政府同俄国政府从彼得一世时代起就已经秘密勾结的文件。马克思曾经设想利用这些文件撰写一部篇幅为二十个印张的著作来揭露这种卑鄙行为。但是这个计划没有实现，只是以《十八世纪外交史内幕》为标题发表了这部著作的导言。它最初在英国《设菲尔德自由新闻报》（1856年6~8月）上部分发表过，后来全文发表于伦敦《自由新闻》（1856年8月~1857年4月）。

全文共分六章。第一章摘要发表了十八世纪英国外交官从彼得堡发回的四件秘密书函；第二、四、六章摘要发表了十八世纪初英国出版的三本匿名小册子，即《北方危机》、《防御条约》和《真理合乎时宜才是真理》。马克思认为这些历史资料是判断十八世纪欧洲外交关系的重要依据，因此详加批注，重新发表，"以便对历史作出新的说明"（《马克思恩格斯全集》第29卷，第522页）。

马克思在世时，这部著作没有出过单行本。1899年，伦敦的斯旺·桑南

夏恩公司出版了由爱琳娜·马克思编辑但未最后审定的单行本，书名是《十八世纪外交秘史》，其中第五章较《自由新闻》发表的全文缺少一部分。1969年，英国出版了由莱斯特·哈钦森编辑的、按照《自由新闻》补全了的单行本。正文部分的脚注全部是马克思写的。

［2］默麦尔是立陶宛沿波罗的海的不冻港口，现名克莱彼达，1795年落到俄国手中。

［3］托尔尼欧是芬兰的一个城市。位于波的尼亚湾的顶端，扼托尔尼欧河河口。在芬兰1809年与俄国合并到1917年宣布独立期间属于俄国。

［4］阿克尔曼是位于乌克兰南部德涅斯特尔河入黑海口附近的一个城市。它从十四世纪起属于摩尔达维亚公国，1484年被土耳其人占领。1812年按照俄土布加勒斯特和约，它与贝萨拉比亚一起并入俄国。1918年重归罗马尼亚，1940年又并入苏联，从1944年起改名为别洛戈罗德-德涅斯特罗夫斯基。

［5］列杜特-卡列是高加索黑海岸的一个城堡，位置在今天的波季港以北不远处，1829年落到俄国手中。

［6］切尔克西亚是高加索西北部的过去的地域名称，指库班河以南一直到大高加索山脉之间的地区，1828年落到俄国手中。

［7］明格列里亚在高加索山以南，黑海东岸，原为一独立公国，1803年落到俄国手中。

［8］彼得一世继位前，俄国已与土耳其断断续续进行战争。1689年彼得即位后，急于取得出海口，加紧准备与土耳其争夺黑海沿岸地区。1695年春，彼得亲自率领俄军进攻阿速夫海东北岸的阿速夫要塞，1696年7月攻克。但是，由于土耳其拥有强大海军，俄国不能单独打破土耳其对黑海的控制，而企图组成西欧各国反土耳其联盟的计划又未能实现，彼得于是决定停止对土耳其的战争，转而与瑞典争夺波罗的海沿岸地区。1700年7月俄国与土耳其之间签订君士坦丁堡条约，根据这个条约，阿速夫及其附近地区割让给俄国。这是彼得一世的第一次对土耳其战争。

［9］瑞典在十七世纪末是欧洲最强大的国家之一，它的版图除本土外，包括芬兰、爱斯兰、里夫兰、英格尔曼兰、卡列里亚、北波美拉尼亚、德意志北部的公国——不来梅、费尔登和维斯马。俄国早在1699年就同丹麦国王克里斯提安五世和萨克森选侯（也是波兰国王）奥古斯特二世结成了反瑞典同盟，想趁

新登基的瑞典国王查理十二年轻无经验之际用武力来肢解瑞典。沙皇彼得一世想占领波罗的海东岸省份，取得盼望已久的出海口；丹麦国王想收复过去割让给瑞典的失地；波兰国王则想夺得里夫兰和爱斯兰，并且巩固王位。1700年开始了对瑞典的军事行动，这就是历史上有名的延续二十一年之久的"北方战争"的开端。起初，由于军事失利，丹麦和波兰先后被迫暂时退出战争和与俄国的联盟。1709年查理十二在波尔塔瓦遭到惨重失败以后，丹麦和波兰立即恢复了对瑞典的战争和与俄国的联盟。随后，普鲁士和汉诺威也相继加入了联盟（北方联盟）。到1715年，俄国、丹麦、波兰、普鲁士和汉诺威占领了瑞典本土以外的全部领地，并在这一年缔结了一个瓜分瑞典帝国的协定。在德意志境内的领地被丹麦、普鲁士和汉诺威所瓜分，在波罗的海东岸的省份则被俄国占有。1719～1720年间瑞典先后同汉诺威、波兰、普鲁士和丹麦缔结和约，承认这些国家所夺去的土地。1721年瑞典和俄之间缔结了尼斯塔德和约，俄国得到了里夫兰、爱斯兰、卡列里亚、英格尔曼兰、维堡区的一部分以及芬兰湾和里加湾的全部岛屿。俄国从此得到了出海口，成为称霸波罗的海的强国。

[10] 1709年6月，瑞典国王查理十二在波尔塔瓦战败后逃往土耳其。彼得一世要求土耳其引渡查理十二并以战争相威胁。土耳其政府在查理十二的煽动下，于1710年11月向俄国宣战，要求俄国归还阿速夫及其附近地区。彼得于1711年7月率领俄军进入摩尔达维亚，渡过普鲁特河后，在法尔奇乌附近陷入土军的包围。彼得派人到土耳其军营求和，于1711年7月12日缔结法尔奇乌条约，满足了土耳其方面提出的归还阿速夫等要求，从而彼得可以继续集中力量进行反对瑞典的北方战争。这是彼得一世的第二次对土耳其战争。

[11] 在与瑞典缔结尼斯塔德和约，结束北方战争之后不久，彼得一世借口一些俄国商人在阿塞拜疆发生反对波斯统治者的起义中受到损失，于1722年派遣远征军去里海西岸，开始了与波斯的战争。1723年9月在彼得堡缔结了与波斯的和约。根据和约，俄国获得了包括杰尔宾特和巴库在内的里海西岸，包括阿斯特拉巴德在内的里海南岸。但是在彼得死后不久，这些地方曾一度被波斯收复。

[12] 刻赤海峡位于阿速夫海和黑海之间，是俄国舰队进入黑海的门户，1774年根据库楚克-凯纳吉条约由土耳其割让给俄国。

[13] 里巴瓦是拉脱维亚沿波罗的海的不冻港口，现名赖耶帕亚，是拉脱维亚仅次于里加的第二大城市。1795年落到俄国手中。

[14] 莫德林是波兰中部的城堡，位于华沙以北约三十公里处；伊万城的波兰名称是登布林，位于华沙东南约一百二十公里处。马克思、恩格斯在著作中多次提到莫德林、华沙和伊万城在俄国侵略欧洲中的战略地位。

[15] 塔干罗格和阿速夫是阿速夫海北岸的两个城市。在1695~1700年俄土战争中被俄国占领，在1710~1711年俄土战争后重归土耳其。1774年，根据结束1768~1772年俄土战争的库楚克-凯纳吉条约重新落到俄国手中。

[16] 金帐汗国（钦察汗国）是蒙古四大汗国之一（另三个是：察哈台汗国、窝阔台汗国和伊儿汗国）。成吉思汗长子术赤的封地。初有咸海及里海北钦察旧地，术赤子拔都远征（1236~1242）后，拓地益广，西到多瑙河下游，东到今额尔齐斯河，南尽高加索，北到今苏联保加尔地区。1243年建都在今伏尔加河下游的萨莱；另将咸海东北地方分给其兄斡鲁朵，称白帐汗；将咸海以北地方分给其弟昔班，称兰帐汗，都归他统辖。居民主要是钦察人、不里阿耳人、罗斯人、蒙古人。十四世纪起，由于封建内讧，人民反抗，国势转弱。十四世纪末逐渐分裂为许多独立汗国。1480年莫斯科公国独立，金帐汗国的统治遂告结束。

卡·马克思

英人在华的残暴行动[1]

几年以前,当在印度施行的可怕的刑讯制度在议会中被揭露的时候,极可尊敬的东印度公司的董事之一詹姆斯·霍格爵士曾厚颜无耻地硬说这种说法是没有根据的。可是后来的调查证明,这种说法有事实作根据,而且这些事实对东印度公司[2]的董事们来说应当是十分清楚的。因此,詹姆斯爵士对于东印度公司被指控的那些可怕的事情,只有或者承认是"有意不闻",或者承认是"明知故纵"。看来,英国现任首相帕麦斯顿勋爵和外交大臣克拉伦登伯爵现在也处于同样的窘境。首相在市长①不久前举行的宴会上的演说②中,企图为施于中国人的残暴行为进行辩护,他说:

> 如果政府在这件事情上赞同采取无理的行动,毫无疑问,它走的就是一条应受议会和全国谴责的道路。但是相反,我们深信这些行动是必需的和至关重要的。我们认为,我国受到了严重的欺凌。我们认为,我国同胞在地球的遥远地方遭到了种种侮辱、迫害和暴虐,对此我们不能默不作声。(喝彩声)我们认为,我国根据条约应享有的权

---

① 托马斯·奎斯特德·芬尼斯。——编者注
② 亨·帕麦斯顿:《1857年3月20日在议会大厦举行的内阁宴会上的演说》,载于《泰晤士报》,1857年3月21日,第22634号。——编者注

利已遭到破坏，而在当地负责保护我国在世界那个地区利益的人员，不仅有理由而且有义务尽量利用他们所能采取的手段来表示对这些暴行的义愤。我们认为，如果我们不赞同采取那些在我们看来是正确的、而且我们设身处地也会认为自己有责任采取的行动，那我们就是辜负了我国同胞对我们寄予的信任。（喝彩声）

但是，无论英国人民和全世界怎样为这些讲得头头是道的解释所欺骗，勋爵大人自己肯定不会相信这些解释的真实性，要是他认为这些都是真的，那就暴露出他是有意不去了解真实情况，同"明知故纵"几乎同样是不可原谅的。自从英国人在中国采取军事行动的第一个消息传来以后，英国政府报纸和一部分美国报刊就连篇累牍地对中国人进行了大量的斥责，它们大肆攻击中国人违背条约的义务、侮辱英国的国旗、羞辱旅居中国的外国人，如此等等。可是，除了亚罗号划艇事件[3]以外，它们举不出一个明确的罪名，举不出一件事实来证实这些指责。而且就连这个事件的实情也被议会中的花言巧语歪曲得面目全非，以致使那些真正想弄清这个问题真相的人深受其误。

亚罗号划艇是一只中国小船，船员都是中国人，但是为几个英国人所雇用。这只船曾经取得暂时悬挂英国国旗航行的执照，可是在所谓的"侮辱事件"发生以前，这张执照就已经满期了。据说，这只船曾被用来偷运私盐，船上有几名歹徒——中国的海盗和走私贩子，当局早就因为他们是惯犯而在设法缉捕。当这只船不挂任何旗帜下帆停泊在广州城外时，缉私水师得知这些罪犯就在船上，便逮捕了他们。要是我们的港口警察知道附近某一只本国船或外国船上隐匿水贼和走私贩子，也一定会这样做的。可是因为这次逮捕妨碍了货主的商务，船长就向英国领事①控告。这位领事是个就职不久的年轻人，据我们了解是一个性情暴躁的人。他亲自跑到船

---

① 斯·巴夏礼。——编者注

上，同只是履行自己职责的缉私水师大吵大闹，结果一无所得。随后他急忙返回领事馆，用命令式的口吻向两广总督提出书面要求：放回被捕者并道歉，同时致书香港的约翰·包令爵士和海军将军西马糜各厘，说什么他和英国国旗遭到了不可容忍的侮辱，并且相当明显地暗示说，期待已久的向广州来一次示威的良机到来了。

叶总督有礼貌地、心平气和地答复了激动的年轻英国领事的蛮横要求。他说明捕人的理由，并对因此而引起的误会表示遗憾。同时他断然否认有丝毫侮辱英国国旗的意图，而且送回了水手，因为尽管这些人是依法逮捕的，但他不愿为拘留他们而招致这样严重的误会。然而这一切并没有使巴夏礼领事先生感到满意，他坚持要求正式道歉和以隆重礼节送回被捕者，否则叶总督必须承担一切后果。接着西马糜各厘将军率领英国舰队抵达，旋即开始了另一轮公函往来：将军态度蛮横，大肆恫吓，中国总督则心平气和、冷静沉着、彬彬有礼。西马糜各厘将军要求在广州城内当面会商。叶总督说，这违反先例，而且乔治·文翰爵士曾答应不提这种要求。如果有必要，他愿意按照常例在城外会晤，或者采取其他不违反中国习惯与相沿已久的礼节的方式来满足将军的愿望。但是这一切都未能使这位英国强权在东方的好战的代表称心如意。

这场极端不义的战争就是根据上面简单叙述的理由而进行的——现在向英国人民提出的官方报告完全证实了这种叙述。广州城的无辜居民和安居乐业的商人惨遭屠杀，他们的住宅被炮火夷为平地，人权横遭侵犯，这一切都是在"中国人的挑衅行为危及英国人的生命和财产"这种站不住脚的借口下发生的！英国政府和英国人民——至少那些愿意弄清这个问题的人们——都知道这些非难是多么虚伪和空洞。有人企图转移对主要问题的追究，给公众造成一个印象：似乎在业罗号划艇事件以前就有大量的伤害行为足以构成开战的理由。可是这些不分青红皂白的说法是毫无根据的。英国人控告中国人一桩，中国人至少可以控告英国人九十九桩。

英国报纸对于旅居中国的外国人在英国庇护下每天所干的破坏条约的可恶行为真是讳莫如深！非法的鸦片贸易年年靠摧残人命和败坏道德来填

满英国国库的事情，我们一点也听不到。外国人经常贿赂下级官吏而使中国政府失去在商品进出口方面的合法收入的事情，我们一点也听不到。对那些被卖到秘鲁沿岸的去当不如牛马的奴隶、被卖到古巴去当契约奴隶的受骗契约华工[4]横施暴行"以至杀害"的情形，我们一点也听不到。外国人常常欺凌性情柔弱的中国人的情形以及这些外国人带到各通商口岸去的伤风败俗的弊病，我们一点也听不到。我们所以听不到这一切以及更多得多的情况，首先是因为在中国以外的大多数人很少关心这个国家的社会和道德状况；其次是因为按照精明和谨慎的原则不宜讨论那些不能带来钱财的问题。因此，坐在家里而眼光不超出自己买茶叶的杂货店的英国人，完全可以把政府和报纸塞给公众的一切胡说吞咽下去。

与此同时，在中国，压抑着的、鸦片战争时燃起的仇英火种，爆发成了任何和平和友好的表示都未必能扑灭的愤怒烈火。[5]

卡·马克思写于1857年3月22日前后
作为社论载于1857年4月10日《纽约每日论坛报》第4984号

原文是英文
中文根据《马克思恩格斯全集》1986年英文版第15卷翻译
选自《马克思恩格斯全集》第16卷，人民出版社，2007，第90~93页

注释：

[1] 19世纪50~60年代，马克思和恩格斯十分关注和同情中国人民当时对外反抗列强侵略、对内反对腐败清政府的英勇斗争，在《纽约每日论坛报》上发表了许多有关中国的文章：《英中冲突》、《议会关于对华军事行动的辩论》、《英人在华的残暴行动》和《英人对华的新远征》等。马克思和恩格斯指出第二次鸦片战争是"极端不义的战争"（见《马克思恩格斯全集》第十六卷，人民出版社，2007，第92页），揭露了英国政府发动这场战争的荒唐借口，谴责了英国殖民主义者的奸淫烧杀、无恶不作的罪行。

[2] 东印度公司是存在于1600~1858年的英国贸易公司，它是英国在印度、中国和亚洲其他国家经营垄断贸易，推行殖民掠夺政策的工具。从18世纪中叶

起，公司拥有军队和舰队，成为巨大的军事力量。在公司的名义下，英国殖民主义者完成了对印度的占领。这个公司长期控制着同印度进行贸易的垄断权和这个国家的最主要的行政权。它的贸易和行政特权由英国议会定期续发公司特许状规定。公司管理中的独断专行，经营不善，加之19世纪初日益强大的英国工业资产阶级迫使印度对外"开放"的趋势，都使东印度公司的权力和影响日渐削弱。1853年下院辩论印度法案时中心问题就是英国今后在印度的统治形式问题，因为1854年4月30日是东印度公司特许状的截止日期。1857～1859年印度的民族解放起义迫使英国人改变了他们殖民统治的形式。公司被撤销，印度被宣布成为英王的领地。

[3] 1856年10月8日中国水师在走私船亚罗号划艇上拘捕了12名水手。该船船主和水手均为中国人，只是雇用一名英国人作船长，并持有一张已过期失效的香港执照。英国驻广州领事巴夏礼硬说亚罗号是英国船只，并指控中国水师扯下了该船事实上并未悬挂的英国国旗。香港总督兼英国驻华全权公使包令以亚罗号事件为借口，命令英国海军将军西马縻各厘于23日率部进犯广州。第二次英中冲突即第二次鸦片战争自此开始。

[4] 契约华工指被拐卖到国外的华工。从19世纪中叶起，外国侵略者曾在中国东南沿海拐骗一批又一批的劳动人民，强迫他们接受定期的卖身契约，然后运往古巴、秘鲁和英属西印度等地，从事牛马般的强迫劳动。这实际上是一种变相的奴隶贸易；当时，主要的资本主义国家全部参加了这个罪恶的拐卖华工勾当。在1845～1875年间，被卖往海外的"契约华工"，总数不下50万人。

[5]《纽约每日论坛报》编辑部在最后附加了这样一段话："为了同中国保持基督教的和贸易的联系，最好是我们避免参与这一冲突，使中国人不致觉得所有西方国家都暗中串通起来侵害他们。"

弗·恩格斯

波斯和中国[1]

1857年5月22日于伦敦

英国人在亚洲刚结束了一场战争[2],现在又开始进行另一场战争[3]了。波斯人对英国侵略的抵抗和中国人迄今对英国侵略所进行的抵抗,形成了值得我们注意的对照。在波斯,欧洲式的军事组织被移植到亚洲式的野蛮制度上;在中国,这个世界上最古老国家的腐朽的半文明制度,则用自己的手段与欧洲人进行斗争。波斯被打得一败涂地,而绝望的、陷于半瓦解状态的中国,却找到了一种抵抗办法,这种办法实行起来,就不会再有第一次英中战争①那种节节胜利的形势出现了。

波斯的状况与1828～1829年俄土战争[4]时土耳其的状况相同。英国的、法国的、俄国的军官曾先后尝试组织过波斯的军队。各种办法相继采用,但是每一种办法都行不通,因为那些本来应在这些办法的实施下成为欧洲式军官和士兵的东方人忌妒、阴险、愚昧、贪婪而又腐败。新式的正规军从来没有机会在战场上考验一下自己的组织性和战斗力。它的全部战绩只限于对库尔德人、土库曼人和阿富汗人的几次征讨,而在这几次征讨

---

① 即1840～1842年的第一次鸦片战争。——编者注

中，它只是作为波斯的数量众多的非正规骑兵的某种核心或预备队。实际作战的主要是非正规骑兵，而正规军通常只是利用它那表面威武的阵势来吓唬敌人而已。最后，同英国的战争终于爆发了。

英军进攻布什尔，遇到了虽然无效但却勇敢的抵抗。但是在布什尔作战的并不是正规军，而是从住在海滨地区的波斯人和阿拉伯人中征召兵员编成的非正规部队。正规军当时还正在大约60英里以外的山区集结。最后，他们向前挺进了。英印军队与他们在中途相遇；虽然波斯人很熟练地运用了自己的火炮，并按照最佳原则排列了方阵，但是仅仅一个印度骑兵团的一次冲杀，就把整个波斯军队，无论警卫部队还是基干部队，完全扫出了战场。要想知道这些印度正规骑兵自己作战的本领如何，只要看看诺兰上尉写的一本关于骑兵的书①就够了。英印军官认为他们无用已极，远不如英印非正规骑兵。诺兰上尉找不出一个能说明他们表现良好的战例。可是600名这样的骑兵竟能打跑1万名波斯军队！波斯正规军如此心寒胆裂，以致从那以后，除炮兵外，他们在任何地方都没有进行过一次抵抗。在穆罕默腊，他们远远地避开危险，让炮兵单独防守炮台，炮台一被打哑，他们就立即撤退；当英军为了进行侦察，派300名步兵和50名非正规骑兵登陆时，波斯全军即行退却，把辎重、军需品和枪炮都留给了入侵者——你不能把这些英国人叫做胜利者。

但是不应根据这一切来指责波斯人是懦夫的民族，也不应由此认为不能教东方人学欧洲式战术。1806～1812年的俄土战争[5]和1828～1829年的俄土战争提供了许多这方面的事例。抵抗俄军最有力的都是非正规部队，这些非正规部队的兵员既有从设防城市征召来的，也有从山区省份征召来的。正规军只要一上战场，就立刻被俄军击溃，并且常常刚一听到枪炮声就逃跑；而一个由阿尔瑙特人②编成的非正规连，竟在瓦尔纳的一个深谷中成功地抵抗俄军的围攻达几星期之久。但是在最近的那场战争[6]

---

① 刘·爱·诺兰：《骑兵的历史与战术》。——编者注
② 土耳其人对阿尔巴尼亚人的称呼。——编者注

中，从奥尔泰尼察和切塔泰到卡尔斯和因古里河，土耳其的正规军每次交战都击败了俄军[7]。

事实是：把新的军队按欧洲方式来加以编组、装备和操练，还远不能算是完成了把欧洲的军事组织引用于野蛮民族的工作。这只是第一步。采用某种欧洲式的军事条令，也是不够的；欧洲式的军事条令不能保证培养出欧洲式的纪律，就如同一套欧洲式的操典本身不能产生欧洲式的战术和战略一样。主要的问题，同时也是主要的困难就在于：需要造就一批按照欧洲的现代方式培养出来的、在军事上完全摆脱了旧的民族偏见和习惯的、并能使新部队振作精神的军官和士官。这需要很长的时间，而且一定还会遇到东方人的愚昧、急躁、偏见以及东方宫廷所固有的宠辱无常等因素的最顽强的抗拒。只要士兵可以在检阅时列队行进，在转换方向、展开队形和排成纵队时不致乱成一团，苏丹或沙赫就会很容易认为自己的军队已经无所不能了。至于军事学校，由于它们收效很慢，所以在东方政府不稳定的情况下，很难期望收到任何效果。甚至在土耳其，受过训练的军官也很少，土耳其军队如果不是有大量的背教者①和欧洲军官，它在最近那次战争中就根本打不了仗。

到处都成为例外的惟一兵种是炮兵。东方人在这方面太无知无能了，他们只好把炮兵的管理完全交给欧洲教官。结果，在波斯也像在土耳其一样，炮兵比步兵和骑兵强得多。

英印军队是所有按照欧洲方式组织起来的东方军队中最老的一支，也是惟一不隶属于东方政府而隶属于纯粹欧洲式政府、并且差不多完全由欧洲军官指挥的军队。很自然，在上述那种情况下，这样一支军队，又有大量英国预备队和强大海军作后盾，是不难把波斯的正规军击溃的。挫折越严重，对于波斯人越有好处。正如土耳其人已经懂得的那样，波斯人现在也会懂得：欧洲式的服装和阅兵操练本身还不是一种护符；再过二十年以

---

① 指原信基督教后改信伊斯兰教的人。——编者注

后，波斯人可能就会像个样子了，就像土耳其人在最近的各次胜利中所表现的那样。

据说，攻克布什尔和穆罕默腊的军队将立即调往中国。在中国，他们将遇到不同的敌人。在那里，抗击他们的将不是依照欧洲方式部署的部队，而是大群亚洲人摆成的不规则的战阵。毫无疑问，他们将不难对付这种队伍。可是，如果中国人发起全民战争来抵抗他们，如果野蛮人毫无顾虑地运用他们善于运用的惟一武器，英国人又怎么办呢？

现在，中国人的情绪与1840～1842年战争时的情绪已显然不同。那时人民保持平静，让皇帝的军队去同侵略者作战，失败之后，则抱着东方宿命论的态度屈从于敌人的暴力。但是现在，至少在迄今斗争所及的南方各省，民众积极地而且是狂热地参加反对外国人的斗争。他们经过极其冷静的预谋，在供应香港欧洲人居住区的面包里大量地投放了毒药。（有几只面包送交李比希化验。他发现面包的各个部分都含有大量的砒霜，这表明在和面时就已掺入砒霜。但是药量过大，结果一定是变成了呕吐剂，因而抵消了毒效。）他们暗带武器搭乘商船，而在中途杀死船员和欧洲乘客，夺取船只。他们绑架和杀死所能遇到的每一个外国人。连移民到外国去的苦力都好像事先约定好了，在每一艘移民船上起来暴动，夺取船只，他们宁愿与船同沉海底或者在船上烧死，也不投降。甚至国外的华侨——他们向来是最听命和最驯顺的臣民——也进行密谋，突然在夜间起事，如在沙捞越就发生过这种情形；又如在新加坡，当局只是靠武力和戒备才压制住他们。是英国政府的海盗政策造成了这一所有中国人普遍奋起反抗所有外国人的局面，并使之表现为一场灭绝战。

军队对于采取这种作战方法的民族有什么办法呢？军队应当在什么地方进入敌国，深入到什么地方和怎样在那里坚守下去呢？这些把炽热的炮弹射向毫无防御的城市、杀人又强奸妇女的文明贩子们[8]，尽可以把中国人的这种抵抗方法叫做卑劣的、野蛮的、凶残的方法；但是只要这种方法有效，那么对中国人来说这又有什么关系呢？既然英国人把他们当作野蛮人对待，那么英国人就不能反对他们充分利用他们的野蛮所具有的长处。

如果他们的绑架、偷袭和夜间杀人就是我们所说的卑劣行为，那么这些文明贩子们就不应当忘记：他们自己也承认过，中国人采取他们通常的作战方法，是不能抵御欧洲式的破坏手段的。

简言之，我们不要像道貌岸然的英国报刊那样从道德方面指责中国人的可怕暴行，最好承认这是一场"保卫社稷和家园"的战争①，一场维护中华民族生存的人民战争。虽然你可以说，这场战争充满这个民族的目空一切的偏见、愚蠢的行动、饱学的愚昧和迂腐的野蛮，但它终究是人民战争。而对于起来反抗的民族在人民战争中所采取的手段，不应当根据公认的正规作战规则或者任何别的抽象标准来衡量，而应当根据这个反抗的民族所刚刚达到的文明程度来衡量。

这一次，英国人陷入了窘境。直到现在，中国的民族狂热似乎还只限于南方未参加大起义②的几个省份。战争是否将以这几个省为限呢？这样，它就不会得到任何结果，因为中国的一切要害地方都不会受到威胁。而如果这种狂热延及内地的人民，那么这场战争对于英国人将是非常危险的。广州城可以被整个毁掉，沿海能攻占的一切据点都可以被攻占，可是英国人所能调集的全部兵力都不足以攻取并守住广东和广西两省。在这种情况下，他们还能再干些什么呢？广州以北到上海、南京一带的地区都掌握在中国起义者手里，触犯他们，那将是下策；而南京以北惟一可能在袭击后收到决定性效果的地点是北京。这样就得在海岸上建立有防御工事和守备部队的作战基地，进军途中要克服一个一个的障碍，要留下分遣队以保证同海岸的交通，而且要以大军压境之势抵达这座与伦敦一样大、离登陆地点100英里远的城池之下。可是所需的军队在哪里呢？另一方面，对京城的示威行动如果成功，就会从根本上动摇中华帝国本身的存在，就会加速清王朝的倾覆，就会给俄国而不是给英国铺平前进的道路。

新的英中战争形势极为复杂，使人根本无法预料它将如何发展。在几

---

① 西塞罗：《论神之本性》第3章，第40页。——编者注
② 指太平天国革命。——编者注

个月内兵力不足以及在更长时间内缺乏决心,将使英军不会有什么行动,只有在某个不重要的地方或许出现例外,在目前情况下广州也可以算是这样的地方。

有一点是肯定无疑的,那就是旧中国的死亡时刻正在迅速临近。国内战争已经把帝国的南方与北方分开,看来起义者之王①在南京不会受到帝国军队的危害(当然不能说不会受到他自己手下人阴谋之害[9]),正如天朝皇帝②在北京不会受到起义者的危害一样。广州迄今是在独自进行着一种反对英国人、也是根本反对一切外国人的战争;正当英法两国的海陆军向香港集结之际,西伯利亚边界线上的哥萨克缓慢地但是不停地把他们的驻屯地由达斡尔山向黑龙江沿岸推移,俄国海军陆战队则构筑防御工事把满洲的良好港湾包围起来。中国的南方人在反对外国人的斗争中所表现的那种狂热本身,似乎表明他们已觉悟到旧中国遇到极大的危险;过不了多少年,我们就会亲眼看到世界上最古老的帝国的垂死挣扎,看到整个亚洲新纪元的曙光。

弗·恩格斯写于1857年5月20日前后
载于1857年6月5日《纽约每日论坛报》第5032号

原文是英文
中文根据《马克思恩格斯全集》1986年英文版第15卷翻译
选自《马克思恩格斯全集》第16卷,人民出版社,2007,第142~148页

注释:

[1] 在马克思1857年的笔记本里,本文的标题是"5月22日。中国和波斯(战争)(写给《论坛报》的文章)"。

[2] 指1856~1857年英国对波斯进行的战争。19世纪中叶,英国企图征服波斯和

---

① 洪秀全。——编者注
② 咸丰帝。——编者注

阿富汗，以便在中东和亚洲实行进一步的侵略扩张。1856年10月，波斯占领了波阿两国有争议的领土赫拉特。英国以此为借口于11月对波斯宣战，先后占领了哈尔克岛、布什尔港、穆罕默腊市和阿瓦士市。由于俄国在外交上对波斯的支持、印度人民起义（见《马克思恩格斯全集》第16卷注147）的爆发以及向中国调兵进行第二次鸦片战争等，英国不得不在1857年3月4日同波斯签订和约，英军撤出波斯，波斯撤出赫拉特，放弃对赫拉特的一切要求。

[3] 指1856年10月开始的第二次鸦片战争。——编者注

[4] 1828～1829年俄土战争是尼古拉一世借口支持信奉基督教的希腊人反对土耳其压迫的民族运动而挑起的。1828年夏（4～9月）进行了第一个战役，1829年夏（5～8月）进行了第二个战役。土耳其军队起初对集中在多瑙河地区（锡利斯特里亚、苏姆拉、瓦尔纳等要塞附近）的俄国军队进行了有力的抗击。1828年10月11日瓦尔纳被俄军攻占。1829年5月30日库列夫查（保加利亚）会战中土军被击溃。1829年夏，俄国军队向君士坦丁堡进军，并于6月11日击败了土耳其军队。1829年9月14日，土耳其接受了俄国提出的全部条件，签订了阿德里安堡条约。

[5] 1806～1812年俄土战争是拿破仑第一利用俄土矛盾即土耳其违反俄土条约的某些条款挑起的。除1807～1809年战事中断外，几年之中交战双方各有胜败。1811年，战局发生了对俄国有利的变化，结果俄土两国于1812年5月28日签订了布加勒斯特条约。

[6] 指1853～1856年克里木战争。这场战争是俄国与英国、法国、土耳其、撒丁四国联盟之间为争夺近东而进行的，因主要战场在黑海的克里木半岛而得名。1853年3月，俄国要求土耳其政府承认俄对奥斯曼帝国境内的东正教臣民拥有特别保护权，遭拒绝，与土断交，并于7月出兵占领土耳其在多瑙河流域的属地摩尔多瓦和瓦拉几亚两公国。10月，土耳其在英法支持下对俄宣战。1854年1月，英法联军的舰队开进黑海。3月，英法对俄宣战。1855年1月，撒丁王国也参加了战争。1854年9月，英法土联军在克里木半岛登陆，10月起展开了对俄国黑海舰队主要基地塞瓦斯托波尔的长达11个月的围困，终于将其攻克，决定了俄国的败局。1856年3月，战争双方签订了巴黎和约（见《马克思恩格斯全集》第16卷注70）结束了这场战争。

[7] 这里是1853～1856年克里木战争（见《马克思恩格斯全集》第16卷注38）

中发生的几次会战。

1853年11月4日，土耳其的军队渡过多瑙河，占领了俄军在多瑙河左岸的奥尔泰尼察阵地。

1854年1月6日，在切塔泰村进行了一场血战，俄军以重大伤亡为代价才把土耳其军队赶至卡拉法特。

1855年9月29日，俄军对被围困的土耳其要塞卡尔斯进行突袭，因力量准备不足，且对方事先已有准备，突袭失败。

1855年11月6日，俄军在因古里河一战中，被优势的土耳其军队赶出了明格列里亚。

[8] 英国侵略者在1856年利用亚罗号划艇事件（见《马克思恩格斯全集》第16卷注15）作为发动第二次鸦片战争的口实，从1856年10月27日起，向广州城内开炮轰击。29日，英军攻破外城，一度冲入城内，纵火将靖海门、五仙门附近民房尽行烧毁。后因兵力不足，只得退出。但是炮轰城市、奸淫烧杀的暴行依然继续。

[9] 指1856年秋太平天国领导人之间的内讧。这次内讧是义军领袖之间个人利益和团体利益压倒阶级利益和民族利益的结果。内讧中有三个起义领袖以及成千上万的义军士兵被杀害。它对太平天国起义的进一步发展造成了极大的危害。

弗·恩格斯

阿富汗[1]（节选）

……

阿富汗的地理位置和民族特征，使这个国家在中亚的事务中具有非常重大的政治作用。政体是君主制，但是国王对其民性剽悍狂放的臣民的权威具有个人性质，因而很不稳定。王国划分为若干省，每个省都由国王的代表管辖，征收捐税并把税款汇寄京都。阿富汗人是勇敢、刚毅和富有独立精神的民族。他们只从事畜牧业或农业，而忌讳手工业和商业，不屑一顾地把这些行业交给印度人和其他城镇居民去干。对他们说来，战争是一种刺激，是对他们单调而辛苦的营生的调剂。阿富汗人分为若干克兰[2]，大大小小的首领对他们实行一种封建的统治。他们对统治深恶痛绝，爱好个人的独立自主，仅此一端，就使他们未能变为一个强大的民族。而正是这种违反常规，反复无常，使他们成了危险的邻居，他们往往心血来潮，闻风而动，容易受一些能巧妙地煽动其情绪的政治阴谋家的蛊惑。两个主要的部落是一贯相互敌视的都兰尼人和吉尔采人。都兰尼部落较为强大；由于占有优势，他们的艾米尔即可汗就成了阿富汗的国王。国王的收入大致相当于1000万美元。他只在自己的部落中享有无上权威。兵员主要由都兰尼部落提供；军队的其余部分由其他的克兰补充，或者由那些为了薪饷或抢劫而来服役的军事冒险者补充。在城市里司法权由卡迪①行使，但是阿富汗人很少求助于法律。可汗握有惩罚甚至生杀予夺之权。报杀亲之仇是氏族的义务。然而，阿富汗人素以慷慨宽大的民族著称，除非受到挑衅；好客的规矩在他们中间非常神圣，哪怕是一个使用计谋而成为座上客的死敌，也不会受到报复，甚至还可以要求主人保护他不遭到其他危险。阿富汗人信奉伊斯兰教，属逊尼派，但是他们并不执拗狭隘。什叶派和逊尼派[3]之间联姻通婚是常见的现象。

……

弗·恩格斯大约写于 1857 年 7 月～8 月 10 日
载于《美国新百科全书》1858 年版第 1 卷

原文是英文
中文根据《马克思恩格斯全集》1982 年英文版第 18 卷翻译
选自《马克思恩格斯全集》第 16 卷，人民出版社，2007，第 217～218 页

注释：

[1] 恩格斯打算撰写一篇关于阿富汗的文章，准备着重论述 1838～1842 年的英阿战争（见《马克思恩格斯全集》第 16 卷注 29）。这可以从他 1857 年 5 月 28 日给马克思的信中开列的词条目录（见《马克思恩格斯全集》第 16 卷注 149）中清楚地看到。他于 1857 年 7 月动手写《阿富汗》，1857 年 7 月 11 日他给马克思写信说，这一词条未能如期于 7 月 14 日完成。显然它比原来设想的要长。在写作过程中恩格斯还参考了约·威·凯的《阿富汗战争史》（两卷集）1851 年伦敦版。马克思 1857 年的笔记本中 8 月 11 日后面注有："百科全书。阿富汗。鹿砦。"看来这篇文章完稿不会迟于 11 日。马克思把它和《鹿砦》一起寄往纽约后收到德纳 1857 年 9 月 2 日的来信，确认已收到了这两篇文章。

[2] 克兰是克尔特民族（主要是爱尔兰人、苏格兰人和威尔士人）对氏族的称呼。恩格斯用流行于西欧的"克兰"这个术语表示组成阿富汗各部落的大的氏族

---

① 卡迪是根据伊斯兰教教规进行宗教审判的法官。——编者注

群体（贺利）。

[3] 逊尼派和什叶派是产生于 7 世纪的伊斯兰教的两个主要教派，是在伊斯兰教创始人穆罕默德去世后争夺继承权的斗争中形成的。

什叶派认为只有穆罕默德的女婿阿里及其后代才是穆罕默德的合法继承者即伊玛目。哈里发不应由人民选举产生。而逊尼派则主张在"全体同意"的基础上选举哈里发。后来在仪式和规章方面什叶派与逊尼派也存在一些细微的差别。

卡·马克思

导言（经济学手稿）（节选）

Ⅰ．生产、消费、分配、交换（流通）

1. 生产

……

现在时髦的做法，是在经济学的开头摆上一个总论部分——就是标题为《生产》的那部分（参看约·斯·穆勒的著作[1]），用来论述一切生产的**一般条件**。

这个总论部分包括或者据说应当包括：

（1）进行生产所必不可缺少的条件。因此，这实际上不过是摆出一切生产的基本要素。可是，我们将会知道，这些要素实际上归纳起来不过是几个十分简单的规定，而这些规定却扩展成浅薄的同义反复。

（2）或多或少促进生产的条件，如象亚当·斯密所说的前进的和停滞的社会状态[2]。要把这些在亚·斯密那里作为提示而具有价值的东西提到科学意义上来，就得研究在各个民族的发展过程中各个时期的**生产率程度**——这种研究超出本题的范围，而这种研究同本题有关的方面，应在叙述竞争、积累等等时来谈。照一般的提法，答案总是这样一个一般的说法：一个工业民族，当它一般地达到它的历史高峰的时候，也就达到它的

407

生产高峰。实际上，一个民族的工业高峰是在这个民族的主要任务还不是维护利润，而是谋取利润的时候达到的。就这一点来说，美国人胜过英国人。或者是这样的说法：例如，某些种族素质，气候，自然环境如离海的远近，土地肥沃程度等等，比另外一些更有利于生产。这又是同义反复，即财富的主客观因素越是在更高的程度上具备，财富就越容易创造。

[M—4] 但是，这一切并不是经济学家在这个总论部分所真正要说的。相反，他们所要说的是，生产不同于分配等等（参看穆勒的著作[3]），应当被描写成局限在与历史无关的永恒自然规律之内的事情，于是**资产阶级**关系就被乘机当做社会一般的颠扑不破的自然规律偷偷地塞了进来。这是整套手法的多少有意识的目的。在分配上，他们则相反地认为，人们事实上可以随心所欲。即使根本不谈生产和分配的这种粗暴割裂以及生产和分配的现实关系，总应该从一开始就清楚地看到：无论在不同社会阶段上分配方式如何不同，总是可以像在生产中那样提出一些共同的规定来，可以把一切历史差别混合或融化在**一般人类**规律之中。例如，奴隶、农奴、雇佣工人都得到一定量的食物，使他们能够作为奴隶、农奴和雇佣工人来生存。靠贡赋生活的征服者，靠税收生活的官吏，靠地租生活的土地所有者，靠施舍生活的僧侣，靠什一税生活的教士，都得到一份社会产品，而决定这一份产品的规律不同于决定奴隶等等那一份产品的规律。一切经济学家在这个项目下提出的两个要点是：（1）财产，（2）司法、警察等等对财产的保护。对此要极简短地答复一下：

关于第一点。一切生产都是个人在一定社会形式中并借这种社会形式而进行的对自然的占有。在这个意义上，说财产（占有）是生产的一个条件，那是同义反复。但是，可笑的是从这里一步就跳到财产的一定形式，如私有财产。（而且还以对立的形式即**无财产**作为前提条件。）历史却表明，共同财产（如印度人、斯拉夫人、古凯尔特人等等那里的共同财产）是原始形式，这种形式还以公社财产形式长期起着显著的作用。至于财富在这种还是那种财产形式下能更好地发展的问题，还根本不是这里所要谈的。可是，如果说在任何财产形式都不存在的地方，就谈不到任何生产，因此也就谈不到任何社会,那么,这是同义反复。什么也不占有的占有,是自相矛盾。

关于第二点。对既得物的保护等等。如果把这些滥调还原为它们的实际内容,它们所表示的就比它们的说教者所知道的还多。就是说,每种生产形式都产生出它所特有的法的关系、统治形式等等。粗率和无知之处正在于把有机地［M—5］联系着的东西看成是彼此偶然发生关系的、纯粹反思联系中的东西。资产阶级经济学家只是感到,在现代警察制度下,比在例如强权下能更好地进行生产。他们只是忘记了,强权也是一种法,而且强者的权利也以另一种形式继续存在于他们的"法治国家"中。

当与生产的一定阶段相应的社会状态刚刚产生或者已经衰亡的时候,自然会出现生产上的紊乱,虽然程度和影响有所不同。

总之,一切生产阶段所共有的、被思维当作一般规定而确定下来的规定,是存在的,但是所谓一切生产的**一般条件**,不过是这些抽象要素,用这些要素不可能理解任何一个现实的历史的生产阶段。

2. 生产与分配、交换、消费的一般关系

……

(b)［生产和分配］

如果看看普通的经济学著作,首先令人注目的是,在这些著作里什么都被提出两次。举例来说,在分配上出现的是地租、工资、利息和利润,而在生产上作为生产要素出现的是土地、劳动、资本。说到资本,一开始就清楚,它被提出了两次:(1)作为生产要素;(2)作为收入源泉,作为决定一定的分配形式的东西。因此,利息和利润本身,就它们作为资本增长和扩大的形式,因而作为资本生产本身的要素来说,也出现在生产中。利息和利润作为分配形式,是以资本作为生产要素为前提的。它们是以资本作为生产要素为前提的分配方式。它们又是资本的再生产方式。

同样,工资是在另一个项目中被考察的雇佣劳动:在雇佣劳动的场合劳动作为生产要素所具有的规定性,在工资的场合表现为分配的规定。如

果劳动不是规定为雇佣劳动,那么,劳动参与产品分配的方式,也就不表现为工资,如在奴隶制度下就是这样。最后,地租——我们直接来看地产参与产品分配的最发达的分配形式［M—10］——的前提,是作为生产要素的大地产(其实是大农业),而不是土地一般,就像工资的前提不是劳动一般一样。所以,分配关系和分配方式只是表现为生产要素的背面。个人以雇佣劳动的形式参与生产,就以工资形式参与产品、生产成果的分配。分配的结构完全决定于生产的结构。分配本身是生产的产物,不仅就对象说是如此,而且就形式说也是如此。就对象说,能分配的只是生产的成果,就形式说,参与生产的一定方式决定分配的特殊形式,决定参与分配的形式。把土地放在生产上来谈,把地租放在分配上来谈,等等,这完全是幻觉。

因此,像李嘉图那样一些经常被人责备为只看到生产的经济学家,却专门把分配规定为经济学的对象[4],因为他们直觉地把分配形式看成是一定社会中的生产各要素借以得到确定的最确切的表现。

在单个的个人面前,分配自然表现为一种社会规律,这种规律决定他在生产中的地位,他在这个地位上生产,因而分配先于生产。这个个人一开始就没有资本,没有地产。他一出生就由社会分配指定从事雇佣劳动。但是这种指定本身是资本、地产作为独立的生产要素存在的结果。

就整个社会来看,分配似乎还从一方面先于生产,并且决定生产;似乎是先于经济的事实。一个征服民族在征服者之间分配土地,因而造成了地产的一定的分配和形式;由此决定了生产。或者,它使被征服的民族成为奴隶,于是使奴隶劳动成为生产的基础。或者,一个民族经过革命把大地产分割成小块土地,从而通过这种新的分配使生产有了一种新的性质。或者,立法使地产永久属于一定的家庭,或者,把劳动[当作]世袭的特权来分配,因而把劳动像社会等级一样地固定下来。在所有这些历史上有过的情况下,似乎不是生产安排和决定分配,而相反地是分配安排和决定生产。

［M—11］照最浅薄的理解,分配表现为产品的分配,因此它离开生产

很远，似乎对生产是独立的。但是，在分配是产品的分配之前，它是（1）生产工具的分配，（2）社会成员在各类生产之间的分配（个人从属于一定的生产关系）——这是同一关系的进一步规定。这种分配包含在生产过程本身中并且决定生产的结构，产品的分配显然只是这种分配的结果。如果在考察生产时把包含在其中的这种分配撇开，生产显然是一个空洞的抽象；相反，有了这种本来构成生产的一个要素的分配，产品的分配自然也就确定了。正因为如此，力求在一定的社会结构中来理解现代生产并且主要是研究生产的经济学家李嘉图，**不**是把生产而是把分配说成现代经济学的本题。从这里，又一次显出了那些把生产当做永恒真理来论述而把历史限制在分配范围之内的经济学家是多么荒诞无稽。

这种决定生产本身的分配究竟和生产处于怎样的关系，这显然是属于生产本身内部的问题。如果有人说，既然生产必须从生产工具的一定的分配出发，至少在这个意义上分配先于生产，成为生产的前提，那么就应该答复他说，生产实际上有它的条件和前提，这些条件和前提构成生产的要素。这些要素最初可能表现为自然发生的东西。通过生产过程本身，它们就从自然发生的东西变成历史的东西，并且对于这一个时期表现为生产的自然前提，对于前一个时期就是生产的历史结果。它们在生产本身内部被不断地改变。例如，机器的应用既改变了生产工具的分配，也改变了产品的分配。现代大地产本身既是现代商业和现代工业的结果，也是现代工业在农业上应用的结果。

上面提出的一些问题，归根到底就是：一般历史条件在生产上是怎样起作用的，生产和一般历史运动的关系又是怎样的。这个问题显然属于对生产本身的讨论和阐述。

［M—12］然而，这些问题即使照上面那样平庸的提法，同样也可以给予简短的回答。所有的征服有三种可能。征服民族把自己的生产方式强加于被征服的民族（例如，英国人本世纪在爱尔兰所做的，部分地在印度所做的）；或者是征服民族让旧生产方式维持下去，自己满足于征收贡赋（如土耳其人和罗马人）；或者是发生一种相互作用，产生一种新的、综合

的东西（日耳曼人的征服中一部分就是这样）。在所有的情况下，生产方式，不论是征服民族的，被征服民族的，还是两者混合形成的，总是决定新出现的分配。因此，虽然这种分配对于新的生产时期表现为前提，但它本身又是生产的产物，不仅是一般历史生产的产物，而且是一定历史生产的产物。

例如，蒙古人根据他们生产即放牧的特点把俄罗斯弄成一片荒凉，因为大片无人居住的地带是放牧的主要条件。在日耳曼蛮族，用农奴耕作是传统的生产，过的是乡村的孤独生活，他们能够非常容易地让罗马各行省服从这些条件，因为那里发生的地产的积聚已经完全推翻了旧的农业关系。

有一种传统的看法，认为在某些时期人们只靠掠夺生活。但是要能够掠夺，就要有可以掠夺的东西，因此就要有生产。而掠夺的方式本身又决定于生产的方式。例如，掠夺一个从事证券投机的民族就不能同掠夺一个游牧民族一样。

在奴隶的场合，生产工具直接被掠夺。但在这种情况下，掠夺奴隶的国家的生产必须安排得容许使用奴隶劳动，或者必须建立一种适于使用奴隶的生产方式（如在南美等[5]）。

法律可以使一种生产资料，例如土地，永远属于一定家庭。这些法律，只有当大地产同社会生产处于和谐中的时候，如像在英国那样，才有经济意义。在法国，尽管有大地产，但经营的是小规模农业，因而大地产就被革命打碎了。但是，土地分成小块的状态是否例如通过法律永远固定下来了呢？尽管有这种法律，财产却又积聚起来了。法律在巩固分配关系方面的影响和它们由此对生产发生的作用，要专门加以规定。

[M—14] **3. 政治经济学的方法**

……

但是，这些简单的范畴在比较具体的范畴以前是否也有一种独立的历史存在或自然存在呢？要看情况而定。例如，黑格尔论法哲学，是从占有开始，把占有看做主体的最简单的法的关系[6]，这是对的。但是，在家庭或主奴关系这些具体得多的关系之前，占有并不存在。相反，如果说存在着还只是**占有**，而没有**所有权**的家庭和部落整体，这倒是对的。所以，同所有权相比，这种比较简单的范畴，表现为比较简单的家庭团体或部落团体的关系。它在比较高级的社会中表现为一个发达的组织的比较简单的关系。但是那个以占有为关系的比较具体的基础总是前提。可以设想有一个孤独的野人占有东西。但是在这种情况下，占有并不是法的关系。说占有在历史上发展为家庭，是错误的。占有倒总是以这个"比较具体的法的范畴"为前提的。但是，不管怎样总可以说，简单范畴是这样一些关系的表现，在这些关系中，较不发展的具体可以已经实现，而那些通过较具体的范畴在精神上表现出来的较多方面的联系或关系还没有产生；而比较发展的具体则把这个范畴当做一种从属关系保存下来。在资本存在之前，银行存在之前，雇佣劳动等等存在之前，货币能够存在，而且在历史上存在过。因此，从这一方面来看，可以说，比较简单的范畴可以表现一个比较不发展的整体的处于支配地位的关系或者一个比较发展的整体的从属关系，这些关系在整体向着以一个比较具体的范畴表现出来的方面发展之前，在历史上已经存在。在这个限度内，从最简单上升到复杂这个抽象思维的进程符合现实的〔M—16〕历史过程。

另一方面，可以说，有一些十分发展的、但在历史上还不成熟的社会形式，其中有最高级的经济形式，如协作、发达的分工等等，却不存在任何货币，秘鲁就是一个例子[7]。就在斯拉夫公社中，货币以及作为货币的条件的交换，也不是或者很少是出现在各个公社内部，而是出现在它们的边界上，出现在与其他公社的交往中，因此，把同一公社内部的交换当做原始构成因素，是完全错误的。相反地，与其说它起初发生在同一公社内部的成员间，不如说它发生在不同公社的相互关系中。其次，虽然货币很早就全面地发生作用，但是在古代它只是在片面发展的民族即商业民族中才是处于支配地位的因素。甚至在最文明的古代，在希腊人和罗马人那里，货币的充分发展——在现代的资产阶级社会中这是前提——只是出现在他们解体的时期。因此,这个十分简单的范畴,在历史上只有在最发达的社会状态下才表现出它的充分的力量。它决没有历尽一切经济关系。例如,在罗马帝国,在它最发达的时期,实物税和实物租仍然是基础。那里,货币制度原来只是在军队中得到充分发展[8]。它也从来没有掌握劳动的整个领域。

可见,比较简单的范畴,虽然在历史上可以在比较具体的范畴之前存在,但是,它在深度和广度上的充分发展恰恰只能属于一个复杂的社会形式,而比较具体的范畴在一个比较不发展的社会形式中有过比较充分的发展。

劳动似乎是一个十分简单的范畴。它在这种一般性上——作为劳动一般——的表象也是古老的。但是,在经济学上从这种简单性上来把握的"劳动",和产生这个简单抽象的那些关系一样,是现代的范畴。例如,货币主义把财富看成还是完全客观的东西,看成自身之外的物,存在于货币中。同这个观点相比,重工主义或重商主义把财富的源泉从对象转到主体的活动——商业劳动和工业劳动,已经是很大的进步,但是,他们仍然只是把这种活动本身理解为局限于取得货币的活动。同这个主义相对立的重农主义把劳动的一定形式——农业——看做创造财富的劳动,不再把对象本身看做裹在货币的外衣之中,而是看做产品一般,看做劳动的一般成果了。这种产品还与活动的局限性相应而仍然被看做自然规定的产品——农业的产品,主要是土地的产品。

……

[M—19] 在研究经济范畴的发展时,正如在研究任何历史科学、社会科学时一样,应当时刻把握住:无论在现实中或在头脑中,主体——这里是现代资产阶级社会——都是既定的;因而范畴表现这个一定社会即这个主体的存在形式、存在规定、常常只是个别的侧面;因此,这个一定社会**在科学上**也决不是在把它**当做**这样一个社会来谈论的时候才开始存在的。这必须把握住,因为这对于分篇直接具有决定的意义。

例如,从地租开始,从土地所有制开始,似乎是再自然不过的了,因为它是同土地，即同一切生产和一切存在的源泉结合着的，并且它又是同一切多少固定的社会的最初的生产形式即同农业结合着的。但是，这是最错误不过的了。在一切社会形式中都有一种一定的生产决定其他一切生产的地位和影响，因而它的关系也决定其他一切关系的地位和影响。这是一种普照的光，它掩盖了一切其他色彩，改变着它们的特点。这是一种特殊的以太，它决定着它里面显露出来的一切存在的比重。

以游牧民族为例（纯粹的渔猎民族还没有达到真正发展的起点）。他们偶尔从事某种形式的耕作。这样就规定了土地所有制。它是共同的，这种形式按照这些民族保持传统的程度而或多或少地保留下来，斯拉夫人中的公社所有制就是个例子。在从事定居耕作（这种定居已是一大进步），而且这种耕作像在古代社会和封建社会中那样处于支配地位的民族那里，连工业、工业的组织以及与工业相应的所有制形式都多少带着土地所有制的性质；或者像在古代罗马人中那样工业完全附属于耕作；或者像在中世纪那样工业在城市中和在城市的各种关系上模仿着乡村的组织。在中世纪，甚至资本——不是指纯粹的货币资本——作为传统的手工工具等等，也具有这种土地所有制的性质。

在资产阶级社会中情况则相反。农业越来越变成仅仅是一个工业部门，完全由资本支配。地租也是如此。在土地所有制处于支配地位的一切社会形式中，自然联系还占优势。在资本处于支配地位的社会形式中，社会、历史所创造的因素占优势。不懂资本便不能懂地租。不懂地租却完全可以懂资本。资本是资产阶级社会的支配一切的经济权力。它必须成为起点又成为终点，必须放在土地所有制之前来说明。分别考察了两者之后，必须考察它们的相互关系。

[M—20] 因此，把经济范畴按它们在历史上起决定作用的先后次序来排列是不行的，错误的。它们的次序倒是由它们在现代资产阶级社会中的相互关系决定的，这种关系同表现出来的它们的自然次序或者符合历史发展的次序恰好相反。问题不在于各种经济关系在不同社会形式的相继更替的序列中在历史上占有什么地位。更不在于它们在"观念上"（蒲鲁东[9]）

（在关于历史运动的一个模糊的表象中）的顺序。而在于它们在现代资产阶级社会内部的结构。

古代世界中商业民族——腓尼基人、迦太基人——表现的单纯性（抽象规定性），正是由农业民族占优势这种情况本身决定的。作为商业资本和货币资本的资本，在资本还没有成为社会的支配因素的地方，正是在这种抽象中表现出来。伦巴第人和犹太人对于经营农业的中世纪社会，也是处于这种地位。

卡·马克思写于1857年8月下旬
第一次用德文发表于1902～1903年《新时代》第21年卷第1册第23～25期

原文是德文
中文根据《马克思恩格斯全集》历史考证版第2部分第1卷第1分册并参考《马克思恩格斯全集》德文版第42卷翻译
选自《马克思恩格斯文集》第8卷，人民出版社，2009，第10～11、18～22、26～28、30～32页

注释：

[1] 约·斯·穆勒《政治经济学原理及其对社会哲学的某些应用》（两卷集）1848年伦敦版第1卷第1篇《生产》第1章，所加的标题就是《生产的要素》。

[2] 前进的和停滞的社会状态，见亚·斯密《国民财富的性质和原因的研究》1776年伦敦版第1篇第8章和第11章结束语。

[3] 关于生产不同于分配的内容，见约·斯·穆勒《政治经济学原理及其对社会哲学的某些应用》（两卷集）1848年伦敦版第1卷第25～26页。

[4] 大·李嘉图在《政治经济学和赋税原理》的序言中专门把分配规定为经济学的对象。

[5] 这里除了指南美洲之外，可能还包括美国南部各州。

[6] 关于黑格尔把占有看做主体的最简单的法的关系，见他的《法哲学原理》第

40、45、49~52节。

[7] 关于秘鲁被西班牙征服以前不存在任何货币的材料,马克思采自美国历史学家威·希·普雷斯科特的著作《秘鲁征服史。附印加文化概述》(三卷集)1850年伦敦第4版第1卷第147页。马克思从这一著作第1卷所作的摘录,包含在马克思1850~1853年期间在伦敦写的经济学摘录笔记(简称《伦敦笔记》,下同)的第XIV笔记本中。

《伦敦笔记》是1848年革命后,马克思侨居伦敦重新研究经济学时在英国博物馆图书馆里作的经济学摘录笔记,写于1850年9月至1853年8月期间,共24个笔记本,总共1250页(超过100印张),其中共摘录了三百多部著作和众多的报刊资料。这些资料后来经过进一步加工,被应用到马克思的经济学手稿和《资本论》的写作中。

[8] 马克思在1857年9月25日给恩格斯的信中,较多地谈到了军队在经济发展中所起的重要作用,其中也涉及了货币在军队中的发展。

[9] 皮·约·蒲鲁东的观念顺序的历史,见他的《经济矛盾的体系,或贫困的哲学》1846年巴黎版,特别是第1卷第145~146页,马克思曾摘录并批判了蒲鲁东的这种观点,见马克思《哲学的贫困》第2章第1节《方法》中的《第一个说明》(《马克思恩格斯文集》第1卷)。还可参看《政治经济学批判(1861—1863年手稿)》第VI笔记本第239~240页(《马克思恩格斯全集》中文第2版第33卷,第39~40页)。

卡·马克思

政治经济学批判
(1857~1858年手稿)[1]（节选）

……

［交换价值和社会交换关系的性质］[2]

……

一切劳动产品、能力和活动进行**私人交换**，既同以个人相互之间的统治和从属关系（自然发生的或政治性的）为基础的分配相对立（不管这种统治和从属的性质是家长制的，古代的或是封建的）（在这种情况下，真正的**交换**只是附带进行的，或者大体说来，并未触及整个共同体的生活，不如说只发生在不同共同体之间，决没有征服全部生产关系和交往关系），又同在共同占有和共同控制生产资料的基础上联合起来的个人所进行的自由交换相对立。（这种联合不是任意的事情，它以物质条件和精神条件的发展为前提，这一点在这里就不进一步论述了。）

分工产生出密集、结合、协作、私人利益的对立、阶级利益的对立、竞争、资本积聚、垄断、股份公司——全都是对立的统一形式，而统一又引起对立自身——，同样，私人交换产生出世界贸易，私人的独立性产生出对所谓世界市场的完全的依赖性，分散的交换行为产生出银行制度和信用制度，这些制度的簿记[1~22]至少可以使私人交换进行结算。虽然每个民族的私人利益把每个民族有多少成年人就分成多少个民族，并且同一民族的输出者和输入者之间的利益在这里是互相对立的；可是在汇率中，民族商业却获得了存在的**假象**，等等。谁也不会因此认为，通过**交易所改革**就可以铲除对内或对外的私人商业的**基础**。但是，在以**交换价值**为基础的资产阶级社会内部，产生出一些交往关系和生产关系，它们同时又是炸毁这个社会的地雷。（有大量对立的社会统一形式，而这些形式的对立性质决不是通过平静的形态变化就能炸毁的。另一方面，如果我们在现在这样的社会中没有发现隐蔽地存在着无阶级社会所必需的物质生产条件和与之相适应的交往关系，那么一切炸毁的尝试都是唐·吉诃德的荒唐行为。）

……

（把货币比作语言[3]同样不正确。观念不是这样转化为语言：观念的特性消失了，而观念的社会性同观念并存于语言中，就像价格同商品并存一样。观念不能离开语言而存在。观念必须先从本族语言翻译成别族语言才能流通，才能进行交流，这种场合的观念可作较多的类比；但是这种类比不在于语言，而在于语言的异族性。）

……

（我们在配第的著作中看到的作为永久商品的金银同其他商品的对立[4]，早在色诺芬的著作《雅典国家的收入》第一章谈到大理石和银时就已有论述：

> 这块国土不仅就每年成长和凋谢的作物来说是上等的，而且还有长久的利益。它丰产石头（即大理石）……有这样的土地，播种后毫无收成，但如深挖下去，却比生产五谷能养活更多的人……[5]）

（应当指出，不同的部落[6]或民族之间的交换——交换的最初形态正是这种交换，而不是私人交换——起初是开始于从未开化部落那里购买

（骗取）剩余物，这不是它的劳动产品，而是它所占领的土地和自然界的自然产物）

……

选自《马克思恩格斯文集》第 8 卷，人民出版社，2009，第 53～54、57、64～65 页

……

在古代人那里，交换价值不是物的联系[7]；它只在商业民族中表现为这种联系，而这些商业民族只从事转运贸易，自己不进行生产。至少在腓尼基人和迦太基人等等那里，生产是附带的事情。他们能够生活在古代世界的空隙中，正像犹太人生活在波兰或中世纪的情形一样。不如说，这种世界本身，是这些商业民族的前提。只要他们和古代共同体发生严重冲突，每次他们都要灭亡。

……

古代人可以直接购买劳动，购买奴隶；但是奴隶却不能用自己的劳动购买货币。货币的增加可以使奴隶变贵，但不能使他们的劳动更有生产效率。**黑奴制**——纯粹的产业奴隶制——必然随着资产阶级社会的发展而消失，它是和资产阶级社会的发展不相容的。黑奴制以资产阶级社会**为前提**，如果没有实行雇佣劳动的其他自由的各州与黑奴制并存，如果黑奴制是孤立的，那么，黑奴制各州的一切社会状态就会立即转变为文明前的形式。

……

在一切古代民族那里，积累金银最初表现为僧侣和王室的特权，因为商品之神和商品之王只属于神和王。只有他们才配占有财富本身。此外，这种积累一方面只是用来炫耀富裕，即把财富当作不寻常的节日的用品来炫耀；用作向神庙及其神灵奉献的供品；用作公共的艺术品；最后，用作应急的**保障**手段，购买武器等等。后来，在古代人那里，积累就成为政

策。**国库**成为准备金，而神庙是保存这种圣体的最初的银行。在现代银行中，积累和贮存达到最后发展阶段；然而在这里［Ⅱ-5］它们具有了进一步发展了的规定。另一方面，在私人那里，这种贮存就是把财富在其纯粹形式上保存起来，以应付外部世界的变迁，而财富在其纯粹形式上可以**埋藏起来**等等，总之，同个人发生**完全秘密**的关系。在亚洲，这种情况还正处于一个巨大的历史阶段。在资产阶级社会里，每当发生恐慌、战争等等，这种情况就会重新出现，这时资产阶级社会就回到野蛮状态。同样，在半野蛮人那里，也贮存黄金等等用于装饰和显示豪华。然而在最发达的资产阶级社会里，也有很大一部分并且越来越大的一部分黄金从流通中取出来用作奢侈品（见杰科布的著作[8]等等）。

……

选自《马克思恩格斯全集》第 30 卷，
人民出版社，1995，第 175、177、184 页

Ⅲ. 资本章

[第一篇] 资本的生产过程

……

因此，如果说经济形式，交换，在所有方面确立了主体之间的平等，那么内容，即促使人们去进行交换的个人和物质材料，则确立了**自由**。可见，平等和自由不仅在以交换价值为基础的交换中受到尊重，而且交换价值的交换是一切**平等**和**自由**的生产的、现实的基础。作为纯粹观念，平等和自由仅仅是交换价值的交换的一种理想化的表现；作为在法律的、政治的、社会的关系上发展了的东西，平等和自由不过是另一次方上的这种基础而已。而这种情况也已为历史所证实。这种意义上的平等和自由恰好是古代的自由和平等的反面。古代的自由和平等恰恰不是以发展了的交换价

值为基础，相反地是由于交换价值的发展而毁灭。上面这种意义上的平等和自由所要求的生产关系，在古代世界还没有实现，在中世纪也没有实现。古代世界的基础是直接的强制劳动；当时共同体就建立在这种强制劳动的现成基础上；作为中世纪的基础的劳动，本身是一种特权，是尚处在特殊化状态的劳动，而不是生产一般交换价值的劳动。[资本主义社会里的]劳动既不是强制劳动，也不是中世纪那种要听命于作为上级机构的共同组织（同业公会）的劳动。

交换者之间[的关系]从交换的动因来看，也就是从经济过程之外的自然动因来看，也要以某种强制为基础，这种说法虽然是正确的，但是，这种关系，从一方面来看，本身只是表示另一个人对我的需要本身漠不关心，对我的自然个性漠不关心，也就是表示他同我平等和他有自由，但是他的自由同样也是我的自由的前提；另一方面，就我受到我的需要的决定和强制来说，对我施行强制的，不是异己的东西，只是作为需要和欲望的总体的我自己的自然（或者说，处在一般的反思形式上的我的**利益**）。但使我能强制另一个人，驱使他进入交换制度的，也正是这一方面。

因此，罗马法规定**奴隶**是不能通过交换为自己取得任何东西的人，这是有道理的（见《法学阶梯》[9]）。由此也可以明白，罗马法虽然是与交换还很不发达的社会状态相适应的，但是，从交换在一定的范围内已有所发展来说，它仍能阐明**法人，进行交换的个人的各种规定**，因而能成为工业社会的法的先声（就基本规定来说），而首先为了和中世纪相对抗，它必然被当作新兴资产阶级社会的法来看。不过，罗马法的发展本身和罗马共同体的解体也是完全一致的。

……

资本首先来自流通，而且正是以货币作为自己的出发点。我们已经看到①，进入流通并同时从流通返回到自身的货币，是货币借以扬弃自身的

---

① 见《马克思恩格斯全集》第30卷，人民出版社，1995，第188～190页。——编者注

最后形式。这同时就是资本的最初的概念和最初的表现形式。货币作为只是消溶在流通中的东西否定了自己;但它也作为与流通相独立的东西否定了自己。这种否定从整体来看,在它肯定的规定中,包含着资本的最初的一些要素。货币是资本借以表现自己的最初形式。G—W—W—G;即货币同商品交换和商品同货币交换;**这种为卖而买的运动,即构成商业的形式规定的运动,作为商业资本的资本**,出现在经济发展的最早的状态中;这是以交换价值本身为内容的最初的运动,交换价值在这种运动中不仅是形式,而且是运动本身的内容。这种运动可以发生在交换价值还根本没有成为生产的前提的那些民族内部和民族之间。这种运动所涉及的,只是这些民族为满足直接需要而进行的生产的剩余部分,而且只发生在它们的边界上。正如犹太人在古代波兰社会或整个中世纪社会中所处的情形一样,所有一切商业民族,例如古代的商业民族以及后来的伦巴第人,可以在交换价值还没有成为生产方式的基本前提的那些民族之间,占有同样的地位。

商业资本不过是流通资本,而流通资本是资本的最初形式;资本在这种形式上**还决不会成为生产的基础**。进一步发展的形式是**货币资本和货币利息**,即高利贷,它的独立出现同样是早期发展阶段的事情。最后是 W—G—G—W 这一形式,——在这个形式中,货币和流通本身对**流通的商品**来说表现为单纯的手段,而流通的商品又会退出流通并直接满足需要,——这一形式本身就是上述商业资本最初出现的前提。或者是这些前提分散在各民族之间,或者是商业资本本身在社会内部只由这种纯粹以消费为目的的流通所决定。另一方面,流通的商品,即只有取得另一种退出流通并满足直接[II—14]需要的商品的形式才能得到实现的那种商品,也是本质上作为**商品资本**的那种资本的最初形式。

……

这种运动以不同的形态出现,**既**在历史上导致产生价值的劳动,另一方面,**又**出现在资产阶级的生产制度内部,即设定交换价值的生产制度本身内部。起初是经营商业的民族出现在半开化或未开化的民族之间,或者是由于自然条件不同而进行不同生产的各个部落发生接触和交换他们的剩余物。第一种情况是比较典型的形式,所以我们来考察一下。剩余物的交换是设定交换和交换价值的交易。但是,这种交易仅仅涉及[剩余物的]交换,因而只是在生产[Ⅱ—15]本身之旁起次要的作用。但是,如果从事交换的商人(伦巴第人、诺曼人等等几乎对所有的欧洲民族都扮演这个角色)一再地出现,从而继续不断的贸易发展起来,——在这种贸易中,从事生产的民族仍然只经营所谓**被动的**贸易,因为推动它从事设定交换价值的活动的动力来自外面,不是来自它的生产的内部结构,——那么,生产的剩余物就必然不仅仅是偶然的、间或存在的东西,而且是不断反复出现的东西,因而本地的生产本身就具有一种以流通,以设定交换价值为目的的趋势。

最初,对生产的影响较多地来自物质方面。需求的范围不断扩大;满足新的需求已成为目的,因而生产就更有规则性并且扩大了。本地生产的组织本身已经被流通和交换价值改变了;但是流通和交换还没有影响到生产的全部广度和深度。这就是所谓对外贸易的**传播文明的作用**。设定交换价值的运动究竟在多大程度上触及整个生产,这部分地取决于这种外来影响的强度,部分地取决于本地的生产要素——分工等等——已经发展的程度。例如16世纪和17世纪初在英国,由于尼德兰商品的输入,英国用于交换的剩余羊毛就具有决定性的意义。于是,为了出产更多的羊毛,耕地变成了牧羊场,小租佃制遭到了破坏等等,发生了清扫领地等等。

……

选自《马克思恩格斯全集》第30卷,
人民出版社,1995,第199~200、
208~209、211~212页

资本主义生产以前的各种形式[10]

[亚细亚的所有制形式]

在这种土地所有制的第一种形式中,第一个前提首先是自然形成的共

同体。家庭和扩大成为部落[11]的家庭，或通过家庭之间互相通婚［而组成的部落］，或部落的联合。因为我们可以设想，**游牧**，总而言之**迁徙**，是生存方式的最初的形式，部落不是定居在一定的地方，而是哪里有牧草就往哪里放牧（人类不是生来就定居的；除非在特别富饶的自然环境里，人才有可能像猿猴那样栖息在某一棵树上，否则总是像野兽那样到处游荡），所以，**部落共同体**，即天然的共同体，并不是**共同占有**（暂时的）和**利用土地**的结果，而是**其前提**。

一旦人类终于定居下来，这种原始共同体就将随种种外界的，即气候的、地理的、物理的等等条件，以及他们的特殊的自然性质——他们的部落性质——等等，而或多或少地发生变化。自然形成的部落共同体，或者也可以说群体——血缘、语言、习惯等等的共同性，是人类**占有**他们生活的**客观条件**，占有那种再生产自身和使自身对象化的活动（牧人、猎人、农人等的活动）的**客观条件**的第一个前提。

土地是一个大实验场，是一个武库，既提供劳动资料，又提供劳动材料，还提供共同体居住的地方，即共同体的**基础**。人类素朴天真地把土地当成**共同体的财产**，而且是在活劳动中生产并再生产自身的共同体的**财产**。每一个单个的人，只有作为这个共同体的一个肢体，作为这个共同体的成员，才能把自己看成**所有者**或**占有者**。

通过劳动过程而实现的实际**占有**是在这样一些**前提**下进行的，这些前提本身并不是劳动的**产物**，而是表现为劳动的自然的或**神授**的前提。这种以同一基本关系为基础的形式，本身可以以十分不同的方式实现。例如，跟这种形式完全不矛盾的是，在大多数**亚细亚**的基本形式中，凌驾于所有这一切小的共同体之上的**总合的统一体**表现为**更高的所有者**或**唯一的所有者**，因而实际的公社只不过表现为**世袭的**占有者。因为这种**统一体**是实际的所有者，并且是公共财产的实际前提，所以统一体本身能够表现为一种凌驾于这许多实际的单个共同体之上的**特殊东西**，而在这些单个的共同体中，各个个别的人事实上失去了财产，或者说，财产——即单个的人把劳动和再生产的**自然条件**看做属于他的条件，看做他的主体的以无机自然形式存在的客观躯体这样一种关系——对这个别的人来说是间接的财产，因为这种财产，是由作为这许多共同体之父的专制君主所体现的总的统一体，以这些特殊的公社为中介而赐予他的。因此，剩余产品——其实，这在立法上被规定为通过劳动而实际占有的成果——不言而喻地属于这个最高的统一体。

因此，在东方专制制度下以及那里从法律上看似乎并不存在财产的情况下，这种部落的或公社的财产事实上是作为基础而存在的，这种财产大部分是在小公社范围内通过手工业和农业相结合而创造出来的，因此，这种公社完全能够自给自足，而且在自身中包含着再生产和扩大生产的一切条件。公社的一部分剩余劳动属于最终作为一个**个人**而存在的更高的共同体，而这种剩余劳动既表现在贡赋等等的形式上，也表现在为了颂扬统一体——部分地是为了颂扬现实的专制君主，部分地为了颂扬想象的部落体即神——而共同完成的工程上。

这类公社财产，只要它在这里确实是在劳动中实现的，就或是可能这样表现出来：各个小公社彼此独立地勉强度日，而在公社内部，单个的人则同自己的家庭一起，独立地在分配给他的份地上从事劳动（必须有一定量的劳动，一方面由于**公共储备**，可以说是为了**保险**，另一方面，用于**支付共同体本身的费用**，即用于战争、祭祀等等；正是在这种情况下，例如在斯拉夫公社、罗马尼亚公社等等地方，才第一次出现最原始意义上的领主的财产支配权。在这里奠定了向徭役制过渡的基础等等）；或是可能这样表现出来：统一体能够使劳动过程本身具有共同性，这种共同性能够成为整套制度，例如在墨西哥，特别是在秘鲁，在古代凯尔特人那里，在印度的某些部落中就是这样。

其次，部落体内部的共同性还可能这样表现出来：统一体或是由部落中一个家庭的首领来代表，或是表现为各个家长彼此间的联系。与此相应，这种共同体的形式就或是较为专制的，或是较为民主的。在这种情况下，那些通过劳动而实际占有的共同条件，如在亚细亚各民族中起过非常重要作用的**灌溉渠道**，还有交通工具等等，就表现为更高的统一体，即凌驾于各小公社之上的专制政府的事业。在这里，与这些乡村并存，真正的城市只是在特别适宜于对外贸易的地方才形成起来，或者只是在国家首脑及其地方总督把自己的收入（剩余产品）向劳动相交换，把收入作为劳动基金来花费的地方才形成起来。

[古代的所有制形式]

[IV—52]［所有制的］第二种形式——它也像第一种形式一样，曾经在地域上、历史上等等发生一些重大的变化——是原始部落更为动荡的历史生活、各种遭遇以及变化的产物，它也要以**共同体**作为第一个前提，但不像在第一种情况下那样：共同体是实体，而个人则只不过是实体的偶然因素，或者是实体的纯粹自然形成的组成部分。这第二种形式不是以土地作为自己的基础，而是以城市作为农民（土地所有者）的已经建立的居住地。耕地表现为城市的领土；而不是［像在第一种形式中那样］村庄表现为土地的单纯附属物。

土地本身，无论它的耕作、它的实际占有会有多大障碍，也并不妨碍把它当做活的个体的无机自然，当做他的工作场所，当做主体的劳动资料、劳动对象和生活资料。一个共同体所遭遇的困难，只能是由其他共同体引起的，后者或是先已占领了土地，或是到这个共同体已占领的土地上来骚扰。因此，战争就或是为了占领生存的客观条件，或是为了保护并永久保持这种占领所要求的巨大的共同任务，巨大的共同工作。因此，这种由家庭组成的公社首先是按军事方式组织起来的，是军事组织和军队组织，而这是公社以所有者的资格而存在的条件之一。住处集中于城市，是这种军事组织的基础。

部落体本身导致区分为高级的和低级的氏族，这种区别又由于［胜利者］与被征服部落相混合等等而更加发展起来。

公社财产——作为国有财产——即公有地，在这里是和私有财产分开的。在这里，单个人的财产不像在第一种情况下那样，本身直接就是公社财产，在第一种情况下，单个人的财产并不是同公社分开的个人的财产，相反，个人只不过是公社财产的占有者。

单个人的财产在事实上只靠共同劳动来利用——例如像东方的灌溉渠

道那样——的可能性越少,部落的纯粹自然形成的性质由于历史的运动、迁徙而受到的破坏越大,部落越是远离自己的原来住地而占领**异乡的**土地,因而进入全新的劳动条件并使个人的能力得到更大的发展——部落的共同性质越是对外界表现为并且必然表现为消极的统一体——,那么,单个人变成归他和他的家庭单独耕作的那小块土地——单独的小块土地——的**私有者**的条件就越是具备。

公社(作为国家),一方面是这些自由的和平等的私有者间的相互关系,是他们对抗外界的联合,同时也是他们的保障。在这里,公社组织的基础,既在于它的成员是由劳动的土地所有者即拥有小块土地的农民所组成的,也在于拥有小块土地的农民的独立性是由他们作为公社成员的相互关系来维持的,是由确保公有地以满足共同的需要和共同的荣誉等等来维持的。公社成员的身份在这里依旧是占有土地的前提,但作为公社成员,单个的人又是私有者。他把自己的私有财产看做就是土地,同时又看做就是他自己作为公社成员的身份;而保持他自己作为公社成员的身份,也正是保持公社的存在,反过来也一样,等等。虽然公社(在这里它已经是**历史的产物**,不仅在事实上,而且在人们的意识里也是如此,因而是一个**产生出来的东西**)在这里表现为土地**财产**的前提,也就是说,表现为劳动主体把劳动的自然前提看做属于他所有这种关系的前提,但是,这种"属于"是由他作为国家成员的存在作中介的,是由国家的存在,因而也是由那被看作神授之类的**前提**作中介的。

集中于城市而以周围土地为领土;为直接消费而从事劳动的小农业;作为妻女家庭副业的那种手工业(纺和织),或仅在个别生产部门才独立起来的手工业(fabri[12]等等)。

这种共同体继续存在的前提,是组成共同体的那些自由而自给自足的农民之间保持平等,以及作为他们的财产继续存在的条件的本人劳动。他们把自己看做劳动的自然条件的所有者;但这些条件还必须不断地通过个人本人的劳动才真正成为个人人格的、即个人本人劳动的条件和客观因素。

另一方面,这个小的军事的共同体的趋向,又促使它越出这些限制等等（罗马、希腊、犹太人等等）。

　　尼布尔说："当占卜官的预言使努玛相信神认可了他的当选的时候，这位虔诚的国王首先关心的不是神庙的礼拜，而是人。他把罗慕洛在战争中获得的并交给他占领的土地分配了，制定了特尔米努斯的祭礼。所有古代的立法者，首先是摩西，他们维持善行、公正和美德的法规所以取得成就，其基础就是让尽可能多的公民取得土地所有权，或者，至少要保证尽可能多的公民有世袭的土地占有权。"（［尼布尔］：《罗马史》［1827年柏林］第2版第1卷第245页）

个人被置于这样一种谋生的条件下，其目的不是发财致富，而是自给自足，把自己作为公社成员再生产出来，把自己作为小块土地的所有者并以此资格作为公社成员再生产出来。

公社的继续存在，便是作为自给自足的农民的全体公社成员的再生产，他们的剩余时间正是属于公社，属于战争事业等等。对自己劳动的所有权，是由对劳动条件的所有权即对一块耕地的所有权来作中介的，而对劳动条件的所有权则是由公社的存在而得到保障的，公社又是由公社成员的服兵役等等形式的剩余劳动而得到保障的。公社成员不是通过创造财富的劳动协作来再生产自己，而是通过为了在对内对外方面保持联合体这种共同利益（想象的和现实的共同利益）所进行的劳动协作来再生产自己。财产是魁里特[13]的财产，是罗马人的财产；土地私有者只有作为罗马人才是土地私有者，而作为罗马人，他就是土地私有者。

[日耳曼的所有制形式]

[IV—53] 劳动的个人，即自给自足的公社成员，对他们劳动的自然条件的所有制的第三种形式，是**日耳曼的**所有制。在这种所有制形式下，公社成员本身既不像在东方特有的形式下那样是共同财产的共有者（在财产**仅仅**作为公社财产而存在的地方，单个成员本身只是一块特定土地的**占有者**，或是继承的，或不是继承的，因为财产的每一小部分都不属于任何

单独的成员,而属于作为公社的直接成员的人,也就是说,属于同公社直接统一而不是同公社有别的人。因此,这种单个的人只是占有者。只有**公共财产**,只有**私人占有**。对公共财产的这种占有方式可以发生十分不同的历史的、地域的等等变化,这要看劳动本身是由每一个私人占有者孤立地进行,还是由公社来规定或由凌驾于各个公社之上的统一体来规定);也不像罗马的、希腊的(简言之,古典古代的)形式下那样,土地为公社所占领,是罗马的土地;一部分土地留给公社本身支配,而不是由公社成员支配,这就是各种不同形式的公有地;另一部分则被分割,而每一小块土地由于是一个罗马人的私有财产,是他的领地,是实验场中属于他的一份,因而都是罗马的土地;但他之所以是罗马人,也只是因为他在一部分罗马的土地上享有这样的主权。

["在古代,城市的手工业和商业受蔑视,而农业则受尊敬;在中世纪则相反。"[(尼布尔,同上,第418页)]]

["通过占有公社土地而使用公社土地的权利,最初属于贵族,以后贵族把这种公社土地授予自己的被保护民[14];从公有地中分给财产只适用于平民;一切财产的配与都有利于平民,并且是对某一份公社土地的补偿。除了城墙周围的地带之外,真正的土地财产最初只在平民手里"[(同上,第435~436页)](后来有被接受[加入罗马籍]的农村公社)。]

["罗马平民的本质就在于,像在他们的魁里特所有制中所表现的那样,它是农民的总体。古代人一致认为农业是自由民的本业,是训练士兵的学校。在农业中保存着民族的古老部落,而在外地商人和手工业者定居的城市里这个民族则起了变化,同样,土著居民也被吸引到有利可图的地方去。凡有奴隶制的地方,被释放的奴隶都力图从事这一类职业来谋生,后来往往积蓄大量财富。所以在古代,这些行业总是在他们手里,因而便被认为是不适合公民身份的事情;于是,人们认为允许手工业者获得全权公民的身份是危险的(在更早时期的希

腊人那里，手工业者通常被排斥在全权公民之外）。'任何罗马人都不许作为商人或手工业者谋生'[15]。像中世纪城市史中那种受人尊敬的行会，古代人是根本不懂的；而且在中世纪城市史中，随着行会逐渐压倒氏族，甚至作战精神也趋于消沉，最后竟完全消失了；与此同时，各城市在外界享有的尊崇以及它们的自由，也消失了。"[（同上，第614~615页）]

["古代各国的部落是按两种方式建立的：或按氏族，或按地区……氏族部落比地区部落古老，而且几乎到处都被后者排挤。它们的最极端的、最严格的形式是种姓制度，一个种姓同另一个种姓互相隔离，没有通婚的权利，各个种姓按其地位来说完全不同；每一个种姓有自己专一的、不变的职业……

地区部落最初是同地方划分为区和村相适应的，所以，在实行这种划分时，在克利斯提尼时代的阿提卡地区，凡已经是一个村的居民的人，都以该村的德莫特[16]的资格而编入该村所在地区的部落[17]之内。德莫特的子孙，不问其居住地方何在，照例仍旧属于同一个部落和同一个德莫，这样，这种划分就具有按家世划分的外表……[（同上，第317、318页）]

这种罗马的**氏族**并不是由血缘的亲族组成的。在共同的姓氏之外，西塞罗还要把他们的祖先是自由民作为特殊的标志。罗马的氏族成员有共同的圣地，它后来〈早在西塞罗时代〉就没有了。保存得最久的是对那些既无近亲又无遗嘱的已故同氏族人的财产的继承。在最古时代，帮助遭到非常事故的贫困的同氏族人，是氏族成员应尽的义务。（这最初在日耳曼人中广为流行，而在迪特马申人[18]中保留得最久。）[（同上，第326、328、329、331页）]氏族是联合团体。在古代世界，比氏族更普通的组织是没有的……例如，在盖尔人[19]中，名门望族的坎伯尔家族便和自己的家臣组成一个克兰①。"[（同上，第

---

① 即氏族。——编者注

333、335页)]]

因为贵族在较高的程度上代表共同体,所以他们是公有地的**占有者**,并且通过自己的被保护民等等来利用公有地(后来便逐渐地据为己有)。

日耳曼的公社并不集中在城市中;而单是由于这种集中——即集中在作为乡村生活的中心、作为农民的居住地、同样也作为军事指挥中心的城市中——,公社本身便具有同单个人的存在不同的外部存在。古典古代的历史是城市的历史,不过这是以土地所有制和农业为基础的城市;亚细亚的历史是城市和乡村的一种无差别的统一(真正的大城市在这里只能看做王公的营垒,看作真正的经济结构上的赘疣);中世纪(日耳曼时代)是从乡村这个历史的舞台出发的,然后,它的进一步发展是在城市和乡村的对立中进行的;现代的[历史]是乡村城市化,而不像在古代那样,是城市乡村化。

[V-1][20]当联合在城市中的时候,公社本身就具有了某种经济存在;城市本身的单纯**存在**与仅仅是众多的独立家庭不同。在这里,整体并不是由它的各个部分组成。它是一种独立的有机体。在日耳曼人那里,各个家长住在森林之中,彼此相隔很远的距离,即使从**外表**来看,公社也只有通过公社成员的每次集会才存在,虽然他们的**自在**的统一体包含在他们的亲缘关系、语言、共同的过去和历史等等之中。

因此,**公社**便表现为一种**联合**而不是**联合体**,表现为以土地所有者为独立主体的一种统一,而不是表现为统一体。因此公社事实上不是像在古代民族那里那样,作为**国家**、作为**国家组织**而存在,因为它不是作为**城市**而存在的。为了使公社具有现实的存在,自由的土地所有者必须举行**集会**,而例如在罗马,除了这些集会之外,公社还**存在**于**城市本身**和掌管城市的官吏等等的存在中。

诚然,在日耳曼人那里,也有一种不同于单个人的财产的**公有地**,公社土地或人民土地。这种公有地,是猎场、牧场、采樵地等等,这部分土地,当它必须充当这类特定形式的生产资料时,是不能加以分割的。可是，这种**公有地**却又不像例如在罗马人那里那样，表现为与私有者并列的国家的特殊经济存在，以致这些私有者只有当他们像平民那样**被取消**即被剥夺公有地的使用权时，才会成为真正的**私有者**。

相反，在日耳曼人那里，公有地只是个人财产的补充，并且只有当它被当做一个部落的共同占有物来保卫，以不受敌对部落的侵袭时，它才表现为财产。不是单个的财产表现为以公社为中介，恰好相反，是公社的存在和公社财产的存在表现为以他物为中介，也就是说，表现为独立主体互相之间的关系。实质上，每一单个家庭就是一个经济整体，它本身单独地构成一个独立的生产中心（手工业只是妇女的家庭副业等等）。

在古代世界，城市连同属于它的土地是一个经济整体；而在日耳曼世界，单个的住地就是一个经济整体，这种住地本身仅仅是属于它的土地上的一个点，并不是许多所有者的集中，而只是作为独立单位的家庭。在亚细亚的（至少是占优势的）形式中，不存在个人所有，只有个人占有；公社是真正的实际所有者；所以，财产只是作为**公共的土地财产**而存在。

在古代民族那里（罗马人是最典型的例子，表现的形式最纯粹，最突出），存在着国有土地财产和私人土地财产相对立的形式，结果是后者以前者为中介，或者说，国有土地财产本身存在于这种双重的形式中。因此，土地私有者同时也就是城市的市民。从经济上说，国家公民身份就表现在农民是一个城市的居民这样一个简单的形式上。

在日耳曼的形式中，农民并不是国家公民，也就是说，不是城市居民；相反地，这种形式的基础是孤立的、独立的家庭住宅，这一基础通过同本部落其他类似的家庭住宅结成联盟，以及通过在发生战争、举行宗教活动、解决诉讼等等时为取得相互保证而举行的临时集会来得到保障。在这里，个人土地财产既不表现为同公社土地财产相对立的形式，也不表现为以公社为中介，而是相反，公社只存于这些个人土地所有者本身的相互关系中。公社财产本身只表现为各个个人的部落住地和所占有土地的公共附属物。

［日耳曼的］公社既不是使单个的人只表现为偶然因素的那种实体

[像在东方公社中那样]；也不是[像在古代公社中]那样的一般物，那种一般物本身，无论是在单个人的观念中，还是从城市的存在和公社的城市需要不同于单个人的存在和需要来说，或者从公社的城市土地这种公社特殊存在不同于公社成员的特殊经济存在来说，都是一个**存在着的统一体**。与此相反，[日耳曼]的公社本身，一方面，作为语言、血统等等的共同体，是个人所有者存在的前提；但另一方面，这种公社只存在于公社为着共同目的而举行的**实际集会**中，而就公社具有一种特殊的经济存在（表现为共同使用猎场、牧场等等）而言，它是被每一个个人所有者以个人所有者的身份来使用，而不是以国家代表的身份（像在罗马那样）来使用的。这实际上是个人所有者的公共财产，而不是在城市中另有其特殊存在而与单个人相区别的那种个人所有者联合体的共同财产。

[公社制的生产关系的局限性]

这里问题的关键其实在于：在所有这些形式中，土地财产和农业构成经济制度的基础，因而经济的目的是生产使用价值，是在个人对公社（个人构成公社的基础）的一定关系中**把个人再生产**出来——在所有这些形式中，都存在着以下的特点：

（1）对劳动的自然条件的占有，即对**土地**这种最初的劳动工具、实验场和原料贮藏所的占有，不是通过劳动进行的，而是劳动的前提。个人把劳动的客观条件简单地看做是自己的东西，看做是使自己的主体性得到自我实现的无机自然。劳动的主要客观条件本身并不是劳动的**产物**，而是已经存在的**自然**。[V—2]一方面，是活的个人，另一方面，是作为个人再生产的客观条件的土地。

（2）但是，这种把土地，把大地当做劳动的个人的财产来看待的**关系**——因此，个人从一开始就不表现为单纯劳动的个人，不表现在这种抽象形式中，而是拥有土地财产作为**客观的存在方式**，这种客观的存在方式是他的活动的**前提**，并不是他的活动的简单结果，这和他的皮肤或他的感官一样是他的活动的前提，这些东西在他的生命过程中虽然也被他再生产并加以发展等等，但毕竟作为前提存在于再生产过程本身之前——，直接要以个人作为**某一公社成员**的自然形成的、或多或少历史地发展了的和变化了的存在，要以他作为部落等等成员的自然形成的存在为中介。

孤立的个人是完全不可能有土地财产的，就像他不可能会说话一样。诚然，他能够像动物一样，把土地作为实体来维持自己的生存。把土地当做财产，这种关系总是要以处在或多或少自然形成的或历史地发展了的形式中的部落或公社占领土地（和平地或暴力地）为中介。在这里，个人决不可能像单纯的自由工人那样表现为单个的点。如果说，个人劳动的客观条件是作为属于他所有的东西而成为前提，那么，在主观方面，个人本身作为某一公社的成员就成为前提，因为他对土地的关系是以公社为中介的。他对劳动的客观条件的关系是以他作为公社成员的身份为中介的；另一方面，公社的现实存在，又由个人对劳动的客观条件的所有制的一定形式来决定。不管这种以公社成员身份为中介的所有制，究竟是表现为**公共所有制**（在这种情况下，单个人只是占有者，不存在土地的私有制）；还是这种所有制表现为国家所有同私人所有相并列的双重形式（不过在这种情况下，后者决定于前者，因而只有国家公民才是并且必定是私有者，但另一方面，作为国家公民，他的所有制又同时具有特殊的存在）；最后，还是这种公社所有制仅仅表现为个人所有制的补充（在这种情况下，个人所有制表现为公社所有制的基础，而公社本身，除了存在于公社成员的**集会**中和他们为共同目的的联合中以外，完全不存在），——不管怎样，公社成员或部落成员对部落土地的关系，即对部落所定居的土地的关系的这种种不同的形式，部分地取决于部落的自然性质，部分地取决于部落现在实际上在怎样的经济条件下以所有者的身份对待土地，就是说，通过劳动来获取土地的果实；而这一点本身又取决于气候，土壤的自然特性，由自然条件决定的土壤利用方式，同敌对部落或四邻部落的关系，以及由迁移、历史事件等等引起的变动。

要使公社本身照老样子继续存在下去，公社成员的再生产就必须在被作为前提的客观条件下进行。生产本身，人口的增长（这也属于生产），必然要逐渐扬弃这些条件，破坏这些条件，而不是加以再生产等等，这样，共同体就同作为其基础的所有制关系一起瓦解了。

亚细亚形式必然保持得最顽强也最长久。这取决于亚细亚形式的前提：单个人对公社来说不是独立的，生产的范围限于自给自足，农业和手工业结合在一起，等等。

如果单个人改变自己对公社的关系，他也就在改变公社，破坏公社，同样也破坏公社的经济前提；另一方面，这种经济前提也发生变化——由于本身的辩证法而发生变化，贫穷化等等。尤其是由于战争和征服的影响，例如在罗马，这本质上属于公社本身的经济条件——，作为公社基础的实际纽带遭到破坏。

在所有这些形式中，发展的基础都是单个人对公社的**被作为前提的关系**——或多或少是自然地或又是历史地形成的但已变成传统的关系——的**再生产**，以及他对劳动条件和对劳动同伴、对同部落人等等的关系上的**一定的**、对他来说是**前定的**、**客观的**存在。因此，这种基础从一开始就是有**局限的**，而随着这种局限的消除，基础就崩溃和灭亡了。在罗马人那里，奴隶制的发展、土地占有的集中、交换、货币关系、征服等等，正是起着这样的作用，虽然所有这些因素在达到某一定点以前似乎还和基础相容，部分地似乎只是无害地扩大着这个基础，部分地似乎只是从这个基础中生长出来的恶习。这里，在一定范围内可能有很大的发展。个人可能表现为伟大的人物。但是，在这里，无论个人还是社会，都不能想象会有自由而充分的发展，因为这样的发展是同原始关系相矛盾的。

[V—3]哪一种土地所有制等等的形式最有生产效能，能创造最大财富呢？我们在古代人当中不曾见到有谁研究过这个问题。[在古代人那里，]财富不表现为生产的目的，尽管卡托能够很好地研究哪一种土地耕作法最有利，布鲁土斯甚至能够按最高的利率放债。人们研究的问题总是，哪一种所有制方式会造就最好的国家公民。财富表现为目的本身，这只是少数商业民族——转运贸易的垄断者——中才有的情形，这些商业民族生活在古代世界的缝隙中，正像犹太人生活在中世纪社会中的情形一样。问题在于，一方面，财富是物，它体现在人作为主体与之相对立的那

种物即物质产品中；另一方面，财富作为价值，是对他人劳动的单纯支配权，不过不是以统治为目的，而是以私人享受等等为目的。在所有这一切形式中，财富都以物的形态出现，不管它是物也好，还是以存在于个人之外并偶然地同他并存的物为中介的关系也好。

因此，古代的观点和现代世界相比，就显得崇高得多，根据古代的观点，人，不管是处在怎样狭隘的民族的、宗教的、政治的规定上，总是表现为生产的目的，在现代世界，生产表现为人的目的，而财富则表现为生产的目的。事实上，如果抛掉狭隘的资产阶级形式，那么，财富不就是在普遍交换中产生的个人的需要、才能、享用、生产力等等的普遍性吗？财富不就是人对自然力——既是通常所谓的"自然"力，又是人本身的自然力——的统治的充分发展吗？财富不就是人的创造天赋的绝对发挥吗？这种发挥，除了先前的历史发展之外没有任何其他前提，而先前的历史发展使这种全面的发展，即不以**旧有的**尺度来衡量的人类全部力量的全面发展成为目的本身。在这里，人不是在某一种规定性上再生产自己，而是生产出他的全面性；不是力求停留在某种已经变成的东西上，而是处在变易的绝对运动之中。

在资产阶级经济以及与之相适应的生产时代中，人的内在本质的这种充分发挥，表现为完全的空虚化；这种普遍的对象化过程，表现为全面的异化，而一切既定的片面目的的废弃，则表现为为了某种纯粹外在的目的而牺牲自己的目的本身。因此，一方面，稚气的古代世界显得较为崇高。另一方面，古代世界在人们力图寻求闭锁的形态、形式以及寻求既定的限制的一切方面，确实较为崇高。古代世界是从狭隘的观点来看的满足，而现代则不给予满足；换句话说，凡是现代表现为自我满足的地方，它就是**鄙俗**的。

[蒲鲁东对财产的起源问题的错误看法]

蒲鲁东先生称之为财产——他所理解的财产正是指土地财产——的**非经济**起源的那种东西[21]，就是个人对劳动的客观条件的，首先是对劳动的**自然客观条件的资产阶级以前的**关系，因为，正像劳动的主体是自然的个人，是自然存在一样，他的劳动的第一个客观条件表现为自然，土地，表现为他的无机体；他本身不但是有机体，而且还是这种作为主体的无机自然。这种条件不是他的产物，而是预先存在的；作为他身外的自然存在，是他的前提。

在我们进一步分析这个问题之前，还要指出下面一点：好样的蒲鲁东不但能够，而且一定会同样振振有词地给作为财产形式的**资本和雇佣劳动**扣上**非经济**起源的罪名。因为，劳动的客观条件在工人方面作为跟他相分离的东西、作为**资本**出现，和工人在资本家方面作为无财产者、作为抽象工人出现，——价值同活劳动之间发生的交换，是以一个**历史过程**为前提的（虽然资本和雇佣劳动这两者本身再生产着这种关系，并且在其客观的广度上以及深度上都发展着这种关系），这种历史过程正如我们所看到的，就是资本与雇佣劳动的起源史。

换句话说：财产的**非经济起源**，无非就是资产阶级经济的**历史起源**，即在政治经济学各种范畴中得到理论或观念表现的那些生产形式的**历史起源**。可是，资产阶级以前的历史及其每一阶段也有自己的**经济**和运动的**经济基础**这一事实，归根到底不过是这样一个同义反复，即人们的生活自古以来就建立在生产上面，建立在这种或那种**社会生产**上面，这种社会生产的关系，我们恰恰就称之为经济关系。

生产的原始条件（或者同样也可以说：由于两性间的自然过程而增多的人的再生产的原始条件；因为这种再生产，一方面表现为主体对客体的占有，另一方面，同样也表现为客体的塑形，客体从属于主体的目的，客体转化为主体活动的结果和容器）最初**本身不可能是生产出来的**，不可能是生产的结果。需要说明的，或者成为某一［V—4］历史过程的结果的，不是活的和活动的人同他们与自然界进行物质变换的自然无机条件之间的**统一**，以及他们因此对自然界的占有；而是人类存在的这些无机条件同这种活动的存在之间的**分离**，这种分离只是在雇佣劳动与资本的关系中才得到完全的发展。

在奴隶制关系和农奴制关系中，没有这种分离；而是社会的一部分被社会的另一部分当做只是自身再生产的**无机自然**条件来对待。奴隶同他的劳动的客观条件没有任何关系；而**劳动**本身，无论是奴隶形式的还是农奴形式的，都被**作为生产的无机条件**与其他自然物列为一类，即与牲畜并列的，或者是土地的附属物。

换句话说：生产的原始条件表现为自然前提，即**生产者的自然生存条件**，正如他的活的躯体一样，尽管他再生产并发展这种躯体，但最初不是由他本身创造的，而是他本身的**前提**；他本身的存在（肉体存在），是一种并非由他创造的自然前提。被他当做属于他所有的无机体来看待的这些**自然生存条件**，本身具有双重的性质：（1）是主体的自然，（2）是客体的自然。生产者作为家庭、部落、特里布斯[22]等等——它们后来和别的家庭、部落、特里布斯等等相混合、相对立，而在历史上采取各种不同的形态——的一个成员而存在，并且作为这样一个成员，他把一定的自然（这里说的还是土地）当做是自身的无机存在，当做是自身的生产和再生产的条件。作为共同体的一个天然的成员，他分享公共的财产，并占有自己单独的一份；正如他生来是罗马公民，对公有地有（至少是）观念上的要求权，而对于若干罗马亩的土地则有实际上的要求权一样，等等。

他的**财产**，即他把他的生产的自然前提看做属于他的，看做他**自己的东西**这样一种关系，是以他本身是共同体的天然成员为中介的。（共同体的抽象，即其成员除语言等等而外几乎毫无共同的东西，甚至语言也不一定是共同的，这显然是晚得多的历史状况的产物。）例如，就单个的人来说，很清楚，他只是作为某一人类共同体的天然成员，才把语言看做是**自己的**。把语言看做单个人的产物，这是荒谬绝伦的。同样，财产也是如此。

语言本身是一定共同体的产物，同样从另一方面说，语言本身就是这个共同体的存在，而且是它的不言而喻的存在。

[像人们在秘鲁所看到的那种共同生产和公有制，显然是一种**派生**形式，它们是由一些征服者部落所引入的和传输进来的，这些部落在其故乡所熟悉的是一种古代的更简单的——如在印度和斯拉夫人那里所存在

的——公有制和共同生产。同样,例如在威尔士的凯尔特人那里我们所遇到的那种形式,看来是传输到他们那里去的,也是**派生的**,是由征服者引入处于较低发展阶段的被征服部落的。这些制度是由一个**最高中心**加以完善并系统地造成的,这证明它们的形成较晚。正如引入英格兰的封建主义,按其形式来说,比在法兰西自然形成的封建主义较为完备一样。]

[在游牧的畜牧部落——所有畜牧民族最初都是游牧的——那里,土地和其他自然条件一样,是以原始的无穷无尽的形式出现的,例如亚洲的草原和亚洲高原的情形就是这样。土地被用做牧场等等,在土地上放牧畜群,畜牧民族则靠畜群生存。他们把土地当做自己的财产,虽然他们从来没有把这种财产固定下来。在美洲蒙昧的印第安部落中,狩猎地区便是这一类财产;部落把某一地区认做自己的狩猎地盘,并用强力保护它免受其他部落侵犯,或者是设法把其他部落从他们所占有的地盘上赶走。在游牧的畜牧部落中,公社事实上总是聚集在一起的;这是旅行团体,是结队旅行者,是游牧群,而上下级从属关系的形式便由这种生活方式的条件中发展出来。在这里,**被占有**和**再生产的**,事实上只是畜群,而不是土地,在每一处停留地上土地都是被暂时**共同**使用的。]

某一个共同体,在它把生产的自然条件——土地(如果我们立即来考察定居的民族)——当做**自己**的东西来对待时,会碰到的唯一障碍,就是业已把这些条件当做自己的无机体而加以占据的**另一共同体**。因此**战争**就是每一个这种自然形成的共同体的最原始的工作之一,既用以保护财产,又用以获得财产。

(在这里,事实上我们可以仅限于论述原始的土地所有制,因为在畜牧民族那里,对天然的产品——例如绵羊——的所有,同时也就是对他们所游牧的草地的所有。一般说来,土地财产也包括土地上的有机产物财产在内。)

[如果把人本身[V—5]也作为土地的有机附属物而同土地一起加以夺取,那么,这也就是把他作为生产条件之一而一并加以夺取,这样便产生奴隶制和农奴制,而奴隶制和农奴制很快就败坏和改变一切共同体的原

始形式，并使自己成为它们的基础。简单的组织因此便取得了否定的规定。]

所以，**财产**最初无非意味着这样一种关系：人把他的生产的自然条件看做是属于他的、看做是自己的、看做是**与他自身的存在一起产生的前提**；把它们看做是他本身的**自然前提**，这种前提可以说仅仅是他身体的延伸。其实，人不是同自己的生产条件发生关系，而是人双重地存在着：从主体上说作为他自身而存在着，从客观上说又存在于自己生存的这些自然无机条件之中。

这些**自然生产条件**的形式是双重的：(1) 人作为某个共同体的成员而存在；因而，也就是这个共同体的存在，其原始形式是**部落体**。是或多或少发生变化的**部落体**；(2) 以共同体为中介，把**土地**看做**自己的**土地，公共的土地财产对个人来说同时又是**个人占有物**；或者是这样：只有［土地的］果实实行分配，而土地本身及其耕作仍然是共同的。（但**住所**等等，哪怕是西徐亚人的四轮车，也总是由个人占有。）对活的个体来说，生产的自然条件之一，就是他属于某一**自然形成的社会**，部落等等。这一点，就已经是例如他的语言等等的条件了。他自身的生产存在，只有在这个条件下才是可能的。他的主体存在本身要以此为条件，正如他的这种存在同样要以他把土地看做是自己的实验场为条件一样。

（诚然，财产最初是**动产**，因为人起先占有的是土地的现成果实，其中也包括动物，特别是可驯养的动物。但是，甚至这样的情况，狩猎、捕鱼、游牧、以采集树木果实为生等等，也总是以占有土地为前提，或者是把土地作为固定住地，或者是供往来游动，或者是用做动物的牧场等等。）

可见，**财产**意味着：个人属于某一**部落**（共同体）（意味着在其中有着主客体的存在），并以这个共同体把土地看做是它的无机体这种关系为中介，个人把土地，把外在的原始生产条件（因为土地同时既是原料，又是工具，又是果实）看做是属于他的个体的前提，看做是他的个体的存在方式。**我们把这种财产归结为对生产条件的关系**。为什么不是对消费条件的关系呢？个人的生产行为最初难道不是限于占有现成的、自然界本身业已为消费准备好的东西来再生产他自身的躯体吗？即使在那些只须**找到**、**发现**这些东西的地方，也很快就要求个人做出努力、付出劳动（如狩猎、捕鱼、游牧），要求主体生产出（也就是发展）某些能力。再说，人们可以取用现有的东西，而无须使用任何工具（工具本身已经是预定供生产之用的劳动产品），无须改变现有东西的形式（这种改变甚至在游牧中就已发生了）等等的这样一种状态，是非常短暂的，在任何地方也不能被认为是事物的正常状态，甚至也不能被认为是正常的原始状态。此外，原始的生产条件当然包括不经劳动而直接可以消费的物品，如果实、动物等等；所以说消费储备本身就是**原始生产储备**的一个组成部分。

以部落体（共同体最初就归结为部落体）为基础的财产的基本条件就是：必须是部落的一个成员。这就使被这个部落所征服或制服的其他部落**丧失财产**，而且使它沦为这个部落的再生产的**无机条件**之一，共同体把这些条件看做是自己的东西。所以奴隶制和农奴制只是这种以部落体为基础的财产的继续发展。它们必然改变部落体的一切形式。在亚细亚形式下，它们所能改变的最少。这种财产形式是建立在自给自足的工农业统一之上的，在这种情况下，和在**土地财产**、**农业**独占统治的地方不同，征服[其他共同体]并不是必要条件。另一方面，因为在这种形式下，单个的人从来不能成为所有者，而只不过是占有者，所以他本身实质上就是作为公社统一体的体现者的那个人的财产，即奴隶。而奴隶制在这里既不破坏劳动的条件，也不改变本质的关系。

[公社和以公社为基础的所有制解体的原因]

[V—6] 其次，很清楚：

既然财产仅仅是有意识地把生产条件看做是**自己的**东西这样一种关系（对于单个的人来说，这种关系是由共同体造成、并宣布为法律和加以保证的），也就是说，既然生产者的存在表现为一种在**属于他**所有的客观条件中的存在，那么，财产就只是通过生产本身才实现的。实际的占有，从一开始就不是发生在对这些条件的想象的关系中，而是发生在对这些条件的能动的、现实的关系中，也就是这些条件实际上成为的主体活动的条件。

可是同时也很清楚：**这些条件是改变着的**。一块地方只是由于部落在那里打猎才成为狩猎地区；土地只是由于耕作才成为个人身体的延伸。在**罗马城**建起来而其周围的土地被罗马公民耕种之后，共同体的条件便和以前不同了。所有这些共同体的目的就是把形成共同体的个人作为所有者保持下来，即**再生产出来，也就是说**，在这样一种客观存在方式中把他们再生产出来，这种客观存在方式既形成公社成员之间的关系，同时又因而形成公社本身。但是，这种再生产必然既是旧形式的重新生产，同时又是**旧形式的破坏**。例如，在每一个人均应占有若干亩土地的地方，人口的增长就给这样做造成了障碍。要想消除这种障碍，就得向外殖民，要实行殖民就必须进行征服战争。这样就有奴隶等等。还有，例如，公有地扩大了，这样代表共同体的贵族就增加了等等。

可见，旧共同体的保存包含着被它当做基础的那些条件的破坏，这种保持会转向对立面。例如，如果设想，原有土地面积上的生产率能够通过发展生产力等等（在旧的传统的耕作方式下，这种发展恰好是最缓慢的）而提高，那么，这就意味着会有新的劳动方式，新的劳动结合，每天会有很大一部分时间用在农业上等等，而这又会破坏共同体的旧有的经济条件。在再生产的行为本身中，不但客观条件改变着，例如乡村变为城市，荒野变为开垦地等等，而且生产者也改变着，他炼出新的品质，通过生产而发展和改造着自身，造成新的力量和新的观念，造成新的交往方式，新的需要和新的语言。

生产方式本身越是保持旧的传统——而这种传统方式在农业中保持得很久，在东方的那种农业与工业的结合中，保持得更久——，也就是说，占有的**实际过程**越是保持不变，那么，旧的所有制形式，从而共同体本身，也就越是稳固。

凡是公社成员作为私有者已经同作为城市公社以及作为城市领土所有者的自身分开的地方，那里也就出现了单个的人可能**丧失**自己的财产的条件，也就是丧失使他既成为平等公民即共同体成员，又成为**所有者**的那种双重关系。在东方的形式中，如果不是由于纯粹外界的影响，这样的**丧失**几乎是不可能的，因为公社的单个成员对公社从来不处于可能会使他丧失他同公社的联系（客观的、经济的联系）的那种自由的关系之中。他是同公社牢牢地长在一起的。其原因也在于工业和农业的结合，城市（乡村）和土地的结合。

在古代人［希腊人和罗马人］那里，工业已被认为是有害的职业（是释放的奴隶、被保护民、外地人干的事情）等等。生产劳动的这种发展（这种劳动作为只是为农业和战争服务的自由人的家庭劳动，或者作为为宗教仪式和共同体服务的工业，如建造房屋、修筑道路、兴建庙宇等等，而从单纯从属于农业的状况中摆脱出来），是必然会有的，这是由于同外地人交往，由于有奴隶，由于要交换剩余产品等等；这种发展使那种成为共同体的基础的、因而也成为每一个**客体的个人**（即作为罗马人、希腊人等等的个人）的基础的生产方式发生解体。交换也起同样的作用；还有债务等等。

共同体（部落体）的特殊形式和与它相联系的对自然界的所有权这二者的原始统一，或者说，把生产的客观条件当做自然存在，当做以公社为中介的单个人的客观存在这样一种关系——这种统一一方面表现为一种特殊的所有制形式——，在一定**生产方式**本身中具有其活生生的现实性；这种生产方式既表现为个人之间的相互关系，又表现为他们对无机自然的一定的能动的关系，［V—7］表现为一定的劳动方式（这种劳动方式总是表现为家庭劳动，常常是表现为公社劳动）。作为第一个伟大的生产力出现的是共同体本身；特殊的生产条件（例如畜牧业、农业）发展起特殊的生产方式和特殊的生产力，既包括表现为个人特性的主体的生产力，也包括客体的生产力。

劳动主体所组成的共同体，以及以此共同体为基础的所有制，归根到底归结为劳动主体的生产力发展的一定阶段，而和该阶段相适应的是劳动主体相互间的一定关系和他们对自然的一定关系。直到某一点为止，是再生产。然后，便转入解体。

因此，**财产**最初（在它的亚细亚的、斯拉夫的、古代的、日耳曼的形式中）意味着，劳动的（进行生产的）主体（或再生产自身的主体）把自己的生产或再生产的条件看做是自己的东西这样一种关系。因此，它也将依照这种生产的条件而具有种种不同的形式。生产本身的目的是在生产者的这些客观存在条件中并连同这些客观存在条件一起把生产者再生产出来。个人把劳动条件看做是自己的财产（这不是劳动即生产的结果，而是其前提），是以个人作为某一部落体或共同体的成员的一定的存在为前提的（他本身直到某一点为止是共同体的财产）。

在奴隶制、农奴制等等之下，劳动者本身表现为服务于某一第三者个人或共同体的自然生产条件之一（这**不**适用于例如东方的普遍奴隶制；这**只**是从欧洲的观点来看的）；因而，财产就不再是亲身劳动的个人对劳动客观条件的关系了。奴隶制、农奴制等等总是派生的形式，而决不是原始的形式，尽管它们是以共同体和以共同体中的劳动为基础的那种所有制的必然的和合乎逻辑的结果。

当然，可以非常简单地设想一下，有个体力超群的大力士，起先捉野兽，后来便捉人，迫使人去捉野兽，总之，像利用自然界中任何其他生物一样，也把人当做自然界中现有的条件之一，用于自己的再生产（这时他自己的劳动就归结为统治等等）。可是，这样的看法是荒谬的——尽管它就某一个部落体或共同体来看是很对的——，因为它是从**孤立的**人的发展出发的。

人只是在历史过程中才孤立化的。人最初表现为**类存在物，部落体，群居动物**——虽然决不是政治意义上的政治动物。交换本身就是造成这种孤立化的一种主要手段。它使群的存在成为不必要，并使之解体。然而，一旦事情变成这样，即人作为孤立的个人只和自己发生关系，那么使自己确立为一个孤立的个人所需要的手段，就又变成使自己普遍化和共同化的东西。在这种共同体里，单个的人作为所有者（比如说作为土地所有者）的客观存在就是前提，而且这又是发生在一定的条件之下，这些条件把单个的人锁在这个共同体上，或者更确切些说，使之成为共同体锁链上的一环。例如在资产阶级社会里,工人完全丧失了客体条件,他只是在主体上存在着;而和他**对立的东西**,现在却变成**真正的共同体**,工人力图吞食它,但它却吞食着工人。

共同体以主体与其生产条件有着一定的客观统一为前提的,或者说,主体的一定的存在以作为生产条件的共同体本身为前提的所有一切形式(它们或多或少是自然形成的,但同时也都是历史过程的结果),必然地只和有限的而且是原则上有限的生产力的发展相适应。生产力的发展使这些形式解体,而它们的解体本身又是人类生产力的发展。人们先是在一定的基础上——起先是自然形成的基础,然后是历史的前提——从事劳动的。可是到后来,这个基础或前提本身就被扬弃,或者说成为对于不断前进的人群的发展来说过于狭隘的、正在消灭的前提。

……

卡·马克思大约写于 1857 年底 ~ 1858 年 5 月

中文根据《马克思恩格斯全集》1939 ~ 1941 年第一次用德文以单行本形式在莫斯科出版,书名是:《政治经济学批判大纲(草稿)(1857—1858)》

原文是德文

选自《马克思恩格斯文集》第 8 卷,人民出版社,2009,第 123 ~ 148 页

注释:

[1]《政治经济学批判(1857—1858 年手稿)》是《资本论》的最初草稿,被称为《资本论》第一稿。这部手稿篇幅巨大,总计 50 印张以上,在《资本论》创作史和马克思主义发展史上占有非常重要的地位,被认为是第一个里程碑。马克思在 1858 年 11 月 12 日给斐·拉萨尔的信中说:"它是 15 年的即我一生中的黄金时代的研究成果。"(见《马克思恩格斯文集》第 10 卷,第 167 页)在这部手稿中,马克思第一次提出了劳动二重性理论,创立了剩余价值理论,从而实现了他一生中的第二个伟大发现。手稿的内容十分丰富,从中不仅可以看到《资本论》中许多基本原理的制定过程和对一些原理的详细阐释,还

可以看到《资本论》中没有包括的许多精辟思想。

本卷从这部手稿中摘选了13个片断作为对《资本论》理论的补充和阐发，摘选的内容主要包括：关于资本主义生产以前的各种所有制形式的论述；关于人类历史发展的三种社会形式的论述；关于商品、货币和资本的本质和矛盾的分析；对机器体系的出现和应用所作的评价；对未来共产主义社会的某些预测，等等。

这部手稿包含在马克思用罗马数字注明Ⅰ—Ⅶ的七个手稿笔记本中。在最后的一个笔记本即第Ⅶ本的封面上，马克思亲笔写了《政治经济学批判》的标题。《政治经济学批判》可以认为是全部手稿的总标题，标题后面圆括号中的"1857~1858年手稿"，是后来出版这部手稿时编者加的，以便与其他年代写的同一标题的手稿相区别。手稿没有注明写作日期，据考证，很可能写于1857年第4季度~1858年5月底。

这部手稿不是为出版而写的，它的结构是在写作过程中逐步形成的，思想进程往往为各种插论所打断。手稿一开始是第二章《货币章》，内容是针对蒲鲁东主义者路·达里蒙的银行改革理论论述了生产商品的劳动二重性和货币的本质问题。接着是篇幅很大的第三章《资本章》，包括《资本的生产过程》、《资本的流通过程》和《资本作为结果实的东西。利息。利润》三大部分。在手稿的最后一页上，马克思起草了第一章的开头，虽然这一章以《价值》为标题，但内容是分析商品问题的。

在马克思和恩格斯生前，这部手稿一直没有发表，1939~1941年才在莫斯科第一次用德文原文出版，编者加的标题是《政治经济学批判大纲（草稿）（1857—1858）》，从此这部手稿就以《政治经济学批判大纲》闻名于世。这部手稿的中译文收入《马克思恩格斯全集》中文第1版第46卷上下册（1979、1980年版）和《马克思恩格斯全集》中文第2版第30、31卷（1995、1998年版），中文第2版的译文是在中文第1版译文的基础上根据《马克思恩格斯全集》历史考证版第2部分第1卷第1、2分册重新校订的。本卷各段摘录的中译文采自《马克思恩格斯全集》中文第2版。

[2] 这个片断，写在手稿第Ⅰ笔记本第20~28页上，属于《货币章》的内容。其中除集中论述了交换价值和社会交换关系的性质以及货币的必然性之外，还谈到了人类社会联系发展的三大形式，谈到了在未来的社会中，时间节约的

规律将成为首要的经济规律等重要思想。这个片断摘自《马克思恩格斯全集》中文第 2 版第 30 卷，第 105~123 页，标题是编者加的。

[3] 所谓把货币比做语言，显然是指约·弗·布雷《劳动的不公正现象及其解决办法》1839 年利兹版第 141 页上的比喻。

[4] 威·配第在《政治算术论文集》1699 年伦敦版第 178~179 页上说："商业的伟大的和最后的成果，不是一般财富，而主要是充裕的白银、黄金和珠宝。充裕的葡萄酒、谷物、家禽、肉类等等是财富，但只是一时一地的财富。因此，生产这些商品和从事这种贸易，以保证国家获得金银，这比其他活动更为有利。"

[5] 这段引文摘自色诺芬《论增加雅典国家的收入或赋税》第 1 章第 4 节和第 5 节。载于《色诺芬文存》，约·哥·施奈德编，1815 年莱比锡版第 6 卷第 143 页。

[6] 氏族（或部落）的原文是"Stamm"，这一术语在 19 世纪中叶的历史科学中含义比现在要广，它表示渊源于同一祖先的人们的共同体，包括近代所谓的"氏族"（Gens）和"部落"（Stamm）两个概念。另外，马克思关于原始社会和早期部落制中家庭关系的观点，即认为人们最初先是形成为"家庭"，然后从家庭发展和扩大而成为"氏族"，也是沿用当时历史科学中的观点。美国的著名民族学家路·亨·摩尔根在《古代社会》（1877 年）中第一次把"氏族"和"部落"区分开来，并下了准确的定义，第一次阐明了氏族作为原始公社制度的主要基层单位的意义。瑞士历史学家约·雅·巴霍芬的《母权论》（1861 年）也在古代社会和民族学的研究方面作了新贡献。马克思和恩格斯后来吸收了这些新研究成果，从马克思对摩尔根著作的摘录中可以看出他关于氏族和家庭之间关系的新观点，即氏族是以血缘为基础的人类社会的原始形式，氏族纽带的解体，才发展起各种形式的家庭。恩格斯在 1884 年写的《家庭、私有制和国家的起源》（见《马克思恩格斯文集》第 4 卷）中全面阐述了这些新见解。恩格斯还为《资本论》第一卷第十二章（见《马克思恩格斯文集》第 5 卷 407 页）加了关于氏族和家庭的关系的脚注（50a）。

[7] 马克思在《伦敦笔记》第二加工阶段的笔记《完成的货币体系》第 41 页中摘录了一段引文，其中把货币说成"物和人之间的纽带"（nexus rerum ethominum），而不只是"物的联系"（nexus rerum）。同时他在引文后注明第

34页。不能确定这段引文与什么问题有关。因为我们没有找到前面的那些页笔记。马克思把货币说成"物和人之间的纽带",他指的是人的社会关系的状况,这种状况是过去占统治地位的一切关系——家长制的、封建的、家族的、宗教的,即被迫让位于"现金"统治的那一切关系——解体的结果。

[8] 威·杰科布关于把黄金从流通领域中取出用作奢侈品的描述,见他的《贵金属生产和消费的历史研究》1831年伦敦版第2卷,第270～323页。马克思在《政治经济学批判》第1分册第2章第3节(a)《货币贮藏》中曾提到杰科布的观点。

[9]《罗马法全书》是调节罗马奴隶制社会的关系的一部民法汇编,它是6世纪查士丁尼皇帝在位时编纂的。全书包括《查士丁尼法典》、《学说汇纂》、《法学阶梯》和《新律》四个部分。马克思在这里可能引自《法学阶梯》的下列条文:1."凡奴隶所得之物,皆为其主人所得之物"(《法学阶梯》I,8)。3."受另一人支配的奴隶本身不得拥有财产"。(同上,II,9)。

[10] 这是马克思在《原始积累》之后写的独立的一节,写在手稿第IV笔记本第50～53页和第V笔记本第1～15页上。标题采自马克思在《我自己的笔记本的提要》中为手稿第IV笔记本第50～53页及其后续部分所加的提示。在这个《提要》中,马克思还为手稿第V笔记本第1～15页加了另一标题:《资本关系形成以前或原始积累以前的过程》。本片断摘自《马克思恩格斯全集》中文第2版第30卷,第465～510页。

[11] 氏族(或部落)的原文是"Stamm",这一术语在19世纪中叶的历史科学中含义比现在要广,它表示渊源于同一祖先的人们的共同体,包括近代所谓的"氏族"(Gens)和"部落"(Stamm)两个概念。另外,马克思关于原始社会和早期部落制中家庭关系的观点,即认为人们最初先是形成为"家庭",然后从家庭发展和扩大而成为"氏族",也是沿用当时历史科学中的观点。美国的著名民族学家路·亨·摩尔根在《古代社会》(1877年)中第一次把"氏族"和"部落"区分开来,并下了准确的定义,第一次阐明了氏族作为原始公社制度的主要基层单位的意义。瑞士历史学家约·雅·巴霍芬的《母权论》(1861年)也在古代社会和民族学的研究方面作出了新贡献。马克思和恩格斯后来吸收了这些新研究成果,从马克思对摩尔根著作的摘录中可以看出他关于氏族和家庭之间关系的新观点,即氏族是以血缘为基础的人类社

会的原始形式，氏族纽带的解体，才发展起各种形式的家庭。恩格斯在1884年写的《家庭、私有制和国家的起源》（见《马克思恩格斯文集》第4卷）中全面阐述了这些新见解。恩格斯还为《资本论》第一卷第十二章（见《马克思恩格斯文集》第5卷，第407页）加了关于氏族和家庭的关系的脚注（50a）。

[12] fabri（古罗马的匠人），指加工硬质材料的木工、锻工等。

[13] 魁里特（quiritarium）是古罗马全权公民的正式名称，它是从古罗马平民（Quiriten）这个词派生出来的。

[14] 被保护民是依附于古罗马贵族的受保护的贫民，按其阶级性来说，处于自由民与被解放的奴隶之间。

[15] "任何罗马人都不许作为商人或手工业者谋生"，这句话出自哈利卡纳苏的狄奥尼修斯《古代罗马史》第9册第25页。马克思转引自巴·格·尼布尔《罗马史》1827年柏林第2版（全部改写的）第1卷，第615页第390注。

[16] 德莫特，在古希腊居住在德莫（自治区）内、享有充分权利的全体公民，与奴隶和异邦人不同，都被称做德莫特（意即希腊人民）。在公元前508年克利斯提尼改革后，德莫是阿提卡的最小行政单位，它在农村中包括一两个村庄，在雅典则包括一个城区。

[17] 部落（Phyle，指地区部落）是希腊人在氏族制度中对各氏族联合体的名称，它由好几个氏族分支组成，形成一个宗教团体，拥有自己的祭司和官员。在阿提卡，克利斯提尼实行改革时，把4个老的部落改为10个区域选区，即地区部落，这些地区部落各由10个德莫组成。这种部落和过去的血缘部落不同，它们不仅是一种自治的政治组织，而且也是一种军事组织。见恩格斯《家庭、私有制和国家的起源》中的《五 雅典国家的产生》（《马克思恩格斯文集》第4卷）。

[18] 迪特马申人是指迪特马申的居民。迪特马申是德国北部的一个地区，曾是自由民的一个要塞。自由民曾长期保留公社制度，反抗德国和丹麦封建主的征服。到14世纪，迪特马申的最高权力属于全体土地自由占有者大会，后来转归三个由选举产生的委员会。1559年丹麦国王征服迪特马申，但是，公社制度和部分自治一直保存到19世纪下半叶。

[19] 盖尔人是苏格兰北部山区和西部山区的土著居民，古代凯尔特人后裔。

［20］从这里开始为手稿笔记本的第Ⅴ本，第一页上注明："笔记本Ⅴ（资本章。续）"。扉页上写着："笔记本Ⅴ。1858年1月。伦敦。（1月22日开始。）"

［21］皮·约·蒲鲁东关于财富的起源问题的看法，见他的《经济矛盾的体系，或贫困的哲学》1846年巴黎版第2卷，第269页。马克思在《哲学的贫困》第二章第四节（《马克思恩格斯文集》第1卷）中引用并批判了这种看法。

［22］特里布斯是古罗马的行政区单位。从塞尔维乌斯·土利乌斯王实施改革的时期（公元前6世纪）起，罗马的城区划分为四个特里布斯。同时，还有几个郊区的特里布斯。每个特里布斯中凡占有土地的自由民都列入该特里布斯的户籍簿。在按地区划分特里布斯之前，更古老的方法是按部落和氏族划分，每一特里布斯包括一百个氏族。这种划分方法是原始公社制度的残余。

卡·马克思
意大利的统一问题

像牧童谎报狼来了[1]一样，意大利人一味重复说，"意大利的激昂情绪已经达到顶点，它已经处在革命的边缘"，而欧洲的帝王们又一味空谈"解决意大利问题"，所以如果狼真的来了而没有人发觉，如果真正的革命和全面的欧洲战争突然爆发而使我们感到意外，那也没有什么可奇怪的！1859年的欧洲战云密布，即使法国和皮蒙特对奥地利的敌对态度和公开的备战不会引起什么后果，意大利人对压迫者的刻骨仇恨随同日益加深的痛苦也并不是不可能爆发为全面的革命的。我们仅仅说"**并不是不可能**"，是因为长久不能实现的希望使人痛苦，而长久不能证实的预言使人怀疑。然而，如果相信英国、意大利和法国报纸的报道，那末那不勒斯的舆论便是本国实际情况的 fac simile〔真实反映〕，而革命熔岩的奔腾也就不会比老维苏威火山的又一次爆发更加令人吃惊。记者们从教皇国详细地报道了教权主义政府日益严重的滥用职权的情况，并且还谈到，罗马居民深深相信：改革或者改良是不可能实现的，唯一的办法是彻底推翻这个政府，假如不是驻有瑞士、法国和奥地利的军队[2]，这个办法也许早就采用了，而且尽管有这些重大的障碍，这种行动还是随时可能采取的。

威尼斯和伦巴第的报道则更加明确，这些报道使我们强烈地感觉到1847年底和1848年初在这两个省出现的那些征候[3]。大家一致抵制奥地利的烟草和工业品，叫民众不到娱乐场所去的呼吁也得到了广泛的响应。

意大利人有意处处表现出对大公①以及所有的奥地利官吏的仇恨,以致忠实于哈布斯堡王朝的意大利贵族阿尔丰梭·帕尔恰公爵不敢当着民众的面向路过的大公妃脱帽致敬;为了惩罚这一行为,大公命令公爵立即离开米兰,这就使得公爵那一阶级的人也同意了普遍的要求:fuori i Tedeschi!〔德意志人滚出去!〕如果民众情绪的这种无言的表露,再加上民众同兵士之间每天都发生的纠纷——这种纠纷总是由民众挑起的——以及帕维亚大学生的风潮和继之而来的大学的封闭,那末在我们面前就将重新揭开1848年米兰五日[4]的序幕。

虽然我们也相信,意大利不可能永远处于目前这种状况,因为凡事都有个终结,虽然我们知道,整个半岛都在进行积极的组织活动,不过我们暂时还是不能说,这些活动是人民意志的完全自发的表现呢,还是由路易—拿破仑及其同盟者卡富尔伯爵的代理人鼓动起来的。从表面迹象看来,得到法国,可能还得到俄国支持的皮蒙特,企图在今年春季进攻奥地利。从法皇在巴黎接见奥地利大使的情况看来,法皇对许布纳尔先生所代表的政府似乎没有什么友好的愿望[5],从那样强大的兵力集中在阿尔及利亚这点看来,自然会认为,对奥地利的敌对行动将从进攻奥属意大利各省开始;皮蒙特的战争准备及其官方和半官方报纸每天所登载的近似向奥地利宣战的言论,使我们有理由推测,国王一有借口就会渡过提契诺河。此外,根据私人的可靠消息,蒙特维多和罗马的英雄加里波第[6]被召往都灵一说是确实的。卡富尔同他谈了话,把不久即将发生的战争的前景告诉了他,并且说最好能召集和组织志愿军。作为主要当事方面之一的奥地利清楚地表示,它相信这些传说。除了集中在它所属的意大利各省的12万人以外,它正采取一切可能的手段来扩充兵力,不久以前它派出了3万人的援军。威尼斯、的里雅斯特等地的防御工事正在扩大和加固;在奥属其他各省已经要求地主和一切有马的人交出马匹,因为骑兵和工兵需要乘骑。奥

---

① 斐迪南-马克西米利安。——编者注

地利一方面抓紧一切机会准备"以明智的奥地利方式"进行抵抗,另一方面又采取措施准备应付可能遭到的失败。对于普鲁士这个在利害关系上正好与奥地利针锋相对的德国的皮蒙特,奥地利至多只能指望它保持中立。奥地利派了泽巴赫男爵到圣彼得堡争取俄国在奥地利遭受侵犯时给予支援,看来他的使命是完全失败了。沙皇①在许多方面的意图,以及在并不是最次要的地中海(在那里,他的船只也有了停泊场[7])问题上的意图,同他在巴黎的旧时的敌人、今日的忠实盟友的计划太相吻合了,因此他不想保护"感恩图报的"奥地利[8]。大家清楚地知道,英国**人民**对意大利人仇恨 giogo tedesco〔德意志人的桎梏〕是同情的,因此,不论英国所有的大臣是怎样希望援助奥地利,但是任何一届英国内阁是否敢于这样做,这是使人不能不深表怀疑的。此外,奥地利也像其他许多国家一样坚信,以"滑铁卢的雪耻者"自居的野心家②绝不会放弃他贬低"老奸巨猾的阿尔比昂"[9]的强烈愿望,他虽然不会冒险深入敌巢实行进攻,但却会毫不犹豫地在东方向它挑衅,同俄国一起进攻土耳其帝国(尽管这违背他保证土耳其帝国不受侵犯的誓言),这样一来,他就可以迫使英军的一半兵力在东方战场上作战,而利用瑟堡来牵制英军的另一半兵力,使他们不得不防守本国的海岸而不能调动。因此,奥地利非常惶惑地感到,一旦战争真正爆发,它就只有依靠自己。但是应当指出,为了尽可能减少万一失败时所受的损失,奥地利采取了许多办法,其中之一可以说明它的厚颜无耻的创造才能。在整个威尼斯—伦巴第地区的营房、宫殿、军火库和其他官用建筑物,虽然在营造和维修上曾使意大利人担负了极其繁重的捐税,然而都算是帝国的财产。现在,政府强迫各市政府以特别昂贵的价格把这些建筑物全部收买下来,借口是将来政府不再把它们作为自己的财产,而愿意**租赁**。可是即使奥地利将来还能保持统治权,市政府在什么时候才能得到一文钱的**租金**,这至多只能成为一个疑问;而如果奥地利从它在意大利的全

---

① 亚历山大二世。——编者注
② 拿破仑第三。——编者注

部领地或部分领地上被赶了出去,那末它就可以庆幸自己由于想出了这条妙计而把它原来要损失掉的很大一部分财产变成了便于随身携带的现金。此外,有人肯定地说,奥地利正在千方百计地力图说服罗马教皇、那不勒斯国王以及托斯卡纳、帕尔马、摩地那的公爵们像它那样坚决地对人民群众或帝王企图改变意大利现状的一切行为反抗到底。但是谁都没有奥地利那样清楚地知道,它的这些可怜的工具为抗拒人民起义浪潮或外国干涉所作的一切努力都将无济于事。虽然每一个真正的意大利人都渴望着对奥作战,但是我们一点不用怀疑,相当大一部分意大利人认为,法国和皮蒙特所发动的战争,从前景看来,结局至少是可疑的。尽管谁也不会真正相信,罗马的刽子手在某种慈悲感的影响下会变成伦巴第的救主,然而有一小撮人赞成路易—拿破仑把缪拉特扶上那不勒斯王位的计划,并且声称,他们相信路易—拿破仑的意图是把教皇逐出意大利或将其权力限制在罗马城和罗马近郊平原之内,并且帮助皮蒙特把整个北意大利并入它的版图。其次,还有一派为数不多却是正直的人,他们认为,意大利的王冠引诱着维克多—艾曼努尔,就像它曾引诱过他的父亲①一样;他们相信,他焦急地等待着,只要有适当的时机,就拔出剑来夺取意大利的王冠,他将利用法国或者其他任何国家的帮助来达到他的唯一目的——取得这个垂涎已久的宝物。此外,还有人数多得多的一派,他们在受奥地利压迫的意大利各省特别是在伦巴第以及在伦巴第侨民中到处都有拥护者,他们并不特别相信皮蒙特国王或皮蒙特君主制度,但还是说:"不管他的目的怎样,皮蒙特毕竟拥有10万人的陆军,还有海军、军火库和资金,让他向奥地利挑战吧,我们一定跟他上战场;他如果对事业保持忠诚,那就会得到奖赏;如果辜负了希望,那末在民族中还是有足够的力量来继续进行已经开始了的斗争,直到胜利为止。"

与此相反,意大利民族派声称:他们认为,在法国和皮蒙特的庇护下

---

① 查理—阿尔伯特。——编者注

宣布为争取意大利的独立而战是民族的不幸。在他们看来，问题不是像人们所经常错误地认为的那样，在于摆脱了外国统治的意大利是以共和制政体还是以君主制政体的形式统一起来，而是在于这个办法并不能为意大利人争得意大利，最多也只能以同样残酷的另一个外国压迫代替这一个外国压迫。民族派认为，十二月二日的英雄[10]如果不是在自己的军队日益增长的急躁情绪或法国人民带有威胁性的态度的压力之下，是不会进行战争的；一旦被迫进行战争，他将选择意大利作为战场以便完成他伯父①的计划——把地中海变为"法国的内湖"——，只要把缪拉特扶上那不勒斯王位，他就可以达到这个目的；他将迫使奥地利接受他的条件，力图完成已经在克里木开始的对1815年条约的报复，因为当时奥地利是迫使法国接受使波拿巴家族受到极大耻辱的条件的一方。民族派认为，皮蒙特只是法国手中的一个工具，并且深信，拿破仑第三达到了自己的目的，就不会再冒险帮助意大利去争取他不许法国获得的那种自由，而会同奥地利媾和，并扼杀意大利人继续进行战争的一切尝试。如果奥地利大体上能守住自己的阵地，那末皮蒙特就不得不满足于将帕尔马和摩地那两个公国并入它现在的版图；但是如果奥地利在这次战争中失败，那末就会在阿迪杰河媾和，把整个威尼斯省和伦巴第的一部分留在可恨的奥地利人的手中。关于在**阿迪杰河媾和**一事，民族派断言，皮蒙特和法国已经互相达成默契。虽然民族派相信，一旦发生反对奥地利的民族战争，意大利民族必定胜利，但是他们仍然断言，如果这次战争以拿破仑为鼓舞者，以撒丁国王为独裁者，那末意大利人就不能采取任何步骤来反对他们自己所承认的领袖，他们决不能防止外交骗局、投降、签订条约，结果必定是使自己重新戴上枷锁；民族派指出了皮蒙特在1848年对待威尼斯和米兰以及1849年在诺瓦拉的所作所为[11]，并且劝告同胞们从自己不幸地信任了君主的这一事件中吸取沉痛的教训。民族派的一切努力都是为了把整个半岛组织起来，唤醒民众

---

① 拿破仑第一。——编者注

团结起来作最后的努力,在民众还没有感到有足够的力量来发起伟大的民族起义的时候暂不进行斗争,因为民族起义在推翻了教皇、炮弹国王[①]之流以后,就有可能利用有关各省的陆军、海军和军用物资来消灭外来的敌人。他们认为,皮蒙特军队和人民是热心争取意大利自由的战士,因而觉得,只要皮蒙特国王愿意,就完全能够促进意大利的自由和独立;如果他站在反动派一边,那末他们知道,军队和人民是会站在民族事业一边的。如果国王不辜负他的拥护者对他的期望,意大利人很快就会以最鲜明的态度来表示他们的谢意。不管怎样,民族本身是能够决定自己的命运的。民族派估计意大利革命的胜利将成为一切被压迫民族为了从他们的压迫者的奴役下解放出来而展开共同斗争的信号,因此他们并不害怕法国的干涉,因为拿破仑第三自己国内的麻烦事将层出不穷,即使想实现他好大喜功的野心,也无力干涉别国的事物。那末 chi tocca-tocca [谁先开始呢]?——意大利人这样问道。我们不敢预言是谁最先出现在战场上:是革命者呢,还是正规军。然而,看来可以十分有把握地说,在欧洲的任何地区开始的战争决不会在开始的地方结束;如果这种战争确实不可避免,那我们就由衷地、诚心诚意地希望它能真正而公正地解决意大利问题以及其他各种问题,因为这些问题如果得不到解决,它们就会常常破坏欧洲的和平,从而妨碍整个文明世界的进步和繁荣。

卡·马克思写于1859年1月5日左右
作为社论载于1859年1月24日"纽约每日论坛报"第5541号

原文是英文
俄文译自《纽约每日论坛报》
选自《马克思恩格斯全集》第13卷,人民出版社,1962,第178~184页

[①] 庇护九世和斐迪南二世。——编者注

注释：

[1] 马克思在这里引用的是伊索寓言中的"牧童和农夫"的故事。

[2] 法国和奥地利的军队从镇压1848～1849年意大利革命时起就驻扎在罗马和教皇国的领土上，瑞士雇佣军则是罗马教皇的近卫军。

[3] 1847年底和1848年初，在并入奥地利帝国版图的威尼斯和伦巴第发生了意大利居民反对奥地利的群众性发动。资产阶级知识分子在民族解放运动中起了积极作用；在1848年初被奥地利当局封闭的帕维亚城内的一个大学是运动的策源地之一。当时到处都发生了要求实行行政改革和经济改革的请愿运动。为了对苛捐杂税、对限制意大利工商业的措施以及对奥地利人实行的烟草垄断表示抗议，居民一致抵制奥地利的工业品和烟草；共和党人的地下小组组织了游行示威，示威者经常与军警发生冲突。

[4] 指1848年3月18日～22日米兰的人民起义，这次起义为1848～1849年意大利革命奠定了基础。经过人民群众五天的斗争，奥地利军队被逐出米兰，3月22日成立了意大利自由资产阶级的代表参加的临时政府。

[5] 1859年1月1日，拿破仑第三在土伊勒里宫接见外交使团时，向奥地利大使许布纳尔表示遗憾，说法奥之间的关系"变得不如以前那样友好"。这次谈话引起了拿破仑第三与奥地利的外交冲突。而关于对奥发动战争的问题早在这以前很久就已决定了：1858年7月法国的皮蒙特在普龙比埃尔签订了一项秘密协定，规定法国将参加即将发生的对奥战争，为此，皮蒙特答应把萨瓦和尼斯割让步给法国。

[6] 1842～1846年，加里波第参加了乌拉圭人民反对阿根廷独裁者罗萨斯的民族解放斗争。他所建立的意大利侨民革命军团在乌拉圭共和国的首都蒙特维多的保卫战中和其他决战中起了很大的作用。乌拉圭政府曾颁发特令表彰加里波第军团的功勋。

1849年2～7月，加里波第实际上领导了由于人民起义而建立的罗马共和国的保卫战。共和国的军队在几个月内胜利地击退了法国、奥地利和那不勒斯军队为镇压革命而举行的进攻。1849年7月3日，由于反革命力量占优势，同时法国将军乌迪诺背信弃义地破坏停战协定，占领了罗马城，因而罗马共和国被颠覆。

[7] 指1858年8月俄国和皮蒙特所达成的协定,根据这项协定,俄国航运贸易公司有权临时使用尼斯附近的维拉弗兰卡港湾的东部来停泊船只、添燃料和修理船只。

[8] 马克思讽刺奥地利因为沙皇俄国帮助它镇压了1848～1849年的匈牙利革命而"感恩图报"。五十年代初期,由于东方问题的尖锐化奥地利在对外政策上转而敌视俄国,这种转变表现在据说是奥地利政府首脑施瓦尔岑堡说的、后来成了成语的一句话中:"奥地利还要以其忘恩负义的崇高行为使全世界惊奇。"

[9] 阿尔比昂是不列颠群岛的古称。"老奸巨猾的阿尔比昂"这个字眼是十八世纪末法国资产阶级革命时期开始被人使用的。由于英国政府进行了反对法兰西共和国的许多阴谋活动并多次组织反法同盟,所以法国共和党人这样称呼英国。

[10] 指拿破仑第三。他在1851年12月1日夜间实行了法国的反革命政变,推翻了第二共和国(1848～1851年)。

[11] 皮蒙特国王查理-阿尔伯特因害怕意大利的共和主义运动扩大,千方百计地拒绝帮助在1848年3月发动起义反对奥地利统治的威尼斯和米兰。在人民群众的压力下,他被迫对奥地利宣战,但是在皮蒙特军队最初几次失利以后,他却在1848年8月与奥地利签订了停战协定,1849年春季又恢复了军事行动,虽然皮蒙特军队和意大利人民进行了英勇的斗争,但是他在诺瓦拉会战失败(1849年3月23日)后,竟向奥地利投降。恩格斯在1849年给"新莱茵报"写的许多文章中揭露了皮蒙特君主国的这种叛变行为(见"马克思恩格斯全集"中文版第6卷第458～468页)。

弗·恩格斯

波河与莱茵河（节选）[1]

一

今年一开始，"应当在波河上保卫莱茵河"这一公式就成了德国大部分报刊的口号。

这个口号由于波拿巴的备战活动和威胁而得到了充分的证实。在德国，大家凭本能正确地感觉到，波河只是路易—拿破仑的借口，而莱茵河在任何情况下都是他的主要目标。也许，只有为确定莱茵河上的疆界的战争，才能成为波拿巴主义的避雷针，帮他应付在国内威胁着它的两个因素：革命群众"爱国主义的威焰"① 和"资产阶级"不可遏止的不满情绪。这样做就会给前者提出一个具有民族意义的任务，而给后者一个夺取新市场的希望。因此，关于解放意大利的谈论在德国迷惑不了任何人。这就正如古谚语所说的：打麻袋，赶驴子。如果说意大利被迫当了麻袋，那末这次德国却根本不想当驴子。

因此，固守波河在目前只具有这样一种意义，那就是德国虽然处于最终目的在于夺取它的最好几个省份的这种袭击的威胁之下，但是绝对不想

---

① 海涅："夜巡逻来到巴黎"，《新诗集》。——编者注

不经过战斗就把它即使不是最坚强的军事阵地，也是最坚强的军事阵地之一拱手让与他人。从这个意义上说，当然整个德国都非常关心波河的防御。在战争前夜，也和在战争中一样，双方通常都力图占领每一个可以威胁敌人和挫伤敌人的有利阵地，而不从道德原则方面去考虑这是否合乎永恒的正义或者民族原则。那时大家都只顾维护自己的私利。

但是，在波河上保卫莱茵河这种提法，完全不同于德国许许多多军事家及政治家的意图，他们宣布波河即伦巴第和威尼斯省在战略上是德国的必要补充部分，甚至说是它的不可分割的一部分。这个观点从1848年和1849年意大利战争以来提得特别多，在理论上也不断得到更多的论证；**拉多维茨**将军在圣保罗教堂[2]以及**维利森**将军在他所著的"1848年意大利战局"[3]一书中都论证了这一观点。在非奥地利的南德，巴伐利亚将军**海尔布隆纳尔**也以极大的热情评论过这一问题。在所有这些场合所提出的主要论据全都是政治性的，说什么意大利根本不能独立；意大利不是应当由德国统治，就是应当由法国统治；如果今天奥地利人被赶出意大利，明天在艾契河流域，在的里雅斯特的大门口，就会出现法国人，接着德国整个南部边境就会暴露于"宿敌"之前。因此，奥地利是代表整个德国而且是为了整个德国的利益而控制伦巴第的。

据我们所知，主张这一观点的军事权威是德国最有名的人物。虽然如此，我们还是应当最坚决地反对他们。

对于以充当德国在意大利的利益的官方辩护士为己任的奥格斯堡"总汇报"来说，这个观点成了它真正狂热地加以辩护的信念的象征。这家基督教德意志的报纸，虽然痛恨犹太人和土耳其人，却宁愿自身接受"割礼"也不让在意大利的"德国"诸省受到"割礼"。那些热心于政治的将军们所辩护的，归根到底无非是使德国获得最好的军事阵地，而对奥格斯堡"总汇报"来说这却是某种政治理论的最重要的组成部分。这里所说的理论就是所谓"中欧大国"论，根据这个理论，奥地利、普鲁士及德国其他各邦应当在奥地利的霸权下形成一个联邦制的国家；对于匈牙利和沿多瑙河的斯拉夫—罗马尼亚各国应当用殖民、办学校和怀柔的方法使它们德意志化；从而使这个国家集合体的重心逐渐转向东南方，转向维也纳；此外，还应当重新夺取亚尔萨斯和洛林[4]。这个"中欧大国"应当是德意志民族神圣罗马帝国[5]的复活，并且除了其他的目的以外，似乎还要兼并原奥属尼德兰[6]以及荷兰作为藩属。这样一来，德意志祖国也许几乎要比现在操德语的范围扩大一倍；如果所有这一切真正实现了，德国就要成为欧洲的仲裁者和主宰。命运已经在设法使所有这一切得以实现。罗曼语系各民族正在迅速地衰落着，西班牙人和意大利人已经完全灭亡了；法国人目前也正衰落中。另一方面，斯拉夫人完全无力建设真正的现代的国家，世界历史的进程注定他们要德意志化，而复兴的奥地利则一定要再度成为执行天意的主角。因此，保持精神力量而又能完成历史创举的，就只有日耳曼各民族了，但是其中英国人已经深深陷入了自己岛国的唯我主义和实利主义，以致欧洲大陆不得不以关税壁垒来隔绝他们的影响，隔绝他们的工商业，而自己另搞一套合理的大陆体系[7]。因此，纯粹的德意志的美德和年轻的"中欧大国"就绝对有把握在短期内争得陆上和海上的世界霸权，从而开辟历史的新纪元，那时德国在经过了长期休养生息之后将会重执牛耳，而其他各民族则将惟命是从。

> 法国人和俄国人占有了陆地，
> 海洋是属于英国人的，
> 只有在梦想的空中王国里，
> 德国人的威力是无可争辩的。①

我们根本不想在这里谈论这些爱国幻想的政治方面。我们只是一般地就这个题目概括地说几句，使得以后没有人再能利用这些堂皇的词句作为确定"德国"必须统治意大利的新的论据。这里我们关心的只是问题的军

---

① 海涅：《德国——一个冬天的童话》第七章。——编者注

事方面，也就是，德国为了本身的防御需不需要永远统治意大利，特别是需不需要在军事上完全占领伦巴第和威尼斯省？

从纯粹的军事观点来看，这个问题可以表述如下：德国为了防守它的南部边境，需不需要占领艾契河、明乔河和波河下游及其桥头堡培斯克拉和曼都亚？

在设法回答这一问题之前，我们应当牢牢记住：我们这里所说的德国，是指一个统一的国家而言，它对武装力量的领导和它的行动都是由一个中心来实行的；我们不是把德国看做某种臆想的政治机体，而是把它看做一个真正存在的政治机体。否则，就根本谈不上什么德国的政治需要或者军事需要。

二

……

当然，这里还有一些政治上的理由在起作用，我们对此也不能不加以注意。自1820年开始在意大利掀起的民族运动[8]，每经过一次失败就重新兴起而且更加壮大。所谓自然疆界和民族疆界恰恰相合而且同时又非常明显的国家并不很多。如果在这样一个国家里，而且又有2500万人口，民族运动已经愈来愈加强起来，那末只要它在政治上和军事上最重要的而且人口约占四分之一的这一部分领土处于反民族的外国统治之下，这种运动就不会再平息下去。1820年以来，奥地利只是依靠暴力，依靠对此起彼伏的起义进行镇压，依靠戒严的恐怖手段才统治住了意大利的。为了维持在意大利的统治，奥地利不得不采用比对待普通犯人还要坏的办法对待自己的政治敌人，即每一个有民族意识的意大利人。奥地利过去并且现在有些地方仍然采用的对付意大利政治犯的手段是任何一个文明的国家闻所未闻的。为了使意大利的政治犯失节，奥地利人特别喜欢对他们进行杖笞，以此来向他们逼供和惩罚他们。不少人对意大利人的匕首或者对于政治性的暗杀流露出道义上的愤懑，但是他们似乎完全忘记了这一切都是对奥地利杖笞的回答。奥地利为了维持自己在意大利的统治所不得不采用的方法，就最好地证明了这一统治是不能长久的；德国在意大利的利益恰恰与拉多维茨、维利森和海尔布隆纳尔的说法相反，是和奥地利的利益不一致的，德国必然会问：这些利益是不是大到超过了随这些利益而产生的许多不利呢？

……

四

……

在整个欧洲，没有一个大国境内不包括有一部分其他民族。法国有佛来米族的、德意志族的、意大利族的地区。英国是唯一真正具有自然疆界的国家，可是它走出这个疆界向四面八方扩张，在各国进行征服；在以真正的奥地利式的手段镇压了规模宏大的印度起义后，现在它又和自己的保护地之一——伊奥尼亚群岛进行斗争[9]。德国有半斯拉夫族的地区，有居住着斯拉夫族、马扎尔族、瓦拉几亚族和意大利族的附属地。而彼得堡白帝又统治着多少种操其他语言的民族啊！

谁都不能肯定说，欧洲的地图已最后确定。但是一切改变，如果希望能长期保持，就应当从下列原则出发，这就是应当愈来愈多地使那些大的、有生命力的欧洲民族具有由语言和共同感情来确定的、**真正**自然的疆界；同时在某些地方还保留着的、但是没有能力再作为独立的民族而存在的那些残余的民族，仍然应当留在比较大的民族里面，或者溶化到他们中间，或者没有任何政治意义地作为民族志学的纪念品[10]。军事观点在这里只能具有次要的意义。

……

弗·恩格斯写于1859年2月底～3月初　　　　　　　　　　　　原文是德文
1859年4月以单行本在柏林出版　　　俄文是按单行本译的

马克思恩格斯卷 （上册）

选自《马克思恩格斯全集》第 13 卷，人民出版社，1962，第 249~252、278~279、298 页

注释：

［1］ "波河与莱茵河"这一著作是弗·恩格斯在下述情况下写的，当时在意大利即将发生冲突，有必要明确无产阶级革命家和欧洲的民主派对德国统一和意大利统一的道路问题所应采取的立场，以反对资产阶级的，首先是德国资产阶级的观点。

在这一著作中恩格斯还提出了一项任务：揭穿欧洲各国统治集团用来为其侵略和掠夺政策辩护的各种沙文主义理论，并证明这些理论从战略的观点来看都是不能成立的。这一著作恩格斯在 2 月计划撰写，3 月 9 日就已写成，并将手稿送给马克思校阅。马克思看过以后，给予很高的评价。1859 年 3 月 10 日他在给恩格斯的信中说："妙极了，就连很难处理的这一问题的政治方面，也阐述得非常出色。"根据马克思的建议，为了避免官方以沉默来抵制的阴谋，这一著作是在德国匿名刊印的。1859 年 4 月它由柏林敦克尔出版社出版，印数是 1000 册。这一著作对当时德国的社会舆论有很大的影响。它在军界也很有影响；许多人都以为，作者是一位著名的将军。1859 年 5 月，马克思和恩格斯认为有必要让广大读者了解这一著作出自哪一党派，于是就在"人民报"第 2 号指出，它的作者是无产阶级政党的一位著名活动家；稍晚一些时候，在 6 月 4 日"人民报"第 5 号上公布了恩格斯的名字。

［2］ 指 1848 年 8 月 12 日拉多维茨在德国国民议会会议上的讲话。从 1848 年 5 月 18 日到 1849 年 5 月 30 日，国民议会的会议都是在美因河畔法兰克福的圣保罗教堂举行的。

［3］ 威·维利森"1848 年意大利战局"1849 年柏林版（W. Willisen.《Der Italienische Feldzug des Jahres 1848》. Berlin, 1849）。

［4］ 根据 1648 年结束三十年战争的威斯特伐里亚和约，原来属于哈布斯堡王朝的亚尔萨斯和部分洛林转归法国。1766 年整个洛林都归属法国。

［5］ 德意志民族神圣罗马帝国是创立于 962 年的一个中世纪的帝国，其领土包括整个德国和部分意大利。后来，法国的部分领土、捷克、奥地利、尼德兰、瑞士和其他国家也加入了这个帝国。这个帝国不是一个中央集权国家，而是承认皇

帝的最高权力的各封建公国和自由市的不巩固的联盟。1806年对法战争失败后,哈布斯堡王朝被迫放弃神圣罗马帝国皇帝的称号,这一帝国便不复存在了。

[6] 指南尼德兰(即现在的比利时和卢森堡)。南尼德兰从1714年到1797年是奥地利哈布斯堡王朝的领地,当时被称为奥属尼德兰。

[7] 指对拿破仑第一的大陆体系(见《马克思恩格斯全集》第13卷注37)的模仿。

[8] 指十九世纪二十年代初意大利的革命事件。1820年7月资产阶级革命党烧炭党人在那不勒斯发动起义,反对专制制度,争取实行了一个温和的自由主义的宪法。1821年3月皮蒙特发生起义。领导起义的自由党人颁布了宪法,并企图利用北意大利反对奥地利统治的运动,将整个国家在皮蒙特执政的萨瓦王朝的统治下统一起来。由于神圣同盟各大国的干涉以及奥地利军队占领了那不勒斯和皮蒙特,这两个国家又恢复了专制制度。

[9] 1858年底到1859年初,在1815年确立了英国保护权的伊奥尼亚群岛上当地居民的民族解放运动加强了,他们要求取消不列颠高级专员对该岛的专制统治,并与希腊合并。从1815年以来一直延续不断的斗争在1864年以伊奥尼亚群岛转归希腊而告终。

1857～1859年印度发生了反对英国统治的大规模的人民起义。这次起义是1857年春在孟加拉军队中由当地居民组成的所谓西帕依部队发动的,起义席卷了印度北部和中部极其广大的地区。起义的主要动力是农民和城市贫苦的手工业者。由当地封建主所领导的这次起义,由于印度的封建割据状态、宗教和种姓上的分歧以及殖民者在军事技术上占着优势,结果遭到了失败。

[10] 恩格斯关于一些小民族的历史命运的看法,即他认为这些小民族通常没有能力作为一个独立的民族存在下去,而在集中的进程中不可避免地要被更大的、生命力更强的民族所吞并的意见,是不确切的。恩格斯正确地看到了资本主义社会所固有的集中的趋势,建立大国的趋势,但是没有充分估计到另一种趋势——小民族反对民族压迫、争取独立的斗争的趋势,它们力求建立自己的国家的趋势。历史表明,有许多小民族,而且首先是以前参加了奥地利帝国的那些斯拉夫民族,不仅表现了作为一个独立民族发展的能力,而且成了建立新社会制度——社会主义制度的参加者(关于这一点详见《马克思恩格斯全集》中文版第1版第6、8和11卷的说明)。

卡·马克思

维拉弗兰卡条约

如果说路易—拿破仑在解放意大利这个虚伪的借口下所策动的战争，引起了认识上的普遍混乱和态度的改变，造成了欧洲历史上空前的大骗局，那末，在维拉弗兰卡签订的和约便破除了这种制造祸患的魔法。不管人们怎样谈论拿破仑的远见，这个和约还是破坏了他的威信，甚至使法国人民和法国军队厌弃了他，而博取他们对王朝的好感却一直是他的主要目的。如果他向法国军队宣布说，缔结和约是由于既害怕普鲁士，又害怕奥地利的四边形要塞区，那末他说的这些话正好只能引起他们的反感。如果他向人民（他们的每一个代表人物都是天生的革命者）说，他在胜利的道路上所以停止前进，只是因为再前进一步就会不得不与革命联合起来，那末他可以相信，这些人民对他将比对他借以吓唬人民的稻草人更不信任和更加反感。在现代的整个欧洲中，谁也没有像路易·波拿巴在意大利战争中这样威信扫地。骗局在维拉弗兰卡暴露了。证券交易所的投机商人因为这件事而兴高采烈，垂头丧气的煽动家被惊得目瞪口呆，受骗的意大利人气得发抖，"各调停国"显出一副狼狈相，而那些相信路易·波拿巴的民主使命的英国人和美国人，则用毫无意义的抗议和无法理解的解释来掩盖自己的耻辱。现在看来，只有那些敢于反抗自我欺骗的逆流，不惜冒着被指责为同情奥地利的危险的人，才采取了正确的立场。

首先我们看一看，和约是怎样缔结的。两国皇帝会面了；弗兰茨-约瑟夫把伦巴第割让给波拿巴，波拿巴则把它转赠给维克多-艾曼努尔，而维克多-艾曼努尔虽然似乎是这场战争的主角，却甚至没有被允许参加缔结和约的会议。有人曾主张征求一下这一被如此粗暴地买进卖出的活商品的意见，哪怕只是为了表示礼貌，但是这仅仅引起了缔约双方的轻蔑的冷笑。弗兰茨-约瑟夫好像是在处理自己的财产，拿破仑第三也是这样。即使是转交庄园，也得有法官在场和履行某些法律手续。但是在转交300万人口时却根本不要这一套。甚至没有征求最后接受这份财产的维克多-艾曼努尔的同意。对于大臣来说，这样的侮辱是太过分了，因此卡富尔提出辞职。当然，撒丁国王关于给他的这块土地，也可以重复过去罗马皇帝关于搜刮来的金钱所说的一句话：Non olet［没有臭味］①。也许，这对他来说并没有侮辱的气味。

发生的这件事，用 idées napoléoniennes［拿破仑观念］的语言来说，大概叫做"民族复兴"。如果拿维也纳会议的协议和维拉弗兰卡的这桩交易相比，维也纳会议也可以被大胆地怀疑为拥护革命原则和同情人民。意大利民族在产生时，就遭到维拉弗兰卡协定的非常尖刻的侮辱；这个协定明目张胆地宣布，意大利不是对奥战争中的一方，因此在缔结对奥和约时没有发言权。加里波第和他的英勇的山地居民，托斯卡纳、帕尔马、摩地那和罗曼尼亚的起义[1]，维克多-艾曼努尔本人和他的遭到蹂躏的国土，他的已经枯竭的财力和伤亡很大的军队，——所有这些都被熟视无睹。战争好像是在哈布斯堡王朝和波拿巴王朝之间进行的。意大利战争似乎没有发生过。维克多-艾曼努尔甚至不能希望受到一个次要的盟国所能受到的重视。他不是交战的一方；他只是一个工具，因此不能享有按照国际法每一个参战国无论本身多小都应享有的权利。甚至像缔结1815年和约时被兼并的德国各小邦的诸侯所受到的待遇[2]，他也没有受到。让这个寒酸可怜的穷亲戚忍气吞声地去吃他的富足而强大的同伴的残羹剩饭吧。

如果我们现在转而研究维拉弗兰卡条约的内容——这里是指条约的正

---

① 这是罗马皇帝韦斯帕西安关于厕所税所说的话。——编者注

式内容，——那就可以看到，它完全符合于缔结条约的方式。伦巴第应当割让给皮蒙特；但是，奥地利也曾在1848年向查理—阿尔伯特和帕麦斯顿勋爵提出过这个问题的建议[3]，不过当时的条件优越得多，而且也没有目前条约中的缺点。那时，还没有任何一个外国利用意大利的民族运动来为自己服务。土地是打算割让给撒丁，而不是给法国；威尼斯也打算从奥地利分出去，变成一个独立的意大利国家，不属奥地利皇帝管辖，而由奥地利大公统治。当时，这些条件被宽宏的帕麦斯顿轻蔑地拒绝了，他把接受这些条件看做是意大利独立战争的最可怜的结局。现在，同样是这个伦巴第，却作为法国的礼物赠给萨瓦王朝，而威尼斯，包括明乔河上的四边形要塞区，仍然留在奥地利的魔爪中。

这样，意大利的独立变成了伦巴第对皮蒙特的臣属，皮蒙特对法国的臣属。如果说奥地利的自尊心可能因为割让伦巴第而受到伤害，那末奥地利的实力却因为撤出这块土地而更为加强，因为这块土地占用了它的部分兵力，却仍然无法抵御外国的侵犯，也不能补偿为维持这些兵力所花的费用。在伦巴第白白地耗费的金钱，现在可以有益地用于其他地方。奥地利仍然掌握着具有决定意义的军事阵地，在任何有利的时机都能从这个阵地进击弱小的邻国。后者获得了难以抵御侵犯的边界和住有不安分的、心怀不满和疑惧的居民的土地，实际上只是更加削弱了自己，同时，甚至还失去了自命为意大利利益的代表者的口实。皮蒙特进行了一件有利于王朝的交易，但是放弃了自己的民族使命。撒丁由一个独立国变成了依靠别人恩典生存的国家，它为了抵御东方的敌人，不得不在西方的保护者面前卑躬屈节。

……

卡·马克思写于1859年7月19日作为社论载于1859年8月4日《纽约每日论坛报》第5704号

原文是英文
俄文译自《纽约每日论坛报》
选自《马克思恩格斯全集》第13卷，人民出版社，1962，第472~475页

注释：

[1] 1859年4月，在托斯卡纳、摩地那和帕尔马都爆发了人民起义，统治这些地方的公国王朝中的人物纷纷逃出他们的领地请求奥地利军队保护。由于起义的结果而建立起来的国民议会宣布各公国的人民愿意加入皮蒙特。关于各公国并入皮蒙特的问题，1860年3月通过全民投票得到了彻底的解决。

[2] 指那些丧失了政权的德国小邦君主，他们的领地被兼并了，即在拿破仑战争和维也纳会议（1814～1815年）期间由于德国版图的重新划分而被并入德国较大的各邦。许多被兼并的小邦的代表应邀参加了维也纳会议。

[3] 1848年，帕麦斯顿为了限制意大利革命运动的发展并执行英国传统的"欧洲均势"政策，曾力求使伦巴第归并于皮蒙特君主国。奥地利政府慑于国内的革命事件和意大利人民的民族解放斗争，被迫在5月24日的备忘录中同意让出伦巴第，并让威尼斯分立，成为一个以奥地利大公为首的独立国家，但在皮蒙特战败以后，奥地利又收回了自己的意见。

弗·恩格斯

萨瓦、尼斯与莱茵（节选）[1]

一

……

本文作者当时写了一本小册子，名为《波河与莱茵河》[①]。正是为了民族运动的利益，这本小册子反驳了明乔河疆界论；它试图从军事理论的观点来证明：德国为了自己的防御不需要意大利的任何一块领土；如果仅仅从军事观点出发，那么法国要求占有莱茵河的理由无论如何要比德国要求占有明乔河的理由充分得多。总而言之，作者想使德国人能以洁白之身投入当前的斗争。

作者的目的究竟达到了多少，可以让别人去判断。我们没有见到有任何人试图本着科学精神驳倒那本小册子所作的分析。小册子最初所指向的目标——奥格斯堡《总汇报》曾答应要就这个问题发表自己的论文，但它并没有这样做。它只是从《东德意志邮报》转载了三篇他人的论文[②]，而

---
① 恩格斯写于1859年2月底～3月初。——编者注
② 三篇论文分别载于1859年4月19、21和22日《总汇报》第109、111和112号附刊。——编者注

这些论文的批评也仅仅限于宣称《波河与莱茵河》的作者是"小德意志派"[2]，因为他想放弃意大利。无论如何，据我们所知，奥格斯堡《总汇报》从此以后就不再提明乔河疆界论了。

然而，这种迫使德国一致拥护奥地利对意大利的统治和政策的企图，却为北德意志的哥达派庸人们造成反对民族运动的求之不得的借口。最初的运动是真正的民族运动，它比从阿尔汉格尔斯克到圣费朗西斯科的一切席勒纪念会[3]都具有更强烈得多的民族性质；这个运动是自然地、本能地、直接地发生的。至于奥地利对意大利是否享有权利、意大利是否有权要求独立，明乔河线是否需要，——这一切在当时对这个民族运动来说都无所谓。既然我们之中的一个遭到攻击，并且是遭到与意大利毫无关系而对于夺取莱茵河左岸地区却有很大兴趣的第三者的攻击，那我们就应当联合起来反对他，反对路易-拿破仑和法兰西第一帝国的传统。人民本能地而且是正确地感觉到了这一点。

……

二

如果法国报纸说，萨瓦在语言上和风俗上和法国一致，那么这种说法至少用于瑞士法语区、比利时瓦隆区以及拉芒什海峡的英属诺曼底群岛也是同样正确的。萨瓦人民讲的是南法兰西方言；受过教育的人所使用的语言和书面语到处都是法语。意大利语的成分在萨瓦是如此之少，以致法兰西民间语（即南法兰西或普罗旺斯民间语）甚至越过阿尔卑斯山渗入皮埃蒙特直到多拉里帕里亚河和多拉巴尔泰阿河上游地区。虽然如此，在战前并没有听到过任何同情并入法国的说法。只是在同法国有某些贸易来往的下萨瓦的个别人中间偶尔有过这样的想法；这种想法，对当地广大居民来说，就像在其他所有与法国接壤而操法语的地区一样，是毫不相干的。特别值得注意的是，在1792年到1812年期间曾合并到法国的那些地区中，没有一个有丝毫想要回到法国鹰的卵翼之下的愿望。虽然它们已尝到了第一次法国革命的果实，但是它们从心底里厌恶严格的集权统治、地方长官的管辖以及巴黎派来的文明传教士永无过错的说教。七月革命[4]和二月革命[5]重新唤起了人们对于法国的同情，但是波拿巴主义立刻又断送了这种同情。谁也不愿意输入拉姆贝萨、卡宴和嫌疑犯处治法[6]。此外，法国对一切进口贸易几乎都采取了中国式的闭关自守政策，这一点在边境地区感到特别厉害。第一共和国在各个边境地区遇到的那是被压迫的、民生凋敝的省份，都是四分五裂的、被剥夺了普通的自然利益的民族，它使这些省份和民族的农村居民得到了解放，使那里的农业、商业和工业得到了振兴。但是，第二帝国在各个边境地区所碰到的情况却是，那里原来享有的自由比它本身所能给与的自由还要多；它在德国和意大利所碰到的是强烈的民族感情，在各个小国内所碰到的是巩固起来的个别利益，在这工业发展非常迅速的45年中，这种利益增长了，并且在各方面都和世界贸易交织在一起。除了罗马凯撒时代的专制统治，除了把商业和工业关闭在它那关税壁垒的大牢狱之内，第二帝国没有给它们带来任何东西，最多不过是发给它们一个远走他乡①的通行证。

萨瓦与皮埃蒙特被阿尔卑斯山主脉隔开，因而萨瓦所需要的一切物资差不多都是从北面的日内瓦和部分地从里昂取得的，正如位于阿尔卑斯山山口以南的泰辛州仰赖于热那亚和威尼斯一样。即使这种情形是使萨瓦和皮埃蒙特分离的理由，但无论如何不能成为萨瓦并入法国的理由，因为萨瓦的商业中心在日内瓦。这不仅是由于地理位置的缘故，而且也是法国的关税立法过于聪明和法国海关吹毛求疵的结果。

但是，尽管语言上有共同性、种族上血统亲近，并且还有阿尔卑斯山脉，萨瓦居民似乎并没有半点愿望想要人家用伟大的法兰西祖国的各种帝制设施去为他们造福。他们有一种传统的意识：不是意大利征服了萨瓦，而是萨瓦征服了皮埃蒙特。当时，全省强悍的山民以面积不大的下萨瓦为

---

① 指法属海外殖民地圭亚那，首府卡宴，流放政治犯的地方。——编者注

中心，联合起来组成了一个国家，后来又下山进入意大利平原，采用各种军事和政治措施，依次兼并了皮埃蒙特、蒙费拉、尼斯、洛梅利纳、撒丁和热那亚。这个王朝建都于都灵，成为意大利王朝，但是萨瓦仍然是这个国家的发源地，并且萨瓦的十字徽号到现在还是由尼斯到里米尼、由松德里奥到锡耶纳的北意大利的国徽。法国在1792～1794年的战争中征服了萨瓦，在1814年以前，该地被称为蒙勃朗省。但是在1814年，它根本不想再留在法国了；当时惟一的问题是：并入瑞士呢，还是与皮埃蒙特恢复旧关系。虽然如此，这个省仍然是法国的，一直到"百日"[7]终了时为止，它被归还给皮埃蒙特。当然，随着时间的推移，旧的历史传统逐渐减弱了；萨瓦被忽视了，而皮埃蒙特的意大利各省却获得了压倒一切的地位；皮埃蒙特的政策愈来愈着重于关心东方和南方。更加值得注意的是，恰恰是居民中**那个**自命为历史传统的主要代表的阶级——旧的、保守的教皇至上派[8]贵族，仍然抱有最多的分立主义倾向；当旧的寡头政治的贵族制度还在瑞士居于统治地位时，这个阶级一直企图使萨瓦并入瑞士；只是从瑞士普遍施行民主制时起，他们这种企图看来才改变了方向；在路易—拿破仑统治之下，法国已变成了极其反动的、教皇至上主义的国家，因此它就成了萨瓦贵族逃避皮埃蒙特的革命政策的避难所。

目前的情况是这样：一般来说，不存在想要使萨瓦与皮埃蒙特分离的要求。在萨瓦的上部地区，即在莫列讷、塔朗泰斯和上萨瓦，居民坚决主张维持现状。在热内瓦、福西尼和沙布莱，如果什么时候出现变动，居民宁愿并入瑞士。只是在下萨瓦的某些地方，以及在全省的反动贵族中间，有赞成并入法国的呼声。但是这种呼声是这样微弱，甚至在尚贝里绝大多数的居民都坚决表示反对，连反动贵族（见科斯塔·德·博雷加尔的声明）也不敢承认他们同情这种呼声。

这便是关于萨瓦民族性和民意的问题。

……

三

大家知道，尼斯伯爵领地位于滨海阿尔卑斯山麓，它和热那亚省的疆界，通过塞尔沃附近的奥内利亚以东一德里处向下一直伸到海边。尼斯西部操普罗旺斯方言，东部，即罗亚河东岸地区，则操意大利方言。但是除瓦尔河上一些村庄外，标准语到处都是意大利语，只是在尼斯城里，由于外国人大量流入，法语和意大利语才不相上下。为了正确地研究民族成分问题，在这里我们必须了解一下阿尔卑斯山脉西部地区各种语言的相互关系。

在阿尔卑斯山脉一带，凡是意大利语和其他语言交错的地方，意大利语总是处于劣势。它没有渗入阿尔卑斯山脉以外的任何一个地方；格劳宾登和蒂罗尔的罗曼方言完全与意大利语无关。相反，在阿尔卑斯山脉以南，一切边缘地区的语言却夺取了意大利语的地盘。在威尼斯省的西部山区乌迪内，说的是克赖纳—斯洛文尼亚语。在蒂罗耳，德语的成分在整个南坡和埃奇河上游谷地占统治地位；再向南，在意大利语地区的中部，有七村社和十三村社[9]孤岛般的德语区；格里斯山南麓、泰辛的卡韦尔尼奥河谷、皮埃蒙特的福尔马扎河谷、辛普朗山麓的上韦德罗河谷，最后，还有玫瑰峰的整个东南坡、利斯、上塞西亚和安扎斯卡等河谷，都说德语。法语的疆界起自利斯河谷，包括整个奥斯塔河谷和从塞尼山口起的科蒂安山的东坡，因此，一般都认为，波河上游所有河流都发源于法语区。通常认为，这个疆界是由代蒙特（施图拉河畔）起，即滕达山口稍西的地方起，到罗亚河并且沿罗亚河直到海边。

关于德意志或斯拉夫民间语与意大利民间语之间的界限的问题，是不会引起什么怀疑的。但是如果两种罗曼语相遇，而且它们既不是意大利标准语即真正的托斯卡纳语，也不是北法兰西受过教育的人的语言，而是意大利语的皮埃蒙特方言和行吟诗人所使用的、已经衰落了的、变成无数种方言的南法兰西语（为了简便起见，我们用一个不太确切但却是通用的叫法——普罗旺斯语——来称呼它），那么问题就不同了。无论谁，只要他哪怕是肤浅地研究过罗曼语比较语法或者普罗旺斯文学，那他在伦巴第和皮埃蒙特一定会立即觉察出，这里的民间语与普罗旺斯语非常近似。固然，在伦巴第语中，这种类似处仅仅限于方言的外形，例如：阳性元音词尾要省略，而阴性词尾在单数中仍然保留；同样，大部分元音词尾在变位时使这种语言带有普罗旺斯语的声调，而鼻音 n 以及 u 和 oeu 的发音却好像北法兰西语；但是构词法和语音学实际上仍然是意大利语的，令人奇怪的是，凡与意大利语偏离的地方，则正如勒托—罗曼语[10]中那样，多半很像葡萄牙语①。皮埃蒙特方言在主要特点上和伦巴第方言非常类似，但是它比后者更接近于普罗旺斯方言，而且无疑，科蒂安山和滨海阿尔卑斯山一带这两种方言非常相近，很难在它们中间划出确切的界限②。此外，南法兰西方言大部分甚至并不比皮埃蒙特方言更接近于北法兰西标准语。因此，在这种情形上，民间语并不能确定民族的归属。操普罗旺斯语的阿尔卑斯山一带的农民既容易学会法语，又同样容易学会意大利语，但是这两种语言都同样用得很少；他们非常熟悉皮埃蒙特语，用这一种语言也足够了。如果一定要找出个根据，那么只有标准语才能提供，而这种标准语在全皮埃蒙特和尼斯，显然是意大利语；惟一的例外或许是奥斯塔河谷和

---

① "钥匙"在拉丁语是 clavis，意大利语是 chiave，葡萄牙语是 chave，伦巴第语是 ciàu（读"恰乌"）。去年夏天奥格斯堡《总汇报》上登载的来自维罗纳的通讯（见发自奥地利大本营的报道）写道：在街上，大家见面时常常说"恰乌，恰乌"。这家常常在语言方面犯错误的聪明的报纸，显然找不出打开这个"恰乌"这谜的钥匙。这个字应读为 s-ciau（读"斯恰乌"），类似于伦巴第语中的 schiavo——奴隶、仆人，就如在我国彼此寒暄时说："您的仆人，顺从的仆人"等一样。在伦巴第方言中，真正普罗旺斯语的形式，我们记得只有两个：阴性过去时形动词的词尾为 da（amà、amada）与动词现在时第一人称的词尾为 i（ami——我爱，saludi——我致敬）。
② 意大利方言和普罗旺斯方言的不同点是：（1）在意大利语中 i 在辅音后面要元音化（fiore，piu，bianco），普罗旺斯语则不然；（2）名词复数由拉丁语的主格构成（donne，cappelli）。固然，普罗旺斯方言和古法兰西方言，在中世纪同样有过这样一种主格的构成法，而其余各格则由拉丁语的宾格（词尾—s）构成。但是据我们所知，所有现代的普罗旺斯方言，都只是保存着后面这种形式。然而，在这两种方言交错的地区，还可能发生疑问：现在保留下来的主格形式是来自意大利方言还是来自普罗旺斯方言。

瓦尔德锡河谷,在这两个地区,有些地方占优势的是法兰西标准语。

可见,企图以普罗旺斯方言作为论据(况且只是在半个省份使用的普罗旺斯方言)来断言尼斯在民族上属于法国,这从一开始就没有道理的。如果注意到在比利牛斯山的西面,包括阿拉贡、加泰罗尼亚和巴伦西亚,普遍都说普罗旺斯方言,虽然它在这些西班牙省份里受到卡斯蒂利亚语的一些影响,但不仅在总的方面仍然保持着远较法国任何地方都纯粹的形式,甚至还作为书面语存在于民间文学中,——如果注意到这点,那上述断言就更没有道理了。如果路易-拿破仑在最近的将来也以这3个省份在民族上属于法国为理由而要求占有它们,那西班牙该怎么办呢?

……

弗·恩格斯写于1860年2月4~20日
1860年3月底以小册子形式在柏林出版

原文是德文
中文根据《马克思恩格斯全集》1984年历史考证版第1部分第18卷翻译
选自《马克思恩格斯全集》第19卷,人民出版社,2006,第440~441、448~467页

注释:

[1]《萨瓦、尼斯与莱茵》这一著作同《萨瓦与尼斯》(见《马克思恩格斯全集》中文版第2版第19卷,第64~68页)一样,是恩格斯应马克思的请求于1860年2月4~20日之间写成的,这是他1859年2月写的另一著作《波河与莱茵河》的续篇。恩格斯利用他在军事科学、历史和语言学方面的渊博知识,揭穿了波拿巴对萨瓦、尼斯以及莱茵河左岸地区的要求是荒谬的。恩格斯写这一著作的另一个目的是根据对奥意法战争的经过和结果的分析,证明马克思和他在对外政策问题上所坚持的革命无产阶级立场的正确性。

曾经匿名出版过小册子《波河与莱茵河》的柏林出版商敦克尔,这次由于在对德国各政党的立场的估计上同恩格斯意见分歧,提出只有在作者于扉页上署名的条件下才同意出版这部新的著作。恩格斯不愿意正式署名,以免

过早地让军界读者知道这两部著作均出于非军人之手,所以认为只要指出这本新出的小册子出于《波河与莱茵河》的作者之手就够了。于是,这本小册子便于1860年3月在柏林的贝伦德出版社匿名出版。

[2] 小德意志派主张建立小德意志,即主张在普鲁士领导下统一德国,而把奥地利排斥在外。企图实现这个小德意志计划的行动之一是1849年建立了在普鲁士国王领导下的17个德国君主的联邦。1850年这个联邦瓦解了。

小德意志派报刊是反映主张建立小德意志的人的观点的报刊,他们赞成在普鲁士领导下统一德国,而把奥地利排斥在外。

[3] 指1859年席勒诞生一百周年的纪念活动。

[4] 七月革命指1830年爆发的法国资产阶级革命。1814年拿破仑第一帝国垮台后,代表大土地贵族利益的波旁王朝复辟,它竭力恢复封建专制统治,压制资本主义的发展,限制言论自由和新闻出版自由,加剧了资产阶级同贵族地主的矛盾,激起了人民的反抗。1830年7月27~29日巴黎爆发革命,推翻了波旁王朝。金融资产阶级攫取了革命果实,建立了以奥尔良公爵路易-菲力浦为首的代表金融资产阶级利益的七月王朝。

[5] 二月革命指1848年2月爆发的法国资产阶级民主革命。代表金融资产阶级利益的"七月王朝"推行极端反动的政策,反对任何政治改革和经济改革,阻碍资本主义发展,加剧对无产阶级和农民的剥削,引起全国人民的不满;农业歉收和经济危机进一步加深了国内矛盾。1848年2月22~24日巴黎爆发了革命,推翻了"七月王朝",建立了资产阶级共和派的临时政府,宣布成立法兰西第二共和国。它是欧洲1848~1849年大革命的第一次革命。无产阶级和小资产阶级积极参加了这次革命,但革命果实却落到资产阶级手里。

[6] 社会治安法(lois de sûretè publique),又称嫌疑犯处治法(Loi des suspects),它是1858年2月19日由法国立法团通过的一项法律。该法律授予皇帝拿破仑第三及其政府以无限权力,可以把一切敌视第二帝国制度的嫌疑分子投入监狱或流放到法国和阿尔及利亚的偏僻地区,或者彻底驱逐出法国领土。

[7] 百日指拿破仑第一恢复帝制的短暂时期,自1815年3月20日他率军队从流放地厄尔巴岛重返巴黎时起,到同年6月28日在滑铁卢失败后第二次退位时为止。

[8] 教皇至上主义是教皇至上派的理论。教皇至上派是天主教的一个极端反动的

派别，它反对各民族教会的独立性，维护罗马教皇干涉一切国家内政的权力。19世纪下半叶教皇至上主义影响的加强，表现在欧洲若干国家建立了天主教堂，表现在梵蒂冈宗教议会于1870年通过了教皇"永无谬误"的信条等等。

［9］七村社（Sette comuni）和十三村社（Tredici comuni）是位于威尼斯省境内阿尔卑斯山南部支脉上由德国人居住的两个小山区的名称。这两个德国移民区出现在13世纪下半叶，这两个移民区的居民所说的德语方言在19世纪下半叶只是在少数几个村子中还保留着。

［10］勒托—罗曼语（这个语种名称来自古罗马的勒戚亚省名）属于罗曼语族，主要在瑞士东南部和意大利北部的高山地区作为口语流行。

卡·马克思

马克思致摩里茨·佩尔采尔（节选）

圣埃尔耶

1860年4月16日于伦敦哈佛斯托克小山
梅特兰公园路格拉弗顿坊9号

……

我不揣冒昧提起您注意，我早在1848～1849年任《新莱茵报》主编的时候，就是德国支持革命匈牙利的最坚决战士。我现在也完全和那时一样，**把匈牙利的独立和自主看成德国摆脱被奴役地位的必要条件**。但是我同样坚决地拒绝那些要把一些**民族**贬为掩盖俄国佬和十二月帮阴谋活动的外衣的努力。

……

完全忠实于您的**卡尔·马克思**博士

选自《马克思恩格斯全集》第30卷，
人民出版社，1974，第526～527页

卡·马克思

［伊·萨博］《从十六世纪初到目前的现代欧洲国家政策》（两卷本，1857年伦敦版）一书（节选）

［第1卷］摘录[1]

（X）1763～1774年。瓜分波兰。

凯纳吉和约

波兰国王萨克森的**奥古斯特三世**逝世。

1762年6月。叶卡特琳娜篡夺俄国皇位。叶卡特琳娜和弗里德里希支持波尼亚托夫斯基。

他们订立防御同盟，同盟的秘密条款不许对波兰的反常的宪法进行任何修改。[2]

1764年。俄国军队开进波兰。9月波尼亚托夫斯基被拥上王位。俄国驻华沙的公使①是波兰议会的实际主席。叶卡特琳娜保护非国教

---

① 尼·瓦·列普宁。——编者注

徒（正教徒和新教徒），他们作为奥利瓦和约[3]的保证人也受到英国和瑞典的支持。

1767年议会。俄国大使列普宁公爵攫取了一个独裁者的角色。**波兰巴尔联盟**（在波多利亚）。同俄军的战争；巴尔联盟的残余被赶到土耳其政府的领地。土耳其政府受法国唆使参加了俄波战争。

1768年底或1769年初苏丹①把俄国大使②投入七塔城堡。
1770年。俄土战争。

（热那亚把科西嘉卖给法国。）③

1772年瓜分波兰。这次瓜分的结果，普鲁士获得**西普鲁士**（六十万人口；它成了波兰的贸易要道维斯瓦河的主宰者），叶卡特琳娜获得**立陶宛**和德维纳河和德涅泊河之间的领土（一百八十万人口）；奥地利获得洛多梅里亚、加里西亚和匈牙利周围的其他地方（三百万人口）。

1774年7月，（凯纳吉和约。）（**克里木独立**。）阿速夫、金布恩、刻赤、叶尼卡列划归俄国，等等。俄国有权在君士坦丁堡为摩尔达维亚和瓦拉几亚作口头申述。

奥地利得到摩尔达维亚的一部分——**布柯维纳**（奥地利是土耳其的同盟者）。

---

① 穆斯塔法三世。——编者注
② 阿·米·奥勃列斯科夫。——编者注
③ 在马克思笔记里这句话在"1772年瓜分波兰"的后面，这次发表时，根据笔记的内容把它移到前面来了。——编者注

[第 2 卷][4]
(Ia) 1790～1796 年

……

第一次联盟。(普鲁士国王①派他的军队深入法国,想同叶卡特琳娜第二次瓜分波兰。)

1793 年 7 月,第二次瓜分波兰。普鲁士分得但泽和托伦。

(1791 年 5 月 3 日宣布波兰新宪法。)(继承王位。)(1792 年俄国在波兰的战役。)(1793 年 1 月 23 日普鲁士和俄国在圣彼得堡签订协定。普鲁士军进入波兰。俄国几乎得到半个立陶宛(波多尔斯克省、波洛茨克省和明斯克省,以及诺沃格鲁多克省、布列斯特省和沃伦的一半)(三百万居民)。)

叶卡特琳娜**恶语攻击法国**,但是她的军队留在国内。
1794 年 4 月。(普鲁士和英国达成关于提供费用的协议。)

1794 年 3 月 24 日。考斯丘什科(独裁者)。华沙和维尔诺的起义。奥地利也派出军队。**1794 年 11 月 9 日**苏沃洛夫进入华沙。
1795 年 1 月 3 日。奥地利和俄国单独发表彼得堡声明(关于瓜分)。**1795 年 10 月 24 日**普鲁士和奥地利签订彼得堡协定。克拉科夫归属奥地利。俄国得到波兰和立陶宛的余下部分直到尼门河、布列斯特和诺沃格鲁多克的领土、萨莫吉蒂亚的大部分、整个库尔兰和塞米加利亚;在小波兰

---

① 弗里德里希-威廉二世。——编者注

获得布格河右岸的霍尔姆州领土的一部分和沃伦的其余部分（一百二十万居民）。

除克拉科夫［省］的主要部分外，奥地利［得到］散多梅希省和卢布林省、霍尔姆州的一部分、布列斯特省、波德拉谢省和马索维亚省（布格河左岸）（约一百万人口）。

普鲁士得到马索维亚和布格河右岸的波德拉谢的一部分、立陶宛的特罗基省和萨莫吉蒂亚的一部分、小波兰的一个不大的区、克拉科夫省的一部分（居民一百万左右）。

第三次瓜分波兰。

……

马克思起草于1860年6月

原文是英文和德文

马克思在《福格特先生》的《达—达·福格特和他的研究》一章及其他几章使用了部分摘录（见《马克思恩格斯全集》中文版第14卷第526～587页）

选自《马克思恩格斯全集》第44卷，人民出版社，1982，第468～471页

注释：

［1］马克思的这篇著作是伊·萨博1857年5～6月在伦敦匿名出版的两卷本英文著作《从十六世纪初到现在的现代欧洲国家政策》的摘录。伊·萨博的书不是什么创作，而是十六世纪上半叶意大利战争期间到1856年巴黎会议这一段时期欧洲国家关系的历史汇编。马克思因为要写抨击性小册子《福格特先生》而于1860年6月上半月做了这本书的摘要。马克思为了揭露拿破仑第三的政策的反革命实质而需要顺便回顾这一段历史，因为福格特是拿破仑收买的暗探。马克思只从萨博受戴·乌尔卡尔特一定思想（见《马克思恩格斯全集》中文第1版第44卷，第204～205页）影响写成的这本书中摘录了一些事实，

完全没有涉及作者的观点。不过马克思常常在摘录中加进一些作者没有写的历史事实，从而提供了更加广阔更加全面的历史事件。某些事实是用德文写的。这次发表时，马克思加进去的话用大号铅字印出，以示区别。

马克思在《福格特先生》的《达—达·福格特和他的研究》一章及其他几章使用了部分摘录（见《马克思恩格斯全集》中文版第14卷第526～587页）。

[2] 暗指自由否决权的原则。自由否决权是任何一个议员对议会决议提出异议加以否决的权利。这项权利从1652年开始采用，它加剧了波兰的封建混乱局面。

[3] 奥利瓦和约是以瑞典为一方同以波兰、莱奥波德一世皇帝和勃兰登堡选侯弗里德里希–威廉为另一方于1660年5月3日签订的，是结束1655～1660年北方战争的条约之一。其中有一项条款是承认韦利亚夫条约的条件。

[4] 以下是《现代欧洲国家政策》一书的第二卷的摘录；马克思在摘录中对第二卷的各章标上字母"a"：Ⅰa、Ⅱa等等。

卡·马克思

福格特先生（节选）

……

八 达-达·福格特和他的研究

"Sine Studio."①

克吕登纳夫人，这位神圣同盟的母亲，分得清善即"北方的白天使"（亚历山大一世）与恶即"南方的黑天使"（拿破仑第一）。福格特，这位新神圣同盟的养父，把两个人——沙皇和凯撒（亚历山大二世和拿破仑第三）都变为"白天使"。这两个人都命中注定是欧洲的解放者。

至于皮埃蒙特，福格特说："它甚至赢得了俄国的尊重"（同上，第71页）。

甚至赢得了俄国的尊重——对一个国家，还能再多说些什么呢？在皮埃蒙特已经把维拉弗兰卡军港割让给俄国，[1] 而同一位**福格特**就普鲁士购买亚德湾一事[2] 提出了下列警告以后，更是如此：

---

① "Sine Studio"的意思是"不偏不倚"；马克思标上这一副标题，用以讽示福格特的《研究》（stuiden）的偏颇态度。——编者注

一个地处异国境内的军港，同它所属的国家毫无有机的后方联系，这是十分荒谬可笑的，因为这种军港的存在只是在下列情况下才有意义：在某种程度上把它看做是未来努力的瞄准点，看做是为指引前进方向而升起的一面小旗。(《研究》第15页)

大家知道，叶卡捷琳娜二世曾经力图在地中海上为俄国取得一些军港。

对于北方的"白天使"温情脉脉，使**福格特**过分粗暴地破坏了"天生的谦逊"，因为这种谦逊在丹屠出版的原著中还保持着。他在丹屠出版的《问题的实质，法国—意大利—奥地利》**(1859年巴黎版)** 这本小册子的第20页上读到：

当奥地利政府**已经侵占了克拉科夫**，从而破坏了保证克拉科夫独立的1815年条约时，它还有什么权利侈谈这些条约的不可侵犯性呢？①

福格特把他的法文原著译成这样的德文：

从迄今一直厚颜无耻地破坏条约的**惟一的政府**之口听到这类话，简直令人莫名其妙；它在和平时期，平白无故地向受到条约保证的克拉科夫共和国伸出罪恶的黑手，并且不由分说地就把它并入帝国的版图。(同上，第58页)

当然，尼古拉废除了受到1815年条约[3]保证的波兰王国的宪法和独

---

① 《De quel droit, d'ailleurs, le gouvernement autrichien viendrait-il invoquer l'inviolabilité de ceux (traités) de 1815, lui qui les a violés en confisquant Cracovie, dont ces traités garantissaient l'indépendance?》

487

立，是由于对1815年条约的"尊重"。俄国在1831年派莫斯科的军队占领了**克拉科夫**，同样也是对这个自由市的完整性的尊重。1836年，克拉科夫又被俄国人、奥地利人和普鲁士人占领；他们对待它和对待一个被征服的国家毫无二致，而它根据1815年条约在1840年还向英国和法国发出呼吁，但是毫无结果。最后，1846年2月22日，俄国人、奥地利人和普鲁士人又一次占领了克拉科夫，以便把它并入奥地利。[4]条约是遭到**3个北方国家**破坏的，而1846年奥地利的侵占，只不过是1831年俄国入侵的尾声。福格特出于对"北方的白天使"的柔情，竟忘记了波兰的被侵占，并且歪曲了克拉科夫被侵占的历史。①

俄国"一贯敌视奥地利而同情法国"一事，使福格特对路易·波拿巴的民族解放倾向丝毫不加怀疑，就像"他的〈路易·波拿巴的〉政策现时同俄国的政策极其紧密地结合在一起"（第30页）一事，使他对亚历山大二世的民族解放倾向丝毫不加怀疑一样。

因此，应当把神圣的俄罗斯看成是东方的"争取自由"和"人民和民族的发展"的"朋友"，就像十二月政变的法国在西方那样。这一口号曾经散发给十二月二日的各个代理人。

"俄国"，——**福格特**在丹屠出版的《条约的信守，缔约的列强和皇帝拿破仑第三》（1859年巴黎版）这一小册子中读到，——"俄国属于斯拉夫人大家庭，属于优等种族……有人对法俄两国之间突然产生的骑士协商感到惊奇。其实没有比这更自然的了：**原则相同，目标一致，政府和人民遵守神圣同盟法律**，不是为了欺骗和强制，而是为了指导和帮助各民族神圣的运动。这种最充分的诚意〈在路易-菲力浦同英国之间只有过**诚意协商**，但在路易·波拿巴同俄国之间却存在着最充分的诚意〉已经产生了极良好的结果：铁路、**农奴解放**、地中

---

① 帕麦斯顿曾以引人发笑的抗议愚弄了欧洲，从1831年起，他非常卖力地参与了针对克拉科夫的阴谋活动。（见我的抨击性文章《帕麦斯顿和波兰》（213）1853年伦敦版）

海上商船停泊场等等。"①

……

按照**福格特**的说法，还在意大利战争爆发以前，"白沙皇"同"十二月英雄"[5]之间专门为了各民族的解放而订立的同盟，就已在多瑙河两公国经受了考验，在那里，罗马尼亚民族的统一和独立，由库扎上校被选为摩尔多瓦和瓦拉几亚的君主而得到了确认。[6]

奥地利拼命抗议，法国和俄国鼓掌欢迎。（同上，第65页）

在俄国内阁于1837年给现在的沙皇草拟的备忘录（1855年的《普鲁士周报》曾经转载过）中，我们看到：

俄国不喜欢**立即**就把有异己分子的国家合并过来……无论如何，对**已决定**要取得的国家，让一些特殊的、但完全听命的执政者去治理一个时期，就像我们在摩尔多瓦和瓦拉几亚所做的那样，是更为合适的，等等。②

俄国在把克里木合并之前，曾宣布克里木**独立**。
在1814年12月11日的俄国宣言中，我们看到：

---

① 《La Russie est de la famille des Slaves, race d'élite... On s'est étonné de l'accord chevaleresque survenu soudainement entre la France et la Russie. Rien de plus naturel: accord des principes, unanimité du but... soumission à la loi de l'alliance sainte des gouvernements et des peuples, non pour leurrer et contraindre, mais pour guider et aider la marche divine des nations. De la cordialité la plus parfaite sont sortis les plus heureux effets: chemins de fer, affranchissement des suserfs, stations commerciales dans la Méditerranée etc.》 p. 33. 《cordialité La Foi des Traités etc. Paris 1859.》 214

② 《俄国政策的标志》，载于1855年6月9日第23期《普鲁士周报》。——编者注

波兰人，你们的保卫者亚历山大皇帝向你们呼吁。为了保卫你们的祖国和维护你们的**政治独立**，你们自己武装起来吧。

多瑙河两公国啊！从彼得大帝进入多瑙河两公国以来，俄国就为它们的"**独立**"操心尽力了。在涅米罗夫会议（1737年）[7]上，女皇安娜要求苏丹让多瑙河两公国在俄国的保护下获得独立。在福克沙尼会议（1772年）[8]上，叶卡捷琳娜二世坚持两公国在**欧洲的保护**下获得独立。

亚历山大一世继续这种努力，在他把比萨拉比亚变成俄国的一个省（1812年布加勒斯特和约[9]）以后，目的就达到了。尼古拉甚至通过基谢廖夫，用至今还有效的**组织规程**[10]为罗马尼亚人造福，它在全欧洲对这部自由法典的一片欢呼声中建立了极其丑恶的农奴制度。亚历山大二世使多瑙河两公国在库扎统治下实现的准统一，只不过是把他的前辈执行了一个半世纪的政策向前推进了一步。但**福格特**发现：由于在一个俄国仆从统治下实行的这种联合，"两公国将成为阻挡俄国南进的一道屏障"（同上，第64页）。

因为俄国欢迎库扎的当选（同上，第65页），所以非常明显：好心的沙皇不遗余力地堵塞了自己"南进的道路"，虽然"君士坦丁堡仍然是俄国政策一贯追求的目标"（同上，第9页）。

叫嚷俄国是自由主义和民族意愿的保护者，这种转化并无新意。法国和德国的许许多多启蒙学者就曾把叶卡捷琳娜二世誉为进步的旗手。"高尚的"亚历山大一世（拿破仑把他鄙称为衰落帝国的希腊人①）曾扮演过全欧自由主义的英雄。难道他不曾用俄国的文明财富为芬兰造福？难道除了宪法而外，他不曾还把一个**俄国**首相黎塞留公爵慷慨大度地赐给法国？难道他不是"赫特里"[11]的秘密领袖，虽然他同时在维罗纳会议[12]上通过卖身投靠的夏多勃里昂怂恿路易十八讨伐西班牙的反叛[13]？难道他不曾通

---

① 转义是：口是心非的奸诈汉。——编者注

过斐迪南七世的听取忏悔的神父①，唆使斐迪南七世征讨起义的西班牙美洲殖民地，而同时却答应北美合众国总统②，支持他反对欧洲列强对美洲大陆进行的任何干涉？难道他不曾派遣伊普西朗蒂充当"神圣的希腊人义勇队的领袖"前往瓦拉几亚，并通过同一个伊普西朗蒂出卖了这支义勇队，同时谋杀了瓦拉几亚起义者的领袖弗拉基米列斯库？1830年以前，在各种语言中，无论诗歌和散文，也都把尼古拉吹捧为民族解放的英雄。当他在1828～1829年对马茂德二世开战要解放**希腊人**时，——也就是在马茂德拒绝俄军过境镇压希腊起义之后，——帕麦斯顿在英国议会宣称：俄国解放者的敌人，必然是世界上的那些庞然怪物——唐·米格尔、奥地利和苏丹——的"朋友"。难道尼古拉为了对希腊人表示慈父般的关怀，不曾给他们派一个俄国将军卡波·迪斯特里亚伯爵去担任总统？不过，希腊人并非法国人，他们杀死了高尚的卡波·迪斯特里亚。尽管尼古拉从1830年七月革命[14]爆发时起，主要扮演的是正统派[15]的保护人，但他片刻也没有停止协助"民族的解放"。只要举几个例子就够了。1843年9月爆发的**希腊**宪法革命，是由俄国驻雅典公使卡塔卡济领导的，此人原先是纳瓦里诺惨败[16]时海军上将葛伊甸的总监军。1842年**保加利亚**骚乱的中心是俄国驻布加勒斯特领事馆。俄国将军杜阿梅尔于1842年春在领事馆这里接见了保加利亚代表团，向它说明了总起义的计划。塞尔维亚应成为起义的后备力量，而俄国将军基谢廖夫则应成为瓦拉几亚的君主。在**塞尔维亚**起义时（1843年），俄国通过驻君士坦丁堡使馆怂恿土耳其对塞尔维亚人采用暴力，以便随后利用这个借口在反对土耳其人时争取欧洲的同情和狂热。沙皇尼古拉的解放计划也丝毫没有把**意大利**排除在外。一度是马志尼派的巴黎机关报《青年意大利》，在**1843年11月**的某一号上这样写道：

> 罗马涅新近发生的骚动和希腊爆发的运动，多少是有些联系

---

① 维克多二世。——编者注
② 詹·门罗。——编者注

的……意大利的运动已遭到了失败，因为真正的民主派拒绝参加这一运动。**共和派分子**不愿**支持**由**俄国**发起的运动。为了在意大利发动总起义，一切都准备好了。运动应在那不勒斯开始，因为在那里，可望有一部分军队起来领导起义，或者直接投到爱国者方面来。那不勒斯的革命爆发以后，伦巴第、皮埃蒙特和罗马涅应群起响应；应当建立以欧仁·傅阿尔奈的儿子、沙皇的女婿——洛伊希滕贝格公爵为首的**意大利帝国**。《青年意大利》**粉碎了这个计划**。①

1843 年 11 月 20 日的《泰晤士报》就《青年意大利》的这一报道指出：

> 如果这个伟大目标——建立以俄国公爵为首的意大利帝国——能够实现，那就更好了；但是，意大利的任何突发事件都可能得到另一种更直接的、即使不是那么巨大的好处：引起奥地利惶恐不安，转移它对俄国**在多瑙河**的一套可怕的（fearful）计划的注意力。②

尼古拉 1843 年与"青年意大利"[17]的接触毫无结果以后，便于 1844 年 3 月把布捷涅夫先生派往罗马。布捷涅夫代表沙皇把一项计划透露给教皇③，计划规定，把俄属波兰割让给奥地利以换取伦巴第，后者应组成以洛伊希滕贝格公爵为首的北意大利王国。当时罗马教廷的英文机关报《纪事报》，**于 1844 年 4 月**就这一建议写道：

> 这项美妙的计划中抛给罗马宫廷的诱饵是：波兰落入天主教之

---

① 这段引文马克思转译自 1843 年 11 月 20 日《泰晤士报》第 18458 号上发表的《巴黎快讯》一文。——编者注
② 《巴黎快讯》，载于 1843 年 11 月 20 日《泰晤士报》第 18458 号。——编者注
③ 格雷戈里十六。——编者注

手，而伦巴第仍然处于天主教皇朝治理之下。但是，罗马外交界的老手们懂得，奥地利仅能勉强保住自己的领地，同时，大概迟早又会失去自己的斯拉夫各省，所以，把波兰割让给奥地利——即使建议中的这一部分是当真的——，只不过是以后要偿还的一笔债款；一旦以洛伊希滕贝格公爵为首的北意大利真的处于俄国保护之下，很快也就必然接受俄国的统治。因此，这项被推崇备至的计划就暂时被束之高阁了。

《纪事报》在1814年就是这样写的。

从18世纪中叶起奥地利能够作为一个国家存在的惟一因素，即它对俄国在东欧的推进的抵抗——这种抵抗是孤立无援的、不坚决的、胆怯的，但却是顽强的——，使**福格特**发现了"奥地利是东方一切纷争的策源地"（同上，第56页）。他带着同他的肥胖外形十分相称的"某种童稚的天真"，把俄国同法国结盟反对奥地利的原因——"好心的沙皇"的解放倾向除外，——说成是因为奥地利对尼古拉在匈牙利革命时期所给予的帮助采取了**以怨报德**的态度。

在克里木战争[18]时期，奥地利已经走到了武装的、敌对的中立的最后边缘。不言而喻，这一行动，况且是带有虚伪和狡诈印记的这一行动，必然激怒俄国政府凶狠地反对奥地利，从而把该政府推到法国一边。（同上，第10、11页）

在**福格特**看来，俄国执行的是温情主义的政策。奥地利在1850年华沙会议期间损害德国利益并向石勒苏益格—荷尔斯泰因进军[19]，它对沙皇所表示的那种**感激**，仍然不能使知恩图报的**福格特**感到满足。

俄国外交家**波措-迪-博尔哥**在他的1825年10月写于巴黎的著名紧急报告[20]中，在列举了奥地利反对俄国在东方的干涉计划的各种阴谋诡计之后，这样写道：

因此，我们的政策要求我们对这个国家＜奥地利＞采取威慑态度，要求我们通过我们的准备使它确信：如果它敢动一动来反对我们，那么，一场它从未经受过的极可怕的风暴就会降临到它的头上。

波措用外来战争和内部革命来吓唬奥地利，并提议由奥地利攫取向它"所许诺的"土耳其"省份"当作可能的和平解决，而把普鲁士简单地描绘成俄国的一个百依百顺的同盟者，在这以后，他接着写道：

如果维也纳宫廷顺从我们的善良目标和意图，那么皇帝内阁的计划早就实现了，——这个计划不仅涉及占领多瑙河两公国和君士坦丁堡，而且还涉及把土耳其人赶出欧洲。

大家知道，尼古拉和查理十世于1830年签订了一项秘密条约，它规定了下列条件：法国允许俄国占领君士坦丁堡，自己取得莱茵河各省和比利时作为补偿；普鲁士得到汉诺威和萨克森作为补偿；奥地利获得土耳其在多瑙河流域的一部分省份。在路易-菲力浦时代，在俄国的推动下，同一个计划又由摩莱提交给彼得堡内阁。此后不久，布伦诺夫就带着这个文件去伦敦，把它当作法国背叛变节的一项证据交给英国政府，并利用它来组织1840年的反法同盟。

现在让我们来看一看，按照受巴黎原著启示的**福格持**的想法，俄国**该**怎样跟法国协同利用意大利战争。一个以"民族原则[21]为指路明星"的人，在俄国的"民族"构成，特别是"**波兰民族**"这样的问题上，看来会遇到些难题；可是：

对于我们来说，民族原则是高贵的，但自由自决原则更高贵（同上，第121页）。

当俄国根据1815年条约[3]兼并了绝大部分**波兰本土**的时候，它就获得了向西部挺进的阵地，它不仅在奥地利和普鲁士之间，而且在东普鲁士和西里西亚之间打入一个楔子，以致当时普鲁士的军官们（例如格奈泽瑙）就已经注意到，不能容忍与一个非常强大的邻邦有这样的边界关系。然而，只是在1831年把波兰人平定下去，使这个地区完全臣服俄国人时，这个楔子的真正意义才显示出来。必须使波兰俯首听命不过是在华沙、莫德林、伊万城建筑强大工事的一种借口。建筑这类强大工事的真正目的，是在战略上完全控制魏克瑟尔河地区，建立向北、向南和向西进攻的基地。甚至连非常迷恋信奉东正教的沙皇以及一切俄国事物的那个哈克斯特豪森，也看出这是对德国的显而易见的危险和威胁。俄国人在魏克瑟尔河上的设防阵地对德国的威胁，要比法国全部要塞的总和还要大，特别是波兰的全国性反抗一旦停止，而俄国一旦能够把波兰的军事力量当作自己的侵略力量来支配的时候，更是如此。因此，**福格特**才这样宽慰德国说：**波兰是根据自由自决变成为俄国的**。

"毫无疑问"，——他说，——"毫无疑问，由于俄国人民党的积极努力,波兰和俄国之间裂开的鸿沟已经大大缩小了，也许，只需要一种不大的推动，就可把它完全填平了。"（同上，第12页）

意大利战争应当提供这种不大的推动。（然而，亚历山大二世在这场战争时期相信：波兰还没有达到福格特那样的高度。）在"自由自决"的基础上溶化于俄国的**波兰**，作为一个中心体，将会按照重力定律，把正在异族统治下受苦受难的前波兰帝国被肢解的部分吸引过来。为了使这个吸引过程进行得比较顺利，**福格特**劝告普鲁士抓住时机甩掉"斯拉夫人附属地"（同上，第17页），也就是甩掉**波森**（同上，第97页），或许也要甩掉**西普鲁士**，因为只有东普鲁士才被认为是"纯粹的德国土地"。从普鲁士分离出来的各个部分，当然马上就会同俄国所吞没的中心体合并，而"纯粹的德国土地"东普鲁士，将变成俄国的飞地。另一方面，至于说到在《1860年的欧洲》地图上也被划入俄国版图的**加利西亚**，那么要知道，使加利西亚脱离奥地利就是使德国摆脱奥地利的非日耳曼领地的战争的直接目的。**福格特**想起了：

"1848年以前，在加利西亚俄国沙皇的肖像要比奥地利皇帝的肖像更为常见。"（同上，第12页），"俄国极其擅长玩弄这类阴谋，因此奥地利方面有充分理由感到惶惶不可终日"（同上）。

但是，不言而喻，为了摆脱"内部敌人"，德国应当安然地允许俄国人把支持这类阴谋的"军队推进到边境"（第13页）。虽然普鲁士自己会放弃它的波兰各省，但是俄国应当利用意大利战争从奥地利手中夺走加利西亚，正如亚历山大一世在1809年只不过是戏剧性地支持一下拿破仑第一就已得到了加利西亚的一部分作为酬谢。大家知道，俄国成功地索回原先归普鲁士和奥地利管辖的几块波兰领土，其中一部分是从拿破仑第一手中搞到的，一部分是在维也纳会议上搞到的。按照**福格特**的意见，在1859年，**整个**波兰同俄国合并的时机已经成熟。**福格特**并不是要求从俄国人、奥地利人和普鲁士人手中**解放波兰民族**，而是要求**先前的整个波兰帝国溶化并消失于俄国**。波兰完了！"俄国"这种"恢复波兰"的观念，在沙皇尼古拉逝世以后立即传遍了全欧，1855年3月，**戴维·乌尔卡尔特**在其抨击性著作"The new hope of Poland"（《波兰的新希望》）中就曾加以揭露。

然而，**福格特**对俄国还不够卖力气。

这位**可爱的伙伴**叙述说："俄国人对待匈牙利革命者是异常迁就的，甚至几乎是亲如手足的，这同奥地利人的行为适成鲜明对照，以致不能不产生自己的充分影响。俄国虽然镇压了党〈注意：在**福格特**看来，俄国镇压的并不是**匈牙利，而是党**〉，但对待它还是既温和又礼貌的，这样俄国就为下面一种观点奠定了基础，这种观点可大致表述如下：两害相权取其轻；而在目前场合下，俄国并不是较大的害。"（同上，第12、13页）

普隆-普隆的福斯泰夫是用"异常迁就、既温和又礼貌"的、甚至几乎是"亲如手足"的态度来伴送俄国人进入匈牙利的，并使自己变成了传播幻想的"渠道"；而1849年的匈牙利革命就失败在这种幻想上。**戈尔盖**的党当时散布要把一个俄国亲王当作匈牙利未来的国王予以信赖，此举瓦解了匈牙利革命的反抗力量。①

1848年**以前**，哈布斯堡王朝由于在任何一个种族中都得不到特别的依靠，当然就把它对匈牙利的统治依托在统治的民族——**马扎尔人**身上。附带提一下，梅特涅倒是各民族最大的维护者。他迫使一个民族憎恨另一个民族，但是他需要这些民族，以便强迫它们这样做。因此，他维护它们。我们不妨来比较一下波森和加利西亚。1848～1849年革命之后，在斯拉夫人帮助下击败了德国人和马扎尔人的哈布斯堡王朝，企图仿效约瑟夫二世，用暴力使德国成分在匈牙利居于统治地位。哈布斯堡王朝由于害怕俄国，不敢投入他们的拯救者——斯拉夫人的怀抱。他们这个联合国家的反动势力，在匈牙利与其说是针对他们的战败者——马扎尔人，不如说是针对他们的拯救者——斯拉夫人的。因此，奥地利反动势力在同它的拯救者的斗争中，就像**瑟美列**在其1860年于伦敦出版的小册子《1848—1860的匈牙利》中所指出的，把斯拉夫人赶回到马扎尔人的旗帜下。可见，奥地利**对**匈牙利的统治，不论在1848年**以前**或者**以后**，都是同马扎尔人**在**匈牙利的统治并存的。至于俄国，不管它在匈牙利是直接还是间接统治，完全是另一回事。如果按族系和宗教去统计同俄国相近的成分，那就会发现，**俄国拥有占居民多数的非马扎尔人**。马扎尔种族在数量上少于按族系同俄国相近的斯拉夫人和按宗教同俄国相近的瓦拉几亚人。因此，俄国在匈牙

---

① 在科莫恩投降以前曾在匈牙利革命军中、后来又在切尔克西亚和俄国人作过战的波兰上校拉品斯基说："匈牙利人的不幸在于他们不了解俄国人。"（泰奥菲尔·拉品斯基：《1849年匈牙利主力军的进军》，1850年汉堡版，第216页）。"维也纳内阁完全落到了俄国人手里……按照他们的建议，把首领们杀害了……俄国人一方面千方百计地去博得同情，一方面迫使奥地利的所作所为变得比任何时候都更令人痛恨。"（同上，第188、189页）

利的统治就等于**匈牙利民族的灭亡**，也就是同马扎尔人的统治有历史渊源的匈牙利的灭亡。①

福格特要**波兰人**通过"自由自决"溶化于**俄国**，要**匈牙利人**俯首听命于俄国的统治，从而在**斯拉夫各民族**中灭亡。②

然而，**福格特**对俄国还是不够卖力气。

在奥地利的"非德意志省份"中间，不仅有加利西亚、匈牙利和意大利，更有**波希米亚和摩拉维亚**，德意志联邦不应为为它们"剑拔弩张"去反对法国和"完全站在法国一边"③ 的俄国。

福格特说："俄国是一个坚固的核心，斯拉夫各民族越来越渴望

---

① 在匈牙利革命战争中声名赫赫的**莫里茨·佩尔采尔**将军，在意大利战役时就已脱离了聚集在科苏特周围的在都灵的匈牙利军官们，他在一项公开声明中是这样解释他离去的动机的：一方面是由于科苏特不过成了波拿巴派的稻草人，另一方面是由于匈牙利未来将属于**俄国**这样一种前途。我曾写给他一封信，请他比较详尽地解释一下他的声明，他在回信（注：**1860 年 4 月 19 日于圣赫利尔**）中写道："我永远不会变成个工具，帮助匈牙利逃脱双头鹰的利爪，仅仅是为了随后又把它投入北方熊的**致命的温柔怀抱**。"

② 科苏特先生从来没有怀疑过上面发挥的看法的正确性。他知道，**奥地利**可能虐待匈牙利，但不可能消灭它。1851 年 2 月 15 日，他从屈塔希亚写信给宰相路西德帕沙："约瑟夫二世皇帝是哈布斯堡王朝出过的惟一英明人物，他用尽了他的罕有智慧和当时还流行的关于他的王朝威力的观点所提供的一切非凡手段，来使匈牙利日耳曼化，使它溶化于这个联合国家中。然而，斗争却使匈牙利获得了新的生命力……在最近这次革命中，奥地利从灰烬中站起来，只不过为了向沙皇、向它的那个从来不**给**帮助、反而一贯**出卖**这种帮助的主子双膝下跪。奥地利必须为这种帮助付出高昂的代价。"（《科苏特通信集》第 33 页》）另一方面，在同一封信中，他还这样写道：匈牙利和土耳其只有联合起来，才能挫败俄国的**泛斯拉夫主义阴谋诡计**。1851 年 1 月 17 日，他从屈塔希亚写信给戴维·乌尔卡尔特说："We must crush Russia, my dear Sir! And, headed by you, we will! I have not only the resolution of will, but also that of hope! and this is no vain word, my dear Sir, no sanguine fascination; it is the word of a man, who is wont duly to caclculate every chance: of a man though very weak in faculties, not to be shaken in perseverance and resolution etc。"（同上，第 39 页）。（"**我们一定要摧毁俄国**，亲爱的朋友！而且在您的领导下我们一定会摧毁它。我不仅充满决心，而且满怀希望——这并不是空话，亲爱的朋友，并不是一个爱激动的人的幻想：这是一个已习惯于对一切良机都加以深思熟虑的人说的话，此人虽然才菲能薄，但是坚毅果断，不可动摇，等等。"

③ 卡·福格特《欧洲现状研究》（附《跋》），1859 年日内瓦—伯尔尼增订第 2 版。——编者注

围绕在它的四周。"(同上,第9~10页)

波希米亚和摩拉维亚的居民属于"斯拉夫各民族"。就像莫斯科公国变成了俄国一样,俄国也应当变成泛斯拉夫国。"我们旁边有捷克人,我们就会败于任何敌人。"(同上,第134页)我们,即德国,应当竭力摆脱捷克人,也就是摆脱波希米亚和摩拉维亚。"对各个君主的非德意志领地不给以任何保证。"(同上,第133页)"联邦内再不要任何非德意志省份"(同上),可是要法国有德意志省份!因此,不仅应当"在当前的法兰西帝国没有侵犯德意志联邦的领土"时"对该帝国听之任之"(前言第9页),而且应当在俄国只侵犯"**联邦内非德意志省份**"时也对俄国"听之任之"。俄国把军队推进到那些构成俄国"阴谋"的牺牲品的奥地利的"斯拉夫人附属地",有助于发展德国的"统一"和"民族性"。当奥地利在意大利忙于应付路易·波拿巴,而普鲁士迫使德意志联邦之剑入鞘的时候,"好心的沙皇"将"会用金钱、武器和弹药暗中支持"**摩拉维亚和波希米亚**的革命"(同上,第13页)。

可是"我们旁边有捷克人,我们就会败于任何敌人"!

"好心的沙皇"是多么宽宏大量,因为他竟使我们摆脱了波希米亚和摩拉维亚及其捷克人,这些捷克人属于"斯拉夫各民族",自然"必须围绕在俄国的四周"。

我们且来看一看:我们这位帝国的福格特把波希米亚和摩拉维亚划入俄国以后,是怎样来保卫德国东部边界的。波希米亚成为俄国的波希米亚!但是,波希米亚位于德国中间,西里西亚使它同俄属波兰隔开,被福格特俄罗斯化了的摩拉维亚使它同被**福格特**俄罗斯化了的加利西亚和匈牙利隔开。这样一来,俄国就得到了长50德里[①]、宽25~35德里这样一块德意志联邦的领土。它把它的西部边界向西推进了整整65德里。然而,由

[①] 1德里=7420米。——编者注

于从埃格尔河到阿尔萨斯的劳特堡按直线仅仅是45德里，因此，法国方面的楔子，尤其是俄国方面的楔子，就会把德国北部和南部完全切断，**形成德国的被分割状态**。从维也纳直达柏林的通道，甚至从慕尼黑直达柏林的通道，这时都得**经过俄国**。德累斯顿、纽伦堡、雷根斯堡和林茨就会成为我们同俄国毗连的边境城市；我国对斯拉夫人所处的地位，在南部至少会变得像在查理大帝**以前**那样（但在西部，福格特却不允许我们返回到路易十五时代），我们可以从我国的历史中勾销一千年了。

波兰所起过的作用，波希米亚能够更好地胜任。只要把布拉格变成一个筑垒阵地，并在莫尔多瓦河和埃格尔河流入易北河的汇流处建筑一些辅助堡垒，在波希米亚的俄军就能够从容地等待一开始就分散地从巴伐利亚、奥地利和勃兰登堡开来的德军，使其中较强的遭遇堡垒的迎击，而把较弱的各个击破。

我们来看一看中欧的语言分布图，比如，就拿斯拉夫的一个权威性资料——沙法里克的斯拉夫各国地图[22]来说吧。在这一分布图上，斯拉夫语言的界线从施托尔普附近的波美拉尼亚沿海地区起，经过雅斯特罗夫，向南通往内茨河上的霍杰日，然后向西直达梅泽里茨。但是从这里起，它向南急转直下。在这里，德国的西里西亚大楔子深深地插在波兰和波希米亚之间。在摩拉维亚和波希米亚，斯拉夫语言又远远地向西移——不过，它受到向前推进的德国成分多方面的侵蚀，同这里的德国城市和零星分散的德语区犬牙交错，正如在北方，整个魏克瑟尔河下游和东西普鲁士的得天独厚地区都是讲德语的，它们往波兰移动是不顺利的。在波兰语的最西点和捷克语的最北点之间，在德语区中间，有一个孤零零的劳西茨——文德语区，然而，这个地区几乎割断了西里西亚。

对拥有波希米亚的俄国泛斯拉夫主义者**福格特**来说，无疑是知道斯拉夫帝国的自然疆界在哪里的。这条疆界从梅泽里茨直通利伯罗瑟和吕本，然后到达易北河同波希米亚边境山脉的交叉点以南，再往前通至波希米亚和摩拉维亚的西南部边境。这条线以东全是斯拉夫地区；混杂在斯拉夫地区里的几块德国飞地和其他外族的土地，不可能长久地阻碍大斯拉夫整体的发展；况且，它们对于它们所在的地方并没有权利。既然出现了这种"泛斯拉夫主义的现状"，那么不言而喻，在南部也必须对边界进行类似的修改。在南部，也有一个不受欢迎的德国楔子插在北部和南部的斯拉夫人中间，占据了多瑙河谷和施泰尔阿尔卑斯山脉。**福格特**不能容忍这个楔子，于是就坚定不移地把奥地利、萨尔茨堡、施泰尔马克和克恩滕山的德国部分并入俄国。在用久经考验的"民族原则"的方法来建立斯拉夫—俄罗斯帝国的过程中，一些马扎尔人和罗马尼亚人连同各种土耳其人也落到俄国手里（要知道，"好心的沙皇"在征服切尔克西亚和消灭克里木的鞑靼人时，也是为了给"民族原则"增光！），作为对他们插入北方斯拉夫人和南方斯拉夫人之间的惩罚——福格特不管奥地利意下如何就是这样解释的。

在这次行动中，我们德国人失去的只不过是东西普鲁士、西里西亚、勃兰登堡和萨克森的一部分、整个波希米亚、摩拉维亚以及奥地利（不包括蒂罗尔，因为它的一部分按"民族原则"应划给意大利），——失去的只不过是这一切加上我国的民族生存！

但是，我们不妨停留在最直接的一点：加利西亚、波希米亚和摩拉维亚变成**俄国的**！

在这种情况下，德意志的奥地利，德意志的西南部和德意志的北部便永远也不可能采取一致行动，除非——必然会有这一天——**在俄国的领导下**。

福格特让我们德国人唱他的巴黎人在1815年唱过的歌：

> *万岁！亚历山大，*
> *万岁！王中之王，*
> *你赐给我们法律，*
> *却不要一点报答。*①

---

① 《人民的呼唤和呼唤人民》，载于《1850年人民报》，1850年9月27日，第26号。——编者注

这样，福格特在1859年曾想通过"北方的白天使"和"南方的白天使"之间的同盟来实现**福格特式的**"民族原则"，按他**本人的**意见，首先应当表现在波兰民族在**俄国内部**的溶化，马扎尔民族在**俄国内部**的灭亡和德意志民族在**俄国内部**的消失。

这次我没有提到他的**丹屠**出版的原著小册子，因为我保留了一段惟一有说服力的引文，证明他在这里一半隐约其词一半道破底细的东西，都听命于从土伊勒里宫发出的一个口号。在1859年5月2～16日的一期《思想和行动》上，马志尼预言了后来发生的事变，他并且指出：亚历山大二世和路易·波拿巴之间缔结的同盟的第一个条件就是："abbandono assoluto della Polonia"（法国方面绝对放弃波兰，而**福格特**则译为："最终填平横在波兰和俄国之间的鸿沟"）。

《Che la guerra si prolunghi e assuma … proporzioni europee, l'insurrezione delle provincie oggi turche preparata di lunga mano e quelle del-l'*Ungheria*, daranno campo all'Allianza di rivelarsi…Principi russi governerebbo le provincie che surgerebbo *sulle rovine* dell' Impero Turco e del-l'Austria…*Constantino di Russia* è già proposto ai malcontenti ungheresi.》（见1859年5月2～16日《思想和行动》）"如果战争继续下去而且发展成欧洲规模的战争，那么，早已准备就绪的现今土耳其各省和匈牙利的起义，就会使同盟有机会公开登场……俄国的公爵们将治理在土耳其和奥地利的废墟上建立起来的各个国家……俄国大公康斯坦丁已被推荐给心怀不满的匈牙利人了。"[23]

……

人们会记得，正当路·波拿巴最初发现自己的解放各民族、特别是意大利民族的使命时，法国正在上演一幕史无前例的戏剧。整个欧洲都对法国拒绝接受"拿破仑观念"所表现的坚忍不拔的顽强精神感到惊讶。甚至立法团的"驯服的狗"用以欢迎莫尔尼的和平保证所表现的热情；《通报》

时而斥责国民一味追求物质利益、时而斥责国民缺乏爱国的毅力、时而斥责国民怀疑巴登格统帅的天才和政治智慧等等所用的不满腔调；告法国各商会的官方安抚文告；皇帝的"研究问题不等于提出问题"的保证，——所有这些大家都还记忆犹新。英国报刊对这一出异乎寻常的戏剧感到惊讶，满纸都是好心的胡言乱语，说法国人的性格已发生和平主义的转变；交易所在议论"会不会打仗"的问题，把它看做是希望打仗的路易·波拿巴同不希望打仗的国民之间的一场"决斗"；人们在打赌谁将获胜，是国民还是"他伯父的侄子"。我只想从伦敦的《经济学家》杂志引证几处来阐明一下当时的情况，这家杂志是西蒂区的机关报，是意大利战争的预言者，是威尔逊（不久前去世的印度财政大臣、帕麦斯顿的工具）的产业，它享有很大威望。

法国政府被它所引起的巨大激愤弄得惶惶不安，现在试用了安抚手段。(**1859年1月15日《经济学家》**)

1859年1月22日的一期《经济学家》，在一篇题为《法国皇帝的实际权限》的文章里写道：

皇帝关于意大利战争的计划不论能否实现，至少有一点是不容争辩的：他的计划遭到了非常强烈的、看来是出乎意料的反抗；这种反抗表现在法国舆论对计划的冷漠态度，表现在对皇帝的计划根本不予同情……他提出要战争，而法国人民却只表现出惊慌和不满，国家证券贬值，对税吏的恐惧，扑灭了尚武精神和政治热情的每一道闪光，国家的商业部门陷入混乱状态，农业地区由于害怕又要征兵和增加捐税而流露出不满和消极情绪；把皇帝的制度看成是反对无政府状态的权宜之计而给以最有力支持的政界，也由于完全相同的原因表示反对战争；总之，很明显，路易·波拿巴发现各阶级居民都对打仗、甚至对为意大利打仗抱着普遍而强烈的反对态度,这种态度是他所始料不及的。①

面对法国人民的这种情绪,丹屠出版的"以人民的名义"向"皇帝"进言的那部分原著小册子出笼了,小册子要求皇帝:"帮助法国最终庄严地从阿尔卑斯山扩展到莱茵河",不再阻挠"尚武精神"和"人民要求解放各民族的意愿"。**福格特**竟同十二月的娼妇们一鼻孔出气。正当欧洲对法国坚定的和平意愿惊奇不已的时候,**福格特**却发现,"现在,这个好动的人民<法国人>看来充满了尚武情绪"(同上,第29、30页),发现路易先生不过是在紧跟"盛行的时代思潮",而这种思潮恰好指向"各民族独立"(同上,第31页)。他当然不相信他所写的**任何一个字**。他在号召民主派同他合作来宣传波拿巴主义的那个"**纲领**"中,详尽地说过:意大利战争在法国**是不受欢迎的**。

"我不认为开始时对莱茵河有什么危险;但危险可能后来出现,在那里或者在英国作战也许会使路易·波拿巴变成几乎是众望所归的人物,可是在意大利作战却是不受欢迎的。"("主要著作"第34页,文件)(**注意**:福格特在他的《研究》中,同《通报》和丹屠出版的原著小册子一起再三地说:"命运的变幻无常迫使这个人〈路易·波拿巴〉不得不以民族解放者的姿态出现在第一线"(第35页);"当这一政策在民族解放范围内运作的时候,必须协助它",并且"必须等待由这位左右未来的人物来进行这种解放"。)相反地,福格特在写给民主派先生们的纲领中却说:"我们能够而且**应当警惕这种人的帮助**。"

---

① 在考莱励爵离职期间,在巴黎代替他的那位切尔西励爵写道:"the official disavowal(载于1859年3月5日《通报》)of all warlike intentions on the part of the Emperor, this Imperial message of peace, has been received by all classes of Paris with feelings of what may be called exultation."(《意大利事件(1859年1—5月)》,蓝皮书第88号)。("官方否认皇帝方面抱有任何尚武意图,皇帝的这个和平信息,已为巴黎各阶级异常热烈地接受了。")

("主要著作"第34页，文件)①

如果说丹屠出版的那部分原著小册子竭力用传统的征服幻影把法国人民从"和平的昏睡状态"中惊醒，并竭力使路易·波拿巴的个人愿望借国民的嘴巴说出来，那么，以《通报》为首的另一部分小册子的任务，首先是使德国相信：皇帝厌恶攫取领土，他的理想使命是要成为解放各民族的救世主。一方面证明他的政策大公无私，另一方面证明他有解放各民族的意愿，这些证据都很容易背得烂熟，因为它们经常重复，而且老是围绕着两个基本点转来转去。表明十二月政策大公无私的证据就是**克里木战争**。表明解放各民族的意愿的证据就是**库扎上校和罗马尼亚民族**。在这里，调子是直接由《通报》定的。见1859年3月15日《通报》论**克里木战争**。1859年4月10日《通报》是这样论述**罗马尼亚民族**的：

> 它〈法国〉希望，不论在德国或者在意大利，经条约承认的民族能保存下来，甚至强大起来。——至于多瑙河两公国，那么，他〈皇帝〉曾不辞劳苦地帮助这些省份的合法愿望得到胜利，以便确保欧洲的这一部分也有建立在民族利益基础上的秩序。

并见1859年初**丹屠**出版的小册子《拿破仑第三和罗马尼亚问题》。关于**克里木战争**：

> 最后，法国对于它完全为了欧洲利益而在东方所流的鲜血和所耗费的千百万金钱又要求过什么补偿呢。（丹屠出版的《问题的实质》

---

① 注意：福格特在他的《研究》中，同《通报》和丹屠出版的原著小册子一起再三地说："命运的变幻无常迫使这个人（路易·波拿巴）不得不以民族解放者的姿态出现在第一线"（第35页）；"当这一政策在民族解放范围内运作的时候，必须协助它"，并且"必须等待由这位左右未来的人物来进行这种解放"（第36页）。相反地，福格特在写给民主派先生们的纲领中却说："我们能够而且应当警惕这种人的帮助。"（"主要著作"第34页，文件）

马克思主义经典作家民族问题文选

1859年巴黎版第13页）

福格特把这个在巴黎一再花样翻新的题目，用德文阐述得非常成功，以致**埃•阿布**，波拿巴主义的这只喊喊喳喳的喜鹊，竟好像是把**福格特**的德文译文倒译成了法文。见《1860年的普鲁士》。在这本书里，我们又碰到了**克里木战争和库扎上校治理下的罗马尼亚民族**。

福格特紧跟《通报》和丹屠出版的原著小册子："但是有一点，无论如何我们是知道的：法国没有侵占过〈克里木的〉一寸土地；如果是伯父，在胜利的远征以后就不会满足于在军事艺术中确立的那种优势的区区成果。"（《研究》第33页）然而，这里正表现出"同旧的拿破仑政策的重大区别。"（同上）①

---

① 其实，"小拿破仑"纵谈解放各民族的空话，也是从真拿破仑那里抄袭来的。例如，**1809年5月**，拿破仑从申布伦发布了告**匈牙利人书**，其中就说："匈牙利人！你们重新获得独立的时刻已经到了……我对你们**毫无所求**。我只希望看见你们成为**自由而独立的人民**。你们同奥地利的联合是你们的灾难，等等。"1797年5月16日，波拿巴同威尼斯共和国签订了一个条约，它的第一条说："今后法国同威尼斯共和国应当和睦相处。"3天以后，他在一份秘密紧急报告中向法国督政府公开了他缔结这个和约的目的。该紧急报告是这样开头的："兹送上我同威尼斯共和国所缔结的条约，根据条约的规定，巴拉盖•狄利埃将军已率领五六千名士兵占领了这座城市。我利用这个和约追求各种目的。"他在谈到最后一个目的时说："压制在欧洲可能出现的一切议论，因为现在有人会觉得：我们占领威尼斯只不过是**威尼斯人自己热烈要求的一种临时行动**。"又过了两天，即5月26日，波拿巴写信给威尼斯市政委员会说："在米兰签订的条约，此时可以由市政委员会签字，秘密条款由他的3个委员签字。我将始终不渝地竭尽全力，向你们证明我是希望巩固**你们的自由的**，并希望看到，**不幸的意大利，将成为摆脱一切外国人的羁绊而获得自由和独立的意大利**，终于在世界舞台上得到它应有的地位。"几天以后，他写信给巴拉盖•狄利埃将军："接到此信后，即往威尼斯临时政府，向它说明：根据现在使法兰西共和国同威尼斯共和国联合起来的各项原则，并为了法兰西共和国对威尼斯共和国予以直接保护起见，必须把共和国的海军提高到令人肃然起敬的水平。您要利用**这一借口**占有一切，同时不要忘记，应同威尼斯人和睦相处，并应争取共和国的所有水手为我们服务，同时**您随时随地都要以威尼斯的名义讲话**。简言之，您必须设法把威尼斯港的所有海军装备和军舰调往土伦。根据条约的秘密条款，威尼斯人有义务向法兰西共和国的土伦舰队提供价值300万法郎的装备，但为了法兰西共和国的利益，**我意欲**占有威尼斯的**所有船只**和它的**全部海军装备供土伦使用**。"（见《拿破仑的机密函件》（七卷集）1817年巴黎版）这些命令一字不差地被执行了；可是当威尼斯遭受掠夺而失去它的**全部**陆海装备之后，拿破仑竟毫不犹豫地把他的新盟国，他曾庄严宣誓要不顾一切危险予以保护的**解放了的威尼斯共和国置于奥地利的专制桎梏之下**。

506

好像福格特要向我们证明:"**小拿破仑**"并不是真拿破仑!**福格特**可以用同样的权利在1851年预言:侄子——除了斯特拉斯堡冒险、远征布洛涅[24]和萨托里的腊肠阅兵[25]之外,根本拿不出什么货色来同第一次意大利战争[26]和远征埃及[27]相比,——永远不会模仿雾月十八日[28],更不会给自己加冕。然而,在这里却存在着"同旧的拿破仑政策的重大区别"。进行反对欧洲同盟的战争和在欧洲同盟的允许下进行战争,——这是另一个区别。

"光荣的克里木战役"[17],在这一战争中,英国、法国、土耳其和撒丁联军历经两年"占领了"俄国的半个要塞,但为此却把土耳其的整个要塞(卡尔斯)丢给俄国,并且在巴黎会议上签订和约[29]时不得不谦恭地"请求"敌人"允许"他们能不受干扰地把自己的军队海运回国,——的确,把这场战争说成是什么战争都可以,只是不能把它说成"拿破仑式的"。总而言之,它只在**巴赞库尔**的小说①里才是光荣的。但是克里木战争暴露许多问题。路易·波拿巴**出卖了**假盟友(土耳其),以便同假敌人结成同盟。巴黎和约的第一个结果是牺牲了"切尔克斯民族",是俄国人完全消灭了克里木的鞑靼人以及使波兰和瑞典的民族希望破灭,这种希望原是寄托在西欧对俄国的十字军征讨上的。而从克里木战争中得出的另一个教训是:路易·波拿巴**不敢**再进行**第二次克里木战争**,不敢失掉旧军队和欠下新国债,以换取大家承认法国有足够的财富来"为自己的光荣付出代价",换取路易-拿破仑的名字在一项欧洲条约里出现,换取"欧洲保守的报刊和王朝的报刊"都照**福格特**的高度评价(同上,第32页)一致承认"皇帝圣上的美德、智慧和稳健",换取当时整个欧洲把真拿破仑才受之无愧的全部荣誉都献给他,但有个明确的条件,就是路易·波拿巴要照路易-菲力浦的榜样在"实践理性的界限之内"②,即在1815年条约规定的界限之内循规蹈矩,并且一刻也不忘记那根把小丑同他所扮演的英维分开来

---

① 巴赞库尔:《塞瓦斯托波尔陷落前的克里木远征》,1857年巴黎版第1、2卷。——编者注
② 显然是借用伊·康德《实践理性批判》。——编者注

的细线。政治上的鬼蜮伎俩、当权者和社会状况——这一切使十二月帮的头目能够起初在法国境内、然后在法国境外扮演拿破仑的角色，这一切的确都是**他的**时代所特有的，并不属于伟大的法国革命的编年史。

但至少事实是这样：目前法国在东方的政策是符合一个民族〈罗马尼亚民族〉的统一努力的。(《研究》第34、35页)

上面已经提到，库扎所保持的位置，或者是留给一个俄国总督、或者是留给一个俄国藩臣的。在《1860年的欧洲》地图上，作为藩属出现的是梅克伦堡大公。当然，俄国把罗马尼亚的**这种**解放的全部**荣誉**都归于路易·波拿巴，而它自己则捞取这一解放的一切实惠。阻碍俄国进一步实现其善良意图的是奥地利。因此，意大利战争应当把奥地利**从一种障碍物变为一种工具**。

早在1858年，土伊勒里宫里能操腹语的人就已利用他的无数传声筒，演奏了"罗马尼亚民族"这个题目。因此，**福格特**的权威人士**科苏特先生**于1858年11月20日在格拉斯哥的讲演中就能给以回答：

"瓦拉几亚和摩尔多瓦正在获得一部在秘密外交洞穴里炮制出来的宪法……实际上，它恰好是赏赐给俄国的一部宪章，让它在多瑙河两公国作威作福。"（"It is in reality no more nor less than a charter granted to Russia for the purpose of disposing of the Principalities."）

因此，路易·波拿巴在多瑙河两公国里滥用"民族原则"，是为了掩盖他把两公国转赠俄国，正如**奥地利政府**在1848～1849年滥用"民族原则"，是为了借助塞尔维亚人、斯洛文尼亚人、克罗地亚人和瓦拉几亚人等等来绞杀马扎尔人和德国人的革命一样。

罗马尼亚人民，——为他们操心的既有俄国驻布加勒斯特的领事，又有利欲熏心的摩尔多瓦—瓦拉几亚的贵族流氓；其中多数流氓甚至不是罗马尼亚人，而是一群从外国跑来的形形色色的亡命之徒，仿佛是一个东方的十二月帮，——罗马尼亚人民一如既往地在极其丑恶的徭役制的桎梏下受苦受难，而这种徭役制**只有俄国人**借助于**组织规程**[30]才能组织起来，只有东方的半上流社会才会抓住不放。

福格特为了用自己的一套花言巧语去美化从丹屠出版的原著中汲取来的智慧，他这样说：

> 南方的一个皮埃蒙特已够使奥地利操心的了，它不需要东方再来一个。（同上，第64页）

皮埃蒙特侵略**意大利**的土地。因此，多瑙河两公国——土耳其的最不好战的地区——就应当侵占罗马尼亚土地？应当从俄国手中夺取比萨拉比亚、从奥地利手中夺取特兰西瓦尼亚、泰梅什堡的巴纳特和布科维纳？**福格特**不仅忘记了"好心的沙皇"。他还忘记了，**匈牙利**在1848～1849年间看来丝毫无意于让别人从自己手中夺走这些在一定程度上是罗马尼亚的土地，用出鞘的剑来回答他们"痛苦的哀号"；他还忘记了，相反地，正是**奥地利**发动这个"民族原则的宣传"去**反对匈牙利**。

但是，当**福格特**根据他从浏览过的一本应景小册子中得到的朦胧印象，心安理得地"认为，两公国的可悲状况……来自希腊人和法纳尔人的腐烂毒气"（同上，第63页）的时候，福格特的《研究》的渊博历史知识，便又光彩夺目地显露出来了。

他没有想到，**法纳尔人**（由君士坦丁堡的一个市区得名），就是从18世纪初起，在俄国人保护下在多瑙河两公国居住下来的那些**希腊人**。有一部分就是君士坦丁堡的**卖汽水小贩**的后裔，他们如今又在俄国人的指使下扮演"罗马尼亚民族"。

……

马克思主义经典作家民族问题文选

选自《马克思恩格斯全集》第19卷，人民出版社，2006，第205~239页

注释：

［1］1858年8月，俄国和撒丁王国达成一项协定，使俄国的一家轮船和贸易公司暂时享有利用维拉弗兰卡港东部的权利，该港位于地中海岸尼斯附近，专供船只停泊和修理以及装添燃料之用。

［2］1853年，普鲁士向奥尔登堡公国购了亚德湾的一部分岸边地带，用于建立军港（军港取名威廉港，建于1855~1869年）。

［3］维也纳条约即1815年条约。英、普、俄、奥等反拿破仑战争联盟国家的君主、代表和复辟的波旁王朝代表于1815年5~6月在维也纳会议上签订了旨在恢复各国王朝统治和满足战胜国领土要求的条约和协议。根据1815年条约的规定，奥地利获得意大利的伦巴第和威尼斯等地；普鲁士获得莱茵河两岸及北部萨克森的土地；瑞典从丹麦获得挪威；俄国获得芬兰，并把华沙大公国改为波兰王国，由沙皇统治；克拉科夫成为俄、普、奥共同保护的共和国。奥地利的尼德兰（比利时）合并于荷兰称为尼德兰王国。德意志组成松散的德意志联邦；瑞士重新恢复中立；英国得到荷兰的好望角与锡兰殖民地以及法属殖民地马耳他岛。维也纳会议决定恢复法国1792年的疆界，恢复波旁王朝在法国的统治，并将法国置于列强的严格监督之下；法国不得再侵占欧洲领土。

［4］1846年2月，波兰各地准备举行以波兰民族解放为目的的起义。起义的主要发起人是波兰革命民主主义者（邓波夫斯基等人）。但是由于贵族的背叛和起义领导人被普鲁士警察当局逮捕，总起义被破坏了，只有个别地方爆发革命。2月22日，起义者仅仅在克拉科夫，即按照维也纳条约（见注19）于1815年宣布为奥地利、俄国和普鲁士保护下的自由和取得胜利，并建立了国民政府，该政府发表了废除封建义务的宣言。克拉科夫1846年3月初被镇压下去。1846年11月奥地利、普鲁士和俄国签订了关于克拉科夫并入奥地利帝国的条约。

［5］十二月英雄指拿破仑第三。他在1851年12月1日夜间发动反革命政变，推翻了第二共和国（1848~1851年）。

[6] 为加强自己在巴尔干的势力，俄国支持巴尔干各国人民进行反土耳其统治的民族解放运动。俄国同也想加强自己在巴尔干的势力的法国一起，共同支持摩尔多瓦和瓦拉几亚合并和建立罗马尼亚国家的愿望。1859年1月，在俄国和法国协助下，库扎上校被选为这两个公国的君主（执政者）。统一的罗马尼亚国家建立于1862年。

[7] 涅米罗夫会议从1737年8月15日至11月11日在乌克兰的一个小城涅米罗夫举行，它是在俄土战争时期（1735～1739年）由土耳其倡议召开的，1737年奥地利站在俄国一方参战。俄国代表团提出把摩尔多瓦和瓦拉几亚变成俄国保护下的独立公国，作为订立和约的条件之一。土耳其拒绝了在会议上提出的大多数建议，重新采取了军事行动。

[8] 福克沙尼会议从1772年7月27日至8月28日在摩尔多瓦的一个小城福克沙尼举行，其目的是结束1768年开始的俄土战争。俄方在会议上同时也提出了让瓦拉几亚和摩尔多瓦在欧洲列强共同保护下获得独立的建议，土耳其拒绝了俄国提出的这一要求及其他要求。会议毫无结果，战事又起。

[9] 布加勒斯特和约是1812年5月28日俄国和土耳其结束1806～1812年的俄土战争时签订的和约。和约规定把到普鲁特河为止的比萨拉比亚和南高加索的一些省份割让给俄国，俄国获得多瑙河沿岸的通商航行权；和约还规定土耳其应给予塞尔维亚以内政自治权。和约确认俄土两国过去达成的关于承认摩尔多瓦和瓦拉几亚拥有某些自治权的协定，还确认1774年库楚克—凯纳吉条约所规定的俄国保护多瑙河两公国的正教居民利益的权利。

[10] 组织规程（Règlement organique）是多瑙河两公国（摩尔多瓦和瓦拉几亚）的第一部宪法。1828～1829年俄土战争结束后，根据1829年缔结的阿德里安堡和约规定的条件，俄军占领了两公国。这部宪法是由这两个公国的俄国行政当局首脑帕·德·基谢廖夫于1831年实施的。根据组织规程，每个公国的立法权交给大土地占有者所选出的议会，而行政权交给土地贵族、僧侣和城市的代表所选出的终身国君。规程保持了原有的封建制度，包括徭役制，从而巩固了大贵族和上层僧侣的统治地位。同时，组织规程还规定了一系列资产阶级的改革：废除国内关税，实行贸易自由，司法和行政分立等。1848～1849年革命期间，组织规程被取消。

[11] 赫特里（Hetärie）即费里克·赫特里（Philike Hetairia），是希腊的一个秘密

团体，1814年成立于敖德萨。在希腊各大城市均有支部；该团体的目的是准备武装起义反对土耳其的统治。自1818年起，该团体的中心设在君士坦丁堡。它于1821年发动了武装起义，而在起义刚开始就解散了。沙皇政府曾暗中支持"赫特里"。

[12] 维罗纳会议是1822年10～12月神圣同盟在维罗纳召开的会议。会议通过了法国对革命的西班牙实行武装干涉以及奥地利继续占领那不勒斯和撒丁王国的决定。会议还谴责了希腊人民反对土耳其外来统治所进行的民族解放斗争。

[13] 指法国军队为了镇压1820～1823年西班牙第二次资产阶级革命而对西班牙进行的武装干涉。西班牙国王斐迪南七世于1822年7月7日试图占领革命的马德里遭到失败以后，秘密请求神圣同盟（见《马克思恩格斯全集》中文第2版第19卷注131）援助他镇压革命。根据神圣同盟维罗纳会议的决定，应由法国援助斐迪南。昂古莱姆公爵指挥的法国军队于1823年进入西班牙，在该国恢复了专制制度，法军在西班牙一直驻留到1828年。

[14] 七月革命指1830年爆发的法国资产阶级革命。1814年拿破仑第一帝国垮台后，代表大土地贵族利益的波旁王朝复辟，它竭力恢复封建专制统治，压制资本主义的发展，限制言论自由和新闻出版自由，加剧了资产阶级同贵族地主的矛盾，激起了人民的反抗。1830年7月27～29日巴黎爆发革命，推翻了波旁王朝。金融资产阶级攫取了革命果实，建立了以奥尔良公爵路易-菲力浦为首的代表金融资产阶级利益的七月王朝。

[15] 正统派是法国代表大土地贵族和高级僧侣的利益的波旁王朝（1589～1792年和1814～1830年）长期的拥护者。1830年该王朝第二次被推翻后，正统派就结成为政党。在反对以金融贵族和大资产阶级为支柱的当政的奥尔良王朝时，一部分正统派常常抓住社会问题进行蛊惑宣传，标榜自己维护劳动者的利益，使他们不受资产者的剥削。马克思和恩格斯在《共产党宣言》中，把这个集团的代表人物的观点叫做封建的社会主义。

[16] 指纳瓦里诺会战（纳瓦里诺，现名皮洛斯，是希腊的港口城市），这是1827年10月20日进行的以土埃舰队为一方和以英国海军上将爱·科德林顿指挥下的英、法、俄联合舰队为另一方的会战。英、法、俄各国为了武装调停土耳其和希腊起义者之间的战争而把自己的联合舰队开进了希腊领海。因土耳

其司令部拒绝停止对希腊居民的迫害，会战开始，结果土埃舰队全军覆没。这大大有利于希腊的民族解放斗争。会战加速了1828～1829年俄土战争的爆发，在这一战争中俄国取得了胜利。

［17］青年意大利是1831年由马志尼建立的一个秘密组织，主张建立意大利共和国，在实现意大利统一的斗争中起过重要作用。从1831年起秘密出版杂志《青年意大利》。1834年，马志尼倡议成立"青年欧洲"，"青年意大利"成为它的一个分支，于1848年解散。

［18］克里木远征即克里木战争（俄土战争），是1853～1856年俄国对英国、法国、土耳其和撒丁的联盟的战争。这场战争是由于这些国家在近东的经济和政治利益发生冲突而引起的，又称东方战争。

［19］指在尼古拉一世调停下普鲁士和奥地利的代表1850年10月在华沙举行的谈判，目的是调整两国关系，因为这两个国家争夺德意志霸权的斗争，在1848～1849年革命以后，特别是在由于黑森选帝侯国（见《马克思恩格斯全集》中文第2版第19卷注150）和由于石勒苏益格-荷尔斯泰因而引起冲突之后，更加尖锐了。尽管普鲁士同丹麦在1850年7月订立了柏林和约，规定要在石勒苏益格-荷尔斯泰因恢复革命前状况，但普鲁士仍继续帮助这两个公国同丹麦作斗争。奥地利首相施瓦尔岑堡要求允许奥地利军队进入石勒苏益格-荷尔斯泰因，以便完全制服这两个公国，但是遭到普鲁士政府的反对。尼古拉一世皇帝不愿意看到普鲁士强大并力图保持德意志封建割据状态，在华沙表示坚决支持奥地利。普鲁士和奥地利之间的冲突，1850年11月底两国政府首脑在捷克城市奥尔米茨（奥洛穆茨）举行会谈时得到了解决。按照1850年11月29日签署的奥尔米茨协定，普鲁士被迫放弃它要主宰德意志的贪求，并且在石勒苏益格-荷尔斯泰因和黑森选帝侯国问题上向奥地利作了让步。由于签署了这一协定，奥地利派一个军团前往荷尔斯泰因。

［20］指1825年10月16日俄国驻法国大使波措-迪-博尔哥给总理大臣涅谢尔罗德伯爵的紧急报告。这个紧急报告是对1825年8月18日涅谢尔罗德按亚历山大一世的指示草拟的通令的答复，通令征询俄国驻外使节对西方强国在东方问题上所采取的对俄政策和对俄外交路线的意见。

［21］民族原则是波拿巴第二帝国（1852～1870年）统治集团为从思想上掩盖侵略计划和对外政策而提出的。拿破仑第三冒充是"民族的保卫者"，利用被

513

压迫民族的民族利益进行投机，以巩固法国的霸权并扩大其疆域。"民族原则"与承认民族自决权毫无共同之处，它的目的是挑起民族不和，把民族运动，特别是小民族的运动变成互相竞争的大国的反革命政策的工具。沙皇俄国的外交也利用这个原则来扩大沙皇在巴尔干，在中欧各斯拉夫民族中的影响。马克思在本文对欧洲国家当权派蛊惑人心地利用"民族原则"的行为进行了揭露。

［22］指由斯洛伐克斯拉夫学家帕·约·沙法里克专门为他的《斯拉夫民族志》(Slovansky národopis) 一书绘制的地图，该书出版于1842年。

［23］这里引证的马志尼的宣言，由马克思译成英文，并加上简短的引言发表在《纽约每日论坛报》上（见马克思1859年5月底写的《马志尼宣言》）。

［24］指七月王朝时期路易·波拿巴企图实行政变的两次武装叛乱。1836年10月30日，他在一些赞成波拿巴主义的军官的帮助下策动了斯特拉斯堡驻防军的两个炮兵团叛变，但几小时后叛乱分子就被解除了武装。路易·波拿巴本人被捕并被流放到美洲。1837年回到瑞士。因为他在举事时是瑞士国民，所以称之为瑞士兀鹰。1840年8月6日他利用法国波拿巴主义抬头的机会，和一小撮密谋家一起在布洛涅登陆，企图在当地驻防军队中发动叛乱。这个企图也遭到了完全的失败。路易·波拿巴被判处终身监禁，但他1846年就逃往英国去了。

［25］马克思用腊肠阅兵来讥讽路易·波拿巴总统于1850年10月10日在萨托里平原（凡尔赛附近）举行的总阅兵。在总阅兵时，路易·波拿巴用腊肠、冷盘野味、香槟酒和雪茄烟款待士兵和军官们，企图借此收买军队，以便来日发动政变。马克思恩格斯在《时评。1850年5—10月》中对此作了简述（见《马克思恩格斯全集》中文第2版第10卷，第610～611页）。

［26］第一次意大利战争指1796～1797年波拿巴将军在对第一次反法同盟的战争中在意大利战局中的一系列会战，在这次战局中，由波拿巴率领的法国军队侵入意大利北部，击溃了同盟国奥地利和皮埃蒙特（撒丁）军队。

［27］远征埃及是1798年法国陆海军在波拿巴将军统率下向埃及的进军，目的是要在近东确立法国的殖民统治，侵占当时属于土耳其的埃及和叙利亚，并且在英国与印度的交通线上打击英国。由于法国舰队于1798年8月1日在阿布基尔被英国纳尔逊海军上将的分舰队歼灭，由于苏沃洛夫统率下的俄奥军

队在意大利北部战胜了法军以及海军上将乌沙科夫指挥下的俄国分舰队在地中海的胜利行动,波拿巴在埃及的胜利被化为乌有。1799年秋天,波拿巴把军队留在埃及,自己返回法国,1801年这支军队被迫向英军投降。

[28] 雾月十八至十九日(1799年11月9～10日)波拿巴将军和他的拥护者实行政变,结束了法国资产阶级反革命的发展进程。政变的结果建立了被任命为第一执政的拿破仑·波拿巴的军事专政。

[29] 指巴黎条约,是1856年3月30日由法国、英国、奥地利、撒丁、普鲁士和土耳其的代表为一方和俄国代表为另一方在巴黎会议上签订的,即结束1853～1856年克里木战争(见《马克思恩格斯全集》中文第2版第19卷注17)的和约。条约规定俄国让出多瑙河河口和南比萨拉比亚的部分地区,放弃对多瑙河两公国摩尔多瓦和瓦拉几亚的保护权,同意黑海中立,禁止外国军舰通过海峡,俄国和土耳其在黑海不能有海军军械库和舰队。俄国把卡尔斯归还给土耳其,以此换回联军在克里木所占领的塞瓦斯托波尔和其他城市,等等。在会议上,法国不支持英国提出的高加索脱离俄国的要求,不支持奥地利提出的比萨拉比亚并入土耳其的要求。在会议上形成的法俄两国的接近,后来有了加强。

[30] 组织规程(Reglement organique)是多瑙河两公国(摩尔多瓦和瓦拉几亚)的第一部宪法。1828～1829年俄土战争结束后,根据1829年缔结的阿德里安堡和约规定的条件,俄军占领了两公国。这部宪法是由这两个公国的俄国行政当局首脑帕·德·基谢廖夫于1831年实施的。根据组织规程,每个公国的立法权交给大土地占有者所选出的议会,而行政权交给土地贵族、僧侣和城市的代表所选出的终身国君。规程保持了原有的封建制度,包括徭役制,从而巩固了大贵族和上层僧侣的统治地位。同时,组织规程还规定了一系列资产阶级的改革,废除国内关税,实行贸易自由,司法和行政分立等。1848～1849年革命期间,组织规程被取消。

卡·马克思

伦敦德意志工人教育协会支援波兰的呼吁书[1]

伦敦德意志工人教育协会在波兰国民政府[2]代表的同意下，授权以下诸人组成的委员会在英国、德国、瑞士和美国的德意志工人中为波兰组织募捐。即使这样做只能给波兰人带来很少的物质援助，但对他们仍将是很大的道义上的支持。

波兰问题就是德国问题。没有独立的波兰，就不可能有独立统一的德国，就不可能使德国摆脱从第一次瓜分波兰时开始造成的对俄国的从属地位。德国贵族阶级早就承认沙皇是幕后的最高的国家统治者。德国资产阶级一声不响，消极冷淡地坐视英勇的人民遭到屠杀，而只有人民仍在俄国人的侵犯面前保卫着德国。一部分资产阶级了解到眼前的危险，但他们却甘愿牺牲全德的利益而保全单个的德意志各邦的利益，而这些邦的继续存在是同德国的四分五裂、同俄国霸权的继续保留有不解之缘的。另一部分资产阶级认为专制制度在东方，就像波拿巴制度在西方一样，是**秩序**的必要支柱。最后还有一部分资产阶级则是那样专注于发财致富的大事，以致完全丧失了理解伟大历史事件和看出它们的相互联系的能力。在1831年和1832年，德国资产阶级至少还通过喧嚷一时的声援波兰的示威[3]强迫联邦议会采取坚决行动。现在，波兰的最疯狂的敌人——因而也是俄国的最好的工具，就是所谓**民族联盟**[4]的自由派的名公。任何人都能自己作出结论，这个自由主义的亲俄派和**普鲁士上层**有着怎样的联系。

在这个决定性的时刻，德国工人阶级对波兰、对国外的职责——也是它本身荣誉的要求——就是大声疾呼，抗议德国对波兰同时也是对德国和对欧洲的背叛。**恢复波兰**，这就是在资产阶级自由派从自己的旗帜上勾掉这一光荣口号之后应该大书特书在德国工人阶级旗帜上的口号。英国工人阶级博得了历史上永不泯灭的荣誉，它通过充满热情的群众大会打破了统治阶级三番两次地为维护美国奴隶主而组织干涉的企图，尽管美国内战继续下去对成百万英国工人来说意味着最大的痛苦和贫困。

虽然警察制度不许可工人阶级在德国组织这样的群众发动声援波兰，但它决不能强使工人阶级由于旁观和沉默而在全世界面前背上参予背叛的恶名。

由以下诸人组成的委员会请求将捐款寄给协会的房主**博勒特**先生，地址是：伦敦索荷区拿骚街2号。经费在协会监督下开支。一当这次募捐的目的许可，报告即行公布。

博勒特	贝格尔	埃卡留斯
克吕格尔	列斯纳	利姆堡
林登	马茨腊持	塔奇基
图普斯	沃尔弗	

卡·马克思写于1863年10月底
1863年11月以传单形式在伦敦印行

原文是德文
俄文是按传单译的
选自《马克思恩格斯全集》第15卷，人民出版社，1963，第614~615页

注释：

[1] 支援波兰的呼吁书是马克思受伦敦德意志工人教育协会之托而写的，协会组织了一个募捐委员会，帮助1863~1864年波兰起义的参加者。

德意志工人教育协会是1840年2月由正义者同盟的卡·沙佩尔、约·莫

尔及其他活动家在伦敦创立的。共产主义者同盟组成后，在协会中起领导作用的是同盟的地方组织。在1847年和1849～1850年马克思和恩格斯积极参加了协会的活动。在马克思和恩格斯领导下的共产主义者同盟中央委员会的多数派与宗派主义冒险主义集团的少数派（维利希—沙佩尔集团）之间的斗争中，协会站在少数派一边，因此，1850年9月17日马克思、恩格斯及其许多拥护者退出了协会。从五十年代末起，马克思和恩格斯重新参加了教育协会的活动。这个协会一直存在到1918年，为英国政府所封闭。在二十世纪，许多俄国政治流亡者曾访问过这个协会。

[2] 指中央民族委员会，1863年1月它领导了沙皇俄国所属的波兰地区的解放起义。1863～1864年的起义是由于波兰王国的阶级矛盾和民族矛盾加剧而引起的，起义的目标是反对沙皇专制制度的压迫。由小资产阶级分子和小贵族阶级分子组成的民族委员会在起义之初，宣布了争取波兰民族独立的斗争纲领，以及一系列土地问题和民主问题的要求。1863年5月委员会采用了国民政府（《rzad narodowy》）这个名称。但是，由于起义政府不彻底、不坚决、不敢触犯大土地所有者的特权，基本的农民群众没有参加起义。这是起义失败的主要原因之一。到1863年秋天，起义基本上被沙皇政府镇压了下去。个别起义队伍的斗争继续到1864年底。

[3] 1831年和1832年，在德意志联邦的几乎所有各邦中，反对情绪都由于1830年法国七月革命和1830～1831年波兰起义的影响而增涨了。1832年5月27日，在巴伐利亚的普法尔茨，汉巴赫城堡附近，举行了由德国自由主义的和激进的资产阶级组织的巨大的政治示威。除了提出宪制改革和德意志民族统一的要求之外，示威的参加者还悬挂波兰国旗表示声援正在进行斗争的波兰人民。

[4] 民族联盟是1859年9月15～16日美因河畔法兰克福的德意志各邦资产阶级自由派代表大会上建立的。代表德国资产阶级利益的民族联盟的组织者所抱的目的是，在普鲁士的领导下统一全德，奥地利除外。联盟于1867年11月解散。

卡·马克思

国际工人协会成立宣言[1]

协会于1864年9月28日在伦敦朗—爱克街圣马丁堂举行的公开大会上成立

工人的一个成功因素就是他们的人数；但是只有当工人通过组织而联合起来并获得知识所指导时，人数才能起举足轻重的作用。过去的经验证明：忽视在各国工人间应当存在的兄弟团结，忽视那应该鼓励他们在解放斗争中坚定地并肩作战的兄弟团结，就会使他们受到惩罚，——使他们分散的努力遭到共同的失败。这种认识促使1864年9月28日在圣马丁堂出席公开大会的各国工人创立了国际协会。

还有一个信念鼓舞着这次大会的参加者。

工人阶级的解放既然要求①工人们兄弟般的合作，那么在那种为追求罪恶目的而利用民族偏见并在掠夺战争中洒流人民鲜血和浪费人民财富的对外政策下，他们又怎么能完成这个伟大任务呢？使西欧避免了为在大西洋彼岸永久保持和推广奴隶制进行可耻的十字军征讨冒险的，并不是统治阶级的智慧，而是英国工人阶级对于他们那种罪恶的疯狂行为所进行的英

---

① 在德文版中加有"各国"。——编者注

勇反抗[2]。欧洲的上层阶级只是以无耻的赞许、假装的同情或白痴般的漠不关心态度来观望俄罗斯怎样侵占高加索的山区要塞和宰割英勇的波兰；这个头在圣彼得堡而爪牙在欧洲各国内阁的野蛮强国所从事的大规模的不曾遇到任何抵抗的侵略，给工人阶级指明了他们的责任，要他们洞悉国际政治的秘密，监督本国政府的外交活动，在必要时就用能用的一切办法反抗它；在不可能防止这种活动时就团结起来同时揭露它，努力做到使私人关系间应该遵循的那种简单的道德和正义的准则，成为各民族之间的关系中的至高无上的准则。

为这样一种对外政策而进行的斗争，是争取工人阶级解放的总斗争的一部分。

全世界无产者，联合起来！

卡·马克思写于 1864 年 10 月 21 日～27 日之间
载于 1864 年 11 月 5 日《蜂房报》第 160 号

原文是英文
中文根据《马克思恩格斯全集》历史考证版第 1 部分第 20 卷并参考《马克思恩格斯全集》德文版第 16 卷翻译
选自《马克思恩格斯文集》第 3 卷，人民出版社，2009，第 13～14 页

注释：

[1]《国际工人协会成立宣言》是马克思为国际工人协会起草的纲领性文件。马克思在《成立宣言》中指出，资本主义工业和贸易不管有多么大的发展，都不能消除劳动群众的贫困，在资本主义制度下，劳动生产力的任何提高，都不可避免地加深资产阶级和无产阶级的对立。马克思充分肯定了工人争得十小时工作日法案和尝试进行合作劳动的重大意义：十小时工作日法案不仅是一个实际的成功，而且是一个原则的胜利；工人们在资本主义条件下进行合作劳动的伟大社会试验证明，大规模的生产没有雇主阶级也能够进行，资本家对劳动工具的垄断和对工人的掠夺阻碍了生产的有效进行，雇佣劳动"注定要让位于带着兴奋愉快心情自愿进行的联合劳动"（见《马克思恩格斯文集》

中文版第3卷，第12~13页）。马克思同时指出，要解放劳动群众，合作劳动必须在全国范围内发展，但资本家和地主总是要利用他们的政治特权来保持他们的经济垄断，设置种种障碍来限制合作劳动，而被局限于狭隘范围的合作劳动不可能使工人群众得到解放，因此"夺取政权已成为工人阶级的伟大使命"（见《马克思恩格斯文集》中文版第3卷，第13页）。马克思还阐明了工人阶级的组织在工人阶级革命斗争中的作用以及工人阶级国际团结的重要意义，并再次发出战斗号召："全世界无产者，联合起来！"（见《马克思恩格斯文集》中文版第3卷，第15页）

国际工人协会简称国际，后通称第一国际，是无产阶级第一个国际性的革命联合组织。国际工人协会成立大会于1864年9月28日在伦敦圣马丁堂举行。大会由伦敦各工联的领导人和一个来自巴黎的蒲鲁东派工人代表团筹备。当时居住在伦敦的德国工人、意大利工人和其他国家工人的代表以及欧洲的一些小资产阶级革命民主主义流亡者也参加了筹备工作。大会通过了成立国际工人协会的决议，并选出了临时委员会。马克思被选入临时委员会，在10月5日临时委员会第一次会议上又被选入负责起草协会纲领性文件的小委员会。小委员会的最初几次会议在马克思缺席的情况下提出一份文件，文件由两部分组成，一部分是由欧文主义者约·韦斯顿起草并经法国小资产阶级民主主义者维·勒吕贝校阅的作为引言的宣言，另一部分是由朱·马志尼制定并由路·沃尔弗译成英文的意大利工人团体章程。这个文件受到马克思的批评。小委员会委托马克思完成文件起草工作，他在10月21~27日之间用英文拟定了《协会成立宣言》和《协会临时章程》。这两个文件于10月27日得到小委员会的赞同，同年11月1日被临时委员会一致通过。临时委员会依据临时章程被确认为协会领导机关，后改称国际总委员会，在1866年9月8日以前通称中央委员会。

《成立宣言》最先发表在1864年11月5日《蜂房报》第160号。1864年11月，宣言和临时章程用英文原文印成小册子在伦敦出版。1864年11月上半月，《成立宣言》由马克思译成德文，并于当年12月21、30日在《社会民主党人报》第2、3号刊出。后来相继出版了《成立宣言》的法、意、匈、俄、西、葡等文本。保存下来的《成立宣言》的两份手抄本，是马克思的夫人燕妮·马克思和他的女儿燕妮抄写并经马克思本人校勘过的。

收入本卷的《成立宣言》以1864年发行的英文小册子为依据。英文原文与马克思的德译文之间的重要不同之处,都在脚注中作了说明。

这篇宣言曾由郭大力译成中文,1951年12月发表于《新建设》第5卷第3期。

[2] 指美国内战期间,从1861年底到1862年初英国工人为反对英国政府站在南部各蓄奴州一边干预战争所采取的行动。工人的斗争由于所谓的特伦特号事件而变得异常激烈,当时,英国资产阶级利用北部政府截获并逮捕乘特伦特号轮船赴英的奴隶主代表事件作口实,准备向北部各州开战。英国工人坚决支持北部。在人数众多的群众集会上,工人们抗议反动的资产阶级的战争叫嚣,要求和平解决冲突。英国工人反对干涉的群众性运动,使反动派未能把欧洲拖入支持奴隶主的战争,这一运动大大加强了无产阶级的国际团结。

卡·马克思

协会临时章程[1]（节选）

……

劳动的解放既不是一个地方问题，也不是一个民族问题，而是一个社会问题，它涉及所有存在着现代社会的国家，它的解决有赖于最先进各国在实践上和理论上的合作；

目前欧洲各个最发达的工业国工人阶级运动的新高涨，在鼓起新的希望的同时，也郑重地警告不要重犯过去的错误，要求立刻把各个仍然分散的运动联合起来；

鉴于上述理由，

本章程后面署名的由1864年9月28日在伦敦圣马丁堂公开大会授权之委员会的成员，采取了必要步骤，创立国际工人协会；

他们宣布，这个国际协会以及加入协会的一切团体和个人，承认真理、正义和道德是他们彼此间和对一切人的关系的基础，而不分肤色、信仰或民族。

他们认为，一个人有责任不仅为自己本人，而且为每一个履行自己义务的人要求人权和公民权。没有无义务的权利，也没有无权利的义务[2]。

……

卡·马克思修订于 1864 年 10 月 21 日～27 日之间
载于 1864 年 11 月 12 日《蜂房报》第 161 号

原文是英文
中文根据《马克思恩格斯全集》1992 年历史考证版第 1 部分第 20 卷翻译
选自《马克思恩格斯全集》第 21 卷，人民出版社，2003，第 16～17 页

注释：

[1]《协会临时章程》是马克思在 1864 年 10 月 21～27 日之间与《协会成立宣言》（见《马克思恩格斯全集》中文第 2 版第 21 卷注 1）同时用英文写成的。拟写《章程》时，马克思彻底改写了 1864 年 10 月 18 日临时委员会会议上提交的文件中引言部分，又把章程条款部分由 40 条缩减为 10 条。在修订组织原则时，只保留了个别有关组织形式的条款，如组织名称、确定 1865 年在布鲁塞尔召开代表大会，以及会员由一国迁居另一国时给予帮助等等。

马克思拟就的《协会临时章程》于 1864 年 10 月 27 日得到起草委员会的赞同，11 月 1 日由临时委员会一致批准。《协会临时章程》和《协会成立宣言》一起印成了小册子，于 1864 年 11 月在伦敦出版了英文本。它还发表在 1864 年 11 月 12 日《蜂房报》第 161 号以及 1864 年 12 月 10 日《矿工和工人辩护士报》第 93 号上。蒲鲁东主义者 1864 年底翻译的临时章程的法译文中有几个不准确和曲解的地方，后被利用来反对总委员会（见马克思 1870 年 1 月 1 日写的《总委员会致瑞士罗曼语区联合会委员会》和 3 月 28 日写的《机密通知》）。该法译文曾在法国、比利时和瑞士等多家报刊上发表。1866 年，《协会临时章程》的另一种法译文由沙·龙格翻译，并经马克思核对，和《协会成立宣言》一起在布鲁塞尔出版。《协会临时章程》的德译文发表在 1865 年 1 月 18 日《社会民主党人报》第 10 号和 1866 年 4、5 月《先驱》第 4、5 期上。意大利译文发表在 1865 年 2 月 18 日《意大利统一报》第 49 号及其他报刊上。《协会临时章程》经国际工人协会日内瓦代表大会 1866 年 9 月 5 日的会议批准，称《国际工人协会的共同章程》。两天后，9 月 8 日的会议批准的补充修改内容，后来被称为《组织条例》附在《章程》后面。

[2] 这两段中的"权利""义务"以及"真理、正义和道德"等字眼,是马克思在小委员会的几个小资产阶级民主派委员的坚持下写进去的。见马克思1864年11月4日给恩格斯的信和11月29日给莱·菲力浦斯的信。

卡·马克思

马克思致海尔曼·荣克（节选）

伦　敦

1865年11月20日 [于伦敦]

……

三　国际政策

关于通过实现民族自决权并在民主和社会的基础上恢复波兰的途径来消除俄国佬在欧洲的影响的必要性。

……

您的卡·马克思

选自《马克思恩格斯全集》第31卷，
人民出版社，1972，第489页

弗·恩格斯

工人阶级同波兰有什么关系？[1]

一 致《共和国》周报编辑

阁下：

凡是工人阶级独立参加政治运动的地方，他们的对外政策一开始就表述为几个字——**恢复波兰**。整个宪章运动[2]时期是如此。法国工人在1848年以前很久，以及在那个值得缅怀的年头里都是如此，1848年5月15日他们曾喊着"Vive la Pologne！"——波兰万岁！——的口号向国民议会①挺进。[3]德国是如此，1848年和1849年德国工人阶级的好几家机关报[4]都要求对俄作战以恢复波兰。就是现在，情况也是如此——只有一个例外，这个例外我们后面再谈——欧洲工人一致宣称恢复波兰是自己政治纲领的重要组成部分，是他们对外政策的最全面的表达。中间阶级也曾"同情过"，而且现在也还"同情"波兰人，但是，这种同情并没有妨碍他们在1831年[5]、1846年[6]和1863年[7]对陷于危难的波兰人袖手旁观，甚至也没有妨碍他们纵容像帕麦斯顿勋爵这种波兰最凶恶的敌人一面在口头上维护波兰，一面干实际上给俄国帮忙的勾当。但是工人阶级就不同了。他们

---

① 即1848年二月革命后成立的制宪议会。——编者注

要干涉,而不是不干涉;只要俄国干涉波兰的事务,他们就主张同俄国打仗,而且每次波兰人起来反对自己的压迫者的时候,他们都证明了这一点。不久以前,国际工人协会更充分地表达了它所代表的阶级的这种普遍的天然的感情,它在自己的旗帜上写道:"抵抗俄国对欧洲的侵犯——恢复波兰!"①

西欧工人和中欧工人的这个对外政策纲领提交给工人阶级以后得到了一致同意,不过,如前所述,有一个例外。在法国工人中间,有一小部分是已故比·约·蒲鲁东的那个学派。这一学派与大多数先进的有思想的工人**完全**不同;它把他们叫作无知蠢人,在大多数问题的观点和看法上都与他们背道而驰。在对待他们的对外政策上也是如此。蒲鲁东主义者们充当被压迫的波兰的审判官,像斯泰利布里奇的陪审团一样,宣判波兰是"罪有应得"。他们称赞俄国是未来的伟大国家,是全世界最先进的民族,像美国那样无足轻重的国家与之相比是不值一提的。他们指责国际工人协会总委员会,说它推崇波拿巴主义的民族原则[8],说它公然把高尚的俄罗斯人算在文明欧洲范围以外,而这是违反世界民主和各国友好原则的严重恶行。这就是他们的责难。[9]丢开民主的词句,立刻就可以看出,这同各国极端保守派关于波兰和俄国的言论如出一辙,毫无二致。此类责难是不值一驳的;但是,由于这些话出自工人阶级一部分人——尽管是很小一部分人——之口,所以有必要再来把波兰和俄国的问题提出来,论证一下我们今后可以称之为联合起来的欧洲工人的对外政策是什么。

可是,为什么在谈到波兰的时候,我们总是只提一个俄国呢?难道奥地利和普鲁士这两个德意志强国没有参加对波兰的掠夺吗?难道它们不也是奴役着波兰这个国家的一部分并同俄国一起镇压波兰的任何民族运动吗?

大家很清楚,奥地利曾经怎样拼命地避免与波兰的事情,曾经对俄国

---

① 参看《马克思恩格斯全集》,中文第2版第21卷,第507页。——编者注

和普鲁士的瓜分计划抑制了多久。[10]波兰曾是奥地利反对俄国的天然同盟者。从俄国成为威胁的力量的那一刻起，最符合奥地利利益的，莫过于在奥地利和那个新兴帝国之间保持着波兰的存在。奥地利只是在看到波兰的命运已经决定，不管有没有它参加，另外两个强国都决心要消灭波兰的时候，才出于自我保护的目的而参与了瓜分一份领土。其实早在1815年它就主张恢复独立的波兰；1831年和1863年，它曾准备为此目的而打仗，并放弃自己那一份波兰领土，只要英国和法国支持它。在克里木战争[11]时期也是如此。这样说，并不是为奥地利政府的总的政策进行辩护。奥地利经常都在证明，压迫弱小民族是奥地利统治者们乐于干的事情。不过，在波兰问题上，自我保护的本能超越了对新领土的贪欲和政府惯用的政策罢了。因此，目前不必谈奥地利。

至于谈到普鲁士，它占据的那一份波兰领土很小，没有多大意义。它的朋友和盟国俄国施展本领，把它在三次瓜分中所得到的竟然弄走了十分之九。而留在它手上的这一点点波兰领土，却像梦魇一样压得它透不过气来。这一点点波兰领土把它拴在了俄国的凯旋车上，使得它的政府甚至在1863年和1864年能够毫无阻碍地在普属波兰，以后更进而在全国所有其他地方，破坏法律，侵犯人身自由、集会权利和新闻出版自由；这就完全败坏了中间阶级的自由主义运动，中间阶级曾因害怕在东部边界上失去几平方英里的土地，竟听任政府无法无天地迫害波兰人。不仅是普鲁士的工人，而且全德意志的工人在恢复波兰这个问题上，都比任何其他国家的工人有着更大的利害关系，而且每次革命运动都证明他们明白这一点。对他们来说，恢复波兰就意味着使他们自己的国家摆脱对俄国的臣服地位。因此，我们认为普鲁士也不必去谈了。什么时候俄国的工人阶级（如果在这个国家里有像西欧所理解的那种意义上的工人阶级的话）提出自己的政治纲领，而这个纲领又包含有解放波兰的要求，——到那个时候，也只有到那个时候，俄罗斯作为一个民族也不必去谈了，而要受到谴责的就只是沙皇政府了。

二 致《共和国》周报编辑

阁下：

有人说，要求波兰独立就意味着承认"民族原则"[12]，而这个民族原则是为支持法国的拿破仑专制而炮制出来的一种波拿巴主义的东西。这个"民族原则"究竟是什么呢？

根据1815年的条约[13]划定的欧洲各国疆界，只是方便了外交界，特别是方便了当时最强大的大陆国家——俄国。无论是居民的意愿、利益，或者民族区分，都没有加以考虑。于是，波兰分裂了，德意志分裂了，意大利分裂了，更不用说居住在东南欧的当时还没有多少人知道的许多小民族了。因此，对于波兰、德意志和意大利来说，争取恢复民族统一就成了一切政治运动的第一步，没有民族统一，民族生存只不过是一个幻影。在1821～1823年意大利和西班牙的革命尝试[14]被镇压下去以后，并且在1830年法国七月革命[15]以后，文明欧洲大部分地区的激进的政治活动家彼此建立了联系，并试图制定出某种共同的纲领，被压迫和被分割民族的解放和统一便成了他们的共同口号。[16]1848年也是如此，那时，被压迫民族中又增加了一个，这就是匈牙利[17]。关于欧洲每一个大民族在一切内部事务上都有权支配自己的命运而不受邻邦的干预这一点，的确不会有两种意见，只要这种权利不侵犯别国自由。事实上，这种权利是所有民族内部自由的基本条件之一。例如，德意志在直接地、或者通过自己的附庸帮助奥地利奴役意大利的同时，还怎么能够追求自由和统一呢？要知道奥地利帝国的彻底解体正是德意志统一的首要的条件！

欧洲各个大民族所享有的这种政治独立的权利，已经为欧洲民主派所承认，那么工人阶级就尤其不能不同样予以承认。实际上，这只不过就是：承认各个国家的工人为自己要求享有独立的民族生存权利，也承认其他无疑具有生命力的大民族同样享有独立的民族生存权利。但是，这种承认和对民族愿望的同情，仅仅针对欧洲那些大的、历史上已清楚确定的民族，这就是意大利、波兰、德意志和匈牙利。而法国、西班牙、英国和斯堪的纳维亚，它们既没有分裂，也没有处在外国的统治之下，所以它们只是间接地同此事有关；至于俄国，只能说它是大量赃物的占有者，到清算那一天，它必须退还这些赃物。

路易-拿破仑，这个"奉天命和顺民意"的皇帝，于1851年**政变**以后，不得不为自己的对外政策找一个民主化了的、听起来很得人心的名称。有什么能比在自己的旗帜上写上"民族原则"更好呢？每一个民族都应当是自己命运的主宰，任何一个民族分离出去的每一个小部分都应当被允许与自己的伟大祖国合并，——有什么能比这更符合自由主义呢？只是请注意，现在说的已经不是 Nations［民族］，而是 Nationalities［民族］了。①

欧洲没有一个国家不是不同的民族处于同一个政府管辖之下。苏格兰高地的盖尔人和威尔士人，按其民族来说，无疑有别于英格兰人，然而，谁也不会把这些早已消失了的民族的残余叫做民族，就如同不会把法国布列塔尼的克尔特居民叫做民族一样。此外，没有一条国家分界线是与民族的自然分界线，即语言的分界线相吻合的。法国境外有许多人，他们的母语是法语，同德意志境外有许多人说德语的情况完全一样，这种情况看来肯定还要继续存在下去。欧洲最近一千年来所经历的复杂而缓慢的历史发展的自然结果是，差不多每一个大的民族都同它的本身的某些处于边远位置的部分分离，这些部分脱离了本民族的民族生活，在多数情况下参加了某一其他民族的民族生活，以至不想再和本民族的主体合并了。瑞士和阿尔萨斯的德意志人不愿再合并于德意志，就像比利时和瑞士的法兰西人不愿在政治上再归附于法国一样。于是，政治上形成的各个不同的民族大都在其内部有了一些外来成分，这些外来成分构成了同邻邦的联系环节，从而使本来过于单一呆板的民族性格丰富多彩起来，这毕竟是一件大好事。

在这里我们看出了，在"**民族**原则"与民主派和工人阶级关于欧洲各

---

① "民族原则"原文是"principle of nationalities"，而不是"principle of nations"。——编者注

个大**民族**［nations］享有独立自主的生存权利的老观点之间是有区别的。"民族原则"完全不触及欧洲那些有历史地位的民族的民族生存权利这个大问题，如果说它触及的话，那也只是要把水搅浑而已。民族原则提出了两类问题：首先是这些有历史地位的大民族之间的分界线问题；其次是关于那些民族的许多小残余的独立的民族生存权利问题，这些民族过去都曾或长或短地活跃于历史舞台，后来终于被融入某个更有生命力因而更能克服困难的较强大的民族之中而成为其组成部分。一个民族在欧洲的重要性，它的生命力，以民族原则的眼光看来，是算不了什么的；在它面前，根本没有历史可言、也没有创造历史所必需的活力的瓦拉几亚的罗马尼亚人，同具有两千年历史、民族生命力丝毫未减的意大利人是差不多的；威尔士人和马恩人，只要他们愿意，他们就能——尽管这是荒谬的——像英格兰人一样享有独立的政治生存权利[18]。整个是谬论。这一谬论披着讨人喜欢的外衣以便迷惑浅薄者的眼睛，它可以作为便当的漂亮话来使用，也可以搁置一边，看情况的需要而定。

此谬论虽浅薄，却需要比路易-拿破仑更聪明的头脑才能发明得出来。民族原则远非波拿巴为了支持波兰复兴而发明的，它不过是**俄国人为了灭亡波兰而发明的**。正如下面我们就会看到的，俄国就是以民族原则为借口吞并了古老波兰的大部分领土。这种思想已经存在一百多年了，俄国现在每天都在使用它。泛斯拉夫主义不就是俄国为了自己的利益而把民族原则应用于塞尔维亚人、克罗地亚人、卢西人①、斯洛伐克人、捷克人以及其他在土耳其、匈牙利和德意志境内的昔日斯拉夫民族的残余吗？甚至此时此刻，俄国政府还在让代理人奔走于挪威北部和瑞典的拉普兰人中间，试图在这些游牧的野蛮人当中鼓吹"大芬兰民族"的思想，即在欧洲的极北地区把"大芬兰民族"恢复起来——当然是在俄国的保护之下。被压迫的拉普兰人的"痛苦的呼号"在俄国报刊上响得很厉害——并非来自那些被

---

① 卢西人是小俄罗斯人（乌克兰人的旧称）的一支。——编者注

压迫的游牧人自己，而是来自俄国的代理人，——是啊，让这些可怜的拉普兰人去学文明的挪威语或瑞典语，而不是只限于讲他们的野蛮的半爱斯基摩方言，这真是一种可怕的压迫！说真的，民族原则只有在东欧才能发明出来。在那里，一千年来亚洲人一次接一次的入侵有如潮涌，把大批大批混杂的民族残余遗留在岸边，这些混杂的民族残余现在连民族学家也难以分辨清楚。在那里，杂居着土耳其人、讲芬兰语的马扎尔人、罗马尼亚人、犹太人，还有约十多个斯拉夫部落，你中有我，我中有你，纷繁紊乱，无以复加。这就是制造民族原则的基础，而俄国是怎样在那里把民族原则制造出来的，我们以后将以波兰为例加以研究。

三　民族理论用于波兰

在**波兰**，也同差不多所有其他欧洲国家一样，居住着各种不同民族的人。波兰的多数居民即它的核心力量，无疑是讲波兰语的本地波兰人。可是，自1390年起，波兰本土就已经与立陶宛大公国合并[19]，后者迄至1794年最后一次瓜分波兰[20]时，一直是波兰共和国的一个组成部分。这个立陶宛大公国曾经居住过许多不同的部族。波罗的海沿岸的北部省份掌握在本地的**立陶宛人**手里。立陶宛人所讲的语言与他们的斯拉夫邻人迥然不同。这些立陶宛人很大一部分曾被日耳曼移民所征服，而日耳曼移民却发现立陶宛的大公并不是很容易对付的。其次，在现今的波兰王国的南部和东部，居住着**白俄罗斯人**，他们所讲的语言介乎波兰语和俄罗斯语之间，而更接近于俄罗斯语。最后，在南部省份居住着所谓的**小俄罗斯人**①，现在大多数权威人士认为，他们的语言与大俄罗斯语（我们通常称之为俄语）完全不同。所以，如果有人说，要求恢复波兰就是诉诸民族原则，那只能证明他们不懂他们究竟在说什么，因为恢复波兰，就意味着恢复一个

---

① 小俄罗斯人是乌克兰人的旧称。——编者注

至少由四个不同民族组成的国家。

当旧的波兰国家由于同立陶宛合并而组成时,俄国的情形是怎样的呢?那时,它还处于150年前就被波兰人和日耳曼人携手赶回第聂伯河以东的蒙古征服者的铁蹄之下。只是经过长期的斗争,莫斯科的大公们才终于摆脱了蒙古人的枷锁,开始把大俄罗斯的许多公国联合成一个统一的国家。然而,这一成就看来只是助长了他们的野心。当君士坦丁堡刚落入土耳其人之手,莫斯科大公①就把拜占庭皇帝的双头鹰加在了自己的盾形徽章上,以此表明他要当他们的继承人和未来的复仇者。众所周知,从那时起俄国人努力的目标就是占领沙皇格勒即沙皇城——这是他们在自己的语言中对君士坦丁堡的称谓。后来,小俄罗斯的富饶平原又引起了他们的吞并欲望。可是,波兰人当时是一个强大的民族,而且从来就是一个勇敢的民族,他们不仅知道怎样为自身而战,而且知道怎样以牙还牙:17世纪初,他们甚至把莫斯科占领了好几年[21]。

当政贵族逐渐腐化,中间阶级赖以发展的力量不足,连年战争把国家弄得一片荒芜,这一切终于摧毁了波兰的威力。一个顽固地保持着封建社会制度的国家,当它的所有邻邦都在进步,形成了中间阶级,发展了贸易和工业,建立了大城市的时候,这样的国家就注定要灭亡。毫无疑问,**是贵族毁灭了波兰,而且是彻底地毁灭了它**。贵族在毁灭了波兰以后,又就此事互相责骂,并把自己和自己的国家出卖给外国人。1700~1772年的波兰历史,不过是俄国篡夺波兰统治权的记录,而俄国之所以能够篡夺,就在于波兰贵族的腐败。俄国兵几乎总是占领着这个国家,波兰国王即使自己并不想做卖国贼,但也越来越被置于俄国大使的手心里。这种把戏耍得那样成功、那样长久,以致当波兰最后被灭亡的时候,整个欧洲都没有提出一声抗议,而人们感到惊奇的只是,俄国怎么这样大方,把那么大一块地方割给了奥地利和普鲁士。

---

① 伊万三世。——编者注

特别有趣的是实现这次瓜分的方式。当时在欧洲已经存在着一种开明的"舆论"。虽然《泰晤士报》还没有着手去制造这个东西,但是已经有这样一种在狄德罗、伏尔泰、卢梭以及18世纪法国其他作家的巨大影响下形成的舆论。俄国向来就知道尽可能使社会舆论站在自己一边有多么重要,而且它也是用心去争取这种舆论的。叶卡捷琳娜二世的宫廷变成了当时开明人士、特别是法国人集聚的大本营;这位女皇和她的宫廷标榜最开明的原则,她竟然能够如此成功地欺骗他们,以致伏尔泰和其他许多人都歌颂"北方的塞米拉米斯"①,宣称俄国是世界上最进步的国家,是自由主义原则的祖国,是信教自由的捍卫者。

信教自由——这就是为了消灭波兰所需要的字眼。波兰在宗教问题上从来就是极其自由的;有事实为证:当犹太人在欧洲所有其他地方都遭到迫害时,他们在这里却找到了避难所。东部各省的大部分居民信奉希腊正教,而波兰本地人则是罗马天主教徒。这些希腊正教徒中有很大一部分人在16世纪时受劝承认罗马教皇的最高权力,被叫做合并派希腊正教徒[22],但他们当中有很多人在所有各方面仍然保持原先的希腊正教信仰。他们主要是农奴,而他们的高贵主人差不多全都是罗马天主教徒;他们按民族来说是小俄罗斯人。俄国政府在本国除希腊正教外不容忍其他任何宗教,把叛教当作罪行加以惩罚;它征服别的民族,吞并左右邻人的地盘,与此同时,它把俄国农奴身上的镣铐钉得更加牢固——就是这个俄国政府,很快就对波兰下手了,它以信教自由的名义,因为据说波兰压迫希腊正教徒;它以民族原则的名义,因为东部这些省份的居民是**小俄罗斯人**,因此他们应当并入**大俄罗斯**;它以革命权利的名义,把农奴武装起来去反对他们的主人。俄国是完全不择手段的。有人说阶级对阶级的战争是极端的革命,可是,将近一百年以前俄国在波兰就发动了这样一场战争,而且是一场非常典型的阶级战争。当时,俄国的士兵和小俄罗斯的农奴并肩去焚烧波兰

---

① 指叶卡捷琳娜二世。——编者注

领主的城堡，这只是为了给俄国的吞并作准备；吞并一实现，还是那些俄国士兵就又把农奴拖回他们领主的枷锁之下。

所有这一切都是在信教自由的名义下进行的，因为民族原则当时在西欧还未成时尚。不过，那个时候已经有人在小俄罗斯农民的眼前摆弄这一原则了，而且从那时起，它在波兰事务中就一直起着重要的作用。俄国最大最主要的野心，就是把所有的俄罗斯部落都统一到那位自称所有俄罗斯人的专制君主（Samodergetz vseckh Rossyiskikh）①的沙皇统治之下，它把白俄罗斯和小俄罗斯都包括在这所有俄罗斯人之中。为了证明它的野心仅止于此，在三次瓜分中它都十分谨慎，只兼并白俄罗斯省份和小俄罗斯省份，而把波兰人居住的地区，甚至把小俄罗斯的一部分（东加利西亚）留给自己的同谋者。可是，现在的情况怎样呢？1793年和1794年被奥地利和普鲁士兼并的省份，现在却大部分以波兰王国的名称处于俄国统治之下，并且不时在波兰人中间唤起一种希望：只要他们服从俄国的最高权威，放弃对昔日立陶宛省份的一切要求，他们就可以期望把所有其他波兰省份统一起来，恢复波兰，以俄国皇帝为国王。如果在目前这个时候普鲁士和奥地利对打起来，那就非常可能形成这样的局面：这场战争，最终将不是使石勒苏益格—荷尔斯泰因归并于普鲁士或威尼斯归并于意大利，而是使奥属波兰，和至少是一部分普属波兰归并于俄国。[23]

关于民族原则用于波兰事务就谈到这里。

弗·恩格斯写于1866年1月底～4月6日
载于1866年3月24、31日和5月5日《共和国》周报第159、160和165期

原文是英文
中文根据《马克思恩格斯全集》1992年历史考证版第1部分第20卷翻译
选自《马克思恩格斯全集》第21卷，人民出版社，2003，第219～232页

---

① 这是恩格斯用拉丁字母拼写的俄文。——编者注

注释：

[1] 这一组题为《工人阶级同波兰有什么关系？》的文章是恩格斯应马克思的请求于1866年1月底～4月6日之间写成的。1865年9月，伦敦代表会议（见《马克思恩格斯全集》第21卷注171）期间，中央委员会围绕把波兰独立的问题列入即将在日内瓦举行的代表大会的议事日程的决议，展开了一场争论。文章在阐明国际在民族问题上的立场时，既批判了蒲鲁东主义者在民族问题上的虚无主义，又揭露了波拿巴集团的所谓"民族原则"（见《马克思恩格斯全集》第21卷注182）的反动本质。

在完成这三篇文章之后，恩格斯本打算就同一问题再写几篇文章（见恩格斯1866年5月1日给马克思的信），但是，《共和国》周报编辑部发表了反对这组文章的声明使恩格斯感到不快（见恩格斯1866年5月25日给马克思的信），而且从5月起又接连发生了几起导致1866年普奥战争的事件。恩格斯就中止了这组文章的写作。

这三篇文章于1866年3月24、31日和5月5日发表在《共和国》周报第159、160和165期，1895年7月用波兰文发表在《黎明》杂志第7期上。

[2] 宪章运动是19世纪30～50年代中期英国工人的政治运动，其口号是争取实行包括要求普选权和一系列为工人保证此项权利的许多条件的人民宪章。英国工人阶级为实现《人民宪章》掀起了广泛的群众性政治运动，宪章运动出现过三次高潮。由于资产阶级收买工人上层和工人阶级政治上的不成熟，到50年代中期运动终于失败。宪章派的领导机构是"全国宪章派协会"，机关报是《北极星报》，左翼代表人物是哈尼、琼斯等。恩格斯在《〈社会主义从空想到科学的发展〉1892年英文版导言》中称宪章派是"近代第一个工人政党"。列宁在《第三国际及其在历史上的地位》中把宪章运动称作"世界上第一次广泛的、真正群众性的、政治上已经成型的无产阶级革命运动"（《列宁全集》中文第2版第36卷，第292页）。

[3] 1848年5月15日巴黎民众在布朗基和巴尔贝斯等人领导下的示威游行，示威游行的口号是进一步推进革命和支持意大利、德国和波兰的革命运动。参加游行的有15万人，主要是革命俱乐部的成员和工人。游行者向应于当天讨论波兰问题的制宪议会走去，闯进了波旁王宫的会议大厅，要求议会兑现诺言，

要求对争取独立的波兰给予军事援助。由于这些要求遭到拒绝，游行者曾企图宣布解散制宪议会并成立新的临时政府，然而他们被用武力驱散了。

[4] 这里指的是德国民主派报刊和工人报刊，首先是1848年6月1日～1849年5月19日在科隆出版的、由马克思编辑的日报《新莱茵报》。作为民主运动中无产阶级一翼的机关报，《新莱茵报》坚决支持波兰的独立，把波兰的解放和推翻俄国的反动沙皇制度联系起来，后者在当时是欧洲封建专制反动势力的主要支柱。

[5] 指1830年11月～1831年10月发生在华沙的波兰民族解放起义。1830年，法国发生七月革命的消息传到在俄国统治下的波兰首都华沙之后，居民、青年和军队充满革命激情。俄国沙皇却在此时下达了对波兰军队的动员令，要波兰军队和俄国军队一起开赴西欧去镇压革命运动。11月29日夜，一批青年军官和学生发动起义，袭击了俄国派驻波兰王国的总司令康斯坦丁大公的官邸。大公怆惶出逃，起义军在爱国市民的配合下于次日解放了华沙。1831年1月波兰议会宣布取消沙皇尼古拉一世的波兰王位，成立民族政府。2月俄国派出大军镇压起义。同年9月8日，华沙重又陷于俄军之手，起义失败。

[6] 指1846年2月波兰民族解放起义。起义的主要发起人是波兰的革命民主主义者邓波夫斯基等人。但是，由于波兰小贵族的背叛行为和普鲁士警察逮捕了起义的领袖，总起义没有成功。只有在1815年起由奥地利、普鲁士和俄国共管的克拉科夫，起义者在2月22日取得了胜利并建立了国民政府，发表了废除封建义务的宣言。克拉科夫起义在1846年3月初被镇压。1846年11月，奥地利、普鲁士和俄国签订了关于把克拉科夫并入奥地利帝国的条约。

[7] 指1863～1864年波兰民族解放起义。参加起义的有工人、手工业者、小资产阶级和农民。领导起义的、由小资产阶级和小贵族分子组成的中央国民政府（委员会）在1863年1月宣布了争取波兰民族独立的斗争纲领以及一系列具有民主性质的土地要求。但是由于起义政府不彻底和不坚决，不敢触犯大土地所有者的特权，起义被沙皇政府镇压了下去。个别起义队伍的斗争继续到1864年底。具有保守思想的起义领导者把全部希望寄托在西欧列强政府的干涉上，但它们只在外交上作了些表示。支援波兰解放斗争的是欧洲各国的进步力量。国际无产阶级抗议沙皇政府残酷压迫波兰，抗议各国政府对波兰解放斗争的旁观态度，这种抗议行动对国际工人协会（见《马克思恩格斯全

集》第21卷注1）的建立起了重要作用。

[8]"民族原则"是波拿巴第二帝国（1852～1870年）统治集团为从思想上掩盖侵略计划和对外政策而提出的。拿破仑第三冒充是"民族的保卫者"，利用被压迫民族的民族利益进行投机，以巩固法国的霸权并扩大其疆域。"民族原则"与承认民族自决权毫无共同之处，它的目的是挑起民族不和，把民族运动，特别是小民族的运动变成互相竞争的大国的反革命政策的工具。沙皇俄国的外交也利用这个原则来扩大沙皇在巴尔干，在中欧各斯拉夫民族中的影响。对欧洲国家当权派蛊惑人心地利用"民族原则"的行为的揭露，除本文外，还可参看马克思在1860年撰写的抨击性著作《福格特先生》。

[9] 指1864年3～7月在《人民论坛报》上连续刊载的、蒲鲁东主义者埃·德尼的一组关于波兰问题的文章中的观点，以及1865年12月16和18日《韦尔维耶回声报》第293、294号上的匿名文章中对中央委员会的责难（见《马克思恩格斯全集》第21卷注350）。

[10] 第一次瓜分波兰的建议是1770年普鲁士王储亨利希访问彼得堡时提出的。1772年2月俄普两国订立了瓜分波兰的条约，奥地利在同年8月5日参加进来。普鲁士、奥地利和俄国三个签约国根据1772年8月5日在彼得堡签订的协定对波兰进行了第一次瓜分。奥地利分得了加利西亚，普鲁士分得了瓦尔米亚以及滨海区、库雅维亚和大波兰区的一部分；拉特加利亚的白俄罗斯东部的一部分划归俄国。波兰当时失去了29%的领土。

[11] 克里木战争（1853～1856年）是法国、英国、土耳其及撒丁王国的联军与俄国进行的战争。俄国力图控制黑海海峡，向近东扩张，于1853年7月以保护土耳其东正教居民权利为借口，进军摩尔多瓦和瓦拉几亚。土耳其于10月对俄宣战。随后英法舰队开到黑海干涉，并于1854年3月先后对俄宣战。1855年1月撒丁参战。这些国家在近东的经济利益和政治利益发生冲突而引起的这场战争，以俄国的失败而告终。1856年3月签订巴黎和约，根据和约，俄国被迫让出多瑙河三角洲，比萨拉比亚南部归还摩尔多瓦，取消俄国对土耳其属下东正教臣民的保护权，黑海中立，禁止外国军舰通过海峡，禁止俄国在黑海保留海军军械库和舰队。俄国在近东的扩张受到严重的打击。

[12] "民族原则"是波拿巴第二帝国（1852～1870年）统治集团为从思想上掩盖侵略计划和对外政策而提出的，拿破仑第三冒充是"民族的保卫者"，利用

被压迫民族的民族利益进行投机，以巩固法国的霸权并扩大其疆域。"民族原则"与承认民族自决权毫无共同之处，它的目的是挑起民族不和，把民族运动，特别是小民族的运动变成互相竞争的大国的反革命政策的工具。沙皇俄国的外交也利用这个原则来扩大沙皇在巴尔干，在中欧各斯拉夫民族中的影响。对欧洲国家当权派蛊惑人心地利用"民族原则"的行为的揭露，除本文外，还可看马克思在 1860 年撰写的抨击性著作《福格特先生》。

[13] 1815 年条约即维也纳条约。英、普、俄、奥等反拿破仑战争联盟国家的君主、代表和复辟的波旁王朝代表在维也纳会议上签订了旨在恢复各国王朝统治和满足战胜国领土要求的条约和协议。根据 1815 年条约的规定，奥地利获得意大利的伦巴第和威尼斯等地；普鲁士获得莱茵河两岸及北部萨克森的土地；瑞典从丹麦获得挪威；俄国获得芬兰，并把华沙大公国改为波兰王国，由沙皇统治；克拉科夫成为俄、普、奥共同保护的共和国。奥地利的尼德兰（比利时）合并于荷兰称为尼德兰王国。德意志组成松散的德意志联邦；瑞士重新恢复中立；英国得到荷兰的好望角与锡兰殖民地以及法属殖民地马耳他岛。维也纳会议决定恢复法国 1792 年的疆界，恢复波旁王朝在法国的统治，并将法国置于列强的严格监督之下；法国不得再侵占欧洲领土。

[14] 1821～1823 年意大利的革命尝试指意大利人民争取民族独立与统一的资产阶级革命运动。根据 1815 年维也纳条约（见《马克思恩格斯全集》第 21 卷注 184）的规定，在意大利那些原来依附于拿破仑法国的王国里都复辟了封建专制制度；伦巴第和威尼斯等地被划归奥地。19 世纪初意大利建立了一个由城市资产阶级、资产阶级化的贵族、军官、小资产阶级和农民的代表人物组成的烧炭党，其宗旨为争取意大利独立，推翻专制制度，建立立宪政体。1817～1831 年间烧炭党曾在意大利多次发动起义。其中只有 1820 年那不勒斯起义获得成功，一度迫使国王斐迪南一世颁布宪法。1821 年 3 月 4 日皮埃蒙特起义于当年 4 月初被镇压。1821～1823 年起义被反动派和奥地利军队联合镇压。

1821～1823 年西班牙的革命尝试指西班牙反封建的资产阶级革命。1814 年斐迪南七世复辟后，废除《1812 年宪法》和加的斯议会的一切改革法令，恢复专制制度，引起各阶层人民的强烈不满。1820 年 1 月，列戈-努涅斯领导加的斯起义，掀起全国革命高潮。3 月恢复《1812 年宪法》，任命代表大资产阶级和自由化贵族利益的温和派自由党人组成政府。1822年8月，政权转入代表中、小资产阶级利益的激进派手中。1823年4月，法国军队根据神圣同盟条约侵入西班牙镇压革命，5月革命失败，斐迪南七世复辟，废除了革命时期颁布的一切法令。

[15] 1830年的风暴指法国的七月资产阶级革命和这次革命以后在欧洲各地发生的起义。法国在1814年拿破仑第一帝国垮台后，代表大土地贵族利益的波旁王朝复辟，它竭力恢复封建专制统治，压制资本主义发展，限制言论出版自由，加剧了资产阶级同贵族地主的矛盾，激起了人民的反抗。1830年7月27～29日巴黎爆发了革命，推翻了波旁王朝。金融资产阶级攫取了革命果实，建立了以奥尔良公爵路易-菲力浦为首的代表金融资产阶级利益的"七月王朝"。七月革命在比利时、波兰、意大利、瑞士和德国的萨克森、不伦瑞克、黑森、汉诺威和巴伐利亚等地引起了革命起义。

[16] 指"青年欧洲"，它是各国政治流亡者组织的国际联合会，根据马志尼的倡议于1834年在瑞士成立，1836年解散。"青年欧洲"由"青年意大利"、"青年波兰"、"青年德意志"等民族组织组成，其宗旨是为民族统一、民族独立和在欧洲各国建立共和制度而斗争。

[17] 1848年，在巴黎二月革命和维也纳三月革命的影响下，匈牙利首都佩斯于3月15日举行起义，提出民族独立和民主改革的十二条要求。奥皇被迫同意成立以自由派贵族为领导的匈牙利民族政府。奥地利皇室在镇压了维也纳十月起义后，于1849年1月攻陷佩斯，3月14日在新宪法中把匈牙利变为奥地利的一个行省。4月，匈牙利革命力量重新集结，击败奥军后，匈牙利国民议会宣布匈牙利独立，科苏特当选为国家元首。5月底奥地利向俄国求援，奥俄联军于1849年8月镇压了革命。匈牙利丧失了一切宪法权利，10月重新成为奥地利帝国的一个行省。

[18] 恩格斯对于小民族历史命运的观点是：小民族通常缺乏独立的民族生存的能力，它们在历史发展过程中不可避免地会被更大的、更有生命力的民族吞并。恩格斯在这里强调指出了资本主义所特有的集中化和建立大国的趋向，却没有涉及另一趋向，即小民族为反对民族压迫争取独立进行斗争，它们渴望建立自己的国家。正如历史所表明的那样，许多小民族也能独立治理自己的国家。

[19] 1385年波兰立陶宛两国缔结联盟条约，共同反击条顿骑士团的侵略。该条约为波兰与立陶宛的合并奠定了基础。

[20] 第三次瓜分波兰的条约是俄国、普鲁士和奥地利于1795年10月24日签订的圣彼得堡公约。在此之前三国曾于1月30日就瓜分波兰问题发表了一项声明。这次瓜分的借口是维护波兰国内的和平安宁。俄国分得了立陶宛、库尔兰、白俄罗斯西部地区和沃伦的一部分。奥地利攫取了包括卢布林和克拉科夫在内的小波兰区的一部分。包括华沙在内的波兰本土大部分划归普鲁士。第三次瓜分波兰后的一百多年里，波兰共和国不再作为独立国家而存在。

[21] 1605年6月~1606年5月波兰军队曾占领莫斯科，并建立了自己的政权。1610年9月波兰军队再次进入莫斯科，夺取了莫斯科大公国的王位。直到1612年10月莫斯科被人民自卫团解放为止。

[22] 合并派希腊正教是从希腊正教会（亦称东正教会）分离出来的，其正式名称为东仪天主教会（Eastern Rite Catholic Churches）。合并派希腊正教徒承认罗马教皇的首脑地位，但继续保持原有的东派传统礼仪和典制，而不受拉丁语系天主教会礼仪和规章的约束。主教自行祝圣，不由教皇任命。

[23] 石勒苏益格—荷尔斯泰因本是1864年普奥结盟进攻丹麦而夺得的两个相连的地区。石勒苏益格由普鲁士占领，荷尔斯泰因由奥地利占领。夺取荷尔斯泰因也是普鲁士在普奥战争中的目标之一。意大利为从奥地利手中夺回威尼斯地区，在这场战争中加入了普鲁士一方。根据普奥战争后签订的布拉格和约，石勒苏益格—荷尔斯泰因完全归属于普鲁士。威尼斯地区重新合并于意大利。俄国在普奥战争中保持了中立。波兰并未遭到重新分割。

卡·马克思

马克思致恩格斯（节选）

曼彻斯特

1866年6月20日［于伦敦］

……

昨天国际总委员会讨论了目前的战争问题。这是事先通知了的，我们的房间里挤满了人。意大利的先生们也派来了代表。果然不出所料，讨论归结到了"民族特性"问题和我们对该问题的态度。这个题目将在下星期二继续讨论。[1]

法国人出席会议的人数很多，他们毫不掩饰自己对意大利人的从心底感到的厌恶。

此外，"青年法兰西"的代表（**不是工人**）提出了一种观点，说一切民族特性和民族本身都是"陈腐的偏见"。这是蒲鲁东派的施蒂纳思想。一切都应当分解成小"团体"或"公社"，然后它们又组成"联合会"，但并不是国家。在人类的这种"个体化"以及相应的"相互性"向前发展的同时，其他一切国家的历史都应当停顿下来，全世界都应当等候法国人成熟起来实行社会革命。那时他们将要在我们的眼前做这种试验，而世界其余的部分将会被他们的榜样的力量所征服，也去做同样的事情。这一切正是傅立叶期待于他的模范的法伦斯泰尔[2]的。此外，所有用旧世界的"迷信思想"来使"社会"问题复杂化的人都是"反动"的。

我在开始发言时说，我们的朋友拉法格和其他废除了民族特性的人，竟向我们讲"**法语**"，就是说，讲会场上十分之九的人不懂的语言，我的话使英国人大笑不止。接着我又暗示说，拉法格大概是完全不自觉地把否定民族特性理解为由模范的法国民族来吞并各个民族了。

……

你的卡·马·

选自《马克思恩格斯全集》第 31 卷，
人民出版社，1972，第 230～231 页

注释：

[1] 1866 年 6 月 19、26 日和 7 月 17 日的总委员会会议上，进行了关于 1866 年普奥战争问题的辩论。6 月 26 日的会议上提出了三个决议案，一个是博勒钦斯基和卡特提出的，一个是克里默和达顿提出的，另一个是福克斯提出的。在 1866 年 7 月 17 日总委员会会议上对这些决议案进行表决之前，马克思发言批评了它们，结果克里默和达顿的决议案以及福克斯的决议案被撤销；前者虽然原则上正确地遣责了侵略战争，但是没有提出无产阶级的主要任务——必须组织起来为自己的政治解放和社会解放而进行斗争；后者也有同样的缺点，此外，没有表达无产阶级对战争的态度。总委员会在稍加修改后一致通过了博勒钦斯基和卡特提出的决议案："国际工人协会中央委员会认为，大陆上发生的冲突是政府之间的冲突，因而建议工人保持中立，并且团结起来，以便从团结中汲取为工人的社会解放和政治解放所必需的力量。"（见《1864—1866 年第一国际总委员会。1865 年伦敦代表会议。会议记录》，1961 年莫斯科版，第 151 页）

[2] 模范的法伦斯泰尔是沙·傅立叶所计划的空想社会主义移民区。

卡·马克思

给临时中央委员会代表的关于若干问题的指示[1]（节选）

……

9. 波兰问题①

（a）为什么欧洲工人要提这个问题？首先是因为资产阶级作家和鼓动家们共谋掩盖这个问题，虽然他们在大陆上，甚至在爱尔兰，充当一切民族的保护人。他们为什么绝口不谈这个问题呢？因为无论贵族或资产者都把那个居于幕后的阴暗的亚洲强国看做是抵挡工人阶级争取提高地位的汹涌浪潮的最后一个救星。只有在民主的基础上恢复波兰，才能真正把这个

---

① 法文本中标题是："必须消除俄国在欧洲的影响以实现各民族的自决权，必须在民主与社会的基础上重建波兰。"

在其他文献材料中所记载的关于波兰问题的提法略有不同。例如，马克思用法文书写的《日内瓦代表大会（1866年）议程》中的第9点是："通过实现民族自决权和在民主与社会基础上恢复波兰，消除俄国在欧洲的影响的必要性。"（参看《马克思恩格斯全集》中文第2版第21卷，第215、260页）又如，伦敦代表会议1865年9月27日晚间会议的记录（英文）中是这样写的："通过在波兰实现'每一民族都应享有的自决权'和在民主与社会的基础上重建这个国家，来消除侵入欧洲的俄国影响，刻不容缓。"——编者注

545

强国打倒。

（b）目前在欧洲中部特别是德国的状况发生了变化的情况下，比过去任何时候都需要有一个民主的波兰。没有民主的波兰，德国就会变成神圣同盟[2]的前哨，有了民主的波兰，德国就会成为共和制的法国的合作者。在欧洲这个大问题没有解决以前，工人阶级的运动总是要遭到打断、遏止或阻碍。

（c）德国工人阶级特别有责任在这个问题上提出创议，因为德国是瓜分波兰的参加者之一。

……

卡·马克思写于 1866 年 8 月底
载于 1866 年 10 月和 11 月《先驱》杂志第 10 期和第 11 期

原文是英文
中文根据《马克思恩格斯全集》1992 年历史考证版第 1 部分第 20 卷翻译
选自《马克思恩格斯全集》第 21 卷，人民出版社，2003，第 275~276 页

注释：

[1] 这是马克思 1866 年 8 月底为国际工人协会第一次代表大会的代表们写的关于若干问题的指示。这次代表大会于 1866 年 9 月 3~8 日在日内瓦举行。中央委员会曾在 1866 年 7 月 17 日的会议上通过一项决议：详细制定和讨论即将举行的代表大会的议程。7 月 31 日，马克思在中央委员会会议上代表常务委员会就议程问题提出了一些建议，稍后马克思用英文整理出来（见《马克思恩格斯全集》中文第 2 版第 21 卷，第 263~264 页），并由保·拉法格译成法文。

出席日内瓦代表大会的共有 60 名代表，他们分别代表中央委员会、协会各支部，以及英国、法国、德国和瑞士的工人团体。大会主席是海·荣克。马克思所写的《指示》作为中央委员会的正式报告曾在大会上宣读。掌握大会三分之一票数的蒲鲁东主义者反对这份《指示》，他们在一份专门的意见书中就议程的各点提出了自己的纲领。马克思提出的《指示》共有 9 点，其中

作为大会决议通过的有以下6点：关于国际联合行动、限制工作日、儿童劳动与妇女劳动、合作劳动、工会、常备军。关于波兰问题，通过了约·菲·贝克尔的折衷性的决议草案。日内瓦代表大会批准了国际工人协会的章程和条例。

《指示》和有关日内瓦代表大会的其他报告及文件第一次用德文收入《国际工人协会日内瓦代表大会》，载于1866年10和11月《先驱》（日内瓦）第10和11期；后用英文发表在1867年2月20日和3月13日《国际信使》第6～7号和第8～10号，以及1867年3月1日和4月6日《工人报》（伦敦）；用法文发表在1867年3月9和16日《国际信使》第8～11号上。在此之后，该文件还被国际的其他新闻报刊全部或部分转载。《指示》中的要点（以大会决议形式）收入威·艾希霍夫的小册子《国际工人协会》1868年柏林版和《国际工人协会日内瓦代表大会和布鲁塞尔代表大会的决议。1868年》1869年伦敦版。

[2] 神圣同盟是欧洲各专制君主镇压欧洲各国进步运动和维护封建君主制度的反革命同盟。该同盟是战胜拿破仑第一以后，由俄国沙皇亚历山大一世和奥地利首相梅特涅倡议，于1815年9月26日在巴黎建立的，同时还缔结了神圣同盟条约。几乎所有的欧洲君主国家都参加了同盟。这些国家的君主负有相互提供经济、军事和其他方面援助的义务，以维持维也纳会议上重新划定的边界和镇压各国革命。

神圣同盟为了镇压欧洲各国资产阶级革命和民族解放运动，分别召开过几次会议：1818年亚琛会议，1820～1821年特罗保会议，1821年5月莱巴赫会议和1822年的维罗纳会议。根据会议的决议，曾于1820～1821年间镇压意大利的革命运动，1823年武装干涉西班牙革命，并企图干涉拉丁美洲的独立运动。由于欧洲诸国间的矛盾以及民族革命运动的发展，1830年法国七月革命后神圣同盟实际上已经瓦解。

卡·马克思

*1867年1月22日在伦敦召开的波兰会议的决议草案[1]

没有波兰的独立,欧洲的自由就不能确立。

卡·马克思大约写于1866年
12月29日~1867年1月12日之间
1867年1月22日以传单形式印发

原文是英文
中文根据《马克思恩格斯全集》1992年历史考证版第1部分第20卷翻译
选自《马克思恩格斯全集》第21卷,人民出版社,2003,第281页

注释:

[1] 本决议草案是马克思在1867年1月22日于伦敦召开的波兰会议一开始提出来的(见《马克思恩格斯全集》第21卷注223)。1867年2月10日《自由之声》第130号在刊登马克思的大会演说词时提到了本文的这句话。

卡·马克思

资本论
政治经济学批判（节选）

第一卷
第一册：资本的生产过程

第一篇　商品和货币

第一章　商品

……

要考察共同的劳动即直接社会化的劳动，我们没有必要回溯到一切文明民族的历史初期都有过的这种劳动的原始的形式。①

……

在商品生产者的社会里，一般的社会生产关系是这样的：生产者把他

---

① 第二版注："近来流传着一种可笑的偏见，认为原始的公有制的形式是斯拉夫人特有的形式，甚至只是俄罗斯的形式。这种原始形式我们在罗马人、日耳曼人、凯尔特人那里都可以见到，直到现在我们还能在印度人那里遇到这种形式的一整套图样，虽然其中一部分只留下残迹了。仔细研究一下亚细亚的、尤其是印度的公有制形式，就会证明，从原始的公有制的不同形式中，怎样产生出它的解体的各种形式。例如，罗马和日耳曼的私有制的各种原型，就可以从印度的公有制的各种形式中推出来。"（卡尔·马克思：《政治经济学批判》，第10页）

们的产品当做商品,从而当做价值来对待,而且通过这种物的形式,把他们的私人劳动当做等同的人类劳动来互相发生关系。对于这种社会来说,崇拜抽象人的基督教,特别是资产阶级发展阶段的基督教如新教、自然神教等等,是最适当的宗教形式。在古亚细亚的、古代的等等生产方式[1]下,产品转化为商品,从而人作为商品生产者而存在的现象,处于从属地位,但是共同体越是走向没落阶段,这种现象就越是重要。真正的商业民族只存在于古代世界的空隙中,就象伊壁鸠鲁的神只存在于世界的空隙中[2],或者犹太人只存在于波兰社会的缝隙中一样。这些古老的社会生产有机体比资产阶级的社会生产有机体简单明了得多,但它们或者以个人尚未成熟,尚未脱掉同其他人的自然血缘联系的脐带为基础,或者以直接的统治和服从的关系为基础。它们存在的条件是:劳动生产力处于低级发展阶段,与此相应,人们在物质生活生产过程内部的关系,即他们彼此之间以及他们同自然之间的关系是很狭隘的。……

第二章 交换过程

……

　　直接的产品交换一方面具有简单价值表现形式,另一方面还不具有这种形式。这种形式就是 x 量商品 A＝y 量商品 B。直接的产品交换形式是 x 量使用物品 A＝y 量使用物品 B。① 在这里,A 物和 B 物在交换之前不是商品,它们通过交换才成为商品。使用物品可能成为交换价值的第一步,就是它作为非使用价值而存在,作为超过它的占有者的直接需要的使用价值量而存在。物本身存在于人之外,因而是可以让渡的。为使这种让渡成为相互的让渡,人们只须默默地彼此当做那些可以让渡的物的私有者,从而彼此当做独立的人相对立就行了。然而这种彼此当做外人看待的关系在原始共同体的成员之间并不存在,不管这种共同体的形式是家长制家庭,古代印度公社[3],还是印加国[4],等等。商品交换是在共同体的尽头,在它

---

① 只要不是两种不同的使用物品相交换,而是像在野蛮人中间常见的那样,把一堆混杂的东西当做第三种东西的等价物,那么,连直接的产品交换也还处于它的初级阶段。

们与别的共同体或其成员接触的地方开始的。但是物一旦对外成为商品，由于反作用，它们在共同体内部生活中也成为商品。它们交换的量的比例起初完全是偶然的。它们能够交换，是由于它们的占有者彼此愿意把它们让渡出去的意志行为。同时，对别人的使用物品的需要渐渐固定下来。交换的不断重复使交换成为有规则的社会过程。因此，随着时间的推移，至少有一部分劳动产品必定是有意为了交换而生产的。从那时起，一方面，物满足直接需要的效用和物用于交换的效用的分离固定下来了。它们的使用价值同它们的交换价值分离开来。另一方面，它们互相交换的量的比例是由它们的生产本身决定的。习惯把它们作为价值量固定下来。

在直接的产品交换中，每个商品对于它的占有者直接就是交换手段，对于它非占有者直接就是等价物，不过它要对于后者是使用价值。因此，交换物还没有取得同它本身的使用价值或交换者的个人需要相独立的价值形式。随着进入交换过程的商品数量和种类的增多，这种形式就越来越成为必要的了。问题和解决问题的手段同时产生。如果不同商品占有者的不同商品在它们的交易中不和同一个第三种商品相交换并作为价值和它相比较，商品占有者拿自己的物品同其他种种物品相交换、相比较的交易就决不会发生。这第三个商品由于成为其他不同商品的等价物，就直接取得一般的或社会的等价形式，虽然是在狭小的范围内。这种一般等价形式同引起这个形式的瞬息间的社会接触一起产生和消失。这种形式交替地、暂时地由这个或那个商品承担。但是，随着商品交换的发展，这种形式就只是固定在某些特定种类的商品上，或者说结晶为货币形式。它究竟固定在哪一种商品上。最初是偶然的。但总的说来，有两种情况起着决定性的作用。货币形式或者固定在最重要的外来交换物品上，这些物品事实上是本地产品的交换价值的自然形成的表现形式；或者固定在本地可以让渡的财产的主要部分如牲畜这种使用物品上。游牧民族最先发展了货币形式，因为他们的一切财产都具有可以移动的，因而可以直接让渡的形式，又因为他们的生活方式使他们经常和别的共同体接触，因而引起产品交换。人们过去常常把作为奴隶的人本身当做原始的货币材料，但是从来没有把土地当做这种材料。这种想法只有在发达的资产阶级社会里才会产生。它出现在17世纪最后30多年，而只是在一个世纪以后的法国资产阶级革命时期，有人才试图在全国范围内来实现它。[5]

……

第三章　货币或商品流通

1. 价值尺度

……

由于各种原因，金属重量的货币名称同它原来的重量名称逐渐分离。其中在历史上有决定意义的是下列原因：1. 外国货币流入较不发达的民族，例如在古罗马，银币和金币最初是作为外国商品流的。这些外国货币的名称与本地的重量名称是不同的。……

这些历史过程使金属重量的货币名称同它的通常重量名称的分离成为民族的习惯。因为货币标准一方面纯粹是约定俗成的，另一方面又需要得到公认，所以，最后就由法律来规定了。

……

2. 流通的手段

……

（c）铸币。价值符号

从货币作为流通手段的职能中产生出货币的铸币形式。在商品的价格或货币名称中想象地表现出来的金重量，必须在流通中作为同名的金块或铸币同商品相对立。正像确立价格标准一样，铸造硬币也是国家的事。金银作为铸币穿着不同的国家制服，但它们在世界市场上又脱掉这些制服。这就表明，商品流通的国内领域或民族领域同它们的普遍的世界市场领域是分开的。

……

3. 货币

……

（a）货币贮藏

……

在商品流通的初期，只是使用价值的多余部分转化为货币。这样，金和银自然就成为这种多余部分或财富的社会表现。在有些民族中，与传统的自给自足的生产方式相适应，需要范围是固定封闭的，在这些民族中，这种素朴的货币贮藏形式就永恒化了。在亚洲人那里，特别是在印度人那里，情况就是这样。……

第三篇　绝对剩余价值的生产

……

第八章　工作日

……

2. 对剩余劳动的贪欲。工厂主和领主

资本并没有发明剩余劳动。凡是社会上一部分人享有生产资料垄断权的地方，劳动者，无论是自由的或不自由的，都必须在维持自身生活所必需的劳动时间以外，追加超额的劳动时间来为生产资料的所有者生产生活资料[①]，不论这些所有者是雅典的贵族，伊特鲁里亚的神权政治首领，罗马的市民，诺曼的男爵，美国的奴隶主，瓦拉几亚的领主，现代的地主，还是资本家[②]。但是很明显，如果在一个经济的社会形态中占优势的不是产品的交换价值，而是产品的使用价值，剩余劳动就受到或大或小的需求范围的限制，而生产本身的性质就不会造成对剩余劳动的无限制的需求。因此，在古代，只有在谋取具有独立的货币形式的交换价值的地方，即在金银的生产上，才有骇人听闻的过度劳动。在那里，累死人的强迫劳动是过度劳

---

① "那些劳动的人……实际上既养活那些称为富人的领年金者，也养活自己"。（埃德蒙·伯克：《关于贫困的意见和详情》，1800年伦敦版，第2、3页）

② 尼布尔在他的《罗马史》中非常天真地指出："像伊特鲁里亚人的那种建筑，虽然仅存遗迹，但仍令人惊异；这样的建筑，毋庸讳言，在小〈！〉国是以奴隶主和奴隶的存在为前提的。"西斯蒙第说得深刻得多："布鲁塞尔的花边"是以雇主和雇工的存在为前提的。

动的公开形式。这只要读一读西西里的狄奥多鲁斯的记载就可以知道。①但是在古代世界，这只是一种例外。不过，那些还在奴隶劳动或徭役劳动等较低级形式上从事生产的民族，一旦卷入资本主义生产方式所统治的世界市场，而这个市场又使它们的产品的外销成为首要利益，那就会在奴隶制、农奴制等等野蛮暴行上，再加上过度劳动的文明暴行。因此，在美国南部各州，当生产的目的主要是直接满足本地需要时，黑人劳动还带有一种温和的家长制的性质。但是随着棉花出口变成这些州的切身利益，黑人所从事的有时只要七年就把生命耗尽的过度劳动，就成为一种事事都要加以盘算的制度的一个因素。问题已经不再是从黑人身上榨取一定量的有用产品。现在的问题是要生产剩余价值本身了。徭役劳动，例如多瑙河两公国的徭役劳动，也有类似的情形。

……

第四篇 相对剩余价值的生产

……

第十一章 协作

……

古代亚洲人、埃及人、伊特鲁里亚人等等的庞大建筑[6]，显示了简单协作的巨大作用。

在过去的时代，这些亚洲国家除了民用的和军事的开支以外，还有剩余的生活资料，可以用于华丽的或实用的建筑。这些国家可以指挥几乎全部非农业人口的手臂，而对这些剩余生活资料的唯一支配权

---

① "这些不幸者〈在埃及、埃塞俄比亚和阿拉伯之间的金矿中做工的人〉不仅总是肮脏不堪，而且不得不赤身露体，谁看到他们，都不能不同情他们的悲惨命运。在这种地方，对于老弱病残和妇女没有任何的照顾和怜悯。所有的人都在皮鞭的逼迫下不断地做工，直到死亡才结束他们的痛苦和贫困生活。"（狄奥多鲁斯（西西里的）：《史学丛书》第3卷第13章，第258、260页）

又完全属于君主和僧侣,所以它们有能力兴建那些遍布全国的宏伟纪念物……在移动巨大的雕像和庞大的重物方面,当时的搬运本领令人惊讶,在这方面恣意滥用的几乎全是人的劳动。光有劳动者的人数和他们的努力的集中就够了。我们看到巨大的珊瑚礁从海底升起形成岛屿和陆地,虽然每一个珊瑚虫是渺小的、微弱的、不足道的。亚洲任何一个君主国的非农业劳动者,除了自己个人的体力以外,很少能贡献什么,但是他们的数量就是他们的力量,而指挥这些群众的权力,就产生出这些巨大的建筑。正是由于劳动者赖以生活的那些收入都集中在一个人或少数人的手里,才使这一类事业成为可能。①

亚洲和埃及的国王或伊特鲁里亚的神权政治的首领等等的这种权力,在现代社会已经转到资本家手里,不管他是单个资本家,还是像在股份公司[7]里那样,是结合资本家。

在人类文化初期,在狩猎民族②中,或者例如在印度公社的农业中,我们所看到的那种在劳动过程中占统治地位的协作,一方面以生产条件的公有制为基础,另一方面,正像单个蜜蜂离不开蜂房一样,以个人尚未脱离氏族或公社的脐带这一事实为基础。这两点使得这种协作不同于资本主义协作。在古代世界、中世纪和现代的殖民地偶尔采用的大规模协作,以直接的统治关系和奴役关系为基础,大多数以奴隶制为基础。相反,资本主义的协作形式一开始就以出卖自己的劳动力给资本的自由雇佣工人为前提。不过,历史地说,资本主义的协作形式是同农民经济和独立的手工业生产(不管是否具有行会形式)相对立而发展起来的。③ 对农民经济和独

---

① 理·琼斯:《国民政治经济学教程》,第77、78页。伦敦和欧洲其他国家首都搜集的古亚述、埃及等等的文物,为我们提供了这些协作的劳动过程的见证。
② 兰盖在他的著作《民法论》中把狩猎称为最初的协作形式,而把对人的狩猎(战争)称为最初的狩猎形式之一,这也许不是不对的。
③ 小农经济和独立的手工业生产,一部分构成封建生产方式的基础,一部分在封建生产方式瓦解以后又和资本主义生产并存。同时,它们在原始的东方公有制解体以后,奴隶制真正支配生产以前,还构成古典共同体在其全盛时期的经济基础。

立的手工业生产来说，资本主义协作不是表现为协作的一个特殊的历史形式，而协作本身倒是表现为资本主义生产过程所固有的并表示其特征的历史形式。

正如协作发挥的劳动的社会生产力表现为资本的生产力一样，协作本身表现为同单个的独立劳动者或小业主的生产过程相对立的资本主义生产过程的特有形式。这是实际的劳动过程由于隶属于资本而经受的第一个变化。这种变化是自然发生的。这一变化的前提，即在同一个劳动过程中同时雇用人数较多的雇佣工人，构成资本主义生产的起点。这个起点是和资本本身的存在结合在一起的。因此，一方面，资本主义生产方式表现为劳动过程转化为社会过程的历史必然性，另一方面，劳动过程的这种社会形式表现为资本通过提高劳动过程的生产力来更有利地剥削劳动过程的一种方法。

上面所考察的简单形态的协作，是同规模较大的生产结合在一起的，但是并不构成资本主义生产方式的一个特殊发展时代的固定的具有特征的形式。它至多不过在仍然保持手工业性质的初期工场手工业①。在那种和工场手工业时期相适应的、仅仅由于同时使用的工人的数量和所积聚的生产资料的规模才和农民经济有本质区别的大农业中，近似地表现出来。简单协作在那些大规模运用资本而分工或机器还不起重大作用的生产部门，始终是占统治的形式。

虽然协作的简单形态本身表现为同它的更发展的形式并存的特殊形式，协作仍然是资本主义生产方式的基本形式。

第十二章　分工和工场手工业

……

4. 工场手工业内部的分工和社会内部的分工

我们首先考察了工场手工业的起源，接着考察了它的简单要素——局

---

① "难道把许多人的技巧、勤劳和竞争心结合在同一个工作中不是推动这一工作的办法吗？英国难道能用其他方法使自己的羊毛工场手工业达到这样完善的程度吗？"（贝克莱：《提问者》，1750年伦敦版，第56页，第521节）

部工人及其工具，最后考察了它的总机构。现在我们简单地叙述一下工场手工业分工和构成一切商品生产的一般基础的社会分工之间的关系。

单就劳动本身来说，可以把社会生产分为农业、工业等大类，叫做一般的分工；把这些生产大类分为种和亚种，叫做特殊的分工；把工场内部的分工，叫做个别的分工。①

社会内部的分工以及个人被相应地限制在特殊职业范围内的现象，同工场手工业内部的分工一样，是从相反的两个起点发展起来的。在家庭内部②，随后在氏族内部，由于性别和年龄的差别，也就是在纯生理的基础上产生了一种自然的分工。随着共同体的扩大，人口的增长，特别是各氏族间的冲突，一个氏族之征服另一个氏族，这种分工的材料也扩大了。另一方面，我在前面已经谈到③，产品交换是在不同的家庭、氏族、共同体互相接触的地方产生的，因为在文化的初期，以独立资格互相接触的不是个人，而是家庭、氏族等等。不同的共同体在各自的自然环境中，找到不同的生产资料和不同的生活资料。因此，它们的生产方式、生活方式和产品，也就各不相同。这种自然的差别，在共同体互相接触时引起了产品的互相交换，从而使这些产品逐渐变成商品。交换没有造成生产领域之间的差别，而是使不同的生产领域发生关系，从而使它们转化为社会总生产的多少互相依赖的部门。在这里，社会分工是

---

① "分工开始于各种极其不同的职业的分离，一直发展到有许多工人来制造同一件产品，如在手工工场里那样。"（施托尔希：《政治经济学教程》，巴黎版第1卷，第173页）"在有一定文明程度的国家中，我们看到三种分工：第一种我们称之为一般的分工，它使生产者分为农民、制造业者和商人，这是与国民劳动的三个主要部门相适应的；第二种可以叫做特殊的分工，是每个劳动部门分为许多种……最后，第三种分工可以叫做分职或真正的分工，它发生在单个手工业或职业内部……在大多数手工工场和作坊都有这种分工"。（斯卡尔培克：《社会财富的理论》，1839年巴黎第2版第1卷第84、85页）

② ［第三版注：后来对人类原始状况的透彻的研究，使作者得出结论：最初不是家庭发展为氏族，相反地，氏族是以血缘为基础的人类社会的自然形成的原始形式。由于氏族纽带的开始解体，各种各样家庭形式后来才发展起来[8]——费·恩·］

③ 《马克思恩格斯文集》，中文版第5卷，第106～107页。

由原来不同而又互不依赖的生产领域之间的交换产生的。而在那里，在以生理分工为起点的地方，直接互相联系的整体的各个特殊器官互相分开和分离，——这个分离过程的主要推动力是同其他共同体交换商品，——并且独立起来，以致不同的劳动的联系是以产品作为商品的交换为中介的。在一种场合，原来独立的东西丧失了独立，在另一种场合，原来非独立的东西获得了独立。

一切发达的、以商品交换为中介的分工的基础，都是城乡的分离。① 可以说，社会的全部经济史，都概括为这种对立的运动。但是关于这种对立，我们不在这里多谈。

一定量同时使用的工人，是工场手工业内部分工的物质前提，同样，人口数量和人口密度是社会内部分工的物质前提，在这里，人口密度代替了工人在同一个工场内的密集。② 但是人口密度是一种相对的东西。人口较少但交通工具发达的国家，比人口较多但交通工具不发达的国家有更加密集的人口；从这个意义上说，例如，美国北部各州的人口比印度的人口更加稠密。③

因为商品生产和商品流通是资本主义生产方式的一般前提，所以工场手工业的分工要求社会内部的分工已经达到一定的发展程度。相反地，工场手工业分工又会发生反作用，发展并增加社会分工。随着劳动工具的分

---

① 詹姆斯·斯图亚特爵士最清楚地阐明了这一点。他的著作比《国富论》早出版10年，但是至今很少有人知道它。这可以从下面的事实看出来：马尔萨斯的崇拜者甚至不知道，马尔萨斯的《人口原理》的第一版，除了纯粹夸夸其谈的部分以外，除了抄袭华莱士和唐森两位牧师的著作以外，几乎全部抄袭斯图亚特的著作。
② "社会的交往，和劳动产品赖以增加的那种力量结合，都需要一定的人口密度。"（詹姆斯·穆勒：《政治经济学原理》，1821年伦敦版，第50页）"当工人人数增加时，社会生产力便按工人人数的增加乘以分工的效果的复比而增长。"（托·霍吉斯金：《通俗政治经济学》，第120页）
③ 1861年以来，由于棉化需求量大增，东印度某些人口稠密的地区，靠缩小稻米的生产来扩大棉花的生产。结果部分地区发生了饥荒，因为缺乏交通工具以及由此产生的缺乏物资交流，使一个地区稻米的不足不能由另一地区的供应来弥补。

化，生产这些工具的行业也日益分化。① 一旦工场手工业的生产扩展到这样一种行业，即到目前为止作为主要行业或辅助行业和其他行业联系在一起、并由同一生产者经营的行业，分离和互相独立的现象就会立即发生。一旦工场手工业的生产扩展到某种商品的一个特殊的生产阶段，该商品的各个生产阶段就转化为各种独立的行业。前面已经指出，在制品是一个由局部产品纯粹机械地装配成的整体的地方，局部劳动又可以独立化为特殊的手工业。为了使工场手工业内部的分工更完善，同一个生产部门，根据其原料的不同，根据同一种原料可能具有的不同形式，而分成不同的有时是崭新的工场手工业。例如，18世纪上半叶，单在法国就织出了100多种不同的丝织品；例如，在阿维尼翁，法律曾规定"每个学徒始终只能从事一种产品的制造，不得同时学几种产品的制造方法"[9]。把特殊生产部门固定在一个国家的特殊地区的地域分工，由于利用各种特点的工场手工业生产的出现，获得了新的推动力。② 在工场手工业时期，世界市场的扩大和殖民制度（二者属于工场手工业时期的一般存在条件），为社会内部的分工提供了丰富的材料。在这里，我们不去进一步论证，分工除了扩展到经济领域以外，又怎样扩展到社会的其他一切领域，怎样到处为专业化、专门化的发展，为人的细分奠定基础，以致亚·斯密的老师亚·弗格森曾经叫喊说："我们成了奴隶民族，我们中间没有自由人"③。

社会内部的分工和工场内部的分工，尽管有许多相似点和联系，但二者不仅有程度上的差别，而且有本质的区别。在一种内在联系把不同的生产部门联结起来的场合，这种相似点无可争辩地表现得最为明显。例如，

---

① 例如，早在17世纪，织机梭的制造在荷兰就形成了一个特殊的工业部门。
② "英国的毛纺织工场手工业不是分成不同的部分或部门，固定在特殊地方，在那里只是或主要是生产一种东西吗？萨默塞特郡不是生产细呢，约郡不是生产粗呢，埃克塞特不是生产双幅呢，萨德伯里不是生产哔叽，诺里奇不是生产绉纱，肯德耳不是生产半毛织品，惠特尼不是生产毛毯如此等等吗？"（贝克莱：《提问者》，1750年版第56页，第520节）
③ 亚·弗格森：《论市民社会史》，1767年爱丁堡版第4分册第2部分，第285页。

牧人生产毛皮，皮匠把毛皮转化为皮革，鞋匠把皮革转化为皮靴。在这里，每个人所生产的只是一种中间制品，而最后的完成的形态是他们的特殊劳动的结合产品。此外，还有供给牧人、皮匠和鞋匠以生产资料的各种劳动部门。有人可能像亚·斯密那样，认为这种社会分工和工场手工业分工的区别只是主观的，也就是说，只是对观察者才存在的，因为观察者在工场手工业分工的场合一眼就可以在空间上看到各种各样局部劳动，而在社会分工的场合，各种局部劳动分散在广大的面上，每个特殊部门都雇用大量的人，因而使这种联系模糊不清①。但是，使牧人、皮匠和鞋匠的独立劳动发生联系的是什么呢？那就是他们各自的产品都是作为商品而存在。反过来，工场手工业分工的特点是什么呢？那就是局部工人不生产商品。② 转化为商品的只是局部工人的共同产品。③ 社会内部的分工以不同劳动部门的产品的买卖为中介；工场手工业内部各局部劳动之间的联系，

---

① 亚·斯密说，在真正的工场手工业中，分工似乎比较显著，因为"各个劳动部门所使用的工人往往可以聚集在一个工场内，观察者一眼就可看到。相反地，在那些目的在于满足广大居民的主要需要的大工场手工业〈!〉中，各个劳动部门使用的工人如此之多，以致不可能把他们集中在一个工场内……分工就没有这样显眼"（亚·斯密《国富论》第1篇第1章）。同一章有一段著名的话，开头是："请看一看文明昌盛的国家最普通的手工业者或短工获得的财产……"随后谈到，无数的多种多样的行业怎样联合起来满足一个普通工人的需要。这段话，几乎逐字逐句抄自贝·曼德维尔《蜜蜂的寓言，或个人劣行，公共利益》的注释（1705年第1版没有注释，1714版附有注释）。
② "但是再也没有什么东西可以叫做个人劳动的自然报酬。每个工人只生产整体的一个部分，由于每个部分单独就其本身来说没有任何价值或用处，因此没有东西工人可以拿来说：这是我的产品，我要留给我自己。"（《保护劳动反对资本的要求》，1825年伦敦版，第25页）这部出色著作的作者，就是前面引证过的托·霍吉斯金。
③ 第二版注：社会分工和工场手工业分工的这种区别对美国人来说已由实际的例证说明了。美国南北战争（8）时期，在华盛顿人们想出了许多新捐税，其中一种是对"一切工业产品"征收6%的税。人们问道：什么是工业产品呢？立法者回答说：一物"当它制成的时候"，就是生产出来了；当它准备出卖的时候，就是制成了。从很多事例中举一个例子来说。纽约和费城的手工工场过去"制造"伞以及伞的全部附件。但因为伞是各种完全不同的组成部分的联合体，所以这些部分逐渐成为互不依赖的、在不同地方经营的生产部门的制品。这些生产部门的局部产品，现在都作为独立的商品进入制伞手工工场，制伞手工工场只是把这些产品装配为一个整体。美国人把这种物品称为集合品，作为税的集合点，这种物品理应这样称呼。伞首先"集合了"自己每个部分的价格的6%的税，然后又"集合了"它本身的总价格的6%的税。

以不同的劳动力出卖给同一个资本家,而这个资本家把它们作为一个结合劳动力来使用为中介。工场手工业分工以生产资料集中在一个资本家手中为前提;社会分工则以生产资料分散在许多互不依赖的商品生产者中间为前提。在工场手工业中,保持比例数或比例的铁的规律使一定数量的工人从事一定的职能;而在商品生产者及其生产资料在社会不同劳动部门中的分配上,偶然性和任意性发挥着自己的杂乱无章的作用。诚然,不同的生产领域经常力求保持平衡,一方面因为,每一个商品生产者都必须生产一种使用价值,即必须满足一种特殊的社会需要,而这种需要的范围在量上是不同的,一种内在联系把各种不同的需要量联结成一个自然的体系;另一方面因为,商品的价值规律决定社会在它所支配的全部劳动时间中能够用多少时间去生产每一种特殊商品。但是不同生产领域的这种保持平衡的经常趋势,只不过是对这种平衡经常遭到破坏的一种反作用。在工场内部的分工中预先地、有计划地起作用的规则,在社会内部的分工中只是在事后作为一种内在的、无声的自然必然性起着作用,这种自然必然性只能在市场价格的晴雨表式的变动中觉察出来,并克服着商品生产者的无规则的任意行动。工场手工业分工的前提是资本家对于只是作为他所拥有的总机构的各个肢体的人们享有绝对的权威;社会分工则使独立的商品生产者互相对立,他们不承认任何别的权威,只承认竞争的权威,只承认他们互相利益的压力加在他们身上的强制,正如在动物界中一切反对一切的战争[10]多少是一切物种的生存条件一样。因此,资产阶级意识一方面称颂工场手工业分工,工人终生固定从事某种局部操作,局部工人绝对服从资本,把这些说成是为提高劳动生产力的劳动组织,同时又同样高声责骂对社会生产过程的任何有意识的社会监督和调节,把这说成是侵犯资本家个人的不可侵犯的财产权、自由和自决的"独创性"。工厂制度的热心的辩护士们在斥责社会劳动的任何一种普遍组织时,只会说这种组织将把整个社会转化为一座工厂,这一点是很能说明问题的。

在资本主义生产方式的社会中,社会分工的无政府状态和工场手工业分工的专制是互相制约的,相反地,在职业的分离自然地发展起来、随后固定下来、最后由法律加以巩固的早期社会形式中,一方面,呈现出一幅有计划和有权威地组织社会劳动的图画,另一方面,工场内部的分工还完全受到排斥,或者只是在很狭小的范围内,或者只是间或和偶然地得到发展。①

例如,那些目前还部分地保存着的原始的规模小的印度公社,就是建立在土地共同占有、农业和手工业直接结合以及固定分工的基础之上的,这种分工在组成新公社时成为现成的计划和略图。这种公社都是一个自给自足的生产整体,它们的生产面积从一百英亩至几千英亩不等。产品的主要部分是为了满足公社本身的直接需要,而不是当做商品来生产的,因此,生产本身与整个印度社会以商品交换为中介的分工毫无关系。只有剩余的产品才转化为商品,而且有一部分到了国家手中才转化为商品,从远古以来就有一定量的产品作为实物地租流入国家手中。在印度的不同地区存在着不同的公社形式。形式最简单的公社共同耕种土地,把土地的产品分配给公社成员,而每个家庭则从事纺纱、织布等等,作为家庭副业。除了这些从事同类劳动的群众以外,我们还可以看到一个"首领",他兼任法官、警官和税吏;一个记帐员,登记农业帐目,登记和记录与此有关的一切事项;第三个官吏,捕缉罪犯,保护外来旅客并把他们从一个村庄护送到另一村庄;一个边防人员,守卫公社边界防止邻近公社入侵;一个管水员,从公共蓄水池中分配灌溉用水;一个婆罗门,司理宗教仪式;一个教员,在沙土上教公社儿童写字读书;一个专管历法的婆罗门,以占星师的资格确定播种、收割的时间以及对各种农活有利和不利的时间;一个铁匠和一个木匠,制造和修理全部农具;一个陶工,为全村制造器皿;一个理发师,一个洗衣匠,一个银匠,有时还可以看到一个诗人,他在有些公

---

① "甚至下面一点也可以确立为普遍的规则:社会内部的分工越不受权威的支配,工场内部的分工就越发展,越会从属于一人的权威。因此,在分工方面,工场里的权威和社会上的权威是互成反比的。"(卡尔·马克思:《哲学的贫困》第130、137页)

社里代替银匠,在另外一些公社里代替教员。这十几个人的生活由全公社负担。如果人口增长了,就在未开垦的土地上按照旧公社的样子建立一个新的公社。公社的机构显示了有计划的分工,但是它不可能有工场手工业分工,因为对铁匠、木匠等等来说市场是不变的,至多根据村庄的大小,铁匠、陶工等等不是一个而是两个或三个。① 调节公社分工的规律在这里以自然规律的不可抗拒的权威起着作用,而每一个手工业者,例如铁匠等等,在他的工场内按照传统方式完成他职业范围内的一切操作,但是他是独立的,不承认任何权威。这些自给自足的公社不断地按照同一形式把自己再生产出来,当它们偶然遭到破坏时,会在同一地点以同一名称再建立起来,② 这种公社的简单的生产有机体,为揭示下面这个秘密提供了一把钥匙:亚洲各国不断瓦解、不断重建和经常改朝换代,与此截然相反,亚洲的社会却没有变化。这种社会的基本经济要素的结构,不为政治领域中的风暴所触动。

前面已经谈到,行会的规章③通过严格限制一个行会师傅所能雇用的帮工的人数,有计划地阻止了行会师傅转化为资本家。同样,行会师傅只能在他本人是师傅的那个手工业中雇用帮工。行会竭力抵制商人资本这种与它对立的、唯一自由的资本形式的任何侵入。商人可以购买任何商品,但是不能购买作为商品的劳动。他只许充当手工业产品的订购人。如果外部情况引起进一步的分工,现存的行会就分为几个亚种,或者在原有行会之外建立新的行会,但是各种手工业并不联合在一个工场内。因此,虽然

---

① 马克·威尔克斯中校:《印度南部的历史概要》,1810~1817年伦敦版第1卷,第118~120页。在乔治·坎伯尔所著《现代印度》1852年伦敦版中,可以看到对印度公社各种形式的出色描写。
② "从远古以来国内居民就在这种简单形式下……生活。各个村庄的边界很少变动;虽然村社有时由于战争、饥荒和瘟疫而受到侵害,甚至被弄得荒无人烟,但是同一名称,同一边界,同一利益,甚至同一家族,会维持几百年之久。居民对王国的崩溃或分裂毫不在意;只有村社保持完整,他们就不问村社隶属于什么权力,或受哪一个君主统治。村社内部经济保持不变。"(前爪哇副总督托·斯坦福·拉弗尔斯:《爪哇史》,1817年伦敦版第1卷,第285页)
③ 见《马克思恩格斯文集》,中文版第5卷,第357、394页。

行会组织造成手工业的分离、孤立和发展是工场手工业时期的物质存在条件，但行会组织排斥了工场手工业的分工。总的说来，工人和他的生产资料还是互相结合的，就像蜗牛和它的甲壳互相结合一样，因而工场手工业的起码基础还不具备，也就是说，生产资料还没有独立化为资本而同工人相对立。

整个社会内的分工，不论是否以商品交换为中介，是各种经济的社会形态所共有的，而工场手工业分工却完全是资本主义生产方式的独特创造。

第七篇　资本的积累过程

……

第二十四章　所谓原始积累

……

2. 对农村居民土地的剥夺

……

到 19 世纪，人们自然甚至把农民和公有地之间的联系都忘却了。更不必谈最近的时期：1801 年到 1831 年农村居民被夺去 3511770 英亩公有地，并由地主通过议会赠送给地主，难道农村居民为此得到过一文钱的补偿吗？[①]

最后，对农民土地的最后一次大规模剥夺过程，是所谓的 Clearing of Estates（清扫领地，实际上是把人从领地上清扫出去）。"清扫"是前面谈过的英国的一切剥夺方法的顶点。我们在上面谈到现代状况时知道，在已经没有独立农民可以清扫的地方，现在是要把小屋"清扫"掉，结果农业工人在他们耕种的土地上甚至再也找不到必要的栖身之所了。至于"清扫领地"的真正含义，我们只有看看苏格兰高地这个现代小说中的天国，才

---

① 见《马克思恩格斯文集》，中文版第 5 卷，第 774~819 页。

可以领会。在那里，这个过程有下列特点：它有系统性，有一举完成的巨大规模（在爱尔兰，地主同时把好几个村庄清扫掉；在苏格兰高地，一下子被清扫的土地面积相当于德意志几个公国），最后，还有被侵吞的土地所有权的特殊形式。

苏格兰高地的凯尔特人由克兰①组成，每一克兰是该克兰所居住的土地的所有者。克兰的代表，即克兰的首领或"大人"，只是这块土地名义上的所有者，就像英国女王是全国土地名义上的所有者完全一样。英国政府虽然成功地镇压了这些"大人"之间的内部战争，制止了他们对苏格兰低地的不断侵袭，但是克兰首领们丝毫没有放弃自己原来的劫掠行径；他们只不过改变了形式而已。他们依靠自己的权威，把他们名义上的所有权转化为私有财产权，由于遭到克兰成员的反抗，他们就决定公开使用暴力把克兰成员驱逐出去。纽曼教授说：

英国国王可以自以为有同样的权利把自己的臣民赶下大海。②

在苏格兰，这次革命是在拥护王位觊觎者的人进行了最后一次武装暴动后[11]开始的，我们可以从詹姆斯·斯图亚特爵士③和詹姆斯·安德森④的著作中看到这次革命的最初阶段。在18世纪，还禁止从土地上被赶走的盖尔人[12]移居外国，以便用暴力把他们赶到格拉斯哥和其他工业城市去。⑤ 至于

---

① 即氏族。——编者注
② 弗·威·纽曼：《政治经济学讲演集》，1851年伦敦版，第132页。
③ 斯图亚特说："这些土地的地租〈他错误地把这个经济范畴用于塔克斯缅（476）向克兰首领缴纳的贡税〉与其土地的面积相比是微乎其微的；但是，把租地农场所养活的人数拿来比较，也许会发现，苏格兰高地的一块土地所养活的人数，是最富饶地区的同等价值的土地所养活的人数的10倍。"（詹姆斯·斯图亚特：《政治经济学原理研究》，1767年伦敦版第1卷第16章，第104页）
④ 詹姆斯·安德森：《论激励民族创业精神的手段》，1777年爱丁堡版。
⑤ 1860年，被暴力剥夺的人在各种虚伪的许诺下被运往加拿大。有些人逃往山里和邻近的小岛。警察在后面追赶，他们便同警察格斗，然后逃走了。

19世纪盛行的方法①，在这里以萨瑟兰公爵夫人进行的"清扫"作例子就够了。这位懂得经济学的女人一当权，就决定对经济进行彻底的治疗，并且把全郡——郡内的人口通过以前的类似过程已经减少到15000人——转化为牧羊场。从1811年到1820年，这15000个居民，大约3000户，陆续地遭到驱逐和灭绝。他们居住的所有村庄都被破坏和烧毁，他们的所有田地都被变为牧场。不列颠的士兵被派来执行这种暴行，同当地居民发生了搏斗。一个老太太因拒绝离开小屋而被烧死在里面。这位夫人通过这种方式把自古以来属于克兰的794000英亩土地攫为己有。她把沿海地区大约6000英亩的土地分配给这些被驱逐的居民，每户2英亩。这6000英亩土地原来一直是荒地，并没有给所有者带来过收入。这位公爵夫人如此宽宏大量，她以平均每英亩2先令6便士的租金把这些荒地租给那些几百年来为她的家族流血流汗的克兰成员。她把掠夺来的全部克兰土地划分为29个大牧羊租地农场，每一个租地农场只住一户人家，大部分都是英格兰租地农场主的雇农。到1820年，15000个盖尔人已被131000只羊所代替。一部分土著居民被赶至沿海地区，以捕鱼为生。他们变成了两栖动物，按一位英国作家的说法，是一半生活在陆上，一半生活在水上，但是陆上和水上合起来也只能

---

① 亚·斯密的注释者布坎南在1814年写道："在苏格兰高地一带旧的所有权状况日益被暴力破坏……地主不顾世袭租佃者〈这一范畴在这里也用错了〉而把土地给予出价最高的人，如果这人是个改良家，他就会立即采用新的耕作制度。在先前广布着小农的土地上，居住的人口是同它的产品数量相适应的；在耕作改良和地租增加的新制度下，人们力求以尽量少的费用获得尽量多的产品，因此，变得无用的人手都要被赶走……被赶出故乡的人都到工业城市去找生路……"（大卫·布坎南：《论亚·斯密的〈国富论〉》1814年爱丁堡版第4卷，第144页）"苏格兰的显贵像拔除野草那样剥夺农民的家庭，像印第安人对野兽巢穴进行报复那样来对待村庄及其居民……一个人只能换到一只羊的毛或一条羊腿，甚至更贱……当蒙古人入侵中国北部各省的时候，有人曾经在会议上建议消灭那里的居民，并把他们的土地转化为牧场。苏格兰高地的许多地主已经在自己的土地上对自己的同胞实现了这个建议。"（乔治·恩索尔：《各国人口的研究》，1818年伦敦版，第215、216页）

使他们过半饱的生活①。

但是，诚实的盖尔人由于他们对克兰"大人"的山岳般浪漫的崇拜，必须更加含辛茹苦。鱼的气味传到"大人"的鼻子里去了。他们嗅到其中有某种有利可图的东西，于是把沿海地区租给伦敦的大鱼商。盖尔人又一次被驱逐了②。

最后，一部分牧羊场又转化为狩猎场。大家知道，英格兰没有真正的森林。贵族们的鹿苑中的鹿长得像家畜，肥得像伦敦的市议员一样。所以，苏格兰是这种"高贵情欲"的最后的寄托所。1848年萨默斯写道：

> 在苏格兰高地，森林面积大大扩大了。在盖克的一边，可以看见格伦费希新森林，在另一边，是阿德韦里基新森林。在同一条线上，布莱克山这一大片荒地不久前植树造林了。从东到西，从阿伯丁附近到奥本峭壁，现在都是一条连绵不断的林带，而在高地的其他地方，又有阿尔恰格湖、格伦加里、格伦莫里斯顿等新森林出现……盖尔人由于他们的土地转化为牧羊场……而被赶到更贫瘠的地方。现在鹿开始代替羊，使盖尔人更加贫困……鹿林③和人民不能并存。总有一方要让位。如果在未来的25年当中，狩猎场的数目和规模像过去25年那样增长，那么盖尔人就会在他们家乡的土地上绝迹了。苏格兰高地土地所有者中间进行的这个运动，一方面是出

---

① 当现在的萨瑟兰公爵夫人为了表示她对美洲共和国的黑奴的同情，在伦敦隆重欢迎《汤姆叔叔的小屋》的作者比彻—斯托夫人的时候，——在南北战争8时期，她和其他贵妇人一样，明智地忘记了这种同情，当时所有"高贵的"英国人的心都是同情奴隶主的，——我在《纽约论坛报》上描述了萨瑟兰的奴隶的状况478。（凯里在1853年费城出版的《奴隶贸易》一书的第202、203页上引用了我的文章的一部分。）我的文章被一家苏格兰报纸转载，并且引起了该报和萨瑟兰家族的献媚者之间的一场激烈的论战。
② 关于这种鱼类买卖的有趣材料，我们可以在戴维·乌尔卡尔特的《公文集。新辑》中看到。——纳索·威·西尼耳在他的前面引述过的遗著中把"萨瑟兰郡采取的这种办法说成是有史以来最有利的一次'清扫'"（《关于爱尔兰的日志、谈话和短评》，1868年伦敦版，第282页）
③ 在苏格兰的"鹿林"中没有一棵树木。人们把羊群从秃山赶走，把鹿群赶上秃山，并称此为"鹿林"。因此，连造林也谈不上！

567

于时髦,贵族的欲望,打猎的爱好等等;另一方面,他们做鹿的交易只是为了牟取利润。因为事实是,把一块山地辟为狩猎场,在很多情况下都比把它变为牧羊场有利得多……对于爱好打猎而寻找狩猎场的人说来,出价高低只受自己钱袋大小的限制……苏格兰高地所受的痛苦,不下于诺曼人国王的政策给英格兰带来的痛苦。鹿有了更自由的活动场所,而人却被赶到越来越窄的圈子里去了……人民的自由接二连三地被夺去……压迫日甚一日。清扫和驱逐人民,像在美洲和澳洲的荒野上砍除树木和灌木丛一样,被当做固定的原则,当做农业上的必要措施,由地主们来实行;这一过程静静地、有条不紊地进行着。①

---

① 散见罗伯特·萨默斯:《苏格兰高地来信,或1847年的饥荒》,1848年伦敦版,第12~28页。这些信最初发表在《泰晤士报》上。英国经济学家自然把1847年盖尔人遭到的饥荒说成是由于他们人口过剩。无论如何,盖尔人"压迫着"他们的食物。——"清扫领地"或者像德国所说的"Bauernlegen"在三十年战争后在德国特别盛行,1790年还在萨克森选帝侯国引起了农民起义(479)。它在德国东部尤为流行。在普鲁士的大部分省里,弗里德里希二世第一次保证了农民的所有权。他占领了西里西亚以后,强迫地主重建农舍、仓库等等,供给农户牲畜和农具。他的军队需要士兵,他的国库需要纳税人。但农民在弗里德里希二世的混乱的财政制度下和在专制主义、官僚主义、封建主义的混合统治下,究竟过着怎样愉快的生活,这可以从弗里德里希的崇拜者米拉波的叙述中看出:"亚麻是德国北部农民的最大财富之一。但可惜,对于人类来说,这只是防止贫困的手段,而不是走向幸福生活的途径。直接税、徭役以及各种强制性服役使德国农民破产,此外他们还要为他们所买的一切东西缴纳间接税……而使他们彻底毁灭的是:他们不敢在他们愿意的地方,以他们愿意的方式出售他们的产品;他们也不敢从那些能够以较低廉的价格供给他们所需要的东西的商人那里购买这些东西。所有这些原因不知不觉地使他们毁灭,如果不纺纱,他们就无法到期缴纳直接税;纺纱成了他们的补助的来源,因为这可以使他们的妻子、儿女、男女仆人甚至他们自己从事有利的工作。但是,即使有了这种补助来源,生活还是可怜极了!夏天,他们像犯人一样从事耕作和收获的劳动,9点睡觉,2点就要起床,这样才能把活干完;冬天,他们本来需要有较长时间的休息来恢复体力,但是,如果他们为了缴纳税款而出售产品,他们就缺少谷物来做面包和种子了。因此,只好以纺纱来填补这种不足……而且要十分勤奋地纺。因此,农民在冬天要到半夜或1点才睡觉,而早晨5点或6点就要起床,或者在晚上9点睡觉,2点起床;除了星期日,他们一辈子天天都是这样。这种过度的不眠和劳动使人憔悴;因此农村里的男女比城市里的男女要衰老得快"(米拉波:《弗里德里希大帝时代的普鲁士君主制度》第3卷,第212页及以下几页)。

第二版补注:1866年3月,在罗伯特·萨默斯的上述著作发表了18年以后,莱昂内·莱维教授在技艺协会(281)作了一个关于牧羊场转化为鹿林的报告, (转下页注)

掠夺教会地产，欺骗性地出让国有土地，盗窃公有地，用剥夺方法、用残暴的恐怖手段把封建财产和克兰财产转化为现代私有财产——这就是原始积累的各种田园诗式的方法。这些方法为资本主义农业夺得了地盘，使土地与资本合并，为城市工业造成了不受法律保护的无产阶级的必要供给。

……

6. 工业资本家的产生

……

高利贷和商业所形成的货币资本在转化为工业资本时，曾受到农村封建制度和城市行会制度的阻碍。① 这些限制随着封建家臣的解散，农村居民的被剥夺和一部分被驱逐而消失。新的工场手工业建立在通海港口或不受旧城市及其行会制度控制的内陆地区。因此，在英国，享有公会特权的城市对这些新的工业培养所进行了激烈的斗争。

（接上页注①）他叙述了苏格兰高地荒芜状态的加剧。他说："减少人口，把土地转化为纯粹牧羊场，是不花费代价便能获得收入的最方便的手段……鹿林代替牧羊场已经成为苏格兰高地的普遍的变化。现在是野兽赶走了羊群，就像从前为了给羊群腾出地盘而把人赶走一样……从福弗尔郡的达尔豪西伯爵领地一直到约翰·奥格罗特都是森林。其中〈在这些森林中〉很多已住有狐狸、野猫、黄鼠狼、白鼬、伶鼬和山兔；近来那里还出现了兔、松鼠和鼠。在苏格兰的统计中被当做特别富饶和广阔的牧场的大片土地，现在既不耕作，也不改良，只是供少数人在每年一个短时期内用于狩猎消遣。"1866年6月2日出版的一期伦敦《经济学家》杂志写道："一家苏格兰报纸在上周载有这样的消息：'萨瑟兰郡的最好的牧羊场之一，在不久前租约期满时，还曾有人出价年租1200镑，然而现在已转化为鹿林！'就像当时诺曼征服者……为造新林曾毁掉了36个村庄一样……这种封建本能现在又出现了……包括苏格兰某些最肥沃的地区在内的200万英亩土地完全变成了荒地。格伦蒂尔特的野草是珀斯郡最富于营养的牧草之一；本奥尔德的鹿林曾是巴德诺赫广大地区内的最好的草地；布莱克山森林的一部分曾是苏格兰最适宜放牧黑脸羊的牧场。为了狩猎爱好而变成荒野的土地面积，比整个珀斯郡的面积还要广阔得多，从这个事实我们可以想象出，这种荒野的面积究竟有多大了。本奥尔德森林的土地可以养活15000只羊，而这个森林的面积不过只占苏格兰全部猎区的1/30，从这里可以看出，这种强制性的荒芜给国家带来了多大的损失……所有这些猎场都完全是非生产的……结果等于沉到了北海海底一样。这种人为的荒野或荒地应当用立法的断然手段来加以铲除。"

① 甚至在1794年，利兹城的小织布业者还派代表请求议会制定法律，禁止任何商人成为工厂主。（艾金医生：《曼彻斯特市外30～40英里范围内的郊区》）

美洲金银产地的发现，土著居民的被剿灭、被奴役和被埋葬于矿井，对东印度开始进行的征服和掠夺，非洲变成商业性地猎获黑人的场所——这一切标志着资本主义生产时代的曙光。这些田园诗式的过程是原始积累的主要因素。接踵而来的是欧洲各国以地球为战场而进行的商业战争。这场战争以尼德兰脱离西班牙[13]开始，在英国的反雅各宾战争[14]中具有巨大的规模，并且在对中国的鸦片战争中继续进行下去，等等。

原始积累的不同因素，多少是按时间顺序特别分配在西班牙、葡萄牙、荷兰、法国和英国。在英国，这些因素在17世纪末系统地综合为殖民制度、国债制度、现代税收制度和保护关税制度。这些方法一部分是以最残酷的暴力为基础，例如殖民制度就是这样。但所有这些方法都利用国家权力，也就是利用集中的、有组织的社会暴力，来大力促进从封建生产方式向资本主义生产方式的转化过程，缩短过渡时间。暴力是每一个孕育着新社会的旧社会的助产婆。暴力本身就是一种经济力。

关于基督教殖民制度，有一位把基督教当做专业来研究的人，威·豪伊特曾这样说过：

> 所谓的基督教人种在世界各地对他们所能奴役的一切民族所采取的野蛮和残酷的暴行，是世界历史上任何时期，任何野蛮愚昧和残暴无耻的人种都无法比拟的。①

荷兰——它是17世纪标准的资本主义国家——经营殖民地的历史，

---

① 威廉·豪伊特：《殖民和基督教。欧洲人对待所有殖民地人民的通俗历史》，1838年伦敦版，第9页。关于对奴隶的待遇，沙尔·孔德在其《立法论》（1837年布鲁塞尔第3版）中收集了很多材料。要想知道资产者在其能够随心所欲地按照自己的形象来塑造世界的地方，把自己和工人变成了什么，就必须仔细研究这部著作。

"展示出一幅背信弃义、贿赂、残杀和卑鄙行为的绝妙图画"①。最有代表性的是，荷兰人为了使爪哇岛得到奴隶而在西里伯斯岛实行盗人制度。为此目的训练了一批盗人的贼。盗贼、译员、贩卖人就是这种交易的主要代理人，土著王子是主要的贩卖人。盗来的青年在长大成人可以装上奴隶船以前，被关在西里伯斯岛的秘密监狱中。一份官方报告说：

> 例如，望加锡这个城市到处都是秘密监狱，一座比一座恐怖，里面挤满了不幸的人，贪欲和暴政的牺牲者，他们戴着镣铐，被强行和家人分离。

荷兰人为了霸占马六甲，曾向葡萄牙的总督行贿。1641年总督允许他们进城。他们为了支付21875镑贿款而进行"节欲"，立即到总督住宅把他杀了。他们走到哪里，那里就变得一片荒芜，人烟稀少。爪哇的巴纽旺宜省在1750年有8万多居民，而到1811年只有8000人了。这就是温和的商业！

大家知道，英国东印度公司[15]除了在东印度拥有政治统治权外，还拥有茶叶贸易、同中国的贸易和对欧洲往来的货运的垄断权。而印度的沿海航运和各岛屿之间的航运以及印度内地的贸易，却为公司的高级职员所垄断。对盐、鸦片、槟榔和其他商品的垄断权成了财富的取之不尽的矿藏。这些职员自定价格，任意勒索不幸的印度人。总督参与这种私人买卖。他的宠信们是在使他们这些比炼金术士聪明的人们能从无中生出金来的条件下接受契约的。巨额财产像雨后春笋般地增长起来，原始积累在不预付一个先令的情况下进行。沃伦·哈斯丁的审判记录中有很多这样的实例。举一个例子来说。有一个名叫沙利文的人，当他因公出差到印度一个离鸦片产地很远的地区时，接受了一项鸦片契约。沙利文以4万镑把他的契约卖给一个名叫本恩的人，本恩又在当天以6万镑把它转卖出去，而这张契约

---

① 前爪哇岛副总督托马斯·斯坦福·拉弗尔斯：《爪哇史》，1817年伦敦版［第2卷第CXC、CXCI页］。

的最后购买者和履行者声称,他从中还赚了一大笔钱。根据一个呈报议会的表报,从1757年到1766年,东印度公司和它的职员让印度人赠送了600万镑!在1769年到1770年间,英国人用囤积全部大米,不出骇人听闻的高价就拒不出售的办法制造了一次饥荒。①

在像西印度那样专营出口贸易的种植殖民地,以及在像墨西哥和东印度那样任人宰割的资源丰富人口稠密的国家里,土著居民所受的待遇当然是最可怕的。但是,即使在真正的殖民地,原始积累的基督教性质也是无可否认的。那些谨严的新教大师,新英格兰的清教徒[16],1703年在他们的立法会议上决定,每剥一张印第安人的头盖皮和每俘获一个红种人都给赏金40镑;1722年,每张头盖皮的赏金提高到100镑;1744年马萨诸塞湾的一个部落被宣布为叛匪以后,规定了这样的赏格:每剥一个12岁以上男子的头盖皮得新币100镑,每俘获一个男子得105镑,每俘获一个妇女或儿童得55镑,每剥一个妇女或儿童的头盖皮得50镑!数十年后,殖民制度对这些虔诚的清教徒前辈移民[17]的叛逆的子孙进行了报复。在英国人的唆使和收买下,他们被人用短战斧砍死了。英国议会曾宣布,用警犬捕杀和剥头盖皮是"上帝和自然赋予它的手段"。

殖民制度大大地促进了贸易和航运的发展。"垄断公司"(路德语[18])是资本积聚的强有力的手段。殖民地为迅速产生的工场手工业保证了销售市场以及由市场垄断所引起的成倍积累。在欧洲以外直接靠掠夺、奴役和杀人越货而夺得的财宝,源源流入宗主国,在这里转化为资本。第一个充分发展了殖民制度的荷兰,在1648年就已达到了它的商业繁荣的顶点。它

几乎独占了东印度的贸易及欧洲西南部和东北部之间的商业往来。它的渔业、海运业和工场手工业,都胜过任何别的国家。这个共

---

① 1866年仅奥里萨一个邦就饿死了100多万印度人。尽管如此,有人仍力图以高价把粮食卖给那些快要饿死的人,借此来充实印度的国库。

和国的资本也许比整个欧洲其余地区的资本总和还要多[19]。

居利希忘记加上一句：荷兰的人民群众在1648年就已经比整个欧洲其余地区的人民群众更加劳动过度，更加贫穷，更加遭受残酷的压迫。

现在，工业上的霸权带来商业上的霸权。在真正的工场手工业时期，却是商业上的霸权造成了工业上的优势。所以殖民制度在当时起着决定性作用。和欧洲各个旧神并列于祭坛上的"一位外来的神"，有一天一下子把所有的旧神都打倒了。[20]殖民制度宣布，赚钱是人类最终的和唯一的目的。

公共信用制度，即国债制度，在中世纪的热那亚和威尼斯就已产生，到工场手工业时期流行于整个欧洲。殖民制度以及它的海外贸易和商业战争是公共信用制度的温室。所以公共信用制度首先在荷兰确立起来。国债，即国家的让渡，不论是在专制国家，立宪国家，还是共和国家，总是给资本主义时代打下自己的烙印。在所谓国民财富中，真正为现代人民所共有的唯一部分，就是他们的国债。① 因此，一个国家的人民负债越多就越富这一现代学说是完全合乎逻辑的。公共信用成了资本的信条。随着国债的产生，不可饶恕的罪恶，已不再是亵渎圣灵，而是破坏国债的信用了。

公债成了原始积累的最强有力的手段之一。它像挥动魔杖一样，使不生产的货币具有了生殖力，这样就使它转化为资本，而又用不着承担投资于工业甚至高利贷时所不可避免的劳苦和风险。国债债权人实际上并没有付出什么，因为他们贷出的金额转化为容易转让的公债券，而这些公债券在他们手里所起的作用和同量现金完全一样。于是就有了这样产生的有闲的食利者阶级，充当政府和国民之间中介人的金融家就大发横财，包税者、商人和私营工厂主也大发横财，因为每次国债的一大部分成为从天而降的资本落入他们的手中，——撇开这些不说，国债还使股份公司、各种有价证券的交易、证券投机，总之，使交易所投机和现代的银行统治兴盛起来。

---

① 威廉·科贝特指出，英国的一切公共机构都被称为"皇家的"，但是债是"国家的"。

用国家的名义装饰起来的大银行，从一产生起就只不过是私人投机家的公司，它们支持政府，依靠取得的特权能够把货币贷给政府。因此，国债积累的最准确的尺度就是这些银行的股票的不断涨价，这些银行的充分发展是从英格兰银行的创立（1694年）开始的。英格兰银行开始营业的第一笔生意，就是以8%的利率贷款给政府；同时它由议会授权用同一资本铸造货币，这同一资本又以银行券的形式贷给公众。它可以用这些银行券来办理期票贴现、发放货物抵押贷款、购买贵金属。过了不久，这些由银行自己制造的信用货币又变成了铸币，英格兰银行用这些铸币贷款给国家并代国家支付公债利息。它一只手拿出去，另一只手拿更多的进来，这还不够；当它拿进来时，它仍然是国民的永远债权人，直到最后一个铜板付清为止。它逐渐成了国家的贵金属必然贮藏所和全部商业信用的重心。在英国，当人们禁止焚杀女巫的时候，却开始绞死伪造银行券者。至于银行巨头、金融家、食利者、经纪人、证券投机家和交易所的豺狼这一伙人的突然兴起，对同时代人曾产生怎样的影响，当时的著作如博林布罗克的著作可以证明。①

随着国债的产生，国际信用制度出现了。国际信用制度常常隐藏着这个或那个国家原始积累的源泉之一。例如，由于没落的威尼斯以巨额货币贷给荷兰，威尼斯的劫掠制度的卑鄙行径就成为荷兰资本财富的这种隐蔽的基础。荷兰和英国的关系也是这样。在18世纪初，荷兰的工场手工业已经远远落后了，荷兰已不再是一个占统治地位的工商业国家。因此，荷兰在1701～1776年时期的主要营业之一就是贷放巨额资本，特别是贷给它的强大竞争者英国。现在英国和美国之间也有类似的情形。今天出现在美国的许多身世不明的资本，仅仅在昨天还是英国的资本化了的儿童血液。

因为国债是依靠国家收入来支付年利息等等开支，所以现代税收制度

---

① "如果鞑靼人充满了今日的欧洲，要使他们理解我们这里的金融家是什么，会是很困难的。"（孟德斯鸠：《论法的精神》，1769年伦敦版第4卷，第33页）

就成为国债制度的必要补充。借债使政府可以应付额外的开支,而纳税人又不会立即有所感觉,但借债最终还是要求提高税收。另一方面,由于债务一笔接着一笔的积累而引起的增税,又迫使政府在遇到新的额外开支时,总是要借新债。因此,以对最必要的生活资料的课税(因而也是以它们的昂贵)为轴心的现代财政制度,本身就包含着税收自行增加的萌芽。过重的课税并不是一件偶然的事情,倒不如说是一个原则。因此,在首先建立这种制度的荷兰,大爱国者德·维特在他的箴言[21]中对这种制度倍加赞扬,把它说成是促使雇佣工人服从、俭朴、勤勉和……从事过度劳动的最好制度。但这里,我们所关心的,与其说是这种制度对雇佣工人状况的破坏性影响,不如说是它所引起的对农民、手工业者,一句话,对一切中等阶级下层分子的暴力剥夺。关于这一点,甚至在资产阶级经济学家中间也没有异议。现代财政制度的剥夺作用,被这一制度的一个组成部分即保护关税制度加强了。

公债和与之相适应的财政制度在财富的资本化和对群众的剥夺中所起的重大作用,使科贝特、道布尔迪等一大批著作家错误地在公债和财政制度中寻找现代人民贫困的根本原因。

保护关税制度①是制造工厂主、剥夺独立劳动者、使国民的生产资料和生活资料资本化、强行缩短从旧生产方式向现代生产方式的过渡的一种人为手段。欧洲国家为了获得这种发明的专利权而钩心斗角,它们一旦为谋利者效劳,就不仅为此目的而间接通过保护关税和直接通过出口补助金等来掠夺本国人民,而且还要用暴力摧毁其附属邻国的一切工业,例如英格兰摧毁了爱尔兰的毛纺织工场手工业。在欧洲大陆上,柯尔培尔开了先例[22]以后,这个过程更是大大地简化了。在那里,工业家的原始资本有一部分直接来自国库。米拉波喊道:

---

① 见《马克思恩格斯文集》,中文版第5卷,第649页。——编者注

为什么要追溯到那么远去寻找七年战争以前萨克森工场手工业繁荣的原因呢？只要看看18000万国债就行了！①

殖民制度、国债、重税、保护关税制度、商业战争等等——所有这些真正工场手工业时期的嫩芽，在大工业的幼年时期都大大地成长起来了。大工业是以希律王式的大规模掠夺儿童[23]来庆贺自己的诞生的。像皇家海军强征水兵一样，工厂也是强行招收工人的。尽管弗·莫·伊登爵士对于从15世纪最后30多年到他所处时代即18世纪末这一段时间里，由于剥夺农村居民的土地而造成的惨象，处之泰然，尽管他对于为建立资本主义农业以及"确定耕地和牧场的合理比例"②所"必需的"这一过程，满意地表示庆幸，然而他对于为了使工场手工业生产转化为工厂生产以及确定资本和劳动力的合理比例而必须掠夺和奴役儿童这一点，却没有表现出同样的经济学上的洞察力。他说：

公众也许有必要考虑一下这个问题：如果一种工场手工业只有掠夺小屋和贫民习艺所中的贫苦儿童，并让他们成群结队地轮班劳动大半夜而得不到休息，才能顺利地经营下去，如果一种工场手工业把不同年龄和不同爱好的男女混杂在一起，以致通过实例的传染必然造成道德败坏，荒淫放荡，——这样一种工场手工业难道能够增加国家和个人的幸福的总和吗？③

菲尔登写道：

在德比郡、诺丁汉郡，尤其在兰开夏郡，沿着能够推动水车的河

---

① 米拉波：《弗里德里希大帝时代的普鲁士君主制度》第6卷，第101页。
② 见《马克思恩格斯文集》中文版第5卷，第836页。——编者注
③ 伊登：《贫民的状况》第2卷第1章，第420～422页。

流修建的大工厂，采用了最新发明的机器。这些远离城市的地方，突然需要成千上万的人手；其中以当时人口较少、土地贫瘠的兰开夏郡最需要人。特别需要手指细小而灵巧的儿童。于是，从伦敦、伯明翰等地的教区贫民习艺所招收学徒〈！〉之风盛行一时。成千上万这种从7岁到13、14岁的无依无靠的儿童，就这样被运到北方去。通常，主人〈即掠夺儿童的人〉要供给自己的学徒衣食，让他们住在工厂附近的徒工房里。监工被派来监督他们的劳动。这些监工的工资和从儿童身上榨取的产品量成正比，因此他们的兴趣是让儿童尽量多干活。结果必然是残酷虐待……在许多工厂区，尤其是在兰开夏郡，这些任凭工厂主支配的无依无靠的无辜儿童，遭到了极其残忍的折磨。他们被过度的劳动折磨致死……他们被鞭打，戴上镣铐，受尽挖空心思的残酷虐待；他们大多饿得骨瘦如柴，但还得在皮鞭下干活……他们有时甚至被逼得自杀！……德比郡、诺丁汉郡和兰开夏郡的那些与世隔绝的美丽而浪漫的山谷，竟成为折磨人，甚至常常虐杀人的恐怖地方！……工厂主的利润是巨大的。但这只能燃起他们狼一般的贪欲。他们开始实行夜间劳动，就是说，在做日工的一批人精疲力竭之后，他们已经准备好另一批人去做夜工；夜班工人刚下床，日班工人就躺上去，然后再反过来。兰开夏郡流行一句俗语：床永不凉。①

---

① 约翰·菲尔登：《工厂制度的祸害》，第5、6页。关于工厂制度的早期的丑恶，见艾金医生《曼彻斯特市外30—40英里范围内的郊区》，第219页，以及吉斯伯恩《论大不列颠社会上层和中层阶级人们的义务》1795年版第2卷。——由于蒸汽机使工厂从农村有瀑布的地方搬到城市中心，"喜欢禁欲"的谋利者现在随手就可以找到童工，而不必强行从贫民习艺所索取奴隶了。——当罗·皮尔爵士（"诡辩大臣"的父亲）于1815年提出保护儿童法案时，弗·霍纳（金条委员会（498）的杰出人物，李嘉图的密友）在下院说："大家都知道，有一帮丁厂儿童（如果可以这样说的话）被列为一个破产者的财产的一部分，同他的动产一起公开登广告拍卖，并且卖掉了。两年前〈1813年〉王座法院受理一件令人愤慨的案子。这是一件关于一批儿童的案子。伦敦一个教区把这批儿童交给一个工厂主，这个工厂主又把他们转让给另一个工厂主。最后，一些慈善家发现这些儿童处于绝对饥饿的状态。作为议会调查委员会的成员，他还知道另一个更令人愤慨的案件。几年前，伦敦某一教区和兰开夏郡一个工厂主签订了一项合同，规定这个工厂主每购买20个健全的儿童，必须购买一个白痴。"

随着资本主义生产在工场手工业时期的发展，欧洲的舆论丢掉了最后一点羞耻心和良心。各国恬不知耻地夸耀一切当做资本积累手段的卑鄙行径。例如，读一读老实人亚·安德森的天真的商业编年史。这本编年史把下面的事实当做英国国策的胜利而倍加赞扬：英国在乌得勒支和谈时通过阿西恩托条约（500），从西班牙人手里夺走了经营非洲和西班牙美洲之间贩卖黑人的特权，而在此以前，英国只经营非洲和英属西印度之间的这种买卖。英国获得了到1743年为止每年供给西班牙美洲4800个黑人的权利。这同时又为不列颠的走私提供了公开的掩护。利物浦是靠奴隶贸易发展起来的。奴隶贸易是它进行原始积累的方法。直到目前为止，利物浦"上流人士"仍然是赞扬奴隶贸易的平达；奴隶贸易——参看前面所引1795年出版的艾金医生的著作——"使商业冒险精神达到了狂热，产生了出色的海员，带来了巨额的金钱"。利物浦用于奴隶贸易的船只，1730年15艘，1751年53艘，1760年74艘，1770年96艘，1792年132艘。

当棉纺织工业在英国采用儿童奴隶制的时候，它同时在美国促使过去多少带有家长制性质的奴隶经济转化为一种商业性的剥削制度。总之，欧洲的隐蔽的雇佣工人奴隶制，需要以新大陆的赤裸裸的奴隶制作为基础。①

要使资本主义生产方式的"永恒的自然规律"充分表现出来，要完成劳动者同劳动条件的分离过程，要在一极使社会的生产资料和生活资料转化为资本，在另一极使人民群众转化为雇佣工人，转化为自由的"劳动贫民"②。这一现代历史的杰作，就需要经受这种苦难。如果按照奥日埃的说

---

① 1790年，奴隶与自由民在英属西印度是10∶1，在法属西印度是14∶1，在荷属西印度是23∶1。（亨利·布鲁姆：《关于欧洲列强殖民政策的研究》，1803年爱丁堡版第2卷，第74页）

② "劳动贫民"一词是当雇佣工人阶级已经引人注意时出现在英国法律中的。"劳动贫民"，一方面是同"闲散贫民"、乞丐等相对而言，另一方面是同那些尚未被掠夺一空而仍然占有劳动资料的劳动者相对而言。"劳动贫民"一词是从法律搬用到政治经济学上的，卡耳佩珀、乔·柴尔德等人直到亚·斯密和伊登都使用这个词。由此可以评价"可憎的政治伪君子"埃德蒙·伯克在把"劳动贫民"一词解释为"可憎的政治伪善言词"时的好心善意究竟是什么了。这个献媚者，当他受英国寡头政治雇用时，扮演了反对（转下页注）

法，货币"来到世间，在一边脸上带着天生的血斑"①，那么，资本来到世间，从头到脚，每个毛孔都滴着血和肮脏的东西。②

……

选自《马克思恩格斯文集》第5卷，人民出版社，2009，第 95~97、106~108、119~120、147、153、272~273、387~389、406~416、836~842、860~871 页

注释：

[1] 关于亚细亚的、古代的等等生产方式，在 1857~1858 年经济学手稿中已有论述，见《马克思恩格斯文集》第 8 卷第 145~146 页和《马克思恩格斯全集》中文第 2 版第 31 卷第 413 页。

[2] 古希腊哲学家伊壁鸠鲁认为有无数的世界。这些世界是按照它们本身的自然规律产生和存在的。神虽然存在，但存在于世界之外，存在于世界之间的空

（接上页注②）法国革命的浪漫主义者的角色，就像在美洲动乱（指 1775~1783 年北美独立战争。——编者注）一开始，当他受北美殖民地雇用时，扮演了反对英国寡头政治的自由主义者的角色完全一样；他是一个极其平凡的资产者："贸易的规律就是自然的规律，因而也就是上帝的规律"。（埃·伯克：《关于贫困的意见和详情》1800 年伦敦版，第 32 页）。无怪乎他这位忠于上帝和自然的规律的人总是在最有利的市场上出卖他自己！在塔克尔牧师——塔克尔是一个牧师和托利党人，但从其他方面来说，他却是一个正直的人，一个很有才干的政治经济学家——的著作中，可以看到对这位埃德蒙·伯克在他的自由主义时期的最好的评述。在可耻的无气节行为目前非常盛行并虔诚地信仰"贸易的规律"的时候，我们有责任一再揭露伯克之流，他们同自己的继承者只有一点不同——那就是才能！

① 马利·奥日埃《论公共信用及其古今史》，1842 年巴黎版，第 265 页。
② 《评论家季刊》说："资本逃避动乱和纷争，它的本性是胆怯。这是真的，但还不是全部真理。资本害怕没有利润或利润太少，就像自然界害怕真空一样。一旦有适当的利润，资本就胆大起来。如果有 10% 的利润，它就保证到处被使用；有 20% 的利润，它就活跃起来；有 50% 的利润，它就铤而走险；为了 100% 的利润，它就敢践踏一切人间法律；有 300% 的利润，它就敢犯任何罪行，甚至冒绞首的危险。如果动乱和纷争能带来利润，它就会鼓励动乱和纷争。走私和贩卖奴隶就是证明。"（托·约·邓宁：《工联和罢工》，1860 年伦敦版，第 35、36 页）

隙中，对宇宙的发展和人的生活没有任何影响。

[3] 古代印度公社是古印度社会典型的劳动组织形式，形成于原始社会瓦解、阶级社会关系产生的时期。作为生产者集体的村社由当地的农民和其他以某种方式与农业相联系的人组成。它相当独立地组织几乎所有地区的以人工灌溉和排水为基础的生产。由于受气候和地理位置的限制，村社形成了一种特殊的制度，即把手工业纳入农业生产中。村社的原始形式的特点保持了很久。虽然在大约公元前1世纪中期出现了财产差异（村社中开始形成阶级），但村社成员的土地优先权继续存在（种姓制度形成以及手工业继续受农业的约束）阻止了村社最后的瓦解。见马克思《不列颠在印度的统治》（《马克思恩格斯文集》第2卷）一文，以及1857～1858年经济学手稿（《马克思恩格斯全集》中文第2版第30卷，第467、476～478页）。

[4] 印加国是南美洲西南部的古国。其君主称印加，国民称印加人。11世纪以后，艾马拉和克丘亚西两大部落在秘鲁库斯科谷地陆续兼并邻近地区，15世纪中叶形成强大的奴隶制国家。印加国保存了很多原始社会残余。印加社会有严密的行政制度，分为三个阶级：贵族、平民和奴隶。社会基本单位是有共同祖先的一些家庭组成的氏族公社或村社（Aylla），共同占有土地和牲畜。16世纪，印加国最盛时期曾扩展到现在的秘鲁、厄瓜多尔、玻利维亚和智利北部，1533年被西班牙殖民者消灭。

[5] 见《马克思恩格斯全集》中文第2版第31卷，第216页和475～476页。

[6] 古代亚洲的庞大建筑。例如亚述尼尼微的庙宇，巴比伦的伊什塔尔城门和中国的长城；在埃及人那里出名的有吉萨的金字塔，在伊特鲁里亚人那里有公元前7世纪～4世纪的庙宇和陵墓。

[7] 关于股份公司，在马克思《资本论（1863—1865年经济学手稿）》第三册已有论述（见《马克思恩格斯全集》历史考证版第2部分第4卷第2册第14章第6节）。

[8] 恩格斯这里援引的是马克思《路易斯·亨·摩尔报〈古代社会〉一书摘要》。

[9] 马克思这里依据的是约·冯·波珀的《工艺学历史》1807年格丁根版第1卷第413～414页的论述。见马克思《政治经济学批判（1861—1863年手稿）》第XIX笔记本第1175页。

[10] 一切反对一切的战争（bellum omnium contra omnes，也译"一切人反对一切

人的战争"）是英国哲学家托·霍布斯的用语，出自他1642年的论文《论公民》中的致读者序（《霍布斯哲学著作集》1668年阿姆斯特丹版第1卷，第7页）以及他用英文写的《利维坦：或教会国家和市民国家的实质、形式和权利》1651年伦敦版的拉丁文译本（《霍布斯哲学著作集》1668年阿姆斯特丹第2卷第83页）。霍布斯认为，人的自然状态，即市民社会之外的状态，是一切人反对一切人的战争；为了克服这种状态，人们必须通过契约来建立国家。

[11] 指斯图亚特王朝的拥护者要求拥立所谓的"年轻的王位觊觎者"查理·爱德华为英国国王而于1745～1746年发动的起义。这次起义同时反映了苏格兰和英格兰的人民群众对他们遭受地主剥削以及驱逐小农的抗议。随着起义被英国正规军镇压，克兰制度在苏格兰高地开始迅速瓦解，农民被逐出土地的现象更加严重了。

[12] 盖尔人是苏格兰北部山区和西部山区的土著居民，古代凯尔特人的后裔。

[13] 尼德兰脱离西班牙是尼德兰资产阶级革命（1566～1609年）的结果。尼德兰的革命是世界历史上第一次取得胜利的资产阶级革命。16世纪中叶，尼德兰城乡资本主义有了相当发展，但受到其宗主国西班牙专制主义及其支柱天主教会的严重阻碍，阶级矛盾和民族矛盾日益尖锐。1566年爆发了矛头直指天主教会的圣像破坏运动。1567年春运动遭镇压。1572年北方各省举行大起义，并推举奥伦治的威廉为北方各省执政。南方革命形势也日益高涨，1576年布鲁塞尔起义推翻了西班牙在尼德兰的统治。西南几省的贵族慑于革命不断深入，于1579年1月6日结成阿拉斯同盟，与西班牙当局妥协。同年1月23日，信奉新教的北方七省成立乌得勒支同盟，为建立联省共和国奠定了基础。1581年由北方各省组成的三级会议宣布脱离西班牙而独立，正式成立资产阶级联省共和国。由于荷兰省的经济和政治地位最重要，亦称荷兰共和国。1609年，西班牙被迫与荷兰签订十二年停战协定，事实上承认了荷兰的独立。

[14] 反雅各宾战争是1792～1815年英国、普鲁士、奥地利和俄国等参加的欧洲国家同盟为反对资产阶级革命时期的法兰西共和国和拿破仑法国而进行的长达23年的战争，也称二十三年战争。英国于1793年初加入反法同盟的联军，公开参战。战争期间，为对付劳动群众，英国政府在国内建立了残酷的

[15] 东印度公司是存在于 1600～1858 年的英国贸易公司，是英国在印度、中国和亚洲其他国家经营垄断贸易，推行殖民主义掠夺政策的工具。从 18 世纪中叶起，公司拥有军队和舰队，成为巨大的军事力量。在公司的名义下，英国殖民主义者完成了对印度的占领。该公司长期控制着同印度进行贸易的垄断权和这个国家最主要的行政权。1857～1859 年印度的民族解放起义迫使英国人改变其殖民统治的形式。于是，公司被撤销，印度被宣布为英王的领地。

[16] 清教徒是基督教新教教徒中的一派，16 世纪中叶产生于英国，原为英国国教会（圣公会）内以加尔文教义为旗帜的新宗派，如长老会、公理会等。清教徒要求"清洗"英国国教内保留的天主教旧制和烦琐仪文，反对王公贵族的骄奢淫逸，提倡"勤俭清洁"的简朴生活，因而得名。16 世纪末，清教徒中开始形成两派，即温和派（长老派）和激进派（独立派）。温和派代表大资产阶级和上层新贵族的利益，主张立宪君主政体。激进派代表中层资产阶级和中小贵族的利益，主张共和政体。

[17] 清教徒前辈移民（pilgrim fathers）指 16 世纪末 17 世纪初因在英格兰遭到迫害、镇压而移民北美的英格兰清教徒。从那时起开始了英国向北美洲的大举移民，这些移民为当时新英格兰各州的资产阶级的发展奠定了基石。

[18] 马丁·路德《论商业与高利贷》，见《可尊敬的马丁·路德博士先生著作集》1589 年维滕贝格版第 6 部第 296 页。

[19] 古·居利希《关于当代主要商业国家的商业、工业和农业的历史叙述》1830 年耶拿版第 1 卷第 371 页。

[20] 看来马克思是套用德·狄德罗《拉摩的侄子》的如下一段话："一位外来的神谦卑地把自己安置在祭坛上，在当地的偶像旁边；他的地位逐渐地巩固起来，有一天，他用胳膊肘推了他的同僚一下，于是砰的一声，那偶像就倒下来。"

[21] 马克思在这里引用的德·维特的箴言指《论荷兰共和国和弗里斯兰西部最重要的政治原则和箴言》，该书 1662 年第一次在莱顿出版。

[22] 显然是指让·巴·柯尔培尔建立的一种为封建君主制度服务的重商主义的经

济政策体系。为了使国家和封建统治者们获得高收入，柯尔培尔对不受封建剥削的工商业征收高额税，为了扩大这种税收，王室颁布了一系列的法令来促进工场手工业的发展，从而在客观上刺激了资本主义因素的成熟过程。

[23]"希律王式的掠夺"是马克思用来比喻资本主义生产中对童工进行摧残身体的残酷剥削的用语。希律王对儿童的屠杀见《新约全书·马太福音》第 2 章第 16～18 节。

后　记

本文选在 2010 年至 2013 年间完成。根据分工，郑信哲、周竞红、杨华、侯发兵承担了《马克思恩格斯卷》上下册的选编，杨须爱对注释等体例做出规范性调整，肖斌做了校对，王希恩主持、参与选编并统稿。

本书对原由中国社会科学院民族研究所选编，民族出版社 1987 年出版的《马克思恩格斯论民族问题》（上下册）做了全面参考，据此向该书的编选者表示敬意和感谢。

编　者
2013 年 8 月